Bill Buford
Dreck

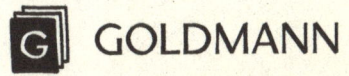

GOLDMANN

Buch

Bill Buford, Kultautor des Bestsellers »Hitze«, ist zurück am Herd! – Urkomisch erzählt er von seiner Odyssee auf der Suche nach den Geheimnissen der französischen Küche. Der Starautor des »New Yorker« setzt sich gerne Extremen aus. Er lebte unter Hooligans und arbeitete in Italien als Pastamacher. Nun unterwirft er sich den Regeln der französischen Spitzenküche. Dafür verpflanzt er seine Frau und seine dreijährigen Zwillingssöhne kurzerhand nach Lyon. Mit über 50 wird er Bäckerlehrling, Schüler des Institut Paul Bocuse und Praktikant im legendären La Mère Brazier, wo er lernt, wie man ein Fischfilet auf 62,5 Millimeter filetiert, Hummertürmchen baut und wie nah Kameradschaft und Intrige in der Küche beieinanderliegen. Allen Widerständen zum Trotz gibt Buford nicht auf, denn ihn treibt die Frage an: Liegt der Ursprung der französischen Küche (mon Dieu!) womöglich in Italien? Eine faszinierende kulinarische Reportage.

Autor

Bill Buford studierte in Berkeley und Cambridge, war Gründungsredakteur und sechzehn Jahre lang Herausgeber des Literaturmagazins »Granta« und später Verleger bei Granta Books. Von 1995 bis 2002 arbeitete er als Literaturredakteur für den »New Yorker«, für den er auch heute noch tätig ist. Auch seine Bücher »Geil auf Gewalt. Unter Hooligans« sowie »Hitze. Abenteuer eines Amateurs als Küchensklave, Sous-Chef, Pastamacher und Metzgerlehrling« waren internationale Bestseller. Buford lebt in New York.

Bill Buford

DRECK

Wie ich meine Familie einpackte,
Koch in Lyon wurde und die Geheimnisse
der französischen Küche entdeckte

Aus dem Englischen
von Sabine Hübner

GOLDMANN

Penguin Random House Verlagsgruppe FSC® N001967

1. Auflage
Vollständige Taschenbuchausgabe Oktober 2022
Copyright © 2020 der Originalausgabe: Bill Buford
Copyright © 2022 dieser Ausgabe: Wilhelm Goldmann Verlag, München,
in der Penguin Random House Verlagsgruppe GmbH,
Neumarkter Str. 28, 81673 München
Copyright © 2020 der deutschsprachigen Ausgabe:
Carl Hanser Verlag GmbH & Co. KG, München
Originalverlag: Alfred A. Knopf, New York
Titel der englischen Originalausgabe: Dirt. Adventures in Lyon as a Chef in Training,
Father, and Sleuth Looking for the Secret of French Cooking
Umschlag: UNO Werbeagentur, München,
unter Verwendung der Hardcover-Gestaltung (Anzinger und Rasp, München)
Umschlagfoto: © plainpicture/ Birgit Kaulfuss
Satz: Buch-Werkstatt GmbH, Bad Aibling
Druck und Bindung: GGP Media GmbH, Pößneck
Printed in Germany
KF · CB
ISBN 978-3-442-14281-1

FÜR JESSICA,
sans qui rien ne serait possible

INHALT

I

KEIN
FRANZÖSISCH

Dans la vie, on fait ce qu'on peut.
A table, on se force.

Im Alltag tut man, was man kann.
Bei Tisch zwingt man sich.

Anonymes Lyoneser Sprichwort, (frei) übersetzt

An einem heiteren, kühlen Herbstnachmittag 2007 begegnete ich dem Küchenchef Michel Richard, jenem Mann, der mein Leben – *und* das meiner Frau, Jessica Green, und unserer beiden damals zweijährigen Zwillinge – radikal verändern sollte, obwohl ich damals gar nicht wusste, wer er war, und davon ausging, dass wir uns nie mehr über den Weg laufen würden.

Meine Frau und ich hatten gerade unseren fünften Hochzeitstag gefeiert. Jetzt standen wir ganz vorn in einer Schlange vor der Union Station, Washington, D. C., und warteten auf den Zug, der uns zurück nach New York bringen sollte. In letzter Minute tauchte neben uns der Mann auf, den ich damals nicht als Michel Richard erkannte. Außer Atem und ziemlich massig, nicht groß, aber rund, war er einfach nicht zu übersehen. Ansonsten: dezenter weißer Bart, voluminöses schwarzes Hemd, das ihm bis über den Hosenbund hing, und eine schlabberige schwarze Hose. (Eine schlabberige *Kochhose*, wie ich jetzt weiß.) Ich beobachtete ihn und überlegte: Kenne ich den nicht von irgendwoher?

Natürlich kannte ich ihn! Welcher Gedächtnis- und Intelligenzalgorithmus hatte *verhindert*, dass ich ihn auf Anhieb erkannte? Schließlich hatte ich sein Buch *Happy in the Kitchen* gleich zweimal von Freunden geschenkt bekommen, und außerdem hatte er sechs Monate zuvor bei den James Beard Foundation Awards in New York City den »Double« gewonnen: Für »Outstanding Wine Service« *und* als »Outstanding Chef of the United States« – und ich hatte im Publikum gesessen! Aber eigentlich beschäftigte ich mich in jenem Moment (aus Gründen, die ich meiner Frau noch darlegen wollte) eher mit französischen Spitzenköchen, und jetzt stand ich neben einem von ihnen, der vielen als wunderbarer Kochkünstler und innovativster Kopf der nördlichen Hemisphäre galt. Ehrlich gesagt wirkte er damals vor der Union Station weder wunderbar noch innovativ, und er roch nicht nur penetrant nach Rotwein, sondern auch nach Schweiß, und mir kam der Verdacht, dass das schwarze Hemd, auf dem man praktischerweise keine Flecken sah, bei näherer

Betrachtung eine beeindruckende Bakteriendichte aufgewiesen hätte. Und so kam ich zu dem Schluss, dass dieser Mann einfach nur ein Vordrängler war, der jetzt auch noch eine Stelle direkt vor meiner Frau anpeilte! Jeden Moment würde sich die Sperre öffnen. Ich wartete und überlegte, ob ich mich ärgern sollte. Je länger ich wartete, desto ärgerlicher wurde ich, bis die Sperre schließlich aufging und ich etwas echt Fieses tat.

Als der Mann losstürmte, vertrat ich ihm nämlich den Weg und – stieß mit ihm zusammen. Der Zusammenprall war so heftig, dass ich das Gleichgewicht verlor und gegen seinen Bauch taumelte, der mich irgendwie vor dem Sturz bewahrte, und plötzlich, ich wusste nicht, wie mir geschah, hielt er mich im Arm. Wir starrten einander an. Wir hätten uns küssen können, so nah waren wir uns. Sein Blick zuckte zwischen meiner Nase und meinen Lippen hin und her. Dann lachte er. Ein entspanntes, unbefangenes Gelächter. Eigentlich mehr ein Kichern. Wie ein Junge, der gekitzelt wird. Ich sollte dieses schrille, manchmal unbändige Gekicher kennen und lieben lernen. Die Schlange wogte weiter. Er war verschwunden. Ich erspähte ihn in der Ferne, wie er einen Bahnsteig entlangtrottete.

Langsam schoben meine Frau und ich uns weiter, und irgendwie fühlte ich mich leicht benommen. Im letzten Waggon fanden wir zwei gegenüberliegende Plätze mit einem Tisch dazwischen. Ich wuchtete unsere Koffer auf die Ablage und hielt inne – das Fenster, das schräg einfallende Oktoberlicht: Ich war schon einmal hier gewesen, genau am gleichen Kalendertag.

Fünf Jahre zuvor, nachdem wir uns in Little Washington, einem Dorf im ländlichen Virginia, frisch verheiratet spontan einen zweitägigen Honeymoon gegönnt hatten, fuhren wir nach New York zurück, in eben diesem Zug. Damals war ich drauf und dran, meiner knapp achtundvierzig Stunden mit mir verheirateten Frau vorzuschlagen, wir könnten doch zur Feier unserer Trauung unsere Jobs aufgeben. Wir waren beide Zeitschriftenredakteure, ich beim *New Yorker*, sie bei *Harper's Bazaar*. Ich hielt eine kleine Ansprache, bei der es um einen Umzug nach Italien ging, als erster Schritt in unsere gemeinsame Zukunft. Ich wollte mich in die italienische Kochkunst einweihen lassen und ein Buch darüber schreiben. Ob wir nicht zusammen gehen könnten? Die Sache war eigentlich klar. Jessica wartete nur auf eine solche Chance und saß innerlich schon auf gepackten Koffern. Außerdem hatte sie ein unglaubliches Sprachtalent und konnte (praktischerweise) Italienisch, eine Sprache, die ich selber, rein zufällig, nicht beherrschte.

Wir sollten nie mehr auf unsere Redakteursstühle zurückkehren.

Ein Jahr lang lebten wir in der Toskana, und irgendwie wurde ich dort heimisch, und wenn ich den Mund aufmachte, um einen Gedanken zu äußern, kam er, zu meinem endlosen Erstaunen, (mehr oder weniger) auf Italienisch heraus. Danach war Frankreich dran. Es stand nicht einfach so auf unserer Liste (»als Nächstes machen wir Japan!«). Nein, ich hatte mich insgeheim fast mein ganzes Erwachsenenleben lang dort hingesehnt: Ich wollte in einer französischen Küche stehen, mich dort behaupten, ich wollte sagen können, ich sei »in Frankreich zum Koch ausgebildet« worden (diese Formulierung verlor nie ihren Zauber). Allerdings hatte ich mir nicht so recht vorstellen können, wie sich das realisieren ließe. Nun zeigte mir unsere Zeit in Italien, dass es eigentlich gar nicht so kompliziert war – man musste einfach nur hinfahren, alles Weitere ergab sich von selbst. Außerdem konnte Jessica praktischerweise auch Französisch, eine Sprache, die ich selber, wieder rein zufällig, ebenfalls nicht beherrschte.

Auch Jessica, ohne Redaktionsjob, hatte sich inzwischen eine lebenslange Sehnsucht eingestanden – sie wollte gern irgendetwas mit Wein machen, dessen Geschichte ja ebenso alt ist wie die Geschichte der Nahrung; und so, wie Jessica ein Talent für Fremdsprachen besaß, schien sie auch über die Fähigkeit zu verfügen, den Inhalt eines Weinglases zu übersetzen. Ich schenkte ihr eine Blindverkostung bei Jean-Luc Le Dû, einem gefeierten New Yorker Sommelier und Weinhändler; zwölf große Weine aus seinem eigenen Keller standen zur Verkostung. Fünfzehn Leute nahmen daran teil, einschließlich Jean-Lucs Geschäftsführer, der internationale Preise bei Wettbewerben mit Blindverkostung gewonnen hatte. Doch Jessica war die Einzige, die alle zwölf Weine erkannte. Jean-Luc war verblüfft, schließlich waren es *seine* Weine. (»Wo arbeiten Sie?« fragte er.) Jessica gründete einen Degustationsclub bei uns zu Hause und wählte dafür zehn Frauen aus, gebildete, berufstätige New Yorkerinnen, die alle sagten, sie liebten Wein, »wüssten aber überhaupt nichts darüber«. Jessica meldete sich bei einem Kurs an, der vom British Wine & Spirit Education Trust, dem sogenannten WSET, veranstaltet wurde. Es gab mehrere Levels, die in einem – bekanntlich anspruchsvollen – »Diplom« gipfelten. Im zweiten Teil des Kurses merkte sie, dass sie schwanger war.

Es war ein wundervoller Moment. Wir gelobten einander, dass unser Lebensstil sich keinesfalls ändern würde.

»Wir werden ein Nomadenleben führen«, sagte Jessica.

Wir stellten uns ein weltgewandtes Kind im Tragetuch vor.

Vier Wochen später erfuhr Jessica, dass sie mit Zwillingen schwanger war, zwei Jungen, George und Frederick. Auch dies ein wunderbarer Moment, sogar gleich doppelt, nur verabschiedeten wir uns jetzt von der Vorstellung, dass sich unser Leben nicht verändern würde. Wir gerieten in Panik (ein bisschen).

Der Zug fuhr ab. Baltimore, der erste Halt, lag eine halbe Stunde entfernt. Worüber wir sprechen wollten – worüber *Jessica* sprechen wollte –, war die Frage, aus welchen Gründen ich meinen Frankreich-Plan nach drei Jahren denn immer noch nicht realisiert hatte.

Eigentlich war das nicht verwunderlich. Hießen die Gründe nicht George und Frederick?

Es war an sich nicht kompliziert – ich musste einfach nur eine Küche finden, hatte aber noch keine gefunden. Sobald ich in einer Küche anfangen konnte, würde ich die nötigen Fertigkeiten schon erwerben.

Bei einem anderen Event der James Beard Foundation – einer Charity-Gala mit Auktion – hatte ich Dorothy Hamilton kennengelernt. Hamilton leitete eine Einrichtung, die sich damals French Culinary Institute nannte. Sie war blond, schlank, eine jugendliche Sechzigerin, unverdrossen optimistisch, das Kuratoriumsmitglied, dem die amerikanischen Küchenchefs vertrauten. Als die James Beard Foundation in einen peinlichen Finanzskandal verwickelt war (der Geschäftsführer hatte systematisch Stipendien für junge Köche abgeschöpft), sprang sie ein, um den Ruf der Institution wiederherzustellen. Sie wurde nicht dafür bezahlt. Sie erledigte das in ihrer Freizeit.

Ich sprach mit ihr über meine Idee: eine praktische Ausbildung als Koch.

»Frankreich ist nicht Italien«, erwiderte sie und fügte diplomatisch hinzu: »Es empfiehlt sich, eine Kochschule zu besuchen.« Sie war sogar so diplomatisch, auf den naheliegenden Vorschlag zu verzichten, ich könnte doch *ihre* Kochschule besuchen, obwohl sie in den USA als einzige Schule *la cuisine française* lehrte und von unserer Wohnung aus fußläufig zu erreichen war.

Ich schilderte Hamilton, wie ich das in Italien gemacht hatte: ankommen und schauen, was geht. Dann fügte ich, intellektuell spitzfindig, hinzu: »Kochschulen kann man ja eigentlich als moderne Errungenschaft bezeichnen, meinen Sie nicht auch? Traditionell ging es bei der Kochausbildung ja stets um Learning by Doing.«

Ich erläuterte der Vorstandsvorsitzenden des French Culinary Institute meinen Plan: Ich wolle eine Restaurantküche finden, dort Fehler machen, ausgelacht und gedemütigt werden und die Probleme entweder meistern oder an ihnen scheitern. Ich hätte vor, erst mal hier in den Vereinigten Staaten in einer guten französischen Küche anzufangen (»nur in welcher?«) und anschließend drei Monate in Paris zu verbringen.

»Drei Monate?«, fragte sie.

»Drei Monate.«

Sie schwieg, als denke sie über meine Worte nach. Dann fragte sie: »Kennen Sie Daniel Boulud?«

»Ja.« Boulud gilt unter den bedeutenden französischen Küchenchefs in Amerika als der erfolgreichste. Ihm gehören vierzehn Restaurants, von denen die meisten entweder Daniel oder Boulud heißen oder eine Variante davon, die seine Initialen enthält.

»Er ist in der Nähe von Lyon aufgewachsen«, sagte Hamilton.

»Ja, hab ich gehört.« Ich kannte Lyon nur ganz flüchtig, weil ich dort einmal um 6 Uhr morgens in einen Bus umgestiegen war. Ich wusste überhaupt nichts über diese Stadt, nur, dass sie sehr weit weg lag.

»Manche nennen es die ›Welthauptstadt der Gastronomie‹«, fuhr sie fort.

»Ja, ist mir bekannt.« Sie tat, als sei ich ein Kleinkind.

»Die Ausbildung, die Disziplin, die *Härte*.« Hamilton betonte das Wort, als ziehe sie einen Nagel aus der Wand. »Daniel hat zwei Jahre lang Karotten nur geschnippelt.«

Ich nickte. »Karotten«, sagte ich, »sind sehr wichtig.«

Hamilton seufzte. »Sie sagen also, Sie wollen *drei Monate lang* in Frankreich arbeiten.« Sie zeigte die Zahl mit den Fingern. »Und was, glauben Sie, werden Sie da lernen?«

Mir fiel nichts ein.

»Ich sag Ihnen, was Sie da lernen: nichts.«

Jetzt begann die Auktion, es erfolgten die ersten Gebote. Versteigert wurde unter anderem eine kolossale weiße Trüffel (d. h. eine kolossale weiße *italienische* Trüffel), die nur unwesentlich kleiner war als der ungewöhnlich große Kopf unseres kleinen Frederick; Hamilton sicherte sich die Trüffel mit dem extravaganten Gebot von 10 000 Dollar – à la

Okay, machen wir's kurz – und lud anschließend unseren ganzen Tisch (und auf dem Weg zum Ausgang noch ein paar Freunde) für Sonntag zum Lunch in ihre Wohnung ein.

»Ich habe über Ihren Plan nachgedacht«, sagte sie zu mir, als ich am Sonntag dort eintraf, »und habe ein Geschenk für Sie.« Sie schenkte mir eine Ausgabe des Lehrbuchs, mit dem an ihrer Kochschule gearbeitet wurde – *Methoden der klassischen Küche.*

Ich suchte mir einen Sessel in der Ecke. Es war ein beeindruckender Wälzer, Querformat, 496 Seiten, zweispaltig gedruckt, mit Anleitungen in Text und Bild. Ich schlug das Buch an einer beliebigen Stelle auf und las: »Theorie: allgemeine Informationen über Fisch-*Mousseline*.« Ich blätterte weiter. Zehn Seiten waren der Zubereitung einer Ei-Sauce gewidmet. Die Philosophie des Frikassees beanspruchte drei Seiten. Ich hatte bis dahin ganz glücklich gelebt, ohne zu wissen, worum es sich bei einem Frikassee handelt. Was für ein Mensch musste ich werden, um auch nur die Hälfte dieser Materie zu beherrschen?

Hamilton schickte einen ihrer Gäste, Dan Barber, zu mir herüber. Barber besaß zwei Restaurants, die beide Blue Hill hießen, eines in Manhattan, das andere auf einer Farm. Ich kannte ihn und mochte seine Küche. Sie war sehr regional, kompromisslos geschmacksorientiert. In einem von Barbers Restaurants habe ich einmal eine Karotte gegessen: einfach so, dreißig Minuten vorher aus der Erde gezogen, sanft abgespült, aber nicht geschält, auf einem geschnitzten Holzsockel schwebend serviert, mit einigen Körnchen gutem Salz und einem Tropfen erstklassigen italienischen Olivenöls. Barber ist dünn, mit dem nervösen Brustkorb des Langstreckenläufers, er ist so drahtig wie seine Haare, gebildet und redegewandt. Er fragte nach meinem »französischen Projekt«, doch bevor ich antworten konnte, unterbrach er mich schon. »Französische Ausbildung«, erklärte er. »Das Wichtigste überhaupt!«

Ein eindeutiges Statement. Und wohltuend. Denn zum damaligen Zeitpunkt war Frankreichs Ausstrahlungskraft auf einem Tiefpunkt angelangt. Um kochen zu lernen, ging man nicht mehr nach Frankreich. Man reiste in die abgelegensten Gegenden der Iberischen Halbinsel oder begab sich in schwedische Täler, die im Winter vom Rest der Welt abgeschnitten waren.

»Die meisten Amerikaner denken, sie könnten es ohne französische Ausbildung schaffen«, meinte Barber, »aber sie wissen nicht, was sie verpassen. Köche, die nicht in Frankreich waren, erkenne ich sofort. Ihr Essen ist immer« – er zögerte, rang um den richtigen Ausdruck – »nun ja, ein Kompromiss.« Er hielt inne, um seine Worte auf mich wirken zu lassen.

»Sie sollten bei Michel Rostang arbeiten«, sagte er schließlich. In herrischem Ton. Es war ein Befehl.

»Rostang?« Ich kannte den Namen. Paris, schickes Restaurant – Leinentischdecken, Kunst an der Wand.

»Lernen Sie die Klassiker kennen. Rostang.«

Ich nickte, zückte ein Notizbuch und schrieb: »*Rostang.*« Aber wieso Rostang?

»Weil« – Barber beugte sich zu mir – »ich bei ihm ausgebildet wurde.«

»Sie haben in Paris gearbeitet!«, platzte ich laut heraus. Barber blickte über die Schulter, als sei es ihm peinlich. Ich hatte nicht so herausplatzen wollen. Ich war einfach nur überrascht gewesen.

»Ja, ich habe in Paris gearbeitet. Und in der Provence. Und … ich verfüge über eine französische Ausbildung.« Es klang nach: *Klar, was denn sonst?*

Barber war ungewöhnlich groß, was ich erst jetzt bemerkte, vielleicht, weil er so dünn war und sogar noch weniger Platz brauchte als eine normal große Person. Auch war mir anfangs gar nicht aufgefallen, dass er eine Baskenmütze trug.

»Sie sprechen Französisch?«, fragte ich. Blue Hill, so hatte die Farm von Barbers Großmutter geheißen, und das spielte eine große Rolle für die Art seiner Präsentation: jeden Samstag Omas Küche, alles bodenständig amerikanisch. Barber saß in Washington in verschiedenen Kommissionen und kannte den Chromosomensatz der Knoblauchrauke im Hudson Valley. Dass er seine Ausbildung in Frankreich genossen hatte, verwirrte mich. »Wissen das die Leute über Sie?«

Er kam näher. »Man kann es sonst nirgends lernen.«

Unser Zug erreichte Chesapeake, Amerikas größte Flussmündung.

In Frankreich war es jetzt sechs Stunden später, Samstagabend, gleich würde der Dinnerservice beginnen. Ich versuchte mir ein Pariser Bistro vorzustellen, eine Bar mit Hockern, einen niedrigen Raum, in dem ein Herd stand, ich versuchte mir eine Großstadt vorzustellen, ein Dorf, aber es wollte mir nicht gelingen. Ich hatte zwanzig Jahre lang in England gelebt. Dort war es leicht, sich Frankreich vorzustellen. Es lag nur so weit entfernt wie die Fähre. Man konnte jederzeit mit dem Auto hinfahren. Die Flugzeit betrug eine Stunde.

Draußen scheuchte unser vorbeirasender Zug gerade eine blauorange gefiederte Entenschar auseinander – da sah ich in der Fensterscheibe plötzlich die Spiegelung eines Laptopmonitors, helle, ständig wechselnde Bilder, offenbar eine Slideshow, die Teller mit französischen Gerichten präsentierte.

Warum dachte ich gleich an französische Gerichte? Weil die Teller wie gemalt aussahen? Weil jeweils eine Sauce dabei war? Ein Teller nach dem anderen erschien auf dem Bildschirm, wurde überblendet, von einem neuen Bild abgelöst, wie in den Dokumentarfilmen von Ken Burns.

Als ich mich nach dem Besitzer des Laptops umdrehte, sah ich einen etwa dreißigjährigen Mann: kurzes Haar, Militärschnitt, mager, sehr schmale Schultern. Franzose? Schwer zu sagen, weil er nicht sprach. Er grummelte vor sich hin. Jedenfalls wirkte er europäisch. Wie ein Fußballrowdy. Irgendwie fies.

Ich wandte mich an meine Frau. »Wink des Schicksals?«

Ich nickte in Richtung des Laptops.

Sie drehte sich auf ihrem Sitz um, schaute ebenfalls nach hinten und drehte sich wieder zu mir. »Gott spricht zu dir.«

»Meinst du wirklich?«

Sie schaute noch einmal hin, diesmal länger, drehte sich wieder nach vorn. Sie faltete die Hände und holte tief Luft. »Glaub mir.«

Ich spähte über ihre Schulter. Jetzt starrte ein anderer Mann, der mir bis dahin den Rücken zugewandt hatte, auf den Monitor. Es war der Vordrängler.

Ich fragte meine Frau: »Soll ich ihn ansprechen?«

»Unbedingt.«

»Ich glaube, ich kenne ihn.«

»Sprich mit ihm.«

»Vielleicht täusche ich mich aber auch.«

Ich stand auf und ging zu seinem Tisch.

»Hallo, entschuldigen Sie die Störung.« Der Vordrängler hatte zwei Rotweinkaraffen vor sich stehen und las in einem französischen Kochbuch (*La Cuisine du soleil*, abgewetztes, altmodisches Cover). Er blickte auf. Oh. *Natürlich* kannte ich diesen Mann. Dieses Gesicht: Es war mir am Bahnhof deshalb bekannt vorgekommen, weil es mir tatsächlich bekannt *war* – die James-Beard-Award-Verleihung, das Foto auf der Einbandklappe des Buchs, von dem ich zwei Exemplare besaß!

Der Name? Er begann mit »M«.

Michelin?

Mirepoix?

Beide Männer sahen zu mir hoch, dieser wohl ziemlich berühmte James-Beard-Typ und sein Hooligan.

Ich dachte: Wow. Das ist der Mann, den ich gerade angerempelt habe.

Ich fragte: »Sind Sie zufällig Koch?«

Ich brachte es nicht über mich zu sagen: Sind Sie ein französischer Koch, dessen Name mit »M« beginnt, mir aber nicht mehr einfällt, weil ich mir französische Namen nicht merken kann?

Ich fügte hinzu: »Sind Sie zufällig ein sehr berühmter Koch … wäre das möglich?«

Der Mann regte sich nicht. Vielleicht verstand er kein Englisch.

Doch jetzt holte er tief Luft. »Ja«, sagte er, »ich bin ein berühmter Koch. Ja! Ich bin sogar sehr berühmt!« Er war großartig – ein bisschen lächerlich, aber das sind großartige Menschen ja oft. »Erlauben Sie mir, mich vorzustellen.« Er streckte mir die Hand hin, als solle ich sie küssen (Panik! Sollte ich?), und erklärte: »Ich bin Paul Bocuse!«

Paul Bocuse! Ich hatte mich wohl verhört! Paul Bocuse? Bocuse ist der berühmteste Koch der Welt! Lerne ich hier gerade Paul Bocuse kennen? Jetzt war ich verwirrt. Außerdem, war Bocuse nicht schon 115? Jedenfalls viel älter als dieser Mann hier? Und lebte er nicht in Lyon?

»Nein, nein, nein, nein«, sagte mein Gegenüber. »Kleiner Scherz.«

(Ach so, ein Scherz, okay, sehr witzig.)

»Ich bin nicht Paul Bocuse.«

(Puh!)

»Paul Bocuse ist tot.«

(Was?! Ich werde hier veräppelt, und Paul Bocuse soll tot sein!)

»Oder vielleicht lebt er ja noch.«

(Stimmt.)

»Ehrlich gesagt, ich weiß es nicht. Ich bin Michel Richard. Küchenchef und *patron* des Citronelle, Washington, D. C.s vornehmstes Restaurant. Ich wiederhole, Michel« – er hielt inne, um den Nachnamen noch einmal wie ein Opernsänger herauszuschmettern – »Riiiiiiiiiiiiiiiiii-CHARD!«

Die nächsten acht Monate verbrachte ich mit Unterbrechungen größtenteils in Richards Gesellschaft. Anfangs nur kurze Phasen, und dann, im Frühling, mehr oder weniger ganztags, als ich einen Platz vorn im Hauptbereich der Küche bekam und am Fischposten arbeitete. Unsere nächste Begegnung fand anlässlich eines Dinners im Citronelle statt, am

Chef's Table in der Restaurantküche. Mit von der Partie waren Jessica und ich, Richard und seine Frau Laurence und eine Amerikanerin mit französischen Eltern, die Richard aus seiner Zeit in Kalifornien kannte. (»Sie isst nie im Restaurant, sie mag meine Gerichte nicht«, sagte er mit heiterer Ironie, »aber sie würde gern mit Jessica Französisch sprechen.« Und so geschah es.)

Der erste Gang bestand aus Rührei mit Lachs, wobei sich herausstellte, dass es sich um etwas ganz anderes handelte (nämlich um Jakobsmuscheln, mit Sahne und Safran roh im Mixer zerkleinert und dann wie Rührei zubereitet, auf französische Art allerdings, d.h. langsam, aber sie waren immer noch das, was sie waren: Schalentiere). Als Nächstes kam etwas, das wie Cappuccino aussah. (Dito.) Eigentlich war es Pilzsuppe, aber letztlich eben doch nicht, da weder Wasser, Fond noch irgendeine andere Flüssigkeit dafür verwendet wurden. Die Suppe enthielt auch keine Pilze. (Pilze schwitzen, wenn man sie erhitzt; und bei der »Suppe« – für die man fünfzig Kilo verschiedener Pilze braucht – handelte es sich nur um diese von den Pilzen abgegebene Flüssigkeit. Es schmeckte hervorragend, ganz einzigartig und sehr konzentriert – ich habe mich dann selber zu Hause daran versucht und Stunden damit zugebracht, grässlich glibberige schwarze Pilzklumpen irgendeiner Zweitverwertung zuzuführen, nur um dann – als sich der Glibber in eine harte schwarze Kruste verwandelt hatte – irgendwann aufzugeben und das Ganze – Plopp! – in den Mülleimer zu befördern.)

Richard bereitete einen Salat zu, der von Claude Monets Wasserlilien inspiriert war.

Ich dachte: Echt jetzt? Jahrhundertelang waren Gemälde durch Speisen inspiriert worden. Aber wie oft geschah das umgekehrt?

Neugierig schlenderte ich in die Küche, um zuzuschauen. Der Rand einer weißen Servierplatte wurde mit wabbeligen Scheiben garniert – Richard stellte durch ein bestimmtes Verfahren »Lebensmittelschläuche« her, von denen mit der Aufschnittmaschine dünne Scheiben abgeschnitten wurden – in diesem Fall, wie man mir sagte, Thunfisch, Schwertfisch, rote und gelbe Paprika, Rindfleisch, Wildbret und Aal. Dann wurde die Servierplatte angerichtet – mit farnkrautartigen Kräutern, einem intensiv grünen Basilikum-Olivenöl – und in ein sumpfiges, moosiges Meisterwerk verwandelt. Es wirkte sehr Zen-mäßig, auch wenn es eine mentale Herausforderung darstellte – mein erster Gedanke beim Verzehr einer dünnen weißen Scheibe war nämlich keinesfalls: »Oh, das ist Aal!« Mir wurde klar, dass wir Speisen nur dann schmecken können, wenn wir sie wiedererkennen. (Und ich rätsle immer noch, was mir *das* nun wieder sagen soll.)

Bevor ich an jenem Abend zu Bett ging, musste ich, mit unerwartetem Wohlwollen, an Dorothy Hamiltons Buch *Methoden der klassischen Küche* denken.

Im Januar begann ich ernsthaft, Richards Zubereitungsmethoden zu erlernen, passenderweise mit einem der Schläuche, die er für den Monet-Salat verwendet hatte – zufällig der mit den roten Paprika.

»Schläuche spielen in Michels Küche eine sehr wichtige Rolle«, sagte David Deshaies. David war der Hooligan aus dem Zug. Er war der Executive Chef. Inzwischen wusste ich immerhin, dass »Schläuche« eher nicht zu den klassischen Methoden zählen.

Wir rösteten fünf Dutzend rote Paprika, schälten sie und verteilten sie noch warm auf mehrere 90 cm lange Zuschnitte von Plastikfolie, die David mit Wolken von Knox-Gelatinepulver bombardierte – es musste alles ganz schnell gehen, bevor die Paprika abkühlten. Nun sah jede Folie aus wie ein dicker, gewellter roter Teppich, den David aufzurollen versuchte; da die Paprika an den Seiten herausquollen, sah das wie ein 90 cm langer matschiger Burrito aus. Es gab offenbar keine saubere Methode. Immer wieder musste David den roten Paprika-Schlabber seitlich hineinschieben, bis es ihm schließlich gelang, ein Ende des Schlauchs mit einem Faden zuzubinden. Nachdem er auch das andere Ende zugebunden hatte, nahm er den gefüllten Schlauch vom Tisch und schwang ihn wie ein Lasso über seinem Kopf – was ziemlich beängstigend aussah, wie ein Cowboy, der eine sehr lange Salami schwingt. Doch das Resultat war fantastisch: tiefrot, absolut gleichmäßig, intensiv glänzend, wie eine zum Platzen gestopfte rote Wurst.

»O. k.«, sagte er. »Du bist dran.«

»Wir« machten zehn dieser Schläuche – David neun und ich einen (es dauert eine Weile, bis man sich richtig traut, das Lasso zu schwingen) –, und dann sollte ich die Dinger in den »Schlauchraum« hängen.

Es handelte sich um einen Kühlraum. An Haken befestigt hingen Schläuche von der Decke wie in einer Metzgerei, nur, dass die Schläuche in allen Farben leuchteten wie Partyballons – pastellgrün, ostergelb, weiß und rosa. Auch kräftige Rot- und Purpurtöne waren dabei. Der längste Schlauch maß 1,50 m. Der weiße Schlauch, 90 cm lang, enthielt Aal.

Solche Schläuche bekommt man normalerweise nicht zu sehen, denn außerhalb von Richards Restaurantküchen findet man sie nicht. Da gab es Schläuche mit Blini-Teig, rohem Speck, Kokosnuss, Roter Beete, verschiedenen Fischsorten und einer Masse für Club-Sandwiches. Jede Menge Schläuche.

Seltsamerweise kam mir nie der Gedanke, dass mir die Zeit bei Richard eigentlich nichts brachte und ich etwas anderes tun sollte. Er lebte in Washington, D. C., ich in New York, ein unerfahrener Vater kleiner Zwillinge. Was sollte das alles? Ließ ich nicht meine Familie im Stich? Außerdem hatte ich mir doch elementare Grundlagen aneignen wollen. Und Richard war das Gegenteil von elementar. Er war auch das Gegenteil von plausibel und nahm jede Gelegenheit zu subversivem Verhalten wahr. Sein Ansatz (eher könnte man sagen, sein »Nicht-Ansatz«) bestand darin, die Restaurantgäste so oft wie möglich zu überraschen. Er war ein Entertainer. Sein Versprechen: dem Gast Freude zu bereiten und ihn zu verwöhnen. Nein, eigentlich hatte ich etwas anderes im Sinn gehabt, aber ich konnte ihm nicht widerstehen.

Richard hatte eine klassische Ausbildung absolviert. Wenn ich morgens in die Küche kam, saß er oft am Chef's Table bei der Lektüre eines Klassikers, vor allem Ali-Babs *Gastronomique Pratique*, ein in der englischsprachigen Welt fast unbekanntes Werk, jedoch für viele französische Küchenchefs Anfang des 20. Jahrhunderts eine Art Bibel. Im Jahr 1907 veröffentlicht, versammelte das Werk auf 637 Seiten detaillierte praxisnahe Erläuterungen sämtlicher Gerichte des französischen Repertoires. Doch Richard kochte nie etwas daraus. Nichts.

»Warum liest du es überhaupt?«, fragte ich.

»Als Herausforderung. Die Leute denken immer, ich hätte so originelle Ideen, aber das stimmt nicht, jedenfalls nicht ganz, ich lasse mich von der Lektüre inspirieren.«

Nein, Richard war nicht unbedingt der Küchenchef, der einem Novizen die französische Küche nahebringen konnte. Aber mir das entgehen zu lassen? Kam nicht infrage.

Außerdem kannte er Gott und die Welt. Er würde eine Küche in Frankreich für mich finden.

Das Citronelle befand sich im Basement eines alten Hotels, dem Latham, einem nicht allzu teuren Objekt in Georgetown, mit hundertvierzig Zimmern. Trotz seines Zustands (es neigte sich bedenklich zur Seite) hatte es schon schlechtere Tage gesehen. (Filmfreaks erkennen es vielleicht als den schäbigen Unterschlupf, der der jungen Julia Roberts in *Die Akte* als Versteck dient.) Nachdem Mel Davis, Richards PR-Mann und Pressesprecher, eine sehr günstige Wochenmiete für ein Zimmer ausgehandelt hatte, war ich entschlossen: Ich würde, sofern mich nicht dringende familiäre Angelegenheiten hinderten, sonntagabends nach Washington kommen und freitags zurückfahren. (Besagte dringende familiäre Angelegenheiten erlaubten dies allerdings nicht immer, denn jedes Arrangement, bei dem sich Jessica mit den Zwillingen alleingelassen fühlte, erwies sich als suboptimal.)

Ratatouille. Dies war das nächste Gericht, das ich zuzubereiten lernte, und es machte mir richtig Spaß. Die Ratatouille wurde kalt serviert, mit frisch gebratenen Butterkrebsen. Sie wirkte so radikal einfach – und war es eben nicht.

Laut David, meinem Ausbilder, verkörpert die Ratatouille den Geschmack des französischen Sommers, weil sie aus den Zutaten besteht, die jede französische Familie im eigenen Garten hat: Auberginen, Paprika, Zucchini, Zwiebeln und Tomaten (plus Knoblauch), zu ungefähr gleichen Teilen (außer dem Knoblauch natürlich). Jede Zutat wird grob gewürfelt. »Wir hatten mal eine Nouvelle-Cuisine-Version mit perfekten kleinen Würfelchen«, bemerkte Richard, der uns vom Chef's Table aus zusah, »aber das war zu abgehoben. Es ist ein rustikales Gericht, und so soll es auch bleiben.«

Die wichtigste Lektion: Jede Zutat muss einzeln gekocht werden. Zuerst die Zwiebeln: Sie werden in Olivenöl sautiert. Dann die Paprika: Man schmort sie im Ofen, gleichfalls in Olivenöl. Die Auberginen werden rasch in einer antihaftbeschichteten Pfanne sautiert (kein Olivenöl, da Auberginen es wie ein Schwamm aufsaugen). Dann kommen die Tomaten dran, aber in Frankreich wird darauf bestanden, dass man sie zuerst häutet. (»Die Franzosen essen die Haut nicht mit, weil sie sich in der Kacke wiederfindet«, erklärte mir Richard im Vertrauen. »Echt?«, fragte ich skeptisch. »Echt«, bekräftigte er.)

Man entfernt also die Haut, indem man jede Tomate in eine Schüssel mit kochend heißem Wasser gleiten lässt, sie gleich wieder herausholt, in Eiswasser legt und sofort schält, solange sie noch im Schockzustand ist. Dann schneidet man die gehäuteten Tomaten in Viertel, löffelt die Flüssigkeit und die feuchten geleeartigen Samen heraus und wirft sie in ein Sieb, das über einer Schüssel hängt. (Das ist für später – fürs Tomatenwasser. Am Ende dieses Arbeitsgangs sollte sich ein klebriger Haufen angesammelt haben, der unablässig tropft und in der Schüssel einen hellroten Teich bildet.) Dann arrangiert man die Tomatenviertel wie rote Blütenblätter auf einem Backblech, bestreicht sie mit Olivenöl, streut Salz und Zucker drauf und brät sie 90 Minuten lang bei niedriger Temperatur, bis sie prall aufgequollen sind. Sie sind von all den marmeladigen Zutaten die marmeladigste.

Erst jetzt mischt Richard die Zutaten – in einem Topf, mit einem Schuss Rotweinessig (eine ungewöhnliche Beigabe, eine klare, leicht pikante Säure, um die sommerliche Süße auszugleichen) – und erhitzt sie sanft für kurze Zeit. Mit dieser Methode – jedes Gemüse separat zu kochen – wird angeblich eine lebendigere Mischung der Aromen erreicht, als wenn alle Zutaten zusammen in den Topf geworfen würden. Ich dachte nicht weiter darüber nach, merkte nur, dass es lange her war, seit ich die letzte Ratatouille gekocht hatte. Jedenfalls schmeckte mir dieses Rezept so gut, dass ich es seitdem ausnahmslos jeden Sommer zubereite. (»Gemüsemarmelade« nennt David die Ratatouille: »Meine Mutter hat sie sonntags zu Brathühnchen serviert, und was übrig blieb, haben wir den Rest der Woche über kalt gegessen.«) Erst als ich die Ratatouille einmal für Freunde kochte (die vom Resultat begeistert waren), erfuhr ich, dass die meisten Leute die Zutaten keineswegs einzeln zubereiten und oft gar nichts von dieser Möglichkeit wissen. Selbst die vor Kurzem erschienene und eigentlich ziemlich beeindruckende Ausgabe von *Joy of Cooking* empfiehlt, alle Gemüse in einen Topf zu geben, umzurühren und zugedeckt zu garen, was mich an meine letzte Ratatouille zehn Jahre zuvor erinnerte, nach der Lektüre von M. F. K. Fishers Buch mit seiner lustlos-trägen Prosa und literarischen Pose. Fisher schreibt, sie habe ihr Rezept in Frankreich bekommen, von »einer großen kräftigen Frau«, die »von einer spanischen Insel« stammte. Auch dies war ein Rezept, bei dem man einfach nur alles zusammenwarf und dann fünf bis sechs Stunden lang köcheln ließ. Am Schluss blieb nur noch eine Pampe übrig. (Julia Childs Ratatouille orientiert sich zwar zur Hälfte an der elementaren Methode – »jede Zutat wird einzeln gekocht« –, aber dann vermengt sie seltsamerweise doch manches miteinander.)

Der Ansatz, Zutaten einzeln zuzubereiten, war meine erste echt französische Kochlektion. Winzer, die einen aus verschiedenen Traubensorten bestehenden Wein abfüllen, tun etwas ganz Ähnliches: Entweder werfen sie alles zusammen in ein Fass und fermentieren das Ganze (wie einen »Traubenverschnitt«), oder sie vinifizieren die verschiedenen Sorten einzeln und mischen sie am Schluss – ein kontrollierterer Prozess, der dazu führt, dass man oft jede Traubensorte herausschmeckt. Viele berühmte französische Schmorgerichte werden, zumindest dem traditionellen Rezept nach, eigentlich kaum geschmort. Etwa das *Navarin d'agneau*, das Frühjahrsgericht aus Lamm und Gemüse – benannt nach der Rübe, *le navet*, die traditionell als Beilage galt, bis sich (circa 1789) die Kartoffel durchsetzte. Für das *Navarin d'agneau* werden die Gemüse gekocht, während das Fleisch brät – Rüben (wenn man Traditionalist ist), Kartoffeln (wenn nicht) oder Rüben *und* Kartoffeln (wenn man sich nicht entscheiden kann), Babykarotten, kleine Zwiebeln und Frühlingsplatterbsen –, und erst am Schluss kombiniert.

Für diese Methode scheint es keine Bezeichnung zu geben, eine Seltenheit in einer Kultur, die auch noch den winzigsten Zubereitungsschritt und das lächerlichste Küchengerät benennt; oder falls es doch eine Bezeichnung dafür geben sollte, habe ich sie zumindest noch nicht entdeckt, obwohl ich vielleicht über die allererste Erwähnung dieser Methode gestolpert bin: und zwar in Menons *La Cuisinière bourgeoise* (*Die häusliche Köchin* – das Wort *bourgeoise* im Titel bedeutete im 18. Jahrhundert »häuslich«). Es gibt in Frankreich viele Bücher über die *Cuisine bourgeoise*, fast jeder vollendete Koch hat ein solches Werk für Laien verfasst. Aber Menon war der Erste. (Menon, vermutlich ein Pseudonym, schrieb auch die erste »Nouvelle Cuisine«. Auch über die Nouvelle Cuisine gibt es viele Bücher.) Menons *La Cuisinière bourgeoise* beschreibt zwei Arten, Ente und Rüben zuzubereiten: die professionelle Methode, bei der die Rüben und die anderen Zutaten einzeln gekocht werden, während die Ente brät, und die andere, informellere Methode: Alles in einem

Topf zusammenwerfen, Deckel drauf und so lange köcheln lassen, bis es fertig ist. »*Voilà la façon de faire le canard aux navets à la Bourgeoise.*« (Das Rezept findet sich nicht in der Erstausgabe von 1746, aber dann in der zweiten von 1759.)

Spoiler-Alarm: Erstaunlicherweise lernte ich, wenn auch mühsam, Französisch zu lesen, ja sogar zu sprechen.

Ich bereitete Semmelbrösel nach Richards Methode zu. Bei dieser Methode gerieten die Brösel nicht gleichmäßig oder gar mehlig (er siebte den Bröselstaub heraus), sondern schartig und unregelmäßig und wurden dann im Backofen geröstet, bis sie wunderbar knisterten. Mit einem Klacks Geflügelmousse vermischt, verklumpten sie zu Richards »Chicken Nuggets« und kamen, nach dem Backvorgang bei maximaler Hitze, sehr kross heraus (sie knackten beim Reinbeißen), in der Mitte weich, mit einem Hauch Chicken Cream dazwischen, ein überraschendes Mundgefühl. (Ich testete die Nuggets an meinen Kindern. Die mochten sie. Aber sie mochten ja auch die Tiefkühl-Nuggets aus dem Supermarkt. Sie waren anspruchslos. Am allerliebsten mochten sie Ketchup.)

Ich bereitete Burger nach Richards Methode zu. (Thunfischburger in einem Luxusrestaurant? Warum nicht? Sie schmeckten fabelhaft.) Man beginnt mit einer dicken roten Scheibe Fisch, würfelt sie und püriert dann die Würfel, indem man sie mit der Rückseite eines Holzlöffels immer wieder kräftig an die Wand einer Schüssel quetscht. Während die Würfel zerfasern, wird durch das ständige Schlagen die Gewebestruktur aufgebrochen. Man fügt einen Spritzer Olivenöl hinzu. Und quetscht weiter. Mittlerweile hat man wahrscheinlich zu schwitzen begonnen (es sei denn, es tropft einem, wie mir, sowieso schon die ganze Zeit der Schweiß von der Nase). Irgendwann auf halber Strecke löffelt man eine im weitesten Sinne japanische Sauce drunter, die man vorbereitet hat (Ingwer, Schalotten und Schnittlauch, im Mixer mit Sojasauce emulgiert), und püriert weiter. Das Ziel besteht, wie gesagt, darin, das Gewebe des Fischs so effektiv aufzuspalten, es zu zerquetschen, dass die natürlichen Fischfette austreten. Sie sind das Bindemittel, das dem Burger seine Form verleihen wird. Das Ganze wird dann halb durchgegart und schmeckt würzig frisch – mit einem frechen, fast sushihaften ingwerig-rohen Touch – und wird in einem Brötchen serviert; es wird mit Olivenöl und wilder Hefe gebacken, quasi die mediterrane Version eines Brioche.

Mir schmeckten die Burger so gut, dass ich mir immer abends noch einen machte, kurz bevor wir die Küche aufräumten, und ihn mir auf der Grillplatte warmhielt, um ihn dann später, oben an der Bar, zu meinem gewohnten Glas Pinot Noir zu genießen.

Ich lernte, ein süßes Soufflé à la Richard zuzubereiten, das nie misslingt (man braucht dazu drei verschiedene Meringuen, nach italienischem, schweizerischem und französischem Rezept). Ich buk schmackhafte Kartoffel-Tuiles, die die Konsistenz von Pringle-Chips haben, genauso kross sind, aber kein Fett enthalten (diese Waffeln wurden in Richards Burger integriert, um ihnen die knusprige Konsistenz zu verleihen). Soufflé und Tuiles gehörten zu den Geheimnissen des Hauses, aufbewahrt in einer sorgsam gehüteten Rezept-Bibel. Die Tatsache, dass Richard mir diese Rezepte verriet, zeigte schon, dass er mich für vollkommen harmlos hielt. Allerdings wurde während meiner Zeit nie der »Mosaik-Lachs« zubereitet, der vielen als Krönung von Richards meisterlichsten Gerichten gilt. Ein der Schwerkraft trotzendes, insgeheim von Transglutaminase (also Fleischkleber) stabilisiertes Meisterwerk, das ich nur vom Hörensagen kannte, und zwar aus einer Geschichte, die mir der ehemalige Souschef erzählte. Er hieß Arnaud Vantourout, war Belgier und bekannte mir Folgendes: Nachdem er das Citronelle verlassen hatte – weil ihm eine Traumposition in einem berühmten Brüsseler Restaurant angeboten wurde, dessen Namen ich auf seinen Wunsch verschweige –, wurde ihm klar, dass man ihn nur wegen Richards Rezepten eingestellt hatte. »Die haben alles aus mir rausgequetscht« – die Schlauch-Technik, das Soufflé, den Thunfischburger, Richards perfekt geschälte Äpfel und den »Mosaik-Lachs«. (»Denen ging es wirklich um den Mosaik-Lachs!«) Nachdem das berühmte Brüsseler Restaurant, dessen Namen mich Arnaud, wie gesagt, zu verschweigen bat, all die tollen Rezepte, die ihm Michel Richards beigebracht hatte, aus ihm herausgepresst hatte, gab es für ihn keine Verwendung mehr. »Die haben mich regelrecht entsorgt.« (Ehrlich gesagt verstehe ich nicht, warum der gutmütige Arnaud so darauf bedacht war, dieses miese Etablissement zu schützen. Und obwohl der große Restaurantkritiker der *New York Times*, R. W. Apple, Jr., besagtes Restaurant zu seinen Lebzeiten weltweit zu den Top Ten der Gourmet-Tempel zählte, habe ich mir geschworen, niemals dorthin zu gehen.)

An einem Donnerstagnachmittag, kurz vor dem Dinner Service, erfuhr ich, dass Michel Rostang und seine *brigade* aus Frankreich eingetroffen waren und am nächsten Morgen in der Küche erscheinen würden. Sie übernahmen ein Wochenende lang das Citronelle, um raffinierte Gerichte zu servieren, ein alljährliches Event, so etwas wie ein »Paris in Washington, D. C.«-Festival. Es gab natürlich keinen Grund, mich im Voraus zu informieren – ich war gerade erst dabei, mich zurechtzufinden. Aber die Nachricht verblüffte mich: Michel Rostang – *der* Michel Rostang, ausgerechnet der Mann, bei dem Dan Barber gearbeitet hatte und bei dem er mir eine Ausbildung dringend empfohlen hatte – kam hierher, mit seinem Executive Chef, seinem Souschef, seinen Postenchefs, dem ganzen Team. Das war meine Chance! Ich war aufgeregt. Ich hatte Angst.

Ich musste Jessica anrufen.

In einer Hinsicht schien das Timing wirklich günstig. Mir war erst kürzlich klar geworden, dass unsere Kinder ab Herbst eine Art Vorschule besuchen mussten. Offen gestanden hatte ich bis dahin nicht darüber nachgedacht. Ich wusste zwar, dass es irgendwann so weit sein würde, hatte aber nichts konkret geplant. Es war die erste Märzwoche. Ich hatte gerade damit begonnen, am Fischposten zu hospitieren (das heißt, man beobachtet einen erfahrenen Koch bei seiner Tätigkeit und lernt dadurch die Arbeitsabläufe kennen). Auch wurde mir erst jetzt allmählich klar, wie wenig Zeit mir blieb, ein Restaurant in Frankreich zu finden. Zwischen März und September musste ich mir hier in Richards Küche die elementaren Grundlagen aneignen (soweit man bei Richard überhaupt elementare Grundlagen erlernen konnte) *und* in Paris in irgendeinem Lokal ein Praktikum absolvieren: sechs Monate. Und dann tauchte hier plötzlich Rostang auf: meine Chance, mein Weg, meine Zukunft, mein Lokal.

In anderer Hinsicht war das Timing weniger günstig. Das Arrangement, das Jessica und ich getroffen hatten, verlangte, dass ich Freitagabend nach Hause kam und mich um die Kinder kümmerte: um jeden Preis. Freitagabends war Jessica mit den Nerven am Ende. Konnte ich da anrufen und sagen, hör mal, wär es okay für dich, noch ein paar Tage – sagen wir mal, übers Wochenende und, na ja, die ganze nächste Woche – allein durchzuhalten?

Richard saß am Chef's Table und arbeitete an einem Rezept. Ich zögerte, ihn zu unterbrechen. Außerdem hatte ich ihn noch nicht ausdrücklich gefragt, ob er mir helfen könnte, eine Küche in Paris zu finden. Bevor sich die Chance bot, mit ihm zu reden, verschwand er und kam nicht mehr zurück. (Vermutlich speiste er mit seinem guten Freund zu Abend, und die beiden Michels saßen irgendwo zusammen.)

Am Freitagmorgen bekam David eine SMS. »Sie kommen!«

Und außerdem, brachte ich denn auch nur annähernd die nötigen Voraussetzungen mit? Ich wusste, wie man Schläuche mit rotem Paprika über dem Kopf schwingt. Ich konnte Semmelbrösel machen und ein Thunfisch-Sandwich zubereiten. Aber ich konnte zum Beispiel kein Französisch.

»Sie sind da!«

Ich hörte sie schon von Weitem: sangen die? Dann kamen sie durch die Tür gestürmt – ich musste schnell beiseite springen – und bemächtigten sich ihrer Posten. Wie eine Besatzungsarmee. Hier erlebte ich zum ersten Mal etwas, das ich später als »Küchenfokus« bezeichnen würde. Sie schauten weder links noch rechts – kein Geplauder, kein Händedruck –, nahmen schnurstracks ihre Posten ein und legten los. Es war beglückend, ihnen zuzuschauen. Aber auch einschüchternd. Kein Vergleich zu uns Amerikanern im Citronelle. Wir kamen uns unseriös und zimperlich vor, wie Weicheier. Die Franzosen wirkten wie Schläger. Sie waren – man kann es nicht anders sagen – furchterregend.

Rostang hat zwei Michelin-Sterne. Ich hatte bis dahin noch keine *brigade* eines Sternerestaurants erlebt.

Sie konnten kein Englisch, oder falls doch, behielten sie es für sich. Es spielte auch keine Rolle – mit Amerikanern hätten sie sowieso nicht gesprochen. Während einer Pause trafen sie die Franzosen, die »leitenden Angestellten« des Citronelle, also David, Mark Courseille (der Pâtissier), Cédric Maupillier (ein ehemaliger Souschef, jetzt in Richards Central, seinem »amerikanischen« Bistro) und einen Koch aus der französischen Botschaft, der früher bei Richard gearbeitet hatte.

Wir Amerikaner gingen im Hintergrund still unseren Tätigkeiten nach, blickten kaum auf und wirkten katastrophal inkompetent.

Ich überlegte: Was hatte ich diesen Amerikanern schon voraus, diesen gelernten, erfahrenen Köchen, die jetzt so unbedarft und eingeschüchtert wirkten? Ich konnte mir nicht vorstellen, Mitglied des Michelin-Teams zu werden. Zwei Sterne? Keine Chance.

Wo Richard nur steckte? Saßen die beiden Michels gar noch beim Lunch? Ich musste nachmittags meinen Zug erwischen, wegen unseres häuslichen Agreements. Und ich war nicht mal unglücklich darüber. Fragte mich aber doch: Hatte ich gerade die Chance verpasst, in Paris zu arbeiten?

Drei Wochen später bot sich eine weitere Gelegenheit. Ich war an jenem Abend im Hauptbereich der Küche, lernte endlich den Fischposten kennen, als David vom Pass her (dort werden die Speisen für den Service bereitgestellt) rief: »Michel sagt, dass du raufkommen sollst! Da sind Leute, mit denen er dich bekannt machen will.«

Ich rührte mich nicht vom Fleck.

»Michel ist mein Boss. Du musst die Küche verlassen.«

Michel Richard war es völlig egal, ob ich kochte oder nicht. Aber ich wollte unbedingt kochen, also hatte er nachgegeben – und da er mich letztlich nur aus Freundlichkeit duldete, hatte er das Recht, mich jederzeit zu sich zu rufen. Eigentlich war das jedes Mal eine Freude, nur dass die Unterbrechungen oft länger dauerten als meine Zeit in der Küche, und schließlich glaubte ich immer noch, ich könnte hier französisch kochen lernen. (Spoiler-Alarm Nummer zwei: Fehlanzeige, aber dafür sollte ich lernen, wie *Michel Richard* kochte, auch nicht schlecht.)

Bei den Freunden, mit denen er mich bekannt machen wollte, handelte es sich um Antoine Westermann, einen gefeierten Elsässer Küchenchef, und seine Frau Patricia. Es war ein warmer Abend, sie saßen im Freien – Holztische und -bänke, wie in einem spontan improvisierten Straßencafé. Ich gesellte mich zu ihnen. Eine Platte mit Austern erschien, eine Flasche Chablis. Michel Richard erzählte Geschichten aus seiner Kindheit, über seine »Mom«, eine lausige Köchin. Jetzt wurde Charcuterie serviert, auf einer Baumrindenplatte; man schenkte mir nach, stellte die nächste Flasche in den Eiskühler. Ich entspannte mich. Warum auch nicht? Keine große Entbehrung, mal nicht in der Küche zu sein.

(Zwischendrin, ich gebe es zu, dachte ich an meine Frau – intensiv, wenn auch nur kurz – und fragte mich, welchen Höllenstress sie wohl in diesem Moment wieder mit den Zwillingen erlebte.)

Westermann hatte sein erstes Restaurant mit 23 Jahren eröffnet, eine umgebaute Scheune im Zentrum Straßburgs, ein Lokal, das High Tech mit den Rezepten seiner Großmutter verknüpfte und ihm über einen

Zeitraum von 25 Jahren drei Michelin-Sterne bescherte. Dann gab er es der Liebe wegen auf (»für die schöne Patricia«, wie Richard betonte), verließ seine damalige Frau und überschrieb das Restaurant seinem 32-jährigen Sohn; Westermann und Patricia zogen nach Paris, wo er das Drouant kaufte, 1880 gegründet, eines der altehrwürdigen Restaurants der Stadt. Westermann kam regelmäßig nach Washington – er hatte einen Beratervertrag mit dem Sofitel Hotel – und traf sich dann immer mit Richard. Richard in den Vereinigten Staaten zu begegnen war für viele französische Köche (zum Beispiel Westermann, Alain Ducasse oder Joël Robuchon – also einige der größten Talente ihrer Generation) so, als entdeckten sie ein verkanntes Nationalheiligtum – wie konnte ein so fantastischer Koch in Frankreich so unbekannt sein? Sie kamen sofort hin, um ihm zu huldigen, und gehörten dann für den Rest ihres Lebens dem Michel-Richard-Fanclub an.

Westermann machte aus seiner Zuneigung zu Richard keinen Hehl. Die beiden Köche waren ungefähr im gleichen Alter. Westermann war groß und durchtrainiert – er fuhr Mountainbike –, hatte eine aufrechte Körperhaltung, strahlte eine wachsame Korrektheit aus und trug eine runde Gelehrtenbrille. In der Kochjacke, und irgendwie schien er immer eine Kochjacke zu tragen, wirkte er mit seinem steifen, etwas formellen Auftreten wie ein Wissenschaftler; doch wenn er lächelte, schien er entspannt, und in Richards Gesellschaft lächelte er oft. Bis zu jenem Abend hatte ich immer nur Leute kennengelernt, die bei Richard angestellt waren.

»Weißt du, Michel, du solltest wirklich Sport treiben.«

»Ja, mach ich, Antoine, versprochen.«

»Es braucht nicht viel – ein bisschen, aber jeden Tag.« Westermann machte sich Gedanken um Richards Gesundheit, und aus seinem Rat sprach liebevolle Fürsorge.

Einst war Richard ein kräftiger, breitschultriger Mann gewesen. Auf einem Foto aus seiner Zeit in Los Angeles wirkt er richtig energiegeladen. Doch jetzt waren diese Schultern nicht mehr stark und breit, sondern eingefallen. Man konnte ihn immer noch als schönen Mann bezeichnen – weil man jedes Mal in seiner Gesellschaft erleben durfte, wie viel Freude er ausstrahlte –, aber körperlich ging es ihm schlecht. Drei Jahre zuvor hatte er einen Schlaganfall erlitten. »Es war hier im Restaurant«, erzählte er mir. »Ich konnte nicht mehr richtig sprechen. Nur noch Gestammel.«

»Das liegt an deinem Gewicht, Michel. Du musst abnehmen.« Westermann meinte es gut mit ihm.

»Ja, Antoine, *ma petite* Laurence sagt mir das Gleiche. Ich fang' morgen an.«

Richard war ein Genießer und konnte sich nur dadurch mäßigen, dass er Versuchungen komplett aus dem Weg ging. Bei seinen Sonntags-Lunchs in Los Angeles hatte er sich immer wüst betrunken und so gelernt, lieber keinen Wein mehr im Haus zu haben. Mit Essen war das schon schwieriger. Man kann nicht ohne Essen leben. (»Einmal hat mir Laurence Hüttenkäse gebracht. Schon mal gegessen? Ich hab es versucht. Ich wollte Laurence eine Freude bereiten. Aber es ging nicht. Es schmeckte einfach widerlich.«)

»Schau dir diesen Käse an«, sagte er eines Abends zu mir, als wir am Chef's Table saßen. »So cremig, fett und üppig.« Diese Käsesorten waren für den Dinner Service bestimmt. »Laurence hat mir gesagt, ›Keinen Käse mehr, bitte, Michel, versprich mir das‹. Ich habe es ihr versprochen. *Mais regarde!*« Er trank ein Glas Wasser. Noch eins. Dann erlag er der Versuchung in Form eines großen, für ihn zubereiteten Tellers – nur Käse, kein Brot – und verdrehte genüsslich die Augen, mit einem langgezogenen verzückten *Mmmmmmmmmmm* ... »Milch in ihrer herrlichsten Form.«

Am Ende des Abends kehrte ich in die Küche zurück und half beim Saubermachen. Ich fragte David: »Wie wäre es mit Westermann? Er hat ein gutes Herz, weiß sehr viel und ist berühmt für sein Können.«

David runzelte die Stirn. »Ein Elsässer in Paris? Das wäre dann eine Küche, die mit dem Ort nicht zusammenhängen würde. Dann könnte es auch New York sein, statt Paris. Ich werde mit Michel sprechen. Wir finden schon was für dich.«

Michel Richard wurde in Pabu geboren. Pabu liegt eine halbe Stunde vom Meer entfernt, ein Bauerndorf in der Bretagne, dem weit im Nordwesten liegenden Teil Frankreichs. Seine Eltern – André, ein Mitglied der Résistance, und Muguette, eine junge Frau, die als Zimmermädchen in einem Schloss arbeitete – lernten sich flüchtig am Ende des Zweiten Weltkriegs kennen, als sich die Naziarmee auf dem Rückzug befand. Monate später – der Krieg war gerade vorbei, überall Pferdekarren und zweizylindrige Fahrzeuge, die sich durch den Schlamm kämpften – machte sich Muguette, bereits hochschwanger, auf den Weg in das Dorf, aus dem, wie sie sich erinnerte, die Eltern ihres Résistance-Geliebten stammten. Sie kam bis Rennes, der Hauptstadt der Bretagne, wo im Mai 1945 Richards älterer Bruder, Alain, geboren wurde. Nach der Geburt wanderte sie weiter bis Pabu, klopfte dort an allen Türen, bis sie den Kindsvater fand. Drei Jahre später wurde Richard geboren.

Die junge Familie lebte bei Andrés Eltern. Richards Erinnerungen an seine Kindheit sind Bilder, vorwiegend im Haus, vorwiegend winterlich, dunkle Räume, von flackerndem Kaminfeuer erhellt. Wasser holte man aus dem Brunnen, mit Strom wurde gespart – nach 20 Uhr kein Licht mehr. Die Großeltern sprachen nicht französisch. Sie sprachen bretonisch, heizten mit Torf, wohnten auf Lehmböden und benutzten keine Teller, sondern löffelten das Essen aus runden Vertiefungen im massiven Holztisch. Richards Vater war der Dorfbäcker. Richard, der mir irgendwann zeigte, wie man diese perfekten runden Brötchen für seine Thunfischburger macht (man knetet sie mit dem Daumen, während man sie rollt), erinnerte sich, dass sein Vater sie sehr schnell zubereitete, immer zwei gleichzeitig, und sie gegen seine schmuddelige Schürze drückte, dieselbe Schürze, in die er das Gesicht des Buben presste, wenn er ihn frühmorgens kurz umarmte. Er roch nach filterlosen Zigaretten und Wein – er war Alkoholiker – und stand stopplig und verschwitzt im Feuerschein des Holzofens.

Es gab Jobs in den Ardennen, im Osten, in der Nähe der belgischen Grenze, wo nach dem Krieg Fabriken wiedereröffnet wurden. Als Richard sechs Jahre alt und seine Mutter mit dem vierten Kind schwanger war, zog die Familie aus einer der rückständigsten in eine der am wenigsten erschlossenen Gegenden Frankreichs. Die Ehe endete ein Jahr später, nachdem der Vater die mittlerweile mit dem fünften Kind schwangere Muguette im Suff brutal misshandelt hatte. Am nächsten Morgen stieg sie mit ihren Kindern in einen Bus und fuhr davon.

Ausgerechnet seine Mutter gab Richard den ersten entscheidenden Impuls für seine Berufswahl, weil sie ihn zum Kochen drängte. Als Fabrikarbeiterin blieb ihr kaum Zeit dazu, und so sprang Richard im Alter von neun Jahren ein. Er sprang auch deshalb ein, weil alles, was die Mutter kochte, ungenießbar war. Richard hatte da viele Geschichten auf Lager, aber meine liebste war die von dem Hasen, der so lange im Kochtopf vor sich hingeschmurgelt hatte, dass Richard und seine Geschwister, als am Tisch der Topfdeckel gelüftet wurde, aufstehen und sich vorbeugen mussten, um überhaupt etwas zu erkennen: Der Hase war nur noch so groß wie ein Spatz, zu einem harten schwarzen Klumpen verkohlt. Die Geschwister waren froh, dass fortan Richard kochte. Dabei erlebte er zum ersten Mal, dass gutes Essen Menschen glücklich machen kann, und empfing dankbare Liebe dafür.

Durch die Mutter kam Richard auch zur Patisserie, wieder auf Umwegen, dafür sehr nachhaltig. Als er dreizehn war – in diesem Alter pflegte die Mutter ihre Kinder aus dem Haus zu werfen oder zur Arbeit zu schicken (der ältere Bruder lernte bereits Buchhaltung auf einer Handelsschule und bekam dort Unterkunft und Verpflegung) –, verschaffte sie Richard einen Job in einer Bronzegießerei. Dort verbrannte er sich so schlimm die Hände, dass sie anschwollen und er nicht mehr weitermachen konnte. Die Mutter hörte sich bei Freunden um – irgendetwas musste er ja tun – und fand für ihn einen Ausbildungsplatz als Lehrling in einer Konditorei im 100 km entfernten Carignan, mit Kost und Logis und 50 Francs pro Monat (etwa zehn Dollar); es gab weder Zug- noch Busverbindung nach Hause. An einem frühen Sommermorgen nahm ein Mehllieferant den Jungen mit nach Carignan – ein blauer Renault-Lieferwagen, rosaroter Himmel, der Duft von Augustblumen. Und dann kam Richard drei Jahre lang nicht mehr nach Hause, kein einziges Mal.

»Vor Kurzem«, sagte mir Richard, »wurde mir klar, dass ich mich nicht erinnern kann, ob meine Mutter mich jemals geküsst hat.«

Ich fragte ihn nach seinem Vater: Hatte der ihn beeinflusst? Ein Konditor ist zwar kein Bäcker, aber so groß ist der Unterschied ja dann auch wieder nicht.

»Nein, keinerlei Einfluss«, erwiderte Richard. »Patissier ist einfach ein toller Beruf.« Er schwieg und schien nachzudenken. »Na ja, vielleicht doch.«

Der Vater, den er nie hatte, sagte er, war Gaston Lenôtre, der berühmteste französische Konditor des 20. Jahrhunderts. Richard wurde im Jahr 1971 eingestellt, kurz nach seinem 23. Geburtstag – und kurz bevor der Restaurantführer *Gault & Millau* in seiner berühmten Ausgabe vom Oktober 1973 den Begriff der Nouvelle Cuisine prägte und Lenôtre als einen der kühnsten Praktiker der Bewegung bezeichnete.

Lenôtre, der berühmte Lenôtre, betrachtete Richard als Künstler – für Richard war diese Aufmerksamkeit ermutigend und befreiend – und entwickelte ihn im Lauf der Zeit zu seiner Geheimwaffe. (Viel später wurde David Bouley, der New Yorker Küchenchef, bei Lenôtre ausgebildet. »Selbst damals erzählte man sich noch, Michel habe dies kreiert und das kreiert, unendlich viele Dinge.« Und dies Jahre *nachdem* Richard von dort weggegangen war. »Dass er immer noch diesen Einfluss besaß, zeigt ja, welch große Rolle er in Lenôtres Welt gespielt haben muss.«) Durch Lenôtre entdeckte Richard sein eigenes Genie. Durch Lenôtre landete er in Amerika: Er begleitete ihn, um Lenôtres erste französische Patisserie in New York zu eröffnen. Durch Lenôtre (wenn auch nur indirekt) entdeckte er Kalifornien, denn dorthin ging Richard, nachdem Lenôtres New Yorker Experiment gescheitert war. In Los Angeles eröffnete Richard 1976 eine unfassbar erfolgreiche Patisserie (der Koch Wolfgang Puck erinnert sich, wie er damals über die Menschenschlangen vor der Tür staunte: »Längere Schlangen habe ich noch nirgends sonst gesehen«) und später das Citrus, sein erstes Restaurant.

Worin bestand Lenôtres innovative Leistung? Ich hatte mir sein erstes Buch gekauft, *Faites Votre Pâtisserie Comme Lenôtre* (deutscher Titel: *Das große Buch der Patisserie*). Ein Klassiker von dreihundert Seiten, inzwischen vergriffen. Es enthält Rezepte für Tartes und Éclairs und Baba au Rhum. Wieso galt dies als Nouvelle Cuisine?

»Lenôtre hat keine neuen Gerichte erfunden«, sagte Richard. »Er erfand neue Zubereitungsmethoden für die alten Gerichte. Er hatte eine simple Regel: Man kann alles ändern, solange das Resultat besser schmeckt als das Original.«

Diese Regel, die für mich zu den prägnantesten Definitionen der Nouvelle Cuisine gehört, beherrschte alles, was Richard tat, selbst wenn seine Rezepte anarchischer waren als die Lenôtres. Zum Beispiel erfand Richard falschen Kaviar. Wir bereiteten ihn am Fischposten zu. Er sah aus wie echter Kaviar und schmeckte auch so und wurde in einer gefakten Kaviardose serviert, auf deren Deckel »Begula« [sic!] stand. Der falsche Kaviar besteht aus Pasta-Perlen *(Fregola)*, die man in einem kräftigen Fischfond quellen lässt und mit Sepia färbt. Natürlich ist das streng genommen kein Ersatz für Kaviar, doch angesichts der akribischen Zubereitung und der kleinen Kostbarkeiten, die das Rezept enthält (ein perfektes weiches Ei, vakuumgegart, ein in Butter gesottenes Hummergelenk), schmeckt es tatsächlich »besser« als das Original, wenn »besser«

in diesem Fall ein »erfreulicheres Verzehrerlebnis« bedeutet. (Richard, dem stets der Schalk im Nacken saß, servierte echten Kaviar über einer Schüssel schwebend, ein Präsentationstrick, der nur in einem dunklen, von Kerzen erhellten Raum funktioniert: Der Kaviar wird auf einem Streifen Tesafilm platziert, der über eine Schüssel gespannt ist.)

Eines Nachts erwachte Jessica vom Gekicher der Jungs. Sie hatte sie zwei Stunden zuvor in ihre Gitterbettchen gelegt. Als sie den Kopf aus der Schlafzimmertür steckte, sah sie die Kinder im Wohnzimmer Bücher aus den Regalen ziehen. Die beiden hatten offenbar gelernt, aus ihren Gitterbettchen zu klettern, ein Meilenstein ihrer Entwicklung, der Jessica noch jede Menge Nerven kosten sollte. Jessica rief mich in Washington an. Ich bekam es nicht mit.

Völlig ungerührt (so empfehlen es die Erziehungsexperten) hob sie die Jungs wie kleine Kätzchen hoch – kein Blickkontakt, keine verbale Reaktion –, legte sie gleichgültig in ihre Gitterbettchen zurück und ging zu Bett. Die zwei kletterten wieder heraus. Jessica legte sie zurück. Sie kletterten wieder heraus. Nachdem sich das Ganze 50-mal wiederholt hatte, rief sie mich an.

Keine Antwort.

Nach weiteren 50 Episoden (es klingt zwar unwahrscheinlich, aber Jessica versicherte mir, sie habe sie über hundert Mal in ihre Gitterbettchen zurückgetragen) versuchte sie, mich erneut zu erreichen, wieder vergeblich, und ging dann schlafen. Später fand sie die Jungs im Schneidersitz vor dem offenen Gefrier-Kühlschrank. Ringsum war alles von weißen Handabdrücken übersät; auf dem Boden: Butter, Milch, Orangensaft, zerbrochene Eier und Eiscreme, die die Jungs, als Jessica dazukam, mit den Händen direkt aus dem Behälter futterten. Frederick hatte Schokoladensirup im Haar.

Ich kam freitagabends. Jessica und ich redeten am nächsten Morgen miteinander. »So funktioniert das nicht«, sagte sie.

»Verstehe«, erwiderte ich, aber am Montag befand ich mich wieder in Washington.

Am Fischposten war ich für die Proteine zuständig. Niemand in der Küche, wir waren alle Amerikaner, dachte jemals: Hey, ich bin ein französischer Koch! Für die Zubereitung eines Rochens brauchte man letztlich die gleichen praktischen Fertigkeiten wie für die Zubereitung einer Tasse Tee: heißes Wasser hinzufügen.

Der Rochen ähnelt einem Mini-Stachelrochen mit riesigen Gräten, der in Frankreich mit einer Sauce aus brauner Butter und Kapern serviert wird: eigentlich keine komplizierte Sauce, aber David traute trotzdem keinem seiner Köche zu, dass er das richtige Aroma hinkriegte. »Ihr Geschmackssinn ist vom Zucker verdorben.« Also bereitete David die Sauce selbst zu – jedes Mal. Er entgrätete auch den Fisch, gab ihn in einen Plastikbeutel, fügte die Sauce hinzu, vakuumierte den Beutel und fror ihn ein. Wenn dann eine Bestellung kam, wurde der Fisch zwanzig Minuten ins Wasserbad gelegt (automatische Regelung der Temperatur, das funktionierte quasi von allein) und dann dem Beutel entnommen. Man brauchte nicht zu wissen, was man tat. Man brauchte nicht zu wissen, dass es sich um Fisch handelte.

Felsenbarsch: Mit der Hautseite nach unten grillen, bis er knusprig ist, dann fünf Minuten auf der Fleischseite. Den exotischen fettreichen Kohlenfisch: vier Minuten in den auf 500° geheizten Ofen legen, mit einer Fischzange entgräten, mit einer Soja-Sake-Glasur bestreichen und dann im Salamander überbacken, bis er schwärzliche Blasen wirft.

Butterkrebse waren die Ausnahme. Sie kamen täglich in einer Box, lebend, mit Augen, aufgereiht auf einem Strohbett, waren nicht größer als eine Kinderfaust, meerfeucht, bewegten sich leicht und rochen nach Seepocken und Schiffsankern. Es machte Spaß, sie zu essen, Krustentiere, die man einfach in den Mund steckte und komplett zerkaute, mit Klauen, Schale, allem Drum und Dran.

Sie sind eine Spezialität der Chesapeake Bay, aber an sich nicht ungewöhnlich. Ungewöhnlich ist ihr Wachstumsprozess. Krebse werfen nämlich ihren Panzer ab und bilden einen neuen. Sie häuten sich. Die Chesapeake-Indianer haben entdeckt, dass bei einem Krebs, den man während der Häutung aus dem Wasser holt und der Luft aussetzt, der Panzer nicht aushärtet. Deshalb wird er beim Sautieren so wunderbar knusprig. Richards Krebse waren besonders knusprig, weil sie tiefgefroren waren. Er füllte sie mit einer Mischung aus Mayonnaise und Krebsfleisch, ein unkonventioneller Ansatz, ein Baby mit dem Fleisch des Erwachsenen zu füllen – also mit dem, was aus dem kleinen Krebs geworden wäre, wenn man seine Entwicklung nicht abgekürzt hätte.

»Die Mayonnaise ist für die Säure«, erklärte mir David während einer Lektion über die Zubereitung von Butterkrebsen. Er suchte nach einem anschaulichen Vergleich. »Denk einfach mal an *Fish and Chips*. Die Engländer träufeln Essig drauf. Fett liebt Säure.« (David, das muss hier einmal in aller Freundschaft gesagt werden, hat mir stets auf eine unglaublich charmante, liebenswürdige Art vermittelt, wie fassungslos ihn meine kulinarische Beschränktheit machte.)

Um Butterkrebse zuzubereiten, braucht man nur eine starke Schere und eine Metallschüssel. Mit der linken Hand packt man das Tier direkt hinter den Klauen; mit der rechten Hand schneidet man ihm, direkt hinter den Augen, den Kopf ab und lässt ihn in eine Schüssel fallen. Der jetzt weit offene Korpus ist erstaunlich geräumig, was absolut Sinn ergibt. Denn mit der neuen Schale eines Krebses ist es wie mit einem Mantel für ein Kind – man kauft ihn etwas größer, damit das Kleine hineinwachsen kann. Und natürlich nutzte Richard diesen Raum! Der gehörte ebenso zu den Merkmalen des Butterkrebses wie sein hauchdünner Panzer. Ein mit Mayonnaise gefüllter Butterkrebs? Schmeckte wie ein frittiertes Meeresfrüchte-Sandwich. Warum hatten nicht mehr Restaurants diese Idee geklaut?

Zum Frittieren taucht man die Krebse in einen Teig, der aus folgenden Zutaten besteht: zwei Teile Backmehl (wenig Protein, locker), ein Teil Maismehl (damit der Teig geschmeidig wird), eine Flasche Sprudel (dessen Kohlensäure den Frittiervorgang geheimnisvollerweise übersteht) und eine flüchtige Zutat, die sich »Curry Love« nennt. Dieser Begriff wurde von einem der Köche gebraucht, Gervais Achstetter, der quer durch die Küche rief: »Chef, die Krebse brauchen noch etwas Curry Love!«

»Gervais, bitte pass auf«, gab David zurück. »Wir haben einen Journalisten im Haus!«

Als sie schließlich akzeptiert hatten, dass dieser Journalist noch ein Weilchen zu bleiben gedachte, erfuhr ich, dass es sich bei »Curry Love« um Speisefarbe handelte. Ihre Verwendung in pikanten Gerichten ist im Allgemeinen untersagt, wenn man das auch nicht so recht nachvollziehen kann, denn in der Patisserie ist sie erlaubt, und diesen Bereich hat Richard, rein philosophisch betrachtet, ja eigentlich nie verlassen. Viele von Richards Gerichten enthielten ein bisschen extra Love. Das knallige Grün des »Basilikumöls«? Das leuchtende Safranrot des Ratatouille? Oder das unglaublich intensive Purpurrot der »Weinsauce« zum Steak?

Später einmal fragte ich Richard ganz direkt: »Verwendest du eigentlich Lebensmittelfarbe?« Wir saßen beim Lunch. Die Frage war natürlich ein bisschen boshaft. Er wusste ja nicht, dass ich es wusste. Er hielt inne und versuchte, in meiner Miene zu lesen.

»Nein«, erwiderte er schließlich. »Nie. Rote-Beete-Saft, natürlich. Aber keine Lebensmittelfarbe.«

Jahre später erzählte ich Daniel Boulud von diesem Dialog – dieser unglaublich dreisten Antwort –, und er sagte nur: »Ha!«

Als ich später dann mal in Bouluds Küche war, allein, unten bei den Köchen, staunte ich über die intensiv eidottergelben Tortellini, die der Pasta-Koch gerade zubereitete, und als ich auf meine Bitte hin das Rezept lesen durfte, entdeckte ich – o je! –, dass gelbe Speisefarbe mit im Spiel war.

Spoiler-Alarm Nummer drei: Ich würde später einmal mit Daniel Boulud zusammen kochen.

Als Richard einmal am Wochenende eine Zeitschrift durchblätterte, sah er das Foto einer blühenden Pflanze in einer Glasvase, die unten eine Schicht Dreck beziehungsweise Erde enthielt. Er schloss die Augen und visualisierte die Möglichkeit eines Salats, der wie ein Präsent aus dem Blumenladen wirkte, angefangen ganz unten mit der »Dreckschicht«, und weiter oben Blättern und essbaren Blüten. Als er am Montagmorgen ins Restaurant kam, konnte er es kaum noch erwarten. Er hatte sich bereits ein Blatt Papier geschnappt und zeichnete auf, wie der Salat ungefähr aussehen würde: unten die Erde, der »Dreck« (Aubergine, sautiert mit Schalotten in Olivenöl, was im Ofen dann zu einer süßen Paste wurde); obendrauf geliertes Tomatenwasser; und in der Mitte ein leichter Joghurt – »nicht süß, die Amerikaner mögen es ja immer süß, sondern pikant, mit Kreuzkümmel« (eine dezente Schärfe, nordafrikanisch-erdig) –, schaumig geschlagen mithilfe einer Technik, die er bei Lenôtre gelernt hatte.

»Und die wäre?«

Hauptsächlich Joghurt plus Gelatine, erwiderte Richard. Ich war perplex. Sogar *ich* wusste, dass Gelatine, die man zu einem gekühlten Joghurt hinzufügt, nicht fest wird. Man muss die Gelatine in heißer Flüssigkeit auflösen und abkühlen lassen.

»Ah, *mon ami*, wir lösen die Gelatine nicht in Joghurt auf. Wir lösen sie in einer Tasse heißer Sahne auf und heben sie dann unter!«

Und wie schlägt man das schaumig?

Man stellt die Rührschüssel in eine größere Schüssel voller Eis. Der Effekt besteht darin, den Inhalt gleichzeitig zu erhitzen und abzukühlen, aber mehr abzukühlen, als zu erhitzen. Wegen der Sahne fällt das Resultat üppiger aus als normaler Joghurt, wegen des Kreuzkümmels schmeckt es sagenhaft pikant und hat eine wunderbare Konsistenz, luftig und doch voluminös, wie Softeis. Trotzdem ist es so steif, dass man Salatblätter hineinstecken kann.

Aber es gab ein Problem mit der Erde, dem Dreck. »Merde!«, sagte Richard. Die Aubergine sah wie Scheiße aus. Essen darf nie wie *Scheiße* aussehen.

Am nächsten Morgen fiel ihm die Lösung ein. Er würde die Aubergine braten, wie gehabt, die Schalotten aber durch rote Zwiebeln ersetzen, dann Rote Beete, Tomaten und roten Essig hinzufügen – plus Knoblauch, für ein intensives Aroma. Dies alles gab er in den Mixer und strich es dann durch ein Sieb, wodurch sich eine dicke, fast trockene Konsistenz ergab, wie bei Babynahrung. Es hatte auch eine ansprechende, intensiv rotbraune Färbung (ich wurde den Verdacht nicht los: Hatte Richard Lebensmittelfarbe hinzugefügt, als ich gerade mal nicht hinschaute?). Das Ganze sah aus wie eine Wüste im Sonnenuntergang, einfach zu schön, um vergraben zu werden. Also sollte es die oberste Schicht bilden. Die komische wabbelige Tomate hingegen wanderte nach unten, eine sommerliche Überraschung, wenn man sie mit dem Löffel erreichte.

Die komische wabbelige Tomate bestand übrigens größtenteils aus konzentriertem Tomatenwasser, das übrig bleibt, nachdem man Tomaten gehäutet und Samen und Haut in ein Sieb geworfen hat. Richard liebte Tomatenwasser. Ich kannte mich zwar einigermaßen damit aus, fand die Zubereitung aber ziemlich fummelig. Inzwischen, angesteckt von Richards Enthusiasmus, betrachte ich es als einen derart außergewöhnlichen und unentbehrlichen Bestandteil des Sommers, dass es seine eigene Molekularformel verdient: zum Beispiel $H2OT4$. Wenn man das $H2OT4$ in einen Topf gibt, es langsam eindampfen lässt und dann den Finger eintunkt und probiert, erlebt man ein unglaublich intensives Aroma, das einen rätselhafterweise an heiße, träge Augustnachmittage erinnert. Lässt man die Masse mit Gelatine abkühlen, erhält man einen sehr merkwürdigen Wackelpudding.

Der Salat bot einen wunderbaren Anblick, wirkte verführerisch wie ein Dessert und war sehr schmackhaft. Wie eine Ratatouille, die man in eine Blume verwandelt hat. Das Ganze mit einer Vinaigrette übersprüht.

Richard und ich wollten gerade probieren, als Tyler Florence hereinschneite. Er war zufällig in der Stadt, hatte nicht reserviert und brauchte einen Happen zu essen. Florence ist Restaurantbesitzer und Food-Network-Moderator. Wir verzehrten den Salat gemeinsam. Florence aß ihn mit dem Löffel.

»Wow, Michel. Was ist denn das für eine weiße Creme? Schmeckt fantastisch!«

»Joghurt«, sagte Richard.

Florence probierte erneut. »Das kann nicht sein.«

»Doch. Probier noch mal.«

»Michel. Ich weiß doch, wie Joghurt schmeckt.«

»Nein, du weißt einfach nicht, wie *guter* Joghurt schmeckt.« Richard dehnte das Wort »guter«. »Das ist guuuuuuuter vollfetter Joghurt.«

Florence probierte noch einmal und sagte klar und deutlich, er wisse genau, dass er hier veräppelt werde, und Richard sei ein Arschloch.

Später fragte ich Richard, warum er ihm das Rezept nicht verraten hatte.

»Um dann zu erleben, wie er in seiner Fernsehshow, auf seiner Website und beim nächsten Buch dafür gelobt wird? Nein.«

Küchenchefs erfinden nicht täglich neue Gerichte. Jean Anthelme Brillat-Savarin, Autor des Werks *Physiologie des Geschmacks* (1825), der berühmten Meditation über das Essen, vergleicht ein neues Rezept mit der Entdeckung eines Sterns, aber hier, in Richards Küche, war jedes einzelne Gericht auf der Speisekarte neu. Und es kamen immer wieder neue Gerichte dazu, ein genialer Einfall an einem Montagmorgen oder ein Langzeitexperiment (zum Beispiel Richards Bestrebungen, die *pâté-en-croûte* neu zu erfinden. »Findest du nicht, dass die Kruste immer so durchgeweicht ist?«) oder eine spontane Innovation im Geist von »Warum eigentlich nicht?«

Eines Nachmittags hörte ich zufällig, wie Courseille, der Pâtissier, Marc Veyrat erwähnte. Ich hatte von Veyrat, dem »Alpenkoch«, bereits gehört, allerdings noch nie in seinem Restaurant gegessen, denn als ich einmal in Genf einen Freund besuchte und bei Veyrat essen wollte, war das Restaurant geschlossen.

Courseilles Beschreibung nach hatte Veyrat geisterhaft bleiche Haut und trug sogar im Haus stets einen schwarzen, breitkrempigen Savoyer Bauernhut; in seinem weiten schwarzen Hemd, so Courseille, und mit der getönten runden Sergeant-Pepper-Brille gebärde er sich wie ein Seher und sei einfach nur schrecklich, ein fürchterlicher Angeber. »Grob. Herablassend. Behandelt seine Köche wie Sklaven«, sagte Courseille. »Die Angestellten werden schon in der Morgendämmerung mit Körben und Scheren losgeschickt. Man sagt ihnen, welche Pfade sie erklimmen und wonach sie suchen sollen, und dann geht's ab in die Berge – wir reden hier von den Alpen, vom Mont Blanc –, und sie kommen erst zurück, wenn ihre Körbe voll sind. Dann putzen sie das alles. Bereiten es zu. Und *dann* machen sie sich fertig für den Dinner Service.«

Ich dachte: Was für ein verrückter Typ! Ich dachte: Was für ein toller Typ!

Ich dachte auch: Das ist der Vorteil, wenn man in Richards Küche arbeitet. Der Klatsch, die Gespräche und die Gäste. So würde ich ganz sicher eine Küche in Frankreich finden. Vielleicht hatte ich sie ja schon gefunden.

»Fast niemand in den Vereinigten Staaten kennt ihn«, fuhr Courseille fort, »außer Jean-Georges«, Jean-Georges Vongerichten in New York City. »Veyrat hat ihn mal in New York besucht. Sie sind in den Central Park gegangen, haben Zutaten gesammelt.«

Ich rief Jean-Georges an.

»Ich liebe Marc«, sagte er. »Er ist mein Seelenverwandter.«

Ob er den Kontakt für mich herstellen könnte?

Er schrieb eine Empfehlung und gab mir E-Mail-Adresse und Telefonnummer. Ich war überrascht, wie einfach jetzt alles schien: Man hört von jemandem, man bekommt eine Empfehlung. Jessica, meine französische Bauchrednerin, verfasste ein meisterhaftes Schreiben (der bestformulierte Brief, den ich je an jemanden gesendet habe), in dem sie respektvoll der Hoffnung Ausdruck verlieh, dass ich bei Veyrat arbeiten dürfte. Dann schickte sie den Text als Mail.

Keine Antwort.

Sie schickte die Mail dreimal. Wir riefen an. Nichts. Ich bat Jean-Georges um Rat. »Marc ist eben ein ungewöhnlicher Mensch.«

Am nächsten Tag kam eine Mail von einem Assistenten. (Hatte Jean-Georges interveniert?) Marc Veyrat und seine *brigade* freuten sich, mich zu empfangen. *Nous vous accueillerons.* Das Verb *accueillir*, sagte Jessica, ist entscheidend. Es wird nicht einfach beiläufig verwendet. Es bedeutet, dass man jemanden bei sich zu Hause willkommen heißt. Ich starrte auf das Wort. Ich machte nicht den Versuch, es auszusprechen. Hieß das, ich hatte jetzt einen Plan?

Ich sprach mit David darüber.

»Was für eine grässliche Idee.« David hatte sich einmal für einen Job dort beworben und ein Wochenende in der Küche verbracht. »Sein Executive Chef foult beim Fußball.« David machte eine Pause, damit ich die Dimension dieser Behauptung auch wirklich erfasste.

»Wow!«, sagte ich.

»Genau.«

Dann sagte David: »Wir denken uns was aus. Ich spreche mit Michel.«

Das war eine willkommene Chance.

Und bald schon kam ein Vorschlag.

Cédric, der Küchenchef in Richards Central, und David waren ein ungleiches Paar. Stets beschlossen sie den Abend gemeinsam in der Küche des Citronelle, tranken eine Flasche Wein, manchmal bis zwei Uhr morgens (um diese Zeit schlummerte ich schon selig, mit dem Kopf auf dem Chef's Table). Cédric war energisch und stark, breiter Nacken, breiter Brustkorb, ein Rugby-Spieler im Gegensatz zu David, dem reaktionsschnellen Fußballrowdy. Unterschiedlich auch in ihrem Verhältnis zu Richard: David arbeitete, um Richards Willen zu erfüllen; Cédric wehrte sich. (»Kapiert Cédric nicht, dass mir das Lokal gehört?«, fragte mich Richard einmal. Und Cédric hielt dagegen: »Kapiert Michel nicht, dass dies die Rezepte meiner *Großmutter* sind?«) Eines Nachts erzählten mir Cédric und David, wie sie sich kennengelernt hatten. Sie hatten zusammen in Nordburgund gearbeitet, im La Côte Saint-Jacques, einem Zwei-Sterne-Restaurant im Département Yonne. Das Familienunternehmen in der zweiten Generation lag an einem berühmten fischreichen Fluss, am Rand eines Waldes voller Wild und in der Nähe legendärer Weinberge.

Da ich es mir nicht so recht vorstellen konnte, versuchten sie es mir zu erklären: im Norden Frankreichs, nicht weit von Lyon.

»Eine Stunde«, sagte Cédric.

»Nein, nicht eine Stunde. Über drei Stunden«, korrigierte David. Sie verstummten. Beide hatten den gleichen Gedanken.

»Lyon«, sagte David.

»Lyon«, sagte Cédric. »Amerikaner verstehen das nicht.«

»Das ist die Welthauptstadt der Gastronomie. Ich werde mit Michel reden. Ich bin sicher, dass er dort irgendeinen Freund hat.«

Lyon. Ich war eigentlich nie dort gewesen, nur, wie erwähnt, einmal frühmorgens, um in den Bus zu steigen, wünschte mir aber schon lange, mehr über Lyon zu erfahren. In Chianti, wo ich in der Metzgerei gearbeitet hatte, war ständig von Lyon die Rede gewesen. Einst, auf dem Höhepunkt der italienischen Renaissance, hatten sich die Toskaner diese Stadt quasi angeeignet: Sie ließen sich dort nieder, verkauften auf den berühmten Märkten der Stadt *(les foires)* italienische Waren und bauten sich Villen. Lyon war auch die Stadt, wo einst Italiener, zumindest laut italienischer Überlieferung, den Franzosen das Kochen beigebracht hatten.

Dass die französische Küche ursprünglich der Küche der italienischen Renaissance entstammt, hörte ich zum ersten Mal in besagter Metzgerei, nicht als provokante Bemerkung, sondern in Form eines Sprechchors, von Toskanern laut und theatralisch deklamiert. Ich machte den Fehler, sie um Wiederholung zu bitten – es war zu kurios. Und sie wiederholten es noch lauter und gestikulierten noch wilder dabei.

Tatsächlich war an dieser Idee etwas dran: In Italien (oder der Halbinsel, die wir jetzt Italien nennen) wurden nämlich vom Ende des 14. Jahrhunderts bis ins frühe 17. Jahrhundert festliche Mahlzeiten wie Kunstwerke behandelt, orchestrierte Produktionen, mit zahllosen Platten und Tellern und viel Brimborium seitens der Küche, eine *festa*. Die Franzosen besaßen damals keine solche Esskultur. Beim Erzählen kam einem diese Vorstellung wie eine Karikatur vor: dass das, was wir heute unter französischer Küche verstehen, eigentlich auf die Tochter der berühmten florentinischen Familie Medici, Katharina, zurückging. Im Jahr 1533 verließ sie im Alter von 14 Jahren die Toskana, um einen Prinzen zu heiraten, und als dieser dann später König von Frankreich wurde, brachte Katharina ihren Untertanen die italienische Kochkunst, italienische Zutaten und allerlei kulinarische Geheimnisse nahe. Heute spricht man vom »Katharina-von-Medici-Mythos«, den die Leute mit großem Spaß zitieren.

Ich recherchierte diese These. Es gab kaum schriftliche Zeugnisse, die sie gestützt hätten. Ich fand viel mehr schriftliche Zeugnisse dagegen, die allerdings auch nicht immer überzeugend klangen. Manche Kritiker schienen des Italienischen nicht mächtig, konnten also keine italienischen Originaltexte lesen. Manche berührten die italienische Renaissance kaum (oder gar nicht). Viele Dinge klangen, meiner bescheidenen Meinung nach, eher franko-chauvinistisch als gelehrt. Jedenfalls waren die Implikationen faszinierend: dass die französische Küche bis zu einem bestimmten Zeitpunkt einfach nicht existiert hat, oder jedenfalls nicht in der heutigen Form; und dass dann ab einem bestimmten Zeitpunkt die französische Küche existierte und damit vielleicht die Italiener etwas zu tun hatten.

Doch irgendwann – ich weiß nicht, es war ja vielleicht sehr weit hergeholt, außerdem fehlte mir womöglich das akademische Rüstzeug (und ganz sicher das nötige Französisch) – ließ ich die Recherche ruhen. Und jetzt:

Tja, jetzt überlegte ich, ob ich nach Lyon gehen sollte.

Ich rief Jean-Georges an.

»Lyon ist eine wundervolle Stadt. Ich habe dort gekocht.« Er war Saucier gewesen – der Koch, der die Saucen zubereitet –, und zwar bei Paul Bocuse.

»Lyon, la *Ville des Mères*, die Stadt der Mütter, der *Mères Lyonnais*«, sagte er. »Weißt du das nicht? Ich weiß nicht seit wann, jedenfalls seit langer Zeit waren es diese Frauen, die kochten. Dort hat alles angefangen«, sagte er. »Du solltest wirklich nach Lyon gehen.«

Als ich Richard das nächste Mal begegnete, saß er am Chef's Table und wartete auf mich.

»Lyon ist ideal«, sagte er.

Richard fuhr oft nach Lyon und hatte dort einen nahen Freund, Jean-Paul Lacombe, der auch als Koch in die Vereinigten Staaten gegangen war und Richard als einen Gott in Menschengestalt betrachtete. »Jean-Paul führt das Léon de Lyon. Das ist eine Lyoneser Institution. Ich werde Mel bitten, ihm einen Brief zu schreiben. Du hast dein Restaurant gefunden.«

Mittlerweile hatte Jessica – eine verständnisvolle Ehefrau, die ihrem Mann aufs Wort glaubte, was er sagte – die nahe Zukunft der Familie geplant und sich dabei auf zwei Annahmen gestützt: dass wir den Sommer in Paris verbringen würden und dass wir unsere Kinder für den Herbst in einer frühkindlichen Bildungseinrichtung anmelden mussten, sprich in einer Vorschule.

Seinen New Yorker Nachwuchs in einer solchen Einrichtung unterzubringen erwies sich als urbaner Wettkampf, doch meine Frau hatte da reichlich Erfahrung. Sie besuchte zwölf Aufnahme-Meetings. Eines fand in einer Turnhalle statt, deren Tribüne nicht annähernd allen Bewerbern Platz bot, weshalb die meisten auf dem Boden sitzen mussten: die circa achthundert Mütter und Väter erfuhren, dass es exakt 52 freie Vorschulplätze gebe. Jessica schaffte es nicht nur, unsere Jungs in dieser Einrichtung unterzubringen, sondern bewarb sich auch noch an allen anderen Vorschulen erfolgreich und entschied sich schließlich für eine Einrichtung namens Jack & Jill, die ohnehin ihre erste Wahl gewesen war. Sie schickte mir eine SMS: ob sie die Zwillinge nun verbindlich anmelden und die Gebühren bezahlen könne?

Ich sagte zu. Mir war klar, was das bedeutete. Ich musste meine französische Kochausbildung bis zum Herbst abgeschlossen haben.

Am nächsten Morgen rief Jessica an. »Jack & Jill beginnt am 16. September, aber die Lehrerinnen möchten die Jungs vorher kennenlernen, bei *uns* zu Hause, am 10. September um 9 Uhr vormittags. Sind wir bis dahin zurück?«

»Klar«, erwiderte ich.

Jessica hatte Flüge gecheckt. Es war schon Juni. Die vor Kurzem noch günstigen Tickets kosteten jetzt ein Vermögen. »Kann ich uns Tickets kaufen?«

Ich bat sie, noch etwas zu warten. Ich hatte einen neuen Plan.

An jenem Wochenende saßen wir auf einer Bank vor einer Mauer.

Mein Plan, sagte ich, sieht so aus, dass wir »als Familie« bis zum September in Frankreich sind und ich dann »solo« noch eine Weile bleibe.

Es trat eine lange Stille ein: eine wirklich sehr, sehr lange Stille.

»Du bleibst dann solo in Paris?«, sagte sie schließlich.

»Nein.«

»Nein?«

»Ich habe nicht Paris gesagt.«

»Egal wo, du gehst also nach Frankreich …«

»Lyon. Ich dachte an Lyon …«

»Ist mir egal, wo du hinwillst. Es kommt jedenfalls nicht infrage, dass du mich hier zurücklässt und ich die Jungs allein durchs erste Vorschulhalbjahr bringen darf.«

»Ach nein?« Ich riss mich zusammen. Sie hatte wirklich eine schwere Zeit mit den Kindern hinter sich.

»Nein.« Sie machte eine Pause. »Wir gehen gemeinsam.«

»Im Ernst?«

»Wir ziehen nach Frankreich.«

»Echt?«

»Als Familie.«

»Wie soll das denn gehen?«

»Das weiß ich noch nicht. Geh du arbeiten. Ich denk mir was aus.«

So verlief eines der tiefgründigsten und folgenreichsten Gespräche unserer Ehe.

Ein Problem gleich zu Beginn war die Aufenthaltsdauer. Amerikaner können Frankreich als Touristen bis zu drei Monate lang »besuchen«, ein längerer Aufenthalt erfordert ein Visum, was Jessica Sorgen bereitete.

Ich wusste das zwar, hatte es aber nicht ernst genommen. Wir hatten über drei Monate in Italien gelebt und nie ein Visum gebraucht. Dan Barber hatte auch keins gehabt, als er sein Praktikum in Frankreich absolvierte. (»Ich wusste gar nicht, dass ich so was brauche.«) Thomas Keller auch nicht. (»Das war eine andere Zeit.«) Amerikaner absolvierten ihre französische Ausbildung ohne viel Tamtam.

»Die hatten keine Kinder.«

Stimmt, sagte ich. Und es stimmte auch, dass zwei Leute aus der

Küche des Citronelle zum Arbeiten nach Frankreich gegangen und von der Polizei erwischt worden waren. Sie hatten binnen 24 Stunden das Land verlassen müssen.

Wenn unsere Kinder, meinte Jessica, abends zu Bett gingen, sollten sie keine Angst haben müssen, dass man sie über Nacht auswies. »Wir können nicht ohne gültige Visa in Frankreich leben. Geh du arbeiten. Ich denk mir was aus ...«

Sie kontaktierte die französische Botschaft, und es jagte mir einen Schrecken ein, dass sie tatsächlich den *Repräsentanten* einer *Institution* kontaktiert hatte. Es kam mir so offiziell vor, so irreversibel.

Am nächsten Morgen mailte Jessica mir die Formulare.

Sie rief an. »Sitzt du gerade am Tisch?«

»Zu spät.«

»Kein Problem. Ruf mich morgen an.«

Es war ein unglaublich pedantisches Dokument, das alle Befürchtungen und sämtliche Vorurteile gegen die französische Bürokratie bestätigte. Ich las die Anforderungen: Steuerrückzahlungen, Einkommensnachweis, Eigenkapital, unser französisches Bankkonto (unser *französisches* Bankkonto?), Aufenthaltsnachweis und eine Zweckerklärung, das heißt man musste (auf Französisch) begründen, warum man sich in Frankreich aufzuhalten gedachte.

Drei Abende später kam zufällig der französische Botschafter ins Citronelle und bestellte Butterkrebs. Die ganze Küche wusste über meine Pläne Bescheid.

»Verbock es jetzt nicht!« sagte David. »Das ist deine Zukunft!«

Am nächsten Tag schrieb ich: »Lieber Herr Botschafter, ich bin Schriftsteller und studiere zurzeit die französische Küche. Den Butterkrebs, den Sie gestern Abend im Citronelle verspeist haben, habe ich für Sie zubereitet. Ich frage mich, ob Sie mir vielleicht helfen könnten ...«

Um sicherzugehen, dass der Brief den Adressaten auch wirklich erreichte, suchte ich Victor Obadia auf, einen Handelsvertreter von Silver Spoon. (Silver Spoon lieferte Gastronomiebedarf für Gourmetrestaurants: Baumrinde, Schüsseln, die aussehen wie Gaudí-Räume, sachliches postmodernes Design, auf das ambitionierte Fans der Molekularküche stehen.) Monsieur Obadia gehörte zu einer informellen Gruppe von Gourmets, die oft werktags abends auf einen Drink im improvisierten Straßencafé des Citronelle zusammensaßen. Der französische Botschafter wiederum war ein Kunde von Obadia. Die Küche der französischen Botschaft gehörte bekanntlich zu den besten in Washington, D.C., und es war nirgends so schwierig, einen Tisch zu ergattern.

Vom französischen Botschafter kam keine Reaktion.

Dafür erhielt ich den Anruf eines hohen Beamten, vornehme Stimme, makelloses Oxbridge-Englisch, wie man es auf privaten Eliteschulen lernt. Er sei ein wenig ratlos, gestand er mir. Was der Botschafter denn für mich tun könne?

Ich sagte, ich bräuchte ein Visum für mich und meine Familie, damit wir in Frankreich leben könnten.

»Verstehe«, erwiderte er. Ich erfuhr zwar, dass der Botschafter keine Visa ausstelle, bekam aber einen Namen und eine Telefonnummer in Manhattan. Der Name lautete Marc Selosse, und die Telefonnummer war die des französischen Konsulats in New York in der Fifth Avenue.

Selosse war wohlwollend und gebildet, beherrschte viele Sprachen und wollte helfen; aber nur, wenn ich begriff, dass er leider nichts für mich tun könnte.

»D'accord?«

»D'accord.«

Er habe lang genug in New York gelebt, erklärte er, um zu wissen, dass die meisten New Yorker keine Vorstellung davon hätten, wie viel den Franzosen Regeln bedeuten und dass Regeln nun mal für alle gälten und man leider nicht viel machen könne, weil es nämlich keine Ausnahmen gäbe: niemals.

Doch war Selosse bereit, unseren Antrag im Eilverfahren durchzubringen.

Wunderbare Nachrichten! Ich dankte ihm und fragte, wie lange es ungefähr dauern würde.

»Wenn Sie Glück haben, drei Monate.«

Juni. Wenn wir Glück hatten, kamen die Visa also im September.

»Aber nur wenn«, fügte Monsieur Selosse hinzu, »und dies ist ein sehr großes *Wenn*, Ihre Anträge vollständig sind.«

Selosse nannte uns einen Termin in zehn Tagen, um unsere Antragsformulare und die Belegdokumente im Konsulat abzugeben. Ich protestierte wegen der langen Wartezeit – wir hatten es eilig –, aber er versicherte mir, dass ich die Zeit brauchen würde. »Vergessen Sie nicht, der Einkommensnachweis muss in vierfacher Ausfertigung vorliegen, auch je einer pro Kind.«

»Natürlich«, erwiderte ich. Ein Einkommensnachweis für unsere Kinder, die noch nicht mal drei Jahre alt waren?

»Und Ihre Kinder«, fügte er hinzu, »müssen Sie auch mitbringen.«

»Werden sie denn interviewt?«

»Nein, nein. Wir brauchen bloß ihre Fingerabdrücke. *Sie* werden interviewt. Auf Französisch.«

»Ich spreche aber nicht französisch.«

»Es wird nur ein ganz kurzes Interview.«

Ich machte mich an die Arbeit. Alles war überschaubar, wenn auch übertrieben, bis auf eine Bedingung. Wir mussten nachweisen, wo wir in Frankreich wohnten. Ich hatte diese Bedingung zwar in den Antragsformularen gesehen, ihr aber keine Bedeutung beigemessen: Denn wie sollten Leute, die den Antrag stellen, in Frankreich wohnen zu dürfen, denn beweisen, dass sie bereits dort wohnten? Ich hatte Freunde in Paris. Vielleicht würde mir jemand eine Adresse »borgen«?

Ich rief Monsieur Selosse an.

»Der Nachweis des Wohnsitzes ist sehr wichtig. Und er muss die Stadt betreffen, in der Sie dann auch wirklich wohnen werden.« Er erwähnte einen aktuellen Fall, wo eine Frau einen Wohnsitznachweis für Paris erbracht hatte, obwohl sie beabsichtigte, in Toulouse zu wohnen. »Als sie dann bei der Präfektur in Toulouse vorsprach« – es war offenbar erforderlich, dass man sich binnen zwei Monaten nach Ankunft bei der Lokalbehörde registrierte – »wurden wir sofort informiert. *Das ist nicht ordnungsgemäß,* sagten wir und wiesen sie aus.«

Ich wandte mich wieder dem Merkblatt zu. Man musste einen Mietvertrag oder eine Besitzurkunde vorlegen sowie Betriebskostenabrechnungen mit Name und Adresse. Für Improvisation blieb kaum Spielraum.

Freitag. Eine Woche war verstrichen. Unser Termin sollte am Montag stattfinden. Ich rief Selosse an, aber er nahm nicht ab. Ich hinterließ eine Nachricht auf seinem Anrufbeantworter und wartete ungeduldig. Erst um 17 Uhr rief er zurück.

In was war ich da hineingeraten? »Muss ich diese Dokumente wirklich beibringen? Wir *leben* doch noch gar nicht in Frankreich!«

»Doch, wir brauchen einfach nur eine Kopie der Besitzurkunde«, sagte er gut gelaunt. »Aber bringen Sie unbedingt auch das Original mit.«

Hatte er mir nicht zugehört? »Aber ich habe doch gar keine Besitzurkunde. Ich besitze ja keine Immobilie in Frankreich.«

»Oh.«

»Wir wohnen ja noch nicht dort.«

»Oh.«

Eine lange Pause trat ein. Hieß das, wir mussten aufgeben?

»Falls eine Lyoneser Familie bereit wäre, Ihre Familie bei sich aufzunehmen«, sagte Selosse, »sorgen Sie dafür, dass diese Leute alle vorgeschriebenen Dokumente beibringen; sie müssen auch schriftlich den Namen sämtlicher Mitglieder Ihrer Familie angeben, einschließlich Ihrer Kinder.«

Ich hatte zwar keine Lyoneser Familie erwähnt, spielte aber mit. »Jeden Namen?«, fragte ich.

»Jeden Namen.«

Bot Monsieur Selosse, der schließlich Berufsdiplomat war, mir hier etwa einen diplomatischen Ausweg?

Aber wen konnte ich jetzt, an einem Freitagabend im Sommer, telefonisch erreichen? Sollte ich den Montagstermin verschieben? Selosse hatte mich gewarnt, es gebe dann erst wieder im August einen Termin, was sowieso nichts nützte, weil dann in ganz Frankreich Ferien waren, sodass es quasi auf September hinauslief.

Ich konzentrierte mich: Kannte ich irgendjemanden *in* Lyon?

Nein. Ich war nie in Lyon gewesen.

Kannte ich irgendjemanden *aus* Lyon?

Nun ja, *möglicherweise* fiel mir da jemand ein, obwohl ich ihn kaum kannte. Der französische Küchenchef Daniel Boulud, hier in den USA. Er stammte aus Lyon.

Ich hatte ihn mal kennengelernt. Ob er sich an mich erinnerte? Ich rief im Restaurant an.

Nein, er sei nicht da.

Ich drängte.

Er sei im Ausland.

Ich drängte weiter.

Er sei in Shanghai.

(Shanghai? Shit.)

Ich erinnerte mich an eine E-Mail von Daniels Pressesprecherin Georgette Farkas. Einen Versuch war es wert. Ich rief an, niemand ging ran (war sie vielleicht auch in Shanghai?). Ich hinterließ eine Nachricht auf dem AB und schilderte dann in einer verzweifelten Mail, welche »Nachweise« ich brauchte: Wohnsitz, Eigentumsnachweis, die Namen unserer Kinder (»und Frederick mit ck, nicht nur mit c wie in Frankreich, es darf auf keinen Fall etwas falsch geschrieben sein«) – und am

Schluss fragte ich Georgette, ob sie eventuell Daniel in Shanghai erreichen könnte?

Am nächsten Morgen fand ich ein dreiseitiges Fax vor, nicht etwa aus Shanghai, sondern aus Lyon.

Ich rief Jessica her: »Hey, das musst du lesen!«

Es ging um ein altes Gebäude mit vielen Zimmern, groß genug für George, Frederick, Jessica und mich, im vornehmsten, ältesten Arrondissement Lyons. Leider befinde sich dieses Haus aber schon so lange im Familienbesitz, dass die ursprüngliche Besitzurkunde nicht mehr aufzutreiben sei. Ob deshalb dieser Nachweis genüge? Gezeichnet Julien Boulud.

»Wer ist denn dieser Julien?«, fragte Jessica.

»Keine Ahnung. Daniels Vater vielleicht? Aber schau dir mal die Beschreibung an. Meinst du, wir könnten dort leben?«

»Aber nein. Das existiert doch gar nicht. Es ist frei erfunden.« Sie sah mich erstaunt an, mit einem Blick, der besagte: *Wie hast du es nur geschafft, so lange auf diesem Planeten zu überleben?* »Das hat nicht Daniels Vater geschrieben. Glaubst du wirklich, das sei seine Signatur?« (Boulud bestätigte später, dass er und seine Schwester das Dokument verfasst hätten, aber ich finde immer noch, dass wir heute eigentlich in diesem Haus wohnen sollten.)

Wir erschienen zu unserem Termin. Den Dokumentenstapel zog ich in einem kleinen Spielzeug-Leiterwagen hinter mir her, den die Kinder zu Weihnachten bekommen hatten.

Es wurden passfotoartige Bilder gemacht, eine Zahlung geleistet (99 Euro mal vier – damals etwa 575 Dollar), und Monsieur Selosse überprüfte die Dokumente. »Gratulation«, sagte er, »alles vollständig.«

Es hatte geklappt! Wir würden ab September in Frankreich leben. Wahrscheinlich. Vielleicht.

Drei Wochen später rief Selosse an. Ein Controller hatte einen Fehler entdeckt (ein Kassenbeamter hatte »Frédéric« statt »Frederick« geschrieben). Die Bewerbungsunterlagen seien auf dem Weg zurück nach New York. Ob wir am Donnerstag ins Konsulat kommen könnten? »Und bitte bringen Sie Ihre Kinder mit. Wir müssen sie fotografieren.« Noch einmal? Wirklich? »Ja, weil es Kinder sind – vielleicht haben sie sich verändert. Und den aktuellen Einkommensnachweis.«

Zum zweiten Mal füllten wir die Formulare aus. Wir würden es definitiv nicht bis September nach Frankreich schaffen.

Aber dann, ganz unerwartet, noch dazu mitten in den August-*vacances*, waren unsere Visa da. Wir machten vor Freude und Dankbarkeit einen Luftsprung, nahmen die U-Bahn zum Konsulat, rannten die Treppen hinauf, holten unsere Pässe ab und starrten staunend auf die dekorativen französischen Visa, die in jedem unserer Pässe eine ganze Seite einnahmen. Wir hatten es geschafft!

Und plötzlich wurde mir richtig schlecht.

Denn dieser ganze Bewerbungswahnsinn hatte mich so auf Trab gehalten, dass ich noch gar nicht überlegt hatte, was wir eigentlich im Erfolgsfall tun würden. Ich war so sicher davon ausgegangen, dass wir uns an den Einwanderungsbeamten vorbei heimlich ins Land schleichen würden, dass mich das Rechtmäßige unseres Tuns, die Tatsache, dass wir nun ganz legal nach Lyon ziehen konnten, regelrecht einschüchterte.

Und was für ein Gedanke: Lyon! Ich war ja noch nie dort gewesen. Ich wusste immer noch genauso wenig über diese Stadt wie damals, als David sie zum ersten Mal vorgeschlagen hatte. Nur hatten englische Freunde sie inzwischen schlechtgemacht (»hässliche Stadt«), und ich hatte negative Urteile von Gastrokritikern der Nachkriegszeit gelesen (etwa Waverley Root, der Lyon hasste, oder Roy Andries de Groot, der Lyon noch stärker hasste). Jessica, immer optimistisch, zeigte mir eine Luftaufnahme der Stadt, auf der man sah, wie Lyon am Zusammenfluss zweier großer Flüsse liegt, der Saône (die von Beaujolais in südlicher Richtung fließt) und der Rhône (die von den Alpen her in westlicher

Richtung fließt), und dass das Zentrum der Stadt beinah eine Insel darstellt ... »... weshalb es auch *Presqu'île* genannt wird, was ›fast eine Insel‹, bedeutet und ein bisschen wie ein Miniatur-Manhattan aussieht, findest du nicht?«

Ich starrte auf das Foto. Nein. Es sah nicht aus wie Manhattan. Es sah einfach nur aus wie sehr weit weg.

Jessica, unverdrossen, plante für uns beide ein langes Wochenende zum Kennenlernen der Umgebung, die sie ganz optimistisch für unseren neuen Wohnort hielt. Sie erklärte den Zwillingen erst in letzter Minute, drei Wochen vor ihrem dritten Geburtstag und eine Woche vor Beginn der Vorschule, dass ihre Eltern nach Frankreich wollten, aber nicht warum (so arglos ist die Verwirrung kleiner Kinder, dass die beiden zum Beispiel kein einziges Mal fragten, warum wir so oft in dieses Haus mussten, das »Konsulat« hieß). Am Donnerstagnachmittag, vor unserem nächtlichen Aufbruch, nahm ich beide mit in den Park, damit Jessica ungestört packen konnte. Der kleine George floh gleich auf einen Spielplatz, und Frederick saß für sich allein auf einer Bank; er spürte die nervöse Anspannung und wollte einfach nicht mehr aufstehen; er suchte in meinem Gesicht nach irgendeinem Hinweis und war unruhig, zärtlich und anlehnungsbedürftig. Seine stumme Qual rührte mich, und auf einmal spürte ich, wie die Verantwortung, eine Familie zu haben, auf meinen Schultern lastete, und empfand es als Unglück, dass das Schicksal dieser Familie so oft von meinen unberechenbaren Launen abhing. (Unterdessen sauste der kleine George bäuchlings eine Rutsche hinunter und kreischte selbstvergessen.)

Jessica buchte uns ein Zimmer im Le Royale, einem vorwiegend von Geschäftsleuten frequentierten Hotel. Das gefiel ihr: Wir waren ja hier, um zu arbeiten, nicht um Urlaub zu machen, und das sollten die Leute auch wissen. Wir hatten Termine: beim Makler (wegen einer Wohnung), bei der Bank, bei der Agentur »ONLY LYON«, die Ausländern dabei behilflich ist, ihre geschäftlichen Angelegenheiten in Lyon zu regeln, eine Empfehlung von Georgette Farkas; und wir wollten zu Marc Veyrat und übernachteten deshalb eine Nacht woanders, am Fuß der Alpen, am Lac d'Annecy, in den Räumen über Veyrats Restaurant.

Wir landeten an einem Freitagmorgen auf dem Flughafen Lyon Saint-Exupéry, benannt nach dem Verfasser des berühmten *Kleinen Prinzen* (ein Kinderbuch oder ein Erwachsenenbuch, das Kinder mögen, oder ein Erwachsenenbuch über die Kindheit, jedenfalls ein sehr gutes Buch). Ich dachte darüber nach, welche anderen Flughäfen nach Schriftstellern benannt sind, mir fiel aber keiner ein (nicht mal Chile machte sich die Mühe, einen seiner Flughäfen nach dem Dichter Pablo Neruda zu benennen), und mir gefiel es, dass der Flughafen unserer neuen Heimat einen Bezug zur Literatur hatte.

Beim Warten auf unser Gepäck studierte ich die Gesichter ringsum besonders wachsam, mit dem Blick des Anthropologen, der gerade an einem potenziell feindlichen Außenposten angelangt ist. Die Frauen waren schön – was in Frankreich nicht weiter verwunderte –, die Männer hingegen überraschten mich. Irgendwie wirkten sie alle gleich: langweilig, kurzer Haarschnitt, unrasiert, manche mit einer Narbe auf der Wange, aggressiv, hässlich: Man konnte es nicht anders sagen. Das waren keine New Yorker Gesichter. Keine Pariser Gesichter. Sie wirkten eher wie Engländer als wie Franzosen, alternde Jungs. Ich dachte: Die kenne ich. Die sind nicht piekfein und etepetete. Unvermutet bescherten sie mir ein gutes Gefühl. Vielleicht konnte ich mich hier zu Hause fühlen.

An einem Taxistand erspähten wir in der Ferne die Alpen, ein gezackter östlicher Horizont. In der anderen Richtung lag die Stadt; und dazwischen Bauernhöfe, einschließlich des Gehöfts, in dem einst Daniel Boulud aufwuchs und wo er, auf Besuch bei seinen Eltern, seine Mail mit dem falschen Statement verfasst hatte. Erneut empfand ich tiefe Dankbarkeit.

Das Hotel lag an der enervierend großen Place Bellecour. Wir wagten uns in die Mitte des Platzes, der zu den größten freien Plätzen Europas zählt, und versuchten, seine riesigen Dimensionen zu erfassen: schlichter roter Sand, in der Ferne eine Reihe grüner Bäume, der endlos blaue Himmel. Es sah aus, als sei hier, wo normalerweise Menschen Häuser bauen würden, eine Wüste vom Himmel gefallen. Napoleon hielt hier Truppenparaden ab. Und siehe da: Eine Plakette erinnerte an den Autor des *Petit Prince,* nur einen Katzensprung von unserem Hotel entfernt.

Wir riefen unsere Kinder an (und Frederick sagte zu unserer Verblüffung: »Ich hab geträumt, ihr wart wo mit lauter Rot und Grün«). Blickte ich nach Osten, sah ich die breite Rhône. Blickte ich nach Westen, sah ich, voilà, die Saône, und auf der anderen Seite erhoben sich auf einem steil ansteigenden Hang pastellfarbene Gebäude aus dem 16. Jahrhundert, und ich fühlte mich an den Arno in Florenz erinnert. Später erfuhr ich, dass diese Gebäude in »Vieux Lyon« lagen – dem Alten Lyon – und aus der italienischen Renaissance stammten (ein Jahrhundert vor der französischen Renaissance-Version), und sie erinnern deshalb an Florenz, weil sie von Florentinern erbaut wurden. Ganz oben sah man eine winzige Replik des Eiffelturms, errichtet im 19. Jahrhundert, in einem Moment bürgerlichen Selbstzweifels, eindeutig eine Nachbildung des echten Tour Eiffel, wohl in der Hoffnung, dass auch der Lyoneser Eiffelturm zum Touristenmagneten werden möge. (Von alters her bestehen Spannungen zwischen Paris und Lyon, manchmal mit tödlichen Folgen.) Leider ist Lyons Turm im Vergleich zum Eiffelturm winzig und zog deshalb keine Touristen an, und so ist dort jetzt eine Radio- und Mobilfunk-Antenne installiert.

Mittags fiel unsere Wahl auf die Brasserie L'Espace, einfach weil sie Tische im Freien hatte. Ich fragte nach einer *andouillette,* was die Kellnerin mit einem beifälligen Schnalzen quittierte. Ich glaubte irrtümlich, das sei so etwas wie eine »Andouille«, die gewürzte Wurst im klassischen Eintopf von New Orleans, dem Gumbo. Aber eine *andouillette* ist keine Andouille. Ja, sie ist eigentlich nicht mal eine Wurst. Sie sieht zwar rein äußerlich so aus wegen der großen, an beiden Enden zugebundenen Wursthülle, aber in diese Hülle wurden so viele zerquetschte Darmteile gestopft, dass man sie auseinanderklauben muss, um sicher zu wissen, um was es sich handelt: im Wesentlichen um zerkleinerten Schweinedarm und Schweinemagen. Also Kutteln. Eigentlich hatte ich mit Kutteln ja Erfahrung. In der Metzgerei in der Toskana hatte ich sie sogar selber zubereitet und wusste, dass es zwei Arten gab: die subtilere Variante, bei der die wesentlichen Verdauungsaromen in einen sanften Wildgeschmack aufgelöst werden; und die weniger subtile Variante, bei der man sich fühlt, als sei man gebeten worden, im Magen eines Tieres Platz zu nehmen. Hier in der Brasserie hatten wir es mit der weniger subtilen Variante zu tun. Es war eine Einführung.

Abends gingen wir ins La Machonnerie, ein *bouchon* in Vieux Lyon. Jessica sprach den Besitzer (Lucas, Mitte 70, dicker Bauch, Zottelbart, einstudierte Fröhlichkeit) so selbstbewusst auf Französisch an, dass er uns durch die im vorderen Teil befindliche Bar (luftig, mit Fenstern und Gruppen aufgeregter britischer Touristen) nach hinten führte, in einen fensterlosen Raum mit niedriger Decke und rot-weiß karierten Tischtüchern – lärmig, voller Franzosen, die aber gar nicht französisch wirkten, jedenfalls nicht wie die zurückhaltenden Franzosen, die ich bis dahin erlebt hatte. Die Gäste hier schwitzten. Der Schweiß perlte ihnen auf der Stirn, bildete auf den Hemden dunkle Flecken. Die Leute unterhielten sich pausenlos, sie redeten und redeten, jeder mit jedem – sie steckten die Nase in den Teller der Nachbarn, brüllten vor Lachen und tranken reichlich Wein, der hier im *pot* serviert wurde (einem Gefäß ohne Etikett, etwas kleiner als eine Flasche, wodurch es akzeptabel wurde, dass zwei Leute zu einer Mahlzeit zwei davon leerten – und bei festlichen Anlässen auch mal einen dritten oder fünften *pot* bestellten).

Als Vorspeise gab es *grattons*, geringelte braune Chips aus frittiertem Schweinespeck (Fett mit Fett). Wir aßen eine *pâté-en-croûte*, Schweinefleisch mit Gänseleber in einem sehr butterhaltigen Teigmantel (Fett mit Fett mit Fett). Mein Herz raste, und aus panischer Angst um meine Gesundheit bestellte ich Fisch: einen Süßwasserfisch, *brochet* (Hecht), bekanntermaßen sehr grätenreich, hier aber (ohne Gräten) als kloßähnliches Soufflé, das in einer Sauce aus heimischen Flusskrebsen und Sahne schwamm. Es war meine erste Lyoneser *quenelle*. Sie wurde verwirrenderweise mit der Lyoneser Version von Macaroni and Cheese serviert – Makkaroni, mit einer Käse-Sahne-Sauce überbacken. (Fett mit Fett mit Fett mit Fett).

Das Wort *Bouchon* hat viele Bedeutungen (Verkehrsstau, Stöpsel, Korken), aber seine Bedeutung als »Ort, den man aufsucht, um zu trinken und zu essen, ins Schwitzen zu kommen, auf den Tisch zu steigen und während der Mahlzeit zu singen« scheint auf das Ende des 16. Jahrhunderts zurückzugehen und bezeichnete damals »die Weinreben, die über der Tür eines Etablissements angebracht sind, in welchem gegessen und getrunken wird«. Die Botschaft stammte damals wie heute von Bacchus: »Komm rein und betrink dich bis zur Besinnungslosigkeit!«

Als unser Wirt, der im Rowdy-Raum die Runde machte, an unseren Tisch kam und jetzt erst merkte, dass wir Amerikaner waren, änderte sich sein Verhalten schlagartig. Er spulte die Touristennummer ab, ersparte uns nicht mal den Witz von den drei Flüssen, die durch Lyon fließen (Rhône, Saône und Beaujolais) und entschuldigte sich dafür, dass er uns San Pellegrino serviert hatte. (»Das wurde in Italien als stilles Wasser abgefüllt, aber auf dem Weg nach Frankreich begann es vor Aufregung zu sprudeln.«)

Später gingen wir zu Fuß zu unserem Hotel zurück, legten eine Pause am Pont Bonaparte ein, der Brücke über die Saône (zwischen Lyon und Napoleon herrschte immer ein gutes Verhältnis) – bei kaltem Wind, es kam ein Sturm auf – und betrachteten die Stadt: römische Treppen, eine mittelalterliche Stadtmauer, ein verlassenes Kloster, steinerne Kirchen und überall Lichter, die sich im gekräuselten Flusswasser spiegelten.

Am nächsten Tag erkundeten wir die Arrondissements, die uns mehrere Ratgeber empfohlen hatten. Wir begannen mit dem sechsten Arrondissement (»Ideal für Kinder«, hatte jemand von der Agentur Only Lyon gemeint). Es lag auf der anderen Seite der Rhône, in der Nähe des Parc de la Tête d'Or (riesiger Teich, ein Zoo, Wald). Überall Gebäude und Boulevards, die an Baron Haussmann und dessen Veränderungen des Pariser Stadtbilds erinnerten, teure Autos von Familien, die aus den Sommerferien zurückkehrten. Es war das *la rentrée*-Wochenende, wo ganz Frankreich aus dem Urlaub zurückkehrt und ohnehin meist keine sehr fröhliche Stimmung herrscht. Aber auch darüber hinaus wirkten die Leute im sechsten Arrondissement bis zur Unfreundlichkeit abweisend. So jedenfalls unser Eindruck.

Wir versuchten es mit dem vierten Arrondissement, Croix-Rousse (»Sie werden sich sofort verlieben, es ähnelt dem East Village«, hatte man uns bei Only Lyon gesagt). Croix-Rousse liegt auf dem gleichnamigen Hügel, benannt nach einem hier im 16. Jahrhundert aufgestellten Kreuz, ein hochgelegener Punkt der Stadt, mit Panoramablick nach allerdings steilem Anstieg. Im 18. und 19. Jahrhundert wurden hier Seidenstoffe gewebt (wegen des Lichts). Wenn dieses Viertel jedoch Ähnlichkeit mit dem East Village hatte, dann nicht wegen seiner Vitalität und Lebensfreude, sondern wegen der rauen Atmosphäre. Die Rollläden vor den Ladenfassaden waren mit Vorhängeschlössern gesichert, alles wirkte chaotisch zusammengestoppelt, und man empfand das dringende Bedürfnis, nach dem Gang durch das Viertel ein Bad zu nehmen.

Das fünfte Arrondissement, Vieux Lyon, der Renaissance-Teil der Stadt, besaß historischen Charme. Aber hier wimmelte es von Touristen, »Irish Pubs«, »English Pubs«, Bars, in denen am Samstagabend exzessiv getrunken wurde, und Striplokalen.

Das würde nicht einfach werden. Wir erlebten hier eine Stadt, die selbstbewusst zu sich stand, ob es einem passte oder nicht. Sie hatte eine starke Persönlichkeit. Lyon war keine Adresse für Edelboutiquen. Keine per se freundliche Stadt. Ein bisschen herb. (Später zeigte sich, dass mein erster Eindruck mich getäuscht hatte: Die Stadt war sogar *sehr* herb und vollkommen abweisend.)

Die Aussicht aufs Abendessen war tröstlich. Ich schlug das Léon de Lyon vor, das mir Richard als künftigen Arbeitsplatz empfohlen hatte. Ich hatte den Besitzer und Küchenchef, Jean-Paul Lacombe, nicht kontaktiert, weil ich mir das Lokal erst einmal anschauen wollte, bevor ich mich verpflichtete. Aber weil es sich um das letzte *vacances*-Wochenende handelte, war er nicht da.

Der Eingang des Lokals befand sich um die Ecke. Rote Samtbänke und Buntglasfenster. Die Fin-de-Siècle-Ästhetik, der Prunk gemahnten an eine Zeit, als man hier die Mahlzeiten noch bei Gas- oder Kerzenbeleuchtung einnahm. Als wäre seit der Eröffnung des ursprünglichen Cafés im Jahr 1904 die Zeit stehen geblieben. Wir staunten. Lacombes Vater, Paul Lacombe, hatte das Lokal kurz nach dem Zweiten Weltkrieg gekauft und war 1972, nachdem er seinen ersten Michelin-Stern bekommen hatte, einem Herzinfarkt erlegen. Im Alter von 23 Jahren wurde sein Sohn, der damals in Paris arbeitete, nach Hause beordert. Sechs Jahre später errang das Léon de Lyon seinen zweiten Michelin-Stern. 1980 erklärte es ein Restaurantführer für jeden Gourmet zur Pflicht, hier mindestens einmal im Leben zu speisen.

Ein Oberkellner führte uns schnurstracks in eine »*salle*«. Jessica protestierte nervös, weil sie fürchtete, man wolle uns aufs Abstellgleis schieben. Der Oberkellner beharrte auf Englisch. Jessica widersprach erneut auf Französisch, doch da wir uns etwas unsicher fühlten, folgten wir ihm in einen abgelegenen Raum, der kistenartig, niedrig, zu hell war und in dem befangenes Gemurmel herrschte. Die anderen Gäste waren Briten, bis auf einen Franzosen, der allein an einem Tisch saß. Er kannte das Restaurant und hatte gebeten, hier sitzen zu dürfen, weil er eine Gelegenheit suchte, Englisch zu sprechen.

»Sie sollten die *pâté-en-croûte* bestellen«, riet er uns. Er hatte seine zweite Flasche Wein schon fast leer. »Das ist das einzige gute Gericht hier.« Und flüsternd fuhr er fort: »Das Restaurant steckt gerade in einer schwierigen Phase.«

Was Richard noch nicht wusste: Lacombe hatte gerade seine Sterne zurückgegeben. Er verzichtete auf Konkurrenz und Luxus und konzentrierte sich auf einige Bistros, die er in der Stadt eröffnet hatte. Im Untergeschoss, auf dem Weg zur Toilette, sah ich an den Wänden lauter Erinnerungen an Lacombes früheres Leben: Fotos von Bill Clinton, Charles de Gaulle, den Rolling Stones. Auf dem einzigen Bild von *père* und *fils*, Ende der 1950er-Jahre, sieht man den Vater – hoch gewachsen, aufrecht, Respekt einflößend und vermutlich ein Arschloch –, der dem zwölfjährigen Jungen gerade beibringt, wie man eine Sauce zubereitet. In den Regalen des Lokals standen französische Kochbücher aus drei Jahrhunderten: Sie sollten verkauft werden. In einem tiefen Keller lagerten Rhône-Weine, preislich stark reduziert. Wir wählten zum Essen eine alte Flasche, einen historischen Côte-Rôtie aus Syrah-Trauben, deren Anbaugebiet sich nur 20 Meilen entfernt befand, aber der Service war so lahm, dass wir die Flasche geleert hatten, bevor unser Essen kam. Wir bestellten noch eine Flasche vom gleichen Wein. Doch da erklärte der Oberkellner: »*Non.* Ich empfehle Ihnen etwas anderes.«

»Wie bitte?«, fragte Jessica, was er geflissentlich überhörte. Er kehrte mit einer bereits geöffneten Flasche zurück und verschwand.

»Die Schätze des Kellers«, erklärte uns der Franzose am Nebentisch, »sind nicht für Touristen gedacht.«

Der Wein war, wie der Oberkellner natürlich wusste, untrinkbar.

Wir bestellten nicht die *pâté-en-croûte*, ein Fehler. Wir bestellten auch keines der anderen Lyoneser Gerichte, ein noch größerer Fehler. Was uns dann serviert wurde, erwies sich als ungenießbar. Die Wachteln waren noch völlig roh. In der langen Pause zwischen den einzelnen Gängen schlenderte ich an der Küche vorbei und sah ein Team junger Männer, die einander wütend anrempelten. Vielleicht hatten sie schlechte

Laune wegen des *rentrée*-Wochenendes oder waren verärgert, weil sie an einem *rentrée*-Wochenende arbeiten mussten, oder waren einfach nur unzufrieden. Jedenfalls wurde hier nicht mit Liebe gekocht. Diese Art zu kochen grenzte an Körperverletzung.

Als ich um die Rechnung bat, spürte Jessica bei mir eine Stimmung, die ihr nicht gefiel, und sagte, sie würde lieber draußen auf mich warten, am Ende der Straße. Kaum war sie weg, erhob ich mich und gratulierte dem Oberkellner, seinem Stellvertreter und dem gerade zufällig aus der Küche kommenden Souschef: Sie hätten mir eines der widerwärtigsten und unerfreulichsten kulinarischen Erlebnisse seit Langem beschert. »Gratulation!«, sagte ich, nahm den Kopf des Oberkellners zwischen meine Hände und küsste ihn derb auf beide Wangen. Er war so verblüfft, dass ich mich ermutigt fühlte, auch seinen Stellvertreter und den Souschef auf die Wangen zu küssen. Dann gab ich jedem von ihnen meine Karte.

»Im Ernst?«, fragte Jessica, die sich draußen hinter einem Bus versteckt hatte. »Warum hast du ihnen denn deine Karte gegeben?«

Ich überlegte. Die Frage war durchaus berechtigt. »Ehrlich gesagt, ich weiß es nicht.«

Jessica dachte einen Moment nach. »Kein so guter Tag«, resümierte sie dann.

Die Lyoneser, so hatte man mir gesagt, mögen Auswärtige nicht. Am Ende unseres ersten Tages in Lyon konnte ich dem nur zustimmen: Genauso war es.

Am nächsten Morgen machten wir uns auf den Weg zu Marc Veyrat, den auch unser Hotelportier als »verrücktesten Koch Frankreichs« bezeichnet hatte.

Ich rechnete mir kaum Chancen aus. Für den unwahrscheinlichen Fall, dass Veyrat mich nahm, wie sollte das gehen? Das französische Konsulat hatte uns ja unmissverständlich klargemacht, dass wir in Lyon wohnen mussten. Wie sollte ich ständig zwischen Lyon und dem Restaurant des verrückten Kochs hin und her pendeln, das 100 Meilen weiter östlich am Lac d'Annecy lag?

Wir kamen bei Sturm und Schneeregen an, die Wellen des Sees trugen Schaumkronen. Am Fuß eines steilen Bergs, der in den Sturmwolken verschwand, entdeckten wir ein vierstöckiges Haus, das an eine viktorianische Bonbonniere erinnerte, in elegantem Blaugrau gestrichen, mit leuchtend weißen Balkonen. Wir meldeten uns an der Rezeption, zogen unsere nassen Mäntel aus, baten um ein Handtuch und vergewisserten uns, dass der Küchenchef anwesend war.

»Wenn das Restaurant offen ist, ist er da«, erklärte uns die Dame am Empfang. »So ist die Regel. Wenn er weg muss – zum Arzt nach Paris –, schließt er das Restaurant, egal, ob wir ausgebucht sind oder nicht.«

Ich sagte, dann hätten wir ja Glück gehabt.

»Er erwartet Sie.«

Veyrat wuchs in Manigod auf, einem Dorf, das zwar nicht weit vom Lac d'Annecy entfernt war, aber circa 1500 Meter höher lag, mit Blick auf den Mont Blanc. Veyrats Eltern hatten einen kleinen Bauernhof mit Viehhaltung und eine schlichte *Table d'hôte* – einen gemeinsamen Mittagstisch mit kleiner, fester Karte – für Dorfbewohner und Wanderer. (»Ich bin«, sagte Veyrat mir später, »mit dem Gesicht im Arsch einer Kuh groß geworden.«) Sein Vater brachte ihm bei, Wildkräuter und Wildobst zu sammeln (»Ich musste jedes Kraut, jeden Farn und jede Beere aufzählen, an denen ich auf meinem Weg zur Schule vorbeigekommen war«). In den Bergen, sagte Veyrat, herrschten zu extreme Bedingungen für die traditionelle Landwirtschaft.

Im Restaurant gab es verschiedene Requisiten, die an seine Kindheit erinnerten: eine hölzerne Schubkarre, ein Paar Holzpantoffeln, ein Dreschflegel, eine Hacke, ein Wanderstock, mehrere Holzkörbe. Die weißen Wände waren grob verputzt. Videoprojektionen zeigten Veyrat bei allerlei ländlichen Tätigkeiten: Er erntete Sellerie oder buk mit Kindern eine *galette des rois*, den traditionellen Dreikönigskuchen, oder war ins Gespräch mit einer Ziege vertieft. Stets trug er den breitkrempigen schwarzen Bauernhut und das weite Hemd, das an ein Cape erinnerte. Das rustikale Mobiliar des Speiseraums war aus Kiefernholz gezimmert, man hatte sogar Holzdübel verwendet. Das Gesamtkonzept war konsequent natürlich: zu unseren 16 Gängen gehörten ein auf Rinde servierter Fisch aus dem nahe gelegenen See, Farnsuppe und kleine Eier aus Bergvogelnestern.

Und doch war das, trotz des ländlichen Gepräges, auch eine Hightech-Performance. Ein riesiger Flachbildschirm in der Küche zeigte, an welchem Tisch gerade welcher Gang verzehrt wurde. Das Personal war mit Bluetooth-Headsets ausgestattet. Unser Tisch war verwanzt.

Jessica hat eine Allergie. Sie flüsterte: »Im Brot sind Nüsse.«

Und schon kam ein Kellner. »Madame, darf ich Ihnen eine andere Brotsorte bringen?«

Später sagte ich leise: »Der Käse ist ein bisschen fett.«

Ein anderer Kellner erschien. »Monsieur, darf ich Ihnen einen Kochkäse aus den Alpen empfehlen?«

Inzwischen betrachte ich die Verwanzung als schmeichelhaft. Seit ich von Veyrat wusste, hatte ich um seine Aufmerksamkeit gebuhlt, aber dieser Mann, unerreichbar in seinen philosophischen Gefilden, hatte nie geantwortet. Ich hatte ihm die französische Übersetzung meines Italien-Buchs geschickt. Auch darauf keine Reaktion. Doch dann erzählte uns ein Kellner in gedämpftem Ton, dass viele Restaurantgäste das Buch gelesen hätten. Ich wurde ganz aufgeregt: Offenbar stand ich kurz vor dem Ziel.

Veyrat erschien, ging von einem Tisch zum anderen, in der üblichen Kostümierung, Hut, Hemd, Brille. Sein Gesicht war tatsächlich ganz weiß – nicht weiß wie Milch, sondern totenbleich. Es war der Teint eines Menschen, der zu lange nicht ins Freie gekommen ist, von geisterhaft durchscheinender Blässe. Außerdem ging Veyrat an zwei Stöcken.

Er erzählte uns, er habe einen Unfall gehabt, und schilderte den Hergang auf Französisch. Ich hatte Mühe zu folgen, und als ich schließlich aufgab, übersetzte Jessica. Er war beim Skifahren eine Felswand hinabgestürzt. »Ich habe mir den Hals, beide Schultern und das Schlüsselbein gebrochen, beide Schienbeine und das Wadenbein.« Er hatte mehrere Operationen hinter sich. Eine weitere war für nächste Woche angesetzt.

Später kam er noch einmal an unseren Tisch, um den 14. Gang zu zelebrieren: Auf einem Tablett befanden sich ein Kessel mit flüssigem Stickstoff und zwei teigige grünbraune Klößchen. Veyrat nahm die Klößchen mit einer Pinzette und ließ sie in den Kessel fallen, dessen Inhalt sofort brodelnd aufwallte.

Er bat uns, die Augen zu schließen.

»Sie gehen an einem Sommermorgen spazieren«, intonierte Veyrat. »Sie haben gerade den Wald betreten. Blätter streifen Ihr Gesicht, da –«

Er brach ab. Ich hatte die Augen geöffnet. Er starrte mich an. Ich schloss sie wieder.

Er holte tief Luft. »… da stolpern Sie über eine Wurzel. Sie versuchen sich noch zu fangen. Aber dann fallen Sie mit dem Gesicht nach unten in den Dreck.«

Ich blinzelte verstohlen und sah, wie er die Klöße mit einem Löffel aus dem mit Stickstoff gefüllten Kessel fischte und Dampfschwaden produzierte.

»Und jetzt«, flüsterte er, »öffnen Sie mit geschlossenen Augen den Mund.« Er wartete. *»Très bien«*, bemerkte er zufrieden und schob jedem von uns ein Klößchen in den Mund. Und wenn man dann, wie Jessica, den Anweisungen gefolgt ist, wird die Zunge plötzlich von einer in Stickstoff gegarten Erd-Granate getroffen, und im Mund explodieren sämtliche Waldeindrücke eines ganzen Lebens. Hat man aber, wie ich, heimlich geblinzelt und den Trick mitverfolgt und ist eigentlich geneigt, das Ganze als alberne Varieténummer abzutun, ist es immerhin eindrucksvoll, wenn der Erdklumpen im Mund zerfällt.

In Frankreich wird Veyrat geliebt und gehasst, aber hauptsächlich geliebt, weil die wenigsten Menschen selber so exzentrisch sind.

Ich spähte nach hinten in die Küche und versuchte mir vorzustellen, dass ich beim Kochen Kopfhörer trug (und erstaunlicherweise gelang es mir).

Veyrat und ich trafen uns am nächsten Morgen und versuchten, Pläne zu schmieden. Auch die Frage nach seiner OP stand im Raum.

»Wenn sie schiefgeht«, sagte Veyrat, »schließe ich das Restaurant.«

Zu Jessica sagte er leise: »Ihr Mann muss Französisch lernen. Er kann gerne in meiner Küche arbeiten, aber er muss verstehen, was ich sage.«

Da hatte er natürlich völlig recht. Ich überlegte: Konnte ich in zwei Wochen Französisch lernen?

Und eine weitere Frage wurde dringlich: Am Abend vor unserem Rückflug nach New York fanden wir eine Wohnung.

Während unserer kurzen Abwesenheit hatte ein neuer Freund, der Amerikaner Victor Vitelli, ein Wohnungsangebot entdeckt, von dem er meinte, es könnte uns gefallen. Die Wohnung lag an der Saône, verheißungsvoll auf dem Quai Saint-Vincent – Vincent war der Schutzheilige der Winzer – und direkt gegenüber des Fassadenkunstwerks *La Fresque des Lyonnais*. Dieses riesige Fassadengemälde bedeckt die fensterlose Seite eines sechsstöckigen Gebäudes und stellt dreißig berühmte Persönlichkeiten dar, die im Lauf von zweitausend Jahren mit der Geschichte Lyons verbunden waren. »Es gibt dort auch eine berühmte Bäckerei«, sagte Victor. Alle Lyoneser kauften dort ihr Brot. Die Wohnungsmiete betrug monatlich 1900 €, was für Lyon zwar teuer war, uns jedoch, an die Preise in Manhattan gewöhnt, extrem günstig vorkam. Jessica vereinbarte einen Besichtigungstermin.

Auf dem Weg dorthin spähte ich durch die Fenster – nur die wenigsten hatten einen Vorhang – und sah Räume mit hohen Holzbalkendecken. Ich steckte den Kopf in Hauseingänge und sah ausgehöhlte uralte Steinstufen. Einige Gebäude datierten aus dem 15. und 16. Jahrhundert. In der Nähe eines Postamts erinnerte uns der knorrige Pfeiler eines Aquädukts aus dem 1. Jahrhundert an die einstige Präsenz der Römer. Daran erinnerte auch die »Rue Rhin«, die Route, auf der die römischen Truppen nach Norden zogen, um gegen die Franken zu kämpfen. Wir sahen einen anmutigen, wie aus der Zeit gefallenen ehemaligen Klosterhof, völlig zugewuchert, aber mit einer schwungvollen Freitreppe. In diesem Viertel – später lernte ich, dass man die Stadtviertel hier »quartier« nennt – gab es keine Geschäfte, sondern nur Werkstätten: einen Buchbinder, einen Geigenbauer, zwei Botaniker, die »Schneckenerde« herstellten, einen Gitarrenbauer, eine aus einem Raum bestehende Kuchen-»Fabrik«, eine Rundfunkstation und einen Puzzle-Club. Eine Straße weiter wurde überwiegend Arabisch gesprochen, und drei Frauen mit Kopftüchern füllten unter einem altertümlichen Wasserhahn große Eimer mit Wasser.

Es gab jedoch auf der Place Sathonay auch einen Pornoshop, Parkbänke mit Betrunkenen, Drogenhändler (Jessica und ich beobachteten insgesamt drei Deals), eine Prostituierte, Graffiti auf den meisten Flächen und überall Hundekacke. Auf einem von glitzernden Glasscherben übersäten Spielplatz sahen wir kleine Kinder, die sich rauften. Ich hatte ein mulmiges Gefühl, wenn ich an unsere knapp dreijährigen Söhne dachte, die hier in einem fremden Land, dessen Sprache sie noch kaum beherrschten, lernen würden, sich mit Fäusten zu behaupten; mir schwirrten hässliche Bilder durch den Kopf – eine blutende Lippe, eine gebrochene Nase.

Über dem Eingang des Hauses, in dem wir die Wohnung besichtigen wollten, entdeckte ich eine Plakette: Hier war das Ende des Zweiten Weltkriegs verkündet und gefeiert worden. Das Gebäude stammte aus dem 19. Jahrhundert und hatte unglaublich hohe Zimmerdecken. Aus manchen Fenstern sah man den Mini-Eiffelturm. Von einem der Balkone konnte man *La Fresque des Lyonnais* betrachten. Unten floss die Saône vorbei.

Hier war alles geboten, was sich ein künftiger Einwohner der Stadt nur wünschen konnte. Unsere Zeit in Lyon stand mir lebhaft vor Augen. Und doch empfand ich tiefes Unbehagen.

Diese hallenden Räume. Es gab zwar eine Küche, aber die war leer: kein Ofen, kein Herd, keine Spülmaschine. Es gab weder Waschmaschine noch Trockner, weder Lampen noch Vorhänge, nicht mal eine Türmatte. Wer innerhalb Lyons umzieht, trägt seine Siebensachen huckepack in die neue Wohnung. Wir hingegen mussten alles neu kaufen. Allmählich wuchs mir das doch über den Kopf.

Ich hatte einfach nur eine Stelle in irgendeinem Restaurant gesucht, um französisch kochen zu lernen. Der Umzug nach Lyon: Das war schon eine größere Entscheidung. Sollten wir unsere Wohnung in New York verkaufen? Hier in Lyon mussten wir eine Kaution von sechs Monatsmieten hinterlegen (weil wir Ausländer waren) und hatten eine sechsmonatige Kündigungsfrist (weil wir Ausländer waren).

Unterdessen bestaunte Jessica die offenen Marmorkamine (sechs an der Zahl), den Blick auf den Fluss, die vielen Zimmer (vier), Bäder und Toiletten (insgesamt drei), den riesigen Wohnraum, die altertümlichen Holzklappläden und, wenn man diese Läden öffnete, Zugluft von allen Seiten.

In Gedanken stellte ich eine Liste von Dingen zusammen, die wir brauchten (einschließlich eines neuen Computers – herrschte in Frankreich nicht eine andere Netzspannung? – und eines Druckers), Betten für uns und die Kinder, Spielzeug, Teppiche, einen Esstisch, einen Fernseher. Ich war gerade zu dem Schluss gekommen, dass dieser ganze Umzug nach Frankreich leider schon rein rechnerisch unmöglich war, da hörte ich Jessica auf Französisch zum Makler sagen: »Danke, perfekt, die nehmen wir. *N'est-ce pas*, Bill?«

»Ist das dein Ernst?«, platzte ich heraus.

Sie ignorierte mich, sah aus dem Fenster und fragte den Makler, ob das da drüben eine Vorschule sei.

Nachdem Jessica unsere Zusage noch einmal bekräftigt hatte (»Machen Sie sich wegen meines Manns keine Gedanken!«) und der Makler versprochen hatte, den Mietvertrag bis Ende der Woche zu schicken, führte sie mich nach draußen, um »diese Vorschule da drüben« zu erkunden. 1908 erbaut, hieß die Schule *L'École Robert Doisneau*, nach dem legendären Fotografen, der für seine gefälligen Fotos sich küssender Liebespaare in den Straßen von Paris berühmt wurde. Er hatte aber auch in vielen Fotos die Poesie von Kindergesichtern eingefangen, und *diese* Fotos schmückten hier in großer Zahl die Klassenzimmerwände.

Der Beginn der Schuljahres stand kurz bevor. Zufällig war die Schulleiterin in ihrem Büro, die einzige Person, die sich außer dem Hausmeister im Gebäude aufhielt. Sie stellte sich als »Brigitte« vor (weder »Madame«, noch *vous* oder Nachname), und als Jessica die Gelegenheit ergriff und fragte, ob für unsere fast dreijährigen Zwillingssöhne zufällig noch zwei Plätze frei wären, erwiderte Brigitte »na klar« und nahm die beiden gleich in die Liste auf, einfach so. Gebühren waren kein Thema, weil wir ja jetzt Residenzvisa hatten. Die Vorschule war kostenlos, allerdings würden wir uns nach dem Umzug auf dem Bürgermeisteramt, *la mairie*, anmelden müssen. Die Leiterin wollte uns sogar schon die Spinde zeigen, damit die Jungs sie an ihrem ersten Schultag in zwei Wochen gleich finden konnten.

In zwei Wochen?!

Am Morgen checkten wir aus und erwischten einen frühen Flug, hochzufrieden mit unserem erfolgreichen Lyon-Besuch. Wir hatten eine Wohnung. Wir hatten unsere Kinder in der Vorschule angemeldet. Und ich hatte vermutlich eine Küche gefunden.

Am nächsten Tag, dem 10. September, standen wir mit leeren Händen da.

Andere Interessenten hatten die Wohnung bereits vor uns besichtigt, der Makler bedauerte: Für diese Besichtigung sei ein Kollege zuständig gewesen und hatte zugesagt. Es war unsere Wohnung gewesen. Und jetzt war sie weg.

Und Marc Veyrats OP war schiefgegangen. Er würde das Restaurant schließen.

Um 9 Uhr morgens – ich hatte mich schon in mein Büro beim *New Yorker* geflüchtet – wurde meine Frau, die unter Jetlag litt und noch nicht geduscht hatte, von zwei Jack & Jill-Lehrerinnen überrascht, die unerwartet vor der Tür standen.

Mittags konferierten wir: Was nun? Lyon schien auf einmal sehr weit entfernt.

Jessica kaufte den Jungs das Nötigste für den Schulbeginn.

Unbeirrt machte ich mich trotzdem daran, Französisch zu lernen, was ohnehin längst überfällig war, und engagierte für Privatstunden eine Muttersprachlerin – Arlette, eine drahtige, unkonventionelle Erscheinung mit der heiseren Stimme der Kettenraucherin und einer sehr direkten Art.

In der zweiten Woche, es war erst die fünfte Unterrichtsstunde, erlebte ich einen unerwarteten Durchbruch. Ich war das Wagnis eingegangen, eine Geschichte zu erzählen, die auf eine Pointe hinauslief.

Arlette lauschte konzentriert, nickte, das Kinn in die Hand gestützt. »Das war interessant«, sagte sie schließlich.

»Danke.«

»Ich glaube, das meiste habe ich verstanden.«

»Zu holprig?« Es gab ja noch Probleme mit der Aussprache, aber beim Erzählen hatte ich eine Art grammatikalische Erleuchtung empfunden.

»Das Problem für mich ist, dass ich kein Italienisch kann.« Ich muss sie ziemlich verwirrt angestarrt haben. »Sie wissen gar nicht, dass Sie italienisch gesprochen haben?«

Am 24. September, dem dritten Geburtstag unserer Jungs – sie gingen inzwischen in die Jack & Jill-Vorschule, unser neuer Alltag –, erhielt

Jessica eine E-Mail des Maklerbüros in Lyon. Der Mietvertrag mit den anderen Interessenten war geplatzt. Die Wohnung also verfügbar. Wir kriegten sie, *wenn* Jessica bis zum 30. September nach Lyon kommen, den Mietvertrag unterschreiben und die Kaution hinterlegen würde und die Wohnungsübergabe bis Mitternacht stattfand.

Ob wir Interesse hätten?

Aber ja! Nein! Doch, natürlich!

Am 29. September nahm Jessica einen Nachtflug, landete um 7 Uhr morgens in Lyon, hinterlegte um 9:30 Uhr bei der Bank die Mietkaution, unterzeichnete um 11 Uhr beim Makler sämtliche Dokumente, aß um 12 Uhr zu Mittag, erschien am Nachmittag zur Wohnungsübergabe und fertigte ein detailliertes Protokoll an (zum Beispiel »Riss in der Steckdosenhalterung unterm zweiten Fenster des ersten Zimmers«) und rief mich am Ende des Tages an, um mir mitzuteilen, dass sie es geschafft hatte. Ihre aufgeregte Stimme hallte von den Wänden der neuen Wohnung wider. Jessica hatte die Schlüssel. Die Wohnung war leer, aber unser.

Wir zogen nach Lyon. Wir hatten es noch niemandem gesagt, weder unseren Familien noch unseren Kindern, weder den Vorschullehrerinnen noch dem Magazin, bei dem ich arbeitete. Niemandem. Aber es war so: Wir zogen nach Frankreich.

Einen Monat später, Anfang November, kehrte Jessica nach Frankreich zurück, um unsere Wohnung einzurichten. Jessica, die Einkaufen hasst, hatte sich selbst nach Lyon entsandt, um alles Nötige zu besorgen: Haushaltsgeräte, Computer, Ikea-Möbel, Lampen …

Ich zog mich in mein dunkles Büro zurück, meinen fensterlosen Arbeitsplatz beim *New Yorker*, konjugierte schriftlich französische Verben und las Brillat-Savarin.

Brillat-Savarin hat drei Bücher verfasst, aber nur eines davon ist wichtig. Es handelt sich (wahrscheinlich) um das erste Buch übers Essen, in dem es nicht darum geht, wie man es zubereitet, sondern wie man darüber *denkt*. Das Werk heißt *Physiologie des Geschmacks oder Physiologische Anleitung zum Studium der Tafelgenüsse* und war »Den Pariser Feinschmeckern gewidmet von einem Professor, Mitglied vieler gelehrter Gesellschaften«.

Mit dem »Professor« meint der Autor sich selbst. Er war aber gar kein Professor, sondern wurde so nur von Leuten genannt, die seine Ergüsse über sich ergehen lassen mussten. Brillat-Savarin arbeitete als Richter in einer Kleinstadt (Belley, das damals zweitausend Einwohner zählte, 65 Meilen östlich von Lyon an der Rhône gelegen, am Fuß der Alpen, einst idyllischer Zufluchtsort von Gertrude Stein und Alice B. Toklas). Brillat-Savarin war auch Mitglied eines Amateurorchesters, wurde während der Französischen Revolution in die Nationalversammlung gewählt, emigrierte später aus Angst vor der Hinrichtung ins Ausland, arbeitete als Violinlehrer in New Yorks Lower East Side und war Schöpfer kulinarischer Aphorismen.

Zum Beispiel: »Sage mir, was du isst, und ich sage dir, was du bist.«

Oder: »Ein Dessert ohne Käse ist wie eine schöne Frau mit nur einem Auge.«

Das Problem bei dem Werk, an dem Brillat-Savarin drei Jahrzehnte lang gearbeitet hat (er starb kurz vor der Veröffentlichung im Jahr 1826), bestand für mich darin, dass es ziemlich schwer zu lesen ist. Jedes Mal, wenn ich es versuchte, gab ich nach einer Weile auf. (Warum sagt das keiner außer mir? Es kann doch nicht sein, dass ich in der zweihundertjährigen Geschichte dieses Buchs der Einzige bin, der sich damit herumgequält hat?)

Doch dieses Mal, kurz vor Beginn meiner französischen Zukunft, blieb ich dran, und der zweite Teil erwies sich als einfacher, klarer und, ja, als Offenbarung. Viele Passagen regen zum Nachdenken an, doch bei der Lektüre in meinem Büro in Manhattan beeindruckte mich ganz besonders ein idyllischer Bericht. Hier beschreibt Brillat-Savarin eine Mahlzeit, die er in einem Mönchskloster auf einem abgelegenen

Gebirgsplateau zu sich nahm, nachdem er von zu Hause aus dort hingewandert war, wacker die ganze Nacht hindurch, im Sommer 1782, mit 27 Jahren. Eine rührende Erinnerung, lange Zeit später niedergeschrieben. Ich nenne es jetzt »Die Wanderung« und habe diesen Text immer wieder gelesen, wie ein Gedicht.

Das Kloster habe ich ausfindig gemacht. Es liegt nicht weit von Lyon entfernt. Jetzt ist es eine Ruine.

Das Kloster stand ganz oben auf einer To-do-Liste, die ich damals zusammenzustellen begann. Brillat-Savarin war von Belley aus dorthin gewandert. Ich wollte sehen, was er gesehen hatte. Es war ein kleines Vorhaben, aber mir sehr wichtig. Ich war dabei, mir ein Leben in Frankreich vorzustellen.

Mittlerweile hatte Jessica, die sich mit unserem künftigen Leben ganz praktisch befasste, in Lyon Klobrillen gekauft, sich über die Leistung von Gasherden informiert, den Platz für den Kühlschrank ausgemessen und sich Expertenwissen über Flachbildschirm-Fernseher angeeignet. Ich hatte noch nie einen solchen Fernseher besessen, war aber begierig darauf, obwohl wir in Lyon dann eigentlich nur *Scooby-Doo* anschauten. Die Jungs mochten Fernsehen, weil es sie mit den USA verband, und irgendwann schalteten sie nur noch englischsprachige Sender ein, merkten sich Formulierungen, die amerikanische Kinder verwendeten, und testeten sie an ihren Eltern.

Jessica, immer noch allein, begann abends Lyoneser Restaurants zu erkunden. Einmal nahm die amerikanische Freundin eines Freunds, Jenny Gilbert, erste Geigerin im Orchestre National de Lyon, sie mit in die Brasserie von Paul Bocuse. »Dort essen Musiker, weil bis spätnachts geöffnet ist.« Jessica hatte entdeckt, dass es hier in der Stadt mehr Geigenbauer gab (kleine, von ein bis zwei Leuten betriebene Werkstätten, in denen Violinen von Balken hingen), als sie bis dahin in ihrem ganzen Leben gesehen hatte. Jenny wurde zu einem der drei englischsprachigen Coachs, zwei Amerikaner und ein Liverpooler, die uns mit dem Leben in Lyon vertraut machten. (Und das Essen in der Brasserie von Bocuse? fragte ich. »Ich hatte Seezunge *à la meunière*«, erwiderte Jessica – der berühmte Plattfisch, nur mit brauner Butter und einem Spritzer Zitronensaft serviert, schlicht, aber sehr schmackhaft, sofern das Timing stimmt – »und es hat vorzüglich geschmeckt.«)

Ich besuchte Daniel Boulud in seinem New Yorker Restaurant, ein längst überfälliger Ausdruck meiner Dankbarkeit.

Das erste Mal hatte ich Boulud 1995 getroffen, kurz nach Eröffnung des Daniel, seines ersten Restaurants. Es heißt inzwischen Café Boulud, in Anlehnung an das Dorf-»Café« seiner Eltern. Bouluds Eltern sind Bauern. Im Jahr 1995 wirkte Daniel alles andere als bäuerlich. Er war ein Franzose, der sich unter New Yorks Power-Playern wohlfühlte – locker-charmant, immer präsent, perfekte Auftritte –, und die von ihm zubereiteten Gerichte erfüllten zuverlässig die Erwartungen, die man an die französische Küche stellte: etwas Besonderes, eine Performance in höchster Vollendung.

Der Boulud, dem ich jetzt begegnete, war ein Lyoneser. Er wirkte jetzt so anders, dass ich mich fragte, ob er seine Lyoneser Seite damals bewusst verborgen hatte. Ich fühlte mich ihm auf ganz neue Art verbunden.

»Mathieu Viannay«, sagte er gerade. »Sie müssen Mathieu kennenlernen. Schreiben Sie das auf. Jüngerer Küchenchef, typischer Lyoneser, die Zukunft. Er hat gerade wieder das La Mère Brazier eröffnet, genauer gesagt letzte Woche.« Er rief einem Assistenten zu, er solle ihm eine Telefonnummer bringen. »Sie kennen das La Mère Brazier, nicht wahr?«

Ich nickte. Während unseres Lyon-Wochenendes war über die Wiedereröffnung gesprochen worden.

»Waren Sie schon in Vienne?«

»Vienne?«

»Südlich von Lyon? Sie hatten vermutlich keine Zeit. Für La Pyramide.«

»Natürlich, das berühmte Lokal.« Man bezeichnete es als den Geburtsort der modernen französischen Küche.

»Wenn Sie wieder mal dort sind, fahren Sie nach Vienne. *D'accord?*« Er rief seinem Assistenten zu, er solle La Pyramide auf die Liste schreiben.

»Mionnay«, sagte Boulud und redetet immer schneller. »Dort ist das Alain Chapel. Da habe ich immer auf dem Heimweg haltgemacht. Als ich bei Georges Blanc gearbeitet habe. Oh. Bill sollte Georges kennenlernen, *non?*«, rief er seinem Assistenten zu.

»Orsi«, sagte er als Nächstes.

»Orsi?«

»Pierre Orsi. Und Nandron, natürlich.«

»Nandron?«

»Nandron.«

Ich bat ihn, das zu buchstabieren.

»Sie kennen Nandron nicht?« Er starrte mich an, als sei er nicht sicher, ob das ein Scherz sein sollte. »*C'est vrai?* Das glaube ich nicht.«

Nein, gestand ich und machte mir eine Notiz, um dem nachzugehen.

»Nandron ist sehr wichtig. Zwei Sterne. Zwei-Sterne-Restaurants gehören zur Stadt. Da gehen die Einheimischen hin. Drei-Sterne-Restaurants gehören dem Rest der Welt.« (Nandron starb im Jahr 2000 und spielte für Boulud tatsächlich eine sehr wichtige Rolle: sein Restaurant war das erste, in dem Boulud mit 14 Jahren arbeitete.)

»Der Bocuse d'Or ist Ihnen ein Begriff?«

Der Bocuse d'Or war mir kein Begriff.

»Das wird sich ändern. Ich fliege rüber. Im Januar. Mit dem amerikanischen Team.«

Er erwähnte Vereinigungen, Journalisten, ein Mitglied des Stadtrats, einen Geldmenschen … »Schreib für Bill den Geldmenschen auf!«

»Ein Geldmensch? Sie meinen so eine Art Investor?«

»Man kann nie wissen.«

Am Schluss war die Liste drei Seiten lang. Welchen dieser Namen hatte ich schon mal gehört? Fast keinen. Ich fragte mich: Werde ich irgendwann einmal alle kennen?

Jessica kam am folgenden Abend zurück. An diesem Abend wollten wir die Nachricht verkünden.

Wir beriefen ein Familientreffen ein und versammelten uns mit den Kindern auf unserem Bett. Wir hatten noch nie ein Familientreffen gehabt. Wir hatten uns noch nie auf dem Bett versammelt.

Ich stellte einen Globus in die Mitte. Wir saßen im Schneidersitz darum herum.

»Wir müssen euch was sagen«, begann ich.

Ich zeigte den Kindern, wo wir momentan lebten: ein Punkt an der Ostküste Nordamerikas. Ich erzählte den Kindern etwas über Hemisphären und Kontinente und sagte, mein Finger sei jetzt ein Flugzeug, das über eine riesige blaugrüne Fläche flog. »Das ist der Atlantische Ozean«, erklärte ich ihnen. »Das ist Europa. Und das hier ist England, wo ich früher mal gelebt habe. Und das ist Italien, wo wir mal mit euren Cousins die Sommerferien verbracht haben. Und das hier ist Frankreich. Seht ihr?« Die Jungs beugten sich vor. »Und am unteren Teil von Frankreich, zwischen den Bergen und dem Meer, da liegt Lyon. Seht ihr das? Und dort werden wir hinziehen.«

George sprang vom Bett, stieß dabei den Globus um und flitzte raus. Wir hörten ihn in seinem Schrank rumoren. Als er zurückkam, schleifte er ein kleines gelbes Sponge-Bob-Köfferchen hinter sich her.

»Ich fang schon mal mit Packen an!«

Ich erklärte ihm, dass es zwar bald so weit sei, in etwa zwei Wochen, wir aber noch nicht sofort packen müssten.

»Können wir nicht gleich gehen? Bitte, bitte!«

Nein, sagte ich.

Er ließ sich auf den Boden fallen, klappte zusammen wie eine Marionette und heulte.

Ich weiß nicht, welches das ideale Alter für Kinder ist, um mit ihnen in ein anderes Land zu ziehen. Vielleicht eignet sich jedes Alter. Aber drei Jahre könnten ein pefektes Alter sein. Ein Kind mit drei Jahren hat noch keine Ahnung, was ihm bevorsteht: Und dieses Nichtwissen ist einfach wunderbar.

Durch einen glücklichen Zufall gewann ich gerade damals einen italienischen Literaturpreis und wurde zur Verleihung am 17. Dezember nach Rom eingeladen. Jetzt hatten wir einen Plan. Jessica würde am Montag den 8. Dezember noch einmal ohne uns nach Lyon fliegen, um unser neues Heim vorzubereiten. Die Jungs und ich würden am Freitag 12. Dezember folgen, dem letzten Vorschultag bei Jack & Jill, und dann würde die Familie ihr erstes gemeinsames Wochenende in Frankreich verbringen. Am Montag würden wir schauen, ob die Jungs noch auf der Schülerliste der *École Robert Doisneau* standen, obwohl sie nicht rechtzeitig erschienen waren, und würden sie in *la mairie* anmelden. Und am nächsten Morgen würden wir für drei Tage nach Rom fliegen, der Auftakt unseres Lebens in Europa. Weihnachten würden wir in unserer neuen Wohnung feiern.

Am Abend vor Jessicas Abflug veranstalteten wir eine Abschiedsparty für Freunde. Wir tranken eine Magnumflasche Le Porte Torte, ein festlicher, wenn auch nicht gerade passender Wein aus der Toskana, und sagten allen Lebewohl. Am Labor Day wollten wir zurück sein, zu Beginn des neuen Schuljahrs. Tatsächlich kehrten wir am Labor Day zurück – allerdings nicht neun Monate später, sondern vier Jahre und neun Monate später. Jessica war an jenem Abend lebhaft, richtig aufgedreht – die Radikalität dieses Schritts, der neue Lebensabschnitt, unser Leben, wie auch immer es aussehen mochte, es stand so viel Neues bevor.

Als sie zum Flughafen gefahren war, begann ich zu packen. Donnerstagmorgen hatte ich einen übermütigen Einfall. Ich würde eine Babysitterin organisieren. Und den Zug nach Washington, D. C., nehmen, um mich von Richard zu verabschieden.

Ich kam nachmittags an. Wir aßen, wir tranken, wir plauderten übers Essen. Ich habe gar keine genaue Erinnerung mehr an die einzelnen Gesprächsthemen. Wir saßen einfach nur so als Freunde beisammen.

Er erinnerte mich daran, dass ich in Lyon Französisch mit Lyoneser Akzent lernen würde, und führte es mir am Wort »beurre«, Butter, vor, indem er es mit einem gedämpften gutturalen vierfachen »rrrr« aussprach.

In Lyon würde ich Paul Bocuse kennenlernen.

»Du wirst auch Bobosse begegnen, einem Freund von Monsieur Paul. Ja, in Lyon wird er allgemein Monsieur Paul genannt.«

Er überlegte.

»Und natürlich wirst du Jean-Paul Lacombe treffen. Wie heißt noch mal sein Restaurant?«

Ich schwieg.

»Lyon de Lyon? Nein, Léon de Lyon. Ich hab auch seinen Vater kennengelernt. Jean Lacombe. Alle Küchenchefs in Lyon sind Söhne von Küchenchefs. Das wirst du merken.«

Dann sagte er: »In Lyon wirst du in die Community der Lyoneser Köche eingeführt. Das ist einmalig in der Welt.«

Ich fühlte mich ihm nah. Ich war dankbar. Ich dachte: Ich hätte keinen besseren ersten Lehrer finden können.

»Oh, Michel, entschuldige mich bitte, ich muss zum Bahnhof.« Ich hatte gar nicht gemerkt, wie spät es geworden war. Fast 21 Uhr. Der letzte Zug ging um halb zehn. Die Babysitterin hatte selber Kinder und musste heim.

Eilig packte ich meine Sachen zusammen und wollte los.

»Ich fahre dich zum Bahnhof«, sagte Richard.

»Nein, nein, nein, wirklich nicht. Ich nehme mir ein Taxi.«

»Ich bestehe darauf.«

Keine gute Idee.

»Es ist doch unser letzter gemeinsamer Abend.«

»Du hast recht«, sagte ich.

Richards Wagen stand in einer Kellergarage. Ich wartete draußen. (Hätte ich mir doch ein Taxi genommen!) Der Wagen erschien, ein langes schwarzes Ding. Ich stieg ein. Man hörte ein klopfendes Geräusch. Richard setzte seine Lyoneser Litanei fort. »Wie die Lyoneser *pâté-en-croûte* zubereiten. Und ihre Wurstspezialitäten. Da gab es eine Frau, die war berühmt dafür. Wie hieß sie noch gleich? Sybil? Und die andere, berühmt für ihren Käse? Mère Richard. Genau. Wie ich!« Ihm fielen noch andere Namen ein oder auch nicht, und je mehr Leute er erwähnte, desto mehr vergaß er, wie sehr die Zeit drängte. Er hielt an einer Ampel, obwohl sie noch gar nicht auf Rot gesprungen war.

David hatte mir von solchen Situationen berichtet. Offenbar vergaß Richard, wenn er Geschichten erzählte, dass er am Steuer saß. Er war der einzige Mensch, den ich kannte, der – *und zwar oft* – einen Strafzettel dafür bekam, dass er zu langsam fuhr. Einmal fuhren er und David von Washington nach New York. Sie unterhielten sich, und Richard fuhr immer langsamer, bis beide plötzlich merkten, wie spät es war. »Wir sollten eigentlich längst da sein«, meinte Richard. Endlich sahen sie von Weitem die Stadt, doch als sie ankamen, merkten sie, dass es sich gar nicht um New York handelte. Es war Philadelphia. »Oh là là!«, sagte Richard und musste über sich selber lachen. Sie fuhren weiter. Redeten ununterbrochen. Zwei Stunden später erreichten sie endlich New York. Nur war es leider wieder nicht New York. Sondern erneut Philadelphia. »Wir waren zwei Stunden lang im Kreis gefahren«, sagte David.

Meine Uhr zeigte jetzt 21:15 Uhr. Was war das für ein Geräusch?

»Michel«, sagte ich, »was ist das für ein Geräusch?«

»Ach *das*? Hm, der Motor. Dieses Geräusch macht der Wagen, wenn zu wenig Benzin im Tank ist. Ich wusste gar nicht, dass es so wenig ist. Wann geht dein Zug?«

Ich sagte es ihm noch einmal.

Wir hielten an einer Tankstelle.

Es war 21:21 Uhr.

Michel musste auf die Toilette.

Ich spielte zwei Szenarien durch. Im einen Fall stieg ich am Bahnhof aus – die Tasche in der einen Hand, das Ticket in der anderen und rannte los – und erwischte den Zug. Im anderen Fall nicht.

Ich erwog die Konsequenzen. Was macht eine Babysitterin, wenn der pflichtvergessene Vater nicht zurückkehrt?

Michel erschien. Es war 21:23 Uhr.

Wir hielten am Bahnhof. Ich küsste Michel auf beide Wangen und sagte Tschüss. Mir blieben noch 60 Sekunden. Ich schaffte es.

Und war erst gegen Mitternacht zu Hause.

Am nächsten Tag, Freitag, war unser letzter Tag in New York.

Ich erwachte früh und überlegte: Wie packt man für immer? Wie viel Paar Socken?

Ich nutzte alle erdenklichen Behältnisse, sofern sie Griffe oder Gurte hatten – sämtliche Rollenkoffer, Rucksäcke, Reisetaschen, sogar eine Schlafsackhülle aus Nylon –, und dachte voll Grauen an die zusätzlichen Gepäckgebühren. Aber dann entstanden die hohen Extrakosten gar nicht wegen des Gepäcks. Sondern dadurch, dass wir den Flug verpassten und unsere drei gebuchten Sitze leer blieben.

Ich lehnte mich schwer auf die Theke des Check-In-Schalters, nachdem man mir versichert hatte, dass sich unser Flugzeug bereits in der Nähe von Neufundland befinde und es wegen Weihnachten weder am selben Abend noch tags darauf einen Ersatzflug gebe. Frühestens am Sonntag. Die Kinder hingen schlaff auf meinen Knien; Frederick war es vom Autofahren her noch schrecklich übel. Wir mussten also wieder in die Wohnung zurück. Ich nahm all meinen Mut zusammen, rief Jessica an, die in Lyon auf uns wartete, und teilte ihr mit, dass es, nun ja, eine Verspätung gegeben habe. »Eigentlich keine Verspätung. Wir haben den Flug verpasst.«

Wieder der echoartige Hall, diesmal aber nicht das Hallen der lee-

ren Wohnung, sondern das laute Hallen einer riesigen Leere, der sinn-
losen Leere eines gequälten Herzens. Die Stimme meiner Frau klang anders. Es schwang etwas mit, das ich noch nie zuvor gehört hatte, Angst.
Eine elementare Angst. Es war ihr Mann. Sie befand sich in Lyon, allein, seinetwegen. Sie war dort, ohne ihre Kinder, seinetwegen. Sie befand sich auf diesem – wie sollte man es nennen? – ungeplanten, dys-
funktionalen, völlig unberechenbaren Hindernisparcour des Lebens:
seinetwegen. Wie ich damals zwischen schrilleren Tönen wachsender
Panik zu hören bekam, bestand der eigentliche Fehler, der elementare
Fehler, darin, dass sie mich geheiratet hatte.

Jenes Telefongespräch war für uns beide ein bedeutender Moment.

Erst sechs Monate zuvor hatten wir einen anderen bedeutenden Moment erlebt, einen sehr *positiven* Moment, nämlich das bereits erwähnte
tiefgründigste und folgenreichste Gespräch unserer Ehe. Dieses Telefonat jedoch war nicht positiv und würde nie positiv sein und konnte
später nicht mal in der Rückschau, im Rahmen nostalgischer Fantasien,
ins Positive umgedeutet werden, etwa »auf seine Art positiv« oder »letztlich gar nicht so schlimm« oder sogar »lustig«. Nein. Es war der Tiefpunkt
unserer Ehe, der Nadir.

Nadir: Ich hatte das Wort noch nie zuvor verwendet. Doch genau da
stand ich jetzt. Am Nadir.

Aber in Wirklichkeit hatten wir ihn noch nicht erreicht.

II

LYON MIT KLEINEN
ZWILLINGEN

»Wie könnt ihr Lyon lieben?«
Unhöfliche Frage!
Schon wahr, unsere Stadt zu lieben fällt nicht leicht. Es ist ein anerzogener
Geschmack. Beinahe ein Laster. Keine Stadt der Welt kommt Touristen
weniger entgegen. Es gibt nichts anzuschauen, nichts zu unternehmen.
Natürlich gibt es auch hier, wie in anderen Städten, großartige
Monumente. Aber man muss zugeben, dass sie den Lyonesern kaum
etwas bedeuten. Und die »Sehenswürdigkeiten« selbst – die Kuppel des
Hôtel-Dieu, die in all ihrer öden Pracht über der ewigen Rhône thront;
die Saône in der Nähe der Place Bellecour, ihre Fußgängerbrücken, wie
mit schwarzer Tinte übers grün-goldene Wasser gemalt; die ganze
fahl-silberne Stadt, die durch den Dunst schimmert – all das lässt uns
kalt, als eine banale Alltagskulisse, und wir achten kaum mehr darauf
als auf den ohrenbetäubenden Industrielärm.

Henri Béraud, *Vous Ne Connaissez Pas Mon Pays*, 1944

Am Montag, den 15. Dezember, waren wir endlich da. Frederick plagte ein Magenvirus, George hatte Fieber, und auch ihr Vater war nicht gerade in Hochform. Jessicas Pläne – Familien-Mittagessen im Restaurant, Marktbesuch auf dem *quai*, Weihnachtsbaum kaufen (sie hatte sogar einen englischsprachigen Babysitter organisiert, einen bärenstarken Lyoneser namens Stephen, um uns einen romantischen Abend zu ermöglichen) – waren alle hinfällig, weil montags offenbar fast ganz Lyon geschlossen hat. Wir kauften uns ein Sandwich in einem Casino-Supermarkt und hielten Mittagsschlaf, und als wir aufwachten, war es zu spät, um wegen der Jungs noch in der Vorschule vorbeizuschauen. Es reichte auch nicht mehr, ihre Pässe auf *la mairie* vorbeizubringen. Außerdem ging unser Rom-Flug am nächsten Morgen um fünf. Diesmal verpassten wir ihn nicht. Fünf Minuten vor Schließung des Gate kamen wir an und rannten.

Da auch unser Rückflug, am Freitag vor Weihnachten, frühmorgens ging, bestand immerhin die Chance, dass die *École Robert Doisneau* bei unserer Rückkehr noch geöffnet sein würde. Aber es tobte ein Schneesturm. Wir trafen mit Verspätung ein, erst kurz vor Schließung des Flughafens, und jetzt hatte in Lyon, einer traditionell katholischen Großstadt, aufgrund der Feiertage drei Wochen lang alles geschlossen: die Restaurants (wo ich mich hätte den Küchenchefs vorstellen können), die Behörden (etwa *la mairie*) und natürlich auch Schulen und Vorschulen.

Die Wohnung war kalt, zumindest kam es uns so vor. Als New Yorker waren wir offensichtlich schon zu lange an überheizte Räume gewöhnt.

Frederick, der blass und zerbrechlich wirkte, war in erstaunlich guter Stimmung und saß auf unserem neuen Ikea-Sofa vor dem schwarzen TVBildschirm (der Fernseher war noch nicht angeschlossen, denn auch die Kabelfernsehfirma hatte zu). Er sah sich in unserem neuen Ikea-Wohnzimmer um, spürte, wie isoliert wir jetzt waren, und fragte treuherzig: »Wo sind denn jetzt alle unsere Freunde?«

»Keine Ahnung«, erwiderte ich.

Am nächsten Morgen ging ich mit den Jungs in ein Café, um unser New Yorker Ritual des Samstagfrühstücks fortzusetzen. Sie bestellten sich heiße Schokolade, wie immer, und baten wie immer um mehr Zucker. Der Kellner schnaubte und kam mit ein paar Zuckerwürfeln zurück – ganz offenbar nicht aufgebrauchte Würfel, die man wieder eingewickelt hatte.

Hinterher schlug ich einen Besuch der Markthallen vor, *Les Halles de Lyon Paul Bocuse*, auf der anderen Seite der Rhône.

Wir nahmen uns ein Taxi, kletterten alle auf den Rücksitz. Die Fahrt dauerte fünf Minuten. Fahrpreis sieben Euro. Ich hatte einen Zehn-Euro-Schein dabei. Der Fahrer nahm ihn entgegen, und ich wollte schon sagen, er solle das Wechselgeld behalten – als er Frederick schlug.

Frederick hatte seine niedlichen Klettverschluss-Schuhe auf den Sitz gelegt – die Pummelbeinchen eines Dreijährigen, winzige Füße, eingerollte weiße Kindersöckchen.

»Füße runter!«, schimpfte der Fahrer und gab ihm zwei kräftige Klapse: auf jedes Schienbein einen, mit dem Handrücken (der Hand, an der er seinen Ehering trug).

Ich stieg aus und musste das erst mal realisieren: Ein Mann, ein Fremder, hatte soeben den Bezahlvorgang unterbrochen, um mein Kind zu schlagen!

Ich rang nach Worten, während ich meine Jungs auf dem Gehweg in Sicherheit brachte. Dann steckte ich den Kopf in den Wagen, um dem Fahrer in bestmöglichem Französisch zu sagen, er solle nie mehr (*jamais!*) meinen Sohn (*mon fils*) anrühren (*toucher*), sonst würde ich ihm die Augen aus der feisten Visage reißen und mir zum Essen braten. Im Grunde habe ich keine Ahnung mehr, was ich damals sagte.

»Merci, Monsieur. Merci beaucoup!«, erwiderte er. Und fuhr grinsend davon.

Ich besorgte uns einen Christbaum, einen Ladenhüter (mit trockenen Nadeln, halb verdorrt, ein richtiger Kümmerling), Jessica kaufte Kerzen, und ich zog los, um einen Festtagsvogel zu ergattern. Aber ich fand nichts. Weder Gans, Truthahn noch Ente. Alles ausverkauft. Schließlich entschied ich mich für den vermutlich letzten Kapaun der Stadt, einen riesigen kastrierten Hahn, meinen erster Einkauf hier, ein mühsamer Handel mit einem Metzger, der dauernd sagte »*Quand?*« – »Wann?« – ein völlig alltägliches Wort, das ich vor lauter Stress einfach nicht verstand. (»*Quand?*« »*Quoi?*« »*Quand?*« »*Pardon?*« »*Quand, pour quand?*« Ach so! *Pour quand!* Jetzt?*)

Am Heiligen Abend versammelten wir uns zu viert um den kleinen Tisch in der Küche, dem einzigen warmen Raum. Es war eine stürmische schwarze Nacht, die Kerzen wollten nicht brennen, und ich tranchierte einen Vogel, der locker für 25 Leute gereicht hätte.

George, den der Kopf faszinierte – er sah zum ersten Mal einen essbaren Vogel mit Kopf –, aß nur vom Kopf, sonst nichts. Ich sehe ihn noch vor mir, wie er um den Schnabel herum das Fleisch abnagte und auf dem Kehllappen herumkaute. Vor lauter Schlafmangel hatte er tiefe Ringe unter den Augen.

Es wurde kälter. Wir drehten den Thermostat höher.

Wie sich herausstellte, war er kaputt, aber egal, die Heizungsmonteure arbeiteten sowieso nicht.

Wir spürten einen kalten Luftzug und hörten das fauchende Geräusch des Sturms. Es kam nicht durch die prächtigen offenen Kamine (die zu betreiben gesetzlich verboten war), sondern durch einen Spalt zwischen zwei türhohen Fenstern, ein Handwerker hätte das schnell repariert, aber wir konnten ja keinen rufen.

Der Weihnachtsmorgen. (Keine Erinnerung.) Silvester. (Keine Erinnerung.) Der Neujahrstag. (Keine Erinnerung.)

Ich wurde krank. Die Bronchien. Auswurf. Ein grippaler Infekt.

Jessica wurde krank. Schlimmer. Lungenentzündung.

Wir riefen SOS Médecins an, einen Hausbesuchsdienst. Das kostete 120 Euro, weil wir in Frankreich ja noch nicht krankenversichert waren. Bevor wir uns nicht auf der Präfektur registriert hatten, existierten wir für die Regierung nicht. Aber auch die Präfektur hatte geschlossen. Es waren sehr lange Weihnachtsferien. Wir schlugen uns tapfer. Wir warteten auf Donnerstag, den 8. Januar, den Tag, an dem die Schulen wieder öffnen würden. Hoffentlich hatten unsere Jungs noch Anspruch auf ihren Platz in der Vorschule. Und wenn nicht?, fragte ich. Immerhin hätten sie dort schon vor drei Monaten erscheinen sollen.

Jessica war ungewöhnlich optimistisch. Zwischen ihr und der Leiterin hatte die Chemie auf Anhieb gestimmt, sie hatte ein gutes Gefühl. Aber taugte das als Basis für eine Schulanmeldung? Und letztlich waren die Plätze (falls überhaupt) ja nur auf die Vornamen reserviert. (Vornamen und ein Gefühl?) Beim Besuch eines Spielplatzes auf dem *quai* lernte ich andere Eltern kennen. Auch sie waren neu nach Lyon gezogen und hatten versucht, ihr Kind an der *École Robert Doisneau* anzumelden, ohne Erfolg, weil einfach kein Platz mehr frei war. Womöglich war dieses Kind wegen unserer Zwillinge abgewiesen worden, die zwei Plätze besetzten, ohne zu erscheinen?

Am ersten Schultag nach den Weihnachtsferien machten wir uns ziemlich nervös auf den Weg. Die Schulleiterin, Brigitte, stand oben an der Treppe. Sie erkannte Jessica sofort. »*Voilà les garçons!*«, rief sie.

Alle waren erleichtert – sie auch, aber ganz besonders wir – und atmeten tief durch. Wir fühlten uns schwerelos. Wie Ballons. Brigitte führte die Jungen zu ihren Spinden. Sie war ganz aufgeregt. Noch nie zuvor hatte es an der *L'École Robert Doisneau* Kinder aus New York gegeben. (Das machte die Jungs zu Stars. Sie waren *les New-Yorkais*.)

Brigitte erwähnte die Schulkantine.

(Ja!)

Aber jetzt noch nicht, sagte sie.

(WAS?)

Da herrsche zu viel Krach, zu viel Lärm. Das sei noch zu viel für sie. »Es wäre besser, *les garçons* würden erst mal eine Weile zu Hause essen.«

(Ich: Aber eine laute Kantine ist doch absolut okay! Warum sollten wir unseren Tagesablauf unterbrechen, um unseren Kindern Mittagessen zu kochen?) Schreckliche Neuigkeiten.

Das häusliche Mittagessen unter der Woche ist in Frankreich ein altehrwürdiger Brauch und zeigt, was den Franzosen Mahlzeiten bedeuten. In unserem Mietshaus aßen alle Eltern mit ihren Kindern zu Mittag: Meist holte die Mutter die Kinder von der Schule ab, und oft kam auch der Vater von der Arbeit nach Hause und brachte aus der nahe gelegenen Bäckerei Baguettes mit. Um 13:45 Uhr kehrten die Kinder in die Schule zurück. Unsere Kinder aber weigerten sich. Demonstrativ, tränenreich, unerbittlich.

Ihnen gefiel es zu Hause. Sie sprachen lieber englisch. Sie konnten kein Französisch. (Agnès, ihre Lehrerin, fragte Jessica: »*Qu'est-ce que c'est le mot ›potty‹?* Ihre Jungs sagen jeden Tag: ›Excuse me, I need to potty.‹ Was heißt potty?«)

Als kaltsinnigem Patriarchen oblag es mir, mir die Jungs unter den Arm zu klemmen und in die Schule zurückzubringen.

»Das mit dem Mittagessen«, sagte Jessica, »funktioniert so nicht.«

»Ja, total nervig.«

»Aber für eine französische Mutter gehört sich das so.«

»Du bist keine Französin.«

»Ich muss erreichen, dass sie in die Schulkantine können.«

Jessica traf sich mit Brigitte, und schon durften die Jungs in die Kantine. Und damit begann unser Leben.

Wir waren seit einem Monat in Lyon. Endlich konnte ich in Angriff nehmen, weswegen ich eigentlich hergekommen war: mir eine Küche suchen, in der ich arbeiten konnte.

ARBEIT

Man könnte fragen, wie sich der Kult der Lyoneser um gutes Essen mit ihrer Abneigung gegen zu viel Aufwand in Einklang bringen lässt. Denn ein Gourmand zu sein ist doch äußerst beschwerlich, weil man ständig für Nachschub sorgen muss.

Die Antwort ist in drei Lyoneser Sprichwörtern enthalten: »Am Braten spart nur der Narr« und »Der Mund kommt an erster Stelle« und »Der Flaschenrest ist für Drückeberger«.

Henri Béraud, *Vous Ne Connaissez Pas Mon Pays*, 1944

La Mère Brazier war *das* angesagte Lokal. Ich kannte es, seit Boulud es erwähnt hatte. Es führte die Tradition der *Mères Lyonnaises* (Mütter von Lyon) fort, die Köchinnen des 19. Jahrhunderts, auf die sich Jean-Georges bezogen hatte: *nos saintes mères*. All diese Frauen hatten ursprünglich als Köchinnen in den vornehmen Villen einheimischer Industrieller begonnen, mit der *cuisine bourgeoise* – also quasi Hausmannskost für großbürgerliche Familien –, waren durch ihr Können bekannt geworden und hatten sich dann eigene Restaurants aufgebaut.

Eugénie Brazier war in vielerlei Hinsicht der Prototyp der *mère*. Geboren 1895 in den Dombes, den Feuchtgebieten zwischen Lyon und den Alpen, als eines von neun Kindern, wurde sie auf einem Bauernhof groß, mitten im Sumpfgebiet, nicht weit von Bourg-en-Bresse entfernt (von wo das berühmte Bressehuhn stammt). Schon im Alter von fünf Jahren kümmerte Brazier sich um das Vieh, zuerst um die Schweine, dann später um die Kühe. Als sie zehn Jahre alt war, starb ihre Mutter im Kindbett. Mit 19 wurde Brazier von einem verheirateten Mann im

Dorf schwanger, gebar einen Sohn, Gaston, wurde von ihrem Vater verstoßen und fand bei der großbürgerlichen Familie Milliat in Lyon zunächst eine Anstellung als *nourrice* (Säugamme) und später dann als Köchin. Die Milliats waren reich – sie besaßen eine Nudelfabrik –, und ihr Reichtum machte sie zu Feinschmeckern (da sich für wohlhabende Lyoneser Kultiviertheit in der Wertschätzung des Essens ausdrückte) – und sie waren Stammgäste der berühmtesten aller *mères*, Mère Fillioux. Als Fillioux später einmal die Milliats fragte, ob sie ihr eine Köchin empfehlen könnten, die ihr in ihrem immer stärker frequentierten Restaurant zur Hand gehen würde, brachten die Milliats ihre eigene Köchin Eugénie ins Gespräch. Es gibt keine Aufzeichnungen darüber, welchen Beitrag Eugénie Brazier in dem Restaurant geleistet hat (sie notierte nie etwas, weil sie sich schämte, nicht richtig schreiben zu können), aber es heißt immerhin, Fillioux sei neidisch auf ihr Talent gewesen, wohl aufgrund folgenden Vorfalls: Als Eugénie einmal für das Personal das traditionelle Sonntagsessen zubereitete – »un civet de lapin«, ein üppiges Kaninchen-Schmorgericht –, machte Fillioux den Fehler, die Angestellten zu fragen, wessen *civet de lapin* ihnen besser schmecke, ihres oder das von Brazier … Und so trennten sich ihre Wege. Brazier war nie verheiratet, hatte aber einen Lebensgefährten, Le Père, der als Chauffeur bei einer wohlhabenden Familie angestellt war. Mit seiner Hilfe ergatterte sie ein Eckzimmer im Erdgeschoss eines Hauses in der Rue Royale, das aus dem 18. Jahrhundert stammte. Am 19. April 1921 eröffnete sie dort ein Restaurant. Und im Jahr 1928 eröffnete sie in Luère, in den Wäldern westlich von Lyon, ein zweites Lokal, ohne Wasser, Strom oder Gas.

Brazier, in ihren besten Jahren eine stattliche Frau mit ungewöhnlich breiten Schultern und kräftigen Unterarmen, wenn man an die berühmte Fotografie denkt, die sie am Herd vor einem dampfenden Topf zeigt, galt als respekt-, ja sogar furchteinflößend. Es gibt viele Geschichten über sie, die immer wieder gern erzählt werden: dass sie jeden, der einen Fehler begangen hatte, demütigte, besonders ihren unehelichen

Sohn Gaston, der sich zu seinem Pech von Kindesbeinen an bei ihr in der Küche aufhalten musste. 1933 wurde sie nicht nur zur ersten Küchenchefin, die einen dritten Michelin-Stern errang, sondern auch zur ersten Person überhaupt, die jemals drei Michelin-Sterne *gleichzeitig* für zwei Restaurants hielt, eine Großtat, die jahrzehntelang unerreicht blieb. La Mère Brazier war das beste Restaurant der Stadt, es verkörperte Lyon wie kein zweites, und als es 2007 zumachte, versank die Stadt in kulinarische Trauer.

Die Wiedereröffnung durch Mathieu Viannay war ein großes Ereignis. Viannay selbst war wohl ein großes Ereignis. Boulud jedenfalls nannte ihn »die Zukunft von Lyon«, und ein Besuch in seinem Restaurant stand ganz oben auf meiner Agenda (das Restaurant befand sich, von unserer Wohnung aus gesehen, auf der anderen Seite der Presqu'île, der Rhône-Seite, nur ein zehnminütiger Fußweg). Aber da war ich nicht der Einzige: Inzwischen wollte jeder bei Viannay essen, denn einen Monat, nachdem wir in Lyon eingetroffen waren, hatte ihm der *Guide Michelin* (sensationellerweise) auf Anhieb gleich *zwei* Sterne verliehen. Normalerweise müssen Küchenchefs die Michelin-Leiter erst Stern für Stern emporklettern. Selbst Paul Bocuse begann mit nur einem Stern. Es war zwar nicht das erste Mal, dass gleich zwei Sterne verliehen wurden, kam aber sehr selten vor und stellte, wie es der *Guide Michelin* formulierte, eine große Auszeichnung dar.

Ich nahm die französische Ausgabe meines Buchs über die italienische Küche mit. Viannay erwartete uns an der Tür. Er fragte, ob er uns durch das Restaurant führen dürfe.

Das Erdgeschoss von La Mère Brazier war in zwei Speiseräume unterteilt. In einem davon hing ein Kronleuchter. Die Atmosphäre sollte »gemütlich« sein. Auch in der Bar standen Tische; sie war hell erleuchtet, hatte einen weiß gefliesten Boden und Bleiglasfenster, ein elegantes Ambiente im Stil der 1930er-Jahre, und sie beschwor die Erinnerung an die Blütezeit der Lyoneser Küche, als Frankreich zweierlei entdeckt hatte:

das Automobil und die kulinarischen Genüsse, die einem nur das Automobil ermöglichte, indem es einen zu abgelegenen ländlichen Restaurants brachte. Die Restaurantküche, von der aus eine knarzende Holztreppe in den ersten Stock führte, wirkte geradezu anachronistisch. Die Köche wirkten in Habachtstellung, die Mitarbeiter der Küchenbrigade standen eng beisammen und starrten uns an. Keine Mikrowelle, kein Vakuumiergerät, kein Wasserbad fürs Sous-vide-Garen, kein Dörrautomat. Nur Töpfe.

»*Les mères*«, erklärte Viannay, »waren *die* Expertinnen für die einheimische Küche.« Sie bildeten ihre eigene Subkultur und tauschten untereinander zerfledderte *mère*-Kochbücher aus. 2002 kaufte Stéphane Gaborieau, damals Küchenchef in der Villa Florentine (im 17. Jahrhundert ein Kloster, auf einem der Hügel gelegen), an einem Bücherstand auf dem *quai* ein handgeschriebenes Exemplar aus den 1850er-Jahren und produzierte es als Faksimile-Ausgabe, die zu einem Bestseller wurde: Auf 97 Seiten waren, in einer wunderschönen alten, schwungvollen Handschrift, Rezepte von Gerichten versammelt (*quenelles*, Kutteln, Niere, Bresse-Huhn), die noch heute in Lyon jeder kennt.

Viannay, in seinen Vierzigern, schlank und fit (wie Franzosen so oft und Amerikaner fast nie), trug handgefertigte englische Herrenhalbschuhe, blaue Jeans und eine Kochjacke, deren Ärmel an den Handgelenken weit ausgestellt waren. Er hatte dichte Augenbrauen, eine dunkle, schon ins Silberne spielende Mähne (sie fiel ihm ins Gesicht und war im Nacken lang, im Stil französischer Rocker) und einen Fünf-Tage-Bart. Sein Auftreten war unglaublich liebenswürdig. Er nahm sich alle Zeit der Welt für uns.

Wir stiegen in den ersten Stock, und Viannay führte uns zu »den privaten Speisezimmern«, jedenfalls die großbürgerliche Variante davon – ursprünglich kleine, niedrige Schlafstuben, die auf die Straße gingen –, für Mahlzeiten, vor allem sonntags, auch eine *mère*-Tradition, bei denen Gäste verköstigt wurden, als gehörten sie zur Familie.

»Sie haben Kinder?«, fragte er uns. »Bringen Sie sie doch mal mit. Dann gibt es *poulet de Bresse*.«

Ich stellte mir vor, wie George und Frederick das Fenster öffnen und Passanten von oben mit Hühnerschlegeln bewerfen würden, und dachte: Nein, lieber nicht.

Das Menü enthielt zwei Dinge, die in diesem Gebäude schon seit fast hundert Jahren serviert wurden: eine Artischocke mit Gänseleber (die Artischocke, bekanntlich eine italienische Gemüsesorte, gehörte zur Lyoneser Küche) und Bressehuhn-Brust. Ich weiß noch, dass beides köstlich war, und habe beides seitdem oft gegessen, aber damals schmeckte ich nichts. Ich war zu nervös. Ganz klar, hier wollte ich arbeiten.

Hinterher stand Viannay an der Tür und dankte den Gästen. Seine Art war unkonventionell und locker, ganz unfranzösisch, und doch merkte man ihm eine gewisse Vorsicht an. Das Restaurant hatte seine Sterne schon drei Monate nach der Eröffnung erhalten. Bei ihm führte das nicht zu Feierlaune; er staunte einfach nur darüber.

Ich erzählte ihm, was ich vorhatte (französisch kochen zu lernen), und schenkte ihm mein Buch.

»Ich würde gern ein *stage* in Ihrer Küche machen«, sagte ich.

Er sah mich an.

»Ich wäre gern *stagiaire* bei Ihnen«, fügte ich hinzu.

Viannay blickte auf das Buch in seiner Hand. Er war verblüfft.

»Italienische Küche«, sagte er. Es war keine Frage. Eher eine Feststellung.

»Ja, italienische Küche.« Ich erwähnte *The New Yorker*.

Er lächelte, ein seltsames Lächeln, halb amüsiert, halb spöttisch.

»Ich sollte es signieren«, sagte ich, griff nach dem Buch und signierte es mit dem Überschwang eines Mannes, der gerade, um seine Nervosität zu betäuben, zu viel Côtes du Rhône getrunken hat. Dann gab ich Viannay das Buch zurück.

Er starrte auf meine Widmung.

Ich wartete.

Er lächelte wie zuvor.

Ich dankte ihm. Ich schüttelte ihm die Hand. Ich dankte ihm erneut. Ich verbeugte mich formvollendet und verabschiedete mich.

Auf dem Heimweg fragte ich Jessica: »›Mathieu‹ wird nicht mit zwei ›t‹ geschrieben, oder?«

»Nein. Die französische Form hat nur ein t.«

»Klar. Habe ich gewusst.«

Am folgenden Abend fuhren wir, Bouluds Rat folgend, nach Vienne, 20 Meilen südlich von Lyon. La Pyramide, das einstige Restaurant des legendären Fernand Point, war Plan B.

Die finanziellen Transaktionen des Hauses Point haben seine Freunde schon immer vor ein Rätsel gestellt, denn er verwendet nur die feinsten Zutaten, liegt preislich aber unter den meisten Luxusrestaurants in Paris. Seine Freunde sind übereinstimmend der Meinung, dass Point ohne seine Frau längst bankrott wäre. »Mado« Point agiert als Oberkellnerin, Einkäuferin, Weinverkosterin, Kassiererin, Hausärztin, Privatsekretärin und Chronistin. Sie hofft, eines Tages die Rezepte ihres Mannes für die Nachwelt in einem Buch zu versammeln. Das wird nicht leicht sein. Monsieur Point hält nichts vom gedruckten Wort.

Joseph Wechsberg, »The Finest Butter and lots of Time«,
The New Yorker, 3. September 1949

Vienne. Nach allem, was ich wusste, war mir natürlich klar, dass La Pyramide für jemanden, der die französische Kochkunst erlernen wollte, keineswegs Plan B darstellte. Unter Küchenchefs besitzt La Pyramide den Status einer Pilgerstätte. Es ist der »Tempel«. Der Name, *la pyramide*, geht auf einen römischen Obelisken am Ende der Straße zurück. Er markiert den Ort, wo einst Wagenrennen stattfanden (angeblich hat Vienne mehr römische Ruinen pro Quadratmeter als jede andere französische Stadt), und die antike, irgendwie heidnische Ikonografie scheint zur metaphysischen Anziehungskraft des Restaurants beigetragen zu haben. Man wird kaum einen bedeutenden französischen Küchenchef finden, der nicht dort gewesen ist.

Und dieser Ruhm war das Verdienst Fernand Points. Sein Restaurant galt zur Zeit Curnonskys als das beste Restaurant (»das jeder Lyoneser kennt«) nicht nur im Rhônetal, sondern in ganz Frankreich, ja, es zählte sogar zu den allerbesten Restaurants der Welt. Curnonsky, dessen richtiger Name Maurice Edmond Sailland lautete, gilt als Begründer der modernen Restaurantkritik. (Der Name »Curnonsky« entstand dadurch, dass er einen Spitznamen aus seiner Schülerzeit, *Cur Non?* – Vulgärlatein für »Warum nicht?« – mit einem aristokratisch klingenden slawischen Suffix versah.) Es war Curnonsky, der Lyon als »Welthauptstadt der Gastronomie« bezeichnete.

1949 verbrachte der tschechisch-amerikanische Journalist Joseph Wechsberg, dem Pariser Freunde gesagt hatten, »wenn ich *das* ultimative Gourmet-Erlebnis haben wolle ... müsse ich nach Vienne«, einen Tag bei dem großen Küchenchef. Wechsberg beschreibt Point als einen massigen Mann – er wog 165 Kilo bei einer Körpergröße von 1,92 m (anderen Angaben zufolge hat er eher zweihundert Kilo gewogen) –, der sich mit seiner Größe und Korpulenz erstaunlich wohlfühlte. Point erschien stets in einem weiten schwarzen Anzug, trug eine seidene geblümte Fliege, begann jeden Tag mit einer Magnumflasche Champagner und betrachtete Butter, *Unmengen* von Butter, als essenzielle Zutat jedes guten Essens (»Butter! Gebt mir Butter! Immer Butter!«). Lebenslang hegte er auch ein Vorurteil gegen magere Köche und war in Habitus und Einfluss die Verkörperung des Begriffs »überlebensgroß«. Leider lebte Point nicht besonders lang und wurde sechs Jahre nach Wechsbergs Besuch, wie so viele andere Küchenchefs seiner Generation, in seinen Fünfzigern (genauer gesagt mit 58 Jahren) dahingerafft.

Seine »Kunst«, Curnonskys Wort, lebte durch andere fort, vor allem durch »Mado«, so lautete der Spitzname von Fernand Points Witwe Marie-Louise Point. Indirekt wurde seine Kunst von den Köchen weitergeführt, die in seiner Küche arbeiteten. Viele dieser Köche assoziierte man später, in den 1970er-Jahren, mit der Nouvelle Cuisine. Point gebührt das große Verdienst, diese Richtung der Kochkunst aus der Taufe gehoben zu haben.

Heute wird La Pyramide von Patrick Henriroux geführt. Auch sein Name hatte auf Bouluds Liste von Kontakten gestanden, direkt unter Mathieu Viannay. Zum Auftakt unseres Dinners kam Henriroux an unseren Tisch und erzählte: Fernand und Mado hatten eine Tochter, Marie-José; die wollte das Restaurant an einen Küchenchef verkaufen, der das Lebenswerk ihrer Eltern in deren Sinn fortführen würde und auch die nötigen Mittel dazu hatte.

Sie fragte Paul Bocuse. (Bocuse hatte als Koch bei Point gearbeitet.) Er lehnte ab.

Sie fragte Alain Chapel, auch ein früheres Mitglied der *brigade* des La Pyramide. Er lehnte ab.

Sie fragte Michel Guérard, den unangefochtenen Genius der Nouvelle Cuisine. Er lehnte ab.

Sie fragte Alain Ducasse: Nein. Marc Veyrat: Nein. Sie fragte sämtliche Drei-Sterne-Köche Frankreichs.

»Es lag an Points Renommee«, sagte Henriroux. »Niemand wollte sich an ihm messen lassen.«

Jetzt wandte sich Points Tochter den Zwei-Sterne-Köchen zu. Und so gelangte sie an Henriroux, damals Küchenchef des mit einem Michelin-Stern ausgezeichneten Restaurants La Ferme de Mougins in Südfrankreich. Henriroux nahm die Herausforderung an, denn: »Cur non?«

Er begann 1989. Seinen ersten Stern erhielt er sieben Monate später. Er wollte das Restaurant kaufen, was ihm aber nicht gelang. Zwei Jahre später bekam er seinen zweiten Stern. Inzwischen stand die Ortsbevölkerung hinter ihm (was Bouluds Ansicht bestätigt, dass Zwei-Sterne-Restaurants den Bürgern der Stadt gehören), und als das Restaurant in finanzielle Schwierigkeiten geriet, unterstützten ihn die Einheimischen beim Kauf. Inzwischen, 15 Jahre später, hat er das Darlehen zurückgezahlt.

Er fragte uns nach unseren Wünschen.

Ich war neugierig auf die *poularde en vessie*. Ich hatte darüber in Points *Ma Gastronomie* gelesen. Dieses Werk enthält Briefe, Erinnerungen an die Gäste (Colette, Charles de Gaulle, Pablo Picasso, Édith Piaf), Aphorismen (z. B. »Im Orchester einer großen Küche spielt der Saucier den Solopart«) und darüber hinaus den Teil, der manchmal »Küchenbibel« genannt wird, eine Sammlung all seiner Rezepte. All dies ist von absolutem Understatement geprägt. Jede Anweisung, die zum Beispiel eine spezielle Angabe zu Menge oder Kochtemperatur enthält, wirkt derart eigenwillig, dass man an einen Fehler denkt (»Man nehme 5 Liter Blut von Menons Tieren, nachdem sie einen Monat lang seine Birnen gefressen haben«).

Ich bestellte also die *poularde en vessie*. *Vessie* bedeutet Blase. Ich hatte noch nie ein Gericht gegessen, das in einer Schweinsblase zubereitet worden war.

Henriroux verzog das Gesicht. »Sie müssen sehr hungrig sein.«

Ich versicherte ihn meines Appetits.

»Es ist ein ganzes Huhn. Eine *poularde*.«

»Ich liebe *poularde*«, sagte ich. Dabei hatte ich keine Ahnung, was eine *poularde* eigentlich war.

(Eine *poularde* ist ein Huhn, das über ein Jahr alt ist; ein *poussin* ist weniger als sechs Monate alt; ein *poulet* mehr als sechs Monate. Es ist wie mit den vielen Begriffen für Schnee bei den Eskimos: In Lyon existieren viele Bezeichnungen für Vögel, einschließlich des allgemeinen Begriffs *volailles*, was einfach »Geflügel« heißt.)

Henriroux gab nicht nach – »Die Zubereitung dauert aber sehr lange« –, und als ich darauf einging (»wir haben es nicht eilig«), unterbrach er mich und gestand: »Ehrlich gesagt, man muss es im Voraus bestellen.«

Ich entschied mich für ein Stubenküken.

Und als ersten Gang?

Vielleicht einen *sandre*.

Ich wusste nichts über *sandre*, außer dass es ein einheimischer Süßwasserfisch war. Lyon war berühmt für seine Süßwasserfische, sie stammten alle aus den nahe gelegenen Flüssen oder den großen Alpenseen.

Das Essen war gut zubereitet, schwang sich allerdings nie zu kulinarischen Höhen auf und zeigte somit sehr anschaulich, warum sich so viele Küchenchefs geweigert hatten, in Points Fußstapfen zu treten. Henriroux war Jahrgang 1958. Warum sollte er sich an einem Mann messen lassen, der drei Jahre vor seiner Geburt gestorben war?

Ich überlegte: Konnte *dies* mein Ausbildungsplatz werden? Die Geschichte des Restaurants, die Nähe zu den Dingen, die von hier und nirgendwo sonst stammen (das Federvieh, die Wasservögel), der Geist der Römer. Und ich dachte an Boulods Regel: Die Küche hatte zwei Sterne!

Nach einer Weile kam Henriroux erneut an unseren Tisch. Er ging entspannt mit Journalisten um, war es gewohnt, dass sie von Paris aus hierher pilgerten, um der Legende auf den Zahn zu fühlen. Henriroux' Botschaft war simpel: »Ich bin nicht Fernand Point. Wenn Sie hierherkommen, um zu essen, serviere ich Ihnen meine Gerichte, nicht seine. Aber ich lebe in seinem ehemaligen Haus und vermittle Ihnen gern meine Eindrücke von seinem Wirken.« Was seine Person betraf, vermittelte Henriroux mehr den Eindruck von Ausdauer als von Talent. Er hatte in schlechten Zeiten begonnen und sie überstanden. Seine Schultern waren muskulös, er hatte einen flaumig zurückweichenden Haaransatz und sanfte blaue Augen mit pelzigen Brauen. Die tiefen Linien, die sein ehrliches Gesicht durchfurchten, verrieten die jahrzehntelange Plackerei, andererseits zeigte sein entspanntes Lächeln, dass ihm die Plackerei keine Last war. Jetzt gehörte das Restaurant ganz ihm. Er hatte mit Veränderungen begonnen, *seinen* Veränderungen. Draußen: Henriroux hatte das Grundstück umgestaltet (jetzt eher Versaille als Points Landhaus), eine Terrasse gebaut und die Zahl der Tische im Garten deutlich erhöht. (Point hatte das Essen im Freien verabscheut.)

Ich erzählte Henriroux von meinem Plan. »Ich wäre gerne *stagiaire* bei Ihnen.«

Sein Lächeln verschwand, als hätte es jemand mit einem Schwamm weggewischt. Er wirkte bestürzt. »Ein *stage*? Nein, nein, nein. Ein *stage* ist kompliziert. Es gibt Regeln. Sie? Nein, kommt nicht infrage.«

Er klang absolut entschlossen.

»Wirklich nicht?«, fragte ich matt. (Ich fiel innerlich wie ein Soufflé zusammen.)

»Nein, unmöglich.« Sein Verhalten schien zu sagen: »Ein Amerikaner? Ein Journalist? In *meiner* Küche?« Offenbar hatte ich ihn beleidigt.

Er dankte uns für unser Kommen. Stand auf.

»Die *poularde en vessie*!«, sagte ich.

Er hielt inne.

»Wenn ich einfach mal vorbeikäme, um zu lernen, wie Sie ein Huhn in einer Schweinsblase zubereiten?«

Sein Gast verhandelte mit ihm!

Ich bohrte weiter. »So ein Gericht, das in einer Schweinsblase gekocht wurde, ist in Amerika völlig unbekannt.«

Er schien nachzudenken.

»Ein Tag. Ein Gericht«, drängte ich.

Er seufzte. »Okay.«

Wir nahmen ein Taxi zurück nach Lyon, eine lange Fahrt bei Winterwetter, überfrierender Nässe, glatter Straße. Wir sprachen nicht viel. Einen Plan C hatte ich nicht.

Was ich aber hatte: eine Wohnung in diesem Stadtviertel, das trotz seiner Herbheit eben auch ein ehrliches Viertel war, voller Energie, mit zahllosen kleinen Restaurants: 22 nach meiner letzten Zählung, keines mehr als fünf Minuten entfernt. Das Essen war nicht exzeptionell, aber stets schmackhaft und zeichnete sich durch den *rapport qualité-prix* aus (das heißt, ein gutes Preis-Leistungs-Verhältnis) – ein wesentliches Merkmal jeder Lyoneser Mahlzeit.

Unsere Lieblingslokale waren uns bereits durch die Frauen bekannt, die sie führten, etwa Laura Vildi und Isabelle Comerro, zwei ehemalige Kellnerinnen, die im Jahr vor unserer Ankunft gemeinsam das Bouchon des Filles eröffnet hatten; allerdings stand nicht etwa eine Frau am Herd, sondern ein Mann, den die beiden (voller Ironie?) behandelten wie den letzten Dreck. Das Restaurant hatte karierte Tischtücher, eine Holzbalkendecke, vorlaute Bedienungen und wunderbaren Beaujolais und bot leicht optimierte Lyoneser Traditionsgerichte an: etwa *boudin noir*, die Wurst aus frischem Schweineblut (in der Stadt so etwas wie ein Grundnahrungsmittel, man kaufte sie am laufenden Meter), die hier in einer knusprigen Pastete serviert wurde, mit Kräutersalat garniert. Von der Tür des Lokals aus konnte man die Schule der Jungs und ein Fenster unserer Wohnung sehen.

Oder das von Mai und Franck Delhoum geführte Bistrot du Potager des Halles.

»Halles« bezieht sich auf einen kleinen traditionellen Lebensmittelmarkt in der Nähe. Ein *potager* ist ein Küchengarten. Auch dieses Lokal hatte erst kurz vor unserer Ankunft in Lyon eröffnet und wurde zu unserem Bistro in der Nachbarschaft, das vom Frühstück bis zum spätabendlichen Drink geöffnet hatte.

Oder Roberto Bonomos überraschend authentisches Sapori e Colori, in das wir, trotz unserer Begeisterung für die Lyoneser Küche, sehr gerne gingen. Jessica hatte das Lokal damals, während ihrer Ikea-Beutezüge, entdeckt und Roberto verzweifelt erklärt, dass sie sich schon nach drei

Tagen Lyon nach einem Teller guter italienischer Pasta sehne. (»Oh, Jessica«, hatte er voller Mitgefühl erwidert, »das ist kein gutes Zeichen!«) Später schenkte ich ihm die italienische Übersetzung meines Buchs über die italienische Küche. Er las es und bat mich, bei ihm als Koch anzufangen. Ich dachte kurz nach. »Nein, Roberto, danke. Das geht nicht. Ich bin nicht nach Lyon gekommen, um italienisch zu kochen.«

Und dann war da der berühmte Bäcker direkt gegenüber, »Bob«. Bei ihm kauften wir von Anfang an unser Brot. Er galt als bester Bäcker der Stadt. Ich wusste nicht, ob es stimmte, denn wir hatten noch nirgendwo sonst Brot gekauft; aber wir schätzten uns jedes Mal glücklich, wenn wir einen ofenwarmen Brotlaib ergatterten (dann begann sich vor der Ladentür eine Schlange zu bilden – wir sahen das immer von unserem Wohnzimmerfenster aus) und das heiße Ding nach Hause jonglierten, wo wir es mit gesalzener Butter verzehrten.

In dieser Bäckerei entdeckten die Jungs das Wort goûter (von goût, was »Geschmack« oder »Aroma« bedeutet und vermutlich das wichtigste Wort der französischen Sprache ist). Ein goûter war ein Nachmittagsimbiss, den man meist um 16 Uhr aß, wenn die Kinder aus der Schule kamen, und stellte die Ausnahme dar, die zwei der wichtigsten französischen Essensregeln bestätigte: dass man nicht unterwegs isst, im Gehen oder Stehen, und niemals zwischen den Mahlzeiten. Ein goûter jedoch wird sofort verzehrt.

Die meisten Eltern brachten ihn von zu Hause mit; wir kauften unseren goûter extravaganterweise bei Bob. Die Jungs hatten Bobs pain au chocolat entdeckt – so etwas hatten sie bisher nicht gekannt – und sahen keinerlei Grund mehr, irgendetwas anderes zu essen.

Nachdem es mit La Pyramide nicht geklappt hatte, fragte ich mich, ob ich ein Praktikum bei Bob machen sollte – immerhin stellt Brot einen grundlegenden Bestandteil der französischen Mahlzeiten dar, warum also nicht? Ich bat einen von Bobs englischsprachigen Freunden, den Liverpooler Martin Porter, der in Lyon lebte, für mich anzufragen.

Martin überbrachte mir Bobs Antwort: »Ich weiß nicht«, habe Bob erwidert. »Sag ihm, er soll abends mal vorbeikommen.«

Wir lernten unsere Nachbarn kennen, Christophe und Marie-Laure Reymond und ihre vier Kinder, alles ausgesprochen robuste Jungs, die vor Gesundheit strotzten. Sie hießen uns bei einem Glas Wein und einer Platte winterlicher *bugnes* willkommen. *Bugnes* sind ein mit Puderzucker bestreutes Lyoneser Schmalzgebäck, das man kurz vor Beginn der Fastenzeit macht, um alles Fett im Haushalt aufzubrauchen. (Ich sehe noch unseren kleinen George vor mir, wie er – warm eingemummelt für den Markt auf der Saône, zu dem ich ihn und seinen Bruder jeden Sonntag mitnahm – ein *bugne* aß, Gesicht und dunkelblauer Anorak mit klebrigem weißem Puderzucker bedeckt.)

Während wir also mit den Nachbarn zusammensaßen, sprach ich über mein Projekt und erwähnte auch meine Vermutung, dass die Italiener bei der Entstehung der französischen Küche eine nicht unerhebliche Rolle gespielt hätten. Wahrscheinlich habe ich es direkter formuliert als beabsichtigt. Wahrscheinlich habe ich gesagt, die Italiener hätten die französische Küche »erfunden«. Marie-Laure und Christophe sind nicht in der Gastronomie tätig. Sie sind auch keine Historiker. Aber sie wurden in Lyon geboren, ihre Familien stammen von dort, und sie betrachten sich als Lyoner. Was jetzt folgte, war ein veritabler Ehezwist.

Marie-Laure: »Ja, verstehe. Der italienische Einfluss.«

Christophe: »Was soll das heißen?«

Marie-Laure: »Ach, du weißt doch, Ravioli. Oder Rosette« (eine Lyoneser Dauerwurst aus grob gehacktem Schweinefleisch, die einheimische Version der Mortadella).

Christophe: »Das kapiere ich jetzt nicht.«

Marie-Laure: »Oh lala, Christophe. Ist doch klar. Denk mal an Névache.«

Christophe: » Névache? In den *französischen* Alpen?«

Wie so viele Lyoneser hatten auch die Reymonds einen einfachen Zweitwohnsitz in den Bergen. Er befand sich in der Nähe der italienischen Grenze.

Marie-Laure: »Christophe, das ist ein Gebirgspass. Die Italiener haben den schon immer passiert. Ist doch nicht so schwer zu verstehen.«

Christophe: »Doch, es ist schwer zu verstehen, und zwar, weil es nicht stimmt.«

Bei der Rückkehr in unsere Wohnung erwartete uns eine Nachricht auf dem Anrufbeantworter. Ich erkannte die Stimme – Englisch mit einem starken französischen Akzent. Es war Daniel Boulud. Er hielt sich wegen des Bocuse d'Or in Lyon auf. »Sie haben doch sicher schon vom Bocuse d'Or gehört, nicht wahr?«, fragte er, und dieses Mal konnte ich das voll bejahen. Der Bocuse d'Or war der alle zwei Jahre stattfindende Kochwettbewerb. Mir war mehrfach geraten worden, ihn auf keinen Fall zu versäumen, Gastronomie in der Welthauptstadt der Gastronomie, und ich hatte meine Teilnahme bereits organisiert. Boulud sagte, er lade ein paar Mitglieder seines amerikanischen Teams zum Lunch ein, in ein Lokal in Ain. »Darf ich Sie mit Jessica und den Jungs dazubitten?«

Das Département Ain liegt in der wunderschönen, geheimnisvollen Landschaft Dombes (dieser an Vögeln, Fischteichen, Sümpfen und Wasserwild so reichen Gegend, aus der Mère Brazier stammte), doch damals bekam ich nichts davon mit, nur, dass die Straßen sehr kurvenreich waren, das Restaurant 60 Meilen entfernt lag und George vom Autofahren schlecht wurde. Kurz darauf wurde auch Frederick schlecht.

Als wir ankamen, war man in der Küche noch dabei, ein extrem ehrgeiziges Menü zuzubereiten (da man den großen Daniel Boulud und sein Team erwartete), und es gab noch nichts zu essen. Niemand konnte sagen, wie lange es noch dauern würde. Die Jungs hatten Hunger und waren in schlechter Verfassung. Wenn die Jungs in schlechter Verfassung sind, ist auch ihre Mutter in schlechter Verfassung. Und wenn ihre Mutter in schlechter Verfassung ist, geht es auch ihrem Vater nicht gut.

Man setzte uns ans Ende eines langen Tischs. Jessica, an die sich die beiden Jungs klammerten, saß mir gegenüber. Es war eher so, als würden wir uns selbst ausgrenzen, als dass wir ausgegrenzt wurden. Wir verdienten die Gesellschaft von Erwachsenen nicht. Wir hatten in einer fremden Stadt, die sonst kein Mensch besucht, mit schutzbedürftigen Kleinkindern einen Neustart gewagt, auf die vage Hoffnung hin, dass ich ein französischer Koch werden könnte. Ha! Wir waren am falschen Ort.

Jessica fauchte. Ich fauchte zurück.

George war inzwischen auf Erkundungstour gegangen, hatte in einem anderen Raum ein Dessert entdeckt und kletterte damit auf den Schoß seiner Mutter; eine dunkle, klebrige Masse lief über sein frisch gebügeltes Button-Down-Hemd und tropfte auf Jessicas Kleid.

Sie fauchte erneut. Ich fauchte zurück. Und während wir uns gegenseitig anfauchten, erschien Daniel.

Er hatte sich für einen Moment bei seinen Gästen entschuldigt, um sich zu mir zu setzen. Er wirkte besorgt.

Er wollte wissen, wie es mir ging. (Ich blickte über seine Schulter Jessica an. Sie ahmte pantomimisch seine Besorgnis nach.)

»Na ja, es läuft noch nicht ganz rund«, sagte ich mit gespielter Gelassenheit.

(Jessica zeigte mir den Vogel.)

Boulud fragte, ob ich denn einen Arbeitsplatz gefunden hätte?

»Nein, nicht direkt, noch nicht so richtig.«

Und was mit meinem Französisch sei? Wie ich vorankäme?

»Na ja, eher langsam.«

(Jessica gluckste.)

Da war ich nun in Daniels Territorium, in den Dombes, im kulinarischen Herzland, mit einer renitenten Familie und kam offensichtlich nicht so richtig weiter. Boulud schien unser abenteuerliches Wagnis sehr zu überraschen. Er schien sich mitverantwortlich zu fühlen. Aber das war er natürlich nicht – die Verantwortung (oder Verantwortungslosigkeit) lag allein bei mir.

(Warum fiel ich nicht auf die Knie und flehte ihn an: »Daniel, Sie haben doch so viele Kontakte! Helfen Sie mir!«?)

Es war schon dunkel, als wir aufbrachen. Wir fuhren mit dem Taxi zurück, lagen kreuz und quer übereinander, schliefen alle vier.

Der Bocuse d'Or begann am nächsten Tag.

1985 war Bocuse bereits ein berühmter Koch. Jeder kannte seinen Namen und wusste von Fotos, wie er aussah: große Nase, große Ohren, großer Mund, Kochmütze, und er hielt ein lebendes *poulet de Bresse* in den Armen, dem er den Kopf streichelte. Aber die wenigsten wussten, wie er kochte. Um 1985 herum wurde Bocuse dann plötzlich zur Ikone. Eben noch: der Starkoch am Herd. Und jetzt: Papst der französischen Gastronomie. Er wurde zum unangefochtenen Botschafter der französischen Küche. Er war der Inbegriff Frankreichs. Er wurde in jedem erdenklichen metaphorischen Sinn des Wortes:

GIGANTISCH

Es ist bis heute nicht ganz klar, wie es eigentlich dazu kam, denn es gab (was Bocuse genauso sah) außer ihm ja noch andere talentierte Köche. Bocuse war nie Gastgeber einer Kochsendung. Obwohl er sich bei Fototerminen meisterlich in Szene zu setzen wusste (mal im vollen Ornat des Küchenchefs, mit entblößter Schulter, um sein Bressehuhn-Tattoo zu zeigen, ein andermal rittlings auf seiner Harley-Davidson), sah man ihn so gut wie nie im Fernsehen. Er publizierte Kochbücher. Aber es war kein Bestseller dabei. Abgesehen von zwei Restaurants im Ausland – einmal in Japan, zum anderen in Florida im Walt Disney

World Resort (Monsieur Paul, ein von seinem Sohn Jérôme erfolgreich geführtes Lokal) – hat Bocuse außerhalb Lyons nie eine Lizenz für seinen Namen vergeben. Und doch war da etwas, über das Bocuse aus unerfindlichen Gründen in viel höherem Maße verfügte als jeder andere Spitzenkoch und Küchenchef: ein zweifelsohne mitreißendes kulinarisches Charisma. Bocuse verkörperte alles, was sich die Leute unter einem französischen Starkoch vorstellen.

In Lyon war es noch extremer. In Lyon wurde er grenzenlos, maßlos wie ein Abgott verehrt.

Sein Hauptrestaurant, L'Auberge, am Ufer der Saône, etwa vier Kilometer nördlich der Stadt, wird seit 1965 ohne Unterbrechung alljährlich mit drei Michelin-Sternen ausgezeichnet und ist somit weltweiter Rekordhalter in der Geschichte des *Guide Michelin*. Bocuse wohnte im selben Haus. Über seinem Lokal. Zusätzlich hatte er (nach aktuellem Stand) acht andere, eher legere »brasseries«, von denen vier nach den verschiedenen Himmelsrichtungen benannt sind (*Nord, Est, Ouest* und *Sud*). In Lyon war Paul Bocuse irgendwie allgegenwärtig.

Er gründete eine Kochakademie. In den 1980er-Jahren wandte sich der französische Kultur- und Bildungsminister, Jack Lang, an Bocuse, weil er bedauerte, dass es in Frankreich keine Ausbildungsstätte gab, die das Erbe der französischen Küche bewahrte. Et voilà: Es wurden Geldmittel und Lehrer bereitgestellt, und 1990 fand die Eröffnung des *Institut Paul Bocuse* statt. Mittlerweile gilt es als bedeutendste Kochschule Frankreichs, in der ernsthafte Schüler ernsthaft die echte französische Kochkunst erlernen wollen.

Bocuse hauchte den *foires* neues Leben ein. In Lyon ist der Begriff, der eigentlich »Jahrmarkt« heißt, mit Geschichte aufgeladen. Seit 1419 waren die *foires* ein von Steuern befreites internationales Ereignis, das sich viermal pro Jahr jeweils über zwei Wochen erstreckte, immer um die religiösen Feiertage herum; von überallher kamen Händler, zu Fuß, mit Lasttieren über die Berge oder im Frachtkahn über die Rhône, und verkauften alle erdenklichen Waren: Gewürze, Wein, Käse, Seide, Musikinstrumente, geräucherte Schweinshaxen, um nur einiges zu nennen. Für die *foires* wurden Gedichte verfasst, Theaterstücke produziert, derbe Geschichten geschrieben, es gab Musikaufführungen, Lieddarbietungen, und alle legten sich mächtig ins Zeug.

Und die modernen *foires*? Nicht so unterhaltsam. Seit 1916, als die modernen *foires* eingeführt wurden (schlechtes Timing mitten im Ersten Weltkrieg), war das ein Ort, wo irgendjemand versuchte, dir einen Traktor zu verscherbeln.

Die modernen *foires* hatten nichts vom traditionellen Zauber der *foires* der Renaissancezeit. Selbst bei der alle zwei Jahre stattfindenden Gastronomiemesse Le Sirha (einer internationalen Fachmesse für Restauration, Hotelwesen, Catering) ging es nur ums Geschäft. Doch als Bocuse ins Spiel kam – und den Bocuse d'Or initiierte – kehrte der Glamour zurück.

Das Event wird wie ein World Cup inszeniert (24 konkurrierende Nationen, vertreten durch Zweierteams, die aus je einem Koch und einem Commis seiner Wahl bestehen) und läuft im Grunde wie eine Hundeausstellung ab. In einer Halle präsentieren die Wettbewerbsteilnehmer ihre Gerichte, die von 48 Juroren begutachtet werden. Höhepunkt ist die Siegerehrung. Ihr gelingt es, die Ikonografie der Olympiade (ein Podest für Gold, Silber und Bronze), der Oscars (die Trophäen) und einer New Yorker Bar-Mizwa-Feier (Stroboskoplicht, laute Tschingbum-Musik, Goldkonfetti-Regen) miteinander zu vereinen. Die Devise lautet: »Kitsch« meets »Können«, aber das »Können« ist echt: Zur Schau gestellt werden die spektakulärsten, vollkommensten Gerichte auf dem Planeten.

Ich kam um 9 Uhr an. Die Köche waren bereits seit 5 Uhr morgens da. Jedes Zweierteam wurde in eine Miniküche gequetscht – etwa von der Größe einer Umkleidekabine in einem drittklassigen Badeort. Die

Atmosphäre war von Adrenalin, Stress und Schweiß geschwängert. Die Uhr lief, und alle Köche arbeiteten hochkonzentriert und sehr schweigsam vor sich hin. Die Tribünen – für die Fans der nationalen Teams – waren schon besetzt. Es fanden fünftausend Leute Platz. Die japanischen Zuschauer waren wie Samurais gekleidet, die Mexikaner trugen Sombreros. Schweden, Dänen und Amerikaner hatten sich in ihre Nationalflaggen gehüllt. Es spielten eine Mariachi-Band, ein Drum-and-Bugle-Corps, eine Pit-Percussion-Gruppe, es gab ein paar Typen, die Becken gegeneinander schlugen, und Massen von Idioten mit Stadiontröten. Der Radau hatte eigentlich gar keinen so richtigen Anlass: Weder wurden lebendige Ziegen ausgeweidet, noch sah man geballte Siegerfäuste, auch stand kein Küchenchef auf und sagte: »Voilà!« Und doch verstummte das tosende Geschrei keinen Augenblick.

Ich kam mir unzureichend informiert und naiv vor. Wieso hatte ich nicht gewusst, dass diese Art des Kochens (angestrengt über die Arbeitsfläche gebeugte Menschen, die mit kleinen Bewegungen kleine Dinge bearbeiteten) eine Art Nationalsport war? Doch da erschien Paul Bocuse.

Er war hinter der Bühne eingetroffen und durchquerte jetzt – Kochmütze, Kochuniform, ein Kragen in den Farben der französischen Flagge – die Halle. Er tappte an mir vorbei, leise, steif, beeindruckend in seiner Küchenchef-Pose, machte kleine winkende Handbewegungen wie der Papst und schien nicht zu merken, dass sich hinter ihm sämtliche Wettbewerbsteilnehmer zu einer Schlange formierten. Unmittelbar zuvor waren sie in ihre klaustrophobischen Miniküche verbannt worden, doch als einer von ihnen bemerkte, dass Bocuse im Haus war, verließ er seinen Arbeitsplatz und folgte dem berühmten Mann durch die Halle. Dabei rief er den anderen in ihren Küchenboxen zu, sie sollten sich anschließen. Und so wurde die Schlange immer länger.

Irgendwann wusste dann niemand weiter, man kann schließlich nicht ewig im Gänsemarsch hinter Paul Bocuse herlaufen, und dann berührte jemand den berühmten Koch und scherte aus der Schlange aus, zufrieden über diesen physischen Kontakt. Der nächste Koch in der Schlange berührte Bocuses Ärmel. Ein anderer berührte seine Schulter, der nächste strich über seinen Handrücken. Ein asiatischer Koch griff nach Bocuses Schürzensaum, ließ ihn wieder los, hielt die Hand, die den Saum berührt hatte, mit der anderen Hand am Handgelenk fest, starrte darauf und brüllte, als habe er sich die Haut verbrannt. Ein anderer Koch fiel auf die Knie und küsste den Boden, über den der Starkoch hinweggeschritten war (was ich – man darf mich gerne zimperlich nennen – dann doch ein bisschen übertrieben fand).

Alle versuchten nun, ihn zu begrapschen, wurden übergriffig, und als es schon richtig gefährlich wirkte, war Bocuse plötzlich verschwunden. Sicherheitsleute hatten ihn durch eine Hintertür nach draußen gebracht.

Abends nahm mich jemand mit zurück nach Lyon, und ich dachte nach: über das Theater, das ich an diesem Tag erlebt hatte, aber auch darüber, dass mir der Zugang zu Lyons Küchen weiterhin hartnäckig verweigert wurde. Vielleicht sollte ich es doch mit Bob versuchen. Als ich in der Wohnung ankam, war ich fest entschlossen. »Ich weiß jetzt«, sagte ich zu Jessica, »wo ich mit den Grundlagen für meine kulinarische Ausbildung beginnen werde. Ich werde bei Bob arbeiten. Ich werde Bäcker. Ich geh jetzt gleich rüber«, sagte ich, »und stelle mich vor.«

Es war zwar schon acht Uhr abends, aber ich würde ihn sicher antreffen. Er hatte ungewöhnliche Arbeitszeiten, oft brannte hinten noch Licht, wenn der Rest des Stadtviertels im Dunkeln lag. Und tatsächlich traf ich ihn an, aber in letzter Sekunde. Er war schon im Mantel und wollte gerade nach Hause, um ein bisschen Schlaf zu tanken.

Bob wusste, warum ich kam. Er wusste auch, dass ich noch keine Küche gefunden hatte. Und als ich ihm unumwunden, ohne jedes Vorgeplänkel meinen Vorschlag präsentierte – »Bob, ich hab nachgedacht und bin zu dem Schluss gekommen, dass mein Buch mit Ihnen beginnen sollte, dass ich ein Praktikum hier, in Ihrer Bäckerei machen möchte« –, wusste er, dass ich log.

Ich war nicht nach Lyon gezogen, um in Bobs Bäckerei zu arbeiten. Ich hatte an Marc Veyrat, Mathieu Viannay oder Patrick Henriroux gedacht.

»Nein«, sagte Bob.

»Nein?« Mein Plan C wies mich ab?

Er starrte mich an. Versuchte er, meine Gedanken zu lesen?

Ich komme zu Ihnen, sagte ich, nicht nur um zu lernen, wie man Brot bäckt, sondern wie *Ihr* Brot gebacken wird. »Es schmeckt bekanntlich ausgezeichnet. Mich interessiert warum.«

Sein Blick schweifte zu einem Punkt über meinem Kopf. Er schien abzuwägen, was für Folgen es haben könnte, wenn ich bei ihm arbeiten würde.

Bob war 44. Er hatte feiste Wangen und einen dicken Bauch und wirkte, wenn er unrasiert war, wie eine Kreuzung aus Fred Feuerstein und Jackie Gleason. Sein brauner Wuschelkopf war meistens mehlbestäubt. Auch seine Clogs, sein Pullover (er trug nie eine Schürze) und seine Hose waren immer voller Mehl, und ganz besonders gut haftete es in seinem Bart. Baden hatte keine Priorität für ihn. Bob schlief, wann er konnte, und das war nicht oft, und er schien nach einer inneren Uhr zu leben, einem ständig klingelnden Wecker: Hefe anrühren, Teig kneten, der gnadenlose Druck eines heißen Backofens, eilige Lieferungen. Bob war rastlos auf den Beinen. Er schien nie müde zu werden. Er wusste, dass sein Brot fantastisch schmeckte. Er wusste auch, dass niemand wusste, wie gut es wirklich war.

Er selbst betrachtete sich nicht als Genie. In einer Stadt der kulinarischen Fanatiker war er einfach nur ein Bäcker, wenn auch ein guter. Im Grunde war er nur Bob. Und natürlich war er nicht einmal das. Denn eigentlich hieß er Yves. (Kein Mensch wusste, warum er »Bob« genannt wurde. Als ich ihn danach fragte, antwortete er vage: »Da hat mal jemand vor langer Zeit …«)

»Ja«, sagte er langsam: *Ouiiiii*. Er wirkte auf einmal aufgeregt. Er trommelte mit den Fingern auf eine Arbeitsfläche. »Kommen Sie. Gerne. Ich freu mich.«

»Dann bis morgen.«

Wir schüttelten uns die Hand. Ich wollte gehen.

»Sie wohnen gleich gegenüber, stimmt's? Sie können jederzeit vorbeikommen.«

Ich dankte ihm.

»Wenn Sie nicht schlafen können, kommen Sie einfach rüber. Ab 3 Uhr morgens bin ich da. Freitag und Samstag die ganze Nacht.«

Ich dachte: Wenn ich um 3 Uhr nachts nicht schlafen kann, gehe ich nicht spazieren. Aber ich hatte die Botschaft verstanden. Bob stand bereit. Er wollte mir sagen: Ich werde Ihr Freund sein.

Der Eindruck, den ich von Bobs Tätigkeit gewonnen hatte, bezog sich aufs Wochenende, vor allem den Sonntag, wo es hoch herging, und zwar wegen des Verkaufsverbots, das alle anderen Branchen betraf, nur nicht die Bäcker. Viele Bäckereien hatten sonntags geöffnet. Aber am liebsten gingen die Leute zu Bob.

Sonntags gehörte die Bäckerei den Lyonesern, und Bob arbeitete, ohne zu schlafen, die ganze Nacht hindurch, um ihren Hunger zu stillen. Um 2 Uhr morgens verlangten späte Zecher ein warmes Baguette, reckten sich auf Zehenspitzen schwankend zu dem hohen Fenster neben der Backstube, *le fournil*, hinauf und reichten Bob eine Euromünze. Um neun Uhr gingen in der Bäckerei so viele Leute ein und aus, dass die Tür offen blieb. Die Schlange reichte bis auf die Straße, und wenn man es endlich geschafft hatte, herrschte im Laden ein irrer Lärm, durch die vielen Menschen und die laut aufgedrehte Musik (meist Salsa – Bob hatte sich irgendwann in den Salsa und in Kuba verliebt, und dann in eine Kubanerin, seine Frau Jacqueline). Alle schrien durcheinander, um sich verständlich zu machen – Stimmengewirr und Gedränge, zuknallende

Ofentüren, Leute machten durch Winken auf sich aufmerksam, Körbe voll knallheißer Baguettes wurden in den Laden gebracht, Geld ging von Hand zu Hand, alles bar.

Die Menge faszinierte mich, lauter Fremde, die den Laden mit einem oder mehreren Baguettes im Arm verließen, und in allen Gesichtern der gleiche Ausdruck: Appetit und die Aussicht, diesen Appetit gleich stillen zu können. Ich lernte etwas, ich begriff die Verlockung eines guten Brots, so wie das aus dieser Bäckerei, direkt gegenüber unserer Wohnung: von Hand gebacken, nach Hefe duftend, direkt aus dem Ofen, luftig und knusprig. Die Kunden verweilten nie länger als nötig. Dies war ihr Frühstück. Die Krönung der Woche. Es war Sonntag.

Werktags frühmorgens um 3 Uhr sah alles ganz anders aus, die Bäckerei lag verlassen da. Auch der Fluss wirkte anders. Zumindest war das so in jener eiskalten Nacht, als ich mich einmal hinauswagte. Das Wasser sah aus wie Motoröl, und plötzlich tauchte gespenstisch, nur einen bis zwei Meter entfernt, ein Frachtkahn auf, eine dunkle Masse (man hört die Kähne nie kommen), ein wuchtiger Bug, der sich zäh durchs Wasser pflügte. Auch Lyon wirkte vollkommen anders, völlig verlassen: keine Autos, keine Menschen, in keiner Wohnung Licht. (Von Donnerstag bis Sonntag wurde in der Stadt die ganze Nacht hindurch getrunken, laute Musik bei offenen Fenstern, Streit, brennende Autos, Vandalismus, Erbrochenes, man hätte wirklich nicht an »Morgenstund hat Gold im Mund« gedacht. Vielleicht ruhten sich in den übrigen Nächten dann alle aus.)

Bob, der eindeutig auf mich gewartet hatte, riss einen Mehlsack auf, lupfte ihn scheinbar mühelos (der Sack wog 50 Kilo) und entleerte ihn in eine riesige stählerne Schüssel. Bob war stark, aber seine Kraft wirkte eher wie ein Willensakt als wie Muskelarbeit. Er griff nach einem leeren Milchkarton, dessen oberer Teil abgeschnitten war, und ging damit zu einem Ausguss, der einen verblüffenden Anblick bot: Kaffeeutensilien, Kaffeesatzreste, ein Sandwich, das in einer schwarzen Brühe schwamm, eine Rolle Toilettenpapier. Bob stellte den Karton in den Ausguss und drehte den Heißwasserhahn auf.

»Die richtige Temperatur erreicht man durch eine Formel, die zwei weitere Faktoren einschließt«, erklärte Bob. »Das eine ist die Lufttemperatur. Heute Morgen ist es kalt, wahrscheinlich zwei Grad. Der andere Faktor ist das Mehl …«

»Woher wissen Sie das?«

»Es ist die Lufttemperatur.«

»Natürlich.«

»Diese beiden Faktoren addiert, plus die Wassertemperatur, sollten 54 Grad ergeben.« Wenn also die Luft zwei Grad hatte und das Mehl auch, musste das Wasser fünfzig Grad haben.

»Heiß«, sagte ich.

»Genau.« Das Wasser kam kochend heiß aus dem Hahn. Bob füllte den Milchkarton. Ich fragte: »Bob, benutzen Sie denn kein Thermometer?«

»Nein.«

»Besitzen Sie denn ein Thermometer?«

»Nein.« Er überlegte einen Moment. »Vielleicht liegt irgendwo noch eins herum.«

Ich schrieb in ein Notizbuch: »Wasser + Luft + Mehl = 54°.«

Bob goss das warme Wasser in die Schüssel und setzte ein oben angebrachtes Gerät in Gang, eine Knetmaschine. Es war eigentlich gar keine »Maschine«, jedenfalls nicht im modernen Sinn des Worts. Ursprünglich hatte man es mit einer Kurbel bedient und dann eines Tages mit einem Waschmaschinenmotor nachgerüstet. Zwei Haken, die aussahen wie Handprothesen, wälzten den Teig sehr langsam um. »Es ist nicht schneller als von Hand«, sagte er.

»Dann nehmen wir etwas Teig von gestern Nacht«, fuhr er fort. *La vieille pâte.* Das war ein brauner Klumpen, in Plastikfolie gewickelt. Bob nahm ein bisschen was davon zwischen Daumen und Zeigefinger und warf es in die Knetschüssel. Er nahm noch einmal die gleiche Portion, betrachtete sie prüfend und warf die Hälfte davon in die Schüssel. Dies war sein »Sauerteig«, lebende Hefepilze vom Teig der Nacht zuvor. Aber das war nicht die einzige Hefepilzquelle. Ich hatte genug über Hefekulturen gelesen, um zu wissen, dass sie überall waren. Man hätte sie von den Wänden schaben können. Man hätte die nötige Menge unter Bobs Fingernägeln gefunden. Hier in der Backstube hatte sogar der Atem eine stoffliche Beschaffenheit.

Ich sah mich um. Haufenweise Mäntel und Jacken; sie hingen an einem Haken, häuften sich auf einem steinernen Fenstersims. Auf jedem freien Fleck stand ein ungespülter Kaffeebecher. *Couches* aus Stoff (sie sahen aus wie feuchte Strandtücher vom letzten Sommer) waren über Holzstangen drapiert. Diese *couches* benutzte man zum Formen der Baguettes. Eine Glühbirne hing von der Decke herab, eine andere spross aus einer Steckdose. Ich sah das bläuliche Geflacker der Backöfen. Die Dunkelheit machte mich wachsam. Man konnte hier stolpern und sterben. Hier wurde man nicht daran erinnert, vor dem Betreten des Raums die Schuhe abzustreifen. Aber vielleicht schmeckten Bobs Baguettes, auf irgendeine verdrehte Art und Weise, genau nach diesem Raum mit seiner altehrwürdigen Geschichte.

Bob hielt die Knetmaschine an und riss ein Stück Teig ab. Der Teig war fertig. Dünn und elastisch. »Man kann hindurchsehen«, sagte er lachend und legte mir den Teigfetzen wie eine Maske aufs Gesicht.

Ich kannte diesen Moment von der Pastazubereitung. Wenn man den Nudelteig auswellt, verändert sich dessen Textur, er scheint zu glänzen. Man wälzt ihn so dünn aus, bis man allmählich die Maserung des Holzbretts erkennt – und tatsächlich hindurchsehen kann.

Der Teig von heute Nacht würde am nächsten Nachmittag fertig sein. Die morgendlichen Baguettes würden folglich aus dem Teig von letzter Nacht gebacken.

»Wie wär's mit Frühstück«, sagte Bob. Um sechs Uhr öffnete in der Nähe eine Bar für Off-Track-Wetten.

Der Kaffee schmeckte widerlich, das Brot war zwar von Bob, aber altbacken, und es wäre noch schmeichelhaft gewesen, die Klientel als »derb« zu bezeichnen (phlegmatische Zocker, die nur noch eine Lunge hatten und schon morgens ihren Branntwein kippten, während sie die Rennquoten studierten), aber für Bob bedeuteten sie Gemeinschaft. Sein Leben bestand aus einsamen Nächten. Diese Typen waren morgens die ersten Menschen, denen er begegnete. Hier fühlte er sich wohl. Er stellte mich als den Mann vor, der bei ihm in der Bäckerei arbeitete, um über ihn zu schreiben.

Mit dem Französisch klappte es, aber dann auch wieder nicht. Ich konnte es inzwischen (bis zu einem gewissen Punkt) sprechen, verstand aber oft nicht die Antwort. Mir graute vor Telefonaten. Ich konnte zwar ein Taxi bestellen, wusste dann aber nicht, ob man mir am Telefon mitgeteilt hatte, dass das Taxi komme oder wann das Taxi komme oder dass ich bar bezahlen müsse. Die Jungs hingegen verstanden alles, sprachen aber kaum. Man hatte uns prophezeit, »eure Kinder werden im Nu Französisch sprechen lernen«, aber irgendwie traf das nicht zu. Einmal wandte sich Frederick ängstlich an Jessica: »Maman, da ist die ganze Zeit ein Wort. Ich mag es nicht. Es läuft mir dauernd nach.«

»Wie heißt denn dieses Wort?«

Er flüsterte: »Soldes.« *Soldes* bedeutet »Schlussverkauf« (in Frankreich ist Schlussverkauf nur innerhalb eines festgelegten vierwöchigen Zeitraums erlaubt, wo dann jeder Händler ein Schild mit der Aufschrift »Soldes« vor den Laden stellt).

Die Kinder kamen zu einer *orthophoniste,* einer strengen, hageren Logopädin, die einen Schal trug und sich kerzengerade hielt. Sie war Spezialistin für die *»ré-éducation du langage«,* und die Schule hatte sie engagiert, um den Kindern die richtige französische Aussprache beizubringen. Sie prüfte jedes Kind. Während unserer Zeit in Lyon hatte sie so viel zu tun, dass sie direkt gegenüber ein Büro mietete. Es hatte große

Fenster, und wir konnten von unserer Wohnung aus sehen, wer alles zu dieser Schulung aufgefordert wurde, unter anderem viele muttersprachliche Familien. Das Französische, mit seiner komplizierten Aussprache und den stummen Vokalen, stellte offenbar für viele Menschen eine Herausforderung dar. Als die Logopädin unsere Kinder prüfte, fühlte sie sich provoziert, weil die beiden Jungs behaupteten, das Wort für »versohlen« nicht zu kennen, nämlich *»fesser«* (von *fesses* für »Hintern«). Sie fühlte sich veräppelt. Ihre Empörung ließ darauf schließen, dass sie davon ausging, *alle* Kinder bekämen den Hintern versohlt. Vermutlich trifft das sogar zu, wir hatten das in Lyon sehr oft beobachtet, taten so was aber nicht.

Die Diagnose lautete, unsere Kinder litten an *bilinguisme,* und die *orthophoniste* beorderte umgehend Jessica in ihr Büro. Jessicas Aussprache wurde überprüft und für vorbildlich befunden. Die *orthophoniste* verordnete folgende Therapie: Jessica durfte zu Hause jetzt nur noch Französisch sprechen. Für mich galt diese Anweisung nicht.

Ob mein Französisch allmählich besser werde?

Nein.

Ob ich überhaupt Französisch spreche?

Na ja.

Ich hatte ein schlimmes Erlebnis mit *four* – damit ist nicht die Zahl vier auf Englisch gemeint, sondern das französische Wort für »Backofen« (ausgesprochen, als hätte einem gerade jemand heftig auf den Rücken geklopft). Wenn es um mehrere Öfen geht *(fours)*, wird das genauso ausgesprochen. Und natürlich bezeichnete das Wort *fours* die bläulich leuchtenden, mit Glastüren versehenen Öfen im Erdgeschoss, in denen Bobs Brot gebacken wurde.

Eines Nachmittags standen im hinteren Bereich der Bäckerei zwei Personen: Denis, damals Bobs Geselle, und ich. Denis, Bobs einzige Vollzeitkraft, blond, 30, mit kurz geschorenem Haar, weiß gekleidet wie ein richtiger Bäcker, hatte oben zu tun. Ich kümmerte mich unten um den Teig. Als ich eilig die Treppe rauflief, um einen Sack Mehl zu holen, fragte mich Denis: Das Brot – ob es noch im Ofen sei *(au four)*? Jedenfalls glaube ich, dass er das sagte. Er wiederholte die Frage, und diesmal klang sie eher nach: »Das verdammte Brot ist doch hoffentlich nicht mehr im Ofen, du Trottel?« Ich kapierte immer noch nicht. Ich hörte nur eine starke Emotion heraus (überwiegend Sorge) und das Wort »four«.

»Four«, dachte ich. »Four‹. Das Wort kenn’ ich doch.«

Ja? Oder nein? Mir war klar, welche Art von Antwort erwartet wurde. (Die Chancen standen 50 zu 50. Sollte ich mich einfach für eins davon entscheiden?) Stattdessen sprach ich das Wort in Gedanken vor mich hin: *four.* Ich war ganz sicher, dass ich es kannte. Warum fiel es mir denn nicht ein? »Four?«, sagte ich, diesmal laut, was ihn wütend machte, vermutlich, weil es nicht einfach ein *Ja* oder *Nein* war.

»Au four? Au four? C'est au four? Le pain!«

Denis polterte die Treppe hinunter, theatralisch, wie ich fand, so, als wolle er höchste Verzweiflung darstellen. Ich hörte, wie er laut eine Ofentür aufriss und ein Brotblech mit einem Ruck auf den Rollen herauszog.

»Oh, putain!«

Ich stand immer noch oben an der Treppe. Das Aufreißen der Ofentür brachte die Erinnerung zurück. Natürlich. *Four!* Backofen!

Es war zu spät. Deshalb das »*putain!*« (*Putain* bedeutet »Hure«. Auch *pute* bedeutet Hure, aber *putain!* sagt man zu jemandem, dem gerade 50 Baguettes verbrannt sind).

Wir mussten uns in der Präfektur anmelden. Bob kannte das Procedere bereits. Er war mit seiner kubanischen Frau dort gewesen.

»Das wird fürchterlich«, prophezeite er. »Ich sag dir, so bist du noch nie im Leben gedemütigt worden. Seid früh da.«

Wir wurden als Familie einbestellt, mit Fotos und all unseren Dokumenten vom französischen Konsulat, und sollten einzeln befragt werden. Falls wir »anerkannt« wurden, würde man uns direkt in eine medizinische Einrichtung für Immigranten schicken (in der Nähe des Stadtgefängnisses). Falls wir auch dort »anerkannt« wurden, würde man uns in die Präfektur zurückschicken, mit neuen Fotos und Bankauszügen, und uns eine temporäre Aufenthaltserlaubnis erteilen; unsere Dokumente würden an eine Behörde außerhalb von Paris geschickt, die uns dann endgültig Bescheid geben würde, ob wir tatsächlich »anerkannt« waren und von der Präfektur eine richtige *carte de séjour* erhalten würden, die Berechtigung, ein Jahr lang zu bleiben.

Ich ging allein zur Präfektur, kurz nach 6 Uhr morgens, und war der zwanzigste Anwärter in einer Schlange, die im Lauf der nächsten Stunden auf Tausende anwachsen sollte. Als sich die Wartezeit ungefähr abschätzen ließ, sagte ich Jessica, sie könne jetzt mit den Jungs nachkommen.

Gegen halb neun schickte sie mir eine SMS: »Taxi bestellt«.

Soldaten trafen ein, bewaffnet – aus Sicherheitsgründen.

Punkt neun öffneten sich die Türen, die 19 Leute vor mir wurden rasch abgefertigt, *sehr* rasch, und plötzlich saß ich, viel zu früh, vor einer französischen Regierungsbeamtin.

[Jessica? Wo seid ihr?]

Als ich die Dokumente aus der Tasche zog, fragte die Beamtin: »Und Ihre Familienmitglieder?«

»Etwas verspätet«, sagte ich. »Moment, ich schau mal.«

[SMS ich]: »Shit! Bin drin. Was ist los?«

[SMS Jessica]: »Taxi kommt nicht.«

[SMS ich]: »FUCK!«

»Die sind gleich da«, sagte ich. »Kinder, Sie wissen ja, wie das ist. Handschuhe, Anoraks, Schals.«

»Pas de souci«, erwiderte die Regierungsbeamtin. Keine Sorge. Sie schlug vor, inzwischen schon mal meine Kontoauszüge durchzusehen. Ich checkte jedes Dokument doppelt und dreifach.

Mein Handy vibrierte. »Bitte entschuldigen Sie«, sagte ich.

[SMS Jessica]: »Taxi noch mal bestellt. Unterwegs. Endlich!«

Es war Viertel nach neun. Rushhour.

»Sie müssen jede Minute da sein«, sagte ich.

Ich muss es der Beamtin hoch anrechnen, dass sie, um uns zu helfen, alles sehr sorgfältig durchsah, sehr, sehr sorgfältig, und dass wir beide jedes einzelne Dokument äußerst gewissenhaft überprüften, in der Hoffnung, irgendeinen Fehler zu entdecken. Aber irgendwann – nach zehn Minuten – hatten wir das letzte Dokument erreicht. Es war einfach keins mehr übrig. Die Beamtin stapelte die Dokumente ordentlich aufeinander, stieß auf dem Tisch sachte die Kanten glatt und heftete alles wieder zusammen. Sie wollte mir die Dokumente gerade zurückgeben, als ich herausplatzte: »Lyon ist die Welthauptstadt der Gastronomie!«

Das stimmt, meinte sie lachend, die Lyoneser essen wirklich gerne.

»Aus diesem Grund bin ich hier.«

»Tatsächlich?«

Ich erkundigte mich, ob sie vielleicht zufällig ein Lieblings*bouchon* hatte.

Ja, sie hatte eins.

»Dann sind Sie also eine echte Lyoneserin?«

»Ich bin Lyoneserin, ja.«

»Ob Sie mir wohl den Namen Ihres Lieblings*bouchons* aufschreiben könnten?«

»Aber gerne.« Es schien sie sogar zu freuen, dass ich sie darum bat. Sie riss einen Zettel von einem Notizblock, worauf ich sofort eine SMS schrieb.

[SMS ich]: »Und?«

[SMS Jessica]: »Fürchterlicher Verkehr.«

Die Beamtin gab mir den Zettel.

Ich sagte ihr, ich hätte ein Buch über die italienische Küche verfasst. »Darf ich Ihnen ein Exemplar schenken? Auf Französisch.« Sie schien beeindruckt, dass ich das Buch mitgebracht hatte, und nahm es (zu meiner Überraschung) an, worauf ich fragte, ob ich es signieren dürfe (»Und könnten Sie mir bitte Ihren Namen aufschreiben?«). Ich erzählte ihr, dass ich in einer Bäckerei arbeitete. (»*C'est vrai?*«), und fragte, ob sie den Laden kenne, »Bob, am Quai Saint-Vincent.«

»Bob?«, fragte sie verwirrt, worauf ich ihr erklärte, dass das nicht sein richtiger Name sei, den richtigen Namen aber niemand kenne. Ich drängte sie, dort einmal hinzugehen (»das beste Brot in ganz Lyon«). Ich bot ihr an, ihr die Adresse aufzuschreiben.

Sie akzeptierte und bedankte sich.

Jetzt müsse sie aber den Nächsten drannehmen, sagte sie. Wenn meine Familie nicht da wäre, könnte sie unseren Fall leider nicht bearbeiten. Ich müsste mich wieder ans Ende der Schlange stellen.

»Ich entschuldige mich für mein Französisch«, sagte ich verzweifelt.

»Keine Ursache, Ihr Französisch ist gut.«

»Nein, ist es nicht. Ich weiß, dass es nicht gut ist.«

»Doch, wirklich. Sie drücken sich absolut verständlich aus.«

Trotz meiner Panik und meines Unbehagens hatte ich den Eindruck, dass sich hier gerade etwas Ungewöhnliches ereignete und ich gut daran täte, es zur Kenntnis zu nehmen. Es war mir nämlich soeben in meiner neuen Zweitsprache gelungen, eine Regierungsbeamtin hinzuhalten. Ich hatte Fortschritte gemacht. Meine Hinhaltetaktik hatte sogar funktioniert! Fast geschafft.

Ich machte einen allerletzten Vorstoß. »Könnten Sie nicht einfach nur meinen Fall bearbeiten und die anderen später?«

»Nein. Tut mir leid. Sie müssen sich draußen am Ende der Schlange anstellen.«

Ich erhob mich. Ich bedankte mich. Ich zückte ihren gefalteten Zettel, den ich in meine Hemdtasche gesteckt hatte, und dankte ihr noch einmal für den Namen des *bouchon*. Ich versprach, einmal hinzugehen. Ich stopfte alle Ordner wieder in die Tasche zurück, und stellte mir gerade vor, welchen Stress Jessica im Taxi haben musste, mit den Kindern, im Stoßverkehr … als sie wunderbarerweise erschien … meine Familie, in allerletzter Sekunde, ein fantastischer Anblick, *ma femme avec les garçons.*

Um halb drei waren wir fertig.

Nach unserem Besuch dort schien Bob mich mit neuen Augen zu betrachten. Jetzt waren wir nicht mehr Amerikaner auf einer kulinarischen Safari, Touristen gehen schließlich nicht zur Präfektur. Jetzt waren wir offenkundig berechtigt, hier zu sein.

»Morgen liefern wir aus. Es wird Zeit, dass du das richtige Lyon kennenlernst.«

Bobs Lieferwagen war ein uralter panzerartiger Citroën, den er noch nie gewaschen hatte. Auf dem Beifahrersitz lagen die Plastikverpackungen von Casino-Sandwichs, eine halb verzehrte Quiche, eine fast leere Familienflasche Coca-Cola und mehrere Ausgaben der Lokalzeitung, *Le Progrès*, die er an ganz bestimmten Stellen aufgeschlagen und auf den Sitz gepfeffert hatte, als solle dies beweisen, was Bob beim Fahren tat: Er informierte sich über die neuesten Nachrichten. Jetzt fegte er alles vom Beifahrersitz, damit ich mich setzen konnte. Im Wageninneren schwebte eine zarte weiße Wolke, der Mehlstaub schien so fein in der Luft verteilt, dass er sich gar nicht mehr setzte. Ich fand einen Platz für meine Füße, klemmte mir einen Beutel Baguettes zwischen die Beine und schnallte mich an. Wenn man den Wagen sah, wunderte man sich nicht mehr, dass Bob so selten badete: Mal ehrlich, welchen Zweck hätte das gehabt? (Im Winter sah Bob aus wie eine alte Matratze.)

Er fuhr schnell, redete schnell, parkte schlecht ein. Wenn er im Wagen saß, wurde er durch die Macht der Gewohnheit daran erinnert, dass er spät dran war, und in einen beschleunigten Auslieferungsmodus versetzt. L'Harmonie des Vins war die erste Station, auf der Presqu'île, ein Weinkeller, in dem man auch essen konnte (»Aber gut!«, sagte Bob). Die beiden Besitzer waren im hinteren Bereich des Lokals damit beschäftigt, den Lunchservice vorzubereiten, freuten sich über ihren Brotlieferanten aber gerade so, als wäre überraschend ein Freund hereingeschneit, obwohl Bob ja täglich exakt um dieselbe Zeit kam. Ich wurde vorgestellt (»ein Journalist, der über mich schreibt«), schnell, schnell, Beutel abstellen, Küsschen und wieder raus.

Als Nächstes: La Quintessence, in der Nähe der Rhône (enge Straße, kein Platz zum Parken, also hielt Bob einfach vor dem Haus, und obwohl sich hinter ihm eine Schlange bildete, hupte niemand), ein neues Restaurant (»echt gutes Essen«, sagte Bob und reckte die geballte Faust zu einer Siegergeste), ein Ehepaar, ein Hilfskoch, alle hektisch, aber herzliches Lächeln, die übliche Vorstellung (»will über mich schreiben«), Beutel abstellen, Küsschen, raus.

Wir überquerten die Rhône, fuhren auf einen Gehweg und rannten raus, Bob diesmal mit einem ganzen Sack Brot, ich mit dem anderen; ich umklammerte den Sack, als umarmte ich ihn, und hetzte hinterher: L'Olivier (»ausgezeichnetes Essen«, zweimal die Siegergeste, »im Michelin gelistet, aber unprätentiös«), junger Küchenchef, Schultern wie ein Schlägertyp, warmherziges Gesicht, obwohl vor lauter Stress kein Lächeln drin war, Säcke fallen lassen, High fives, raus.

Ein Restaurant nach dem anderen: rein – Eile, Freude, Brot (noch warm), Vorstellung (»ein Schriftsteller«), Zwei-Personen-Küche, manchmal eine Person – und raus. Manche dieser kleinen Lokale wirkten nicht wie Gewerbebetriebe, sondern eher improvisiert. Chez Albert: als Mutprobe von ein paar Freunden gegründet. Le Saint-Vincent – die Küche von der Größe eines begehbaren Schranks (war früher eine Toilette).

Bob fuhr Richtung Süden, wo das Fußballstadion lag. Die Tour dauerte zwei Stunden, mit zwei Dutzend Lieferungen (schon dies ein Zeichen, wie sehr sein Brot geschätzt wurde), und zeigte mir einen bunten Teil der Stadt, den ich bis dahin nicht gekannt hatte. Dann ging es ins Siebte Arrondissement, Industrieviertel, kleine zweistöckige Reihenhäuschen, graue Fassaden, und ein unglaubliches Bistro an einer unglaublichen Straßenecke, Le Fleurie, benannt nach einem Beaujolais *cru* und ebenso erschwinglich wie der Wein. »Ich liebe dieses Bistro«, sagte Bob (*J'adore*): Auf einer Tafel draußen die täglich wechselnde Speisekarte, zwölf Euro für ein Drei-Gänge-Menü (Süßwasserfisch mit Muschelsauce, Schweinefilet mit Pfeffersauce), das Personal unkonventionell in T-Shirt und Jeans, das Essen konsequent saisonal (also Wurzelgemüse im Winter).

Bob lief schnurstracks nach hinten, mit stolzen, wiegenden Schritten, einen Sack Brot auf der Schulter, dann der übliche Ablauf, die freudige Begrüßung, das entspannte Lächeln; auch ich genoss dies alles – Bobs Überschwang war so ansteckend, dass ich mich nicht mehr als Teil von Bobs Team fühlte, sondern irgendwie als Teil von Bob selbst.

Jetzt, wo die letzte Lieferung des Tages abgeschlossen war, fragte Bob nach Olivier, dem Küchenchef, und wurde an die Bar geschickt.

Olivier Paget war in Bobs Alter, in Beaujolais geboren. Der Vater Zimmermann, der Großvater Bauer. Olivier kochte schon seit seinem 16. Lebensjahr; die typische Biografie eines Küchenchefs, einschließlich Praktika bei *grands chefs*, die extravagante Gerichte zubereiteten, etwa Michel Rostang (schon wieder!) und Georges Blanc, bei dem Daniel Boulud seine Ausbildung absolviert hatte. Paget selbst jedoch war dann als fertiger Koch nicht fürs Extravagante. Er eröffnete sein Lokal in einem abgelegenen, weit vom Kulinarik-Betrieb entfernten Arbeiterviertel, nannte sein Restaurant »Bistro«, kochte gute Gerichte zu fairen Preisen und war täglich mittags und abends ausgebucht: alles bis auf den letzten Platz besetzt.

So, sagte Bob, stelle ich mir ein Restaurant vor.

Während Paget jedem von uns ein Glas Beaujolais einschenkte, erzählte Bob, er liebe das Konzept der »*grande cuisine*« – erlesenste Speisen, zubereitet von einem *grand chef*. Davon träume er, meinte Bob, und hoffe immer noch, dies eines Tages erleben zu dürfen. »Einmal habe ich es versucht« – in Paul Bocuses Drei-Sterne-Restaurant Auberge, zusammen mit Jacqueline, seiner kubanischen Frau.

Seine Erwartungen hätten nicht höher sein können. Die Enttäuschung nicht größer.

Es hatte nicht am Essen gelegen, an das Bob sich gar nicht mehr erinnern konnte. »Wir wurden herablassend behandelt.« Die Kellner grinsten höhnisch, weil Bob und seine Frau nicht wussten, welches Glas für welchen Wein gedacht war, oder weil sie zum falschen Löffel griffen, und bedienten sie mit sichtlichem Widerwillen. (Jacqueline ist dunkelhäutig; an jenem Abend war außer ihr nur noch eine weitere dunkelhäutige Person anwesend: der Türsteher, der am Eingang die Gäste begrüßte, in einer Kostümierung, die fatal an die Dienerlivree der Südstaatenplantagen erinnerte.) Die Rechnung war höher gewesen als Bobs Monatsverdienst. Man hatte sie ausgeraubt.

Bob kippte seinen Beaujolais hinunter, Paget schenkte ihm nach, und als ich die beiden so erlebte, in ihrer entspannten Vertrautheit, begann ich zu begreifen, was ich den ganzen Vormittag über gesehen hatte: eine Gemeinschaft, wie eine Gilde, deren Mitglieder sich untereinander an einem geheimen Wappen erkannten, das nur andere Mitglieder sehen konnten. All die Menschen, die wir heute beliefert hatten, gehörten dazu. Sie wussten, dass Bobs Brot exzeptionell war. Sie wussten auch, dass sein Brot mehr war als nur Brot.

Bob bestätigte die Reservierung eines Tischs für Freitag, ein Lunch mit Freunden. Er arrangierte oft große Essen für Freunde – Zusammenkünfte von Seelenverwandten – einschließlich eines saisonalen *mâchon*, dem Lyoneser Ganztags»frühstück« (es begann um neun, umfasste jedes essbare Stückchen vom Schwein, unendliche Mengen Beaujolais und laute, planlose Paraden singender Männer, die sich zu diesem Zeitpunkt kaum noch an den Heimweg erinnern konnten. Mir graute davor). Ein Mittagessen am Freitag war weniger ambitioniert. »Nur zehn Leute«, sagte Bob zu mir. »Du solltest mitkommen.«

Der Küchenchef, zu Gast in seinem eigenen Restaurant, gehörte zu den Seelenverwandten und saß bei den anderen Gästen, für die sämtlich galt, dass sie die meiste Zeit »fürs Essen lebten«. (Und Wein. Sie lebten auch sehr intensiv für ihren Wein.) Drei von ihnen waren in der Branche tätig – ein Käsehändler, ein weiterer Gastronom, ein Mann, der mit einem Ring Blutwurst, *boudin noir*, erschien – aber nicht alle. Es gab auch einen Lehrer, einen Geiger. Der Beruf spielte keine Rolle. Alle litten am selben Gebrechen: Sie konnten kaum an etwas anderes denken als an die Mahlzeit, die sie gerade einnahmen, und an die Mahlzeit, die als Nächstes kam. Sie alle waren Esser. Und sie waren alle Fans von Bob.

Das Essen bestand aus mehreren Gängen und existiert in meiner Erinnerung als ein Nebel aus Beaujolais – Salate, Pastete, Süßwasserfisch, irgendetwas auf einer Platte Angerichtetes (Fleisch?) mit Sauce (schließlich waren wir in Frankreich!), alles sehr familiär – aber geredet wurde nur über das Brot, Bobs Brot. Im Le Fleurie wird als Erstes immer Brot gereicht, ein ganzes Baguette, aufgeschnitten in einem Korb.

»Bill, *regarde*« – schau mal. Bob wies mich auf eine ältere Frau hin, gut gekleidet, grauer Haarknoten, die am anderen Ende des Raums allein an einem Tisch saß. Sie war gerade dabei, den Brotkorb zu leeren, nahm eine Baguettescheibe nach der anderen heraus und verstaute sie sorgfältig in ihrer Handtasche, in der offenbar extra für diesen Zweck eine mitgebrachte Serviette wartete – oder vielleicht hatte sie auch die Serviette geklaut. Auf jeden Fall handelte sie mit Vorsatz: Sie kam zum Mittagessen und nahm sich etwas fürs Abendessen mit nach Hause.

Jetzt schloss sie die Handtasche und winkte dem Kellner.

Mehr Brot, bitte – »*Plus de pain, s'il vous plaît.*«

Ich schaute den Küchenchef an, der ja mit an unserem Tisch saß. Er wirkte ertappt. Zwar war *sie* die Ertappte, aber immerhin tolerierte er, dass sie klaute. Er würde nicht zu ihr hinübergehen und sie auffordern, ihre Handtasche zu öffnen. »Außerdem«, sagte er, »ist sie nicht die Einzige.«

Der Kellner füllte den Korb auf.

»Andere essen so viel Brot, dass sie gar nichts mehr bestellen.« Es klang deprimiert. Trotzdem wollte er weiterhin Brot anbieten. »Jeder, der hierherkommt, zählt auf *dieses* Brot.«

Bob kannte das Problem. »In jedem Lokal gibt es einen Brotdieb. Ich sage immer: Serviert es nicht frisch. Wenn es frisch ist, können die Leute nicht widerstehen.« Das war keine Prahlerei, sondern eine Tatsache. »Lasst es einen Tag liegen. Älteres Brot schmeckt immer noch gut. Aber nicht *so* gut.«

Kein einziges Restaurant war bisher Bobs Rat gefolgt, wie auch? Sollte man das Brot, das der Bäcker ofenfrisch lieferte, bis zum nächsten Tag im Schrank verstauen?

Ich erlebte Bob hier ganz anders als sonst. Er lächelte, normalerweise lächelte er fast nie. Sein Gesicht wirkte lebendig. Er lachte. (Jetzt erst merkte ich, wie angespannt er an normalen Arbeitstagen war. Sein lässiges *»que serà serà«*-Gebaren verbarg die Tatsache, dass er unablässig *unter Zeitdruck stand*.) Jetzt aber saß er mit Freunden um einen Tisch. Für alle hier war Bob ein Geschenk. Sie verstanden ihn. Und ihre Dankbarkeit dafür, dass es ihn in ihrem Leben gab, brachte mehr vom eigentlichen Bob zum Vorschein. Er war der Vorsitzende dieses zwanglosen Meetings. Er verfügte über eine Autorität, die ich bis dahin noch gar nicht an ihm wahrgenommen hatte. Er sagte nie: »Ich bin nur ein Bäcker.« Er war *der* Bäcker. Und er war noch mehr: Er war ein philosophischer Bäcker. Er war selbstbewusst, entspannt, ja sogar selbstironisch. (»Die Leute essen zu viel Brot, seht mich an.«)

»*Mon Dieu!*«, rief er plötzlich. »Schaut euch mal hier am Tisch um. Ist euch klar, dass jeder von uns nur eine Generation weit vom Bauernhof entfernt ist?«

Keiner von ihnen war auf einem Bauernhof aufgewachsen, ihre Eltern jedoch schon. Bobs Vater war Bäcker in Rennes, in der Bretagne. Olivier Pagets Vater war Zimmermann. Doch die Weltsicht der beiden Väter war durch die Jahreszeiten, durch Säen, Pflügen und Ernten geprägt, und auch ihre Kinder hatten durch die Besuche bei den Großeltern eine Beziehung zur Landwirtschaft entwickelt.

»Erinnert ihr euch nicht mehr, dass der Bauernhof einmal der Kern des französischen Lebensgefühls war?«, fragte Bob. »Er bedeutete alles. Wir sind die letzte Generation, die noch eine Beziehung dazu hat.« Er verwendete das Wort *transmettre*, im Sinn von »weitergeben« – etwas, das von einer Ära zur nächsten übermittelt wird. Ich wiederholte das Wort in Gedanken, *transmettre*. Jeder hier am Tisch profitierte von jenem Wissen – man könnte es »Erdwissen« nennen –, das von einer Familie zur nächsten weitergereicht worden war, jahrtausendelang. »Mit uns wird das verschwinden«, schloss Bob nüchtern. Womit er zum Ausdruck bringen wollte: Genießt es, solange ihr noch könnt.

Nach dem Essen fuhren Bob und ich in die Bäckerei zurück.

»Sind es die Hefekulturen?«, fragte ich ihn. »Machen die dein Brot so gut?«

»*Oui*«, sagte er sehr, sehr gedehnt (*Oooouuuiiiii*), und das hieß: »Ähm, nein.«

Ich überlegte. »Oder liegt es daran, dass man den Sauerteig die ganze Nacht gehen lässt?« Ich hatte immer wieder gehört, Zeit sei für gutes Brot das Wichtigste.

»*Oooouuuiiiii.*«

»Oder daran, dass man ihn am Schluss noch einmal ruhen lässt?« Es heißt ja, Brot bekomme sein intensives Aroma bei den letzten Arbeitsschritten.

»*Oooouuuiiiii.* Aber eigentlich nein. Das sind ja die elementarsten Grundlagen. Also das, was man *nicht* tut, wenn man schlechtes Brot backt. Es gibt jede Menge schlechtes Brot in Frankreich.« (Bob nannte es *pain d'usine*, »Fabrikbrot«.) »Gutes Brot kommt von gutem Mehl. Es ist das Mehl.«

»Das Mehl?«

»*Oui*«, sagte er entschieden.

Ich dachte: Mehl ist Mehl ist Mehl. »Das Mehl?«
»*Oui.* Das Mehl.«

EIN SCHWEIN

Besucher reagieren immer wieder verblüfft auf die Wesensart der hiesigen Menschen, wären aber weniger erstaunt, wenn sie begreifen würden, dass Lyon, »die Provinzhauptstadt«, in erster Linie ländlichen Charakter hat. Von Bauernhöfen umgeben, gleicht Lyon eher einer riesigen Kleinstadt als einer Großstadt und ist der einzige große französische Ort ohne Hafen. Alle Straßen Lyons laufen in Felder aus. Die Menschen, die auf diesen Straßen in unsere reiche Stadt kommen – aus der Dauphiné, der Bresse, dem Burgund, Savoyen –, um hier zu arbeiten oder zu leben, sind Bauern oder Söhne von Bauern. Und Landmenschen ändern ihre Gewohnheiten bekanntlich nicht so leicht. Das erklärt ihre Grobheit, ihr Misstrauen, ihre nüchterne Haltung, die mit der aristokratischen, glanzvollen Geschichte der Stadt in Widerspruch zu stehen scheinen.

Henri Béraud, *Vous Ne Connaissez Pas Mon Pays*, 1944

Ich erhielt eine Einladung zu einer Schweineschlachtung. Ehrlich gesagt, hatte ich sie mir erarbeitet: Ich bat darum, ich gelobte Loyalität, ich erklärte, ein ehrlicher Fleischfresser zu sein, bis ich schließlich mit einer ziemlich nervös vorgebrachten Einladung belohnt wurde.

Boudin noir, geronnenes Blut in einem Stück Schweinedarm, war in Lyon allgegenwärtig. Es gab nur wenige Lebensmittel, die besser zu einem *pot* Beaujolais schmeckten, aber diese Blutwurst bekam man, selbst beim Metzger in unserem Viertel, immer nur in bereits gekochtem

137

Zustand: vor dem Servieren wurde sie zu Hause dann einfach noch einmal erhitzt. Die *Boudin noir* jedoch, die wir nach der Schlachtung unseres Schweins herstellen würden (neben anderen hauptsächlich schlauchförmigen Produkten), würde dampfend frisch sein. Man sagte mir, das sei etwas völlig anderes als das Zeug, das man im Laden bekam.

Ich hatte einige naiv-neugierige Fragen zur Logistik, zum Beispiel, wie man das Blut aus dem Schwein in den Schweinedarm füllt, den man ja vorher reinigte – wie noch mal genau? Oder blieb eine Art Hautgout zurück, den die Lyoneser bezeichnenderweise als Geschmacksverstärker betrachten? Mich reizten auch die emotionalen Aspekte der Tötung eines Tieres (wie machte man das überhaupt? Mit den Händen?), das man dann essen würde (wie ein heiliges Opfer). Mère Brazier stellte ihre *Boudin noir* selber her. Fernand Point desgleichen.

Zufällig lag der Bauernhof, wo die *Boudin noir* gemacht werden sollte, nicht weit von dem Ort entfernt, wo einst jener Bauer namens Menon seine Birnen an die Schweine verfütterte, deren Blut Fernand Point so schätzte. Es war eine steinige Bergkuppe, von La Pyramide aus gesehen auf der anderen Rhône-Seite, zwischen Bäumen, die vielleicht Obstbäume waren – schwer zu sagen mitten im Winter, kahle Stämme, alles lag erdbraun unter dem kalten Himmel, der sich silbrig-weiß über die Landschaft spannte. Genau wie in Italien werden auch in Frankreich Schweine nur im Winter geschlachtet und geräuchert. Kühlschränke sind eine moderne Erfindung, das Räuchern von Schweinefleisch hat lange Tradition.

Ludovic Curabet, der Einzige im Team, der bereit war, mir seinen Nachnamen zu nennen, nahm mich im Wagen mit.

Ludovic war in seinen Dreißigern, dunkles Haar, fit, jugendlich, und setzte sich für die Fortführung alter Traditionen ein. Er war der Schweine-Experte. Er wusste, wie man in verschiedenen Gegenden Schweine räuchert, in Spanien, in der italienischen Poebene, in den Alpen, und vor allem hier, an der Rhône. Er gehörte auch zu den wenigen Leuten, die noch ein lokales Ritual namens *la tuaille* praktizierten (und sich dazu bekannten). *La tuaille* heißt übersetzt »das Töten«, doch in der Rhône-Region und in Südfrankreich ist es das ritualisierte saisonale Schlachten eines Schweins zum eigenen Verzehr. Dazu gehört, dass schon am Morgen getrunken wird, dass man die reichlich zubereitete *boudin noir* verzehrt, dann mittags weitertrinkt, am frühen Nachmittag trinkt und am Spätnachmittag damit weitermacht. In der Lyoneser Gegend sieht man – an den Wänden der *bouchons* – Schwarz-Weiß-Fotografien von *tuailles*, müde Männer in blutbespritzter Kleidung, die vor Erschöpfung kaum noch aus den Augen sehen, aber hochzufrieden wirken.

Was wir taten, war legal, wenn auch vermutet wurde, dass dies nicht mehr lange so bleiben würde. Die Europäische Union toleriert die traditionelle Schweineschlachtung, wenn es um den Privatbedarf des betreffenden Bauern geht. Doch die meisten Bauern haben solche Angst vor der Europäischen Union, dass sie glauben, sie seien die letzte Generation, in der solche Schlachtungen möglich sind. Tatsächlich fragte Ludovic, ob wir die Schlachtung filmen könnten. Er wollte sie für seine Kinder aufzeichnen.

Die zwei anderen Teammitglieder hießen beide Claude. Einer war der Bauer. Der andere der Metzger.

»Bauer Claude« war Anfang 70, groß, hager, leicht gebeugt; er hatte ein langes Gesicht und weiße Augenbrauen, die ständig in Bewegung waren, tatsächlich viel »beredter« als er selbst, denn er sprach fast nichts. Er wirkte etwas fahrig, denn obwohl er ideologisch hinter unserem Vorhaben stand, fürchtete er mögliche Konsequenzen. Ludovic hatte ihm versichert, dass man mir trauen könnte.

Bauer Claude geleitete mich in einen ungepflasterten Hof, wo Metzger Claude uns erwartete. Der sprach sogar noch weniger als Bauer Claude. Fünf Worte. Vielleicht nicht mal das. Er war wohl Mitte 50, etwas untersetzt, und trug einen weißen Mantel, als sei er direkt vom Laden in der Stadt hierhergefahren. Er stand über einem rechteckigen

Holzrost, zupfte einen Ballen Stroh auseinander und häufte das Stroh auf den Rost. Für ein Feuer. Nach der Schlachtung, erklärte mir Ludovic, würde man die Sau anzünden, um die Borsten abzuflämmen. (Bei den Schweinen, die wir essen, handelt es sich entweder um Sauen oder kastrierte Eber. Das Fleisch eines geschlechtsreifen Ebers? Widerlich.) Man flämmt die Borsten ab, um an die Schwarte zu gelangen. Schweine sind die einzigen landwirtschaftlichen Nutztiere, die man normalerweise nicht häutet, weil ihr Fett nicht in den Muskeln steckt, sondern zwischen Muskeln und Schwarte sitzt. Wenn man ein Schwein häutet, riskiert man, das Fett zu verlieren; bei diesem Fett handelt es sich sowohl um Schweinebauch als auch um das cremeweiße Fett, das in Würsten verarbeitet wird.

Schweinefett, sagte Ludovic, ist gut.

Boudin noir ist in der Literatur durchaus belegt. In der Odyssee schildert Homer, wie ein mit Blut und Fett gefüllter Schweinemagen über dem Feuer geröstet wird, und bei Apicius, dem römischen Gourmet des ersten nachchristlichen Jahrhunderts, findet sich ein Rezept mit Eiern, Pinienkernen, Zwiebeln und Lauch. Der Ursprung des Worts *boudin* liegt im Dunkeln, geht aber vermutlich auf eine umgangssprachliche Verwendung während der römischen Besiedlung Galliens zurück. (Die Silbe *boud-* in *boudin* ist möglicherweise abgeleitet vom römischen *bod-*, was so viel bedeutet wie »aufblasen oder blähen«, so wie man bei der Herstellung der *boudin noir* die Eingeweide füllt.) Diese Zubereitungsmethode gehört zu den ältesten der Menschheit, geht weit zurück, über die Antike hinaus, wahrscheinlich bis in die Anfänge der Nutzviehhaltung (circa 10 000 v. Chr.), wenn nicht sogar bis in die Zeit der Entdeckung des Feuers; und sei es nur, weil sie einem seit jeher geltenden Gebot gehorchte (das schon jeder urzeitliche Bauer und Jäger begriff, der in der glücklichen Lage war, ein Tier verzehren zu können): bloß nichts verschwenden.

Metzger Claude fuhr fort, das Stroh fürs Feuer aufzuschichten. Ludovic hackte inzwischen die Zwiebeln klein und röstete sie in einer Sautierpfanne über einem Bunsenbrenner, während Bauer Claude einen uralten, hässlichen, schmiedeeisernen Kessel (er sah aus wie ein riesiger Teetopf) halb mit Wasser füllte und auf einen dreibeinigen Eisenständer setzte. Er schichtete Kienspäne darunter auf und zündete sie an. Das Feuer prasselte, der träge Morgenrauch roch nach Kiefernholz. Hier würde die *boudin* gekocht werden, hier im Freien, in der kalten Luft.

Da offenbar niemand in Plauderlaune war, schlenderte ich über den Hof und kam an einen gemauerten Verschlag, niedrige Holztür, mit Eisenstangen gesichertes Fenster. Seltsam, dass ich diesen Verschlag erst jetzt bemerkte. Ich beugte mich vor, spähte hinein und sah unser Schwein. Und das Schwein sah mich. Es war ein unglaublicher Moment. Das Tier war plötzlich so präsent und viel größer als erwartet. Zweihundert Kilo, vierhundert Pfund. Es war nicht rosa, sondern hatte ein weißes Fell mit braunen Punkten.

Ich beugte mich noch weiter vor. Das war, ich konnte nicht umhin, das festzustellen, ein Prachtexemplar.

Schweine sind die intelligentesten aller Nutztiere und begreifen genau, was um sie herum passiert. Deshalb geraten sie leicht in Panik, und diese Panik schlägt sich oft im Geschmack des Fleischs nieder.

Plötzlich wurde mir klar, warum sich die Männer hier auf dem Hof so still verhalten hatten. Sie wollten sich nicht bemerkbar machen.

Das Schwein begann zu quieken.

War ich der Auslöser?

Die anderen Männer hatten gar nicht in den Verschlag geschaut. Für sie gab es kein Schwein: *Wir sind einfach nur Bauern und gehen unserer Arbeit nach, wie immer, ein ganz normaler Morgen, ein großes Tier in einem winzigen Verschlag, es hat nichts zu bedeuten.*

Aber ich hatte hineingeschaut und das Schwein zum Quieken gebracht.

Verdammt. Es war eigentlich gar kein Quieken. Es war ein markerschütternder, sehr lauter, sehr schriller Schrei. Er drang nicht einfach nur ins Hirn, sondern durchbohrte zumindest mein Hirn mit solcher Intensität, dass ich gern etwas unternommen hätte. Dringend.

Der Schrei bedeutete: Ich bin in Gefahr!

Er bedeutete: Bloß weg hier!

Er bedeutete: Befrei mich, hilf mir, rette mich!

Und es hörte einfach nicht mehr auf.

Schweine hatten in Daniel Boulouds Kindheit eine Rolle gespielt. Sie waren wie Bilderbuchgefährten, eher mit Hunden und Menschen vergleichbar als mit Kühen und Schafen. (Diese Beobachtung stammt nicht von mir, sondern von der Archäozoologin Juliet Clutton-Brock.) Boulud liebte seine Hausschweine. Aber einmal im Jahr, wenn er gerade beim Frühstück saß, hörte er das Quieken. *Dieses* Quieken. Und wenn er impulsiv hinausrannte, sinnloserweise (denn er wusste, dass er zu spät kam), war das Schwein tot.

War meine Sau hier so klug, dass sie meine Gedanken lesen konnte? Hatte sie erraten, dass ich an ihre Schlachtung dachte? (Hatte ich daran gedacht?) Jedenfalls stand fest: Das Schwein wusste jetzt, dass es sterben sollte.

15 Minuten später öffnete der Bauer die Tür des Verschlags. Der Metzger schlang ein Seil um Hals und Rüssel des Tiers. Es wollte nicht heraus.

Metzger Claude und Bauer Claude zerrten vorn, Ludovic und ich schoben von hinten. Die Sau sträubte sich mit der ganzen Kraft, dem ganzen Adrenalin ihrer stattlichen vierhundert Pfund. Ihre Klauen pflügten flache Linien in die harte, halbgefrorene Erde. Als wir den Rost erreicht hatten, warfen wir das Schwein um.

Nun mussten die Hinterbeine fixiert werden, unten an den Knöcheln. Die Kraft der Sau überraschte mich, immerhin lagen wir zu viert auf ihr und versuchten, sie zu bändigen. Sie schrie unentwegt, bis die Füße fixiert waren, ich meinen Griff lockerte und sie verstummte. Sie wandte mir den Kopf zu – sie musste ihn drehen – und sah mich an. Ihr Blick war so direkt, dass es mir nicht leichtfiel, ihm standzuhalten. Der Blick flehte: Tötet mich nicht.

»Holen Sie den Eimer!«, befahl Ludovic. Er deutete auf den Eimer, der in der Nähe stand. »Jetzt hinknien, da.« *Là.*

Ich kniete mich hin, direkt vor das Tier. Die Sau ruckte und bockte, aber es waren kleine Bewegungen.

»Wenn sich der Eimer füllt, rühren Sie um!«, sagte Ludovic. »Gleichmäßig und schnell. Damit es nicht gerinnt.«

Metzger Claude lockerte das Seil. Das Messer blitzte auf. Er hatte es verborgen gehalten – ich sah es erst jetzt –, führte es von unten an die Kehle, außerhalb des Gesichtsfelds des Schweins, und schlitzte die Halsschlagader auf.

Ich dachte: Das könnte ich nie.

Keine Reaktion. Das Schwein schien den Schnitt gar nicht zu spüren. Die Tat war vollbracht.

Ludovic packte eins der Vorderbeine und bewegte es wie eine Pumpe auf und ab – das Schwein quiekte jetzt wieder, aber das Quieken wurde leiser. Blut strömte aus dem Schnitt in meinen Eimer, hellrot. Es dampfte. Ich rührte. Um die Gerinnung zu stoppen? Jetzt begriff ich. Ja! Natürlich! Das Blut koagulierte rasch zu dünnen Fäden.

»Rühren!«, drängte Ludovic. »*Remuez. Vite!*«

Ich dachte: Ich verderbe ja alles. Der ganze Tag ist der *Boudin noir* gewidmet, und jetzt wird nichts draus, weil ich das mit der Gerinnung nicht kapiert habe.

Die Blutfäden wickelten sich um meine Finger. Die Oberfläche des Bluts im Eimer wirkte normal, ein bisschen schaumig, aber darunter formte sich ein elastisches Netz aus Fäden.

»*Vite! Vite!*«

Schneller. Schneller. Schneller. Endlich begannen sich die Fäden aufzulösen, und kurz danach, binnen weniger Sekunden – als sei plötzlich eine Schwelle überschritten worden –, waren sie verschwunden.

Die Sau seufzte. Es war ein tiefer Seufzer, wie ein Gähnen. Ein Laut, wie ihn vielleicht ein dicker Mensch ausstößt, bevor er einschläft.

Sie seufzte erneut.

Ich blickte hinab. Das Blut füllte den Eimer etwa zur Hälfte. Hätte das nicht mehr sein müssen? So ein großes Tier. Es waren über 4 Liter, aber nicht viel mehr.

Sie seufzte erneut, schon etwas leiser.

Ich betrachtete sie. Aus ihrem Gesicht war alle Farbe gewichen. Also werden auch Schweine bleich, dachte ich. Ihre Augen wurden milchig. Sie war tot. Es war geschafft.

Metzger Claude reichte mir einen Saucenlöffel. »Goûtez«, sagte er. Versuchen Sie.

Ich war verblüfft. Führte er in der Gesäßtasche einen Saucenlöffel mit?

Ludovic sagte: »Non. Il faut l'assaisonner.« Man muss es würzen. Er holte Salz und Pfeffer.

»Jetzt. Goûtez.«

Ich erhob mich von den Knien. Die Haare auf meinem Arm waren rot verkrustet, Hemd und Jeans blutbespritzt.

»Goûter?« Wirklich?

»Oui.«

Ich tauchte den Saucenlöffel in den Eimer und probierte. Das Blut schmeckte warm. Gehaltvoll. Sämig und intensiv am Gaumen. Die Würzung war fast penetrant, aber auch willkommen: Sie verstärkte den Eigengeschmack.

Ich tauchte den Löffel erneut in den Eimer.

Die Männer lachten. »Mehr?«

Ich versuchte, den Geschmack zu analysieren. Ehrlich gesagt fühlte ich mich wie berauscht. Lag das am Blut? Oder daran, dass alles so überwältigend war, dieses Tier, die Intimität, die Tötung, die Blutgerinnung, der Hof, dieser Morgen. Wieder tauchte ich den Löffel in das Blut. Ich hatte das Gefühl zu fliegen.

Die Männer lachten laut.

»Schmeckt's?«

»Ja«, erwiderte ich. Es schmeckte sehr gut. Unverfälscht. Kann etwas rot schmecken? Das Blut schmeckte rot. Es war *erquickend* im ganz konkreten Sinn.

Der Eimer wurde in eine schattige Ecke gestellt; das Feuer entzündet; das Schwein abgeflämmt, bis die Schwarte schwarz verkohlt aussah. Wir schrubbten. Die Borsten gingen ab. Der Kopf wurde entfernt, die Körperhöhle eröffnet, und der Magen dehnte sich aus, als sei er in eine zu enge Hose eingezwängt gewesen. Die Innereien wurden entfernt. Und dann entschleunigte sich alles, denn jetzt kam die besondere Aufgabe, jedes einzelne Organ, jeden Muskel, jedes Gelenk des soeben getöteten Tiers zu würdigen.

Mir gab man die Lungen.

»Blasen Sie sie auf«, sagte Ludovic.

Und ich tat es, zwei hübsche rosarote Ballons (ein merkwürdiger Farbton, an Luft oder Licht nicht gewöhnt), band sie unten zu (wie einen Luftballon), und Ludovic nagelte sie zum Trocknen an einen Holzpfosten.

Wir rissen Gedärme heraus, den oberen Darm, ein langer Schlauch, mindestens 15 Meter, und quetschten, Segment um Segment, zwischen Daumen und Zeigefinger den braunen Inhalt heraus. Ludovic kam mit dem Wasserschlauch. Er gab mir einen Darm, forderte mich auf, hineinzublasen, um ihn zu öffnen – er lag warm an meinen Lippen –, und spülte ihn aus. Dann rollte er den Darm ringförmig auf dem Boden auf.

(Ich dachte: Wirklich? Ist es das?)

Er entfernte die Blase, quetschte die Flüssigkeit heraus, wie Wasser aus einem Luftballon, ein dampfender Strahl.

»Hier, für Sie, auch zum Aufblasen.« Er hielt mir die Blase mit beiden Händen entgegen, sehr ehrerbietig. »Auch das ist eine Ehre«, sagte er.

Die anderen hielten inne und schauten zu.

Eine Ehre, aha.

Ich holte tief Luft. Die feuchte Öffnung des Blaseneingangs (salzig), meine feuchten Lippen. Ich blies mit aller Kraft.

Nichts.

Die Männer lachten.

Ich holte noch einmal Luft. Blies noch stärker.

Nichts. Noch lauteres Gelächter.

Jetzt holte ich so tief Luft, dass mein Gesicht rot anlief – vermutlich eine Schattierung zwischen Pink und Purpur –, und endlich gab die Blase nach und blähte sich auf.

Ich verschloss das Ende mit Daumen und Zeigefinger, Ludovic machte einen Knoten und nagelte auch die Blase zum Trocknen an den Pfosten.

»Für das *poulet en vessie*«, sagte er.

Ludovic rührte seine sautierten Gewürze unter, probierte, fügte Salz und Pfeffer hinzu, probierte noch einmal (wie ein Koch, der die Sauce abschmeckt) und gab noch etwas mehr Pfeffer hinein. Ich führte einen Trichter in die Öffnung eines Darms ein, und Ludovic goss die gewürzte Masse hinein. Wir drehten den Darm alle 15 Zentimeter ab, damit einzelne Würste entstanden, und legten den langen Strang spiralig gewunden in einen Korb. Als der Korb voll war, trugen wir ihn zum Kessel hinüber, dem heißer Dampf entwich, als wir den Deckel lüpften; das Wasser kochte nicht, ja simmerte nicht einmal vor sich hin, und wir legten nun locker einen *Boudin*-Strang hinein.

Achille Ozanne, ein Koch und Poet des 19. Jahrhunderts, hat ein Gedicht über die Zubereitung der *boudin noir* verfasst. (Ozanne verfasste holprige Gedichte über Mahlzeiten, die er für den König von Griechenland zubereitete). Unbekümmert reimt er »*frémissante*« auf »*vingt minutes d'attente.*« *Frémissante* bedeutet »siedend«. Dies bezieht sich auf das Wasser: heiß, aber nicht kochend. *Vingt minutes d'attente* – 20 Minuten – ist ungefähr die Zeit, die man die *boudin* mit Wasser bedeckt im Topf belässt. Es ist so ähnlich wie bei der Zubereitung einer Eiercreme. Auch bei ihr gilt es, den exakten Moment abzupassen, wo sie fertig ist. Wird Eiercreme gekocht, stockt sie. Wird Blut gekocht, stockt es. Ludovic stach mit einer Nadel in die Hülle. Die Nadel kam trocken heraus, es war nichts hängen geblieben. Das Blut war also fest geworden. Ludovic holte die *boudin* aus dem Kessel. Ich kochte die nächste.

Dann trugen wir unseren Korb ins Haus, in die Küche, wo bereits ein Dutzend Menschen versammelt waren und die Beilagen vorbereiteten: Bratäpfel, Kartoffeln, Salat, Brot, etliche Flaschen Côtes du Rhône, ohne Etikett, von einem Winzer ein paar Häuser weiter. In der warmen Küche, deren Fensterscheiben beschlagen waren, verzehrten wir die *boudin*. Frisch und leicht verderblich, duftete sie üppig und komplex nach unserem Morgenschwein, wir tranken Wein dazu und gingen später in den Hof hinaus, steif und schläfrig, um Räucherwürste und andere Fleischwaren herzustellen, die erst reifen mussten.

Ein Schwein zu töten dauert nicht lang. Seinen Körper in essbare Form zu verwandeln nahm hingegen den ganzen Tag bis abends in Anspruch. Wir hatten ein Prachtexemplar geschlachtet. Die daraus gewonnenen Produkte würden monatelang reichen.

Henri Béraud, ein Romancier und Journalist (leider auch ein Faschist und Antisemit, nichtsdestotrotz aber ein scharfsinniger Beobachter der Stadt, in der er aufwuchs) beschreibt die seltsame Lage Lyons. Ohne Hafen, nicht in Meernähe. Überall nur Bauerngehöfte – und Straßen, die zu ihnen führen. Und Molkereien, Weinberge, Flüsse und Bergwiesen.

Eines Abends stand Christophe, unser Nachbar, vor der Tür, ein großes Kuvert in der Hand. Er rief mir den Ehestreit während unseres *apéro* in Erinnerung.

»Mein Vater«, sagte er, »ist Amateurhistoriker. Er verbringt viel Zeit im Stadtarchiv von Lyon.« Dieses Archiv enthält Dokumente der (oft tragischen) Geschichte Lyons, die bis auf das Jahr 1210 zurückgehen.

»Ich habe meinem Vater von unserem Gespräch erzählt«, fuhr Christophe fort, »und er hat mir die Kopie eines Dokuments mitgegeben, das dich interessieren könnte.« Christophe sollte im Lauf der Zeit ein guter Freund werden. Während der Jagdsaison brachte er uns selbst geschossene Enten vorbei und lud mich einmal sogar ein, ihn zu begleiten. An jenem Abend schien sein verschmitztes Lächeln auszudrücken: Na ja, es könnte doch was dran sein an dem, was du damals gesagt hast.

In dem Umschlag befand sich die Kostenaufstellung für ein Bankett, das man am 25. Februar 1548 in Lyon veranstaltet hatte, für 60 in der Stadt weilende Gesandte aus den Schweizer Kantonen. Die Rechnung spiegelt den beträchtlichen Aufwand wider, der getrieben wurde: die Anschaffung von Tellern (288 Stück), deutschen Tafelmessern und Weingläsern; zwölf Musiker; Wein von drei verschiedenen Lieferanten plus vier Bedienstete, die das Essen servierten; außerdem wurden sämtliche Zutaten aufgelistet, für alle Gänge: die *entrées* (Vorspeisen), die *plats principaux* (Hauptgänge) sowie Salate und Desserts. Da das Bankett in der Fastenzeit stattfand, gab es unter anderem Forellenpastete, Frösche und Süßwasser-Sardellen, Süßwasserfische, die sowohl Schweizer als auch Lyoneser kennen (etwa *lavaret* und *omble*, Bodenrenke und Saibling), und exotische Speisen wie Schildkrötenfleisch und Walzunge. Jedoch kein Fleisch im eigentlichen Sinn, also Nutztiere oder Wildbret.

Eigentlich hatten französische Bankette zur damaligen Zeit schlichteren Charakter, eher noch wie im Mittelalter (das Referenzkochbuch, das in Lyon immer wieder nachgedruckt wurde, war *Le Viandier* von Taillevent): ein Drehspieß für Fleisch, ein Kessel über einer Feuerstelle, es wurde viel gebraten und gesotten. Meist gab es nur einen Gang, und man aß entweder mit der Hand oder benutzte eine *tranche,* eine Scheibe altbackenes Brot, als Schaufel; auch nahm man Messer zu Hilfe (wogegen sich die Gabel, charakteristisch für die italienische Tafel, in Frankreich noch nicht durchgesetzt hatte).

Von diesem schlichten Stil unterschied sich das Festmahl für die

Schweizer Gesandten und passte eher zur italienischen Renaissance, erlesen und glanzvoll, eine *festa*, ein Beispiel für *convivium*, das römische Wort, das frei übersetzt bedeutet »sich zu einer gemeinsamen Mahlzeit versammeln« und die Mahlzeit letztlich zu einer der größten Freuden des menschlichen Daseins erklärt. Ich kann nicht umhin, jenes Bankett mehr »italienisch« als französisch zu nennen. Auch das Datum ist interessant: Winter 1548. Im Herbst des gleichen Jahres waren aus Italien Heinrich II. und seine Frau Katharina von Medici mit großem Prunk in Lyon eingezogen.

Der jahrhundertealten Kostenaufstellung, die Christophe mir an jenem Abend vorbeibrachte, haftete etwas Magisches an, sie evozierte eine ganze Welt des Essens und Trinkens – einerseits nah (denn viele der Lieferanten, wie Metzger, Fischverkäufer, Weinhändler, haben damals mutmaßlich in den Straßen unseres Viertels gewohnt) und doch sehr weit entfernt und unbegreiflich. Die Stadt war auf einmal faszinierend und geheimnisvoll geworden.

Eines Nachmittags musste ich ohne besonderen Anlass an Dorothy Hamilton denken, die mich gedrängt hatte, eine Kochschule zu besuchen. Ich war immer noch der Ansicht, dass dies nicht unbedingt nötig sei – vorausgesetzt, man hatte keine finanziellen Verpflichtungen und keine Kinder, vorausgesetzt, man konnte sich mit ganzer Kraft der Küche widmen, war 14 Jahre alt und verfügte über einen jugendlichen Körper und eine rasche Auffassungsgabe, sodass man sich im Nu die nötigen Kenntnisse aneignete, von den Posten innerhalb der Küchenbrigade bis hin zu sämtlichen Gerichten.

Wir anderen aber, die diese Voraussetzungen nicht erfüllten, brauchten Unterricht. Da hatte Dorothy ganz recht gehabt.

Und so suchte ich die Nummer von Dorine Chabert heraus, beim Institut Paul Bocuse für die Bewerbungsgespräche zuständig, holte tief Luft und rief an. Ich sei Journalist, teilte ich ihr mit, hätte schon in verschiedenen Küchen gearbeitet und wolle das Institut gern in irgendeiner Eigenschaft besuchen, ich wisse nur noch nicht in welcher. Ob ich zu einem Gespräch vorbeischauen könne?

Wir vereinbarten einen Termin für den nächsten Vormittag. Ich hinterließ Bob eine Nachricht, dass ich erst nach dem Mittagessen kommen würde.

L'Institut Paul Bocuse ist in einem mit Erkern, Türmen und Zinnen versehenen »Schloss« untergebracht, das Ende des 19. Jahrhunderts erbaut wurde. Es liegt in einem baumbestandenen Park, direkt außerhalb von Écully, einem historischen Dorf vier Kilometer nördlich von Lyon. Madame Chabert empfing mich sehr freundlich, erklärte mir aber ohne Umschweife, dass sie wirklich nicht wisse, was sie für mich tun könne. Die Kochschule bot damals eine dreijährige Ausbildung für etwa dreihundert Studierende an. Ich war nicht der erste Journalist, der das Institut besuchte – es gab sogar einen Umkleideraum speziell für Medienvertreter, weil die *zone culinaire* nur betreten durfte, wer einen Einweg-Laborkittel aus Papier, hygienische Überziehschuhe und eine eng anliegende Duschhaube trug. Allerdings hatte *l'institut* keine Erfahrung mit jemandem, der Koch und Journalist war. Oder, um genauer zu sein – und vermutlich hatte ich den Fehler begangen, zu genaue Angaben zu machen –, man hatte keine Erfahrung mit jemandem, der eine Kochausbildung absolvieren wollte, um darüber zu schreiben.

An irgendeinem Punkt erklärte Madame Chabert: »*Des chaussures de sécurité!* So etwas besitzen Sie ja nicht, oder? Ein richtiger Koch muss solche Schuhe besitzen.«

Diese schweren Schuhe mit hoher, rutschhemmender Sohle sind wasserdicht, bieten Schutz vor einem Stromschlag und taugen in der Küche zu nichts anderem, als die Füße zu schützen. Zufällig hatte ich, in Anbetracht der Art unseres Termins und weil ich hoffte, die Küche des Instituts besichtigen zu dürfen, ein nagelneues Paar dieser Schuhe an. Ich zeigte auf meine Füße.

Madame Chabert glaubte mir nicht und erhob sich, um sich zu vergewissern. Erst war sie beeindruckt. Dann bekümmert. Sie war noch nie einem Autor begegnet, der *chaussures de sécurité* trug, und hatte nun ein neues Problem; sie wäre mir jetzt wirklich gerne entgegengekommen, wusste aber immer noch nicht wie.

»Ha!«, verkündete sie plötzlich. »Ich rufe Alain an!« Und »Alain«, den mein Plan offensichtlich faszinierte, stimmte zu.

»Alain« war Alain Le Cossec, MOF, Executive Chef und kulinarischer Direktor am Institut. Das MOF hinter seinem Namen steht für Meilleurs Ouvriers de France (Beste Arbeiter Frankreichs). Hat man einmal die Ehre erlangt dazuzugehören (alle vier Jahre findet ein nationaler Wettbewerb in mehreren Disziplinen statt, unter anderem auch Patisserie und Brotbacken), werden dem Namen die MOF-Initialen hinzugefügt, und man trägt keinen normalen Kragen mehr, sondern einen Kragen in den Farben der französischen Flagge. Dieser Kragen signalisiert, dass man das Alpha-Tier des Küchenrudels ist und sonst keiner was zu sagen hat. Normalerweise bestand die Ausbildung aus Praxis und Theorie. Die Studenten mussten jeweils eine Woche in der Küche arbeiten und hatten dann wieder eine Woche Unterricht. Mit »Alains Segen« jedoch erfand Madame Chabert für mich einen Crashkurs, der nur aus den Küchen-Bausteinen bestand, wozu gehörte, dass ich an jedem beliebigen Kochkurs teilnehmen konnte, egal auf welchem Level, damals zufällig eine Woche im schuleigenen Ausbildungsrestaurant Les Saisons.

»Normalerweise beginnt man nicht im Les Saisons, man muss sich das verdienen«, sagte Madame Chabert. »Und Sie werden dort mit Studenten zusammen sein, die im ersten Jahr sind.« Sie blickte in den Kalender. »Zum Valentinsdinner. Chef Le Cossecs Valentinsdinner ist immer schon ein Jahr vorher ausgebucht. Einverstanden?«

Ob ich einverstanden war? Na klar! Seit meiner Ankunft in Frankreich würde ich zum ersten Mal in einer Restaurantküche arbeiten.

Ich unterzeichnete einen Vertrag, erklärte mich damit einverstanden, die Ausbildungsgebühr pro Kurs zu bezahlen (eine Woche in Les Saisons kostete eintausend Euro), bekam einen Spind zugewiesen (»Kochen Sie nie in der Kleidung, in der Sie gekommen sind«), ein fünfseitiges Glossar mit dem Titel *Vocabulaire professionnel de cuisine et pâtisserie* (»Die Wörter, die Sie *vor* der ersten Unterrichtseinheit brauchen«, sagte Madame Chabert) und ein Exemplar des Lehrbuchs *La Cuisine de référence*, ein 1040 Seiten dickes großformatiges labberiges Paperback (35 Euro). »Die Bibel«, sagte Madame Chabert.

Am folgenden Montag sollte es losgehen. Ich musste mit Bob sprechen.

Auf der Rückfahrt in die Stadt sann ich darüber nach, dass Bob mir einen Teil von Lyon gezeigt hatte, den man nicht im Reiseführer findet. Ich hatte etwas über die Speisezirkel der Stadt erfahren. Ich hatte überhaupt erst erfahren, *dass* es Speisezirkel gab, sogar in Hülle und Fülle: einen Zirkel, dem die wirklichen *(les véritables)* bouchon-Besitzer angehörten; einen anderen, dem die wirklichen *bouchon*-Esser angehörten. Einen Zirkel für die echten, ursprünglichen *(les vrais)* Bistros und einen anderen für die modernen Bistros. Es gab einen »Zirkel der Acht«, zu dem die acht coolsten, philosophisch schnörkellosesten, tollsten Restaurants Lyons zählten (Le Fleurie war eines davon). Das Gegenstück war der Club de Gueules (was man als »Höhle der Vielfraße« übersetzen könnte), ein runder Tisch von Chefköchen und Restaurantbesitzern, die sich trafen, um ganz bewusst zu schlemmen und zu trinken. Drei Zirkel veranstalteten echte *machôns* (die Mitglieder dieser Zirkel versammelten sich bereits frühmorgens und aßen und tranken bis zum Einbruch der Nacht). Und es gab ernsthafte Erwachsenenzirkel, wie etwa Les Toques Blanches – benannt nach der hohen weißen Kochmütze –, zu deren Mitgliedern die größten der großen Küchenchefs der Region gehörten.

Dank Bob begann ich Lyon von innen zu sehen, mit den Augen der Lyoneser. Wenn ich jetzt durch die Stadt ging, begegnete ich Leuten, die ich kannte. Ich fühlte mich wohl. Ich fühlte mich allmählich zu Hause.

Und jetzt würde ich bei Bob aufhören. Ich betrat die Bäckerei.

»Bonjour, Bill.«

»Bonjour, Bob. – Bob, ich habe beschlossen, eine Kochschule zu besuchen.«

Noch schonungsloser hätte ich es ihm nicht sagen können.

Er stand hinter der Ladentheke. Ich davor, wie ein Kunde. Er machte einen Schritt nach hinten, als habe er das Gleichgewicht verloren. »Ich wusste ja, es war einfach zu schön, um wahr zu sein«, flüsterte er.

Was hatte ich da angerichtet? Rasch erklärte ich ihm, dass ich zuerst das Kochen lernen müsse … »Natürlich.«

… aber dann bald zurückkommen wollte. Wenn er mich dann noch nehmen würde. Und dass es noch so viel gäbe, was ich von ihm lernen wollte. »Zum Beispiel dein Fingerspitzengefühl. Wie du es schaffst, Brot zu backen, ohne auf dem Teig Dellen zu hinterlassen …«

Er schien in sich zusammenzusinken, stand mit hängenden Schultern da. Ich bin nur ein Bäcker, schien seine Haltung zu sagen. Er war Bob, einfach nur Bob.

»Das Institut Bocuse hat dich aufgenommen«, sagte er. Die Sache war klar, denn in Lyon gibt es keine andere Kochschule. In *ganz Frankreich* gibt es (praktisch) keine andere Kochschule.

»Ja, ich wurde aufgenommen.«

Bob stieß einen Pfiff aus.

»Aber ich komme zurück.«

Er glaubte mir nicht.

So standen wir da. Er starrte auf einen Punkt hinter meiner Schulter. Er schien nachzudenken.

»Im Institut Bocuse wirst du *la grande cuisine* erlernen«, sagte er plötzlich energisch, als schlage er mit der Faust auf den Tisch.

»Keine Ahnung.«

»Aber ja. Es ist Bocuse!« Er wirkte ganz aufgeregt. »Vielleicht wird mir dann zum ersten Mal im Leben ein Luxusdinner serviert, das mir schmeckt. Du wirst für mich etwas aus dem Repertoire der *grande cuisine* kochen. Das wird dann sein wie Bocuse ohne Bocuse.«

»Klar, mach' ich.«

Er lächelte. »Ich kriege ein Luxusdinner, ich kriege ein Luxusdinner, ein Luxusdinner, ein Luxusdinner …!«

Am Sonntagabend richtete ich meine Arbeitskleidung her: Kochjacke, Kochhose und Schürze. Eine Kochmütze besaß ich nicht, was mich betrübte, aber ich würde dann im Institut eine bekommen. (Heute bestehen Kochmützen ja aus Papier und sind oben offen – ein seltsames Merkmal, als wollten sie den Anschein erwecken, eine Kopfbedeckung zu sein, seien aber gar keine; aber man trägt sie sowieso nicht draußen im Regen.) Ich hatte auch kein Geschirrtuch, was mich aber nicht weiter bekümmerte, denn über Geschirrtücher verfügt jede Küche in rauen Mengen.

INSTRUKTION DURCH PAUL BOCUSE

Sie, Madame, kochen nicht gern, weil es eine so öde Tätigkeit ist und endlose Wiederholungen erfordert; es beleidigt Ihre Intelligenz …

Gestatten Sie mir, bei allem Respekt, zu widersprechen. Haben Sie es vergessen? Kochen ist das Vorzimmer des Glücks! Kochen ist eine Kunst; es befriedigt unsere Seele, indem es unsere Sinne weckt; nein, Kochen ist Ihrer nicht unwürdig. Es ist genau wie Malerei oder Musik. … Was Sie meinen, existiert gar nicht mehr: Kochen ist zur Kunst der Gastronomie geworden.

Aber steht es mir – einem Mann der Wissenschaft, einem Arzt und Physiologen – denn zu, Sie eine Kunst zu lehren? Ja, da die Grundlage aller Kunst die Wissenschaft ist und man Wissenschaft lehrt, um eine Kunst verständlich zu machen. Um die Musik zu verstehen, studiert man Physik in Form von Tonleitern, Harmonien und Kontrapunkt. Um die Malerei zu verstehen, beschäftigt man sich mit Perspektive und Anatomie. Um die Kunst der Gastronomie zu verstehen, muss ein gebildeter Mensch sich mit der Wissenschaft befassen, auf der diese Kunst basiert.

Für diese Wissenschaft habe ich den Begriff »Gastrotechnik« vorgeschlagen. Sie besteht ganz einfach in der Anwendung von sechs elementaren Prinzipien der Physik und Chemie, die Sie bereits kennen:

Kochen
Braten
Grillen und Rösten
Schmoren
Binden mit Speisestärke
Binden mit Eigelb

Edouard de Pomiane, *Vingt Plats qui donnent la Goutte*
(Zwanzig Gerichte, die man bei Gicht meiden sollte), 1938

Das im *Guide Michelin* aufgeführte Les Saisons galt bei Lyoneser Feinschmeckern als Geheimtipp. Obwohl es sich um ein Ausbildungsrestaurant handelte, merkte man dies dem Essen nicht im mindesten an. Chef Le Cossec schützte den Ruf des Restaurants, indem er jeden einzelnen Teller vor dem Servieren persönlich überprüfte. Le Cossec war ein Mann in seinen Fünfzigern, groß, dünn, mit jungenhaftem Lächeln und einer ebenso jungenhaften Zahnlücke zwischen den Schneidezähnen. Er hatte glattes graues Haar und trug einen Kurzhaarschnitt mit Stirnfransen. Er sah aus wie ein Mönch und erinnerte vom Verhalten her an einen Schmetterling. Sein Gang war so merkwürdig leicht, dass man es oft gar nicht hörte, wenn er einen Raum betrat. Da er die Aufsicht führte und jederzeit irgendwo auftauchen konnte, wirkte er allgegenwärtig. Le Cossec war fast immer vergnügt, bei einem Mann in dieser Position eine sehr ungewöhnliche Eigenschaft. Als Küchenchef war er für das verantwortlich, was man »kulinarische Anmut« nennen könnte. Er war unglaublich sympathisch. Oder vielleicht spielte er einfach nur die Rolle des »good cop«.

Sein Kollege, Chef Thomas Lemaire, überwachte die Studenten und stand für Strenge und Sorgfalt. Er wirkte sehr gesetzt, war 31 Jahre alt – mit einem breiten Gesicht, Brille, stets ernster Miene, schmallippig – und hatte beim Unterricht das Charisma eines mürrischen Steuerinspektors. Die ersten Worte, die er an mich richtete, betrafen einen Knopf.

»Der oberste. Steht offen.«

Er starrte mir auf den Schritt. »Ihr *torchon*« (das französische Wort für Geschirrtuch). »Wo ist es?«

Wie er mir erklärte, gehört zur vorgeschriebenen Arbeitskleidung eine Schürze, unter deren Baumwollbänder man das Geschirrtuch klemmt, und zwar so, dass es über die rechte Hüfte fällt. Es wird immer rechts getragen, damit man weiß, wo es ist.

Niemals allerdings, so lernte ich, dürfe man das Geschirrtuch als Handtuch benutzen, was ich aber trotzdem unwillkürlich tat, nachdem ich mir ein paar Stück angeschafft hatte; denn schließlich *war* es ja ein Handtuch, und meine Finger wurden bei der Speisenzubereitung zwangsläufig nass und fettig. Wenn ich also dachte, es schaue gerade niemand her, wischte ich sie manchmal heimlich an dem Tuch ab. (Es schaute aber doch jemand her: Lemaire, der nur auf diesen Augenblick gewartet hatte, denn er hatte mich längst im Verdacht, mit dem Geschirrtuch schändlichen Missbrauch zu treiben, und wies mich entsprechend zurecht.) Statt also zum Händeabtrocknen solle das Tuch wie ein *Ofenhandschuh* benutzt werden, obwohl ein Geschirrtuch ja definitiv kein Handschuh ist und nicht die gleichen Eigenschaften besitzt, sondern es sich nur um ein rechteckiges Stück hochsaugfähiger Baumwolle handelt (es gibt nur eine Art von *torchon*, nämlich das vorgeschriebene mit zwei hellroten Längsstreifen; es ist so dünn, dass es nach wiederholtem Waschen nahezu durchsichtig wird).

Tatsächlich gibt es so gut wie jeden Tag Situationen, wo sich das Geschirrtuch als unzureichend erweist, weil es eben *kein* Ofenhandschuh ist und man im Ernstfall dringend noch ein zusätzliches Tuch braucht, ungefähr so: »Heiß! Schnell! Du, *dein torchon – bitte!*«

Einmal hatte ich mir zwei Geschirrtücher unter den Gürtel geklemmt, beide über die rechte Hüfte drapiert. Ist doch eigentlich klar, dachte ich. Denn warum soll man, wenn man sich zu einer Backofentür hinabbeugt, erst mal nach einem Tuch rufen, in der Hoffnung, dass irgendjemand erscheint und ein Geschirrtuch herbeizaubert, bevor man sich verbrennt?

Doch Lemaire entdeckte meinen Regelverstoß. Er zeigte auf die beiden übereinander drapierten Tücher und grinste höhnisch. Er sagte nichts. Nur ein schrilles verächtliches Lachen. Als hätte er mich dabei ertappt, wie ich mit den *torchons* frisch gewaschene Autos polierte.

Bei anderer Gelegenheit erwischte er mich dabei, wie ich frittierte Schwarzwurzeln *mit den Händen* in einen Eierteig tunkte. Ich hatte ja keine Ahnung gehabt, welch ungeheuerliches Vergehen dies war. In Italien macht man sich beim Kochen die Hände schmutzig und ist noch stolz darauf – auf diese Weise kommt man mit der Seele der Lebensmittel in Berührung (oder so ähnlich, keine Ahnung. Vielleicht herrscht in Italien aber auch nur ein Mangel an Geschirrtüchern). In Frankreich benutzt man dafür zwei Löffel statt der Hände. Es ist hygienischer, zugegeben, und man muss sich hinterher nicht extra die Hände waschen. (Und, logo, man muss auch sein Geschirrtuch nicht benutzen.)

Ich hatte eine Kochpartnerin, die neunzehnjährige Marjorie, mit der zweitleisesten Stimme im ganzen Institut. (Die leiseste Stimme hatte ihre beste Freundin Hortense: in den drei Monaten dort habe ich sie kein einziges Mal sprechen hören.) Eines Morgens unterhielt ich mich mit Marjorie, und sie fragte mich (wie immer kaum vernehmlich), warum ich eigentlich hier sei. Ich hätte mal in Chianti gearbeitet, sagte ich, und wollte eigentlich erklären, dass ich gelernt hätte, wie man in Norditalien kocht, und dass ich jetzt die Lyoneser Küche kennenlernen wollte.

Aber sie hatte noch nie von Chianti gehört.

Ich sagte »Toskana«, vielleicht etwas zu laut, um ihre leise Stimme auszugleichen.

Doch auch das Wort Toskana hatte sie noch nie gehört. Ich versuchte es mit »Toscano«. Und mit »Tuscany«. Mit »Florenz« hatte ich endlich Erfolg. Ich behauptete, ich hätte mal in Florenz gearbeitet, was nicht stimmte, aber egal; ich hatte ja noch nicht mal ihre Frage beantwortet.

Lemaire wusste, wo die Toskana lag. Er kannte auch das Wort »Chianti«. Ich fragte mich, ob ich mich jetzt in seinen Augen als Italienexperte hervorgetan hatte, der siebengescheite Schriftsteller und Italienexperte.

Später wollte Lemaire, dass Marjorie und ich ihm bei seinen »Cannelloni« halfen, die er um geschmorte Rinderbacken rollte. Das Problem waren die Teigplatten. Sie klebten aneinander. Lemaire hatte Olivenöl in das kochende Pastawasser gegeben, um genau das zu verhindern. Wir bekamen Pinzetten. Die Platten waren entlang der Ränder verkocht, in der Mitte klumpig und ansonsten glibberig von Olivenöl, und man konnte sie nicht trennen, ohne sie zu zerreißen.

»Sie dürfen davon ausgehen, dass ich weiß, wie man Pasta kocht«, sagte Lemaire zu mir.

Wieso teilte er mir mit, dass er Pasta kochen konnte?

»Natürlich«, erwiderte ich.

»Die Italiener«, fügte er hinzu, »sind ja nicht die Einzigen, die Pasta kochen können.« Ich stimmte ihm zu.

»Die Franzosen machen auch Ravioli.«

»Ja«, sagte ich.

»*Ravioles*. Die Franzosen haben sie erfunden.«

»Aber das Wort klingt so italienisch«, sagte ich unwillkürlich.

Er korrigierte mich. »Nein, die Franzosen haben *ravioles* erfunden.«

Damals fragte ich mich, ob es vielleicht ein Test gewesen war (und eine von Lemaires Lektionen in Strenge), einem Küchenchef niemals zu widersprechen.

»Natürlich«, sagte ich.

Ich musste an den Zank zwischen unserem benachbarten Ehepaar denken. Warum gerieten Franzosen beim Gedanken an Italien so in die Defensive?

In der Pause zwischen Lunch und Dinner fuhr ich mit dem Bus nach Lyon zurück. Man hatte mir gesagt, die vorgeschriebenen *torchons* mit den zwei roten Streifen gebe es nur in einem einzigen Geschäft: Bragard, im anderen Teil Lyons. Bragard war außerdem genau der richtige Laden, um meine Küchengarderobe auf den neuesten Stand zu bringen, was dringend nötig schien. Unterwegs sammelte ich die Jungs ein.

Als wir bei Bragard eintrafen, wurde gerade ein Küchenchef bedient, der in aller Seelenruhe sein gesamtes Personal neu ausstattete. Wir warteten. Schon nach wenigen Sekunden war den Jungs langweilig.

Nach einer Minute lagen sie apathisch auf dem Boden.

Als ich schließlich an die Reihe kam, bat ich um ein Dutzend *torchons*. Ich erwähnte ganz nebenbei das Institut Bocuse, verschwieg aber, dass ich dort lernte. Sofort änderte sich das Verhalten der Chefin. Sie bestand darauf, dass ich unbedingt die offizielle Kochjacke des *Institut* anprobieren müsse (»die auch Paul Bocuse trägt«). Es war keine Jacke mit Knopfreihe, sondern eine mit Untertritt und verdeckter Druckknopfleiste. Der Stoff war glatt (die Fadenzahl entsprach der eines teuren Bettlakens), nicht sehr steif und überraschend bequem. Kochjacken – vor allem der im frühen 19. Jahrhundert von dem berühmten Koch Marie-Antoine Carême propagierte zweireihige Stil – sind wunderbar widersprüchlich: schwer und feuerbeständig, aber von provozierend makellosem Weiß (ein Sinnbild für Reinheit), als gehe man davon aus, dass sie niemals schmutzig werden. Ich berührte die Kochjacke und schwor: Liebe Jacke, ich verspreche dir, dass ich dich niemals bekleckern werde.

Als Nächstes band ich mir eine seidig glänzende weiße Schürze um, das Luxusmodell, das die Beine umschließt und bis zum Boden reicht, schob ein gebügeltes Geschirrtuch über die Schürzenbänder und zog sie straff. Die Chefin, die mich offenbar für einen berühmten Koch zu Besuch aus Amerika hielt (mein grauer Bart und der glänzende Schädel, mein unübersehbar fortgeschrittenes Alter), stieg auf einen Schemel und setzte mir eine Kochmütze auf. Sie legte mir ein weißes Halstuch um und band es vorne zu. (»Das Halstuch gebe ich Ihnen gratis dazu und bestehe darauf, dass Sie es tragen. Sie wirken ja *so* elegant!«) Ich verschränkte die Arme. Ein Gigant in Weiß.

Die beiden Dreijährigen reagierten sofort. Sie sprangen vom Boden auf und jubelten begeistert. Ich gebe zu: Darauf hatte ich gehofft. Deshalb hatte ich sie mitgenommen. Sie sollten das Schauspiel miterleben, wie ich als Koch weiß eingekleidet wurde.

Dann rief ich ein Taxi – ich war schon deutlich verspätet –, setzte die Jungs zu Hause ab und fuhr zum Institut. Als ich in der Küche ankam, war Lemaire schon so verzweifelt mit der abendlichen Portion »Cannelloni« beschäftigt, dass mir der Rüffel erspart blieb. Ihm muss klar gewesen sein, dass er diesmal viel zu viel Olivenöl genommen hatte, und er hatte für alle Fälle viel zu viele Nudelplatten gekocht. Bei dem Versuch, sie voneinander zu lösen, gingen die meisten kaputt. Die kleine Zahl, die übrig blieb, reichte gerade mal, um die geschmorten Rinderbacken einzuwickeln.

Was hilft, ist übrigens nicht das Öl. Sondern ein Holzlöffel. Ein Tipp für jeden, der verhindern möchte, dass seine Pasta zusammenklebt: rühren.

Plötzlich erschien ein Mitarbeiter und sagte zu mir: »Chef Le Cossec möchte Sie sprechen.«

Es war eine Dinner-Einladung. Wir saßen zu zweit am Tisch, allein in einem Speiseraum, bedient von zwei Kellnern, und verzehrten ein dreigängiges Mahl. Ein Sommelier schenkte aus einer Dekantierkaraffe Wein ein. Roter Burgunder. Die *plat principal* bestand aus Ente mit Kirschsoße. Ich fühlte mich, als sei ich in die Privatgemächer eines Schiffskapitäns eingeladen worden. Ich dachte daran, was meine Frau wohl gerade mit den Kindern aß, an unserem wackligen Küchentisch: *nuggets de poulet*, erhitzt in der Mikrowelle. Dann dachte ich an die Mail eines Freunds, auf meine Mitteilung hin, dass ich in Lyon französisch kochen lernen wolle: »Kann mir schon vorstellen, wie scheiße du in Frankreich behandelt wirst.« Und am Nachmittag hatte ich im Umkleideraum eine Mailboxnachricht von Daniel Boulluds Assistent abgehört: »Ich soll Ihnen vom Chef ausrichten, dass kein anderer Amerikaner das tun würde, was Sie auf sich nehmen, es ist so hart!«

Und gerade wurde mir wieder nachgeschenkt.

Le Cossec war neugierig. Worum es mir denn eigentlich gehe?

»Das Kochhandwerk erlernen. Aber natürlich mache ich mir keinerlei Illusionen, irgendwann ein *grand chef* zu werden.«

Ich hatte die Unterscheidung gelernt. *Grand* bedeutet so viel wie »toll«, so wie man vielleicht sagen würde »ein toller Baseballspieler«. Mit *chef* kombiniert ist *grand* jedoch eine ganz eigene Bezeichnung. Auch sie wurde von Carême erfunden. Er war auch einer der Ersten, die Kochen als Kunst definierten. (Die Kochklassen im Institut Bocuse werden als Unterricht in »les arts culinaires« bezeichnet.)

Grand chef ist ein Titel, den es in keinem anderen Land gibt, weil man der Person, die das Abendessen zubereitet, in keinem anderen Land einen derart hohen Status zubilligt.

Wäre man so verrückt, anderen Leuten zu sagen, dass man den Ehrgeiz habe, ein großer Koch zu werden – »Ich besuche L'Institut Paul Bocuse, damit ich *un grand chef* werde« –, würde man als Spinner abgetan. Doch viele Studenten des *Institut* hatten genau dieses Ziel. Sie wollten Marc Veyrat sein. Sie wollten Paul Bocuse sein. Warum? Keine Ahnung. Eine altehrwürdige, von Kindheit an eingeimpfte Verehrung alles Kulinarischen? Was auch immer der Grund sein mag, es trifft den Kern des französischen Wesens.

Uns anderen blieb, französisch kochen zu lernen, und das war schon sehr viel.

Eines Morgens schärfte ich ein Messer und führte es flach an einem Wetzstahl auf und ab.

Le Cossec unterbrach mich. »Ja, anfangen kann man flach, aber dann sollte man die Klinge schräg halten und sie ganz leicht auf und ab führen, wie ein Windhauch.« *(Comme une brise.)* Durch den Winkel wird die Klinge geschliffen. Als ich sie berührte, spürte ich, wie brüchig sie war und wie gefährlich.

Ich wollte Steaks zubereiten.

»*Regarde*«, sagte er.

Er setzte eine Sautierpfanne auf den Herd, wartete und prüfte die Hitze mit der Hand direkt über der Pfanne. »Hör mal auf die Butter.«

Er gab einen Löffel Butter in die Pfanne – »Das genügt.« Er hielt inne.

»Hörst du? Sie singt.« *(Il chante.)* Es hörte sich an wie gedämpftes Gemurmel. »Man hört dieses Singen, kurz bevor man die Eier fürs Omelette hineingibt. Man hört es, kurz bevor man das Fleisch in die Pfanne legt.« Wenn die Pfanne zu heiß wird, dampft die Butter und brennt an. Zu kalt, und das Protein bleibt am Pfannenboden hängen. Le Cossec neigte sein Ohr über die Pfanne und lauschte. »Sie soll singen.«

Die leise Melodie ertönte weiter – heiße Temperatur, aber nicht zu heiß –, bis die Butter schäumte.

»Jetzt ist sie aufgeschäumt.«

Er rüttelte die Pfanne, stellte die Flamme kleiner, wartete. Die Butter veränderte ihre Farbe. »Und dies ist *beurre noisette.*« Hellgebräunte Butter, auch Nussbutter genannt.

Er leerte die Pfanne aus und begann von Neuem. Er gab Butter hinein, sie sang, und er fügte das Filetsteak hinzu. Es war kreuzförmig verschnürt, um seine Form zu behalten, und sah wie ein kleines Päckchen aus. Le Cossec fügte etwas mehr Butter hinzu. Nachdem sie rasch geschmolzen war, löffelte er sie über das Fleisch.

»Das nennt man *rissoler.*«

Rissoler bedeutet, dass man eine Zutat in einer kleinen Menge Flüssigkeit zubereitet, meistens Fett. Diese Methode war auch im *vocabulaire culinaire* aufgeführt. In der Praxis bedeutet dies, dass man sehr viel löffeln muss. Man brät die Zutat auf zweierlei Weise: von unten durch direkte Hitze (in einer Pfanne; sautiert sie also) und von oben indirekt, indem man mit einem Löffel das heiße, flüssige Fett darüber gibt. Wenn das Bratgut braun zu werden beginnt *(colorer)*, wendet man es um. Man sieht diese Methode in französischen Küchen, in Filmen und in einer Parodie: Jemand neigt die Pfanne, sodass sich die heiße Flüssigkeit am unteren Rand sammelt, und löffelt sie hektisch auf das Bratgut.

Le Cossec korrigierte meine Haltung. »Steh aufrecht und mach kleine, bewusste Bewegungen. Beim Kochen sollte man ganz locker sein.«

Er zeigte mir, wie man ein Schweizer Rösti zubereitet, bei dem die

Kartoffeln aussehen wie ein gebratenes Toupet. Sie werden in einer sehr großen Pfanne geröstet, bis eine Seite knusprig gebräunt ist. Es gibt nur eine Methode, ein Rösti in der Pfanne zu wenden: indem man es mit einem Ruck hochwirft.

»Stell dir vor, dass das Rösti auf der anderen Seite landet. Denk an nichts anderes.«

»Un. Deux. Trois.«

Ich warf es hoch. Das Rösti schwebte. (»Huch!«) Es landete in der Pfanne. Ich war überrascht. Le Cossec nicht.

Für das Valentinsdinner legte er zwei Gänselebern bereit und zog Handschuhe an, um die Adern zu entfernen.

Ich fragte, ob ich eine der Lebern übernehmen dürfe.

»Wirklich? Hast du das schon mal gemacht?« Er wirkte verblüfft.

»Nein.«

Er gab mir ein Paar Handschuhe.

Eine Gänseleber ist von intensivem Braun, und die Adern sind ertastbar. Eine lange Ader verläuft in Längsrichtung, quasi von Norden nach Süden. Die andere quer, von Ost nach West. Und sie treffen sich irgendwo in der nördlichen Hemisphäre des Leberlappens.

Ich folgte den Anweisungen Le Cossecs. Er tauchte an einer Stelle die Finger in die Leber, ohne zu zögern, zielgenau, er wusste einfach, wo die Adern aufeinandertrafen (man sieht das von außen nicht), und zog sie heraus. Exakt wie mit einem Skalpell. Die Leber wirkte, bis auf eine kleine Schramme, von außen unbeschädigt. Ich holte tief Luft, versenkte meine Fingerspitzen in die Leber und tastete nach den Adern. Nichts.

Ich wühlte in der Leber. (Unschön.) Das Gewebe war erstaunlich breiig. Endlich hatte ich eine Ader ertastet – es fühlte sich an wie ein kleiner Zweig im Schlamm –, und ich zog daran. Tatsächlich kam alles an einem Stück heraus. Es fühlte sich an, als hole ich das Rohrleitungssystem unter einer Asphaltdecke hervor. Erfolg! Aber die Leber wirkte verwüstet. Eher so, als hätte ich eine Abwasserleitung installiert.

Aber es war nicht schlimm, dass ich so ein Schlamassel angerichtet hatte. Denn ich lernte dabei, dass Fett – und eine Gänseleber besteht ja größtenteils aus Fett – beim Erhitzen seine Form zurückgewinnt. Für das Valentinsmahl wurde die Leber mit Blätterteig umhüllt, und das Resultat war geschmeidig und üppig und, kein anderes Wort scheint besser zu passen, einfach umwerfend. (Ansonsten enthielt das Menü *un carrelet* – Scholle –, serviert mit einer Sauce aus der Garflüssigkeit, und Perlhuhn, Rinderfilets, Kohl *embeurrée*, zubereitet mit Butter und Schweinefleisch und, ja, noch mehr Gänseleber. Es war nicht leicht, in dieser Küche zu arbeiten, wenn man hungrig eintraf.)

Ich lernte: »Wasser, lebenswichtig für die Frucht, aber ihr Feind in der Küche.« Erdbeeren zum Säubern niemals im Wasser liegen lassen und immer zwei Schüsseln verwenden (in der einen werden sie schnell gewaschen, in der anderen schnell nachgespült). »Wasser verdünnt das Aroma. In der Küche möchte man das Aroma aber verstärken.«

Ich lernte: »Luft – lebenswichtig, aber der Feind des Konservierens.« Alles wird »dicht an dicht« eingelagert, ein Stück Plastikfolie darübergespannt, die Luft herausgequetscht.

Ich lernte von den drei Leben der Vanille: frisch (erster Gebrauch) für intensives Aroma; getrocknet (zweiter Gebrauch) für Schmorgerichte und Aufgüsse; dann, erneut getrocknet (dritter Gebrauch) mit Zucker vermischt und aufbewahrt.

Das Ei: niemals am Rand eines Gefäßes aufschlagen, nur auf einer flachen Oberfläche, damit der Inhalt nicht durch die Eierschalen kontaminiert wird, was unhygienisch wäre.

Man zeigte mir, wie man richtig umrührt (»von unten nach oben, im Kreis, wobei man ständig von den Schüsselwänden das Rührgut mitnimmt«), was vermutlich jeder andere richtig macht, nur ich schien es nicht zu kapieren. Man zeigte mir, wie man richtig quirlt (»lockeres Handgelenk, eine liegende Acht, an vier Punkten der Schüssel auftreffen, als hätte sie Ecken«); das hatte ich nicht gewusst, und es erwies sich als höchst effizient (man kann damit ein fantastisches Tempo erreichen).

Ich lernte alle Teigsorten kennen und bereitete sie, gemeinsam mit den anderen, in riesigen Mengen für die Institutskantine zu (zum Beispiel 350 Schokoladentartes). Meine liebste Teigsorte war zweifellos *pâte feuilletée*, Blätterteig. Eine große Menge Butter wird mit einer kleinen Menge Teig umhüllt, dann ausgerollt und schließlich viele Male in verschiedene Richtungen gefaltet). *Pâte feuilletée* beschreibt recht anschaulich den Teig, bevor er in den Ofen kommt. *Feuilleter* kann »in einem Buch blättern« bedeuten, und wenn man mit einem scharfen Messer energisch den ungebackenen Teig durchschneidet, sieht er aus wie die sauber aufgeschnittenen Seiten eines alten Romans. Im heißen Ofen bläht sich der Teig: Die Butter schmilzt, das enthaltene Wasser verdampft, was zur Entstehung einer heißen Blase zwischen den einzelnen Teigschichten führt. Auf diese Weise schmeckt Blätterteig, von den Zutaten her besonders schwer und gehaltvoll, verblüffenderweise ganz leicht. Beim Teig ging es immer nur um Regeln. Bei der französischen Küche ging es um Regeln: Es gab immer nur eine Methode, wirklich nur diese eine (zum Beispiel beim Bohnenputzen – man zwickte die knorrigen Enden nur mit den Fingerspitzen ab, niemals mit dem Messer). Ich mochte die Regeln ebenso wie den Umstand, dass sie nie hinterfragt wurden. Korrektur: Ich liebte die Regeln.

Gern startete ich jetzt morgens in den Tag, und inzwischen gehörte ein Bügeleisen dazu. Ich hatte es eines Abends auf dem Heimweg im Monoprix gekauft, dem französischen Warenhaus für alles, nachdem Le Cossec nachmittags unbemerkt in die Küche gekommen war und mir quer durch den Raum zugerufen hatte: »*Mais, Bill, regarde ta veste!*« – wie sieht denn deine Kochjacke aus! (Und alle hatten zu mir hergestarrt.) »Schläfst du darin?«

Jetzt stand ich um 6 Uhr morgens auf und bügelte sie. Sie war aus schwerem Stoff, und die Ärmel erforderten besondere Sorgfalt. Ich bügelte auch die Schürze, ein luxuriöser Streifen weißen Stoffs, wie ein extravagantes Kleidungsstück für formelle Anlässe. Ich bügelte die Geschirrtücher mit den roten Doppelstreifen, vier davon, eines nach dem anderen. (Ein gebügeltes Geschirrtuch ist etwas Wunderbares.) Ich faltete alles zu einem ordentlichen Bündel zusammen. Diese Tätigkeit entführte meine Gedanken an einen bislang ungekannten, glücklichen Ort: Alle schliefen noch, die immergleiche Bewegung, das Fauchen des Dampfbügeleisens, eine Tasse Kaffee in Reichweite, und das Einzige, woran man denken musste, der vor einem liegende Tag.

Ich holte meine Messer und meine Küchenschuhe und verließ vor sieben die Wohnung, leise, um die Jungs nicht aufzuwecken, deren Zimmer an der Tür lag.

Am Anfang meiner Zeit im *Institut* war es morgens dunkel gewesen, doch jeden Tag erschien die Sonne etwas früher. Ich überquerte die Fußbrücke über die Saône. Meine Schuhe klapperten auf den Holzlatten, und ich brauchte vier Minuten von der Haustür bis zur Haltestelle der Buslinie 19. 35 Minuten später traf ich in Écully ein: Ein Gang durch den Wald, noch ein Kaffee an der Bar, und dann – Wumm! – die fokussierte Intensität körperlicher Arbeit in einer französischen Küche.

Die Kurse waren klein, nicht mehr als acht Leute. Durch meinen Stundenplan arbeitete ich oft mit einer Gruppe Studenten zusammen, die schon im zweiten Jahr waren und mit ihrem Praktikum in einem Lokal namens F & B (leider nur die Kurzform für »Food and Beverage«) begannen. Dieses Restaurant wurde wagemutig von Studenten geleitet und hatte den Anspruch, den Gästen in zwei Schichten raffinierte französische Gerichte zu servieren – Lehrern, Angestellten, Freunden, sonstigen Gästen, etwa vierhundert Personen.

Die Idee: Jede Studentin, jeder Student fungierte einen Tag lang als Küchenchefin oder -chef, entwarf eine Speisekarte, bestellte die Zutaten, zeichnete auf, wie die Speisen auf dem Teller angerichtet werden, stellte eine Küchenbrigade zusammen und bereitete die Mahlzeit zu. Zum Menü gehörten eine Gemüseterrine *en gelée*, Lachs in Blätterteig und ein Entenconfit mit einer geschmeidigen Rotweinsauce aus 50 Kilo Entenkarkassen, im Backofen geröstet von meiner Wenigkeit.

Die Realität: Es klappte *nie* (kein einziges Mal). Zwischen Idee und Realität standen Paul Brendlen und Édouard Bernier. Brendlen bestimmte, Bernier führte aus. Alles ging nach Bauchgefühl.

Brendlen, der Boss, war kräftig, stämmig, ständig in Bewegung. Kaum kam er in die Küche, verbreitete er Stress. Sieben Uhr morgens, und schon war das ganze Küchenteam vor Hektik schweißgebadet. Nie konnte sich Routine einstellen, und es gab ständig Verletzungen, man schnitt sich in den Finger, verletzte sich an der Hand, am Arm, am Bein, dann packte Brendlen, ungeduldig und verärgert, zum Beispiel die verletzte Hand, inspizierte sie flüchtig, während das Blut auf den Boden tropfte, schüttelte sie und ließ los. Nicht so schlimm.

»*Oh, pas grave.*«

Jemand zog sich eine Verbrennung zu. Die Küche roch nach versengter Haut.

»*Pas grave.*«

Ein Kellner ließ ein Tablett mit Essen fallen, alles voller Scherben.

»*Pas grave.*«

Einmal, es war ein Mittwoch, bereitete José Augusto den Lunch zu. Seiner Liebe zu Italien wegen (die er aber meist für sich behielt) mochte ich ihn gerne. Augusto hatte erreicht, dass er sein *stage*, sein Praktikum, in Italien absolvieren durfte. (Jeder Student muss drei Berufspraktika in etablierten Restaurants absolvieren. Diese Praktika bilden den Kern des Curriculums.) Augusto, der damals immer noch nicht fassen konnte, dass man es ihm erlaubt hatte, wählte das Dal Pescatore in Mantua. Und so war das F&B-Menü an jedem Mittwoch, wenig überraschend, italienisch.

Als Vorspeise plante er einen Teller mit Antipasti: Gemüse (Artischockenherzen, Zucchini, Karotten), eine Scheibe Prosciutto-

Schinken, ein Stück Parmigiano und ein Olivenöl-Balsamico-Dressing. Er stellte im Voraus einen Teller zusammen – quasi ein »Vorführmodell« – und präsentierte ihn Brendlen und Bernier zur Begutachtung.

Sie starrten darauf, mit verschränkten Armen. Brendlen warf den Kopf herum. »*C'est une catastrophe*«, sagte er zu Bernier. »Was machen wir jetzt?«

»Es ist schon nach zehn.«

»Oh là là.«

Brendlen wandte sich an Augusto. »Die Vorspeise ist der erste Eindruck, den der Gast bekommt. Und von diesem Eindruck hängt alles ab.«

Bernier erklärte: »So geht das nicht. Du hast die drei Prinzipien missachtet.«

Die drei Prinzipien für das Anrichten eines Tellers lauten: *Farbe, Volumen* und *Konsistenz*. Dies sind die Grundsätze der Präsentation. Nur wenn diese drei Grundsätze befolgt werden – *Farbe, Volumen* (also eine gewisse Höhe) und *Konsistenz* (eine Mischung aus weich und fest, saftig und knusprig) –, wird ein Gericht den Gast ansprechen.

Von diesen drei Prinzipien war auf Augustos Teller keines verwirklicht.

»*Regarde la couleur*«, sagte Brendlen.

Bis auf die Karotten war der Teller grün (dicke verkochte Zucchini-Scheiben) oder grau-grün (Artischockenherzen), und dann war da noch ein bisschen flach auf dem Teller ausgebreitetes Braun (der Prosciutto-Schinken). Der Teller wirkte wie ein ausgedörrter Rasen am Ende eines langen heißen Sommers.

»*Regarde les dimensions.*« Alles war ganz flach angerichtet. Man entdeckte beim besten Willen keine dritte Dimension. Wie richtet man eine flache Zucchinischeibe auf?

»*Et la texture! José!*« Brendlen produzierte ein Kaugeräusch, um zu demonstrieren, dass alle Zutaten sich von der Konsistenz her im Mund fast gleich anfühlten: leicht glibberig oder matschig weich.

Ich fragte mich: Hätte nicht jemand mit Augusto reden sollen, *bevor* er 40 Kilo Zucchini bestellte?

»Wie viel Zeit bleibt uns noch?«, fragte Brendlen.

»Eine Stunde.«

Brendlen und Bernier hatten die Idee, die Artischockenherzen zu verstecken.

»Eine Überraschung, verborgen wie das Herz«, meinte Bernier.

Aber wie?

»Brot?«

»Getoastet?«

»Geröstet.«

»Aber so dünne Scheiben, dass es kross schmeckt, und in Form eines Ovals«, was ungefähr der Form des Artischockenherzens entsprach. Lehnte man die dünnen gerösteten Brotscheiben senkrecht gegen die Artischocke, kämen das Element der Höhe *und* eine neue Konsistenz hinzu (knusprig geröstet).

Bernier meinte, in den *grünen* Zucchini und *orangeroten* Karotten, dieses Mal dünne, statt dicke Scheiben, liege noch Potenzial, man könne sie im Halbkreis arrangieren.

»Wie wäre es mit einer Zucchini-Mousse?«, überlegte Brendlen. Von der Konsistenz her bot eine Kürbisfrucht nur begrenzte Möglichkeiten.

»Dafür reicht die Zeit nicht«, sagte Bernier.

Brendlen wandte sich an Augusto. »Warum hast du keine Mousse gemacht? Was ist los mit dir?« Dies war das letzte Mal, dass Augusto direkt angesprochen wurde. Von jetzt an war es nicht mehr sein Gericht.

»Schneiden wir sie doch der Länge nach mit der Schneidemaschine in Stifte.«

»Hauchdünn«, erwiderte Bernier.

»Durchsichtig.«

Wenn sie in Stifte geschnitten wurden, konnte man sie sogar senkrecht anrichten.

Es waren noch fünf Kilo übrig.

»Wir haben noch Prosciutto«, sagte Bernier.

»Ein weiteres Problem.«

Was macht man mit einer Scheibe Räucherschinken? In Italien nimmt man sie zwischen die Finger und schiebt sie sich in den Mund. Doch hier in Frankreich benutzt man die Finger ja nicht.

Brendlen nahm eine Scheibe mit den Fingern und steckte sie sich in den Mund. »Schön fett«, meinte er. »Vielleicht könnten wir sie sautieren, mit ein paar Karotten und dem Rest der Zucchini *en brunoise*« (in gleichmäßige kleine Würfel geschnitten).

»Und Tomaten. Ein Sommer-Ragout.«

Die Tomate brachte sowohl eine neue Farbe als auch eine weitere Konsistenz ins Spiel. Ein Ragout unterschied sich von den anderen Gemüsen – es wurde gekocht, war nicht breiig und konnte auf die Toastscheiben gelöffelt werden, die an den Artischockenherzen lehnten.

Binnen 90 Minuten war die neue Vorspeisenvariante zubereitet, angerichtet (mit Parmigiano bestreut) und serviert, obwohl es zeitlich knapp war: Die letzten hundert Portionen wurden fertiggestellt, während die ersten zweihundert bereits serviert wurden.

Ich bewunderte den angerichteten Teller. Am liebsten hätte ich selber zugegriffen. Das war zwar nicht italienisch – dafür aber ein Lehrbeispiel für die französische Küche oder zumindest ein Vorgeschmack dessen, was Franzosen mit einem Teller Antipasti anstellen würden, falls sie jemals Italien erobern sollten.

Kann sich Kreativität in einem streng strukturierten Rahmen womöglich leichter entfalten?

Als ich am letzten grauen Wintertag von der Bushaltestelle zum Institut ging, schneite es leicht, und ich fragte mich, wann endlich der Frühling kommen würde. Als ich am nächsten Tag in der Pâtisserie-Küche meine Schüsseln spülte, blickte ich aus dem Fenster, sah draußen auf dem Rasen Narzissen blühen, und es schien die Sonne.

Am Frühlingsanfang gab es in der Schule der Jungs einen Umzug, *un défilé,* zum *fête des pentes.* Ein Blätterhaufen wurde entzündet, um den Winter zu vertreiben. Die Kinder zogen in selbst gebastelten Kostümen durch den Stadtteil (an den Zuschauern vorbei, die hinter Absperrgittern die Gehsteige säumten) und kletterten die *pentes* hinauf. Die *pentes* sind steile Hänge, die zum Plateau von La Croix-Rousse hinaufführen. Man steigt über Steintreppen empor, die im Zickzack verlaufen und vor Jahrhunderten von Mönchen angelegt wurden. Der Umzug endete auf dem Platz vor der Schule der Jungs, Place Sathonay, und dann gab es Mittagessen. Es war wunderbar festlich, erzählte mir Jessica, denn ich hatte es natürlich verpasst. Ich bereitete währenddessen Profiteroles zu. Aber ich sah die Bilder und sollte die Parade im folgenden Jahr miterleben – da waren unsere Kinder als Rosenbüsche verkleidet, trugen Wollmützen, weil es ein noch sehr kalter Märzmorgen war, und Sonnenbrillen, weil die Sonne schon frühlingshaft strahlte, und jeder der Jungs hielt einen Mitschüler an der Hand.

Alfredo Chávez, ein Student aus Mexiko im dritten Jahr, wollte mit mir über die Medici sprechen. Er hatte eine Arbeit für den Theorieunterricht geschrieben. Eine Variation über das Thema Katharina von Medici. Laut Chávez war es gar nicht Katharina gewesen, die die französische Küche beeinflusst hatte. Es war ihre Cousine, Maria de Medici, gewesen, die 67 Jahre nach Katharinas Ankunft in Frankreich die Frau von Heinrich IV. wurde. Alfredo vertrat einen neuen Ansatz, der aber nicht ganz unbegründet war.

Heinrich IV., aus der Region Béarn, im Herzen des Königreichs von Aragon in den französischen und spanischen Pyrenäen, war vor allem für zweierlei berühmt: für seine Bemühungen, die im 16. Jahrhundert herrschenden Kriege zwischen Katholiken und Protestanten zu beenden, und für das abrupte Ende seiner 20-jährigen Regentschaft, als er von einem religiösen Eiferer erstochen wurde. In kulinarischer Hinsicht war er berühmt für seine Liebe zum *pot-au-feu:* Fleisch, das in einem Topf über kleiner Flamme gegart wird, wodurch dieses schlichte Gericht zu allgemeiner Akzeptanz fand, an vornehmen Tafeln ebenso wie beim einfachen Volk. (Übrigens haben die Italiener dieses Gericht lange für sich beansprucht – in Italien heißt es *bollito misto*, und zufällig arbeiteten in den vielen Küchen Heinrichs IV. italienische Köche.) Heinrich IV., der »Le Béarn« genannt wurde, hat vielleicht auch die *Sauce Béarnaise* inspiriert, zumindest ihren Namen. Und was Liebesdinge betraf, war er bekannt für seinen sexuellen Appetit, belegt durch eine eindrucksvolle Liste von Bordellbesuchen und seine zahlreichen Mätressen, die er mit Luxus überhäufte. Maria de Medici wurde, bis auf die Tatsache, dass sie als zweite Italienerin einen französischen König heiratete, von der Geschichte nicht sehr freundlich behandelt (eine der Mätressen ihres Mannes soll sie als »das dicke Florentiner Bankiersweib« bezeichnet haben), aber es stimmt, dass sie, wie andere Italiener vor ihr, Reichtum und Hochkultur nach Frankreich brachte, wo es noch an beidem mangelte.

Chávez' Arbeit wurde als Beispiel für leichtfertige Kulturpropaganda abgelehnt. Man teilte ihm mit, falls er die darin vertretenen Thesen jemals weiterentwickeln sollte, würde man ihn von der Schule werfen.

»Nein! Im Ernst?«, fragte ich ungläubig.

»Im Ernst«, erwiderte er. Er schickte mir eine Kopie seiner Arbeit. Wie ein Samisdat. »Aber sag es niemandem.«

Zwischen Lyon und Italien hatte es schon immer Verbindungen gegeben, zumindest seit die ursprünglich keltische Siedlung im Jahr 43 v. Chr. von den Römern besetzt und Lugdunum genannt wurde; die Stadt bot Siedlern von der italienischen Halbinsel eine Heimat, schon lange bevor es ein modernes »Italien« mit festgelegten Grenzen gab. Bis zum Ende des 16. Jahrhunderts waren Städte wichtiger als Staaten, und Lyon gehörte aufgrund seiner Lage zu den einflussreichsten Städten des Kontinents: Am Zusammenfluss zweier riesiger Flüsse gelegen, befand es sich sowohl zwischen Nord- und Südeuropa als auch zwischen östlichen und westlichen Handelshauptstädten. (Die vage

Vorstellung von Frankreich, nach der damaligen Definition, endete am Ufer der Saône.)

Es ließ sich nicht leugnen, dass die Italiener im Lyon des 15. und 16. Jahrhunderts eine sehr bedeutende Rolle spielten. Wohlhabende italienische Familien profitierten nicht nur von den *foires*, den etwa viermal jährlich um die religiösen Feiertage herum veranstalteten Jahrmärkten, die jeweils zwei Wochen dauerten, sondern führten sie im Grunde selber ein. Sie eröffneten auch die erste Bank Frankreichs, entwickelten eine Möglichkeit, Kapital zu leihen und Währungen umzutauschen, gründeten die erste Aktienbörse und gewannen durch ihren weltlichen Erfolg und Einfluss so große Bedeutung, dass sie aus Furcht vor Vergeltungsakten der örtlichen Bevölkerung ihre italienischen Namen in französisch klingende Namen umwandelten. (Die Familie Gadagne, eine der prominentesten Familien Lyons, stammte aus Florenz; ihr richtiger Name lautete Guadagni, was durch einen historischen Zufall vom italienischen Verb *guadagnare* abgeleitet ist – »verdienen« oder »gewinnen«, im Sinne von »scheffeln«. Thomas Gadagne, der reichste Mann Lyons, war wohlhabender als der König, der einer seiner Hauptschuldner war.)

Das Zentrum der italienischen Bankgeschäfte auf einem offenen Platz (Place du Change) steht bis heute, ein majestätisches Gebäude mit Säulen im römischen Stil. Auch die Häuser der reichen italienischen Familien blieben erhalten – von Mauern umgebene Villen mit Innenhöfen, Bögen, Statuen und Ornamenten aus der Blütezeit der Renaissance. Von den umliegenden Hügeln aus betrachtet, hätte man Vieux Lyon (das alte Lyon) für ein Stadtviertel in Florenz halten können.

Der Ort, an dem Marie de Medici auf Heinrich IV. traf, war nur zufällig Lyon gewesen. (Die Trauung in Florenz war in seiner Abwesenheit mit einem Stellvertreter vollzogen worden.) Und zufällig fand ihre »zweite Hochzeit« in Lyon statt. Und auch Maria de Medici – eine großzügige Kulturmäzenin, die, wie so viele in Frankreich lebende Italiener, die Küche ihrer Heimat vermisste – beschäftigte in ihren Küchen italienische Köche.

Allmählich gewann ich den Eindruck, dass man gerade in Lyon Belege für den italienischen Einfluss auf die französische Küche finden konnte. Aber hatte es diesen Einfluss wirklich gegeben? Ich wusste es nicht. Und wenn, dann lag das ohnehin lange zurück. Was mich faszinierte, war die übertrieben defensive Haltung, der ich hier dauernd begegnete, die Chauvinismus zu verraten schien und – ja was? – vielleicht Angst? War es angemessen, einen Studenten aus dem Institut zu werfen, nur weil er den Einfluss einer Königin aus dem Geschlecht der Medici recherchierte? Stand denn *so viel* auf dem Spiel? Konnte ein Ausbilder so naiv sein, dass er glaubte, die Franzosen hätten die Ravioli erfunden? Vielleicht war es einfach ein fortdauerndes Ressentiment: Wie konnte die italienische Küche, also rustikale bäuerliche Kost, in irgendeiner Weise mit der französischen Küche zusammenhängen, die ja Zivilisation an sich verkörpert?

Ich stand in der *Zone Culinaire* und beobachtete eine Klasse durch eine Glastrennwand. Es fand gerade eine Prüfung statt. Ich war noch nie geprüft worden. In dem Plan, den Madame Chabert für mich entworfen hatte, schien dies nicht vorgesehen.

Es waren Studenten im ersten Jahr, mit denen auch ich schon gekocht hatte, einschließlich der scheuen Marjorie und der stillen Hortense. Jetzt bereiteten sie gerade Omelettes zu.

Einer der Prüflinge präsentierte sein Omelette. Der Ausbilder stocherte darin herum und schüttelte den Kopf. Er probierte nicht einmal, sondern kippte es gleich in den Müll. Ein Omelette muss sich in der Mitte weich wie ein Kissen anfühlen. Elastisch. Dies hier war hart.

Einer der Lehrer gesellte sich zu mir, Hervé Raphanel. Man hatte mich ihm bereits vorgestellt. Jetzt sahen wir gemeinsam zu.

Das Omelette des nächsten Studenten war zu groß: groß im Sinn von zu viel Volumen. Der Ausbilder machte ihm Vorhaltungen. Es war wie ein Film ohne Ton. Die Gesten des Ausbilders sagten: »Warum hast du einen Schneebesen verwendet?« *Un fouet.*

»Ich habe dir beigebracht: mit der Gabel.«

Hier ging es um die Grundlagen. Ein Schneebesen bewirkt die Zufuhr von Luft. Man braucht ihn für die Zubereitung eines Soufflés oder einer Meringue. Ein Omelette hingegen wird locker, wenn man die Eimasse mit der Gabel verquirlt, statt sie mit dem Schneebesen zu schlagen. Eiweiß und Eigelb sollen sich gut vermischen.

Auch dieses Omelette wurde weggeworfen.

»Wie alt schätzen Sie diese Studenten?«, fragte mich Raphanel.

»Zufällig weiß ich es«, erwiderte ich. »Die meisten sind 19. Zwei von ihnen vielleicht 20.« Es war eine ungewöhnlich junge Klasse. Die Hälfte der Studenten des *Institut Paul Bocuse* kommen aus dem Ausland, und die meisten sind älter, Quereinsteiger.

»Genau«, sagte Raphanel. »Die sind 20 Jahre alt. Als ich 20 war, hatte ich mir bereits meinen ersten Michelin-Stern verdient.« Er dachte nach. »Und wenn sie ihren Abschluss machen, sind sie 22? Da hatte ich schon meinen zweiten Michelin-Stern!« Es klang nicht prahlerisch. Es klang wütend.

Jetzt präsentierte eine Studentin ihr zusammengerolltes Omelette. Die Konsistenz war nicht fest genug; an den Enden trat Flüssigkeit aus. Der Ausbilder führte noch einmal vor, wie man den Gabelrücken auf die Eier in der Pfanne drückt. Wenn sich die Zinken abzeichnen, konnte man das Omelette rollen. Nicht vorher. Der Ausbilder wackelte mit dem Finger hin und her – nein, nein.

»Schauen Sie nur, wie diese Studenten dastehen. Die haben gar keinen Bezug zum Essen, sind auf Armlänge entfernt. Wo ist da die Liebe?« *L'amour – où est-il?* Raphanel seufzte. »Die sollten *in* ihre Zutaten atmen.« Er tat, als neige er sich über einen Teller und atme die Aromen *ein*. »Ein Koch muss von seinem Essen entzückt sein. Wenn sie diese Liebe jetzt nicht haben …«

Am nächsten Tag hörte ich von einem neuen Kurs, und dass Prüfungen, schwierige Prüfungen, tägliche Prüfungen, am Ende sogar einen ganzen Tag lang, ein wesentlicher Bestandteil waren. Ich wollte unbedingt dabei sein.

Willy Johnson hatte in der Bar darüber gesprochen. Willy war der andere Amerikaner am Institut Bocuse. Jedes Mal, wenn ich irgendetwas tat, was mein Pâtissier meinen mangelnden französischen Sprachkenntnissen zuschrieb, rannte er raus ins Foyer und rief nach Willy. Willy war 29, hatte rötlich gelbes Haar und ein etwas sommersprossiges Gesicht und erinnerte irgendwie an einen West-Coast-Surfer. Er sprach gut Französisch und arbeitete als Privatkoch in den Villen auf den Hügeln oberhalb Lyons.

»Bei dem Kurs«, sagte Willy, »geht es um Fisch.« Einfach so. Fisch. Das war bereits einmal zuvor angeboten worden, im Januar. »Es ist brutal. Es ist auch der teuerste Kurs der Schule – dreitausend Dollar. Da wird mehr Fisch verbraucht, als man in seinem ganzen Leben je gesehen hat. Es gibt keinen Lehrassistenten.« Und der Lehrer?

»Éric Cros, ein Fanatiker.«

Ich kannte ihn. Er wirkte, als lebe er nur in der Gegenwart und als sei er ständig außer Atem. Ein anstrengender Anblick.

Ich machte ihn ausfindig und fragte, ob ich mit ihm sprechen könne.

»Sie haben fünf Sekunden«, sagte er.

»Kann ich an Ihrem Kurs teilnehmen?«

»Ja.«

Fisch. Zwei Jahre zuvor hatte Cros »Moderne Gastronomie« unterrichtet, war aber über seine Studenten erschrocken. Sie kannten die Grundlagen nicht. Wie kann man experimentell sein, wenn man die Grundlagen nicht kennt? Er brach den Kurs über moderne Küche ab und begann einen neuen. Fisch war der Aufhänger. Cros hatte eine Mission. Altehrwürdige Methoden wurden nicht mehr tradiert und liefen Gefahr zu verschwinden: Das Thema drängte.

Cros hatte fünf Thesen, die einer Philosophie gleichkamen:

1. Lerne die alten Methoden, bevor du dich an den neuen Methoden versuchst.
2. Lerne die alten Methoden als Grundlage für die neuen Methoden.
3. Die alten Methoden sind nicht einfach.
4. Du bist noch nicht gut genug, um kreativ zu sein: Denk nicht mal dran, sonst musst du es büßen.
5. Ein Rezept ist nur eine Einführung. Es ist der Beginn deiner Beziehung zu dem Gericht. (Nachdem Cros eins vorgeführt hatte – schnell, atemlos, mit einem solchen Sprechtempo, dass er sich zwischendurch mal das Gesicht kalt abwaschen musste –, ging er. Er wollte keine Fragen hören. Es kam vor, dass er eine Stunde wegblieb. Es war jede Menge Fisch da. Wenn man scheiterte, versuchte man es erneut.)

»Man kann über ihn spotten«, sagte Willy zu mir, »aber er kann dein Leben verändern. Die Leute, die seinen Kurs belegen? Die sind am Schluss nicht mehr dieselben. Du weißt gar nicht, was für ein Glückspilz du bist, dass er dich aufgenommen hat.«

Ich dachte: Ich habe Freunde, die für so einen Kurs gleich morgen nach Lyon fliegen und noch viel mehr als dreitausend Euro bezahlen würden.

Ich dachte: *Deshalb* bin ich nach Frankreich gekommen.

Der Mann selbst wirkte überraschend normal. Kräftig gebaut, breite Schultern, starke Arme, vielleicht ein bisschen untersetzt und eine vertraute Physiognomie, mehr irisch als französisch: Quadratschädel, buschige Augenbrauen, Stupsnase. Vermutlich hat ihn die Schule früher nur gelangweilt, und er war gut im Sport, Rugby-Spieler. Wahrscheinlich von seiner Mutter geliebt. Aber als normal konnte man Cros nicht bezeichnen. Er war, mit den Worten eines der Lehrassistenten, »essensgeschädigt«. Besessen war gar kein Ausdruck. Cros, plaudernd? Unvorstellbar. Er rannte mit gesenktem Kopf durch die Korridore, um keine Minute zu verschwenden. Niemand außer ihm rannte zum Unterricht. Er war ein Verrückter.

Wir begannen damit, dass wir erst einmal 500 Wolfsbarsche vorbereiteten. Es war eine Übung in *mise-en-place,* ein Küchenbegriff, der bedeutet, dass man alles bereitstellt, bevor der Service beginnt. Für den Wolfsbarsch brauchten wir einen Müllsack aus Plastik, ein Schneidebrett, zwei flache Schalen (eine für die Haut und die Gedärme, die andere für die Gräten), eine Schere, einen Schuppenentferner, ein Messer und eine Pinzette zum Entfernen der Gräten.

Mit dem Messer wurde aber nicht im eigentlichen Sinn »geschnitten«. Man benutzte die Rückseite, um den Fisch zu entschuppen, und die Messerspitze, um die Augen zu entfernen (»man darf dem Gast nie einen Fisch vorlegen, der ihn anstarrt«), und man fuhr damit vom Anus aus innen am Bauch entlang (eine heikle Sache, die Fingerspitzengefühl erforderte und bei der man aufpassen musste, dass man die Eingeweide nicht perforierte). Um den Fisch zu häuten, machte man unmittelbar vor der Schwanzflosse einen Einschnitt, drückte mit der Seite der Klinge gegen die Haut und riss sie in einem Stück ab. (Ich liebte das Enthäuten. Es ging blitzschnell.)

Cros inspizierte meine Arbeit. Ich hatte 15 Fische fertig, nebeneinander auf meinem Schneidebrett aufgereiht, wenn sie auch, zugegeben, ein bisschen mitgenommen wirkten. Der Typ neben mir hatte 30 geschafft. Cros griff nach einem Fisch.

»Ja«, sagte er, »der ist o. k. Den können wir servieren.« Er nahm einen anderen Fisch.

»Aber der hier, nein.« *Ce n'est pas correct.*

Ich betrachtete den Fisch. Ich sah keinen Unterschied.

»Da haben Sie etwas vom Bauch weggeschnitten, stimmt's?«

Der Bauch des Wolfsbarschs (an dem, ehrlich gesagt, nicht viel dran ist) wird von einem fast unsichtbaren Fächer fadendünner Gräten bedeckt, und es stimmte: Statt jede einzelne Gräte herauszuzupfen, hatte ich den ganzen Lappen abgeschnitten.

»So können wir das nicht servieren«, sagte Cros und warf den Fisch in den Abfall.

Ich war sprachlos. Der warf einfach meinen Fisch weg?

Er prüfte noch einige andere Fische – »Auch die hier, *pas corrects*« – und warf sie in den Müll. Ich sah fassungslos hinterher.

Er blieb stehen, die Arme vor der Brust verschränkt. »Warum sind Sie so langsam?«

»Keine Ahnung, Chef.«

Er blieb hinter mir stehen und sah mir zu.

Ich nahm einen Fisch, knipste die Flossen ab und schuppte ihn. Ich schnitt die Kiemen heraus. Ich enthäutete den Fisch und griff zum nächsten.

»*Mon Dieu!* Sie machen *das* immer noch mit Ihrem Messer? Hat Ihnen das niemand erklärt?«

Ich dachte: *Was* mache ich mit meinem Messer? Und was immer es sein mag, ja, ich mache *das* immer noch, und, nein, offensichtlich hat es mir noch niemand erklärt.

»Nein, nein, nein«, sagte Cros. »Was man mit dem Messer angefangen hat, führt man ganz zu Ende. Das hat Ihnen noch niemand gesagt?«

»Nein«, erwiderte ich.

Ich rechtfertigte mich nicht. Schließlich war ich deswegen nach Frankreich gekommen.

»Man legt das Messer *niemals* zwischendurch ab, um es wieder in die Hand zu nehmen.« *Jamais.*

Inzwischen nenne ich diese Methode »Messer-Fließbandmethode«. Man stellt sich quasi als Ein-Personen-Fabrik auf, besetzt selber verschiedene Posten: Am ersten Posten schneide ich mit der starken Fischschere *sämtliche* Flossen und Kiemen von *sämtlichen* Fischen ab; am nächsten Posten entschuppe ich sämtliche Fische; ich stapele sie aufeinander, bis alle Fische fertig sind; dann (und erst dann) greife ich nach dem Messer und nehme sämtliche Fische aus; ich schneide allen Fischen den Kopf ab; ich enthäute sie; ich entgräte sie. Dann (und erst dann) lege ich mein Messer wieder beiseite. Die Effizienz dieser Methode liegt auf der Hand, obwohl sie mir damals nicht klar war, und mir war auch nicht klar, dass ein Arbeitsgang, den man 30-mal hintereinander ausführt, natürlich schon nach dem dritten Mal viel schneller von der Hand geht als beim ersten Mal, und bis zum 30. Mal dann immer schneller, wie ein Zaubertrick.

Nimm dein Messer erst dann in die Hand, wenn du weißt, dass du es nicht mehr weglegen musst. Diese Anweisung war so schlicht: Würde dies mein Leben für immer verändern?

Und dann hatte ich meinen ersten Test.

Die Aufgabe: einen Fisch im Gemüsesud pochieren, in der Pochierflüssigkeit Gemüsewürfel dünsten, eine Sauce daraus machen und Kartoffeln auf englische Art zubereiten (*à l'anglaise*).

Man hatte es uns vorgeführt. Bei dem Fisch handelte es sich um *colin*, Seelachs, die Kategorie »Rundfisch mit zwei Filets«. Es ist ein weißer fleischiger Fisch. Ich glaube, ich hatte ihn noch nie gegessen, aber Folgendes hatte ich ganz sicher noch nie gemacht: *ébarber, écailler, dépouiller, éviscérer,* und ich hatte ihn noch nie entgrätet (zum Fisch gehört ein ganz eigenes kulinarisches Vokabular). Für mich wird Seelachs deshalb immer ein *colin* bleiben. Bei der Sauce handelte es sich um eine *beurre Nantais* – eine Butter-Sahne-Sauce im Stil der Stadt Nantes. Ich sage das, als wüsste ich sowohl, wo Nantes liegt, als auch, warum man eine Sauce danach benennen sollte. Ich wusste über die *Sauce Nantais* eigentlich nur, dass sie im Unterschied zur *Sauce Bercy* Sahne enthält.

Ich präsentierte mein Gericht, ohne davon probiert zu haben. Ich war zwei Minuten zu spät dran und ziemlich aufgeregt.

Cros begann bei den Kartoffeln. Ich hatte drei gemacht. Er nahm von jeder einen Bissen.

»Die hier ist korrekt«, sagte er. »Die anderen sind halbgar.«

Er versuchte den Fisch. »Zerkocht.«

Er inspizierte eine Auswahl der gedünsteten Gemüse (Karotte, Lauch und Sellerie), die auf seiner Gabel lagen. »Die Größe ist okay, fast.« Er probierte.

»Die müssen noch gewürzt werden.« (Ich hatte den Gemüsesud gewürzt; das Gemüse dann nicht mehr.)

Er biss auf die Karotte.

»Hmmm … Knackig. Ja, stimmt, Amerikaner mögen ja knackiges Gemüse, nicht wahr?«

»*Oui*, Chef«, sagte ich und dachte: Knackige Karotten, weiche Karotten – glaubst du wirklich, ich hab beim Kochen alles so unter Kontrolle, dass ich weiß, wie meine Karotten rauskommen?

Er probierte die Sauce. Und war verwirrt.

Die Sauce basierte auf einer Beurre blanc. Viele Fischsaucen basieren auf einer Beurre blanc, einer weißen Buttersauce: Schalotten, weißer Essig (reduziert), dann Weißwein (reduziert), plus Butter. Diese Sauce aber, da sie die Nantais war, enthielt auch Sahne und Fischfond (reduziert). Die Sauce ist sowohl säuerlich als auch leicht fettig, und ein magerer Fisch schmeckt doch irgendwie besser mit ein bisschen Säure und etwas Fett.

»Die Butter, *la montée*«, sagte Cros kopfschüttelnd, verwirrt, auf der Suche nach einer Erklärung, warum es einfach nicht »richtig« schmeckte. »Die Konsistenz, ja, *la montée* – es ist nicht gut genug.«

Das Verb für das Hinzufügen von Butter lautet *monter*. Man »baut auf«. Man »vermehrt«. Zuerst reduziert und konzentriert man all diese köstlichen Flüssigkeiten, dann baut man sie wieder auf, indem man das cremige Fett darunterschlägt – der ganze Topf scheint zu quellen, die Flüssigkeit wird wunderbar sämig und üppig. Sie wird zu einer Sauce.

Meine war nicht ganz so wunderbar.

»*Pourquoi?*«, fragte er.

Ich konnte es nicht sagen. Damals wusste ich es nicht. Jetzt weiß ich es. Ich fühlte mich unter Zeitdruck. Ich war zu spät dran. Ich gab die Butter nicht Stück für Stück zu. Ich ließ sie klumpenweise, batzenweise in die Flüssigkeit fallen, quirlte wie verrückt, ein menschlicher Turbo-mixer, um die verlorene Zeit hereinzuholen. Und Cros schmeckte das tatsächlich heraus?

Er nahm noch einen Löffel. »Es ist nicht genug Butter drin, jedenfalls nicht für die verwendete Sahnemenge.«

Nantes: keine Ahnung, warum eine Beurre blanc aus dieser Stadt Sahne enthält. Ich war bis heute nicht in Nantes. Gab es viele Kühe in Nantes, lag es vielleicht daran? (In eine *Beurre Bercy*, die keine Sahne ent-hält, kommt am Schluss Rinderknochenmark. Gibt es in Bercy wo-möglich viele Schlachthäuser?)

Cros nahm einen weiteren Löffel. »Sie ist zu dünn, nicht wahr?« *N'est-ce pas?*

»*Oui*, Chef.«

»Und die Säure«, meinte er und probierte erneut, »na ja, eigentlich nahezu in Ordnung.«

»*Merci*, Chef.«

Wieder tauchte er den Löffel ein. »Warum hat sie nicht mehr Ge-schmack? Sie sollte mehr Geschmack haben.« *Plus de goût.*

»*Oui*, Chef.« Ich machte mir eine Notiz: »Nächstes Mal mehr Ge-schmack.«

Gelungen ist eine Sauce offenbar dann, wenn die Balance zwischen Säure und Fett stimmt. Das war zumindest meine Vermutung, denn ich bereitete an diesem Tag noch drei Saucen zu und kriegte die Balance kein einziges Mal richtig hin.

Die Sauce, die zur Forelle serviert werden sollte, enthielt nicht genug Fett. Cros sagte, ich hätte nicht genug Sahne hinzugefügt, bis ihm klar wurde, dass ich sie ganz vergessen hatte.

»*Excusez-moi*, Chef.«

Ich kochte *raie*, also Rochen, das Gericht, das ich einst in der Sous-vide-Variante in Michel Richards Küche zubereitet hatte. Dann machte ich die Sauce, aber diesmal fehlte es nicht an Fett, sondern an Säure.

Cros sagte, die Sauce bräuchte viel mehr Säure, und fragte dann: Wo ist die Zitrone?

Oh, fuck!, platzte ich auf Englisch heraus. Ich hatte die Zitrone vergessen.

»*Excusez-moi*, Chef.«

Der Tag endete mit Seezunge *à la bonne femme* (in früherer Zeit eine liebevolle Bezeichnung für die Köchin), pochiert in Weißwein, einem Fischfond und sechs Champignons. Wiederum wird die Sauce aus der Pochierflüssigkeit zubereitet, reduziert und am Schluss mit Butter und Sahne ergänzt und mit Zitronensaft abgerundet. Diesmal dachte ich an den Zitronensaft. Ich probierte. Fand es lecker. Es schmeckte wirklich rund.

Cros aß den Fisch (»verkocht, aber bei den anderen genauso«), nahm einen Löffel Sauce, schluckte und taumelte seitwärts, drehte den Oberkörper, schien sich krümmen zu wollen, und ich dachte ... – na ja, ich wusste eigentlich gar nicht, was ich denken sollte. War er ausgerutscht?

Er fand das Gleichgewicht wieder und starrte mich erstaunt, mit leicht hervorquellenden Augen, an.

Verdammt, ich hatte wirklich geglaubt, ich hätte es diesmal geschafft.

Cros hatte offenbar einen anderen Geschmack. Ein Moment dachte ich, er spucke die Sauce wieder aus.

»*Mon Dieu!* Versuchen Sie die Sauce, bevor Sie die Zitrone hinzufügen! Es braucht keine Zitrone, wenn bereits Säure vorhanden ist. Oh là là. *Versuchen Sie mal. Bitte!*«

»*Oui*, Chef.«

Er nahm noch einen Löffel und zog eine Grimasse.

Nach dem Lunch traf ich Willy, der sich in der Bar einen Kaffee genehmigte. Ich bat ihn um eine Erklärung zu Cros. »Was hat es mit diesen Mini-Examen auf sich?«

»Die macht er, damit man lernt, wie viel man noch lernen muss«, erwiderte Willy. »Man denkt, man beherrscht all diese Gerichte. Aber die Prüfung beweist, dass man so gut wie nichts beherrscht.«

Eines Vormittags war ich mal kurz abwesend. Ich hatte meine Rechnung für Cros' Seminar noch nicht bezahlt und ging schnell in die zuständige Abteilung. Cros hatte mich schon einmal für eine außerplanmäßige Pinkelpause gerügt. (»In Amerika wird das Kochen wohl nicht ernst genommen?«) Doch diesmal war die Sache gravierender.

Ich entschuldigte mich. Ich erklärte ihm, dass ich das Geld für den Kurs bezahlt hätte.

Es ärgerte Cros, dass er sich auch noch eine Erklärung anhören musste. »Als Sie draußen waren, habe ich vier Rezepte erklärt!« Ich versuchte, reuig und zerknirscht zu wirken.

»Jetzt gibt es vier Rezepte, die Sie nicht kennen.« Er sprach stockend; so wie jemand spricht, der sein Gegenüber eigentlich gern wüst beschimpfen würde, durch seine Rolle als Pädagoge aber daran gehindert wird. Er zählte auf, was ich alles versäumt hatte: das Klären eines Fischfonds, eine Fischsauce und zwei Muschelgerichte. »Der ganze Kurs weiß jetzt, wie man *moules à la poulette* zubereitet. Wissen *Sie* denn, wie man *moules à la poulette* zubereitet?«

»Nein, Chef.«

»Können Sie sich unter *moules à la poulette* überhaupt etwas vorstellen?«

»Nein, Chef.«

»Sie sollten lernen, wie man das zubereitet.«

»*Oui*, Chef.«

»Es könnte Teil der Prüfung sein.«

»*Oui*, Chef.«

»Und dann fallen Sie durch.«

Panik. War ich der Einzige, der noch nie etwas von *moules à la poulette* gehört hatte?

Als ich an jenem Abend mit dem Bus zurückfuhr, studierte ich das *moules à la poulette*-Rezept. Es stand auf einem der Arbeitsblätter des heutigen Tages, verriet aber nicht viel. Die Rezepte von Cros waren eigentlich keine Rezepte, eher Listen von Zutaten, (manchmal) mit Mengenangaben. Der Rest blieb den Studenten überlassen.

Was hieß das überhaupt – *moules à la poulette*? Eine *poulette* ist ein Hühnchen. Ließ sich das Wort als Adjektiv verwenden? Hühnchenartig? Hühnchenartige Muscheln? Die Schalentiere wurden in Weißwein gekocht, und man goss hinterher die Flüssigkeit ab. Die Flüssigkeit, *le jus*, war die Basis der Sauce, die mit einer Mehlschwitze verrührt wurde (Mehl und Butter wurden zusammen gekocht und dienten als Saucenbinder), Sahne, Schalotten, eine Zitrone, weißer Pfeffer (Cros ließ Leute durchfallen, weil sie den falschen Pfeffer benutzten) und ein Eigelb. Ein Eigelb in der Sauce? Es waren tatsächlich hühnchenartige Muscheln. Ganz schön kompliziert.

Inzwischen hatten sich die Tage auf 15 Stunden ausgedehnt. (»Es ist zu viel zu machen.«) Ich kam um halb zehn abends nach Hause. Ich aß; ich duschte; ich ging zu Bett; ich stand um 5 Uhr auf, um den Bus zu erwischen. Wann sollte ich die Zubereitung des Gerichts praktisch üben? Keine Zeit.

Ich traf mich nach dem Lunch auf einen Kaffee mit Willy. Ich dachte laut über Cros' Reaktion nach. »So gleichgültig.«

»Er nimmt nur Leistung zur Kenntnis«, meinte Willy.

Ich trank noch einen Kaffee. Eigentlich musste ich in den Unterricht zurück, aber ich war noch nicht bereit. Es würde ein langer Nachmittag werden. Cros hatte versprochen, der Kurs werde heute nur bis 20 Uhr dauern, denn am nächsten Tag fanden die großen Prüfungen statt. Der praktische Teil, die Kochprüfung, würde morgens um 7:30 Uhr beginnen. Der theoretische Teil dann nach dem Mittagessen. Wir alle hatten nur einen Gedanken: *Merde*. Wir hatten uns alle so aufs Kochen konzentriert, dass wir die Theorie vergessen hatten. Wann schaute schon mal jemand in ein Lehrbuch? Oder in die Arbeitsblätter? Bis zum Beginn der theoretischen Prüfung würden wir also Rezepte auswendig lernen. Und wir mussten auch noch mal die philosophischen Aspekte der verschiedenen Fischformen rekapitulieren, Rundfische, Plattfische und so weiter. Ich fragte Willy: »Erinnerst du dich noch, was du in der Prüfung gefragt wurdest?«

»Natürlich.«

Ich trank von meinem Kaffee. »Was war denn so dabei?«

»Die Fragen sind vielleicht nicht die gleichen.«

»Verstehe.«

»Ich bin sogar sicher, dass es nicht die gleichen sein werden.«

»Aber was waren es damals für welche?«

Willy nahm einen Schluck Kaffee. Und noch einen. Er fühlte sich unbehaglich. »Möchtest du das wirklich wissen? Ich meine, ist es wichtig?«

»Ich wüsste es gern.«

»O. k.« Er blickte mich noch einmal scharf an, um sicherzugehen, dass ich wusste, was ich tat. Dann begann er mit der Liste – eifrig, wie jemand, der einen echten Härtetest überlebt hat und zum ersten Mal Gelegenheit hat, darüber zu sprechen (wen sonst hätte es interessiert?).

Nicht jeder werde aufgefordert, die gleichen Gerichte zuzubereiten, aber jeder müsse die gleiche *Art* von Gerichten zubereiten. Es gebe zwei Saucen, die auf einer Mayonnaise basierten, zwei mit geklärter Butter und zwei mit Beurre blanc. »Weißt du, was eine *Sauce Choron* ist?«, fragte er.

»Ja.«

»Wow. Ich wusste es nicht. Da hat's mich erwischt. Ich hab' mich nicht mehr genau erinnert.«

Er fuhr fort: »Und dann ein PDT.« PDT ist in der Küche die Kurzform für *pommes de terre*: Kartoffeln. Man musste sie entweder als *cocottes* zubereiten (»tourniert« – stupsnasig, länglich und schmal wie eine Rakete und sautiert) oder *à l'anglais* (stupsnasig, länglich, sehr dick und dampfgegart).

Es gab zwei Arten, Fisch zu kochen, *à la bonne femme* (im Fond pochiert) oder *à l'anglaise* (gebraten).

Ich war ganz überrascht, wie viel ich wusste.

»Und ein Meeresfrüchte-Rezept.«

»Welches?«

»*À la poulette.*«

»Wirklich?«

»Das mit dem Ei.«

»Der Mistkerl.«

Ich stand um 4 Uhr auf, um noch einmal die Rezepte durchzusehen. Die Theorie war es nicht, die mir Sorgen machte, die konnte ich mir in der Mittagspause noch draufschaffen, ich war gut im Büffeln. Nein, der praktische Teil: Die Uhr tickte, und ich musste für eine Kommission französischer Köche, weltverdrossen, durch nichts mehr zu überraschen, die ich nie zuvor gesehen hatte, Essen zubereiten (Cros war nicht als Prüfer zugelassen).

Ich kam an. Es herrschte Chaos. Cros – aufgeregt – dirigierte uns alle in einen Hörsaal, für einen Probelauf der theoretischen Prüfung. Bis dahin war Cros immer verständlich gewesen, sogar für mich, weil er immer sehr bewusst sprach. Die meisten meiner Notizen habe ich auf Französisch verfasst. Doch jetzt war Cros aufgeregt wegen der Prüfung, er *liebte* Prüfungen, und es gab eine Komplikation (der Fisch war noch nicht da!), und deshalb redete er völlig unverständlich.

Wie sich herausstellte, hatte ich seine Anweisungen missverstanden. Es handelte sich nicht um einen Probelauf für die theoretische Prüfung. Es *war* die theoretische Prüfung – die Prüfung, für die ich mittags hatte pauken wollen. Aber das merkte ich erst später. Als ich beim Lunch mit Augusto meine Lernkarten überflog, fragte er: »Was machst du denn da? Das Theorieexamen war doch schon heute Morgen.«

(Ich hatte es vermasselt. Ich hatte mir vorher keine einzige Textseite

189

angeschaut. *Poisson d'eau douce,* zum Beispiel. Ein Fisch aus weichem Wasser? Was sollte denn *das* heißen? Es heißt »Süßwasserfisch«. Zum Glück war mir gar nicht bewusst gewesen, dass ich es vermasselt hatte, denn so konnte ich kurz danach, mit völlig unangebrachtem Optimismus, in den praktischen Teil der Prüfung gehen.)

Die praktische Prüfung begann um 10 Uhr. Aus einer Kochmütze zog ich einen zusammengefalteten Zettel, der bestimmte, an welchem Examen ich teilnehmen würde, A oder B. Ich zog A.

1. Bereiten Sie eine *Sauce Béarnaise* zu.
2. Bereiten Sie eine *Beurre Maître d'Hôtel* zu.
3. Bereiten Sie PDT *cocotte* zu.
4. Bereiten Sie einen *Merlan à l'anglaise* zu.
5. Bereiten Sie *Moules à la poulette* zu. (Cros war ein Arschloch.)

Bis auf die *Moules à la poulette* war es gar nicht so schlimm. Ich hatte alles im Kopf und brauchte 5 Minuten, um die Zutaten zu notieren, plus ein paar simple Gedächtnisstützen (»Fisch – nicht verkochen!«) und einen Arbeitsablaufplan.

Um 10:45 Uhr konnte ich den beiden Experten, die wartend hinter dem Arbeitstisch standen, mein erstes Gericht präsentieren, die *Beurre Maître d'Hôtel.* Ich erkannte beide Männer wieder: Einer der beiden hatte damals, als ich von draußen zusah, der Klasse die Omelette-Zubereitung gezeigt. Ich konnte mich an seinen Namen nicht erinnern, aber was ich durch die Glasscheibe von seinem Auftreten mitbekam, hatte mir gefallen – resolut, aber freundlich. Der andere war mein Prüfer, Hervé Raphanel, der damals mit mir die Omelette-Prüfung durch die Glasscheibe beobachtet hatte. Ich war daran gewöhnt, dass Cros hinter der Arbeitsplatte stand, kompromisslos, gleichgültig, streng. Es war tröstlich, diese beiden Gesichter zu sehen. Sie wirkten so sanft.

Eine *Beurre Maître d'Hôtel* ist Butter, die man so lange mit einem Holzlöffel bearbeitet, bis eine geschmeidige »*pommade*« entsteht, und die man dann mit einem Spritzer Zitronensaft abrundet. Ich präsentierte sie Raphanel.

Sie war o.k. »*C'est bon.*«

Cocotte-Kartoffeln waren die stupsnäsigen Raketen. Auch sie waren o.k. »*C'est bon.*«

Sauce Béarnaise – o.k. »*C'est bon.*«

Während ich den Fisch briet, schweiften meine Gedanken ab. *Merlan à l'anglaise* ist im Grunde Fish & Chips, nur ohne Chips. In Frankreich jedoch gibt es fürs Braten von Fischen gewisse Regeln, die mindestens auf Escoffier zurückgehen, und wenn man diese Regeln nicht befolgt hätte, wäre das Resultat *pas correct* gewesen. Etwa die Fischportion: Sie sollte 62,5 Millimeter lang sein. (Dieser zusätzliche halbe Millimeter machte mich fertig. Im Ernst? Man verwendete ein Lineal dafür; ich nicht, ich brachte es nicht über mich, es war zu lächerlich.)

Die Ei-Mischung, in die man den Fisch als Erstes taucht, wird mit etwas Milch und Olivenöl (tatsächlich) ergänzt, aber nie gewürzt.

Das Mehl, in dem der Fisch als Nächstes gewendet wird, *ist* gewürzt, und zwar müssen die Gewürze mit dem Schneebesen unter das Mehl gemischt werden. (Verstanden?)

Die Semmelbrösel, letzte Station des Fisches, werden (nur) aus frischen Weißbrotscheiben hergestellt; die Kruste wird entfernt, das Brot im Mixer pulverisiert und durchgesiebt. Und sie werden *niemals* gewürzt. Sie sehen aus wie feuchter Puder, weniger Brösel als Staub.

Ich fühlte mich von Michel Richard inspiriert. Auch er verwendete ein Sieb. Was er nicht verwendete, war der Brotstaub. Er verwendete nur die Bröckchen, die übrig blieben: verschieden groß, knusprig. Sicher hatte auch er die Regeln für die Herstellung von Semmelbröseln gelernt – in einer französischen Küche lernt jeder diese Regeln –, fand aber gerade das interessant, was im Sieb zurückblieb. (Mir waren schon früher seine kleinen Regelbrüche aufgefallen. Zum Beispiel wird in der

Küche Kaviar auf ein Stück Plastikfolie gelöffelt, das fest um den Rand einer Schüssel gespannt ist. Man löffelt den Kaviar dann von der Folie herunter, um ein Gericht anzurichten. Richard griff diese Idee auf und machte schwebenden Kaviar daraus. Oder das mit dem Rochen, *la raie*. Bis zum heutigen Tag habe ich nie mehr einen entgräteten Rochen gesehen. Der von Richard war entgrätet.)

Raphanel mochte meinen Fisch: außen knusprig, aber nicht zerkocht. Sehr gut. »*Très bien.*«

Ich lief zu Hochform auf. Als Letztes kamen die Muscheln.

Seitdem ich im Bus das Arbeitsblatt gelesen hatte, war nicht viel mehr Wissen über dieses Gericht dazugekommen. Nur hatte ich seitdem andere Gerichte mit Eiern zubereitet und wusste: Wenn ich ein Ei in einen heißen Topf gab, musste ich den Topf zuerst vom Herd nehmen. Dann alles schnell einrühren, den Schneebesen unablässig, in Form einer liegenden Acht, gegen alle Seiten des Topf schlagen, als hätte er vier Ecken: Das ergab den Effekt, dass die Flüssigkeit gerade genug heruntergekühlt wurde, um das Ei am Koagulieren zu hindern.

Während die Muscheln sich in der Sautierpfanne befanden, kochte ich meine Schalotten und bereitete meine Mehlschwitze zu. Drei Minuten. Ich fügte die Sahne hinzu. Nach fünf Minuten öffneten sich die Muschelschalen. Ich setzte ein Sieb über meinen Topf mit der sahnigen Mehlschwitze, kippte die Muscheln hinein, wobei der *jus* in den Topf rann, rührte das Ei hinein und quirlte es schaumig. Und es funktionierte. Es gerann nicht. Unglaublich! Ich erhitzte das Ganze noch mal kurz auf dem Induktionsherd, goss es wieder auf die Muscheln zurück und ging mit der Pfanne zu Raphanel hinüber. Ich staunte selber über das, was mir da gelungen war: Die Sauce schien perfekt, gelb und cremig und duftete nach Meer, obwohl ich keine Ahnung gehabt hatte, dass sie so aussehen würde.

Raphanel berührte eine Muschel mit der Gabel. »Sie ist prall«, meinte er. Er schien überrascht. Er berührte sie noch einmal mit der Gabel. »Feucht. Perfekt.«

Er führte die Gabel mit der Muschel zum Mund. »Sie ist warm. Saftig. Abermals perfekt.« Er wirkte echt begeistert. (*Molto, molto grazie, Italia!* Meine Erfahrungen mit Muscheln hatte ich in Italien gesammelt.)

Er betrachtete die Sauce. »Sie ist gelb. Satter Farbton. Wieder, perfekt.« Er stieß den Topf an. »Oh, aber zu dünnflüssig.« Er ließ die Schultern sinken. »Sie haben zu reduzieren vergessen. Wie schade.« *Quel dommage.*

Ich hatte mich so auf das Ei konzentriert, dass ich ganz vergessen hatte, die Mehlschwitze einzudicken.

Aber ich ärgerte mich nicht. Die Tests werden auf einer 20-Punkte-Skala benotet. Ich hoffte nur, nicht durchzufallen. Zehn Punkte waren das Minimum, um zu bestehen. Ich bekam 16,5. Und schwebte wie auf Wolken.

Schließlich setzte sich das Resultat aus beiden Tests zusammen. Zum Glück war ich im Praktikum gut gewesen, denn in der Theorie hatte ich total versagt. (Ziemlich gut + Blamage) ÷ 2 = knapp geschafft. Aber »knapp geschafft« heißt eben doch geschafft. Es war die schlechteste Note in einem Kurs, der all meine Erwartungen übertroffen hatte. (Willy hatte recht: Cros veränderte dein Leben.) Aber ich hatte bestanden. Ich bekam 11,0.

Im Bus empfand ich Erleichterung – jetzt lernte ich endlich das, wofür ich hierhergekommen war. Die französische Küche machte mir keine Angst mehr. Es gab noch viel zu tun, aber ich hatte das Gefühl, dass ich es schaffen würde. Auf dem Heimweg beschloss ich, ein Restaurant zu finden, in dem ich arbeiten konnte: gleich am nächsten Tag.

IV

IN EINER HISTORISCHEN KÜCHE

Die »heiligen *mères lyonnaises*«, die es kaum noch gibt, zählen hier zu den beliebtesten Nostalgiethemen alter Gourmets. Ah! La *Mère* Fillioux! Ah! La *Mère* Brazier! La *Mère* Blanc in Vonnas! All jene, die in den Genuss ihrer *poularde à la crème* kamen, erzählen davon, als hätte der Erzengel Gabriel sie auf die Lippen geküsst ... Diese Menschen, die den heiligen *mères* nachtrauern, vermissen – ich schwöre – nicht das blaufüßige Bresse-Huhn. Beim Sohn der *mère* Blanc in Thoissey, bei ihrem Enkel in Vonnas wird ihnen das Huhn ebenso auf der Zunge zergehen wie in den guten alten Zeiten bei *Grandmère* Blanc. Oder lassen wir die Familie Blanc mal ganz beiseite: Bei Paul Bocuse, bei Alain Chapel findet man süße weiße Hühnchenschenkel, seidenzart wie die Schenkel der Mätresse des Königs. Das cremeweiße Bresse-Huhn gibt es immer noch. Was jene Menschen jedoch eigentlich vermissen, ist die Schlichtheit: der bollernde Kohleofen, die Wachstischdecke, der schwere Teller, auf dem sich die Crêpes türmen, der Landwein vom Fass, serviert in *pots*.

Aus *Croque-en-Bouche* von Fanny Deschamps, 1976

Eines Vormittags tauchte ich bei La Mère Brazier auf. Ich fragte nach Viannay. Ich teilte ihm auf Französisch mit, dass ich die letzten Monate am Institut Bocuse verbracht hätte.

»Wir alle respektieren das Institut Bocuse«, sagte er. »Es ist sehr seriös.«

»Stimmt«, bestätigte ich. »Und jetzt bin ich hergekommen, um Sie zu bitten, mich als *stagiaire* aufzunehmen. Nicht lange. 17 Tage. Dann bin ich weg.«

»17 Tage?«

»17 Tage.«

Er blickte auf einen Kalender. »Sind Sie versichert?«

Ja.

»Sie müssen mir dann noch per E-Mail bestätigen, dass Sie das Restaurant nicht verantwortlich machen, falls Sie sich verletzen.«

»Mit Vergnügen.«

»17 Tage. Und das war's? *D'accord?*«

»*D'accord.*«

Wir gaben uns die Hand. »*N'oubliez pas l'e-mail.*«

»*Oui, Chef.*«

»Die Küche beginnt um 8.«

Ich hatte es geschafft. Er hatte mich genommen. Ich drehte mich um. Ich ging raus. Ich bog um die Ecke und stieß die Faust in die Luft.

Ich rief Willy an. Er war erfreulicherweise beeindruckt. Jeder will bei La Mère Brazier arbeiten, sagte er. »Das halbe Institut Bocuse würde sofort alles stehen und liegen lassen, um dort anzufangen. Es ist *das* Traumrestaurant.«

Ich verschwieg, dass ich nach 17 Tagen rausfliegen würde. Was zählte, war nur, dass ich dort in der Küche arbeitete. Ich arbeitete bei La Mère Brazier!

Sylvain Jacquenod war der Souschef, dem ich unterstellt war. An meinem ersten Morgen begann er mit einem Gericht, für das er Hühnerschenkel brauchte. Er hatte sie eine Stunde lang im Ofen bei niedriger Hitze mit Fett bedeckt gegart.

»Wir machen das zusammmen«, sagte er und bestand darauf, dass wir uns duzen. »Aber zuerst musst du dir die Hände waschen.«

Es war mir peinlich, dass man mich darauf hinweisen musste, aber ich fand es gut, dass er es gesagt hatte.

Er zog das Blech aus dem Ofen, vier Dutzend Hühnerschenkel, die im dickflüssigen Fett schmurgelten, und reichte mir ein paar Latex-Handschuhe. Als er mir erklärte, wie es nun weiterging, unterbrach ich ihn plötzlich – mitten im Satz – und platzte heraus: »Das ist wie ein Entenconfit!«

Er hielt inne, nur einen Moment, warf mir einen verständnislosen Blick zu, und ich fragte mich: Warum hatte ich das gesagt?

»Ja«, sagte er dann, »ein bisschen ist das wie ein Entenconfit.« Es schien ihn zu verwirren, dass ich ihn unterbrochen hatte. »Nur, dass ein Entenconfit aus Ente besteht. Aber hier geht es um Huhn.«

»Ja«, sagte ich.

»Ein Huhn ist etwas anderes als eine Ente.«

»Ja.«

Es war mein Französisch. Ich sprach wie ein Vierjähriger. Und deshalb wurde ich auch wie ein Vierjähriger behandelt.

»Aber es ist ja beides Geflügel, nicht wahr?«, meinte Sylvain beschwichtigend. »Die Hühnerbrüste garen immer schnell. Die Schenkel langsam.« Das hier – er deutete auf das Blech mit Hühnerschenkeln – sei von Gerichten übrig geblieben, bei denen man nur die Hühnerbrust verwendet habe.

Wir zogen unsere Handschuhe an.

Zuerst, sagte er, entfernen wir die Haut, lösen sie von den Schenkeln, möglichst an einem Stück. Sie soll nicht reißen.

Er hielt ein Stück Haut hoch – hodenähnlich schrumplig – und warf sie in eine Schüssel. »Die werden wir gleich verwenden. Als Nächstes entbeinen wir die Hühnerschenkel.« Sie waren heiß, man konnte sie kaum anfassen, doch aufgrund der Hitze lösten sich die Knochen leicht. Wir gaben das Fleisch in eine andere Schüssel. Es war fettig und sah nach nichts aus, roch aber lecker. (Manchmal ist es ziemlich hart, in der Küche nichts essen zu dürfen.)

Sylvain holte ein sauberes Backblech, verteilte das entbeinte, immer noch dampfende Fleisch darauf, und wir pressten es mit den Händen platt. Es entstand ein schmatzendes Geräusch. Jetzt lag eine fleischige, feuchte Platte auf dem Blech, etwa 2,5 cm hoch.

»Und nun die Häute«, sagte er.

Er breitete sie auf einem Schneidebrett aus und zeigte mir, was zu tun war: Hier und da musste man Fettklümpchen abschaben, knubbelige Stellen entfernen, dann jede der Häute rechtwinklig zuschneiden, wie kleine Pergamentquadrate, die man aufeinanderstapeln konnte.

Ob ich schon einmal in Burgund gewesen sei?, fragte Sylvain.

Nein.

»Dann fahren wir dorthin.« Er lächelte. »Die Weinberge, die Hügel, der Wein. Wenn es wärmer wird.«

Er entnahm dem Kühlschrank einen Block Foie gras, schnitt ein paar Scheiben davon ab, und nachdem er sie auf der jetzt nur noch warmen Hühnerschenkel-Platte verteilt hatte, klopften wir die Masse mit unseren Latex-behandschuhten Händen flach. Die Gänseleber war butterweich.

»Wir fahren am Sonntag. Mit unseren Ehefrauen.«

Seine Frau, Ophélie, sei schwanger, mit dem ersten Kind, sagte er. Er strahlte übers ganze Gesicht, wie ein Smiley.

Nun wurden die pergamentartigen Hautquadrate auf der Foie-gras-Schicht ausgelegt: ordentlich, Kante an Kante. Sie deckten das Blech komplett ab. Dann kam es in den heißen Ofen – nur ganz kurz, bis die Foie gras geschmolzen und die Haut knusprig war.

Ob ich schon bei Georges Blanc gegessen hätte?

Nein.

»*Oh là là! Ça n'est pas possible!*«

Ob ich einen Wagen hätte?, fragte Sylvain.

Noch nicht.

»Nein? Zu Georges Blanc fahren wir auch. Vielleicht auf dem Weg nach Burgund. Ein Ausflug, ich stelle dich Georges vor.«

Sylvain, aufgewachsen in einem Vorort von Paris, war mit 19 Jahren in die Hauptstadt der Gastronomie gezogen, um bei Georges Blanc zu arbeiten. (In Lyon gibt es zwei Herrscher: Bocuse und Blanc. Bocuse = König. Blanc = ein ehrgeiziger Regionalherrscher mit riesigem Besitz.) Sylvain blieb fünf Jahre lang bei Blanc und stieg in der Küchenhierarchie allmählich auf, bis er *chef de partie* war, Postenchef.

Er war 28. Fast alle in der Küche hatten ungefähr das gleiche Alter – Ende zwanzig, Anfang dreißig –, denn ältere Köche hätten die (schlechte) Bezahlung und die (extremen) Arbeitszeiten nicht akzeptiert, und jüngere Köche hätten nicht genügend Erfolge vorzuweisen gehabt, um für Viannays Team infrage zu kommen. Das Restaurant hatte ambitionierte Ziele. Die Köche hatten ambitionierte Ziele. Sie gehörten alle einer ganz besonderen Spezies an: Sie waren *Sterne-Köche*. Sie hatten alle in Sterne-Restaurants gearbeitet, und jeder von ihnen hatte den Ehrgeiz, eines Tages auch selbst ein Sterne-Restaurant zu besitzen.

Sylvain jedoch war anders als alle Köche, die ich bisher erlebt hatte. Er nahm mir jede Befangenheit. Er schenkte mir ein Gefühl der Sicherheit, und damit hatte ich an meinem ersten Tag dort wirklich nicht gerechnet. Es lag nicht nur an seiner lockeren Art, seinem ungezwungen Geplauder. Es lag daran, dass er lächelte, und zwar nicht nur manchmal, sondern fast die ganze Zeit.

Er hatte dezente Geheimratsecken, einen militärischen Buzz Cut, breite Schultern, muskulöse Unterarme, eine tadellose Körperhaltung und war beneidenswert schlank. Später, beim Lunch der Mitarbeiter, aß Sylvain nichts. Das Mittagessen wurde *le personnel* genannt und Punkt

11 Uhr serviert. An meinem ersten Tag gab es Würste mit Senfsauce, gekochte Kartoffeln und grünen Salat mit Gänseleber. Der inmitten von Küchendüften verbrachte Vormittag hatte mich haltlos gemacht, und ich verschlang das Essen geradezu.

Sylvain nahm einen doppelten Espresso. Sonst nichts. Ich sah ihn kaum jemals essen, vielleicht einmal pro Woche, höchstens zweimal (und wenn, dann aß er mit Genuss, was kaum überraschen konnte, da er sehr hungrig sein musste).

Später fragte ich ihn warum.

»La rigueur«, antwortete er.

Härte gegen sich selbst. Mein Eindruck war, dass Sylvain Angst vor seiner eigenen Impulsivität hatte.

Außer natürlich, wenn er lächelte und die Haut um seine Augen sich in viele fröhliche Knitterfältchen legte.

Sonst wurde in diesem Land nicht viel gelächelt. Meine Frau, die oft und gerne lächelt, erlebte es in Frankreich regelmäßig, dass man ihre Fröhlichkeit missbilligte. Einmal aßen wir im Potager, dem Bistro in unserem Viertel, zu Abend, als sich ein Gast über ihr lautes Lachen beschwerte. Doch in einer Restaurantküche geht es noch ernster zu. Da lächelt keiner. Niemals. Außer Sylvain.

Er holte das Blech mit den Hühnerschenkeln aus dem Ofen, stellte es zum Abkühlen auf eine Arbeitsplatte und bat mich, ihm zur *chambre froide* zu folgen, dem Kühlraum. Dort stand ein Plastikbehälter mit einer zähflüssigen Masse von der Farbe schwarzen Tees: Sülze. Sie herzustellen gehörte zu Sylvains wöchentlichen Aufgaben (man ließ eine Rinderwade über Nacht in zwei Flaschen Rotwein köcheln und gab dann ein paar Blätter Gelatine dazu), weil man sie für die *pâté-en-croûte* benötigte. Wenn die Pastete im Teigmantel abkühlt und sich zusammenzieht, wird die Sülze durch eine Öffnung im Teigdeckel auf die Pastete gegossen, um die Zwischenräume auszufüllen. (Es gab eine Zeit, da mochte ich Fleischsülze nicht, ihre eklig wabbelige Konsistenz. Jetzt vertilge ich sie schüsselweise.) Auch *Pâté-en-croûte* lag in Sylvains Verantwortung. Wenn er abwesend war – wie dann später, nach der Entbindung seiner Frau –, bereitete jemand anderes die *pâté-en-croûte* zu. Da schmeckte sie dann klumpig und trocken, man brachte sie kaum hinunter. Es kam vor, dass Gäste den Teller nach dem ersten Bissen zurückgehen ließen.

»Komm«, sagte Sylvain. *Viens.*

Er führte mich in einen schmalen Gang hinter der Küche, wo ein Tellerwäscher arbeitete, Alain, und wo in einigen sehr hohen Regalen das gesamte Equipment der Restaurantküche gelagert wurde. Sylvain suchte nach einem »*chinois à piston*«. Ein Spitzsieb ist ein *chinois*, weil es umgedreht wie ein chinesischer Kegelhut aussieht. Ein *chinois à piston* hat ein Ventil, mit dessen Hilfe man die ablaufende Flüssigkeit kontrollieren kann – zum Beispiel die dickliche, zähflüssige Sülze, die Sylvain nun gleichmäßig über die akkurat auf dem Blech ausgelegten Hühnerschenkelhäute verteilte.

Als die Sülze sich setzte, war die Oberfläche so glatt und glänzend, dass man sich darin spiegeln konnte. Das hatte einen besonderen Reiz: Es sah aus wie ein Blech voller Brownies mit Schokoladenglasur, und würde auch genau wie Brownies in kleine, mundgerechte Bissen zerteilt werden. Das waren die Appetithäppchen des Abends.

Als Nächstes wurden Erbsen geschält, wofür man die Erbse aus ihrer zarten Schale drücken muss: nicht aus der dicken Hülse, die man mit dem Daumennagel aufschlitzt, um an die innen liegende Belohnung zu gelangen, was richtig Spaß macht, sondern aus der fast transparenten Membran der einzelnen Erbse, was überhaupt keinen Spaß macht. Ich hatte gar nicht gewusst, dass so etwas gemacht wird. Aber für Sylvain barg eine geschälte Erbse einfach mehr Aroma. Dies sei, betonte er, der eigentliche Geschmack Frankreichs *(le vrai goût français)*.

Ich dachte unwillkürlich an Italien (obwohl ich das meist zu vermeiden suchte), aber die Fantasie lässt sich schwer zügeln, und meine Fantasie gaukelte mir vor, ich stünde in einer italienischen Küche und machte meinen Kollegen ernsthaft den Vorschlag, Erbsen zu schälen, worauf alle in schallendes Gelächter ausbrächen. In der langen Geschichte der italienischen Küche wird man keine einzige geschälte Erbse finden.

Um eine Erbse zu schälen, wirft man sie in kochendes Wasser, nur ganz kurz, und schreckt sie dann im Eisbad ab. Viele Leute kochen Erbsen ohnehin nach dieser Methode – wenn man die Erbse einige Sekunden kocht, ist sie gerade mal »nicht-mehr-roh«, und das Eiswasser konserviert die leuchtend grüne Farbe. Und viele Leute belassen es sogar dabei und fügen höchstens noch etwas Salz und Pfeffer hinzu, ein wenig Olivenöl und einen Spritzer Zitrone.

Allerdings hatte ich nicht gewusst, dass die gleiche Aktion – heißes Wasser, Eisbad – die Haut der Erbse löst; sodass, wenn man die Erbse sanft zwischen Daumen und Zeigefinger drückt, das Innere herausspringt. (Wie nennt man das Innere einer Erbse? Innenerbse?)

Was ich unbedingt noch hinzufügen möchte – man muss wirklich sehr vorsichtig drücken. Übt man zu viel Druck aus, zerspringt die Innenerbse in zwei Hälften. Eine halbe Innenerbse taugt nichts. Das darf zwar ein paarmal passieren, doch wenn man am Schluss zu viele halbe Erbsen hat, muss man die ganze Ladung wegwerfen.

Innenerbsen, kurz in Butter sautiert, mit einem kleinen Schöpfer Kalbsfond ergänzt und mit geriebener Zitronenschale abgerundet, wurden im La Mère Brazier zu Bries gereicht (der Thymusdrüse des Kalbs, die, richtig zubereitet, die luftige Konsistenz eines langsam gerösteten Marshmallows hat). Jede Portion benötigte allerdings sagenhafte 150 Innererbsen. Es braucht lange, bis man 150 Innererbsen aus der Membran gelöst hat, ohne sie versehentlich zu spalten.

Wir schnippten die spitzen kleinen Teilchen von den Spargelstangen ab. Das hatte ich schon gemacht. Das war die harte äußere Schale. Ich hatte gelernt, sie mit einem Spargelschäler zu entfernen, vor allem dann, wenn man den Spargel grillen wollte.

»Du hast zu viel Abfall«, sagte Sylvain. (In Frankreich hat man vor der Schale des Gemüses großen Respekt, letztlich entfernt man sie ja auf Kosten des Aromas. Auch in anderer Hinsicht ist die Schale wichtig – sie enthält Nährstoffe und sorgt für die Komplexität der Textur –, doch das Einzige, was wirklich zählt, ist das Aroma.)

Sylvain führte mir die Schältechnik mit einem Küchenmesser vor. Man beginnt am unteren Ende der Spargelstange und schält sich spiralförmig aufwärts bis zum blütenartigen Kopf. Die spitz zulaufenden Dinger sind kleine Dreiecke. Sie sehen aus wie winzige Artischockenblätter und gehen ziemlich leicht ab (bis man oben angelangt ist: da kann es dann schnell passieren, dass man den blütenartigen Spargelkopf abtrennt, was wirklich nicht der Sinn der Sache ist).

»Ich möchte nach New York«, sagte Sylvain.

»Warum?«

Er dachte einen Moment nach. »Keine Ahnung.«

Ich glaube, er hatte sich diese Frage noch nie gestellt.

»Ich weiß einfach nur, dass ich in New York leben möchte. Würde ein französischer Koch dort Arbeit finden?«

Dieses Thema kam immer wieder auf, nicht nur bei Sylvain, sondern bei den meisten Köchen hier, wenn auch am häufigsten bei Sylvain. Niemand wollte nach Spanien oder Japan oder Dänemark. (England? Keinesfalls.) Und zwar nicht, weil es ums Kochen ging. Zum Beispiel glaubte keiner der Köche, dass er in punkto Küche in New York irgendetwas Neues lernen könnte. Sie alle wollten nach New York, weil sie eben nach New York wollten.

Einmal setzte eine Lyoneser Monatszeitschrift (die bezeichnenderweise *Lyon People* hieß – französisches Magazin, englischer Name) Daniel Boulud aufs Cover. Man sah ihn auf der Kühlerhaube eines gelben New Yorker Taxis sitzen, mit weit ausgebreiteten Armen, als lade er seine Lyoneser Freunde ein, ihn zu besuchen. Eine Ausgabe dieser Zeitschrift lag am Ende der Bar. Im Barbereich nahmen wir unseren Lunch, *le personnel*, ein. Es gab niemanden in der *brigade*, der die Zeitschrift nicht in die Hand genommen, Seite um Seite gelesen und dann auf das Cover gestarrt hätte. Die Lyoneser Bürger kennen Daniel Boulud nicht. Die Lyoneser Küchenchefs jedoch schon. Boulud ist der, der es geschafft hat.

Wenigstens wusste ich, wie man eine Artischocke zubereitet, da war ich dann doch erleichtert. Artischocken waren nichts Neues für mich.

Sylvain war erstaunt. »Wirklich? Du kannst eine Artischocke tournieren?«

»Du meinst, die Blätter entfernen und den Boden zuschneiden?«

»Ja. Kannst du das?«

»Ja.«

»*C'est vrai?*«

»Ja, wirklich.«

Ich wollte ihm nicht beweisen, dass ich kein Novize mehr war. Ich wollte ihm überhaupt nichts beweisen. Ich hatte in italienischen Restaurants gearbeitet. Am Institut Bocuse hatte ich sogar um eine Artischocken-Lektion gebeten, um sicherzugehen, dass ich es richtig machte. Artischocken spielen in Lyon nämlich eine große Rolle.

Das hatte ich schon früh gelernt.

Sylvain brachte zum Ausdruck, dass er sehr beeindruckt sei. Er tat dies wieder in der übertrieben theatralischen Art, in der ein Erwachsener mit einem Kleinkind spricht, und sagte so etwas wie, dass ich offenbar mehr könne, als er gedacht hatte. Er begegnete mir – fraglos – mit ganz neuem Respekt.

Das verunsicherte mich.

Er richtete einen improvisierten Artischockenposten her. Aus einem Regal über der Spüle nahm er eine Plastikflasche – Zitronensäurepulver – und schüttete etwas davon in eine große Schüssel mit Wasser. (Die Zitronensäure verhindert, dass die Artischocken braun werden.) Dann zog er einen riesigen Abfalleimer neben die Arbeitsplatte. Es ist erstaunlich, welche Unmenge von Artischockenblättern man wegwirft, um an das zarte kleine Artischockenherz zu gelangen. Ist es hier in Frankreich denn nicht üblich, diese Blätter in Butter zu tauchen und durch die Zähne zu ziehen?

Sylvain holte eine Kiste Artischocken, und wir machten uns an die Arbeit.

Ich kann mich nicht mehr erinnern, was ich tat. Wenn ich es versuche, kommt mir das Bild einer perfekt tournierten Artischocke in den Sinn – ein sechs bis sieben Zentimeter langer Stiel, sanft geschwungen, das Artischockenherz glatt und symmetrisch, wie eine Blume. Ich hatte wirklich das Gefühl, mein Vorhaben sei mir gelungen.

Dass ich gescheitert war, merkte ich erst an Sylvains Reaktion.

Ich brachte ihn damals zum Weinen.

Das Produkt meiner Bemühungen, das ich Sylvain präsentierte, sah offensichtlich so abartig aus, dass er in Gelächter ausbrach: über dieses Ding und über mich. Er lachte so heftig, dass ihm die Tränen über die Wangen liefen. Er brach fast zusammen vor Lachen. Die anderen in der Küche hörten auf zu arbeiten und lachten mit, erst nur verhalten, weil sie noch nicht wussten, worum es eigentlich ging, und sich einfach nur von Sylvains unbändigem Gelächter anstecken ließen; aber dann kugelte sich die ganze Küche vor Lachen, wie das eben so ist: Wer den Schaden hat, braucht für den Spott nicht zu sorgen.

Am Ende warf Sylvain meine Artischocke in hohem Bogen in den Müll und brachte mühsam heraus, weil er immer noch lachte, für das Tournieren von Artischocken müsse ich vielleicht noch ein bisschen üben.

Nur eine einzige Person lachte nicht. Das war Christophe Hubert. Hubert war der Küchenchef.

Er stand mit verschränkten Armen da und starrte uns missmutig an.

Dies tat er so lange, bis sich ein Koch nach dem anderen wieder ein-
kriegte und zu lachen aufhörte.

In Wirklichkeit traf mich die Schuld. Das war mir klar, und ich hatte
den Verdacht, dass Christophe das auch so sah: Wäre ich nicht da gewesen, ein dysfunktionaler Störfaktor, dann hätte es diesen hysterischen
Ausbruch der Köche gar nicht gegeben.

Es wurde still im Raum. Alle wandten sich wieder ihrer Arbeit zu.
Christophe wartete noch einen Moment, einen sehr langen Moment,
dann wandte er sich an mich. »Merci!«, sagte er, mit ironischer Übertreibung, zu mir.

In meinem bescheidenen kulinarischen Leben hat mir immer vor dem
Gedanken gegraut, als Gardemanger arbeiten zu müssen, zuständig für
die kalte Küche, wo Neulinge normalerweise beginnen (Gardemanger:
sorgfältig und flink. Ich: nachlässig und langsam.) Bei La Mère Brazier
war dieser Posten von zwei Leuten besetzt, Michael und Florian. Michael (französisch ausgesprochen – Miii-kell) arbeitete hart und schien
immer kurz vor einem Wutausbruch zu stehen. Florian arbeitete noch
härter und befand sich ständig in fast-hysterischem Zustand. Sylvain
war Florians Pate. Er machte uns miteinander bekannt und wiegte die
verschränkten Arme, in Erinnerung an das neun Wochen alte Baby, das
Florian damals gewesen war.

Meine erste Aufgabe bestand darin, 75 extrem aufwendige Hummer-
und-Fenchel-Appetizer zusammenzusetzen. Das Lächerlichste, was ich
bis dahin zubereitet hatte. Es kam einem vor, als würde man für jede
Portion zehn Minuten brauchen, was aber rein rechnerisch unmöglich
ist: Florian und ich waren beide damit beschäftigt, und es dauerte keine
fünf Stunden. Aber es dauerte lange. Dummerweise kann man Appe-
tizer nicht sehr lange im Voraus zubereiten, weil sie austrocknen. Deshalb macht man sie so spät wie möglich, was in einer Restaurantküche
immer unangenehm ist, egal, worum es sich handelt. Die Hummer-

häppchen wurden in hübschen, weißen Suppenlöffeln aufgebaut – die bekannten japanischen Keramiklöffel, hergestellt in Limoges (in Frankreich haben alle mit Essen zusammenhängenden Produkte eine ganz bestimmte Herkunft, und Teller stammen aus Limoges).

Zuerst gaben wir dickflüssige Panna cotta in die Löffelmulde. Panna cotta ist ein italienisches Dessert. Es ist verwandt mit der französischen Crème bavaroise, wird aber mit Sahne zubereitet statt mit Milch (»panna cotta« = »gekochte Sahne«) und mit Eiweiß statt Eigelb. Unsere Version enthielt als Farbakzent Fenchelgrün (das grüne Kraut, das aus der Fenchelknolle sprießt) und wurde im letzten Moment mit Gelatine angedickt, damit sie eine wackelpuddingartige Konsistenz erhielt.

Als Nächstes: ein Stückchen Hummerscherenfleisch, in Butter sautiert. Es wurde auf die Panna cotta gesetzt, als schwimme es darauf. Jedenfalls erklärte ich es mir so: Die grüne Panna cotta war das Meer, das rote Hummerscherenteilchen der Kahn.

»Zahnstocher«, akribisch aus der Fenchelknolle ausgeschnitten, waren die Masten. Und jeder dieser Masten hatte ein Krähennest: ein zarter roter Cocktailtomatenring, oben auf den Fenchel-Zahnstochern platziert. (»Land in Sicht!«) Diese zarten roten Ringe waren eine echte Herausforderung.

Aber eigentlich war das Ganze eine Herausforderung. Meine Finger eigneten sich nicht dafür. Mein genetisches Erbe. Manche Leute werden geboren, um Chopin-Nocturnes zu spielen. Ich wurde geboren, um bei kaltem Wetter Rüben zu ernten. Ich habe keine Finger, sondern Stumpen. Und mit diesen Stumpenfingern einen zarten roten Ring herzustellen ist eine Tortur.

Um einen zarten roten Ring herzustellen, röstet man eine Tomate – nicht die runden Cherrytomaten, sondern die pflaumenförmigen kleinen italienischen Tomaten – so lange, bis sie trocken und verschrumpelt ist. Dann schneidet man sie sehr vorsichtig der Breite nach in dünne Scheiben. Man darf sie nicht zu dünn schneiden. Andererseits ist alles, was dicker als »zu dünn« ist, wiederum zu dick. Streift man die Samen ab, die noch übrig sind, bleiben einige zarte rote Kreise übrig – wie winzige Reifen.

Auch für die Augen war das anstrengend. Ich stand da, über die Arbeitsplatte gebeugt. Florian stand genauso da, zwei erwachsene Männer, die sich über die Arbeitsplatte beugten und mit den Fingerspitzen klitzekleine Fitzelchen bearbeiteten.

»*Attention!*«, sagte Florian scharf. Er zeigte auf meine Nase.

An der Nasenspitze bildete sich ein bedrohlicher Schweißtropfen.

Johann erschien.

Johann war einer der beiden Pâtissiers. Beide Pâtissiers hießen Johann, und seltsamerweise wussten beide immer, wer gemeint war, wenn irgendjemand »Johann« rief. Der eine Johann war locker. Der andere manisch. Der lockere Johann vergaß, seine Kochmütze aufzusetzen. Er trug tief sitzende Hüfthosen. Und eine Muschelkette um den Hals. Zu ihm hätten Sandalen besser gepasst als Clogs. Der manische Johann wirkte mittelalterlich. Er sah aus wie ein Hofnarr. Sein Kopf lief sehr schmal zu, wie ein Ei. Er hatte einen mächtigen Adamsapfel, hervortretende Augen, die nichts verrieten, und er lächelte nie, obwohl er andererseits auch nie ernst war, sondern stets ironisch. (Er war auch außergewöhnlich kompetent und benutzte für die Zubereitung von Soufflés nie ein elektrisches Gerät, weil er schneller von Hand quirlte als jede Maschine.)

»*C'est très joli ça*«, sagte der mittelalterliche Johann ironisch hinter meinem Rücken. Das ist sehr hübsch.

Ich verschob ein Stückchen Fenchelgrün. Na klar, dachte ich. Mach dich nur lustig über den Neandertaler.

»*Oui, oui*«, sagte ich. »*Je sais, c'est super-joli.*«

Ich richtete mich auf und drehte mich um. Doch Johann meinte es keineswegs ironisch (wobei das eigentlich nicht sein konnte). Ich fragte erstaunt: »*C'est vrai?*«

»*Oui*«, erwiderte Johann, ganz offensichtlich ohne jede Ironie.

Ich starrte ihn an. »*Non*«, sagte ich.

»*Oui*«, beharrte er, »*c'est vraiment joli*«, und die Art, wie er dann davonging, war eine imponierend gelassene Demonstration seiner Überzeugungen.

Jetzt betrachtete ich meine Suppenlöffel mit anderen Augen: nicht nur als ein narzisstisches Geschicklichkeitsspiel (als was sie mir bei nüchterner Betrachtung leider für immer im Gedächtnis bleiben werden), sondern vielleicht auch als etwas Schönes. Was genau war an diesen Gebilden schön? Ich analysierte sie anhand dreier Kriterien:

1. Farbe: das leuchtende Rot, die Grünnuancen.
2. Die Konsistenz: der knusprig geröstete Tomatenring, das weiche Hummerfleisch, die wackelpuddingartige Konsistenz der Panna cotta.
3. Und das Volumen: zweifellos dreidimensional – der Hummerkahn mit Mast und Krähennest.

Ich trat einen Schritt zurück. Keine Frage: Ich befand mich in einer französischen Küche.

Florian war, obwohl noch so jung, ein überraschend angenehmer Gesellschafter, vor allem weil er so authentisch war. Er machte nie mehr aus sich, als er war, und es entwickelte sich trotz des Altersunterschieds sofort ein kameradschaftliches Verhältnis zwischen uns: zwei Küchennovizen, der eine jung, der andere nicht mehr ganz so jung, die verzweifelt hofften, irgendwann Meisterköche zu werden.

Er war groß, dünn und schlaksig, wahrscheinlich mitten in einem letzten Wachstumsschub, hatte glattes dunkles Haar, große Ohren, eine große Nase, einen langen Hals und dünne lange Arme. Er wirkte ein bisschen wie eine Giraffe, mit dem offenen, lebhaften Wesen eines Chihuahua. Er führte Selbstgespräche. (»*Le stress! Le stress!*«) Er schimpfte mit sich. (»Florian! *Putain de merde!*«) Er schlug sich: meist ein Klaps mit der linken auf die rechte Hand. Dies tat er, um ein Zittern zu beherrschen. Es kam von den Nerven. Manchmal war es so schlimm, dass er die Hand hoch in die Luft hob, beiläufig, als würde er sich recken, und dann heftig auf die Arbeitsfläche schlug (blitzschnell, als wolle er die Hand überraschen).

Im Gegensatz zu meinen Wurstfingern waren seine Finger lang und fein. Es hätten die Finger eines Pianisten sein können, nur wäre da das Zittern nicht zu unterdrücken gewesen. Die schwachen Nerven kämen von der Angst, gestand er mir einmal. Er hatte jeden Morgen Angst, im Lauf des Tages zu versagen.

Manchmal rang er nach Luft und griff sich an die Brust, als habe er starke Schmerzen. Ich erlebte das zum ersten Mal, als ich etwas zu spät zum Dinner-Service erschien.

»Ich dachte schon, du kommst nicht«, erklärte er. Er hyperventilierte und war gerade dabei, seine Atmung in den Griff zu kriegen, indem er immer wieder langsam ausatmete.

(Es war beschämend, dass ich zu spät kam, irgendwie war ich immer etwas zu spät dran. Was in der Küche am meisten zählt, ist Pünktlichkeit. Aber ich freute mich, dass ich gebraucht wurde.)

Eines Morgens, nachdem Florian erfolgreich eine Schalotte gewürfelt hatte, stieß er die Faust in die Luft und jubelte: *»Je l'ai fait!«* Ich hab's geschafft!

Ich dachte: Dann bin ich also nicht der Einzige. Es sagt einem zwar niemand, aber in den ersten Wochen sind die Schalotten eine echte Herausforderung. In der französischen Küche werden Unmengen von Schalotten verarbeitet (wichtiger sind nur noch Salz und Pfeffer), aber sie sind unregelmäßig geformt und unverschämt glitschig: Auch wenn man weiß, wie man sie in winzige perfekte Würfelchen schneidet, braucht man länger, als man sollte, und merkt, dass alle es mitkriegen.

Florian gab in der für ihn typischen Offenheit zu, dass er hier in der

Küche schon zweimal versagt hatte. Spektakulär. Kopfschüttelnd dachte er daran zurück. Er erzählte mir (»Kannst du dir das vorstellen?«), dass er am Fleischposten angefangen hätte. Es war ein Desaster. Christophe hatte einschreiten müssen. Florian wurde gedemütigt. (Die uralte Methode, sich durch die Demütigung eines Schwächeren selber aufzubauen, beherrschte meiner bescheidenen Meinung nach niemand besser als Christophe.)

Florian bekam eine zweite Chance. Am nächsten Abend lief alles noch schlechter.

»Aber ich wurde nicht gefeuert. Ich bekam eine dritte Chance.«

Jetzt, sechs Monate später, war Florian immer noch in der Probezeit, wobei diese sich demnächst »wahrscheinlich« dem Ende zuneigte. Er wurde von den anderen, vor allem von Christophe, behandelt wie ein Hund, den man inzwischen (beinahe) so gut erzogen hat, dass er in der Küche keine Bescherung mehr anrichtet.

Für sich genommen war Christophes Haltung Florian gegenüber recht ungewöhnlich. Christophe begünstigte sonst niemals jemanden. Doch wenn er Florian bat, ihm eine Flasche Sprudel zu bringen (Christophe war der Einzige, der von dem Sprudel trinken durfte), erlaubte er ihm ab und zu, in einer Geste spontanen Edelmuts, dass er sich auch eine holte. (»Oui!«, sagte Florian dann immer leise vor sich hin und machte eine triumphierende Geste.)

Einmal klopfte Christophe ihm auf die Schulter. Christophe berührte sonst nie jemanden. (Sein Händedruck war feucht, und ganz besonders blieb mir in Erinnerung, dass er die Hand immer in letzter Sekunde reflexartig zurückzog, sodass man nur noch seine schwitzenden Fingerspitzen hielt.) Florian strahlte. Eines Tages würde er selber Chefkoch sein!

Jessica sicherte unsere *Cartes Vitales*, die Grünen Plastik-Totems, die uns medizinische Versorgung garantieren – ohne die eine Familie eigentlich gar nicht in Frankreich leben kann. Doch dem gingen höchst konfrontative Besuche bei der Krankenkasse voraus (CPAM genannt, für Caisse Primaire d'Assurance Maladie). Die CPAM lag in einer schäbigen Straße, gleich weit vom maroden Bahnhof Lyon-Perrache, dem maroden alten Gefängnis und der noch maroderen Place Carnot entfernt. Jessica ließ die Umgebung unbeeindruckt. Sie schien den Kampf zu genießen.

»Streiten ist definitiv der Lieblingssport der Franzosen«, verkündete sie nach ihrer siegreichen Rückkehr.

Jessica reagierte hier in Lyon viel spontaner und direkter als in New York City und gab giftig zurück, wenn ihr irgendjemand unhöflich kam. Die städtischen Beamten, jedenfalls in unserem Arrondissement, hatten offenbar noch nie mit einer Amerikanerin zu tun gehabt und sahen nicht ein, warum sich das jetzt ändern sollte. Wie dem auch sei, gewiss hatte keiner dieser städtischen Beamten jemals eine Amerikanerin erlebt, die so auftrat wie Jessica, wenn sie sauer war. Sie hatte sich durch die französische Sprache emanzipiert. Die Unhöflichkeit der Franzosen hat einen Aspekt – vermutlich eine gewisse Selbstgerechtigkeit –, der Jessica total provozierte, vor allem wenn sie selbst die Zielscheibe war: Zum Beispiel durchquerte ein (männlicher) Restaurantgast das kleine Restaurant, in dem wir mit Freunden aßen, um Jessica zu sagen, sie lache zu laut; oder ein Restaurantgast (natürlich wieder ein Mann) im Bouchon des Filles beugte sich vom Nebentisch zu ihr herüber, nachdem er beobachtet hatte, dass sie mir Wein einschenkte, und belehrte sie, dass in Frankreich der Mann einschenke, nicht die Frau. Jessica gab sich demonstrativ überrascht: wo sie doch Weinexpertin sei und das Restaurant bei der Weinauswahl berate und das Restaurant ja ausdrücklich Bouchon des *Filles* heiße, weil es von Frauen geführt werde. (Der Mann verstummte beschämt, und seine Frau verbrachte den Rest des Abends damit, sich für das Verhalten ihres Gatten zu entschuldigen.)

In unserer Familie ist es Jessica, die die Flaschen öffnet und den Wein einschenkt.

Sie wurde mit den *grèves* fertig, den regelmäßig unangekündigt stattfindenden Streiks: Man kam in der Schule an und stand vor verschlossener Tür, und ein Zettel wies darauf hin, dass die Lehrer streikten oder das Kantinenpersonal oder alle.

Jessica überwand den Horror des schulfreien Mittwochs – sie hatte stadtweite Alternativprogramme entdeckt, die an Außenposten des MJC stattfanden (Maison des Jeunes et de la Culture – Haus der Jugend und Kultur), die so beliebt waren, dass bereits eine Stunde nach Anmeldungsbeginn alles belegt war. Jessica, ganz vorn in der Schlange, gelang es, die Jungs in einer Außenstelle des MJC anzumelden, direkt hinter dem Restaurant La Mère Brazier. Wenn ich sie dann in ihrem Buggy hinbrachte, in flottem Tempo, musste ich zuerst in der Küche vorbei, um mir rechtzeitig ein Schneidebrett zu sichern. Die Köche störte es, dass Kleinkinder in der Küche waren. Welch ein Missverhältnis, diese wehrlosen Kinder in der unverzeihlich aggressiven Küche, mit großen erstaunten Augen: so fragil, so zart.

Im Frühling kamen vier Freundinnen aus Jessicas New Yorker »Degustationsclub« nach Frankreich, um sie zu besuchen und auch um ihre Studien fortzusetzen. Es war ein eindrucksvolles Zeichen ihrer Anhänglichkeit und Treue. Und es war, naheliegenderweise, auch eine Exkursion: Schließlich wohnten wir in der Nähe mehrerer großer Weingüter, leicht mit dem Auto erreichbar. Angespornt durch den Besuch der Frauen, schrieb Jessica sich in Mâcon, etwa 50 Kilometer von Lyon entfernt, für ein WSET-Studium ein, um die noch fehlenden Levels abzuschließen. Der Kurs wurde in kleinen Gruppen an langen Wochenenden auf Französisch abgehalten; Jessica fand dort vier sehr gute Freunde und nur einen Feind, einen aufgeblasenen Mitstudenten, dessen herablassendes Gehabe sie einfach nicht mehr ungestraft durchgehen lassen konnte. Man musste sie physisch von ihm trennen, und so saßen Jessica und der aufgeblasene Kerl für die Restzeit des Kurses so weit wie möglich im Raum voneinander entfernt. Auch als beide die Prüfung bestanden hatten und sich für den nächsten Kurs einschrieben, blieb diese Sitzordnung bestehen.

Ich selbst hatte dagegen ein paar negative Erlebnisse mit der Artischockensuppe, die zu einer Vorspeise aus Artischocken und Foie gras gehörte. Man schneidet für die Suppe die Artischockenböden ab, bedeckt sie halb mit Geflügelfond, gibt Salz und Pfeffer dazu und kocht die Flüssigkeit langsam zu einer dicken grünen Creme ein. Während des Service wurde die Suppe dann in einem Topf warm gehalten, der auf einem Eckregal direkt über dem Küchenkessel stand. Im Kessel wurden Knochen braun geröstet und Fonds zubereitet. Die Kasserolle hatte die Form eines Kindersargs und war ständig in Gebrauch, blubberte vor sich hin und entwickelte heißen Dampf. Die Herausforderung bestand darin, die dicke grüne Creme aus jenem Topf möglichst sanft in kleine weiße Porzellantassen zu geben – in der heißen Ecke, mit einem riesigen Schöpflöffel, während einem aus der Kasserolle der Dampf schmurgelnder Entenknochen ins Gesicht stieg.

Wenn dies mit zu viel Schwung geschah, kleckste die Creme auf die Innenwand der Tasse. Und dieser Klecks rann nicht wieder in die Suppe hinab, sondern blieb grün und hässlich an der Innenwand der Tasse kleben.

Vom Gardemanger-Posten aus konnte Christophe die Hauptküche nicht einsehen. Man war durch eine Sprechanlage verbunden, und so hatte Florian sich einen Trick ausgedacht, wie er die Suppenkleckse entfernen konnte: indem er den Zeigefinger im Mund befeuchtete und einmal ums Innere der Tasse wischte. Ich weiß nicht warum – obwohl mein Selbstbild dem kleinen Dreckspatz Pig Pen aus den Peanuts entspricht, dem ständig Schokoladensauce übers T-Shirt läuft, brachte ich es nicht über mich, das Gleiche zu tun. Wenn ich kleckerte, leerte ich die Suppe in den Topf zurück, holte eine neue Tasse und versuchte es noch einmal. (Im Ernst: Würden Sie gern aus einer Suppentasse essen, die mit Speichel gesäubert wurde?)

Die Gardemanger-Gerichte hatten ihren eigenen Pass, eine Arbeitsplatte auf Rädern, die neben dem Hauptpass stand (die Gardemanger-Gerichte wurden nie vom Küchenchef garniert; sie wurden nur schnell herübergereicht und rasch in den Gastraum getragen). Auf der Arbeitsfläche standen eine Flasche Olivenöl und eine Schüssel Salz, um die Artischockensuppe anzurichten: Man garnierte sie in letzter Sekunde mit sechs Salzkristallen und drei Tropfen Olivenöl.

Einmal fügte ich versehentlich einen vierten Tropfen hinzu.

Ich starrte darauf. Kein Zweifel möglich. Es waren vier Tropfen.

Es herrschte gerade viel Betrieb. Ein Tisch mit sechs Personen wartete. Ich hatte die Wahl: die Tasse zurück zum Gardemanger-Bereich zu tragen und noch mal neu zu füllen (und Christophes Zorn auf mich zu ziehen) oder es bei den vier Tropfen zu belassen (und seinem Zorn vielleicht zu entgehen, aber auch nur vielleicht). Was hätten Sie getan? Sie hätten das Gleiche getan wie ich. Es so belassen. Immerhin nur ein Tropfen mehr.

Dies war in den Anfangstagen, und ich wurde zum ersten Mal Zielscheibe von Christophes Zorn. (Das zweite Mal passierte es, als ich aus unerfindlichen Gründen eine mit nur zwei Tropfen garnierte Suppe im Pass stehen ließ.) Wenn Christophe enttäuscht ist, benutzt er das Wort *franchement* – ehrlich gesagt – und wiederholt es ständig. Etwa so: »Ehrlich gesagt kann ich nicht verstehen, wie du so blöd sein kannst! Ehrlich gesagt weiß ich nicht, warum du überhaupt hier bist! Ehrlich gesagt verstehe ich nicht, wie du dich für kompetent genug halten konntest, um in einer Küche zu arbeiten! Ehrlich gesagt geht mir dein Anblick auf die Nerven!« *Franchement*. Er war ein Arschloch.

Eines Abends lud Sylvain mich ein, mit ihm am Pass die Teller zu garnieren. Es war ein großzügiges Angebot, das ihm seine Position in der Hierarchie ermöglichte. Mir war allerdings schleierhaft, warum die anderen das tolerieren sollten. Noch schleierhafter war mir, warum ich ja sagte.

Wenn man in die Küche kam, mitten im Service, zwischen den Backöfen, war es sofort viel heißer als im Gardemanger-Bereich. Als würde man in zu heißes Wasser springen. Man wollte am liebsten sofort wieder raus. Die Poren meiner Haut weiteten sich, meine Arme waren schweißbedeckt. Es war sehr hell, die Deckenstrahler, die Wärmelampen.

Viannay garnierte gerade Fleischgerichte. Da er nie eine Kochmütze trug, musste er sich ständig sein langes Haar aus dem Gesicht streichen. Auch die extravaganten weiten Ärmel seiner Kochjacke schwebten nur Millimeter über dem Essen, ohne es je zu streifen. Als riskiere er das ganz bewusst. Mir war gar nicht klar gewesen, wie gerne Viannay am Pass arbeitete, die Wärmelampen hätten genauso gut Scheinwerfer sein können, aber da ich stets im hinteren Bereich tätig war, sah ich ihn nur selten hier vorne im Rampenlicht agieren.

Christophe garnierte Fischgerichte. Sylvain ließ mich seinen Platz einnehmen und mahnte mich, den Ablauf genau zu verfolgen. (Man merkte Christophe deutlich an, dass er nicht einsah, warum ich am Pass stand, und sich ärgerte, dass ich überhaupt in der Nähe war.)

Eines der Gerichte war *filets de dorade de ligne* – Seebrasse –, serviert mit Gemüse, gegrillter Seespinne und einer süß-sauren Sauce. Ein Koch bereitete die *dorade* zu und reichte sie auf einer Platte weiter. Ein anderer Koch sautierte die Gemüse, grillte die Seespinne und maß eine bestimmte Menge Sauce ab, und all das wurde auf die Platte gegeben und an Christophe weitergereicht, der dann die Teller anrichtete: keine Hände, nur Löffel, das Gemüse wurde exakt arrangiert und dann ganz fein eine winzige Menge Sauce darüber verteilt: nur ein Hauch. Jedes Gericht wurde auf eigene Weise garniert.

Ich richtete einige Teller an. Allerdings weiß ich gar nicht mehr, was ich damals eigentlich lernte, so besorgt war ich, dass ich kleckern könnte. Ich versuchte damals, einfach nichts zu denken. Heute gelingt es mir kaum noch, mir meine Hände oder einen Löffel oder die Umgebung ins Gedächtnis zu rufen – zum Beispiel Christophe, den ich zwar nicht sah, aber hyperventilieren hörte.

Dann kehrte ich zum Gardemanger-Posten zurück und wurde von allen angeblafft: Für wen ich mich denn hielte?

Klaus, ein holländischer *stagiaire*, der sich dem Ende seines ersten Praktikums näherte, war hinten mit Vorbereitungen beschäftigt und sichtlich eifersüchtig.

»Ich durfte noch nie am Pass stehen«, sagte er, »obwohl ich genau *deshalb* nach Lyon kam – um Mathieu Viannay zuzusehen, wie er die Speisen garniert. Hast du dir mal seine *travers de porc* angeschaut?«

Das waren Schweinsrippen mit Citrus-Glasur. Es gehörte zu den Gerichten, die ich im Institut Paul Bocuse gelernt hatte. Viannays Version war ein Puzzle aus Formen. Der Knochen war entfernt, und das Fleischstück bildete ein perfektes Rechteck. Eine Foie-gras-Praline, die dazu serviert wurde, hatte eine exakt zylindrische Form. Ja, ich hatte das Gericht gesehen, aber nein, ich hatte es nicht analysiert.

»Du solltest aufmerksamer sein«, meinte Klaus. »Viannays Teller sind wie Gemälde.«

Auch am nächsten Morgen war Klaus noch in erregtem Zustand. Er hatte sein *stage* schon fast hinter sich, würde bald nach Holland zurückkehren und konnte immer noch nicht glauben, dass man mich in den vorderen Bereich der Küche gelassen hatte.

»In Amsterdam«, sagte er, »macht niemand Saucen. Man kauft sie beim Großhändler. Es gibt grüne Saucen, braune Saucen, weiße Saucen und rote Saucen. Aber man weiß nie, wie sie schmecken. Hier wird jede Sauce extra zubereitet. Hast du mal vom Kalbsfond probiert? Er braucht zwei Tage.«

Klaus gestand mir flüsternd: »Ich führe Buch über Viannays Saucen.« Dann fügte er besorgt hinzu: »Aber das behältst du für dich, ja?«

Am nächsten Morgen kam Viannay zu mir.

Ich war hinten. Er beugte sich vor, Ellbogen auf die Arbeitsplatte gestützt, mir gegenüber, ein privates Gespräch in einem öffentlichen Raum.

Er stellte mir eine Frage.

Ich verstand ihn nicht gleich. Ich entschuldigte mich und bat ihn, sie zu wiederholen.

Er wiederholte sie.

Ich schnappte einen Halbsatz auf: »*combien de temps encore.*« Ich entschuldigte mich erneut. Ob er es bitte noch einmal sagen könne?

Er sagte es noch einmal.

Man muss mir meine Verzweiflung angesehen haben.

Er versuchte es anders: »*Tu restes ici encore combien de temps?*«

(Mittlerweile ätzte eine kleine Stimme in meinem Kopf: Warum verstehst du ihn nicht? Andere verstehst du doch auch. Liegt es vielleicht daran, dass du Angst vor ihm hast?) Sylvain schaltete sich ein.

»*Combien de temps*«, sagte er zu mir, ganz langsam. »*Tu veux rester combien de temps encore?*«

Oh! *Je reste combien de temps?* Wie viel länger ich noch bleiben möchte? *Oui!*

Heißt das, ich kann bleiben? Solange ich will?

Oui!

Ich hatte ganz vergessen, dass man mir nur 17 Tage gegeben hatte. »Na ja, verdammt, für immer! Ich meine, *toujours?*«

Die Samstage waren nicht nur »freie Tage«. Sie waren schöner als ein Geburtstag und schöner als Weihnachten, und es gab viel mehr Geschenke. Samstag, das bedeutete Licht, Himmel und Frühling, das waren der Fluss und die Kinder, Frau und Familie und saubere Laken und gemütliches Kaffeetrinken und Barfußlaufen. An einem Samstag bereitete ich zum Frühstück Erdbeeren zu (so wie ich es gelernt hatte: man wäscht sie zuerst, dann entstielt man sie tief mit der Messerspitze, um den weniger aromatischen Teil des Fruchtfleischs zu entfernen) und dachte *Ach, was soll's*, ich zuckerte sie.

Die Jungs erschienen, und Frederick erklärte: »George, schau mal, *fraises au sucre!*«

Natürlich handelte es sich genau darum, Erdbeeren (*fraises*) mit Zucker (*au sucre*), aber dass er die Zubereitungsart korrekt benannte, auf Französisch, schien auf die Schulkantine zu verweisen, wo die Jungs wahrscheinlich zum ersten Mal gezuckerte Erdbeeren gegessen hatten. In Lyon hatte ich ihnen noch nie Erdbeeren serviert.

An einem anderen Samstag bereitete ich ein Omelette zu, wie ich es gelernt hatte, worauf der kleine Frederick bemerkte: »Ich wusste gar nicht, dass du weißt, wie man *une omelette* macht, Dada.«

Ich starrte ihn an und analysierte seine Bemerkung: Sie bedeutete, dass er Omelettes bereits gegessen hatte (es gibt mittags in der Schule also Omelettes?); und dass er Omelettes nur in der französischen Version kannte (zusammengerollt, außen eine dünne, festere Schicht, in der Mitte weich – bevorzugt *nature*, also nicht gefüllt, *une omelette* hart auf den beiden »t«s betont); dass es ihn aus diesem Grund überraschte, dass ich, sein Vater, der Amerikaner in der Familie, das Gericht nicht nur kannte, sondern auch zuzubereiten wusste; und dass ich, wie viele Väter französischer Kinder, »Dada« genannt wurde.

Der Speiseplan hing jede Woche am Eingang der Schule aus: Drei Gänge, plus ein *produit laitier*, ein Milchprodukt – Joghurt oder Käse. Es gab keine Wiederholungen, und dies so konsequent, dass ich es noch einmal betonen muss: Rund ums Schuljahr gab es kein einziges Menü zweimal! (Jessica, die Mitglied eines Komitees geworden war, das sich aus Eltern und Lehrern zusammensetzte, entdeckte, dass gewisse Lebensmittel in strategischen Intervallen erneut auftauchten – Rüben, Kohl, Rote Beete –, um die Kinder daran zu gewöhnen.)

Der erste Gang bestand stets aus Salat, zum Beispiel geraspelte Karotten mit einer Vinaigrette. Das war momentan Georges Lieblingssalat (»*Carottes râpées!*«), und er bat seine Mutter manchmal, diesen Salat zum Abendessen zu machen. Der zweite Gang, die *plat principal*, konnte ein *poulet* mit einer *sauce grand-mère* sein (diese Sauce wird aus der Fleischbrühe zubereitet, in der das Huhn gegart wurde), dann gab es noch gekochtes Gemüse (zum Beispiel Mangold in Béchamelsauce), und am Schluss Obst oder ein Dessert. Das Lieblingsdessert der Jungs war *moelleux au chocolat*, außen fest wie ein Brownie, innen weich wie warme schmelzende Schokolade.

L'École Robert Doisneau war eine unterfinanzierte, überfüllte staatliche Vorschule. Das Dach leckte, auf dem Spielplatz brach der Asphalt auf, Unkraut wuchs aus den Rissen. Aber die Überzeugung der Schule, dass man Kinder lehren könnte, richtig zu essen, war nicht ungewöhnlich. Daniel Boulud wuchs auf einem Bauernhof auf; bis er 14 war, aß er nie im Restaurant und kaufte nie Lebensmittel im Laden. Und doch war er gründlich mit der französischen Küche vertraut: einerseits natürlich durch seine bäuerliche Familie, hauptsächlich aber durch die Schulkantine. Und im Küchenteam von La Mère Brazier waren alle Franzosen genauso aufgewachsen. Durch die Gerichte, die unsere Jungs aßen, unterschieden sie sich von ihren Eltern.

An einem weiteren Samstag, nachdem ich die Jungs zu Bett gebracht hatte (der einzige Abend, an dem mir das möglich war), saßen Jessica und ich bei einem schlichten Abendessen beisammen – Hühnchenreste, Salat, eine Flasche Beaujolais.

»Hast du gewusst«, fragte mich Jessica, »dass die Jungs dafür benotet werden, wie sie in der Kantine essen und sich benehmen?«

Beim Essen herrscht dort Stille. Dies soll bewirken, dass die Kinder sich auf das konzentrieren, was sie zu sich nehmen. Jeder Gang wird am Tisch serviert, von Frauen, die wissen, wie viel welches Kind haben möchte. Die Kinder müssen ihren Teller nicht leer essen. Wer aber etwas liegen lässt, bekommt den nächsten Gang nicht.

Jessica schenkte uns nach. »Amerika scheint so weit weg.«

Das stimmte. Wir dachten nie an »zu Hause«.

»Niemand, der Frankreich nur besucht, lernt es so kennen, wie wir hier Lyon kennenlernen«, sagte sie. Sie hielt inne, dachte nach, versuchte einen Gedanken in Worte zu fassen, die Beziehung von Essen –

zu was? – zu allem? »Was wir hier machen, ist total ungewöhnlich.« Sie war aufgeregt. Ihre Augen funkelten. »Ich weiß gar nicht, wie ich es beschreiben soll – dieses, was auch immer, dieser Ort, an dem wir uns hier befinden, die Kultur, unsere Wohnung, unser Platz in alldem. Es kommt mir so groß vor.«

Ein Bauernhof in der Nähe von Mornant, 25 Kilometer südlich von Lyon. Unsere Familie war von Ludovic Curabet eingeladen worden, die Fleisch- und Wurstwaren zu probieren, die er aus »meinem« Schwein hergestellt hatte. Ob wir schon einmal *à la campagne* gewesen seien? Nein.

Wir holten Brot von Bob. Es war ein hektischer Samstagmorgen, und Bob erzählte aufgeregt von seiner neuesten Brotsorte, zu der ihn unsere Freundschaft inspiriert hatte, eine Mischung aus amerikanischen und französischen Mehlen – Hartweizenmehl aus South Dakota und Weißmehl aus der Auvergne. (»Es braucht nur noch einen Namen«, sagte Bob. »Lafayette?«) Als wir ihm sagten, was wir vorhatten, bat er uns, ihm eine *saucisson* mitzubringen, und füllte einen riesigen Papiersack mit allen Sorten seines Repertoires.

Ludovic und zwei weitere Familien erwarteten uns. Auf der steinigen Hügelkuppe stand ein Tisch, mit weißem Fleischerpapier bedeckt. Ludovic servierte verschieden große Wurst-Erzeugnisse vom Schwein. Nur eine einzige sehr lange Wurst war dabei (eine Sorte, die seltsamerweise *Jésus* genannt wird), ansonsten kleine *saucissons*, alle unterschiedlich groß und originellerweise über die ganze Länge mit Schnur umwickelt. Aber kein *jambon* (die französische Entsprechung zu Prosciutto), weil die Keule ein Jahr zum Reifen braucht; und auch kein Schweinebauch, *poitrine*, der noch einmal drei Monate länger in Ludovics Keller hängen musste. Es gab zwei Käsesorten: einen Brillat-Savarin, der cremige Frischkäse aus dem nahen Burgund, nach dem Schriftsteller benannt, und einen Comté, der Hart-Rohmilchkäse aus dem Departement Jura, am Fuß der Alpen – und Rotwein in unetikettierten Flaschen. Außerdem hatte Ludovic 40 Kilo Kirschen gekauft, vier Lattenkisten Burlat-Süßkirschen.

»Kirschen sind unsere wichtigsten Früchte hier«, erklärte er. »Jetzt ist Saison. Verstehen Sie? Die schmecken jetzt am besten, in *diesem* Moment, an *diesem* Samstag.« In Lyon gibt es viele Kirschensorten, die von Ende Mai bis in den Sommer hinein geerntet werden. Die Burlat-Kirsche reift als Erste und ist die Saftigste und Süßeste von allen. Ihr Aroma mit seinem süßsauren Spektrum erinnert an die Syrah-Traube. Auch diese Traubensorte gilt als der Stolz dieser Gegend, die ihre nördlichste Heimat ist (Wissenschaftler glauben mittlerweile, dass die Syrah-Trauben eine »Kreuzung« zwischen zwei Rebsorten aus den Alpen und dem Departement Ardèche ist). Charcuterie, hergestellt aus einem Schwein von hier, passt vorzüglich zum hiesigen Wein und den hiesigen Kirschen.

Ich inspizierte den Tisch, dessen Wohlgerüche viele Assoziationen auslösten. Gereifte Wurst- und Fleischsorten gehören zu den geheimnisvollsten Formen der Lebensmittelzubereitung überhaupt. Sie wirken urzeitlich, vorgeschichtlich, und da sie nicht gekocht werden, sondern gedörrt und fermentiert – abhängig von der Umgebung (Wetter, Meer, Rauch, Sonne, Salz, Hefesporen in der feuchten Luft) –, kommen sie einem so elementar vor wie die Natur selbst.

Für die Jungs war es die erste Kostprobe luftgetrockneter Hausmacherwurst. »Mmmmh«, machte Frederick (doch angesichts des Brotkorbs verlor er gleich das Interesse an der Wurst und lief mit einem Baguette davon). George, der neugierige Karnivore, probierte von der Wurst und stapelte sich gleich mehrere Scheiben in die Handfläche.

Ich nahm eine labberige pfannkuchengroße Scheibe von dem seltsamerweise *Jésus* genannten Exemplar, dessen Hülle aus den großen Darmteilen mit zehn Zentimeter Durchmesser bestand. Die Scheibe fühlte sich feucht an. Ich rieb sie zwischen Daumen und Zeigefinger. Sie war schwammig. Und sehr dunkelrot.

War da mit dem Lufttrocknen etwas schiefgegangen? Oder hätte die Wurst, da sie so groß war, einfach mehr Zeit zum Reifen gebraucht? Jedenfalls war sie eindeutig noch nicht fertig. Wahrscheinlich nur zur Präsentation gedacht. Ich zögerte – aus Gründen des Mundgefühls, aber auch der Hygiene mag man seine *saucisson* gerne trocken, nicht feucht –, und plötzlich bemerkte ich, dass alle mich anstarrten. Mir blieb keine andere Wahl, als die *Jésus*-Scheibe zu essen.

Ich schob sie mir in den Mund.

»Mmmmh«, machte ich laut und fügte hinzu: »*C'est très bon, non?*« Die Leute glucksten, und ich stieß einen Seufzer der Erleichterung aus, während ich andererseits mit dem Bissen kämpfte: Er war einfach zu groß zum Hinunterschlucken.

»*Très, très bon*«, wiederholte ich mit vollem Mund. Ich wartete auf eine Gelegenheit, den Bissen unauffällig auszuspucken, wenn gerade mal niemand hersah. Noch aber hatte ich ihn im Mund. Ich verweigerte mich der Realität: dass mein Gehirn, vermutlich aus Höflichkeit, die Botschaft ignorierte, die mein Mund ihm sandte. Das Problem war der Geschmack, den ich sehr gewöhnungsbedürftig fand. Die Lyoneser wollten anscheinend sichergehen, dass ihre Schweine zweifelsfrei von einem Bauernhof stammten. Sie sollten ungezähmt sein, stinken und richtig nach Schwein schmecken.

Hinterher schlenderten wir zu viert müßig durch die Gegend. Der Tag hatte grau begonnen, und auf der Herfahrt hatte es geregnet. Den Bauernhof hatte der Regen jedoch nicht erreicht. Die Jungs standen im Gras am Rand eines Weizenfeldes. Die Sonne war herausgekommen.

Wir sahen ungeschorene Schafe, kugelförmig, wie riesige Boviste, wandelnde Wolldecken. Die Jungs, Stadtkinder, hatten noch nie so ein Tier von Nahem gesehen und gingen direkt auf die Schafe zu. Die Schafe rannten weg.

Frederick bat sie, doch bitte wieder zurückzukommen.

Die Schafe kehrten zurück.

George näherte sich auf Zehenspitzen. Beide Jungen redeten jetzt mit den Schafen, gestikulierten und zogen Grimassen wie bei einer Scharade, und die Tiere versammelten sich um die beiden Kinder, betrachteten sie aufmerksam und schienen zu lauschen. Ein Schaf ließ sogar zu, dass ihm einer der Jungs auf den Rücken kletterte.

Es gab viel Gelächter.

Ich ließ Frederick auf meinen Schultern reiten.

»Laufen wir ein bisschen.« Ich war noch nie durch ein Weizenfeld gelaufen, das an einer Bergflanke wuchs.

Wir kamen nur langsam voran, mehr ein gemütlicher Spaziergang, den Hang hinab. Hohe Wolken, blauer Himmel, ein warmer Spätnachmittag. Jessica trug ein Sommerkleid. Die Jungs und ich trugen Shorts. Jessica zog ihre Schuhe aus. Der Weizen stand uns Erwachsenen bis zur Hüfte. Schweigend bahnten wir uns unseren Weg.

Ich dachte nach. So entspannt waren wir seit unserer Ankunft vor sieben Monaten noch nie zusammen gewesen. Erlebten wir hier einen idyllischen Moment?

Wir waren nicht wegen der Idylle nach Lyon gekommen, nicht wegen der Zuckermelonen, des lila Spargels, des Lavendels oder der Pfirsiche der Bauern irgendwo weiter südlich. Wir waren nicht wegen des Südens hierhergekommen.

Jedenfalls war unser Tag sehr vergnügt verlaufen, nah am Ursprünglichen, an der Natur. Die Wurstwaren vom Schwein: vom Bauern an der Luft getrocknet. Das Brot: von Bob gebacken. Die Kirschen: von Verkaufsständen vor den Obstgärten, wo man sie gepflückt hatte. Der Wein: im Fass beim Winzer gekauft, in Flaschen abgefüllt im Keller des Bauern. Und jetzt dieses sommerlich wogende Weizenfeld.

Lyon ist schön und ungewöhnlich, aber es ist nicht Natur. Die Flüsse verwandeln in Lyon alles, was in ihrer Nähe gebaut wird – Brücken, *quais*, pastellfarbene Häuser aus dem 16. Jahrhundert, vereinzelte römische Ruinen –, in Szenerien aus Licht, Dunkel und Spiegelung. Lyon hat aber auch seine Schattenseiten, Mafiosi, korrupte Polizisten, schmuddelige Gauner, die auf eine Chance, Frauen, vorwiegend aus Osteuropa, die auf Kunden warteten. In der Nacht auf Samstag geht es heftig zu: die Nachtklubs auf der anderen Seite der Saône, geöffnet von 23 Uhr bis Ultimo – Elody's Pub, Fiesta, Bootlegger, New Ibiza. In der Nacht auf Sonntag geht es erstaunlicherweise noch heftiger zu als freitags. Man wacht am Sonntagmorgen auf, und ein Betrunkener lehnt an der Tür, ein vor dem Haus geparktes Auto wurde abgefackelt, die Bauern kommen früh zum Markt und spritzen erst mal mit dem Wasserschlauch das Erbrochene vom Boden.

George wurde in der Schule in Prügeleien verwickelt. In der Pause hielten einige Jungs aus einer Roma-Familie – Migranten aus Rumänien und Bulgarien, die in Plastikzelten auf einem freien Platz am Stadtrand lebten – ein Kind fest und schnitten ihm mit einer Schere die Augenwimpern ab. Ein Babysitter verdrehte Fredericks Ohr so grob, dass es rot anlief und er schrie. Während der Ferien im April, in einer städtischen Kinderkrippe, bekam der kleine George einen Schlag mit dem Handrücken ins Gesicht, weil er nicht korrekt in der Schlange stand. Kinder zu schlagen schien hier allgemein üblich. Man schlug sie in Unterführungen, auf der Straße, auf dem Spielplatz, im Restaurant und in der Sonntagsschule. Jungen bekamen Klapse auf die Ohren und die Stirn, klatsch, klatsch, klatsch (weil der kleine Sébastien nicht schnell genug aus dem Bus gestiegen war). Eine Aushilfslehrerin fühlte sich von einem Freund unserer Jungs so provoziert, dass sie ihn am Ohr von seinem Stuhl hochzog und ihn sogar würgte. (Das dürfte sie jedoch aus mehreren Gründen bereut haben, vor allem weil die Mutter des Jungen Anwältin war. Fairerweise muss man sagen, dass die Schule die Lehrerin sofort entließ.)

Ich wollte in Lyon französisch kochen lernen, aber ich war ja nicht allein hierhergekommen. Dadurch änderte sich alles. Familienangelegenheiten spielten eine große Rolle. Während unserer ersten sechs Monate kamen jedem von uns irgendwann Zweifel, ob das wirklich ein vernünftiges Unterfangen war. Es ging hier ja nicht um eine Wallfahrt. Auch nicht um eine Kulturreise. Wir waren ja noch nicht mal in Paris gewesen. Die Orangerie und die impressionistischen Maler standen nicht auf unserer Agenda.

Inzwischen waren wir am Fuß des Hügels angelangt. Auf Jessicas Beinen blühte ein Nesselausschlag. Meine Knöchel waren mit roten Pünktchen übersät und blutverschmiert, weil ich mich unbewusst gekratzt hatte. Wir blickten den Hang hinauf. Von unten wirkte er viel steiler als von oben. (Warum ist das so?) Jetzt wollte auch George getragen werden.

Wir machten uns wieder an den Aufstieg. Unter unseren Füßen gab der Boden nach. Maulwurfgänge? Die Erde war bröcklig. Jessica verzichtete jetzt auf das Barfußlaufen und zog ihre Schuhe wieder an. Frederick, der immer noch auf meinen Schultern saß, hielt sich an meinen Ohren fest.

Dieses Feld, sagte ich, hat uns was vorgegaukelt. Von Weitem hatte es so verlockend ausgesehen. Aber in Wirklichkeit war das Erdreich von Schädlingen durchwühlt, es gab Brennnesseln, Spinnen, Zecken und was da sonst noch alles herumkriechen mochte. Die Erde des Weizenfelds war bedrohlich lebendig, und offenbar hatten all ihre Bewohner Appetit auf uns.

Unser Gastgeber, der Bauer, gehörte zu der Generation, die noch nie Pestizide verwendet hat, und dies nicht einmal unbedingt aus ideologischen Gründen, sondern weil Pestizide teuer sind. Boulouds Vater, Julien, fragte mich: *Wieso brauchen wir die? Wir sind früher doch auch ohne sie ausgekommen.* Diese Bauern hatten schon immer biologische Landwirtschaft betrieben. Boulud findet es immer noch ätzend, dass er während der Frühjahrsferien das Knoblauchfeld jäten muss, statt mit seinen nicht-bäuerlichen Freunden Fußball spielen zu können. Im Rhône-Tal gibt es vorwiegend Kleinbauernhöfe.

Ich überlegte: Stammte Bobs Mehl von so einem Weizenfeld? Ich war noch nie in der Auvergne gewesen, hatte aber schon viel davon gehört, unberührte Natur, touristisch noch kaum erschlossen, fruchtbare Lavaerde durch die vielen Vulkane dort.

Es sollte lange dauern, bis wir wieder einmal so eine ländliche Idylle erleben würden. Aber im Moment genossen wir diesen Abstecher in die Natur und waren glücklich. Überraschenderweise fühlte es sich für mich vollkommen stimmig an, nun wieder hier zu sein. Letztes Mal im Winter, jetzt am sommerlichen Ende des Frühlings. Und an diesem Samstagnachmittag im Juni widerfuhr uns etwas Unerwartetes. Wir waren angekommen. Es gefiel uns hier. Wir würden bis auf Weiteres hierbleiben.

V

STAGIAIRE

Ich bin ein Illusionist mit Händen voller Wahrheit. Stellt mich in eine Schar gelangweilter Menschen, und ihr werdet sehen, wie diese traurigen Leute erwachen, wie sie zu lächeln beginnen und sich mit großen Augen auf die Wunder freuen, die ich ihnen bescheren werde. Selbst die Verdrießlichsten werden beim Anblick meiner Kochmütze strahlen wie die Kinder, deshalb trage ich immer eine schön gebügelte Baumwollkochmütze. Ich verbrauche von diesen Mützen zwar jede Menge, wie ein Bischof, würde aber um nichts in der Welt eine industriell produzierte Papierkochmütze tragen, eine Wegwerfkochmütze, die man entsorgt wie Kleenex. Schon möglich, dass man den Unterschied heutzutage kaum noch sieht, aber es reicht, dass ich es selbst wüsste. Und ich hätte Angst, dass mir die Hälfte meiner magischen Kraft abhandenkommt und dies meine Zuschauer die Hälfte der Illusion kosten würde.

Alain Chapel, in *Croque-en Bouche*,
zitiert von seiner Tante Fanny Deschamps, 1976

Meine neue Rolle – jetzt, wo auch ich offiziell *stagiaire* war, ein Praktikant – wurde mir durch Frédéric vor Augen geführt. Frédéric und Ansel arbeiteten am Fischposten. Frédéric, der *chef de partie*, leitete den Posten. Er war groß und schlank, mit hölzern-steifen Bewegungen, blassen Augen und einem rechteckigen, ausdruckslosen Gesicht, das eigentlich immer bedrohlich und gefährlich wirkte. Ansel war eher klein und untersetzt, mit starken Armen, die im Vergleich zum Rumpf unverhältnismäßig lang wirkten (sie pendelten); er war überhaupt stark behaart und hatte einen dieser Bartschatten, die normalerweise erst nachmittags kommen, bei ihm aber schon gleich nach dem Frühstück. Frédéric und Ansel bildeten ein großartiges Team, nicht nur wegen ihrer gnadenlosen Haltung: Sie waren Frankensteins Monster und ein Affe.

Ich hatte vor dem Service den Boden gefegt, eine meiner neuen Pflichten, und stieß versehentlich mit dem Besen gegen Frédérics Küchenclogs. Sie waren so lang wie Skateboards. Ich entschuldigte mich und machte einen Scherz über meine Tollpatschigkeit.

»Du hältst dich wohl für einen ganz tollen Schriftsteller.«

»Nein, nein, nein, nein.« (Vielleicht doch weniger Ähnlichkeit mit Frankensteins Monster als vielmehr mit dem Butler Lurch der Addams Family.)

»Du hältst dich für witzig. Aber du bist nicht witzig. Du bist kein toller Schriftsteller. Du bist hier, um meinen Schwanz zu lutschen.« Er wartete. Sein Blick war so aggressiv und feindselig, dass es mich fast schon wieder beeindruckte.

»*Oui*, Chef. Ich bin nicht witzig. Ich bin hier, um Ihren Schwanz zu lutschen.«

Er entspannte sich und schien zufrieden. (Ich dachte: Na, wenigstens haben wir *das* jetzt geklärt.)

Am nächsten Tag erschien eine neue Praktikantin. Es gab keine Frauen in der Küche. Seit der Wiedereröffnung des Restaurants hatte hier keine einzige Frau in der Küche gearbeitet (eine Ironie der Geschichte, die Mère Braziers Geist bestimmt nicht sonderlich amüsant gefunden hätte).

Auch sonst gab es im Restaurant kaum Frauen: nur Viannays Assistentin, die wir nie sahen, in einem kleinen Büro im zweiten Stock, das sie nie verließ, und zwei Kellnerinnen, die ich nicht kannte, die aber offenbar beide kündigen wollten. Ihre Stellen sollten zwei andere Frauen einnehmen – ich weiß nicht, wie sie hießen, denn auch sie kündigten, bevor ich ihre Namen erfuhr. Danach ersetzte Viannay, der wohl dachte *scheiß drauf,* sie durch Männer.

Sylvain brachte die neue *stagiaire* zum Gardemanger-Posten, um sie mir vorzustellen. Hier werde sie arbeiten, sagte er.

»Hortense?«, platzte ich laut heraus.

Hortense war die bleiche, zarte, strohblonde, kindliche, stumme Zwanzigjährige aus meiner ersten Woche im Restaurant Les Saisons. Was tat sie hier? Was für eine krasse Entscheidung, dass Viannay sie hier als Praktikantin arbeiten ließ und dass sie hier als Praktikantin arbeiten wollte! Sie hatte sich nicht verändert, war so unscheinbar wie eh und je. Aber was wusste ich schon? Sie war zwar schüchtern, ließ sich aber ganz offensichtlich nicht einschüchtern. Denn sie war hier.

Jetzt waren wir am Gardemanger-Posten zu viert: Florian, Michael, ich und Hortense.

Für den Posten waren wahrscheinlich nicht mehr Leute nötig. Wichtig war nur, dass eine Person die Aufsicht führte. Dies gehörte zu den Grundlagen von Escoffiers *brigade*-System: eine klare Hierarchie. Selbst bei einem kleinen Posten wie dem Fischposten mit nur zwei Leuten hatte einer die Leitung, der *chef de partie.* Das Problem mit dem Gardemanger-Posten wurde mir eines Morgens klar, als während der *Mise en Place* (der Vorbereitung unseres Postens) ein Gutachter erschien. Er blieb an der Tür, wo er einerseits nicht im Weg stand und andererseits alles im Blick hatte, hielt ein Clipboard in der Hand und beobachtete das »Team« bei der Arbeit. Er stellte sich uns weder vor, noch erklärte er uns seine

Funktion. Er sagte auch nicht: »Hallo, euer Boss bezahlt mich dafür, dass ich rausfinde, warum ihr alle so dysfunktional seid.«

Ich versuchte, uns mit seinen Augen zu sehen, mir vorzustellen, wie wir auf ihn wirkten, der hyperventilierende Florian, der mürrische Michael, ein älterer Amerikaner mit beginnender Glatze, der nie genau wusste, was als Nächstes zu tun war, und eine stumme Hortense, die kaum verbergen konnte, wie unbehaglich sie sich fühlte. Aus verständlichen Gründen: ein so beengter Bereich, Schulter an Schulter mit Männern, von denen die meisten eindeutig an einem Testosteronüberschuss litten. Man hätte meinen können, sie sei aufgrund eines Verwaltungsfehlers statt in einer berühmten französischen Küche, in der sie die höheren Weihen der kulinarischen Kultur empfangen sollte, in einem Männerknast gelandet.

Auch das Küchenteam fühlte sich nicht wohl mit ihr: zwei Wochen lang wurde sie nur als »Mademoiselle« tituliert – etwa: »Würde Mademoiselle den Spargel vorbereiten, s'il vous plaît?« oder »Könnte Mademoiselle ein paar Tomaten schneiden?«. Dies hatte zur Folge, dass sie noch mehr im Rampenlicht stand. Jedes Mal, wenn in der Küche »Mademoiselle« ertönte, dachten die Männer: »Alarm, wir haben eine Frau im Haus!« Es machte sie nervös.

Die Nervosität ging vorüber, und Hortense wurde unsichtbar; der Küchenalltag – die üblichen frivolen Scherze, die vorübergehend ihr zu Ehren unterblieben waren – nahm wieder seinen Lauf.

Ich frage mich, ob Frédéric mit Hortense ein ähnliches Gespräch führen würde wie mit mir und sie über ihre Rolle innerhalb der Küche aufklären würde. Einmal sagte er etwas zu ihr, was ich aus der Ferne nicht verstand, aber sie erstarrte und wirkte plötzlich angstvoll. Einmal sprach sie von ihm als einem »Sterne-Typ« – einem toughen Burschen, der nur in vornehmen Restaurants arbeitet und eine Zukunft als Sterne-Koch anstrebt – und wirkte von da an in seiner Gegenwart immer sichtlich angespannt. Frédéric seinerseits gewöhnte sich an, wann immer Hortense an ihm vorbeilief, so zu tun, als rammle er sie von hinten.

Klaus kehrte an einem Freitag nach Amsterdam zurück. Am darauffolgenden Montag stellte Sylvain mich Jackie Chan vor, wieder einem neuen Praktikanten. Auch ihn kannte ich bereits vom Institut Bocuse, er war im dritten Jahr und würde seine Ausbildung abschließen, sobald er diese letzte Bedingung erfüllt hatte: ein *stage*, dieses *stage*. Für Frédéric zählte nur Jackies Küchenerfahrung. Jackie hatte in einem renommierten Restaurant in Burgund bereits als Postenkoch gearbeitet und durfte deshalb gleich am Fleischposten anfangen. *Stagiaires* beginnen normalerweise nicht an den Posten. Er schaffte zwei Tage.

Es war eigentlich nicht überraschend. Die drei Personen, die zuvor versucht hatten, am Fleischposten zu arbeiten, hatten versagt und waren gefeuert worden. Jackie wurde nicht wirklich gefeuert – es war mehr eine öffentliche Zurechtweisung –, weil es keinen Ersatz für ihn gegeben hätte. (Das Restaurant brauchte einen neuen Koch, wollte aber keinen einstellen, und es gab auch noch andere Anzeichen für einen finanziellen Engpass. Und da war Jackie ein Glücksfall, nämlich ein *stagiaire*, der offensichtlich qualifiziert war.)

Während seiner zeitweiligen Degradierung puhlte Jackie im hinteren Küchenbereich mit mir Erbsen, und die Mitglieder der *brigade* – Christophe, Viannay, Ansel, ja selbst Johann (der Hofnarr Johann) – gaben sich besondere Mühe, Jackie aufzuspüren und ihn an seine Blamage zu erinnern. Sylvain nannte Jackie *putain* und warf ihm vor, Schmach über das Restaurant gebracht zu haben. »Ich hoffe, du denkst darüber nach, was du falsch gemacht hast«, sagte Sylvain.

Ich fragte Jackie, was er getan habe.

»Das Fleisch war zu wenig gewürzt.«

»Nicht genug Salz und Pfeffer?«

»Nicht genug Salz.«

Christophe hatte behauptet, Jackie schmecke das Essen nicht ab. »Aber ich *habe* es abgeschmeckt. Mein Geschmacksempfinden ist einfach anders als seines.« Jackie schwieg einen Moment. »Ich komme aus Jakarta.«

»Du heißt gar nicht Jackie Chan, oder?«

»Nein, Jackie Chan ist ein berühmter Schauspieler. Er ist Chinese. Ich bin Indonesier.« Eine eigenartige Pause. »Wir sehen alle gleich aus.« Er lächelte. »Mein Name ist Hwei Gan Chern«, erklärte er. »Du kannst mich Chern nennen.«

Mir hatte sich »Jackie Chan« aber schon so eingeprägt – es war der einzige Name, der in der Küche benutzt wurde –, dass es eine Umstellung bedeutete, jetzt »Chern« zu sagen. »Möchtest du lieber mit deinem richtigen Namen angesprochen werden?«, fragte ich.

»Ja, klar. Du etwa nicht?«

»Natürlich. Überflüssige Frage.«

In der nächsten Woche durfte Chern wieder an den Fleischposten zurück.

»Jackie Chan, das hier ist meine Karottenkiste«, sagte Ansel. »Und das ist deine.« Gerade waren die Gemüse für diesen Tag abgeliefert worden; jede Kiste enthielt fünf Kilo.

»Um die Wette, Jackie Chan. Hier ist dein Schäler. Hier meiner. Los!«

Ansel hasste alle anderen, weil alle anderen so langsam waren.

»Schneller, Jackie Chan. Schneller!« Zufällig war Ansel ein sehr routinierter Karottenschäler. »Jackie Chan, bist du faul?«

Ansel schälte seine Karotten fertig, dann ging er zu Cherns Posten hinüber und beobachtete ihn. Chern hatte immer noch jede Menge Karotten vor sich.

»Du bist sehr, sehr langsam, Jackie Chan.« Chern standen Schweißtropfen auf der Stirn. »Warum bist du so langsam?« Ansel ging in die Hocke, um in Cherns Blickfeld zu kommen. »Wieso antwortest du mir nicht, Jackie Chan? Du bist ein Mädchen, Jackie Chan. Aus dir wird nie ein Koch.«

»Ansel ist ein Arschloch«, sagte Chern während *le personnel* zu mir. Chern hasste Ansel vielleicht noch mehr als Ansel den Rest der Welt.

Am nächsten Tag waren es die Kartoffeln.

»Du bist nicht gut, Jackie Chan. Vielleicht solltest du dir einen Job als Kellnerin suchen.«

Der Tag begann um acht Uhr morgens und endete gegen Mitternacht, außer freitags, wo er um 1 Uhr nachts endete, und man war eigentlich immer am Rennen. Alles musste immer möglichst schnell gehen.

Ich bereitete gerade rote Paprika zu – häuten, entkernen, nichts Besonderes – für ein leuchtend rotes schmackhaftes Sorbet, das zu geräucherten *merlu*-Filets gereicht wurde. (»Seehecht«, ist das korrekt? Was auch immer es übersetzt heißen mochte, jetzt heißt es *merlu*.)

»Bist du fertig?«, fragte mich Sylvain. Der Service sollte gleich beginnen.

Zehn Minuten später: »So, bald fertig?«

Wenige Augenblicke später: »Die Paprika?« Sylvain stand neben mir, um zu schauen, warum es so langsam voranging.

»Ah, alles klar. Es sind deine Hände.« Ich starrte auf meine Hände.

»Die dürfen nie über Kreuz sein. Hier«, sagte er und ordnete die Gegenstände rund um mein Schneidebrett neu an. »Die Paprika links von dir, das Messer rechts von dir, und da steht auch die Schüssel für die Küchenabfälle, und die Ablage für die fertigen Paprika in der Mitte.«

(War ich der letzte Mensch auf Erden, der mitkriegte, dass es leichter ging, wenn man die Hände nicht überkreuzte?)

Sylvain lächelte sein Sylvain-Lächeln. Dann erschien Christophe.

»Was machst du denn da«, sagte er. *Qu'est-ce que tu fais.* Auf diese Frage gab es keine Antwort, da es gar keine Frage war. (Christophe schimpfte nie. Er erhob nie die Stimme. Er sagte einfach: »*Qu'est-ce que tu fais.*«)

»Ich habe Bill etwas gezeigt«, erwiderte Sylvain und ging prompt in die Falle. Er stotterte bei meinem Namen. »Eine Technik. Damit es schneller geht.« Als fühle er sich ertappt.

Christophe wischte mit der Hand durch die Luft, als wolle er andeuten, dass dieser »Bill« eine Fliege sei. »Du wirst am Pass gebraucht, Sylvain, wo du dich vielleicht nützlich machen kannst.«

Man vergeudete keine Zeit. Man änderte beim Gehen nie die Richtung. Man änderte nie seine Meinung. Man lief nie zweimal.

Wenn morgens die Türen aufgingen, schnappte man sich ein Schneidebrett und suchte sämtliche Töpfe, Pfannen und Utensilien zusammen, die man im Laufe des Tages brauchen würde. Erst wenn der Service zu Ende war, brachte man alles zurück (man türmte die Sachen schwankend auf das Schneidebrett, bahnte sich vorsichtig seinen Weg durch den Gardemanger-Bereich, weil man seine eigenen Füße nicht sah und es am Anfang und am Ende je eine Stufe gab). In der Zeit dazwischen rührte man sich nicht vom Fleck. Es fiel einem nicht plötzlich ein: *Ups, ich hab was vergessen und muss noch mal zurück.*

Man konnte zwar zurück, aber nur durch einen schmalen Durchgang, und da standen Ansel und Frédéric am Fischposten, dann kamen Michael und Florian im Gardemanger-Bereich und Sylvain im Kühlraum, und niemand wollte dich hier sehen, weil deine Rückkehr bedeutete, dass du unorganisiert warst und einen Rüffel verdient hattest. Florian (wie es seiner bescheidenen Position in der Hierarchie entsprach) war der Aggressivste von allen und machte sich gern ganz besonders groß; er wich nie aus, ohne einen anzurempeln, verächtlich anzustarren wie den letzten Dreck und als *putain de merde* zu beschimpfen.

Als Neuling nimmt einen keiner beiseite und sagt: »Hey, hör mal zu, ich erklär dir mal, wie das hier läuft.« Stattdessen herrscht, als fester Bestandteil der Küchenkultur, dem Novizen gegenüber pathologische Intoleranz, und jeder beobachtet mit der perversen Freude des Mobbers die vergeblichen Versuche des Neulings, die Küche zu verstehen, die alle anderen schon kennen. Für sie muss das sehr amüsant sein.

Dann erklärte Ansel, er werde kündigen, was für die kleine Küchengemeinschaft ein bedeutendes Ereignis darstellte. La Mère Brazier war ein Projekt, wir waren alle dazu da, es zu neuem Leben zu erwecken, und wussten alle, was auf dem Spiel stand. Ansel war der Erste aus dem ursprünglichen Team, der aus eigenem Entschluss ging.

An seinem letzten Abend kam er nach hinten. Er brachte seine Schicht zu Ende und sollte mir helfen. Ich war am Erbsenpuhlen. Ich puhlte. Er puhlte. Wir schwiegen.

Als wir fertig waren, begannen wir, rohe Kartoffeln zu schälen. Ansel benutzte ein Messer dazu. Ich einen Kartoffelschäler.

Wir schwiegen.

Wir schälten.

Ich vermutete, dass Ansel mich für einen jämmerlichen Köter hielt (und dagegen war nichts einzuwenden, denn für mich war er ein Affe).

»Hältst du Christophe für einen guten Koch?«, fragte ich. Offenbar war mir plötzlich nach Konversation zumute.

»Christophe?« Ansel wirkte verblüfft, als hätte er gerade entdeckt, dass der jämmerliche Köter durch irgendeinen Trick sprechen konnte wie ein Mensch. »Warum willst du das wissen?«

»Einfach so aus Neugier.«

»Christophe, ein guter Koch? Kann sein. Keine Ahnung.«

Ich nahm eine neue Kartoffel.

»Ich hasse ihn. Christophe.« Ansel sprach den Namen aus, als habe er ihn gerade hochgewürgt. »Ich bin nicht gern im gleichen Raum wie er.«

Er schälte eine Kartoffel fertig und griff nach der nächsten. Ansel war sehr schnell. »Ich hasse es, die Luft zu atmen, die er geatmet hat«, fügte er hinzu. »Verstehst du? Er ist der Grund, warum ich gehe.«

»Du gehst wegen Christophe?«

»Ich finde ihn zum Kotzen.« Er steckte sich die Finger in den Hals.

»Dann gehst du gar nicht, weil du einen anderen Job hast.«

»Ich habe keinen anderen Job.«

Wir schwiegen. Er hatte hier eine feste Stellung.

»Du solltest ein Messer benutzen«, sagte er und zeigte auf die Kartoffel in meiner Hand.

»Ja. Ich weiß. Aber mit dem Messer bin ich zu langsam.«

»Der Schäler ist langsam. Ein Messer nicht«, sagte er. »Wie oft musst du den Schäler abziehen, um eine Kartoffel zu schälen? Das weißt du nicht, oder?«

Nein, ich wusste es nicht. Ich machte weiter. Ansel beobachtete mich. Er zählte.

»25«, sagte er. »25 Mal, um diese Kartoffel zu schälen. Weißt du, wie oft man das mit dem Messer machen muss? Sieben Mal. Schau mir zu.«

Ansel nahm eine neue Kartoffel und schälte sie von einem Ende zum anderen, dann noch einmal. Nur sieben Mal zog er das Messer über die Kartoffel, dann hatte er's geschafft. Er musste nicht nacharbeiten, denn ihm war kein Fitzelchen entgangen, auch nicht am oberen und unteren Teil der Kartoffel, wo ich mit meinem Schäler immer mehrfach nacharbeiten musste.

Ansel hielt seine Kartoffel zwischen Zeigefinger und Daumen. Ein perfektes Heptagon.

»Früher hatte ich immer ein Ei in der Tasche. Zum Üben.«

Ich erwähnte einen Kartoffelschälwettbewerb, von dem ich aus *Le Progrès* wusste. Dieser Wettbewerb hatte am Wochenende zuvor stattgefunden, an der heruntergekommenen Place Carnot. Der Wettbewerb sprach Bände über die Stadt, in der ich mich befand – Lyon, diese egomanische Hauptstadt der Gastronomie. (Ich meine, *mal ganz im Ernst* – ein offener Wettbewerb, um den schnellsten Kartoffelschäler, die schnellste Kartoffelschälerin zu küren?)

»Ja, ich kenne diesen Wettbewerb. Hab ihn zweimal gewonnen.«

Als ich in jener Nacht nach Hause kam, kochte ich ein Ei und trug es den ganzen nächsten Tag mit mir herum. Irgendwie klappte sie nicht so recht bei mir, diese Bewegung, als schäle man eine imaginäre Kartoffel mit einem imaginären Messer.

Mehr Glück hatte ich mit echten Kartoffeln. Am Samstag kaufte ich einen ganzen Sack und übte am Sonntagmorgen, bevor die Familie aufstand.

Ansel konnte gut mit Messern, und in der Küche ist das Messer das wichtigste Arbeitsinstrument. Ansel zeigte mir etwas, das ich eigentlich schon wusste, nämlich, dass man den Knöchel gegen die Klinge drückt, um sich nicht zu schneiden. Das tat ich zwar schon, allerdings nur gelegentlich, weil ich Angst hatte, meine Hand gegen etwas so Gefährliches wie eine Klinge zu pressen, wohl auch, weil ich mich schon so oft schlimm geschnitten hatte. Ansel sagte, das sei total dumm von mir. Er seinerseits würde nicht mal Butter schneiden, ohne den Knöchel gegen die Klinge zu drücken. Und was mich betraf – der sich regelmäßig geschnitten hatte, seit er zum ersten Mal in eine Küche getreten war –, ich habe mich seit meiner Sitzung mit Ansel nie mehr mit einem Messer geschnitten. Kein einziges Mal. (Damit wir uns nicht missverstehen, ich schneide mich immer noch: ich erfinde nur andere, einfallsreichere Methoden.)

Ansel war ein Arschloch. Da hatte Chern ganz recht. Und ich war froh, dass er ging. Aber ich war auch froh, dass ich endlich mal mit ihm gesprochen hatte. Er war ein nettes Arschloch.

Der Freitag, Ansels letzter Tag, war der Tag, an dem Michael nicht zur Arbeit kam. Das war seit der Wiedereröffnung des Restaurants noch nie passiert, dass ein Koch nicht zur Arbeit erschien.

Michael war das verlässlichste, eigenständigste Mitglied des Küchenteams. Er war immer recht mürrisch, als leide er unter einem unstillbaren Kummer, doch er arbeitete hart, hielt sich abseits, kam nie zu spät und neigte nicht zu Wutausbrüchen oder theatralischem Getue (außer, wenn man mal zu nah an sein Schneidebrett kam).

Christophe wartete eine Stunde. Punkt 9 Uhr rief er Michael auf dem Handy an. Der ging nicht ran. Christophe hinterließ eine Nachricht. Er versuchte es zehn Minuten später noch einmal. Er starrte das Telefon an. Er rief Sylvain, der mit der allwöchentlichen Inventur im Kühlraum beschäftigt war, und schickte ihn in den Gardemanger-Bereich.

Sylvain, der selber auf einen Anruf wartete – seine Frau erwartete ihr erstes Kind –, marschierte herein und spuckte auf den Boden.

Er nannte Michael eine *putain*. Nein, er sei schlimmer als eine Hure. Er sei ein Köter.

Sylvain war auf 180. Er redete schnell. Abgehackt. »Ein Köter«, wiederholte er, »ein dreckiger, dreckiger Köter. Ein Köter, ein Köter, ein Köter.«

Wusste Sylvain etwas, das ich nicht wusste? Ich dachte mir mögliche Erklärungen für Michaels Fehlen aus: Krankheit, Nahrungsmittelvergiftung, ein familiärer Notfall, Wecker überhört – das fand ich am plausibelsten, allein schon wegen der Arbeitszeiten. Die längsten Tage (an denen es zwischen ein und zwei Uhr morgens wurde) waren die, wenn Christophe ohne Vorwarnung die Posten inspizierte und befand, dass jeder Posten noch einmal gereinigt werden müsse, bevor er ihn dann nochmals inspizierte.

»*Pas propre*«, sagte er dann.

»*Sale.*« Das andere Wort, das er benutzte, war: »dreckig«.

»*Pas propre.*« Er zeigte auf eine Stelle und feixte höhnisch.

Ein Fleck, ein Fingerabdruck, Fett an einer Schneidemaschine, ein dunkler Punkt auf den Fliesenfugen, ein Streifen auf der unverzeihlich streifigen Chromkühlschranktür. »*Sale.*«

Es dauerte lange, bis Christophe sein »O.k.« gab.

Ich zählte die Stunden, nicht ohne Stolz: 16 bis 18 Stunden pro Tag (mit einer kurzen, aber nicht garantierten Nachmittagspause), und das fünf Tage die Woche. Eine 80-Stunden-Woche, plus minus. Morgens verließ ich das Haus, wenn der Rest der Familie noch schlief, nachts kam ich zurück, wenn alle zu Bett gegangen waren. Aber mir fiel der Weg leicht: Ich ging zu Fuß. Sylvain, die beiden Johanns sowie Mathieu Kergourlay, der den Fleischposten leitete, waren Pendler und hatten lange

241

Arbeitswege. Chern und Hortense wohnten im Institut Bocuse und mussten auf den Nachtbus warten.

Mittlerweile gefielen mir die Kompromisslosigkeit, die Direktheit, das Absolute dieser Tätigkeit. Es gab kein Morgenteam, das einem die Arbeit abgenommen hätte. Man bereitete alles selber vor, kochte bis Mittag, richtete die Speisen auf den Tellern an, reinigte dann seinen Posten, putzte die Wände, den Boden, die Arbeitsflächen, und dann ging es wieder von vorne los, und man bereitete das Abendessen vor. Es hatte etwas Ehrliches, ja Philosophisches – dass die Zubereitung von Essen eben weit mehr bedeutete als nur das Kochen. Mir gefielen die Arbeitszeiten. Sie hatten etwas Reines, Gediegenes, weil sie so absolut waren. Man tat seine Arbeit. Wenn aber etwas schieflief – es gab keinen Krankenurlaub, keine Aushilfsköche –, dann hatte jemand, wie jetzt Sylvain, plötzlich zwei Jobs, seinen und den von Michael.

Gegen 11 Uhr vormittags kam ein Anruf. Christophe verpasste ihn und hörte später die Mailbox ab. Es war ein Freund von Michael, er nannte keinen Namen, jedenfalls hatte Michael einen Unfall gehabt, spätnachts, sein Wagen hatte sich überschlagen.

Sylvain war empört. Er umklammerte mit beiden Händen die Arbeitsplatte. Seine Halsmuskeln schwollen bedrohlich, sein Gesicht lief rot an. Ich hatte Angst um ihn, weil er diese maßlose Wut unterdrückte.

Sylvain wusste nur eins: dass Michael irgendwie Mist gebaut hatte. Er hatte den Kodex verletzt. *La rigueur* – Sylvain benutzte dieses Wort. Zähne zusammenbeißen. Hart sein. Nie das Team hängen lassen.

Auch Viannay benutzte das Wort. Einmal hatte ich mich wegen eines dringenden zahnärztlichen Eingriffs verspätet und erschien erst nach dem *personnel*. Viannay wartete schon auf mich, stand mit verschränkten Armen am Eingang und versperrte mir den Weg.

Panik: Hatte er denn meine Nachricht auf der Mailbox nicht bekommen?

»Doch, ich habe sie abgehört.«

Ich entschuldigte mich für meine Verspätung.

Er zeigte auf seine Uhr.

Ich entschuldigte mich erneut. Ich zeigte auf meinen Kiefer. »Der Schmerz.« Ich versuchte, witzig zu sein. Viannay schüttelte den Kopf. »*La rigueur*. Verstehst du? *La rigueur.*« Ich entschuldigte mich. Er wich nicht von der Schwelle. Er blockierte die Tür.

»Entweder bist du bei uns oder nicht.«

»Ich bin bei euch.«

Da trat er beiseite.

Les règles. Die Regeln. *Les règles* bestimmten das Essen. *La rigueur* bestimmte das Verhalten.

Nach dem Lunch rief die Polizei an. Eine Frau hatte auf dem Beifahrersitz gesessen, Michaels Freundin. Als sich der Wagen überschlug, wurde sie schwer verletzt und lag jetzt auf der Intensivstation. Michael hatte getrunken.

Sylvain schlug so heftig mit der Faust gegen eine Kühlschranktür, dass eine Delle entstand.

»Michael war betrunken. Er hatte zu viel Promille«, berichtete Viannay.

Michael erschien am nächsten Morgen. Viannay bat ihn zu einem Gespräch nach oben und feuerte ihn.

»Er kann einfach nichts«, sagte Viannay zu mir. »Das Problem war nicht dieser Drink zu viel. Er war einfach nicht gut genug.«

Warum erzählte Viannay mir das? Die ungeschminkte Wahrheit schien ihn zu faszinieren.

Manchmal gab Viannay den harten Typen. Dann wieder nicht. Er konnte von warm zu kalt zu heiß wechseln, innerhalb einer Sekunde. Wir alle blickten ihm immer forschend ins Gesicht. (»Schau auf den Kragen«, flüsterte mir Frédéric zu – er meinte die MOF-Streifen in den Farben der französischen Flagge –, als ich Viannay einmal anstarrte, um herauszufinden was in ihm vorging.) Er war der Restaurantchef. Wir waren auf seinem Territorium von seinem Wohlwollen abhängig. Er stellte die Regeln auf. Man fühlte sich in seiner Gegenwart nie ganz ungefährdet. Im einen Moment fühlte man sich sicher und war sein Freund. Im nächsten Moment fühlte man sich unsicher und fürchtete sich vor einer verletzenden Bemerkung.

Wenn er, was selten geschah, in Wut geriet, war seine Wut fokussiert, wie bei einem Raubtier. Er wurde dann außergewöhnlich ruhig, bewegte sich lautlos wie ein Waldtier. Viannay brüllte niemals. Er sprach leise, es sei denn, er war sehr wütend – dann wurde seine Stimme zu einem zischenden Flüstern. Er biss die Zähne aufeinander, sein Kiefer schien sich zu dehnen, sein Gesicht veränderte sich. Dann erinnerte er mich an einen Marder oder Nerz, grausam, schnell, gefährlich.

Eines Morgens war ich mit einer besonders öden Aufgabe beschäftigt: Ich sollte von zarten Pflänzchen nur die perfekt geformten Blätter abzupfen. Christophe hatte sie angefordert. (Ihm war eine Art gärtnerischer Erleuchtung widerfahren, und jetzt glaubte er, wenn er einen Teller mit makellosen Blättern garnierte, würden die Dinge darauf – das Fleisch, das Gemüse, die Sauce – ästhetisch oder metaphysisch oder vielleicht einfach nur physisch miteinander verbunden.) Gleichzeitig hatte Christophe eine Intoleranz entwickelt: Er reagierte geradezu allergisch, wenn man ihm ein minderwertiges oder beschädigtes Blatt brachte. »*Feuilles!*«, bellte es dann aus dem Lautsprecher. »*Feuilles*« ist das französische Wort für »Blätter«. Aber dies bedeutet nicht etwa, dass Christophe *feuilles* anforderte, sondern dass er sein Missfallen über die *feuilles* äußerte, die ich zuvor gebracht hatte, denn es waren stets Blätter dabei, die sowohl minderwertig als auch beschädigt waren.

Viannay kam zufällig vorbei, als ich gerade einen kleinen privaten Wutanfall hatte und die Lattenkiste mit den Blättern, diesen kleinen Mistdingern, aufgebracht hin und her stieß. Es waren so viele Blätter, und alle hatten einen Makel – da, eine ganze Hand voll krummer Blattstiele. Ich sah kein einziges perfektes Blatt, weil eben *nichts* perfekt ist, und ehrlich gesagt, moralisch betrachtet, gar nichts perfekt sein *sollte*, und mich nach Italien sehnte, wo man die Natur freudig akzeptiert, mit all ihren krummen Blattstielen.

Viannay blieb ruckartig stehen. Er starrte mich an. »Was soll das?« Es war, als hätte er mich beim Stehlen ertappt (und auf irgendeinem Level stimmte das vielleicht sogar), und er verwandelte sich vom Restaurantchef, der mein Freund zu sein schien, zu einem Mann voller Wut: die Zähne, der Kiefer, das Raubtiergesicht.

Und schon verwandelte er sich wieder zurück. Als sei, wie im Film, eine Wolke über den Nachthimmel gezogen, kam jetzt wieder Viannays normales Gesicht zum Vorschein, denn ihm war eingefallen, dass ich Amerikaner war und er von seiner Zeit in Amerika her wusste, dass man dort keine Ahnung hat von der Kultur des Blatts und anderen wichtigen Dingen, die den Franzosen so wichtig sind.

»Ich zeige es dir«, sagte er. »Die Blätter sind zart. Sie müssen zart behandelt werden.« *Doucement.* Er demonstrierte es mir: wie man die Hände in die Lattenkiste voller Blätter taucht und die Blätter dann, neugierig, ja sogar zärtlich, überprüft, Blatt für Blatt, die minderwertigen Blätter aussortiert und nach perfekten Exemplaren sucht. Jedes vielversprechende Blatt war wie eine Verheißung (»Dieses hier? Nein, leider nicht«), und Viannays so wandelbares Gesicht wurde mild.

»Es dauert eine Weile, das perfekte Blatt zu finden«, sagte er. Dann hatte er es gefunden. Er legte das Blatt auf seine Handfläche. Er betrachtete es von so Nahem, dass er leicht schielte, und legte das Blatt dann sanft auf ein Küchentuch. »Das ist ein gutes Blatt.«

Am Abend rief Viannay über den Küchenlautsprecher einen der beiden Pâtissiers zum Pass. Johann der Lockere erschien, fröhlich und entspannt, mit lässig aufgesetzter Kochmütze (in letzter Sekunde) und tief sitzenden Hüfthosen.

»Ich möchte, dass du mir für Montag ein Dessert machst«, sagte Viannay, »irgendwas mit Himbeeren.«

»*Oui*, Chef!«

Johann ging zum Pâtisserie-Posten zurück. Er fühlte sich geschmeichelt. Er lächelte.

Viannay hatte eine besondere Vorliebe für perfekt zubereitete traditionelle französische Desserts. Es gab die stillschweigende Annahme, vermutlich inspiriert durch Paul Bocuse, dass die Bestandteile des französischen Repertoires vollkommen ausreichten, vorausgesetzt, sie waren perfekt. Auf Viannays Speisekarte standen ein Grand-Marnier-Soufflé, mit besonders intensivem Orangenaroma, und der Paris-Brest, ein Ring aus Brandteig, mein Lieblingsdessert bis in alle Ewigkeit. In diesem Geist kreierte Johann ein geschichtetes Fruchtgebilde, das man *millefeuille croustillant aux framboises* nennt – drei Schichten Blätterteig und dazwischen Himbeeren und Himbeercreme. Rot und weiß und rosa.

Viannay fuhr mit dem Löffel in das knusprige Dessert, ein angenehmes Geräusch. Viannay nahm einen Bissen. Er kaute, man hörte, wie knusprig die Konsistenz des Blätterteigs war. Er nahm noch einen Bissen, diesmal einen größeren, und noch einen, und hatte das Dessert im Nu vertilgt.

Johann freute sich. Offensichtlich hatte es Viannay geschmeckt.

Offensichtlich hatte Viannay aber nur Hunger gehabt.

Er wischte sich den Mund ab. Er räusperte sich. Dann feuerte er Johann.

»Es ist nicht gut genug«, sagte Viannay. Und plötzlich gab es nur noch einen Johann in der Küche.

Der andere Johann fragte, ob er noch bis zum Ende der Woche bleiben könne, und Viannay erlaubte es ihm. Johann hatte die Entlassung zwar überrascht, doch akzeptierte er seine traurige Lage mit stoischer Gelassenheit. Viannay hatte sich unmissverständlich ausgedrückt: Deine Desserts sind nicht gut genug. Tschüss. Eiskalt.

Sylvain hatte in einer Ecke mit Johann ein Gespräch. Lag es am Kokain – *coco*? (Johann wäre nicht der erste Koch gewesen, der den langen Arbeitstag nur mit etwas Unterstützung durchstand.)

Nein, erwiderte Johann. Es war keine Rede von Drogen. Es war ganz einfach. Er hat gesagt, ich sei nicht gut genug.

Eines Tages weinte Hortense. Kurz vor dem Lunch-Service hatte sie den vorderen Küchenbereich gekehrt (jetzt *ihr* Job), und Frédéric, der sie überragte, hatte etwas zu ihr gesagt – ich sah die beiden zwar, hörte aber nicht, was gesprochen wurde –, und sie floh in größter Not zurück zum Gardemanger-Posten. Man rief Viannay. Als er kam, war ihr tränenüberströmtes Gesicht vom Weinen aufgequollen, und sie schluchzte so heftig, dass sie keuchend nach Luft schnappte.

Viannay berührte ihre Schulter, um sie zu beruhigen. Er brachte sie dazu, gleichmäßig zu atmen. Er beugte sich über die Arbeitsplatte, ganz nah, nur noch wenige Zentimeter von Hortense entfernt. Ich stand in der Nähe, wo ich gerade eine Terrine mit Sülze füllte, und war beeindruckt, wie feinfühlig er mit Hortense umging, wie menschlich. Er flüsterte. Die Beleidigung interessierte ihn nicht. So lief das eben in der Küche. Man hielt das aus, oder man ging.

Entweder bist du bei uns oder eben nicht. Und Hortense versicherte, sie sei dabei.

Sonntagmorgens ging ich mit den Jungs so früh wie möglich und so lang wie möglich aus dem Haus. Es war ein Vergnügen. Und es war Jessicas ausdrücklicher Wunsch.

In der Presqu'île hat sonntags fast alles zu, bis auf die Cafés und Bistros in der Nähe des Bauernmarkts auf dem Quai Saint-Antoine. Unser Lieblingscafé wurde La Pêcherie. Das Reizvolle daran waren die Körbe voller *pain au chocolat* (die Jungs aßen jedes Mal jeweils mindestens zwei davon), leckere heiße Schokolade und trinkbarer Kaffee. (Ein fortwährender Irrtum der Franzosen betrifft die Café-Kultur. Der französische Kaffee ist ungenießbar, dünn, dilettantisch zubereitet und macht schlechte Laune. Den besten Kaffee bekommt man, gleich nachdem man die Grenze nach Italien überschritten hat.) Das Café Pêcherie lag gegenüber einer Haltestelle, an der ein Bus in Richtung Vorstadt fuhr. Und so saßen im Café sonntagmorgens immer ein paar Versprengte, die die Nacht hindurch gefeiert hatten und hier im Café auf ihren Bus warteten. Sie tranken ein Bier zum Frühstück, hielten sich mühsam auf ihrem Barstuhl und verschwanden manchmal eilig ins Untergeschoss, zu den Toiletten. Komische, müffelnde Gestalten, von meinen Kindern misstrauisch beäugt.

Anschließend ging ich dann mit den Jungs zum Bauernmarkt, und dann kehrten wir nach Hause zurück, vorbei am *Amphithéâtre des Trois Gaules*, dem »Amphitheater der drei Gallien« – eine antike Ruine, die erst 1978 ausgegraben wurde. Das Amphitheater wurde von den Römern als Versammlungsort für die im Rhônetal beheimateten Stämme erbaut. Angesichts seiner riesigen Dimensionen kann man kaum glauben, dass es bis zur Entdeckung fast zweitausend Jahre völlig begraben lag. In der Antike reisten stark behaarte Männer (die Gallier sind ja dafür berühmt) über große Entfernungen hinweg hierher, um sich sinnlos zu betrinken. Meine Jungs faszinierten vor allem die sanitären Anlagen: So viele Orte zum Pinkeln, Kacken und Kotzen!

Wir überquerten den Fluss und begegneten Christophe, den ich im ersten Moment gar nicht erkannte, in Straßenkleidung, ohne seine riesige Kochmütze. Er saß mit einer Frau – dunkles Haar, blasser Teint, Ohrreifen, roter Lippenstift – an einem Tisch vor der Wallace Bar, einem schottischen Sports Pub, bekannt für sein schlechtes Essen, sein gutes Bier und viele Fernsehgeräte. Ich hatte Christophe noch nie außerhalb der Küche gesehen. Ich hatte ihn noch nie mit einer Frau gesehen. Ich hatte gar nicht gedacht, dass er außerhalb der Küche noch ein ganz normales Leben haben könnte. Ich schaute nicht lange hin – Christophe und ich nickten uns fast unmerklich zu –, aber er und die Frau schienen sich nicht so recht wohlzufühlen. War es ein Date? Im Wallace? Gehörte zu Christophes Brautwerbung ein verdorbener Magen? (War es überhaupt möglich, dass ihn jemand liebte?)

Fredericks Füße baumelten gegen meinen Brustkorb, Georges kleine Hand lag in meiner, und plötzlich beschlich mich ein gewisses Unbehagen. Auf einmal erschien es mir riskant, hier so gesehen zu werden, mit meinen Kindern. In der Küche ist man ein anderer Mensch als draußen. Ich war es gewohnt, in der Küche stets auf der Hut zu sein. Dort herrschte eine harte, raue Atmosphäre. Es gefiel mir nicht, dass der Küchenchef mich hier mit meinen Kindern sah. Sie waren nicht hart. Sie waren verletzlich. Auch ich fühlte mich in diesem Moment verletzlich, da sie meiner Obhut anvertraut waren.

Das Loiretal. Die Loire ist Frankreichs längster Fluss, der im Süden entspringt, nordwärts fließt und kurz vor Paris nach Westen Richtung Meer fließt. Die Pariser bezogen den größten Teil ihres Weins aus dem Loiretal, weil es so nah bei der Hauptstadt lag. Auch Könige und Königinnen begaben sich früher dorthin, um zu jagen oder um der Sommerhitze zu entfliehen.

Ich fuhr an einem Wochenende ins Loiretal. Ich verließ das Haus und fuhr direkt nach Norden, die Saône zu meiner Rechten, die Weinberge von Beaujolais zu meiner Linken. Nach einer Stunde erreichte ich den Felsen von Solutré, eine mächtige Kalkformation, die den Beginn der südlichen Bourgogne markiert und einst, etwa 50000 vor Christus, den Höhlenbewohnern dieser Region Schutz bot (im Mittelpaläolithikum, in der »Steinzeit«). Überall auf den umliegenden Bergen wächst Wein, weiße Trauben, fast ausschließlich Chardonnay, die leichten, unbeschwerten Weine von Pouilly-Fuissé, Saint-Véran und Mâcon.

Zum Mittagessen machte ich Station in der Stadt Beaune, Zentrum der französischen Weinkultur in der Bourgogne, und fuhr dann weiter. In Dijon biegt die Autobahn nach Nordwesten, Richtung Paris.

Mein Ziel war Amboise, einst Heimat von Franz I., der Frankreich von 1515 bis 1547 regierte (und Schwiegervater von Katharina von Medici war). Die Stadt liegt an der Loire und im Bereich der berühmten Route, an der die prächtigsten Schlösser liegen. Sie sind die architektonischen Wunder des Loiretals – etwa Schloss Chambord, in 28 Jahren erbaut, ein Projekt Franz' I., wohl von zwei Toskanern entworfen; oder das Wasserschloss Chenonceau, im Jahr 1515 wiederaufgebaut und ab 1560 Wohnsitz von Katharina von Medici; oder Schloss Châteaudun und viele weitere Schlösser, eines herrlicher als das andere. Walt Disneys Logo, das mit Türmen versehene Dornröschenschloss, hinter dem ein Feuerwerk explodiert, könnte nach dem Vorbild der Loireschlösser entworfen worden sein: Schon im 16. Jahrhundert galten diese Loireschlösser als wahrlich märchenhaft, denn es waren keine Festungen, sondern Stein gewordene Träume, inspiriert durch die Adelssitze Norditaliens. Viele dieser Schlösser wurden von norditalienischen Architekten entworfen oder waren mit italienischen Kaminen, Treppenausgängen und Wandbehängen ausgestattet. All dies entsprang der Sehnsucht nach dem, was die Italiener bereits erreicht hatten, der Sehnsucht nach einer französischen Renaissance. Im gleichen Sinne lud Franz I., kurz nachdem man ihn zum König gesalbt hatte, Leonardo da Vinci ein, nach Amboise zu ziehen, damals königliche Residenz. Dies war nicht das erste Mal, dass der König, der Italienisch sprach, italienische Künstler förderte – etwa Benvenuto Cellini und Andrea del Sarto – und sie an seiner Tafel willkommen hieß. Aber Leonardo? Eine erstaunliche Geste.

Noch erstaunlicher war, dass Leonardo darauf einging.

Im folgenden Jahr machte er sich, im Alter von 64 Jahren, von Italien aus auf den Weg in die neue Heimat, vermutlich über die Alpen (über seine Reiseroute ist nichts bekannt). Auf Lasttieren transportierte er seine bescheidene Habe, unter anderem zwei soeben vollendete Gemälde. Leonardo wurde mit großem Aufwand im Château du Clos Lucé einquartiert. Dieses Schloss, ein riesiger, von einer Mauer »eingefriedeter« Besitz (daher der Name), war von Wiesen, Wasserläufen und Wald umgeben. Die königliche Residenz lag nur wenige Hundert Meter zu Fuß entfernt, sodass die beiden Männer fast täglich gemeinsam aßen und Gespräche führten.

Ich war in Vinci in der Toskana gewesen, der Ort, aus dem Leonardo stammt – *da* Vinci. Leonardo ist das unumstrittene Genie der florentinischen Renaissance. Das weiß jeder. Nicht gewusst, und nicht einmal in seinem Heimatdorf erfahren, hatte ich, dass Leonardo da Vinci im Jahr 1519 quasi als Franzose starb. Dieses Detail wird in Italien selten erwähnt. Und in Frankreich scheint es noch seltener erwähnt zu werden, obwohl das berühmteste Gemälde Leonardos, die *Mona Lisa*, im Louvre hängt, denn es war eins der Gemälde, die er aus Italien mitgebracht hatte. Das andere war *Johannes der Täufer*.

Direkt hinter Chablis kommt eine Abzweigung – Paris liegt nördlich, die Loire westlich –, und hier bog ich auf eine lange, geschwungene Autobahn, die durch Zentralfrankreich führt und die Ebene von La Beauce durchquert. Man sieht diese Ebene erst, wenn man hindurchfährt, und ich, der entdecken wollte, warum ein König den alternden Leonardo überreden konnte, nach Frankreich zu ziehen, war jetzt mittendrin.

Ich hatte weder geahnt, wie flach, noch wie groß diese riesige Schwemmlandebene war, 4000 Quadratkilometer, geformt seit Urzeiten von den Sedimenten zweier Flüsse – der Seine im Norden und der Loire im Süden.

Die Ernte war bereits eingebracht, die Äcker bestellt – von einem Horizont zum anderen gleichförmige Reihen umgepflügter Erde, exakt symmetrisch. Es war heiß. Ich wurde schläfrig. Ich schaltete das Radio an. Ich drehte es lauter. Ich fuhr schnell, niemand vor mir, die Autobahn leer. Es gab nichts zu sehen, keine Siedlungen, keine Bäume, nur den Himmel, gnadenlos blau, und die endlose Weite tiefbrauner gepflügter Felder. Auf einem Zaunpfosten erspähte ich eine Eule.

La Beauce wird »*le grenier de la France*« genannt: die Kornkammer

Frankreichs. Von hier stammt das Mehl des Landes. Jedes Jahr wird der Weizen nach der Ernte gedroschen und gemahlen und wird mit jedem Tag, Monat, Jahr, die er gleichgültig aufbewahrt wird, von einem Lebensmittel zu neutraler, charakterloser Stärke. Die Pflanze wird ausgerissen und neu gesät, mit Stickstoff gedüngt, um das Wachstum zu fördern, mit Pestiziden besprüht; sie wächst in einem Ackerboden, der eigentlich künstlich ist. Wenn Bob von *la farine* sprach, dachte er nicht an Mehl aus diesem Weizen.

Bobs Mehl stammte aus der Region Ardèche. Eigentlich kaufte er viele verschiedene Mehlsorten, doch ein Bauernhof in der Region Ardèche war seine Hauptquelle. Das Departement Ardèche liegt südwestlich von Lyon, und wenn die Region erwähnt wird, fehlt kaum je der Hinweis, wie fremd und andersartig sie ist. Nämlich »sauvage« – wild – mit Felsen, Wäldern, Wildschweinen. Eine ungezähmte Landschaft. Ihre Berge bestehen aus Vulkanen – überall kelchförmige Lavaschlote, immer noch bedrohlich, obwohl sie nicht mehr aktiv sind.

Ich hatte den Bauernhof in der Region Archèche, wo Bobs Mehl herstammte, noch nicht besucht, aber einmal fuhr ich, an einem Sonntagmorgen im August, durch ein nahe gelegenes Tal, mit Daniel Boulud. Wir waren auf dem Weg zum weit entfernten Rand dieser Region, um Michel Bras zu treffen. Bras ist ein Original, ein exzentrischer Koch, dessen Restaurant auf einer Bergspitze liegt, in unberührter Natur. Um dorthin zu kommen, mussten wir eine Reihe von Vulkandomen überwinden. Entweder überquert man sie auf direktem Weg, oder man muss sie stundenlang umfahren. Wir überquerten sie und hatten das Gefühl, uns mit jedem Dorf, das wir auf dieser Fahrt passierten, weiter vom modernen Frankreich zu entfernen.

In Félines (Fluss, Wasserfall, Kirche, 900 Meter Höhe, 1612 Einwohner) kauften wir Wurstwaren in einer Boucherie. Das Dorf hatte zwei Boucherien. Es gebe kaum eine andere Gegend, wo das Schwein so geschätzt werde wie in der Region Ardèche, erklärte Daniel.

In La Chaise-Dieu kauften wir noch mehr Wurstwaren ein (sie schmeckten anders – fetthaltiger, gröber zubereitet, ländlicher, rustikaler). Als wir weiterfahren wollten, kamen wir nicht weg, weil mehrere Hundert Einwohner durch die Straße zogen. Wir warteten; durch das Dorf führte nur dieser eine Weg. Ganz oben auf einem Berg gibt es keine Nebenstraßen. Die Menge zog zur Kirche. Wo sonst ziehen die Einwohner einer ganzen Ortschaft geschlossen zur Kirche?

In Saint-Didier-sur-Doulon blockierte man unseren Weg erneut – hier war die Messe gerade aus.

Als wir einen Pass überquerten, wurde die Landschaft flacher. Und wieder war unser Weg blockiert: diesmal von Ziegen.

In Bobs Bäckerei hing das Bild einer Ziege auf einem steilen Berg in der Region Ardèche. Das Tier gehörte Bobs Freund, dem Bauern. Der Weizen dieses Bauern wurde vor Ort zu jenem Mehl verarbeitet, das Bob für sein Brot verwendete. Das Bild war die einzige Information, die Bobs Kunden benötigten. Wer braucht ein Etikett, wenn er eine Ziege hat?

Was machte diesen Weizen so besonders?

»Hm, keine Ahnung. Vielleicht die Erde, der Dreck?«

»Der Dreck?«

»Die Ardèche ist vulkanisch! Es gibt keine bessere Erde als Vulkanerde.«

Einmal fragte ich Viannay, wie er seine Küche beschreiben würde. Es war eine typische Journalistenfrage. Doch an Viannays Reaktion – er schien zu erstarren und fand einen Moment lang keine Worte – merkte ich, dass meine Rolle nicht klar definiert schien. Ich war ja eigentlich nicht als Autor da, jedenfalls nicht zu diesem Zeitpunkt, sondern als Viannays *stagiaire* und Koch.

»*Néoclassique*«, sagte er dann entschieden. »Meine Küche ist *néoclassique*.«

Neoklassizistisch? Ich wiederholte das Wort in Gedanken. Wer verwendet heutzutage so einen Begriff?

Viannay schien über die Wirkung seiner Worte erfreut.

»Ich bin ein Neoklassiker«, fügte er hinzu, als wolle er es noch einmal präzisieren, drehte sich um und ging nach oben in sein Büro.

Ich machte mich wieder an die Arbeit und dachte, dass es ja bestimmt eine klassische Periode in der französischen Küche gab, vermutlich sogar mehrere klassische Perioden. Erlebten diese Perioden in Viannays Küche eine Renaissance?

Bei anderer Gelegenheit tranken wir nach *le personnel* noch einen Kaffee an der Bar, und ich fragte Viannay, woher er stamme.

»Aus der Nähe von Paris«, erwiderte er. »Versailles. Aber«, fügte er schnell hinzu, als sei ihm klar geworden, was meine Frage implizierte, »mein Großvater war Lyoneser.« In Lyon geht man nämlich davon aus, dass nur ein Lyoneser lyonesisch kochen kann.

Ich machte ihn sichtlich nervös. Ich stellte zu viele Journalistenfragen, weil er *mich* nervös machte und ich mich unbehaglich fühlte (wegen ihm, meinem Französisch, meiner Rolle, was auch immer).

»Ich habe mal zwei Journalisten vom *New Yorker* gekannt«, sagte er plötzlich, weil er mein Unbehagen zu spüren schien. »Neil Sheehan und Susan Sheehan.«

»Beide haben den Pulitzer-Preis gewonnen«, erwiderte ich. Beide hatten für den *New Yorker* geschrieben, als ich dort Redakteur war. »Die sind berühmt.«

»Sie waren die Eltern von Catherine, meiner Freundin. Ich habe sie im oberen Stockwerk tippen gehört. Die waren ständig am Schreiben.« Er hielt inne und schien an das rhythmische Geklapper zurückzudenken.

»Du hattest eine amerikanische Freundin?«

»Nicht nur ›Freundin‹. Das war schon was Ernsteres als ›eine Freundin‹.«

»Und du hast in den Vereinigten Staaten gelebt?« Ich konnte einfach nicht anders: Ich wusste so wenig über diesen Mann, dass ich ihn dauernd mit derlei Journalistenfragen bombardierte.

»Wir hatten *geplant*, dort zu leben, Catherine und ich«, sagte er. Dann drehte er sich, genau wie beim letzten Mal, abrupt um und lief die Treppe hinauf, als habe er schon zu viel gesagt.

Egal wie meine Rolle aussah, der Umgang mit Viannay war immer schwierig: Er hielt sich ständig bedeckt, und kaum hatte es den Anschein, dass er etwas zugänglicher wurde, ging er gleich wieder in Deckung. Mich faszinierte seine Sprache, die Sprechpausen, die unerwarteten Betonungen. Mir wurde klar, dass Viannay manchmal stotterte, ein Stottern, das er beinahe im Griff hatte – es war eigentlich gar kein richtiges Stottern mehr –, und dadurch wurde er vielschichtiger, als ich vermutet hatte, und verletzlich. Er gab so wenig von sich preis, er war so sehr darauf bedacht, sein Inneres zu verbergen, dass man, wenn es einmal sichtbar wurde, wenn es einmal durchbrach, unwillkürlich fasziniert war.

Eines Tages erzählte mir Viannay die Geschichte von Catherine – vier Jahre später bei einem Glas Wein. (Spoiler-Alarm Nummer vier: Viannay wurde ein Freund, zumindest glaube ich, dass er das wurde; es wird niemanden überraschen, wenn ich sage, dass ich mir bei Viannay nie so ganz sicher bin.)

Im Grunde hatte er die ganz normale Biografie eines ehrgeizigen Kochs: 1987 seine *formation* (Kochschule, *stages* in Zwei-Sterne-Restaurants); 1998 dann die erste Stelle als Koch (Les Oliviers, eins der Lokale, die Bob mit Brot belieferte); 2001 erstmals Restaurantinhaber und Küchenchef; 2004 der Titel M.O.F.; erster Michelin-Stern 2005; La Mère Brazier 2008; zweiter Michelin-Stern 2009: Schlag auf Schlag. Aber dann war da eine Lücke – Viannay gab seine ambitionierte Rolle als Küchenchef auf und verließ Frankreich, um mit seiner Freundin in den Vereinigten Staaten zu leben. Während dieser Zeit geriet seine Karriere so aus dem Gleis, dass es ihn zehn Jahre kosten sollte, um wieder ins Gleis zu kommen (eine sehr abgegriffene Metapher, die sich aber als sehr passend erweisen sollte). Die Entgleisung hatte nichts mit seiner Liebe zu tun. Sondern damit, dass er Sandwichmaker wurde. Fairerweise muss gesagt werden, er machte auch Croissants. Jedenfalls kochte er damals keine neoklassizistischen Gerichte.

Um nach Amerika zu kommen, wo Catherine ihr Studium am Wellesley College in Massachusetts begann, dachte sich Viannay einen völlig verrückten Plan aus, zu dem gehörte, dass er seinen arglosen, untadelig rechtschaffenen und liebenden Vater (Physikprofessor an der Universität von Angers) verriet, indem er sich von ihm eine große Summe lieh (auf heutige Verhältnisse umgerechnet etwa 35 000 Dollar) und das Geld in zwei Monaten verpulverte. »Er gab vor, Kochkurse an der Johnson & Wales University auf Rhode Island zu belegen, einer ›amerikanischen Institution für die Kochausbildung‹. Er brachte sogar einen Freund dazu mitzumachen«, erzählte mir Susan Sheehan, als ich sie in Washington, D. C., erreichte, wo sie inzwischen für das FBI arbeitet. »Mathieu ging dort aber nie hin. Er wurde gefeuert.«

Ich fragte ihn, wofür er das Geld ausgegeben hätte.

»Fürs Saufen«, erwiderte er.

In Ungnade gefallen, begann er, seinem Vater das Geld zurückzuzahlen, indem er Sandwiches machte. Sein erstes Lokal: C'est Si Bonne, ein Bistro in Greenwich, Connecticut.

Zweites Lokal: C'est Si Bonne in Chicago. Viannay war so talentiert, dass die Eigentümer ihn baten, dort eine Filiale zu eröffnen.

Dann wurde er zum französischen Militärdienst einberufen. Aber selbst dies war kurios (man könnte sagen, ein bisschen »aus dem Gleis«). Die Karriere vieler Köche – Michel Richard, Jacques Pépin, Éric Ripert und sogar Escoffier – hatte in Armeeküchen begonnen. Viannay meldete sich aber nicht zur Armee, sondern zur Luftwaffe, und nicht als Koch, sondern als Scharfschütze und Fallschirmjäger, stationiert in den Bergen des Languedoc. Hatte er seine Berufung vergessen? (»Mathieu hätte sich nicht dorthin melden müssen«, sagte Sheehan, immer noch erbittert über Viannays Männerfantasien. »Die nächstgelegene Stadt war

Uzès! Uzès! Wissen Sie, wie schwer es ist, aus den Vereinigten Staaten nach Uzès zu kommen?«)

Danach machte Viannay wieder Sandwiches. »Als Kind«, erklärte er, »träumte ich davon, der *chef de gare* zu sein, der Bahnhofsvorsteher, der sich um die Züge kümmert.« Jetzt machte er Sandwiches in Paris, am Bahnhof Gare du Nord. Dort blieb er zwei Jahre.

Sein nächstes Lokal? Gare de Lyon-Part-Dieu. Dort bereitete er vier Jahre lang Sandwiches zu. Aber er war nun endlich in der Hauptstadt der Gastronomie angelangt (Viannay macht offenbar sehr leckere Sandwiches).

DER PAPST

Die Dombes haben sich zwar ein wenig verändert. Aber sie sind immer noch so, wie ich sie liebe. Der Himmel über der Seenlandschaft, mit seinen sanften, wechselnden Farben. Anmut, Birken. Von Unkraut gesäumte Sümpfe mit Wasservögeln, bunten Enten, die wie Spielzeugtiere übers Wasser gleiten. Hoch droben Möwen, weiß in der Sonne, grau in der Dämmerung. Kein Luxus. Keine Protzerei. Eine schöne französische Landschaft, dazu gemacht, Tag für Tag in ihr zu leben. Und im Herbst, wenn die Wälder in den Farben der gefiederten und bepelzten Jagdtiere leuchten und der Abendnebel aus den Sümpfen steigt und die Ferne durchflutet, ist ihr eine malerische Melancholie zu eigen.

Aus *Croque-en-bouche* von Fanny Deschamps, 1976

Eines Tages, gleich nach *le personnel*, nahm ich einen Kaffee an der Bar und unterhielt mich mit Stéphane Porto, dem großen, stets tadellos gekleideten Oberkellner. Ich erzählte ihm, wie sehr es mich frustrierte, noch nie Paul Bocuse begegnet zu sein. Bocuse noch nie die Hand geschüttelt, noch nie ein Wort mit ihm gewechselt zu haben. Ich kam einfach nicht an ihn heran.

An den Wänden hingen Fotos von Bocuse aus seiner Zeit bei La Mère Brazier.

Man hatte mir gesagt, dass ich ihn über seine Familie erreichen könne. Ehefrau, Tochter, Schwiegersohn. Ich schrieb sie alle an. Die Tochter reagierte mit offener Verachtung à la »Sie kleiner, unbedeutender Schriftsteller glauben doch nicht im Ernst, dass Monsieur Bocuse auf die Idee käme, für Sie seine Zeit zu verschwenden?«

Zufällig stand Viannay hinter mir.

»Du möchtest Bocuse kennenlernen?«, fragte er.

»Ja.«

»Dann komm morgen früh. Um sieben Uhr. Sei pünktlich. Ich stelle dich ihm vor. Sei nicht zu spät.«

Am nächsten Morgen fuhr Viannay mit mir über die Rhône zu den Markthallen im dritten Arrondissement, *Les Halles de Lyon Paul Bocuse*. Vor dem Gebäude stand der Wagen des berühmten Kochs, ein klotziger schwarzer (amerikanischer) Jeep Wrangler mit allen Schikanen: zusätzliche Scheinwerfer auf dem Dach, Seilwinde und breite Geländereifen (Michelin). Er parkte auf einem Gehweg, vor dem Eingang der Hallen. Dieser Anblick bestätigte zwei Lyoneser Gerüchte: 1) Bocuse trank seinen Kaffee tatsächlich frühmorgens in Les Halles, und 2) die Polizei kannte seinen Wagen und verpasste ihm nie einen Strafzettel.

Wir jedoch parkten kostenpflichtig auf einem Parkplatz, betraten die Halle und besuchten einen Stand, Chez Léon, der seit 1920 in Les Halles, beziehungsweise einer früheren Version davon, Meeresfrüchte verkaufte. Wir wählten eine Platte Austern und ein Glas Muscadet, ein stärkendes Frühstück. Viannay beugte sich zu mir rüber und flüsterte:

»Chez Léon. Merk dir den Namen; hier wirst du ab jetzt deine Austern kaufen. Verstanden?«

Dann gingen wir weiter, bis wir ein legeres Café erreichten, Le Boulanger, gegenüber dem Stand von La Mère Richard, der berühmten Lyoneser Käsehändlerin. Viannay blieb stehen und wies mich auf die Qualität der ausgestellten Käse hin. (»Und hier kaufst du deinen Käse. *D'accord?*«)

Ich blickte über den Gang zum Café Le Boulanger hinüber. Und jetzt sah ich ihn: Paul Bocuse, der dort allein seinen Kaffee trank.

Er saß leicht zusammengesunken in einem Sessel, trug ein schwarzes Pringle Polo-Shirt, eine Arbeitsjacke, schwarze Hosen, Sneaker und sah aus wie ein Regionalzugschaffner bei Schichtende. Als er uns bemerkte, stand er auf. Seitdem ich ihn das letzte Mal in der Öffentlichkeit gesehen hatte, war er um einiges kleiner geworden. Andererseits hatte er damals eine riesige Kochmütze aufgehabt und Küchenclogs mit dicken Sohlen getragen und war in Chefkochpose, hochaufgerichtet, durch die Menge geschritten. Ohne seine Arbeitskleidung wirkte er, offen gestanden, irgendwie nackt. Zumindest mir kam er fast normal vor, so erstaunlich ich diesen Gedanken selber fand. Er war einfach ein Mensch.

In Wirklichkeit war er das aber natürlich nicht. In Wirklichkeit war er ein Gott.

Mit war sofort klar, wie viel ich nicht von ihm wusste. Im Grunde wusste ich damals gar nichts von ihm. Oder zumindest hatte ich in jenem Moment – ich, allein mit dem kulinarischen Gott in Person – das Gefühl, nichts über ihn zu wissen. Ich war noch nicht einmal in seinem Drei-Sterne-Lokal gewesen und ärgerte mich über mich selber, dass ich das versäumt hatte.

Jetzt schüttelte er mir die Hand, der große Paul Bocuse, und ich, völlig verdattert angesichts dieser Begegnung – die zu den wichtigsten meines Lebens zählte –, wurde plötzlich (Mist!) total verlegen. Ich, der Dampfplauderer, der gerne unerschrocken vorpresct: verstummte.

Ich verbrachte 20 Minuten in Bocuses Gesellschaft und sagte kaum mehr als merci (in verschiedenen Varianten).

Er bat mich, ihm zu folgen. »*Viens*«, sagte er freundlich.

»*Merci, Chef.*«

Er bot mir eine Führung durch Les Halles an.

»*Viens*«, wiederholte er.

»*Merci, Chef.*«

Da Bocuse in Les Halles jeden kannte und auch ihn offensichtlich alle kannten, und da es so früh am Tag noch kaum Kunden gab, und da die Halle nach ihm benannt war, hatte unser langsamer Gang durch die Halle etwas überraschend Intimes. Es war, als führte er mich durch sein Zuhause.

»Hier gibt es sehr gute Charcuterie«, sagte er, ein bisschen wie ein Gutsherr, der einem Besucher seine Rosen zeigt. »Das ist Chez Sibilia.« Sibilia war eine imposante kühle Frau mit zehn weiblichen Angestellten, die alle aussahen wie kühle Mini-Versionen ihrer Chefin.

Viannay flüsterte: »Du kaufst deine Charcuterie nirgends sonst. *D'accord?*«

»*Oui, Chef.*«

Sibilia und Bocuse begrüßten sich mit Küsschen und ließen mich die Rosette probieren, die luftgetrocknete Lyoneser Wurstspezialität, nach der sich jeder Lyoneser sehnt, sobald er die Stadt verlassen hat. Beide standen vor mir und beobachteten mich aufmerksam beim Kauen, warteten auf mein Urteil, als hinge von dieser Verkostung alles ab. Das war natürlich eine Masche, ihre übliche PR-Nummer. Ich wusste das, und sie wussten, dass ich es wusste. Sie hatten das schon oft zelebriert. Doch jetzt kam das Größte: Bocuse, der große Paul Bocuse, schob mir per Hand *saucisson*-Scheiben in den Mund, und erstaunlicherweise war das ganz o. k. für mich.

»*Merci, Chef.*«

Auf der anderen Seite des Gangs lag Les Volailles Clugnet, ein Geflügelstand. Der Besitzer (»Bonjour, Pierre«) reichte Bocuse unaufgefordert ein weißes Huhn über die Theke. Bocuse hielt es in seinen großen Händen und patschte darauf herum, energisch, aber doch zärtlich, als wäre es der Welpe seiner Lieblingsjagdhündin.

»Das beste Huhn ist das weiße Bresse-Huhn«, sagte Bocuse. *»Tout le monde le sait.«* Das ist allgemein bekannt.

Er übergab mir das Huhn. Es war schwer. Noch nicht ausgenommen. Die Franzosen nehmen Geflügel erst aus, wenn es verkauft wird. (So hält es sich länger. Von daher scheint es nicht logisch, wenn das US-Landwirtschaftsministerium aus »Hygienegründen« darauf besteht, dass Geflügel gleich nach dem Schlachten ausgenommen wird.)

Ich hielt das Huhn in den Händen und betrachtete es höflich. Bocuse zauste ihm schweigend das Gefieder, der rote Kehllappen lag auf meinem Daumen. Die weißen Federn, die herabbaumelnden blauen Füße, die vielen Qualitäten, die das leckere *poulet de Bresse* zu einem so außergewöhnlichen Tier machen.

Viannay flüsterte: »Les Volailles Clugnet. Hast du verstanden? Nur hier.«

»Oui, Chef.«

Und dann traf es mich wie ein Hieb: Bocuse verabschiedete sich.

Er ging schon? Das war – ich kann es nicht leugnen – eine fürchterliche Enttäuschung. So bald schon? Nachdem ich so lange auf diese Begegnung gewartet hatte? Ich hatte ihm nicht mal irgendeine Frage gestellt. (Andererseits, war es ihm zu verübeln? Warum sollte er sich mit jemandem abgeben, der den Mund nicht aufbrachte?)

»À tout à l'heure«, sagte er.

»Merci, Chef.«

Ich dachte: *À tout à l'heure?* Wirklich? Bis bald?

Bevor Viannay und ich zum Parkplatz zurückgingen, machten wir noch an einem Charcuterie-Stand halt. »Kennst du Bobosse? Du solltest Bobosse kennen. Nur hier bekommt man wirklich gute *andouillettes*.«

Dann sagte Viannay: »Wir fahren noch weiter.«

Wir fuhren zur Saône zurück, durchquerten unser *quartier* im ersten Arrondissement und fuhren weiter flussaufwärts. Dieser Teil des Flusses, der im Zickzack in Richtung Beaujolais verläuft, befindet sich außerhalb Lyons, ist aber das volkstümliche Zentrum der Stadt.

Viannay fuhr langsam durch die schöne Landschaft: der Fluss zu unserer Linken; steile Hügel, fast Berge, zu unserer Rechten; und die vielen Bäume, das dichte, üppige Laub, wie ein Regenwald. Hier war ich noch nie gewesen und fühlte mich wie in einem anderen Land. Man sah nur noch wenige Häuser, stattliche, halb zerfallene Gebäude. Viele hatten der Kirche gehört, die sie dann während der Französischen Revolution verlor: ein Nonnenkloster, Île Barbe, noch vollständig erhalten – eine Abtei aus dem 5. Jahrhundert, auf einer Felsformation in der Saône erbaut.

Zu unserer Rechten lag jetzt ein Gebäude, das an ein englisches Landhaus des 18. Jahrhunderts erinnerte. »Ombrosa.« Das also war Ombrosa.

Ombrosa ist eine bilinguale Schule, die man uns, bevor wir hierherkamen, für unsere Kinder empfohlen hatte. Im Schatten von Bäumen herrscht hier eine privilegierte beschauliche Stille. Wir hätten uns diese Schule nicht leisten können. Außerdem gefiel es mir dort, wo wir gelandet waren.

Wir überquerten eine Brücke (Pont Paul Bocuse) und fuhren ein kurzes Stück flussabwärts bis zu einem flachen Gebäude mit einem alten Glockenturm. Viannay öffnete die unverschlossene Eingangstür, führte mich ins Haus und schaltete das Licht an, während er durch einen langen Korridor vorausging.

Das Gebäude, ursprünglich ein Kloster, wird L'Abbaye Paul Bocuse genannt. Unsere Schritte hallten. Viannay schwieg, wirkte aber vergnügt. Ich fühlte mich wie ein Eindringling. Doch als wir einen sehr großen hellen Speisesaal betraten, wurde mir alles klar: Ich war in eine riesige Bocuse-Kreation hineingeraten.

Der Speisesaal hatte einen Namen (Le Grand Limonaire), eine Bühne, eine vom Boden bis zur Decke reichende »Orgue Gaudin« (eine mechanisch-pneumatische Jahrmarktorgel) und eine Gruppe mechanischer Figuren, die den Cancan tanzten. Viannay legte einen Schalter um, worauf Musik ertönte, die eine Paul-Bocuse-Puppe in Lebensgröße mit einem Holzlöffel dirigierte. Limonaire heißt »Jahrmarktorgel«. Jetzt legte Viannay einen zweiten Schalter um, und überall erwachten *limonaires* zum Leben. Der ganze Saal funkelte und blinkte, glitzernder Kitsch in Rot, Grün, Gold, wie eine riesige Zuckerstange. Der Anblick war verwirrend, weil es so viel zu sehen gab, nicht nur im – mit tausenderlei Dingen vollgestopften – Saal –, sondern auch über unseren Köpfen, wo zahlreiche prunkvolle Kronleuchter tief von der Decke herabhingen.

»Platz für vierhundert Gäste«, sagte Viannay.

Von der Einrichtung her hatte der Speiseraum ein privates Gepräge, andererseits war er für Gäste geöffnet, die hier nicht nur essen, sondern auch eine Zeitreise unternehmen konnten: Man tauchte in das Nachtleben eines vergangenen Frankreichs aus der Zeit Toulouse-Lautrecs ein, wo von allen Gästen schlechtes Benehmen geradezu erwartet wurde. Viannay drängte zum Aufbruch.

Ich zögerte einen Moment und ließ diesen bizarren Saal noch einmal auf mich wirken. Wenn man hier hereinkam, wähnte man sich nicht in einem ehrwürdigen Tempel der Spitzengastronomie. Man dachte: Let's party!

Wir fuhren über die Brücke zurück zu Bocuses Hauptrestaurant, L'Auberge du Pont de Collonges. Das Wort Auberge bedeutet eigentlich »Wirtshaus«. Bocuses »Wirtshaus« ist ein wuchtiges dreistöckiges Gebäude, in dem er auch wohnt (das Restaurant befindet sich im Untergeschoss, die Wohnräume oben). Es sieht aus wie das überdimensionale Geburtstagsgeschenk für einen Riesen: unglaublich klotzig, mit roten Klappläden und grün getünchten Mauern, auf der Fassade zweieinhalb Meter hohe kulinarische Motive, einschließlich der Darstellung eines *poulet de Bresse*. Auf dem Dach prangt in riesigen Lettern der Name PAUL

BOCUSE. Beim Türsteher – in Livrée, mit hohem Käppi – handelte es sich um eben jenen Mann von der Elfenbeinküste, der damals auch Bob und seine kubanische Ehefrau empfangen hatte.

Entlang der Außenmauern zieht sich die »rue des grands chefs« – eine Reihe von Wandgemälden, wie Fenster arrangiert, von denen jedes einen Einblick in eine der großen Küchen der französischen Kulinarik-Geschichte bietet. Die Bilderfolge beginnt im 19. Jahrhundert. Und sie endet mit Bocuse. (Seine Geschichtsauffassung lässt sich so beschreiben: Eine historische Größe nach der anderen und am Schluss er selbst als krönender Höhepunkt. Bescheidenheit gehörte nicht zu seinen hervorstechenden Eigenschaften.)

Ich betrachtete das erste Tafelbild. Es zeigt Antonin Carême in einer Küche. Er sah aus wie Byron, trug keine Kochjacke, sondern ein Gewand: der »Erfinder« der »grande cuisine«, der Mann, mit dem alles begann. Er lehnt auf dem Fenstersims und blickt nachdenklich in die Ferne. (Im Hintergrund kommen eilig Napoleon und Josephine herein, um einen Happen zu essen.) War Carême ein Vorbild für Bocuse?

Wir wissen, dass Antonin Carême aus einer großen Familie stammte. Allerdings wissen wir nicht, wann er geboren wurde (wahrscheinlich 1784) und ob er 14 oder 24 Geschwister hatte. Im Alter von acht Jahren (oder zwölf – als Quelle für Carême sind wir auf Carême selbst angewiesen) lieferte man ihn an einer Wirtshaustür ab, und der Gastwirt nahm ihn auf (trifft vermutlich zu). Mit 17 (oder 16) durfte er als Lehrling in einer der bekanntesten Pariser Pâtisserien beginnen. Und im Nu (oder einem Zeitraum von höchstens vier Jahren) wurde er, vor allem seiner eigenen Meinung nach, zum größten Pâtissier seit der Entdeckung des Zuckers. Inzwischen beherrschte er die Zubereitung sämtlicher Gerichte, herzhaft und süß, doch stets extravagant, kochte meist für Bankette, für Prinzen und Staatsoberhäupter, einschließlich des Kotzbrockens Talleyrand. (Talleyrand war Napoleons Außenminister; er pflegte bei Festbanketten – zubereitet von Carême, seinem jungen Angestellten, der bekanntlich niemals ein Gericht zweimal kochen durfte – Diplomatie zu machen.)

Carême und Zucker: die Grundpfeiler der französischen Küche. Man hört es oft: Pâtissiers haben die französische Küche vorangetrieben. Die italienische Fraktion, zu der wohl auch ich gehörte, erkennt an, dass es die Italiener waren, die den Franzosen die *grande cuisine* nahebrachten. Aber womöglich bildeten der Zucker und die experimentelle Küche, die allerlei aus Zucker machte, die Basis für die spätere cuisine française.

Besonders faszinierend an dem Wandgemälde fand ich den Gegenstand, den Carême in der Hand hielt. Einen Federkiel.

Carême ist der bedeutendste Koch der kulinarischen Geschichte Frankreichs, weil er Bücher schrieb. Er war der Poet der französischen Küche. Man weiß heute nicht mehr, wie seine Gerichte schmeckten, doch seine Schriften vermitteln einen so anschaulichen Eindruck davon, dass man diese Gerichte theoretisch sogar nachkochen könnte (solange man wieder mit Holz kocht, statt mit Gas oder Strom, und solange man sein Geflügel selber rupft, Butter wieder von Hand herstellt, keinerlei elektrische Geräte verwendet, dafür jedoch ein kleines Nebenhaus besitzt, in dem *commis*, Lehrlinge, Bedienstete und andere Angehörige des gehobenen Sklavenstands untergebracht sind).

Ich begann Carême zu lesen und fand trotz meines rudimentären Französisch, dass seine Sätze auch zweihundert Jahre später noch lebendig und verständlich klingen – nur hat Carême all dies, wie ich erst kürzlich erfuhr, gar nicht selbst geschrieben. Carême, der erste Historiker der französischen Küche, schrieb überhaupt nichts. Wahrscheinlich konnte er nicht mal schreiben, jedenfalls nicht gut. (Lesen lernte er erst im Alter von 16 Jahren in der Pâtisserie-Küche). Aber er war gewitzt genug, um zu erkennen, wie wichtig die schriftliche »Präsentation« war. Er lebte in einer Zeit, in der Speisen, die man auf einer Buchseite beschrieb, ebenso wichtig waren wie Speisen, die man auf einem Teller servierte. Bücher übers Kochen erfreuten sich großer Beliebtheit, man konnte damit zu

Ruhm gelangen, und so »verfasste« Carême gleich mehrere Werke, von denen aber keines einflussreicher war als sein Opus Magnum: das fünfbändige, mehr als fünfzehnhundert Seiten umfassende Werk *Die Kunst der französischen Küche im 19. Jahrhundert*, eines der ambitioniertesten Projekte in der Geschichte des Kochens, nur unwesentlich getrübt durch die Tatsache, dass Carême (vermutlich im Alter von 48 Jahren) bereits nach Fertigstellung des dritten Bandes starb. Die beiden letzten Bände schrieb er also offenbar posthum.

Carême war ein brillanter Impresario und beherrschte die Kunst der Selbst-Mythologisierung. Er war ein überlebensgroßer Meister des *spectacle*, unerreicht in der magischen Verquickung von Selbsterfindung und Selbstvermarktung. Bis eines Tages, nun, wer auf der Bildfläche erschien? Mir ging damals gerade der Gedanke durch den Kopf, dass in der Welt der Kulinarik niemand mit Carême vergleichbar war außer vielleicht Paul Bocuse – als er plötzlich, ganz unerwartet, leise von hinten angetappt kam und neben mich trat. Ich schrak zusammen.

»Ich dachte, Sie sind in Les Halles!«, sagte ich, eine ziemlich idiotische Bemerkung, denn es gab keinerlei Grund, warum er nicht hier sein sollte: »Hier« war er schließlich zu Hause.

Ich suchte Viannays Blick. Wie hatte er das geschafft, noch dazu in derart kurzer Zeit, weniger als einem Tag, mich mit diesem Unerreichbaren zusammenzubringen? Ich empfand Dankbarkeit. Ich war beeindruckt. Und mir war auch bewusst, oder zumindest hatte ich den starken Verdacht, dass es durchaus in Viannays Absicht lag, mich zu beeindrucken. Das Ganze wirkte so spektakulär, so sehr auf Effekt angelegt. Auch wenn Viannay nicht aus Lyon stammen mochte, er hatte hier offenbar eine sehr starke Position. Er gehörte zum »Club«.

Mittlerweile betrachtete Bocuse das Wandgemälde, das passenderweise Mère Brazier gewidmet war.

Sie stand breitschultrig im Vordergrund, stattlich und gebieterisch. Gaston, Braziers geduldig leidender Sohn, stand im Hintergrund, rührte in einer Schüssel und sah seiner Mutter überhaupt nicht ähnlich: gesenkter Kopf, ängstliche Haltung, wie ein Hund, der jederzeit mit dem nächsten Fußtritt rechnet. (Seitlich sah man die legendäre Mère Fillioux, Braziers ehemalige Chefin, rundlicher, weicher, mütterlicher und auf dem Bild damit beschäftigt, ein Huhn zu entbeinen, rätselhafterweise mit einem Löffel.)

»Wie war Brazier so?«, fragte ich Bocuse.

»Nun ja, ihre Küche war einfach«, erwiderte er, weil er meine Frage nicht auf ihre Person, sondern auf ihre Küche bezog. »Sie basierte auf den guten Produkten, die man hier findet. Wir haben Glück.« (*Nous sommes heureux* – er machte eine ausladende Handbewegung.) Bocuse sprach in wohlgesetzten Worten und sehr ruhig. »Fisch, Geflügel, Schwein. Aber ehrlich gesagt, keine raffinierten Gerichte.« Dies war keine Verleumdung, sondern eine Tatsache. »Ländliche Küche. Das Essen schmeckte gut, aber nur wegen der Zutaten.«

»Nur wegen der Zutaten?«

Nur wegen der Zutaten? So reden Italiener.

»Die Flüsse und Seen, die Sümpfe der Dombes, die Berge. Dort kommen unsere Lebensmittel her. Das ist mit nichts vergleichbar.«

»Brazier hat ihr Personal angeschrien«, fügte Viannay hinzu. »Ihr war es egal, ob das jemand mitbekam. Sie verprügelte ihren Sohn vor den Augen der Gäste. Ihre Küche war ihr Zuhause. Und sie war der Meinung, dass sie dort tun und lassen konnte, was sie wollte.«

Bocuse nickte, aber, wie es schien, nur aus Höflichkeit. Für mich lag in diesem Nicken die simple Feststellung, dass Viannay nur wiederholte, was andere gesagt hatten. Er hatte es nicht persönlich miterlebt. Bocuse schon.

Wir machten uns auf den Rückweg zum Restaurant. Ich wollte Viannay einen Vorschlag unterbreiten, denn ich hatte keine Ahnung, wann ich wieder einmal mit ihm allein sein würde.

Ich arbeitete jetzt seit vier Monaten im Restaurant, hinten in der kleinen Gardemanger-Küche, wählte die makellosesten Salatblätter aus, bereitete Appetithäppchen und Vorspeisen zu. Man konnte sich auf mich verlassen. Viannay hatte keinen Grund, etwas daran zu ändern. Aber ich wollte etwas daran ändern.

Ich wollte vorn in der Hauptküche arbeiten und würde Viannay darum bitten.

Es überraschte mich, wie nervös ich war. Ich überlegte: Egal was ich jetzt tue, auch wenn ich schweige, es wird Konsequenzen haben.

Und wenn Viannay ja sagte und die Liste meiner spektakulären demütigenden Fehlleistungen noch länger wurde?

Ich zögerte. Ich schwieg. Der Gedanke, nicht zu fragen, war verlockend. Eigentlich konnte ich ja auch noch später fragen.

»Chef, ich habe überlegt, ob ich eine Bitte äußern dürfte.«

»Natürlich.« (Es klang sehr freundlich.)

»Ich möchte vorne in der Hauptküche arbeiten.«

Er holte tief Luft – autsch! –, und es gab eine lange Pause. Da hatte ich mich wohl zu weit vorgewagt?

»Du bist ein guter Koch«, sagte er.

»Danke.« Das ermutigte mich.

»Aber du bist immer mit allem zu spät dran.« Da hatte er recht.

»Und zu langsam«, fügte ich hinzu.

»Zu spät«, korrigierte er mich. »Ganz ehrlich, deine Unpünktlichkeit macht mir Sorgen.«

Er suchte vergeblich nach einem Parkplatz.

»Du wirst beweisen müssen, dass du auf den Punkt mit etwas fertig wirst. Ich werde Christophe fragen, ob du *le personnel* kochen kannst.«

Das Essen fürs Personal: für französische Köche französisch kochen! Was für eine Perspektive. Ich fand sie beängstigend. Aber auch reizvoll.

»Ich würde mich geehrt fühlen.«

Wieder holte er tief Luft. »Du darfst nie zu spät mit Kochen fertig sein. Wenn du um 11 Uhr nicht fertig bist, fällt das Mittagessen fürs Personal aus.«

»Verstehe.«

»Okay. Ich frage Christophe. Christophe muss einverstanden sein.«

Nicht sehr wahrscheinlich. Christophe würde ganz sicher nicht einverstanden sein – er war ja nicht mal damit einverstanden, dass ich überhaupt im Restaurant arbeitete. Ich konnte mir seine Antwort schon vorstellen:

»Soll das ein Witz sein? Bitte nein! Nicht im Ernst!«

Aber offensichtlich war Christophe einverstanden.

Am nächsten Morgen, einem Donnerstag, meldete ich mich in der Hauptküche zum Dienst.

Christophe machte eine Handbewegung, als wolle er mich verscheuchen.

»Ja, ja, Mathieu hat's mir gesagt. Ich bin nicht glücklich darüber. Du kannst anfangen, wenn ich es sage.«

Ich ging nach hinten an den Gardemanger-Posten zurück.

Als ich am Freitag kam und den Kopf in die Hauptküche steckte, würdigte Christophe mich keines Blicks.

Am Montag ging ich morgens gleich nach hinten zum Gardemanger-Posten – und wurde prompt nach vorn in die Küche beordert. Christophe begrüßte mich nicht. Er maß mich von oben bis unten, sah meinen Eifer. In seinem Blick lag zweifellos Verachtung. Er rechnete fest damit, dass ich scheitern würde.

»Schweinebauch«, sagte er.

»Schweinebauch?«

»Ja. Im Kühlraum.« *La chambre froide.*

Hatte man mir gerade aufgetragen, für 30 Leute Schweinebauch zuzubereiten?

»Zwiebeln sind oben.«

»Zwiebeln.«

»Und Kartoffeln.«

»Kartoffeln.«

»Und deine Sauce?«, fragte Christophe.

»Sauce?«

»Ja. Welche Sauce?« Ich wusste nicht, was ich sagen sollte.

»Welche Sauce machst du zum Schweinebauch?«

Ich wandte mich ratlos an Mathieu Kergourlay, der den Fleischposten leitete.

Er wollte mir helfen. »Was würdest du denn zu Hause kochen?« *À la maison?*

Ich überlegte: Tja, welche Sauce koche ich denn zu Hause, wenn ich Schweinebauch mache?

»Na ja, vielleicht etwas aus Fleischfond«, sagte ich. Zu Hause machte ich tatsächlich manchmal Saucen, meist auf der Basis eines Fond – Fisch, Geflügel, Knochen, je nachdem, was ich servierte; ich reduzierte den Fond und fügte Wein hinzu. Irgendwo hatte ich etwas darüber gelesen: Bei Elizabeth David? In einer britischen Zeitungskolumne? Ich versuchte, Zeit zu gewinnen, denn eigentlich dachte ich: 1) zu Hause habe ich noch nie Schweinebauch zubereitet und 2) selbst wenn ich es täte, würde ich keine Sauce dazu machen.

»Nein«, sagte Christophe. »Die Fonds sind zu teuer.« *Trop chers.* Die Fonds, die ja alle in der Küche zubereitet wurden (Kalbs-, Geflügel-, Enten-, Fisch-, Hummerfond), waren fürs Personal also zu kostbar.

»Wie wär's mit einer Beurre rouge?«, schlug Mathieu Kergourlay vor.

Ja, dachte ich. Das sollte ich eigentlich hinkriegen. Wie eine Beurre blanc geht, wusste ich. Das hatte ich am Institut Bocuse gelernt. Aber wie war das noch mal mit der Beurre rouge? Ich geriet nicht in Panik, hatte aber blöderweise das Gefühl, keinen Zugriff mehr auf meine Institut-Bocuse-Datenbank zu haben.

»Du weißt nicht, wie man Beurre rouge macht?«

»Doch, doch. Könnte nur sein, dass ich sie noch nie gemacht habe. Das heißt, die weiße Sauce schon, Beurre blanc, aber ich kann mich nicht erinnern, dass ich die rote schon mal zubereitet habe.«

Später am Vormittag erinnerte mich Viannay an die Vinaigrette für den Salat. Ich hatte nicht gewusst, dass das auch meine Aufgabe war. »Doch, die Vinaigrette gehört dazu.« Nachdenkliche Pause.

»Und wie genau macht man eine Vinaigrette?«, fragte ich dann.

»Du weißt nicht, wie man eine Vinaigrette macht?« Christophe warf Viannay einen demonstrativ fassungslosen Blick zu. Und ja, wieder wusste ich eigentlich, wie es geht, hatte auch schon eine Vinaigrette zubereitet, nur nicht so oft. Außerdem, gab es nicht 20 verschiedene Varianten? Ich hatte keine Ahnung, welche Variante hier üblich war. (Zu Hause – »à la maison«, wie Mathieu Kergourlay zu sagen pflegte – machen wir unseren Salat mit Olivenöl, Zitrone und Salz an. Basta.)

»Zwei Teile Öl, ein Teil Essig, und Senf«, erklärte Viannay. »Und Salz und Pfeffer.«

Um eine Beurre rouge zuzubereiten, erklärte Mathieu, hackt man Schalotten sehr fein (émincer), schwitzt sie in Butter an (suer), aber sie soll nicht braun werden, gibt einen Liter Rotwein dazu, dickt die Flüssigkeit langsam auf eine sirupartige Konsistenz ein und baut sie dann wieder auf (monter), indem man, Stückchen für Stückchen, ein halbes Kilo Butter darunterquirlt.

»Ab da helfe ich dir dann.«

Ich hatte erfreulicherweise sehr schöne Schalotten. Ich zerkleinerte sie auf einem Schneidebrett, das ich mir von einem anderen Koch leihen musste (weil ich morgens erst nach acht gekommen war – nicht sehr viel später, aber definitiv fünf Minuten zu spät – und keine Bretter mehr übrig gewesen waren); und da um diese Zeit auch schon keine Arbeitsflächen mehr frei gewesen waren, improvisierte ich mir einen Arbeitstisch (ich legte mein Schneidebrett über einen Abfalleimer). Dass die Arbeitsflächen knapp waren, konnte ich ja noch verstehen – es gab einfach nicht mehr Platz in der Küche. Aber warum standen nicht mehr Schneidebretter zur Verfügung? Jeden Morgen balgten sich zwölf Leute um zehn Schneidebretter. So ein Schneidebrett war ja nicht teuer. (Ja, warum gab es nicht genügend davon? Weil auf diese Weise jeder wusste, wer zu spät gekommen war – nämlich der Idiot, der morgens erst mal eine Stunde lang herumfragen musste, wer ihm ein Schneidebrett leihen könnte.)

Obwohl meine Schalotten so schön aussahen – klein, perfekt geformt, knackig, violett angehaucht –, dauerte es fast eine Stunde, bis ich sie zerkleinert hatte. Und wenn ich auch noch nicht viel wusste, wusste ich doch, dass es unverzeihlich war, zum Zerkleinern von ein paar Schalotten eine Stunde zu brauchen.

Ich setzte eine Kasserolle auf den Induktionsherd. Allerdings kannte ich mich mit der Temperatur des Herds nicht aus. Es war gut, dass ich jetzt die wichtigsten Kochgeräte kennenlernen würde – die Backöfen, die Kochplatten und den Induktionsherd – und dass ich lernte, wie lange es dauert, Flüssigkeiten zum Kochen zu bringen. Ja, hier wollte ich gerne arbeiten. Es war richtig, dass ich Viannay gefragt hatte.

Ich gab Butter und Schalotten zum Anschwitzen in die Kasserolle. Auf diese Weise reduziert man die Schärfe der rohen Schalotten. Sie sollen weiß bleiben oder cremeweiß. Braun schmecken sie bitter. Helle, cremefarbene Schalotten, halbgegart, gehören zu den wesentlichen Aromen der französischen Küche.

Aber leider lief irgendetwas schief. Ein beängstigendes Zischen war zu hören, Rauch stieg auf.

»Merde«, sagte Christophe.

»Du lässt sie ja anbrennen!«, sagte Viannay.

»Shit«, sagte ich.

»Du hast fünf Sekunden.« Christophe war sichtlich erfreut.

Was sollte ich tun? Musste ich noch mal neue Schalotten zubereiten? Ich nahm die Kasserolle vom Herd.

»Das ist doch schon einmal ein Anfang«, sagte Viannay. Ich schaute auf, brauchte Instruktionen. Viannay betrachtete mich und die rauchende Kasserolle mit einem Blick, aus dem, ich kann es nicht anders beschreiben, »kalte Gelassenheit« sprach. »Du musst die Hitze in der Kasserolle dadurch reduzieren, dass du irgendetwas hinzufügst«, sagte er. »Für den Wein ist es zu früh. Mehr Butter. Aber schnell —«

Ich gab einen Löffel Butter in den Topf und rührte. Und noch einen. Und ich wollte gerade noch einen dazugeben, da rief Christophe: »Stop! Wir kriegen ja alle einen Herzinfarkt!« (Eine absurde Befürchtung, wenn man bedenkt, dass laut Rezept ohnehin noch ein halbes Kilo Butter fehlte.)

Ich fügte den Wein hinzu. Ich reduzierte die Flüssigkeit. Dann rührte ich in kleinen Portionen das halbe Kilo Butter unter, bis sie mit dem mittlerweile sehr konzentrierten Wein emulgierte (die Sauce wirkte jetzt glatt und geschmeidig, wie violetter Samt). Mathieu Kergourlay kam rüber und probierte.

»Nicht schlecht.« *(Pas mal.)* Er fügte Salz und Pfeffer hinzu und probierte. Er fügte Rotweinessig dazu und probierte erneut. Dann drehte er sich um, nahm einen Senfbehälter vom Regal und gab noch einen Löffel Senf in die Sauce. »Aber nur einen Löffel. *Très chère.*«

(Senf? Teuer?)

Er quirlte, schmeckte ab, fügte noch einen Schuss Essig hinzu, quirlte, schmeckte noch einmal ab. Dann war die Sauce fertig.

Er ließ mich versuchen. Ich hatte etwas anderes erwartet. Es schmeckte nicht nach Butter. Natürlich schmeckte man, dass Fett drin war, aber die Sauce hatte Struktur (eine ziemlich runde Süße), fruchtiges Aroma (vom Wein) und eine angenehm bittere Säure (Schalotten, Essig, Senf). Die Sauce machte die Geschmacksknospen so glücklich, dass es keine Rolle spielte, ob sie gesund war oder nicht. Sie schmeckte einfach köstlich. Sie war ein Bestandteil des Mittagessens, und doch wieder nicht. Man hätte keine ganze Tasse davon trinken wollen, aber ein bis zwei Löffel davon über ein paar Scheiben Schweinebauch geträufelt (mit Kartoffeln und Zwiebeln sautiert), brachten den Geschmack definitiv besser zur Geltung.

Nur, dass ich zu spät fertig wurde.

Um 10:55 Uhr war Christophe klar, dass es mit dem Essen nicht mehr rechtzeitig klappen würde; er holte ein Thunfischsteak aus dem Kühlschrank unter seiner Arbeitsplatte, sautierte es kurz und setzte sich damit draußen allein an einen Tisch. Während ich fertig kochte, sah ich ihn immer mal wieder durch das kleine Fenster in der Schwingtür. Ich hatte versagt.

Aber ich wurde nicht gefeuert. Offenbar bekam ich eine zweite Chance. Ich nahm mir fest vor, am nächsten Morgen eins dieser verdammten Schneidebretter zu ergattern.

Leider klappte es nicht. Ich kam zu spät.

Noch beim Aufwachen dachte ich: »Sei um jeden Preis rechtzeitig da!« – und schaffte es doch nicht. Viannay hatte recht: Ich hatte tatsächlich ein Problem mit der Pünktlichkeit und Konzentration, vielleicht eine ADHS-artige Organisationsstörung. Die ganze Woche lang wurde das Mittagessen zu spät fertig. Fairerweise muss man sagen, dass es nie *viel* zu spät war; immer nur ein bisschen zu spät, und deshalb waren auch alle, außer Christophe, immer nur ein bisschen unzufrieden. Christophe jedoch platzte gegen 10:55 Uhr fast vor Wut.

Am Freitag war ich deutlich zu spät dran. Denn wie sich herausstellte, war Freitag der Tag, an dem Reste verwertet werden mussten. Bis dahin hatte ich freitags nur mitgegessen und es deshalb nie bemerkt. Aber Christophe ging wohl davon aus, dass kein Mitglied seines Küchenteams so doof sein könnte, das nicht zu bemerken. Oder vielleicht (nein, sogar höchstwahrscheinlich) lag es einfach nur an seiner perversen Bosheit, dass er mich zappeln ließ. Ich drückte mich in der Küche herum und wartete auf die Anweisung, was es heute zum Essen geben sollte.

Als es immer später wurde und ich ihn schließlich fragte, bekam ich zur Antwort: nichts Spezielles, ich solle einfach in den Kühlraum gehen. »Da wirst du schon was finden.«

Im Kühlraum starrte ich auf die Regale und versuchte herauszufinden, bei welchen Lebensmitteln es sich um Essensreste handelte und wie ich damit 30 Leute satt kriegen sollte. Das ist die Hölle, dachte ich. Dies war der erste Tag, an dem ich selber nicht mitaß, nachdem ich den Lunch zubereitet hatte (wie spät es diesmal wurde, habe ich verdrängt, so wie ich auch nicht mehr weiß, was ich damals kochte). Ich rannte nach oben ins Bad und riss mir die Kochjacke vom Leib, die so durchgeschwitzt war, dass ich sie auswringen konnte. Dann stand ich da, halb nackt, und versuchte, mich abzukühlen.

Am Montag jedoch gab es eine bemerkenswerte Wende: Christophe aß mit uns. Der Lunch wurde Punkt 11 Uhr serviert. Am Dienstag, Mittwoch und Donnerstag desgleichen. (Freitag wieder zu spät – der Freitag war eindeutig mein schlechtester Tag – und Christophe aß wieder solo).

Der bescheidene Zeitvorsprung wurde durch eine kleine Abkürzung erreicht, die, wie sich später herausstellen sollte, inakzeptabel war. Ich verzichtete nämlich auf die Sauce. Eigentlich hatte ich vorgehabt, eine Sauce zu machen, zumindest am Montag. Da gab es Skirt-Steak. Christophe präsentierte mir diese Anordnung wie einen Tipp in einem Quiz, und dann folgte mein täglicher Katechismus: Wie würde ich das Fleisch zubereiten? (In mehreren Sautierpfannen gleichzeitig.) Was gab es dazu? (*Une purée de pommes de terre* – buttriges Kartoffelpüree.) Was noch? (Spargel.) Wie zubereitet? (Im Backofen gegart.) Was noch? (Ein Salat mit Anchovis.) Und die Sauce? »Beurre rouge«, sagte ich und dachte: Steak und Rotwein, diese Kombination geht immer. Es war kein kompliziertes Gericht.

Ich machte mich ans Werk, schnitt Schalotten klein, schwitzte sie an und fügte Wein hinzu. Ich legte das Fleisch heraus, um es auf Zimmertemperatur zu bringen, und würzte es dann. Was meinen Plan schließlich zum Scheitern brachte, waren die Kartoffeln. Trotz Ansels genialem Kartoffel-Tutorial und der Tatsache, dass ich das Schälen zu Hause geübt hatte – als ich es dann mit 40 kg Kartoffeln aufnehmen sollte, verlor ich die Nerven; ich dachte, mit dem Messer ginge es noch nicht schnell genug, und griff auf den guten alten Kartoffelschäler zurück. Tatsächlich geht es damit aber viel zu langsam, und falls irgendjemand noch einen Schäler verwendet, rate ich davon ab. Man verletzt sich auch leicht. Je mehr ich in Verzug geriet, je größer der Zeitdruck wurde, desto öfter verletzte ich mich. Das Problem ist der Winkel – man hält eine große elliptisch geformte Kartoffel in der einen Hand, den T-förmigen Schäler in der anderen, und wenn man dann versucht, mit hohem Tempo zu schälen, bringt man die Knöchel der anderen Hand nicht schnell genug in Sicherheit, wenn die rasiermesserscharfe Klinge um die südliche Halbkugel der Kartoffel gleitet. Zerschnittene Knöchel waren in der Küche an der Tagesordnung – man machte sich nicht mal die Mühe, sie zu verpflastern –, aber mich bremsten sie aus: die zerfetzte Haut und eine jammernde Stimme im Kopf, die mir befahl, mich nicht weiter zu verletzen, und die ich einfach nicht ignorieren konnte.

Endlich waren die Kartoffeln geschält. Ich lagerte sie in einem mit Wasser gefüllten 50-Liter-Behälter, stellte ihn auf ein Regalbrett in der *chambre froide*, reinigte meinen Posten und suchte nach einem *tamis*.

Ein *tamis* ist ein Sieb, das aussieht wie eine indische Trommel, rund, mit einem hölzernen Rahmen. In der Pâtisserie dient es als Mehlsieb, in der Küche als Passiersieb für Gemüse. Man presst gekochte Kartoffeln durch das Drahtgeflecht und auf der anderen Seite quillt ein cremiger Brei heraus, den man dann mit der Hälfte seines Gewichts an Butter vermischt (in diesem Fall 20 Kilo Butter). Der Koch Joël Robuchon hat sein *purée de pommes de terre* in den 1980er-Jahren in seinem Pariser Restaurant Jamin so zubereitet, seitdem wurde über den prozentualen Anteil der Butter diskutiert, weil die meisten gesundheitsbewussten Menschen den Vorschlag, ein Kartoffelpüree zur Hälfte aus Butter zuzubereiten, moralisch verwerflich finden.

In dieser Debatte bin ich jetzt Entlastungszeuge und kann bestätigen, dass man Kartoffelpüree sehr wohl mit 50 Prozent Butter zubereiten kann. Einfach nicht darüber nachdenken. Es ist ein Kartoffeldessert.

Ich suchte überall nach dem *tamis*, schaute in die Spülmaschine, fragte den Pâtissier, erkundigte mich bei Florian am Gardemanger-Posten, bei Christophe … nichts. »Egal«, sagte Christophe. »Mach sie *à la rustique*.« Zerstampft.

»Alles klar«, sagte ich und kehrte zur *chambre froide* zurück. Aber die Kartoffeln waren weg. Ich schaute noch mal an meinem Posten nach: nichts. Ich kehrte in die Küche zurück. Nichts. Ich fragte Florian, ob er sie gesehen hätte.

»Ich hab sie genommen«, sagte er.

»Du hast sie genommen?«

»Ich hab sie gebraucht.«

Wow.

Ich schälte noch eine Ladung. Aber mir blieb eigentlich gar keine Zeit mehr dazu. Ich musste sie ja auch noch kochen, noch mal 40 Kilo. Ich schälte wie besessen, Knöchelfetzen flogen in alle Richtungen. Ich stellte die Sautierpfannen auf den Herd, warf die Steaks rein, gab die Kartoffeln in einen riesigen Kessel, stellte die Flamme ganz groß (»Na los, koch' schon!«), machte eine Vinaigrette, rannte zu den Steaks zurück, wendete sie …

»Vite!« Schnell! Christophe war wütend. 10:45 Uhr. »Vite! Vite! Vite!«

»Vite!«, rief nun auch Mathieu. »Ist doch nicht so schwer! Vite!«

Ich schwitzte. Meine Arme glänzten, meine Hände waren feucht. Ich führte Selbstgespräche. »Du musst es pünktlich schaffen!«

»Vite!«

»Du musst es pünktlich schaffen, du musst es pünktlich schaffen!«

»Vite!«

Die Sauce? Die Sauce! Ich sah nach. Sie war jetzt eingedickt. Sie war von einem schönen, tiefen, mitternachtsschwarzen Rot und wunderbar zähflüssig, aber ich hatte noch keine Butter hinzugefügt. Frage: Butter hinzufügen und Verspätung riskieren? Oder die Butter weglassen und rechtzeitig fertig werden? Ich kippte die Sauce weg. Einfach so. Als gerade mal niemand herschaute, leerte ich Schalotten und Wein in den Ausguss. (Das war naiv: Irgendjemand schaut immer her.)

Beim Servieren erklärte ich, ich hätte die Steaks »in toskanischem Stil« zubereitet, mit Meersalz, Olivenöl und Zitronenschnitzen.

In Frankreich garniert kein Mensch ein Steak mit Zitrone.

Vlad nahm einen Zitronenschnitz vom Teller. Vlad war ein russischer Emigrant. Seine Englischkenntnisse stammten aus amerikanischen Hip-Hop-Songs. »What fuck this?«, fragte er.

»I no fucking eat no fucking lemon!«, und er warf einen Schnitz nach mir. »Fuck you, muttafucka!«

Aber immerhin war das Essen rechtzeitig fertig geworden. Alle bedienten sich und gingen mit ihrem Teller hinaus in den Bar-Bereich, ich blieb zurück und machte sauber und fand endlich den fehlenden *tamis* – an Florians Posten, unter seinem Arbeitstisch versteckt.

In der Woche darauf wurde ich zu Viannay gerufen.

»Christophe sagt mir, du servierst *le personnel* ohne Sauce.« Das stimmte. Ich entschuldigte mich.

Viannay betonte, ich wisse doch, dass ich eine Sauce machen müsse; wenn ich *le personnel* zubereite, gehöre es zu meinen Pflichten, eine Sauce zu machen. »Meine Leute brauchen eine Sauce«, sagte er. »Vielleicht ist dir nicht klar, welche Bedeutung das hat. *Le personnel* ist ein wichtiger Teil ihres Arbeitstags.« Viannay war nicht verärgert. Im Gegenteil, er reagierte pädagogisch-geduldig. Er vermittelte mir eine elementare Information. »Für mich«, sagte er, »ist *le personnel* ein Vertrag mit meinen Angestellten. Wenn sie keine Sauce haben, ist das, als würde ich ihnen das Geld aus der Tasche ziehen. *D'accord?*«

»*Oui, Chef. D'accord.*«

»Es muss immer eine Sauce geben.«

Ansel, das Arschloch, hatte recht behalten. Ich würde keinen Schäler mehr verwenden. Das nächste Mal sollte ich Kartoffeln *à la vapeur* kochen. Christophes Anweisung. Das wollte er essen.

»Wie viele wirst du brauchen?«, fragte er. Das übliche Frage-und-Antwortspiel.

»60?« Ich rechnete zwei Kartoffeln pro Person.

»Ha!« Eher ein Bellen als ein Lachen. »60?« Er feixte höhnisch. Ich hatte eben absolut keine Ahnung. »250.« Er wiederholte langsam: »Du ... wirst ... zwei ... hundert ... fünfzig ... Kartoffeln ... brauchen.«

250? Eine ganze Menge. Das war ein wichtiger Hinweis.

Kartoffeln *à la vapeur* werden in Dampf gegart. Man nennt sie auch Englische Kartoffeln – *pommes de terre à l'anglaise* –, obwohl ich nicht weiß, weshalb. Es wäre höchstens denkbar, dass – nachdem Antoine Parmentier, der Pharmazeut und brillante Ernährungswissenschaftler, den Franzosen im Jahr 1772 bewiesen hatte, dass Kartoffeln essbar sind und die Franzosen daraufhin sofort zweihundert Zubereitungsformen erfanden – die Engländer diese eine Zubereitungsform *à la vapeur*, die prima zu Roastbeef passte, übernahmen und für sich reklamierten.

Für diese Zubereitungsvariante werden die PDT geschält und so zugeschnitten, dass alle Stücke das gleiche Gewicht (50 g), die gleiche Länge (6 cm) und die gleiche Form haben; man nennt diese Form *bombées* – ballonförmig in der Mitte ausgebuchtet. Und sie werden »tourniert« und haben sieben »Flächen«, genau wie es mir das Arschloch Ansel beigebracht hatte. Die Enden sind flach, nicht abgerundet.

Es war ein Risiko – angesichts der Menge der Kartoffeln und der 11-Uhr-Deadline –, aber ich ging es ganz bewusst ein. Meine Kartoffeln *à la vapeur* waren ein bescheidener Initiationsritus: Endlich gehörte ich zur Gemeinschaft derer, die zum Schälen das Messer verwendeten.

Während ich die Kartoffeln schälte und schnitt, gingen mir allerlei Gedanken durch den Kopf – über die unnatürlich natürliche Schönheit dieser geschälten Kartoffeln (Feldfrüchte, denen ich eine Symmetrie verlieh, die in der Natur nie vorkommt): die Flächen, die cremegelbe Farbe, die optische Harmonie, weil eine Kartoffel der anderen exakt glich. Ich stand am Ausguss neben der *chambre froide*, mit dem Rücken zur Hauptküche und ihrer Hektik; Wasser rann aus dem Hahn, beruhigend, wie das Plätschern eines Bachs, der fast musikalische Rhythmus, in den man manchmal bei monotonen Arbeiten findet – wie eine Zen-Übung.

Ich dachte darüber nach, wie schwierig die PDT *à la vapeur* zuzubereiten sind (dick in der Mitte, schmal an den Enden), wie langsam sie garen mussten und dass sie nur einen kleinen Moment lang im richtigen Zustand waren, bevor sie breiig wurden, und ich nahm mir fest vor, rechtzeitig nachzusehen.

Ich überlegte: Warum kennen die Franzosen so viele verschiedene Zubereitungsarten für Kartoffeln? Man kann sie in Stiftform *(bâtons)*, als Strohkartoffeln *(Pommes pailles)*, Streichholzkartoffeln *(Pommes allumettes)*, Julienne-Kartoffeln *(pommes de terre en cheveux d'ange)*, Haselnusskartoffeln *(pommes de terre noisette)*, als Waffelkartoffeln *(pommes de terre gaufrette)* und natürlich auch als ganz normale Pommes Frites *(mignonettes)* zubereiten.

Ich überlegte: Kam dies vielleicht daher, dass die Kartoffeln, nachdem Parmentier sie für essbar erklärt hatte, nicht einfach bäuerlich als Pellkartoffeln in der Schüssel serviert, sondern sofort in eine hochentwickelte Kulinarik integriert wurden? Es gab damals hundert Arten, ein Ei zuzubereiten. Warum dann nicht zweihundert Arten der Kartoffelzubereitung?

Ich fragte mich: Hatte all dies außer mir schon einmal jemand reflektiert?

Im Rückblick läuft es mir kalt über den Rücken: Wie konnten meine Gedanken so weit von der Küche abschweifen?

Ich hatte lange am Ausguss gestanden, als plötzlich Alarm geschlagen wurde. Jetzt blieb keine Zeit mehr, die Kartoffeln zu kochen. Mathieu Kergourlay setzte einen Topf mit Wasser auf. Änderung des

Speiseplans: Nudeln (ohne Sauce; einfach nur Nudeln, weil keine Zeit mehr für die Sauce blieb). Ich begann hektisch, meine Arbeitsfläche zu putzen (überall Schalen und Kartoffelstückchen), als plötzlich Christophe erschien und anfing, hinter meinem Rücken hin und her zu gehen. Er war stinksauer.

»Deine Kartoffeln sind scheiße!«, sagte er und ging bis zum Ende des Durchgangs.

»Es sind *pommes de terre de merde*«, sagte er und kam wieder zurück.

»Wir essen keine Scheißkartoffeln!« Er ging wieder zum Ende des Durchgangs.

»Bill soll seine Scheißkartoffeln mit nach Hause nehmen!«, rief er jetzt. »Wer weiß, was er eine Stunde lang getrieben hat? Er hat seine Scheißkartoffeln für sich selber gemacht. Soll er seine Scheißkartoffeln doch an seine Kinder verfüttern! Die Scheißkartoffeln sind für *la maison de Bill.*«

Ich nahm sie nicht mit nach Hause. Ich lagerte die rohen Kartoffeln in zwei sehr großen Wassertöpfen und stellte sie in eine Ecke des Kühlraums, hinter die Sahne, in der Hoffnung, dass Florian sie diesmal nicht finden würde. Laut Vorschrift durfte man rohe geschälte Kartoffeln eine Nacht lang in Wasser liegen lassen. Zwei Nächte: keinesfalls. Auf dem Heimweg am Abend dachte ich weiter über meine Scheißkartoffeln nach: Was war mit meinem Hirn los?

Ich war – gleichfalls sehr aufschlussreich – auch immer unter den Letzten, die morgens ihre Kochkleidung anzogen. Und auch abends war ich, ausnahmslos, immer der Letzte.

Das wurde so schlimm, dass ich anfing, mich gegen Ende des Service in der Nähe der Treppe herumzutreiben. Ich wischte irgendeine Arbeitsfläche ab. Und wischte sie noch mal ab. Und ein drittes Mal. Ich konnte erst rauf, wenn Christophe das Signal gab. Irgendwann knurrte er dann vor sich hin, und ich stürmte die Treppe hinauf. Ich war als Erster oben.

Aber dann, aus unbegreiflichen Gründen, war ich trotzdem der Letzte der das Haus verließ.

Ich kam auf die Idee, meine Kleidung in einer Ecke der Anrichte zu verstecken, damit ich mich sofort umziehen konnte, ohne durch das Gedränge vor den Spinden Zeit zu verlieren. Alles wie immer, ich trieb mich an der Treppe herum, rannte nach Christophes Okay sofort hinauf, ging jetzt aber zielstrebig zu meinem Kleiderversteck, breitete meine Sachen auf einem Stuhl aus, schleuderte die Küchenclogs von den Füßen, riss mir die Arbeitskleidung vom Leib: Socken, Kochhose, Kochjacke, Hemd … Und ausgerechnet in diesem Moment, ich nur noch in Boxershorts, kamen die anderen oben an.

Sie waren verblüfft.

Wieso stand ich halb nackt in der Anrichte?

Dann rief Frédéric: »Schaut mal, wie viel Gewicht er verloren hat!« Er kam zu mir her und stupste mir den Finger in den Bauch.

Attention! *La panse de Bill!* »Bills Wampe! Die sah noch ganz anders aus, als er hier angefangen hat.« Wieder stupste er mir den Finger in den Bauch. Er nickte beifällig.

Sylvain trat neben ihn und stupste gleichfalls.

»Du bist schlanker geworden!«

»Viel schlanker«, fügte Frédéric hinzu. Wieder stupste er, amüsiert über seine Entdeckung. »Immer noch weich, aber nicht mehr so weich wie früher.«

»Anfangs warst du dick.« Sylvain stellte pantomimisch einen beleibten Weihnachtsmann dar, hielt sich mit beiden Händen den Bauch. (Die anderen nickten zustimmend.)

»Ja, Frédéric hat recht, du siehst okay aus.« Sylvain richtete sich auf – Bauch rein, Kinn vor, Schultern zurück, wie ein Soldat. »Du siehst aus wie ein Koch.«

Ich bemühte mich verzweifelt, meine Hose anzuziehen, schaffte es aber nicht.

»Es sind die Arbeitszeiten, stimmt's, Bill? Die Arbeit, die Schwerarbeit.« Sylvain konnte seinen Stolz nicht verbergen. »*La rigueur.*«

Jetzt versammelten sich alle vor den Spinden und zogen sich um; als ich dann endlich meine Schuhe zugebunden hatte, waren sie schon weg. Wieder ging ich als Letzter.

Aus irgendwelchen Gründen schien mein Verstand klitzekleine, kaum wahrnehmbare schlechte Gewohnheiten zu beherbergen. Was genau passierte eigentlich, wenn ich mich umzog? Schweiften meine Gedanken ab, während die Gedanken der anderen fokussiert waren? Ich versuchte, mir vorzustellen, was ein Video in Zeitlupe enthüllen würde: dass sich mein Kopf hin und her bewegte, während ich sah, wie Licht durch ein Fenster fiel und mir bei der Farbe Rot ein Dreirad aus meiner Kindheit einfiel …

Am nächsten Vormittag hatten meine »Scheißkartoffeln« genau 45 Minuten gekocht (bei 200 °C im »Dampfbackofen«), als Christophe ins Glasfenster des Ofens spähte und die Tür öffnete.

»Die sind fertig«, sagte er.

Ich stach mit einem kleinen Messer in eine Kartoffel.

»Nein«, sagte ich.

»Nein?« Er zog die Augenbrauen hoch. Seine Miene sagte: »Verdammt noch mal, was fällt dir ein, nein zu sagen!« Er erinnerte mich daran, dass der richtige Garungsgrad schnell vorüber ist, bevor die Kartoffeln breiig werden. Zehn Minuten später kam er erneut an.

»Sie sind fertig. Hol sie raus.«

Ich stach mit dem Messer hinein. »Nein.«

»Ich hab Hunger und keine Lust auf Kartoffelstampf.«

»Ich glaube nicht, dass sie fertig sind.«

Er starrte mich an. Ging an sein Schneidebrett zurück.

Ich wollte nicht mit ihm streiten – dazu fehlt es mir an Selbstbewusstsein. Ich wollte die Kartoffeln einfach nur so hinkriegen, wie sie mir schmeckten: *à la vapeur*, dampfgegart, zwar nicht gebräunt, aber mit ein bisschen Kruste.

Das Essen war rechtzeitig fertig – wie auch nicht, wo ich die Kartoffeln ja schon am Vortag geschält hatte. Die Hauptzutat war Fisch – Kabeljau, mit weißer Sauce, meine erste Sauce seit einer Woche, eine ganz normale, aber überraschend köstliche Beurre blanc (die fette, üppige Sauce mit dem niedrigen Proteinanteil) – aber mir persönlich waren die Kartoffeln am wichtigsten. Und von 250 Stück blieb keine einzige übrig!

Jetzt kam die hektische Phase kurz vor dem Lunch-Service, und ich räumte hinten meinen Arbeitstisch auf. (Ja, ich kochte zwar *le personnel*, hatte aber immer noch meinen normalen Job am Gardemanger-Posten.) Christophe kam vorbei. Offenbar hatte er gezielt nach mir gesucht.

»Die Kartoffeln waren gut.«

Das war mein erstes Lob. Es überraschte mich, dass Christophe meine Kartoffeln am einen Tag »scheiße« nennen konnte und am nächsten Tag »gut«.

Kurz vor dem Abendservice kam Viannay zu mir. »Wie wär's nächste Woche mal mit einem amerikanischen Gericht, zubereitet von einem Amerikaner?«, schlug er vor. »Wie wär's mit Burgern?«

Ich machte 50 Burger: Brötchen, rote Zwiebeln, Tomatenscheiben und Kopfsalat, eine selbst zubereitete Mayonnaise (erstaunlich lecker) und Ketchup, das ich auch selbst zubereitet hatte (absolut ungenießbar). Die Pommes wurden doppelt frittiert: drei Minuten in heißem Fett, dann fünf Minuten in sehr heißem Fett, was dadurch, dass Florian beschloss, in der ersten Runde die Hitze hochzudrehen, nur unwesentlich beeinträchtigt wurde. (Offenbar flippte er völlig aus, weil es Pommes gab.)

Ich hatte eine Kiste Coca-Cola organisiert: in Flaschen. Die meisten davon gingen, nach einem prüfenden Blick aufs Etikett, ungeöffnet zurück – als handle es sich um pestizidgefüllte Reagenzgläser; man sah den Leuten an, wie absurd sie den Gedanken fanden, ein herzhaftes Gericht mit einem süßen Getränk zu kombinieren.

Alle aßen meine Burger, sogar Viannay und der Sommelier und die für Kopierarbeiten zuständige Büroangestellte aus dem oberen Stock, die normalerweise alle nicht am 11-Uhr-Lunch teilnahmen. Der eine oder andere aß sogar im Stehen. Zu den vielen französischen Essensregeln gehört, dass nur am Tisch gegessen wird. Doch heute gab es Burger, und Burger waren ja nicht französisch, und man spürte, wie aufregend es manche fanden, einfach mal so zu essen wie die Amerikaner. Es war ein richtiges Festmahl, und selten hat mich die Zubereitung eines Essens so glücklich gemacht.

»Guter Lunch«, sagte Christophe – bereits das zweite Lob innerhalb von zwei Tagen.

Vielleicht läuft das ja alles doch noch ganz gut, dachte ich, verwarf den Gedanken aber im gleichen Moment. Aus Aberglauben.

Wacklig balancierte ich ein Schneidebrett mit Töpfen, Pfannen und sonstigen Utensilien, die ich für *le personnel* brauchen würde, zum Gardemanger-Posten und begrüßte meinen Kollegen dort.

»*Bonjour*, Florian.«

»*Putain*«, sagte er. Er stand über seinen Arbeitstisch gebeugt, ein Messer in der Hand, sein großer, schlaksiger Körper krumm wie ein Fragezeichen. Er hob den Kopf. In seiner Miene las ich: »Wie kannst du es wagen, mich zu stören?«

Nach dem Lunch ging ich wieder nach hinten zum Gardemanger-Posten. Ich brauchte die Plastikfolie, die dort im Regal direkt hinter der Aufschnittmaschine lag.

»Florian«, bat ich, »kann ich kurz?« Ich musste an ihm vorbei.

»*Putain*.« Er wich keinen Zentimeter.

Ich deutete pantomimisch an, dass ich ihm dann eben über die Schultern greifen müsse.

»*Putain.*« Er machte sich breit, verstellte mir komplett den Zugriff aufs Regal. Ich fand dann eine Rolle Plastikfolie am Pâtisserie-Posten.

Als ich mir später aus der Spülmaschine einen Schneebesen holen wollte, machte Florian einen Schritt zur Seite und trat mir voll auf den Fuß.

Es war ein Donnerstag. Donnerstags waren die Köche anders. Am Montag wirkte das ganze Team noch richtig fröhlich, aber dies änderte sich rasch – schon Dienstagnachmittag blieben alle weit unter ihren Möglichkeiten. Am Mittwoch wurde es noch schlimmer. Donnerstags, wo die meisten Unfälle passierten, konnte es richtig gefährlich werden. Fast das ganze Team war donnerstags total verändert. Das lag an den Arbeitszeiten. Aber für Florian war das schon sehr ungewöhnlich.

Am nächsten Tag, Freitag, wollte ich aus dem Kühlraum Spargel holen. Die Spargelstangen wurden dort aufrecht stehend aufbewahrt, in einer großen orangefarbenen Plastikbox mit Schnappverschluss; sie wurden von Gummibändern zusammengehalten und standen halb im Wasser. Die Box trug sich schwer, weil innen das Wasser herumschwappte. Florian vertrat mir den Weg.

»*Arrête!*«, befahl er laut. Stop! Grob schob er mich mit der flachen Hand beiseite. Ein paar Leute, die sich hier im hinteren Bereich befanden, unterbrachen ihre Tätigkeit.

»Hortense, *attention!*«, rief Florian laut. »Bill schafft das nicht! Er ist alt. Alte Leute sind schwach! Bill ist schwach! Bill kann nichts Schweres mehr heben! Wir müssen ihm helfen!«

Aber es ging noch weiter. »*Attention, Hortense! Le français de Bill, c'est de la merde!*« Bills Französisch ist Scheiße. »*Il faut speak him English! D'accord?*«

Jetzt wollte Florian die Box hochwuchten, erwischte sie aber vor lauter Hast in einem ungünstigen Winkel – das Wasser schwappte hin und her, und die Box knallte gegen eine Tür und quetschte ihm die Finger. Später sah ich, wie er verstohlen an seinen blutigen Knöcheln saugte.

Was war mit diesem Jungen passiert, der vor Kurzem noch gejubelt hatte, wenn es ihm gelungen war, eine Schalotte klein zu schneiden? Der so offen über sein Versagen in der Küche gesprochen hatte, über sein Problem mit Stress? Ich sah, warum Christophe ihn mochte. Ich hatte ihn auch gemocht.

Binnen zwei Tagen hatte sich der 19-Jährige, den ich als Freund betrachtet hatte, in Darth Vader verwandelt.

Zu Beginn des Dinner-Service rief Sylvain an. Er konnte nicht kommen. Seine Frau lag in der Klinik und bekam ihr erstes Kind. In Frankreich stehen dem Ehemann zwei Wochen Vaterschaftsurlaub zu.

Ich half gerade beim Vorbereiten. Unmittelbar nach Sylvains Anruf wies Florian mir die Ecke zum Arbeiten zu.

Eigentlich war es keine Ecke. Es war die Türstufe, auf der damals der Gutachter gestanden hatte, um herauszufinden, was am Gardemanger-Posten falsch lief. Man war aus dem Weg, hatte aber die ganze Küche im Blick. In meinem speziellen Fall wäre ich aus dem Weg gewesen, und alle hätten mich im Blick gehabt. Ich wurde sozusagen an den Pranger gestellt. Dieser Platz war so exponiert, dass man mich gleich von zwei Küchen aus gesehen hätte: von der kleinen Gardemanger-Küche und von der Hauptküche aus, einschließlich des Passes, wo Christophe arbeitete.

Ich starrte auf die Stufe und dachte: Nein, da werde ich mich nicht hinstellen.

Florian beobachtete mich und arbeitete dabei weiter. Er hob und senkte ruckartig den Kopf (als säße der auf einem Kippgelenk). »Stell dich auf die Stufe!«, wiederholte er. Er stand heute Abend allein am Gardemanger-Posten. Und es herrschte ein Riesenbetrieb. Ich rührte mich nicht.

»Stell dich auf die Stufe!«

»Nein, ich werde mich nicht auf die Stufe stellen. Ich bin hier, um dir zu helfen. Michael ist nicht da. Sylvain ist nicht da –«

»*Trop de stress.* Wegen dir zittern mir die Hände. Aber egal. Ich muss nichts erklären. Stell dich auf die Stufe.«

»Nein. Viannay wird das nicht gefallen.« Jetzt hatte ich bei dem kleinlichen Kräftemessen verloren. Ich hätte genauso gut sagen können: »Benimm dich, oder ich sag's dem Lehrer.« Ich hatte keine Ahnung, was Viannay gefallen würde oder was nicht, und es spielte auch gar keine Rolle, er war ja noch gar nicht da. »Stell dich auf die Stufe!«

Florian starrte mich an. Ich starrte Florian an.

Was hätten Sie getan? Ich stellte mich auf die Stufe.

Christophe, der das vom Pass aus mitverfolgte, war erst erstaunt und schien dann zu kapieren. Und ich hatte jetzt auch einen Verdacht. War Christophe zu Florians Coach geworden? (»Übernimm Verantwortung, junger Mann. Zeig, dass du ein richtiger Koch bist!«) Es fühlte sich komisch an, hier zu stehen, nach wie vor vom Küchenleiter gehasst und jetzt auch noch von einem neurotischen 19-Jährigen gemobbt, der hier wahrscheinlich zum allerersten Mal seine Macht demonstrierte.

Die kalte Küche blieb hinter dem Zeitplan zurück. Es standen noch keine Appetithäppchen auf dem Tisch, die Vorspeisen waren noch nicht auf Tellern angerichtet. Jetzt machte sich Florian daran, eine Portion *pâté-en-croûte* abzuschneiden. In der *pâté-en-croûte* steckt so viel Arbeit – der Blätterteig, alles ist so fragil und hält doch irgendwie zusammen –, und sie besteht aus so kostbaren Zutaten (Gänseleberpastete, Sülze, *poulet de Bresse*), dass man sich nie dabei erwischen lassen durfte, wenn man falsch abschnitt und etwas wegwerfen musste. Genau das passierte Florian. Er griff sich ans Herz. Er warf den Anschnitt schnell weg, bevor es jemand sah. Zweiter Versuch. Er scheiterte erneut. Er schlug sich auf die Hand. Versuchte es zum dritten Mal. Schlug seine Hand gegen die Arbeitsfläche. Vierter Versuch, und diesmal klappte es.

Viannay erschien auf der Bildfläche.

Er sah mich auf der Stufe stehen und rief quer durch die Küche: »Bill, was machst du denn da?«

»Ich stehe auf der Stufe.«

War ja nicht zu übersehen.

Ich nickte zu Florian hinüber. »Er wollte es so.«

»Bitte, bring die Appetithäppchen zum Pass.« Die Kellner warteten, flattrig und nervös. Gardemanger war total im Verzug.

»*Oui, Chef.*«

Ich stieg von der Stufe und setzte acht Appetithäppchen auf ein kleines Tablett.

Florian, mit dem Rücken zu mir über seine Arbeitsplatte gebeugt, drehte sich um. »Nein, die bringst du nicht zum Pass!«

Na dann. Ich nahm das Tablett, brachte es in die Küche und stellte es ab. Die Kellner wollten sich darauf stürzen, wurden aber von Florian daran gehindert, der wild mit den Händen wedelnd herbeigeeilt kam (»Nein, rührt sie nicht an!«), mich aus dem Weg stieß, sich das Tablett schnappte und damit an seinen Arbeitstisch eilte; dort setzte er die acht Portionen einfach nur auf ein anderes Tablett und lief damit zum Pass zurück.

Viannay nickte unmerklich – als wolle er sagen »Ah, verstehe« – und ging weiter. Er würde nicht intervenieren. (Wirklich nicht?)

Gab es irgendeinen Kodex, den ich nicht kannte? Christophe hatte nichts unternommen, obwohl Florian total im Verzug war. Aber auch Viannay, der seine Überforderung ja bemerkt hatte, war nicht eingeschritten. Wie lautete dieser Kodex? Es gab Streit, jemand wurde drangsaliert. Und die Vorgesetzten griffen nicht ein?

Ich stand wieder auf der Stufe, als Johann, der verbliebene Johann, auf seinem Weg zur Hauptküche stehen blieb und sagte: »Du stehst ja auf der Stufe.«

»Ja, ich stehe auf der Stufe.«

Ich schlug Florian vor, ich könnte doch ganz hinten am Ausguss stehen und mich dort nützlich machen.

»Prima Idee.«

Ich ging also nach hinten und sprang dort ein, wo meine Hilfe benötigt wurde. Es war Freitagabend, und allen gingen die Zutaten aus.

Chern, der am Fleischposten arbeitete, kam angerannt.

»Persil ciselé, s'il te plaît!« Petersilie, ganz fein, der Länge nach geschnitten. »Schnell, schnell. Danke.«

Und schon kam er wieder: *»Petits pois.* Sind ausgegangen.«

Und dicke Bohnen, Zitronenschale, *feuilles.* (Immer wieder *feuilles.*)

Über den Lautsprecher bellte Christophe; der Gardemanger-Posten war immer im Verzug. Ich musste irgendetwas tun. Aber was?

Ich hatte gar nicht gemerkt, wann das Gebell aus dem Lautsprecher verstummt war. Wieder einmal hatte ich mich in Tagträumen verloren, bei meinen zwar dringenden, aber doch nicht so dringenden Pflichten, dem Zen-Charakter der sich ständig wiederholenden Tätigkeiten, und irgendwann merkte ich, dass schon seit geraumer Zeit kein Geschrei mehr aus dem Lautsprecher ertönte. Die Küche stand immer noch unter Druck. Neue Bestellungen wurden ausgerufen, aber Christophe schrie nicht mehr herum. Ich beschloss, mal beim Gardemanger-Posten vorbeizuschauen, und entdeckte, dass Viannay persönlich die Vorspeisen zubereitete, assistiert von Florian und Hortense. Dieser Anblick war so unerwartet – bis dahin hatte ich ihn erst ein einziges Mal in der engen kleinen Gardemanger-Küche gesehen –, dass ich einen Moment brauchte, um ihn zu erkennen: das Haar, die weiße MOF-Kochjacke, der Stoppelbart. Ich hatte ja keine Ahnung gehabt, dass er sich mit Kalter Küche auskannte. Er arbeitete beeindruckend schnell.

»Da bist du ja«, flüsterte er. Es war die weiße Wut. Er hatte sein Mardergesicht. »Wo warst du? Hast du nicht gesehen, was hier los war? Du, du –« Er zischte irgendetwas, das ich nicht verstand.

Er richtete einen Teller an und reichte ihn Hortense.

Ich stand da wie ein Idiot, zu spät gekommen, total verlegen, und fragte mich, was ich hätte tun sollen.

Viannay hielt inne und wischte sich die Hände ab. »Du sagst, du möchtest vorn in der Hauptküche arbeiten. Aber du kapierst es einfach nicht. Du wirst niemals vorn arbeiten. Niemals.« *Jamais.*

Florian hatte einen seltsamen Gesichtsausdruck, nicht hämisch, nicht lächelnd, eher so, als ob er sich ein Lächeln verkneifen müsse. Er wirkte extrem ruhig.

Johann stand ganz in der Nähe.

»Hast du das gehört?«, fragte ich ihn.

»Ja.«

»Er hat *niemals* gesagt. Hast du das gehört – du wirst niemals vorn in der Küche arbeiten?«

»Ja.«

Als ich heimkam, ging ich zu Jessica, gab ihr einen Gutenachtkuss und setzte mich auf ihre Bettkante. Viannay hatte recht, ich kapierte es offenbar nicht. Plötzlich kam mir alles sehr schwierig vor. Ich hielt inne. Viannay hatte gesagt, dass ich niemals vorn in der Küche arbeiten würde. Niemals.

»Die Jungs und ich haben im Potager gegessen«, sagte Jessica. »Ich hab Franck erzählt, was du durchgemacht hast. Er hat gemeint: ›Sag Bill, er kann bei uns arbeiten. Du solltest über diese Einladung nachdenken.‹«

UNERWARTETE GEHEIMNISSE IN EINER VINAIGRETTE

Konferenz der Renaissance Society of America. Welch einzigartige Bedeutung die Vinaigrette in der Geschichte der Kulinarik hat, wurde mir bei einem Vortrag von Timothy Tomasik klar. Er ist Experte für die französische Küche des 16. Jahrhunderts, vor allem die Jahre 1530 bis 1560, die Blütezeit der *foires* von Lyon und genau der Zeitraum, in den auch das bereits erwähnte Festbankett fiel, das die vornehmen Ratsmitglieder Lyons für die Schweizer Delegation veranstalteten. Der Vortrag fand an einem regnerischen Samstagvormittag in Manhattan statt und wurde von Allen Grieco moderiert, einem wissenschaftlichen Mitarbeiter der Villa I Tatti, The Harvard University Center for Italian Renaissance Studies. (Spoiler-Alarm Nummer fünf: Ja, wir besuchten New York City – zweimal; es sollte noch ein zweites Mal geben.) Das Thema von Tomasiks Vortrag war die Geschichte des Worts »Vinaigrette«.

Seit der tiefen Demütigung damals, als ich fragen musste, wie man eine Vinaigrette zubereitet, hatte ich mich intensiv damit beschäftigt, auch mit ihren vielen Varianten und ihrer Bedeutung für die französische Küche (Säure! Wein! Balance!). Aber ihre Geschichte? Ich hatte Pasteur gelesen, aber Pasteur war 19. Jahrhundert. Mit seinem Vortrag wollte Tomasik, damals ein Freund (wir hatten uns bei einer anderen Konferenz zum Thema Renaissance-Küche kennengelernt), weit in die Vergangenheit zurückgehen, bis zu den Ursprüngen des Worts Vinaigrette. Ich kam mit großen Erwartungen dorthin und war richtiggehend schockiert, dass außer mir nur noch sechs weitere Zuhörer erschienen waren, obwohl der Raum zweihundert Personen Platz geboten hätte. An einem Samstag! In der Großstadt! Was war da los?

Tomasik versuchte in seinem Vortrag ein Rätsel zu lösen. Die moderne Bedeutung des Wortes »Vinaigrette« findet sich zum ersten Mal 1694 im *Dictionnaire de l'Académie française,* wo sie als »eine Art kalter Sauce«, *une sorte de sauce froide,* beschrieben wird, die »aus Essig, Öl, Salz, Pfeffer, Petersilie und Schnittlauch« zubereitet wird. In der Folgezeit entstanden diverse Variationen dieses Grundrezepts, aber die Definition der Académie Française bleibt die beste.

Vor 1694 jedoch war die Vinaigrette eine Fleischsauce. Das Wort taucht zum ersten Mal im 14. Jahrhundert auf, in Taillevents *Le Viandier,* einem der frühesten französischen Kochbücher, die wir kennen. Dass es vielleicht weniger ein typisch französisches als einfach ein mittelalterliches Rezept ist, illustriert Taillevents Rezept für »une vinaigrette«: Man röstet am Bratspieß die Milz eines Schweins, gibt diese fein gehackt in einen Topf, der eine Mischung aus Blut, Bouillon, Ingwer, einem pfefferartigen Gewürz, Safran, Wein und (zu guter Letzt) Essig enthält, und lässt das Ganze köcheln. »Es sollte eine braune Farbe haben.«

Für eine weitere Variante der Vinaigrette benötigt man Kopf, Magen und Füße eines Schafs. Eine Kuh-Vinaigrette erfordert die Verwendung aller vier Mägen.

Bei der Frage-und-Antwort-Runde am Schluss konnte man Fragen stellen, und Tomasik gab mit entwaffnender Ehrlichkeit zu, dass sein Vortrag (A Vinaigrette by Any Other Name) eigentlich noch gar nicht fertig sei.

Am Anfang, so Tomasik, hätte es so ausgesehen, als handle es sich um ein rein lexikografisches Problem. In der frühen französischen Geschichte schien die Bedeutung von vinaigrette zu den damaligen Speisen zu passen – die hauptsächlich in einem Topf über einer Feuerstelle zubereitet wurden. Ende des 17. Jahrhunderts jedoch bekam das Wort eine komplett andere Bedeutung, obwohl es gleichfalls wieder perfekt zu den Speisen der damaligen Zeit passte: ein leichtes Dressing für ebenso leicht zubereitetes Gemüse, etwa grüne Bohnen oder Artischocken. Tomasik konnte allerdings nicht festmachen, wann genau sich der Wortsinn veränderte. Er hatte die Bedeutung des Worts in Werken von 1536, 1539, 1542, 1547 und 1552 akribisch erfasst. Und eigentlich hatte er fest damit gerechnet, für die folgenden hundert Jahre ähnliche Belege zu finden, was ihm aber bisher noch nicht gelungen war.

Seine entspannte Haltung erinnerte an einen begabten Studenten, der in seiner Hausarbeit zwar ein wichtiges Problem noch nicht ganz lösen konnte, aber überzeugt ist, die Lösung zeitnah nachreichen zu können.

Ich dachte: Keine Chance.

Denn diese einhundert Jahre sind gewissermaßen der dunkle Tunnel der französischen Küche. Am einen Ende des Tunnels werden Gerichte noch über einer Feuerstelle zubereitet; am anderen Ende – etwa um 1651, als *Le Cuisinier François* erschien – findet ein rauschendes Fest kulinarischer Opulenz und Kochkunst statt. Das Buch wurde von einem gewissen François Pierre de La Varenne verfasst. Obwohl es sich beim Titel vermutlich um ein Wortspiel handelt (der Sinn könnte entweder *Der Koch François* oder *Der französische Koch* sein), ließ das Buch selbst keinerlei Interpretationsspielraum. Das Werk war ein Manifest der französischen Nationalküche. In *Le Cuisinier François* steht zu lesen: »Dies ist unser Essen. Es ist unsere Kultur.« In den annähernd vierhundert Jahren, in denen in Frankreich Rezeptsammlungen, Manuskripte, Übersetzungen und kulinarische Veröffentlichungen jeder Art erschienen, hat kein Text so offen und direkt für sich beansprucht, Frankreich zu repräsentieren. Mit *Le Cuisinier François* hatte sich die französische Küche etabliert.

Viele Leute sind jedoch der Meinung, dass die Ursachen für diese Entwicklung eigentlich nirgends dokumentiert sind. Irgendetwas vollzog sich ganz offensichtlich (denn von nichts kommt nichts), aber was wissen wir heute darüber?

Mittlerweile war ich total aufgeregt. Denn ich kannte die Antwort! Zumindest bezüglich der Vinaigrette! Auf der anderen Seite der Alpen, in Italien, hatte jemand ein Werk über Salate und Kräuter verfasst, nur konnte ich mich nicht mehr an den Namen des Autors erinnern; es war jedenfalls ein skurriler Name gewesen, so etwas wie »Glück«.

Auch Grieco war aufgeregt – er kannte den Namen und hatte den Text sogar auf seinem Smartphone heruntergeladen. Der Autor hieß Costanzo Felici.

»Genau!«, platzte ich heraus. »Felici! Das ist er!«

Grieco fuhr fort: »Costanzo Felici, ein Arzt und Naturforscher, lebte in dem Dorf Piobbico.« Piobbico liegt östlich von Florenz, nahe der Adria. »Er hat Schriften über naturgeschichtliche Themen veröffentlicht: den Olivenbaum, den Pilz, den Wolf, einen Bauernkalender.« Der

66-jährige Grieco trug einen silbergrauen Kinnbart und eine runde Gelehrtenbrille. Er trat auf wie ein Mann, der es gewohnt ist, in Bibliotheken leise zu sprechen – Tomasik, mit breitem Brustkasten, war halb so alt und jugendlich-selbstbewusst. Grieco begegnete ihm mit zurückhaltendem Respekt.

Felici begann einen Briefwechsel mit einem der größten Botaniker der damaligen Zeit, Ulisse Aldrovandi von der Universität Bologna. Aldrovandi bat Felici, die Gemüse zu beschreiben, die in seinem Dorf verzehrt wurden, vor allem die Salate und Kräuter, und ihre Zubereitungsarten: eine Art Feldbericht. Felici schrieb, Salate würden immer nur auf ein und dieselbe Art zubereitet: *con olio, aceto, sale, e pepe.* Mit Öl, Essig, Salz und Pfeffer.

Nach Felicis Tod wurden seine Briefe an Aldrovandi in Buchform veröffentlicht. Grieco las einige Sätze daraus vor, aus denen hervorging, dass die Franzosen die Italiener damals als einfältige Salatesser betrachteten: »*il cibo dell'insalate – così dette volgarmente, cibo quasi proprio (dicono gl'oltramontani) de' Italiani ghiotti quali hanno tolta la vivanda agl'animali bruti che si magnano l'herbe crude –*«.

Mir war diese Passage schon einmal begegnet, 2003, in einer Kulturgeschichte der italienischen Küche von Alberto Capatti und Massimo Montanari, die für mich die Einführung in die Schönheit und die hohe Vollendung der italienischen Renaissanceküche gewesen war. Der Text ist inzwischen recht berühmt, und sei es nur für seinen Humor, einschließlich des Wortes *oltramontani* für die Franzosen, was so viel bedeutet wie die Leute von der anderen Seite der Berge. »Diese Leute denken, wir seien die Primitiven – sie halten uns für Allesfresser (*ghiotti*) –, weil wir rohes Gras aus den Mäulern wilder Tiere verzehren, statt die Tiere selber zu essen!«

Die Franzosen, das wollte Felici damit sagen, kapierten es einfach nicht. Sie waren die *ghiotti*, die Fleischesser, die nicht begriffen, wie lecker Salat und Gemüse schmecken, die Gaben der Erde und der verschiedenen Jahreszeiten. Felici konnte damals nicht ahnen, dass es nur eine Frage der Zeit sein würde, bis sich das änderte.

Gibt es irgendwelche Dokumente, die belegen könnten, dass die Italiener den Franzosen beigebracht haben, wie man Salat zubereitet und eine Salatsauce macht?

Wahrscheinlich nicht.

Aber es gibt einen Fußweg, von Historikern selten erwähnt, einen Gebirgspfad, auf dem früher reger Verkehr herrschte, weil ihn unablässig Lebensmittel, Menschen und Ideen passierten. Dieser Pfad stammt aus vorrömischer Zeit. Er ist so alt wie das Gehen selbst. Er beginnt in Susa, der Stadt, die die Römer Segusio nannten, am nordwestlichen Rand der italienischen Halbinsel. Der Pfad führt durch die Berge und kommt in Le Planay wieder zum Vorschein, einem Dorf, in dem die Franzosen schon in alter Zeit eine Zollstation eingerichtet hatten. Obwohl nicht die einzige Verbindung zwischen Italien und Frankreich, war der Weg zu Beginn des 16. Jahrhunderts doch so stark frequentiert, dass der König darin eine Steuereinnahmequelle sah. Dafür, dass die Händler Abgaben zahlten, wurde ihnen auf ihrem Weg über die Alpen Schutz vor Räubern und Dieben gewährt.

Was zog die italienischen Händler nach Frankreich? Die *foires*, jene alle drei Monate in Lyon stattfindenden Jahrmärkte, waren erst kurz zuvor wiederbelebt worden, und dieser transalpine Pfad, manchmal *le chemin du Piémont* genannt, führte direkt dorthin. Viele der auf den *foires* verkauften Produkte (Gewürze, Seidenstoffe, Mortadella und der plötzlich beliebte *fromage de Milan* – Parmigiano) stammten aus Italien; die meisten Bankiers, Importeure und Großkaufleute (Gadagne, Capponi, Manelli, Grimaldi, Sauli, Johanno, Bonvisi und Cenami) waren italienischer Abstammung. Die *foires* machten Lyon reich. Und sie verwandelten die Stadt in ein kulinarisches Treibhaus; sie trugen dazu bei, dass sich die Lyoneser Küche entwickelte.

Später reiste ich nach Susa und erfuhr, dass die Route noch viel länger durch ein Zollabkommen geschützt gewesen war, als ich geahnt hatte. Der steinerne Augustusbogen am Beginn des Pfads erinnert an dieses Abkommen, das damals zwischen Kaiser Augustus und den keltischen Alpenstämmen unter König Cottius geschlossen wurde. In Reiseführern ist Susa nicht mehr zu finden (seit dem Bau des Fréjus-Tunnels fährt fast niemand mehr durch diesen Ort), und der Maastricht-Vertrag von 1992 führte ja praktisch zur Auflösung der Grenzen. Für mich jedoch war es ein unerwartetes Wunder – hier zu stehen, vor diesem Bogen, durch den in beide Richtungen so viele Menschen und Güter passierten: Jäger und Sammler, Soldaten, Salz, Hannibal mit seinen Elefanten, schwarzer Pfeffer, der Apostel Paulus, Julius Caesar auf dem Weg zur Eroberung Galliens, Karl VIII. in der Hoffnung, Italien erobern zu können, Franz I. (gleich zweimal), Rabelais, Montaigne, Leonardo da Vinci, Manuskripte, Händler, Päpste, Mönche über 18 Jahrhunderte hinweg, christliche Pilger, Karl der Große, italienische Bankiers, die Renaissance, die Geschichte Europas und vermutlich ein Salatdressing.

Und deshalb dieses Wort »Vinaigrette«. Ich stelle es mir wie etwa die Behausung eines Einsiedlerkrebses vor: wenn der ursprüngliche Bewohner stirbt, zieht ein anderes Tier ein. Oder wie die Bauernhäuser, die man auf *le chemin du Piémont* sieht, erbaut aus den Steinen älterer, verlassener Häuser. Der Name Vinaigrette gehörte zu einem mittelalterlichen Schmorgericht. Welch kuriose Laune der Geschichte, dass in das wunderbare Wort Vinaigrette – als man die Schmorgerichte dann nicht mehr zubereitete – ein Essig-Öl-Dressing einziehen konnte!

Schon immer haben Lebensmittel den Globus umrundet. Das Schwein, das in der italienischen und französischen Küche eine so wichtige Rolle spielt, stammt aus China. Truthähne, Kartoffeln, Tomaten, Speisekürbisse und Schokolade kamen von den amerikanischen Ureinwohnern in der neuen Welt. Die Quenelle-Klößchen, berühmter Bestandteil der Lyoneser Küche, stammen von den österreichischen Knödeln ab.

Die Vinaigrette hingegen: eine ganz andere Kategorie. Sie ist kein Bestandteil eines Gerichts und keine Zutat. Sie ist eine Zubereitungsmethode. Eine Idee, eine kulinarische Form.

Ich habe so gut wie keinen Franzosen getroffen, der geglaubt hätte, dass die Italiener irgendetwas mit der Entwicklung der französischen Küche zu tun gehabt haben könnten. Sehr oft hörte ich den Hinweis, es fehlten *preuves incontestables d'Italienités* – unanfechtbare Beweise dafür, dass irgendein typisch französisches Gericht italienischen Ursprungs sei.

Die Entwicklung des Worts »Vinaigrette« ist zwar kein solch unanfechtbarer Beweis. Sie lädt jedoch dazu ein, die Beschränkungen zu betrachten, die der wissenschaftlichen Forschung auferlegt sind. Die Arbeiten von Kulinarhistorikern sind meist in der Sprache verfasst, die ihr Spezialgebiet betrifft, und sie wagen sich selten darüber hinaus – die Italiener sprechen selten mit Franzosen, die Franzosen bemühen sich ebenso wenig um einen Dialog mit den Italienern –, was beides nur insofern überrascht, als die beiden Kulturen, was ihre Küche betrifft, auf komplexe Weise miteinander verknüpft sind. Jacqueline Boucher, Professorin für die Lyoneser Geschichte des 16. Jahrhunderts, hat den ausgezeichneten Text »Présence Italienne à Lyon à la Renaissance« verfasst – Die italienische Präsenz in Lyon während der Renaissance. In ihrer (allerdings gekürzten) Bibliografie listet sie 46 Arbeiten auf: 42 davon sind in französischer Sprache verfasst, zwei auf Englisch und eine Arbeit auf Italienisch, eine Genealogie der Bankierfamilie Gadagne. Ich frage mich dann doch, wie man über die Italiener schreiben kann, ohne zu lesen, was sie in ihren eigenen Worten zu sagen hatten. Während unserer Zeit in Frankreich nahm ich an mehreren Konferenzen zum Thema »Küche der Renaissance« teil, erfuhr faszinierende Details und wurde jedes Mal von den Organisatoren gewarnt: »Beobachten Sie mal die Italiener und die Franzosen – die wollen nichts miteinander zu tun haben.« Der große Gebirgszug, der die beiden Länder voneinander trennt, scheint sich in den Köpfen fortzusetzen.

Aber auch besagter Gebirgszug wird oft missverstanden, geprägt von der anachronistischen Sicht, dass im Europa des Mittelalters und der Renaissance eine Schiffsreise sicherer war als der Weg zu Fuß oder auf dem Pferde- beziehungsweise Eselsrücken, vor allem wenn es um die Überquerung der Alpen ging, die für normale Menschen offensichtlich zu beschwerlich war.

Nun, das traf damals nicht zu und trifft auch heute nicht zu. Und in einer Ära mit verlässlichen Wettervorhersagen war es noch viel ungefährlicher.

Ich wollte die Überquerung nachvollziehen und den Steilanstieg mit meinen beiden kleinen Söhnen bewältigen: Wenn sogar sie es schafften – zugegeben im Sommer, der günstigsten Jahreszeit für eine Alpenüberquerung –, dann hatten das damals auch Köche, Künstler und Dichter, Kunstmaler, Architekten, Prinzessinnen und Mönche (die sich mit der Herstellung von Brot und Wurst auskannten) geschafft, der lange Zug der italienischen Renaissance. Ich wusste, dass sich der Pfad in keinem guten Zustand befand. 1803 änderte Napoleon die Route (er fand eine breitere Passage, die sich für seine Armeen eignete und in Lanslebourg begann, dem nächsten Ort talaufwärts von Le Planay aus, und dieser Übergang hat als gepflasterte Straße, die D1006, bis heute überdauert). Nach zweihundert Jahren ist der Originalpfad schon sehr verwittert. Wir übernachteten im Lavis Trafford, der *chambre d'hôte*, erbaut auf den Grundmauern des ursprünglichen Zollhauses, und versuchten uns an der Überquerung auf diesem Pfad. Die Jungs waren damals fünf Jahre alt. Am Morgen liefen sie einen Kilometer bis zum Beginn des Weges. Auf einem Schild wurde die jahrhundertealte Geschichte heraufbeschworen, die sich mit diesem Aufstieg verknüpfte. Der Kommentar der Jungs war: »Och nee!« Sie waren schon müde und hatten genug.

Wir starteten einen zweiten Versuch, als sie beide sieben Jahre alt waren. Ermutigt von Marc Broyer, dem Besitzer des Lavis Trafford, der den Weg spitzbübisch als »einen Spaziergang« beschrieb, der »gerade mal eine Stunde dauern« würde, bewältigten die Jungs und ich in Shorts und Sandalen den Aufstieg (ich hätte nie gedacht, dass es die beiden wirklich bis nach oben schaffen würden). Er dauerte vier Stunden. Eigentlich war es gar nicht so weit – vier Kilometer vielleicht? –, aber der Pfad war steil und holprig (George vertrat sich den Knöchel, Frederick, der panische Angst vor Bienen hat, wurde gestochen), und vor dem letzten fordernden Anstieg ging uns das Trinkwasser aus. Ich spornte die Jungs mit dem Versprechen an, dass das Ereignis, wenn sie es bis oben schafften, mit ihren vollen Namen (George Ely Buford und Frederick Hawkins Buford) in dem Buch festgehalten würde, das ich gerade schrieb. Sie dachten über das Angebot nach und beschlossen, okay, sie würden weiterklettern. Als wir oben ankamen, gab es dort fließend Wasser, ein Restaurant und eine Asphaltstraße. Nicht so schlimm. Vier Jahre später, im Alter von elf, wiederholten sie diese Wanderung!

Viterbo, Italien. Unsere Familie fuhr zu einem mittelalterlichen, von einer Stadtmauer umgebenen Ort im Latium, um an einer einwöchigen Tagung über Kulinarik, Wein und Olivenöl teilzunehmen. Für Viannay war das okay, aber die anderen in der Küche, die erst zwei Tage vor meinem Aufbruch davon erfuhren, waren empört. Man nimmt nur Urlaub, wenn man Urlaub kriegt, und das ist nur der Fall, wenn das Restaurant geschlossen hat – im August und zwischen Weihnachten und Neujahr –, denn es gibt niemanden, der für dich einspringen könnte, und wenn du nicht da bist, muss jemand anderes deine Arbeit übernehmen, zusätzlich zu seiner eigenen. Zwei Tage lang bekam ich alle möglichen Variationen von *Bonnes vacances, putain!* zu hören, die zwischen Sarkasmus und Gehässigkeit schwankten.

Das Event in Viterbo war eine Art Ehemaligen-Treffen, organisiert von Jessica für ein Programm, das sich School Year Abroad, SYA (ein Schuljahr im Ausland) nannte. Teilnehmen konnten ehemalige Schüler und Schülerinnen, die während ihrer Schulzeit ein Jahr lang in einem nicht englischsprachigen Land verbracht hatten, um dessen Sprache zu erlernen. (Jessica hatte als 16-Jährige in Rennes in der Bretagne gelebt.) Dieses eine Jahr im Ausland hatte das Leben der meisten Ehemaligen verändert. Das Konzept der Tagung bestand darin, dass die Ehemaligen an diese lebensverändernde Erfahrung anknüpfen sollten, nicht durch die traditionellen Totems der Hochkultur, sondern durch Kulinarik und Getränke, Vorträge und Gespräche. Zu den Rednern und Rednerinnen, die meine Frau eingeladen hatte, zählten unter anderem Ruth Reichl, Harold McGee, Thomas Keller, Dan Barber und ich.

Ich?

Tja, sie lud mich ein. Ich war ihr Ehemann. Was diese Perspektive aber in mir auslöste, überraschte mich dann doch. Ich erlebte eine Art benommenes Erwachen. Ich war Schriftsteller und 23 Jahre lang Literaturredakteur gewesen. Ohne es zu merken, hatte ich meine innere Verbindung zur Literatur verloren. Ich steckte einfach nur noch mitten in meiner Kochausbildung.

In New York hatte mein Beruf meine Identität ausgemacht, die in der täglichen Routine von Terminen, Meetings, Partys und allen möglichen gesellschaftlichen Events unaufhörlich bestätigt wurde. In Lyon jedoch brach diese gesellschaftliche Bestätigung einfach weg. Für mich, aber auch für Jessica und die Jungs. Nicht so, als hätten wir unsere Identität »abgestreift«; eher so, als würde sie sich, ohne Impuls von außen, allmählich auflösen. Die Jungs waren in der Schule zwar immer noch kleine Berühmtheiten, die *New-Yorkais*, aber die Erinnerungen an ihre amerikanische Heimat kamen ihnen abhanden. Sie wussten nicht mehr, wie unsere Wohnung ausgesehen hatte. Nach zwei Jahren war ihr Französisch besser als ihr Englisch.

In Viterbo wohnten wir in einem modernen Hotel, alle zusammen in einem großen Zimmer, und waren wahnsinnig glücklich. Was auch immer zwischen meiner Frau und mir verloren gegangen war, in unserer Vertrautheit zu viert gewannen wir es zurück. Wir hörten im Schlaf unsere schlafenden Kinder. Das Arrangement – ein bisschen wie Zelten mit Roomservice – wurde zum Modell für unsere künftigen Reisen innerhalb Frankreichs. Meine Frau ging frühmorgens los, und ich frühstückte mit den Kindern. Ich fand zu meiner Rolle als Vater zurück.

Nachmittags traf ich mich mit Dan Barber, der Jessicas Einladung ebenfalls gefolgt war und sich einen klandestinen Italienausflug mit seiner Freundin Aria Sloss gönnte. Das Küchenteam in seinem Restaurant wusste gar nicht, dass er weg war.

Ich hatte Barber seit jenem Weiße-Trüffel-Essen bei Dorothy nicht mehr gesehen.

Er fragte mich, was ich so machte, und ich gab nur zur Antwort, dass ich momentan ein *stage* absolvierte und *le personnel* kochte – nichts sonst, aber irgendetwas in meiner Miene musste mich verraten haben.

»Oh, das tut mir so leid«, sagte er. Es klang ehrlich bekümmert und kam völlig unerwartet. Mir war zum Heulen zumute.

Wie sich herausstellte, war Barbers Zeit in Frankreich doch nicht so glatt gelaufen, wie ich gedacht hatte.

Er hatte in zwei Restaurants gearbeitet. Zuerst bei Michel Rostang. Barber sprach Französisch und erhielt eine Position als Postenchef, weil Rostang ihn mochte – aber Rostang war selten in der Küche, und die anderen (vor allem diejenigen, die selber Postenchef sein wollten) ließen es Barber entgelten.

»Ich kenne diese Dynamik«, sagte ich.

»Im zweiten Restaurant ging es noch härter zu. Das war in der Provence.«

»Wo?«

»Kann ich nicht sagen.«

»Wie heißt es?«

»Kann ich nicht sagen.«

»Nur zu, ich erzähl's bestimmt nicht weiter.«

»Nein. Es ist ein berühmtes Restaurant. Der Küchenchef war ein Irrer«, fuhr Barber fort. »Wenn wir ihm zu langsam waren, machte er die Fenster zu, schloss die Türen ab, schaltete die Klimaanlage aus und ließ uns in der Hitze schuften. Im Sommer in Südfrankreich. Einem der heißesten Sommer aller Zeiten.«

»2003?« Es war der Sommer, als wir in Italien gelebt hatten und Hunderte von Menschen in ihren Wohnungen starben. Seit damals wusste ich, was beim Ausfall der Klimaanlage passieren konnte.

»Ich wurde geschlagen.«

Ich konnte mir nicht vorstellen, dass irgendjemand Barber schlug.

»Sehr oft sogar. Wenn ich zu langsam war. Oder einfach so.« Er legte die Hand auf die Wange. »Hier hatte ich immer eine Schwellung.« Er gluckste. Barber ist schlaksig, trägt eine Brille und wirkt hoffnungslos intellektuell. Die Köche in französischen Restaurantküchen sind bullige Typen mit muskulösen Armen und manchmal strohdumm. Dass Barber über seine Zeit mit ihnen selbstironisch lachte, nahm mich sehr für ihn ein.

»Eines Tages, kurz nachdem ich angefangen hatte, kam der Oberkellner nach hinten und sagte: ›Ich rieche etwas. Riecht das sonst noch jemand?‹ Alles schwieg. Er ging wieder nach vorn. Am nächsten Tag kam er erneut in die Küche. ›Ich rieche es schon wieder. Riecht das wirklich niemand außer mir?‹ Und wieder ging er nach vorn. Am nächsten Tag kam er wieder. ›Ich hab's! Es riecht nach einem Juden.‹«

»Sie wollen mir den Namen des Restaurants nicht verraten?«

»Nein.«

Ich kam mir neben Barber ganz klein vor. Damals an dem Abend bei Dorothy hatte er zu mir gesagt, dass die Ausbildung in der französischen Küche unschätzbar sei und man die jungen Köche, die über diese Ausbildung verfügten, immer erkenne. Es war eine komplexe Botschaft.

Im La Mère Brazier war noch nie jemand geschlagen worden.

Als ich ins La Mère Brazier zurückkehrte, ging es mit den Sticheleien weiter. (»Na, hast du deine *vacances* genossen, *putain?*«) Aber es gab auch einen deutlichen Unterschied, eine neue Lebendigkeit und Energie. In diesem kleinen, intensiven, emotional aufgeheizten Raum, den man Küche nennt, hatte es Veränderungen gegeben; sie bezogen sich auf die Pflichten einzelner *brigade*-Mitglieder.

Zum einen arbeitete Florian künftig nicht mehr am Gardemanger-Posten. Er war befördert worden. Er würde Chef de Partie werden, am Fischposten, neben Frédéric. Christophe hatte sich für ihn eingesetzt. Florian war gerade mit der Vorbereitung seines neuen Postens, dem *mise-en-place*, beschäftigt. Er hatte sich auch physisch verändert, wirkte größer, nicht mehr so gebeugt. Er lächelte den ganzen Tag.

Zum anderen wurde mir mitgeteilt, dass auch ich befördert worden sei, obwohl ich zwei Wochen brauchte, bis ich es überhaupt bemerkte. Ich sollte weiter *le personnel* zubereiten und erfuhr zu meiner Genugtuung, dass in meiner Abwesenheit abwechselnd Chern und Florian dafür verantwortlich gewesen waren und sich die anderen immer noch über den Fraß beschwerten, den sie ihnen vorgesetzt hatten. Ich sollte mich offiziell beim Fleischposten melden. Es war nicht ausdrücklich die Rede davon, dass ich in der Hauptküche arbeiten konnte, und nachdem Viannay mich wie ein Raubtier angefallen hatte, fragte ich auch gar nicht danach. Aber im Grunde war genau dies die Perspektive – wenn ich zeigte, dass ich bereit war, und wenn ich mich bewährte.

Auch Sylvain hatte einen neuen Job – und das war die spektakulärste Neuigkeit. Er würde den Gardemanger-Posten leiten. Das war jetzt sein Verantwortungsbereich, mit stark reduziertem Personal; eigentlich nur noch eine Person: Hortense.

Sylvain erzählte mir, er habe bei der Mitteilung die Augen geschlossen und Christophe gebeten, das bitte zu wiederholen. Er habe am ganzen Körper gezittert. Er empfand das ganz klar als Degradierung. Am Gardemanger-Posten hatte er angefangen. Dann war er zum Souschef befördert worden. Man sprach von ihm als *le cuisinier*, dem Typen, der die Küche am Laufen hält. Vom Pass, im vorderen Bereich, wo man die Speisen auf Tellern angerichtet hat, nach hinten in die kleine Garde-manger-Küche versetzt zu werden: Wer wäre da nicht enttäuscht ge-wesen?

Sylvain änderte einfach seine Haltung dazu. »Ich werde das nutzen, um meine *pâté-en-croûte* zu perfektionieren«, sagte er mit seinem strah-lenden Sylvain-Lächeln. »Ich trainiere ja für den *coupe*.«

Der *coupe* – der Pokal – findet in Tain statt, dem Winzerdorf zwi-schen Lyon und Valence, um die weltbeste *pâté-en-croûte* zu küren. Hier versammeln sich Köche – offiziell »aus aller Welt«, eigentlich aber nur »aus ganz Frankreich« (woher auch sonst?) und hauptsächlich aus dem Rhônetal – und präsentieren nie da gewesene, ästhetisch spektakuläre Kreationen von Fleischgerichten in einer Hülle aus Teig. Sylvain war ent-schlossen, an diesem Wettbewerb teilzunehmen. Er war entschlossen zu siegen. Dann stünde ihm alles offen.

Eines Morgens, früh, kurz nach acht, kam Hortense in die Hauptküche gerannt. Sylvain folgte ihr mit weit ausgreifenden, energischen Schrit-ten. Er schäumte vor Wut.

Offenbar hatte Hortense ihm den falschen Topf gebracht. Aber sicher ging es um mehr als nur den Topf; der falsche Topf war einfach nur der sprichwörtliche Auslöser gewesen. Hortense versteckte sich angstvoll hinter einer Kochinsel: ein Induktionsherd, auf dem zufällig jede Menge Töpfe aufgestapelt waren. Sylvain schritt darauf zu, holte aus und fegte mit ohrenbetäubendem Lärm sämtliche Töpfe herunter: eine Sautier-pfanne, Kasserollen, alles aus Edelstahl, extrem laut, gleißend im Licht der Küchenlampen – all dies polterte unter donnerndem Lärm rings um Hortense zu Boden. So unerwartet und so laut, dass ich einen Mo-ment lang dachte, ein Teil der Küche sei eingestürzt. Hortense schlang die Arme um ihren Leib, versuchte, sich ganz klein zu machen. In ihrem

Gesicht stand panischer Schrecken, sie sah aus, als drohe jemand sie zu ermorden.

Sylvain hyperventilierte, hatte irgendeine Linie überschritten, wurde immer wütender, warf einen Topf nach Hortense. Er verfehlte sie. Der Topf knallte gegen eine Ofentür. Er warf einen weiteren Topf nach ihr, der sie aber auch verfehlte. Er warf einen dritten, vierten, fünften – Schlag auf Schlag – und verfehlte sie jedes Mal. Christophe beobachtete die Szene, wie wir anderen auch, bis Sylvain fertig war. Dann wandte er sich wieder seiner Arbeit zu.

Es gab einen weiteren Ausbruch. Auch der bezog sich auf einen neuen *stagiaire*, einen 15-Jährigen, der vom Lycée kam und den ich »Little Matty« nannte, weil er der dritte Mathieu in der Küche war. Seinem Alter entsprechend, war sein Praktikum zeitlich begrenzt: Es dauerte bloß zehn Wochen, und er durfte abends nur bis 22 Uhr arbeiten. Er hatte in der Küche einen schwierigen Start gehabt, war schlecht behandelt worden und reagierte nun seinerseits mit Aggression. (Er glich einer Petrischale, in der sich alle Toxine dieses Arbeitsorts konzentrierten: Er war völlig arglos hierhergekommen, dann regelrecht misshandelt worden und versuchte nun selbst, in der Küchenhierarchie einen Platz als Misshandler zu ergattern.) In gehässigem Ton kritisierte er, dass die letzte Person, die am Ausguss gewesen war, ihn nicht sauber hinterlassen hätte, und schon hing er buchstäblich in der Luft.

Sylvain hatte Matty an der Kehle gepackt, ihn hochgehoben und drückte ihn jetzt gegen eine Kühlschranktür. Matty hing mit baumelnden Füßen in der Luft, während Sylvain seine riesige Faust hob und den Arm anspannte, wie eine fest zusammengedrückte Feder. Ich starrte auf Mattys Gesicht, seine weit aufgerissenen Augen, seine feinen Gesichtszüge, seine kleine gerade Nase: kurz vor dem Faustschlag, der sie zerschmettern würde.

Sylvain packte ihn noch fester. »Ich hasse dich! Ich möchte dir eine reinhauen! Ich muss dir eine reinhauen!« Sylvains starker Arm hielt Matty weiter in der Schwebe.

»Warum?«, quiekte Matty verständnislos. »Warum möchtest du mir eine reinhauen?«

Es war eine berechtigte Frage und zeugte von Mattys beeindruckend klarem Verstand.

Sylvain hielt inne und schien einen winzigen Moment lang verwirrt. »Keine Ahnung warum. Ich mag dein Gesicht nicht.«

»Tut mir leid.« *Je suis désolé.*

Sylvain starrte in Mattys unerträgliches Gesicht, schnaufte schwer, konnte den Impuls zuzuschlagen kaum beherrschen, schlug dann aber doch nicht zu. Er ließ Matty fallen.

Christophe, der sich, etwas seitlich stehend, mit dem Pâtissier unterhalten hatte, war verstummt. Als Matty wie ein Häufchen Elend vor Sylvains Füßen kauerte, nahm Christophe sein Gespräch wieder auf.

Ich frage mich jetzt: Warum bin ich nicht eingeschritten?

Am Ende der Woche hatte Sylvain einen weiteren Ausbruch.

Gerade waren die Artischocken geliefert worden und standen an der Tür zum Restaurant, in zwei Größen, mittelgroß und sehr groß. Die mittelgroßen Artischocken waren für die Suppe gedacht. Ob es mir etwas ausmachen würde, von diesen mittelgroßen Artischocken die Stiele abzubrechen?, fragte mich Sylvain. Denn für ihn gehörte ich jetzt offiziell zum Fleischposten.

Ich war dankbar, dass er so höflich fragte.

Drei Kisten Artischocken. Ich kämpfte mich durch. Und ich weiß nicht, was dann passierte – vielleicht vergaß ich mich im monotonen Rhythmus dieser Tätigkeit, oder ich verlor mich dort an der offenen Tür in Träumereien, oder mein Hirn geriet in diesen Zen-Zustand – jedenfalls machte ich immer weiter und brach auch die Stiele der großen Artischocken ab. Die großen Artischocken waren aber nicht für die Suppe gedacht. Sie waren kostbar. Ihre Böden wurden behutsam tourniert und für Appetithäppchen verwendet.

Sylvain kam, um zu schauen, wie weit ich war. Er starrte mich fassungslos an. Dann nahm er eine Artischocke nach der anderen und schleuderte sie gegen die Wand. Ich stand in einer Ecke, zwischen der Tür und den Artischockenkisten. Ich konnte nicht weg. Und genau das war ja der Sinn dieser Demonstration.

Ich glaubte Sylvain gut genug zu kennen, um zu wissen, was in ihm vorging: Bei den Artischocken, die er gegen die Wand knallte, handelte es sich gar nicht um Artischocken. Jede einzelne davon war mein Kopf. Sylvain zerschmetterte meinen Kopf an der Wand; die weißen Fliesen waren grün bespritzt.

Zu seiner Verteidigung muss gesagt werden (und ich mag Sylvain und verteidige ihn gerne, auch wenn ihn einen Moment lang der Drang überkam, meinen Kopf zu zerschmettern), dass er jede Menge Gründe hatte, frustriert zu sein. Ein Teil seiner Frustration kam daher, dass es im Restaurant keine klare Definition gab, wie man *stagiaires* einsetzte. Viannay mochte sie, weil sie billige Arbeitskräfte waren. (Die meisten *stagiaires* bekommen ein wöchentliches Gehalt, bis auf, natürlich, meine Wenigkeit.) Ich meinerseits war glücklich, Praktikant zu sein, weil ich dieses Arrangement – Koch-Azubis, die ihre Arbeitskraft zur Verfügung stellen und dafür in einem berühmten Restaurant praktische Erfahrungen sammeln dürfen – inzwischen als beste Methode betrachte, französisch kochen zu lernen. Sylvain seinerseits wiederum lehnte *stagiaires* grundsätzlich ab: Warum teilte man ihm nicht einen ausgebildeten Koch zu, auf den er sich verlassen konnte?

Und dann war da Florian. Als was betrachtete er einen *stagiaire*, jetzt, wo er befördert worden war und am Fischposten arbeitete? Offensichtlich als einen Sklaven oder Kobold oder als kleines Tier, dem er gelegentlich einen Tritt versetzen konnte. Ich beeile mich hinzuzufügen, dass dies ein völlig verständliches Bedürfnis war und Florian, der in seiner Ausbildungszeit offensichtlich selbst misshandelt und gedemütigt worden war, dadurch vielleicht eines Tages ein besserer Koch wurde und –

wer weiß? – ein gütiger Mensch. Denn obwohl Florian jetzt am Fischposten stand, provozierte er mich mehr denn je.

Am nächsten Morgen knallte er mir unmittelbar nach *le personnel* einen Sack Kartoffeln hin. »Schälen.«

Sie waren für sein Püree gedacht: Eigentlich war dafür der Fischposten verantwortlich.

»Spargel«, sagte er, noch bevor ich die Kartoffeln fertig geschält hatte, und schleifte die große orangefarbene Plastikbox neben meinen Arbeitsplatz. »Waschen.«

Mir war völlig klar, was da ablief. Ich wusste nur nicht, wie ich es abstellen konnte. Zum letzten Mal war ich in der vierten Grundschulklasse gemobbt worden und hatte seitdem Strategien entwickelt, um zu verhindern, dass sich dies jemals wiederholte: Ich konterte mit Charme, Esprit, Humor – und falls wirklich jede freundliche Strategie scheiterte, wich ich einfach aus. Aber das ist in einer Küche nicht so leicht.

»Karotten. Schälen.«

Eines Tages – und ich erinnere mich noch an das genaue Datum, der 14. Juli, der Französische Nationalfeiertag (an dem wir, im Gegensatz zu den meisten anderen französischen Restaurants, geöffnet hatten) – lernte ich Christophe besser kennen. Zwar mochte ich ihn deswegen immer noch nicht, aber zumindest empfand ich etwas, das an Respekt grenzte.

Der Anlass war eine Sauce. Christophe hatte für *le personnel* Chipollatas bestellt, 180 Stück. Das sind lange dünne Würste, mittelgrob, fetthaltig, mit Knochen- und Knorpelstückchen, die einem beim Essen zwischen den Zähnen stecken bleiben, und sie riechen wie ein Tierkadaver an einem heißen Tag. Einfach widerlich. Aber die Lyoneser lieben sie.

Ich beschloss, sie im Ofen zu braten (sie zu sautieren hätte die ganze Küche verpestet; außerdem sonderten sie eine schwarze, klebrige Substanz ab, die man kaum noch aus der Pfanne herausbekam). Als Beilagen: gekochte Kartoffeln, püriert mit Butter und Salz, und rote Zwiebelringe, in Rotweinessig geschmort (wie ein Relish, mit anregend saurer Schärfe: ja, das würde perfekt zu den ungesunden fetten Würsten passen).

Christophe unterbrach meine Gedankengänge. Er wollte wissen, was für eine Sauce ich machen wollte.

»Zu den Chipollatas?«, fragte ich.

»Es gibt da eine spezielle Sauce.« Er schickte mich nach oben, um eine Flasche Portwein zu holen.

Dann folgte ich seiner Anleitung. Schalotten, etwas Butter, eine ganze Flasche Portwein, und die Flüssigkeit so lange reduzieren, bis eine purpurrote konzentrierte Masse entstand, die nach Pflaumen duftete, nach irgendeinem sehr fernen Ort.

Ich bereitete den Rest der Mahlzeit zu, schaute immer mal wieder nach dem Portwein, bis er nur noch etwa zweieinhalb Zentimeter hoch im Topf stand.

»*Monter*«, sagte Christophe. Mit Butter aufbauen.

Ich dachte: Also eine Beurre rouge mit Portwein. Ich baute sie auf, rührte, rührte, rührte.

Ich schaute nach den Würsten. Sie waren fertig (das heißt, sie sahen nach Halloween aus, wie knochige verbrannte Finger). Ich bedeckte sie mit Folie und stellte sie auf ein hohes Regal.

Dann kehrte ich zu meiner Sauce zurück.

»Drei Scheiben Prosciutto«, sagte Christophe. Er hatte einen Vorrat davon im Kühlschrank unter seiner Arbeitsplatte.

»Drei?«

»Probier mal«, sagte Christophe.

Ich probierte und fügte Salz und Pfeffer hinzu.

Ich probierte erneut.

»Essig?«, fragte ich.

Er nahm ein Gefäß vom Regal und gab es mir.

»*Moût de raisin*«, sagte er.

»Wie im Wein?« *Moût* ist Traubenmost, die Schalen, die nach der Fermentation übrig bleiben und hinterher zu Tresterbrand destilliert werden können, zum Beispiel Grappa (in Italien) oder Marc (in Burgund). Offensichtlich kann man aber auch Senf daraus machen. Ich öffnete den Behälter. Der Moût-Senf war schwarz und körnig; dicht, wie winzige Kaviarkügelchen.

Ich fügte zwei Löffel davon hinzu.

»Probier noch mal.«

Die Sauce hatte jetzt Biss. Sie schmeckte mir. Ich würzte mit Pfeffer nach.

Hortense erschien mit einem Salat. Draußen in der Bar deckten Kellner die Tische. Es war 10:35 Uhr.

Jetzt fügte Christophe der Sauce noch ein wabbeliges Stück Enten-Demiglace hinzu, eigentlich verboten (»trop cher!«). Das ist ein Fleischfond, den man so lange reduziert, bis er sich in einen intensiv gewürzten Gelatineblock verwandelt hat. (In solchen Momenten jubelt die ganze Küche.) Eine Demiglace, egal wofür man sie verwendet, intensiviert sofort den Geschmack: mehr Körper, eine fruchtige und doch herzhafte Fülle, ein Fleischaroma, das nicht nach Fleisch schmeckt.

Das Resultat glich der flüssigen Entsprechung purpurroten Samts: süß wegen des Portweins, mit einem Hauch (wirklich nur einem Hauch) von Fleischaroma – durch den Prosciutto-Schinken, die Demiglace oder beides. Schalotten und Senf steuerten die Schärfe bei. Aber auch die Textur der Sauce überraschte mich – wie ein Stoff, schön anzuschauen.

Am Wochenende kochte ich für die Jungs Chipollatas.

Zufällig hatte ich einen eingefrorenen Saucenrest, wusste aber nicht mehr welche Sauce. Ich schnupperte daran. Vielleicht Huhn? Die Demiglace hatte Christophe ja auch nur gerade zufällig zur Hand gehabt. Warum also nicht? Ich warf den gefrorenen Saucenrest hinein.

Den Jungs schmeckte es. Sie erhoben sich nicht von ihren Stühlen, um die Marseillaise zu singen, aber sie sagten »lecker!«, aßen alles auf und kratzten noch die letzten Reste vom Teller.

Vor dem Zubettgehen blätterte ich noch in einem Escoffier-Band. Im ersten Moment hatte ich gedacht, Christophe habe die Sauce spontan erfunden, andererseits hatte er so zielstrebig eine Zutat nach der anderen hinzugefügt, dass es schien, als folge er einem Rezept. Vor allem die Prosciutto-Scheiben waren sehr ungewöhnlich. Und tatsächlich fand ich die Sauce bei Escoffier unter mehreren salzig-süßen Rezepten, wenn auch nicht genau so, wie wir sie zubereitet hatten.

Ich gewann einen Einblick in Christophes mentalen Fundus, in dem Tausende von Rezepten gespeichert sein mussten. Er hatte diese Zubereitungsart ausgewählt, weil er wusste, dass eine süß-pikante Sauce zu den ekligen salzigen Würsten passte. Ich war beeindruckt von diesem Wissen. Dass jemand derart viele Rezepte einfach so im Kopf hatte, wirkte schon fast wieder altmodisch.

Als Christophe und ich uns nach dem Lunch umzogen, erwähnte er, dass er mich einige Wochen zuvor mit meinen Kindern gesehen habe – »ein Vater mit seinen Jungs«, sagte er. Es war seine erste persönliche Bemerkung ohne die übliche Ironie. Ich traute meinen Ohren nicht. Wir plauderten eine Weile, was auch neu war. Ich erwähnte den *Lycée*-Schüler, Little Mathieu. Mittlerweile hatte er ja nun sein zehnwöchiges *stage* beendet. (Er hatte sich bei seinem Lehrer beklagt, was schon mal gar nicht geht, und noch schlimmer war, dass der Lehrer daraufhin Viannay angerufen hatte. Dieser führte den Jungen dann mit sehr ernster Miene nach draußen in den Hof – wir alle schauten von der Küche aus zu – und erteilte ihm eine Lektion über *la rigueur* und die eiserne Regel, dass alles, was in der Küche passiert, auch dort zu bleiben hat.)

Christophe wirkte betroffen. »Ah, petit Mathieu«, sagte er. »Es war ein Fehler, ihn zu nehmen, er war so jung.« Er hielt inne, schien einen Moment über seinen Irrtum nachzudenken. »Ich bedaure es.«

Ein interessantes Bekenntnis. Denn Christophe monierte nicht etwa die Zustände in der Küche – die er wohl als gegeben hinnahm –, sondern bemängelte nur, Little Mathieu diesen Zuständen ausgesetzt zu haben.

In den Tagen danach hatte ich den Eindruck, dass meine 11-Uhr-Mahlzeiten nicht mehr so wichtig genommen wurden. Ich bereitete sie zwar weiterhin zu, aber die Prüfungsphase war vorbei. Unversehens war ich in der Hauptküche angekommen.

ES GIBT KEINE WICHTIGERE FEINSCHMECKER-ROUTE

Im Sommer kann ich nicht schlafen, in meinem Kopf schwirren die Stimmen der Gäste, die unter den Linden im Garten dinieren. Welche Magie. Mitte der 1970er-Jahre: Charlie Chaplin kommt zum Essen, ebenso Serge Gainsbourg, Jean Piat und viele andere. Die Tischtücher, die Servierwagen, alles ein märchenhafter Luxus. Ich stehe wie angewurzelt auf meinem Balkon und sehe Jane Birkins nackte Füße, die eleganten Gäste, die Lebensfreude der Künstler. Leute, die auf der *Route Nationale 7* unterwegs zur Côte d'Azur sind, halten an, um uns zu besuchen. Salvador Dalí ist oft da. (Ich sehe, wie er kleine Dinge für meinen Bruder zeichnet, während Dalís Frau ihn genau beobachtet.) Manchmal geht ein Gewitter nieder, und der Sturm verwüstet die ganze Terrasse. Dann legen sich die Gäste die Servietten über den Kopf und flüchten ins Restaurant, um ihre Röcke und Anzüge zu schützen. Drinnen muss man sie neu platzieren, und in der Küche muss alles von vorn begonnen werden. Man hört Geschrei. Wahnsinnig anstrengend. Mir tun die Leute leid, aber niemand gerät in Panik. Der Service gibt unserem Leben seinen Rhythmus. Ich warte darauf, dass die Gäste gehen, sitze auf der Schaukel im Garten, umgeben vom Duft der feuchten Erde und des Thymians.

Anne-Sophie Pic

Daniel Boulud kam ungefähr alle zwei Monate nach Lyon, und jedes Mal schien er ein ganz anderer Mensch zu sein als der, den ich aus New York kannte. Dort hatte er ebenso tough und aggressiv wie die Stadt selbst gewirkt. In Lyon hingegen war er sanft wie ein Lamm: nachgiebig, empathisch, manchmal sogar selbstzweiflerisch, fürsorglich, bescheiden, nach innen gewandt und völlig unbefangen. Ich brauchte ein ganzes Jahr, bis ich den Mut fand, ihn direkt auf diese Wesensveränderung anzusprechen. Wir hatten im Potager zu Mittag gegessen, und da er hinterher in Les Halles Fisch kaufen wollte, brachte ich ihn hin. Den Fisch wollte er abends für seine Eltern kochen, »die Bauern sind und nie welchen essen«. Sie wohnten in Saint-Pierre-de-Chandieu, einem Dorf 20 Kilometer südöstlich von Lyon, inmitten von Wiesen und Gemüsefeldern. Gerade als er aus dem Wagen steigen wollte, fragte ich ihn: Weißt du eigentlich, wie anders du wirkst, wenn du hier bist?

»Ja«, erwiderte er.

»Ja?« Ich war überrascht. (Weil meine Wahrnehmung sich als zutreffend erwiesen hatte oder weil er sich dessen selbst so bewusst war?)

»Ja, ja, ich weiß, dass ich anders bin, aber ich konnte es noch nie in Worte fassen, wie oder warum.«

In diesem Moment spiegelte sich in seinem Gesicht eine Reinheit, wie man sie bei einem Erwachsenen nur selten erlebt. Er war jetzt hier, in seiner Heimat, bei seinen Eltern und Geschwistern, seinen Nichten und Neffen und seinen Kochkumpels; und er würde die Nacht in dem Bauernhaus verbringen, in dem er zur Welt gekommen war (und in dem auch sein Vater und sein Großvater zur Welt gekommen waren), einem

Haus, das seit mindestens 180 Jahren seiner Familie gehörte. Und nichts auf der Welt – kein Restaurantbetrieb, kein potenzieller Geschäftspartner, kein Bankett, kein dringendes Telefonat, nicht die New Yorker Geschäfte – würde das, was vor ihm lag, verkomplizieren, die schlichte Aussicht, für seine Eltern in ihrer Küche zu kochen und sie glücklich zu machen. Er wirkte ganz in sich ruhend und bei sich.

Boulud hatte seine Karriere mit 14 begonnen, ein schwieriger Teenager (»meine Eltern hatten ziemliche Probleme mit mir«), den die Schule nervös machte und der Bauernhof langweilte (»Er hatte eine Heuallergie«, sagte mir seine Mutter Marie einmal – »wie kann denn ein Bauernjunge gegen Heu allergisch sein?«). Und plötzlich eröffnete er damals seinen Eltern, er wolle Koch werden, obwohl er gar keine genaue Vorstellung davon hatte, was ein Koch eigentlich macht. Er war nämlich noch nie in einem Restaurant gewesen. Er hatte noch nie in einem Lebensmittelladen eingekauft. Lebensmittel aus dem Geschäft kannte er überhaupt nicht. Alles stammte von der Farm: Milch, Wein, Käse, Essig, Gemüse, Salat, Brot, eingelegtes Gemüse, Pökelfleisch, Sülze, Hühner und Enten und der fette Speck, den es kalt zum Frühstück gab. Alles wurde durch Einlegen oder Räuchern haltbar gemacht, es gab keine Gefriertruhe.

Seine Eltern wollten ihm gerne helfen, aber da auch sie nie ins Restaurant gingen, zogen sie eine Nachbarin hinzu, »die Gräfin«. Die »Gräfin Volpi«, wie sie sich selbst nannte, mochte Daniel. Und sie aß in Restaurants und kannte die betreffenden Küchenchefs. Sie war eine wohlhabende junge Witwe, die aus Paris nach Lyon gezogen war – alleinstehend, modern, mit langem platinblondem Haar, einem amerikanischen Mustang Cabrio und einem reichen Liebhaber, der Chirurg war –, und diese Frau nahm sich Daniels an. Sie telefonierte mit allen Drei-Sterne-Restaurants, die sie kannte, ließ sich mit jedem der Küchenchefs verbinden und fragte, ob zufällig ein *stagiaire* gebraucht würde (Bocuse, La Mère Brazier, La Pyramide – nichts). Glück hatte sie schließlich bei Nandron, einem Familienunternehmen, Vater und Sohn, in Lyon an der Rhône, die damals noch exquisite französische Gerichte des 19. Jahrhunderts servierten (1969, kurz vor Beginn der Ära der Nouvelle Cuisine) und zu den Letzten gehörten, die solche Gerichte zubereiteten. Boulud kannte Lyon nur als die Stadt, in der er samstags mit seinem Vater die Produkte vom Bauernhof verkaufte. Jetzt zog er dorthin. Er kam bei einem Onkel in der Stadt unter und verschwand unmittelbar nach seinem 14. Geburtstag in der Küche. Irgendwann tauchte er wieder auf, sammelte auch noch Erfahrungen in anderen Lyoneser Restaurants – bei Georges Blanc und Paul Bocuse –, und verließ mit 18 die Stadt.

Dass er jetzt wieder zurückkam, war wie eine Zeitschleife. Hier in Lyon hatte er die vier intensivsten Jahre seiner Jugend verbracht, größtenteils in der Küche. Und dann war er weg gewesen – im Süden Frankreichs (bei Roger Vergé); im Südwesten (bei Michel Guérard); in Dänemark; in Washington, D.C.; in New York. Manchmal hatte es den Anschein, als wolle er etwas wiedererlangen, das er vermisste, als wolle er sein Leben so gestalten, wie es vielleicht ausgesehen hätte, wenn er nie von Lyon weggegangen wäre.

Im Jahr 1989 wäre ihm dies fast gelungen. Er beschloss, nach Lyon zurückzukehren und dort ein Restaurant zu eröffnen. Er wollte seine neugeborene Tochter in Lyon aufwachsen sehen, hatte genug von New York, von der Macht, vom Business und vom Geld und vermisste seinen Heimatort. Immer noch fühlte er sich hingezogen zu dieser Stadt, für die es nichts Wichtigeres gab als die nächste Mahlzeit. Er erkundete verschiedene Restaurants, traf sich mit städtischen Beamten (»Grand Lyon«, wie sich die Stadtverwaltung selbst nennt, verfügt bis heute über einen gewissen Bestand an schönen historischen Objekten), schaffte es aber nicht, das Geld aufzubringen. Die Leute seien verwirrt gewesen, erzählte mir Boulud – da behauptete dieser Typ, er sei Lyoneser, warum lebte er dann in New York?

Er wollte immer noch zurück. Er hatte Gregory Stawowy, dem ehemaligen Küchenchef des Daniel in New York, versprochen, gemeinsam mit ihm in Lyon ein Lokal zu eröffnen. Ich begleitete die beiden bei der Besichtigung infrage kommender Objekte. Eine Brasserie gegenüber dem Pont La Feuillée, dem Tor zum ruppigen Stadtteil Vieux Lyon. (»Erinnerte zu sehr an ein Pub.«) An der Saône eine im 16. Jahrhundert erbaute Villa und Bibliothek aus der Zeit des Ancien Régime; sie war in den Besitz der Stadt Lyon gelangt, die jetzt Kapital daraus schlagen wollte. (»Zu extravagant und überwältigend«, Boulud schauderte es bei dem Gedanken, erneut mit den Leuten vom städtischen Liegenschaftsamt zusammenarbeiten zu müssen.) Aber es gab ein *bouchon*, das ihn ansprach: La Voûte Chez Léa (erbaut im Umkreis eines ehemaligen Mönchsklosters, mit einem Gewölbe, einer *voûte* im alten Stil, 1943 eröffnet von Mère Léa); es war nicht zu groß, aber historisch, bot zumindest eingeschränkt Aussicht auf den Fluss, hatte den Bezug zu den Lyoneser *mères* und verkörperte so die gute, elementare Lyoneser Küche. Boulud reichte ein Angebot ein, 350 000 Euro, und kehrte nach New York zurück. Aber er hatte einen Gegenspieler. Der Mann, der den Verkauf managte, kannte Boulud nicht (»ein Lyoneser in New York?«) und hatte schon immer vorgehabt, dieses Objekt an Christian Têtedoie zu verkaufen, einem neuen Stern am kulinarischen Himmel der Stadt; er hatte nur jemanden gebraucht, der mit seinem Gebot den Preis hochtrieb.

Es war gar nicht so einfach, ein Lyoneser in New York zu sein. Ich dachte hinterher über Bouluds potenziellen Geschäftspartner nach, über das Gespann Boulud/Stawowy, und war erstaunt über die psychologische Komplexität ihrer Partnerschaft – der jüngere Küchenchef versuchte ja das zu vollenden, was Boulud sich in jüngeren Jahren ersehnt hatte.

Immer, wenn er in der Stadt war, rief Boulud mich an, um sich mit mir zu treffen. Es war ein Privileg.

Natürlich fand auch Boulud in mir etwas, das er zuvor nicht gekannt hatte. Seit über 30 Jahren erzählte er Amerikanern von Lyon, dem Zentrum der französischen Gastronomie, aber niemand hatte sich je dafür interessiert. Er bekam zu hören, das einheimische Essen sei schwer verdaulich. Die Lyoneser seien bekanntermaßen unfreundlich. Und da es sich um eine größere Stadt handele, seien die Randgebiete, *les banlieues*, nur hässliches Gewerbegebiet. Eben nicht die Provence. Nicht die Côte d'Azur. Und jetzt hatte Boulud in mir, aus heiterem Himmel, jemanden gefunden, der es offenbar kapierte oder zumindest Zeit investierte, jemanden, der mit seiner Familie nach Lyon gezogen war und bereit zu sein schien, so lange zu bleiben, bis er diese Stadt verstanden hatte.

Boulud hielt respektvoll Distanz, da er meinte, ich wollte es ganz allein schaffen, und diesen meinen Plan nicht durch Einmischung seinerseits sabotieren wollte. Aber es wirkte ja nur deshalb wie ein bewusster Plan, weil ich, leider, alles allein schaffen musste, mithilfe meiner sprachbegabten und perfekt organisierten besseren Hälfte. Boulud wurde der Mensch, der die Lücken ausfüllte.

Boulud traf Bocuse jedes Mal, wenn er in die Stadt kam – er hatte sich das fest vorgenommen –, und rief mich oft in letzter Minute an: »Komm schnell, ich bin im Bernachon«, das war die *pâtisserie* und der *salon de thé*, die Bocuses Tochter und Schwiegersohn gehörten, am Cours Franklin Roosevelt im sechsten Arrondissement. Und dann eilte ich hinüber, halbbekleidet, manchmal mit den Zwillingen, und kam entweder gerade noch rechtzeitig an, um Hallo zu sagen, oder eine Idee zu spät. An einem Samstagabend im Sommer, es schüttete wie aus Kübeln, rief Boulud wieder einmal an – ich hatte gar nicht gewusst, dass er in der Stadt war. »Komm schnell rüber, du musst unbedingt Pierre Orsi kennenlernen.« Orsi, der vor vielen Jahren in Bocuses Küche angefangen hatte, war einer der Granden der Stadt. An jenem Abend schaffte ich es nicht, lernte Orsi dann aber später kennen, wieder mit Boulud, ein langer unterhaltsamer Abend, an dem wir vom Hundertsten ins Tausendste kamen – Küchenchef-Klatsch, Bocuse-Geschichten, Reden übers Essen.

Orsi war einer der freundlichsten Menschen, die ich im Bereich Küche je kennengelernt habe.

Boulud und ich sind zwar gleich alt, doch er hatte ja schon im Teenageralter einige Jahre hier in der Stadt gelebt und Lyon so kennengelernt, wie es nur wenigen von uns vergönnt ist.

Er begriff nicht, dass ich nicht wusste, wie man *écrevisses* montiert. *Écrevisses* – Krebse dienten zu Bouluds Zeiten oft zum Verzieren von Gerichten; man verhakte die Kiefer so mit den Schwänzen, dass es aussah, als würden die Krebse in einem Sessel sitzen.

Ich musste ihm sagen: »Daniel, die Zeiten ändern sich. Heutzutage kommt niemand mehr auf die Idee, einen Flusskrebs auf einem Zahnstocher ins Essen zu stecken. So was wird einfach nicht mehr gemacht.«

»*C'est vrai? Non, ce n'est pas possible!*«

Auch verstand er nicht, dass ich nicht wusste, wie man einen Pilz tourniert – eine besonders schwierige Art, den Pilzkopf so zurechtzuschneiden, dass er am Schluss aussieht wie ein fein geriffelter Mini-Sonnenschirm für Flöhe. »Was bringen die euch denn bei am Institut Bocuse?«, fragte er.

Ich (erneut): »Na ja, das Tournieren von Pilzen haben sie uns nicht beigebracht, weil es heutzutage eben nicht mehr üblich ist.«

Er schüttelte den Kopf. Er glaubte mir nicht. Seiner Meinung nach wies meine Ausbildung Lücken auf.

Einmal spielte er auf die *Route Nationale 7* an. Ich kapierte den Bezug nicht.

Er war entsetzt.

Als ich erfuhr, worum es sich handelte, war auch ich entsetzt. Allerdings entdeckte ich dann auch einen triftigen Grund dafür, dass mir der Begriff nicht gleich etwas gesagt hatte, denn die *Route Nationale 7* existiert nicht mehr. (Wieder die Reise in die Vergangenheit.)

Jahrhundertelang war die Route der Hauptweg vom Norden zum Mittelmeer gewesen. Eine schmale, ländliche, selten asphaltierte

Straße – ursprünglich eine Römerstraße, aus der Zeit, als Lyon die Hauptstadt Galliens gewesen war (dann in späterer Zeit Königsstraße). Die *Route Nationale 7* heißt so, weil sie zu einem Dutzend Straßen aus alter Zeit gehört, die von der Hauptstadt aus sternförmig in alle Richtungen verlaufen und jeweils zu einer Grenze führen. (*La Route Nationale 5* führt zum Beispiel zu den Alpen.) »*La Sept*« verläuft als Schneise durch den Osten des Landes, an vielen der bedeutendsten Weingegenden des Südostens vorbei, und repräsentiert mittlerweile das Zentrum der französischen Küche, und sei es nur, weil es in Gegenden mit gutem Wein von alters her auch gutes Essen gibt.

Doch seit den 1970er-Jahren wurde die »RN7« – wie die übliche Abkürzung lautet – allmählich durch eine große Autobahn ersetzt, die A7: ein sechs- bis achtspuriges Ungetüm, das die Einheimischen »L'Autoroute du Soleil« nennen. Auf der A7 bilden sich im Hochsommer (»*Alert rouge!*«) auf dem Weg zum Urlaubstraumstrand endlose Fahrzeugschlangen: Wohnmobile und Kombis mit Fahrrädern auf dem Dach, der Blick aus den Rückfenstern versperrt durch Strandbälle, Sonnenschirme und allerlei Equipment für Kinder. Man kann der *Route Nationale 7* immer noch folgen, indem man eine moderne Landkarte mit einer alten überlagert; dann entdeckt man eine schlichte alte zweispurige Straße, teils von uralten Platanen gesäumt; vereinzelte Gebäude – ein Café, ein Dorfbistro, ein Postamt, ein Weingeschäft, ein Wohnhaus – stehen direkt am Straßenrand, wie aus alter Zeit, wo noch Tiere als Transportmittel dienten. Viele der Restaurants – und es bricht einem das Herz, wenn man sieht, wie viele kleine Familienrestaurants es hier (noch) gibt – stammen aus dem 19. Jahrhundert.

Für Anne-Sophie Pic, geboren 1969, Tochter, Enkelin und Urenkelin ehrwürdiger Küchenchefs (einschließlich André Pic, der in Curnonskys Werk *Lyon: Welthauptstadt der Gastronomie* gefeiert wird), hat *La Sept* etwas Magisches. Das Restaurant von Pics Familie in Valence, etwa 65 Kilometer südlich von Lyon, liegt gleichfalls direkt am Straßenrand. Anne-

Sophie Pic ist der Ansicht, dass *La Sept* das Fundament der französischen Küche war, *la véritable épine dorsale*, ihr Rückgrat. Anne-Sophies Vater, Jacques Pic (geboren 1932), gehörte zur Generation der Nouvelle Cuisine; die Restaurants ihrer berühmtesten Vertreter lagen größtenteils entlang der *Route Nationale 7*. »Sie waren wie die drei Musketiere. Auf Bildern sieht man stets Pierre Troisgros, Paul Bocuse und meinen Vater zusammen. Alain Chapel ist auch da, und Roger Vergé.«

Bei einem von Bouluds Lyon-Besuchen fragte ich Viannay, ob er Jessica und mich zum Lunch in Alain Chapels Restaurant in den Dombes mitnehmen könnte: nicht direkt auf der alten RN7, sondern auf einem bewährten Umweg. (Ich hatte mir eigentlich keine Chancen ausgerechnet, dass Viannay einverstanden sein würde – und war dann überrascht, welchen Einfluss Boulud auf ihn hatte. Er fragte an, und es geschah.) Dies war der erste von vielen kulinarischen Ausflügen, auf denen Boulud mir sein fragiles, fast schon im Verschwinden begriffenes Lyon zeigte.

Jener erste Ausflug brachte mir die Dombes nahe. Es heißt, wenn man die Dombes nicht kennt, versteht man Lyon nicht.

Die Dombes sind ein hügeliges Plateau, das sich leicht nach Nordwesten absenkt, eine geologische Besonderheit, die sich zwischen zwei Gebirgszügen erstreckt, den Alpen und den hohen Bergen des Beaujolais, und weniger einem Tal als vielmehr einem riesigen schwammigen Fußabdruck gleicht. Auf der Landkarte wirken die Dombes wie der Bayou in Louisiana – ein 50 Quadratkilometer großes Gebiet mit Teichen und Bächen –, nur dass der Bayou an der Mündung des Mississippi, die Dombes aber einfach so in der Landschaft liegen. Man könnte an einen Dinosaurierspielplatz denken. Das Land besteht zur Hälfte aus Wasser, größtenteils menschenleere Natur. Alle Wildtiere, die man in Lyon verzehrt, stammen aus den Dombes: Enten, Gänse, Wildschweine, *brochet*, Frösche, Hasen, Kaninchen, Krebse, Forellen, Waldschnepfen, Hirsche und Rehe und Süßwasseraale. Der Bauernhof, auf dem Mère Brazier aufwuchs, liegt in den Dombes. Auch Alain Chapel – der vielen als einer der größten Köche seiner Generation gilt (geboren 1937) – wuchs dort auf, ein intuitiver Botaniker, der das ihn umgebende Feuchtbiotop mit dem Blick des angehenden Wissenschaftlers studierte. Chapel war beharrlich, besessen, introvertiert, launisch, bedrückt, großherzig und ein Genie. Er war, recht ungewöhnlich für einen Koch, belesen, ein Gelehrter der französischen Küche, und besaß eine legendäre Bibliothek; er sprach wenig, ging täglich mit seinem Hund in den Dombes spazieren, hörte leidenschaftlich gerne Schubert, nahm oft an Jagden teil, ohne selbst zu schießen, war voller Wut, die er im privaten Rahmen abreagierte (worauf er dann persönlich die gesplitterten Türen reparierte), und leitete eine Küche, die ihrer still konzentrierten Atmosphäre wegen eher an die Küche eines Karthäuserklosters erinnerte. Er schrieb ein Buch *La Cuisine, c'est beaucoup plus que des recettes* (*Die Kochkunst besteht aus weit mehr als nur Rezepten*), 510 Seiten, eine Polemik, ein Poem und trotz des Titels eine reichhaltige Sammlung fantastischer Rezepte. Er entnahm unglaublichen Sumpf-Kreaturen, den »Europäischen Welsen«, ihre kleinen Lebern. Er entsaftete den ersten Kopfsalat der Saison und kochte in dieser Flüssigkeit seine Frühlings-Platterbsen. Als er bei einem Ausflug in die Provence wilden Thymian entdeckte, hatte er die Idee, nicht damit zu kochen, sondern Kaninchen damit zu füttern und *sie* zu kochen. Seine Gerichte waren radikal regional.

»Hier hab ich dann immer haltgemacht«, sagte Boulud, als er über die Zeit sprach, wo er, 1973, ganz in der Nähe bei Georges Blanc gearbeitet und einen Wagen besessen hatte. »Auf dem Heimweg.« Es war allgemein bekannt, dass Alain Chapel in Mionnay (das damals weniger als vierhundert Einwohner zählte), stets im Epizentrum kommender Entwicklungen in der französischen Küche stand. Boulud kannte die Köche und machte hier oft halt, um die verheißungsvolle Atmosphäre zu genießen, die fiebrige Hektik der Küche, das fantastische Essen, als Chapel noch Anfang 30 war und alles möglich schien. Bouluds Augen leuchteten, als er sich an all das erinnerte. In seinem Blick stand die Frage: Kannst du dir überhaupt vorstellen, wie aufregend das damals war?

Und dann, 1990, starb Chapel, an einer *crise cardiaque*, mit 52 Jahren, im gleichen Alter, in dem sein Vater gestorben war, gleichfalls an einer *crise cardiaque*.

Daniel machte mich mit allen möglichen Leuten bekannt. Jeder Besuch war ein bisschen wie Weihnachten: Régis Marcon, der Drei-Sterne-Koch, MOF und meisterliche Pilzsammler in den Bergen oberhalb von Condrieu; Michel Bras, ein Hohepriester der Küche, in den baumlosen Gebirgsausläufern in Laguiole in der Auvergne; Michel Guérard (Drei-Sterne-Koch und MOF), in der Gascogne, das innovativste Naturtalent, das ich in Frankreich kennengelernt habe (er eröffnete im Jahr 1965 Le Pot-au-Feu in einem unglamourösen, rauen Vorort von Paris, wo er an den kulinarischen Klassikern drehte und feilte, munter improvisierte, die traditionellen französischen Gerichte immer besser, leichter, vergnüglicher machte und zum Inbegriff des Mantras der Nouvelle Cuisine wurde: »Du sollst erfinderisch sein«). Als Boulud und ich zurück nach Lyon fuhren, machte er mir einen Vorschlag.

Er arbeitete an einem Kochbuch, das er für seine Version der französischen Küche hielt, aber es fehlte noch etwas, und er meinte, das kriegten wir zusammen hin. Er überlegte, ob wir in New York zusammen kochen könnten, Seite an Seite, ungefähr ein Dutzend Rezepte, die er als essenziell für seine Ausbildung zum Koch betrachtete. Diese Gerichte hatten für ihn in einer unglaublich poetischen Weise Symbolcharakter. Sie hatten ihn zum Koch gemacht. Es würde Zeit benötigen, sie zusammenzustellen. Das war eine wunderbare Aussicht, und ich war gerne bereit mitzumachen.

Als ich rüberflog, war ich drei Jahre weg gewesen. New York war beunruhigend vertraut, der Komfort, die Lieferungen, das leuchtende winterliche Blau, die englische Sprache, die mir weich und leicht erschien. Ich starrte den Leuten auf den Mund, wenn sie sprachen. Ich war in unserem kleinen Apartment verloren. Wo bewahrten wir die Teller auf? Wie machten wir Kaffee? Ich bekam meine Messertasche zurück und meldete mich in Daniels sehr französischer, sehr Lyoneser Küche, wo ich mich überraschenderweise auf Anhieb wohlfühlte.

Die Liste von Gerichten war kompliziert und einfach zugleich, gehoben und bäuerlich, also ganz typisch für Lyon: Kalbskopf (rustikal), aber nach Schildkrötenart (gehoben); ein Brathuhn (bäuerlich einfach), aber entbeint und wieder aufgebaut, sodass man es scheibenweise essen konnte (gehoben und sehr aufwendig). Eine Schweinshaxe in Heu gegart (wirklich, was könnte bäuerlicher sein?); ein Steinbutt als Soufflé. Ich war fasziniert von *Chartreuse*, einem Gericht, das, wie Boulud sagte, durch die Nouvelle-Cuisine-Revolution verloren gegangen war. (Es handelte sich um eine Fastenspeise, inspiriert von den Karthäusermönchen, denen eigentlich kein Fleischverzehr erlaubt war, ein Wildgericht, bei dem das Wild in einer Art Gemüsetarte verborgen ist.) Oder eine gefüllte Hefeteigpastete namens Kulebjak, die ursprünglich aus Russland stammte und im 19. Jahrhundert von der französischen Küche aufgegriffen wurde, als zwischen Russen und Franzosen noch kulinarische Verwandtschaft bestand.

Ich habe diese Gerichte in *Daniel: My French Cuisine* beschrieben und werde deshalb hier darauf verzichten. Zwei Gerichte möchte ich allerdings erwähnen, weil sie erst später auftauchten, bei einem Gespräch in Lyon, das für Boulud ebenso erhellend war wie für mich, wenn auch auf andere Weise: der »Schinken in Heu« und das aufwendig entbeinte Huhn, das *volaille à Noelle* genannt wird.

Boulud war dem Heu-Schinken zum ersten Mal mit 17 Jahren in der Auberge von Paul Bocuse begegnet, nachdem er dort gerade sein Praktikum beendet hatte. Ihm war damals ganz neu gewesen, dass man Schinken mit Heu zubereiten konnte: »Heu wurde an Tiere verfüttert.« Seine Aufregung und Konfusion, als er in einem Drei-Sterne-Restaurant auf seinem Teller Heu vorfand, verrieten, welche Widersprüche seinen Werdegang begleiteten: Das Leben auf dem Bauernhof war wirklich bäuerlich gewesen. Bis auf die Elektrizität im Elternhaus und die mit Flüssiggas betriebenen landwirtschaftlichen Fahrzeuge herrschten dort noch Zustände wie im 19. Jahrhundert. Unter einer Reise verstand er die Fahrt zu irgendeinem Bauernmarkt, um dort Knoblauch zu verkaufen. Seine »haute« cuisine jedoch war sehr *haute*. Bei Nandron lernte er Gerichte zuzubereiten, die in den Augen seiner Familie genauso gut hätten vom Mars stammen können. Daniels Großmutter, die zu Hause kochte, servierte nie Mars-Gerichte.

Das Heu-Rezept war keine Erfindung von Bocuse. Es wird schon im 18. Jahrhundert in ländlichen Kochbüchern erwähnt, ein echt bäuerliches Rezept, das »Heu« wie ein aromatisches Kraut verwendet, in dem man den Schinken gart. Boulud bereitete für seine neue Variante eine Heu-Lake zu, in die er den Schinken über Nacht einlegte. Mithilfe eines speziellen Geräts konnte er die Lake gezielt ins Fleischgewebe pumpen. Er umwickelte die Schweinskeule mit Schnüren aus Heu.

Wir rochen beide nach Stall und mussten uns nach den morgendlichen Vorbereitungen umziehen. Als der Schinken fertig war, wedelten wir uns mit der Kochmütze den aufsteigenden Duft in die Nase und atmeten tief ein. Hatte sich der Heucharakter verflüchtigt? Vielleicht, aber wir waren mit dem Ergebnis hochzufrieden.

Die *volaille à Noelle* basiert auf der Idee, dass man ein Huhn entbeint und ausnimmt und es dann so prall mit einer Mischung aus Gemüse, Trüffeln und den zerkleinerten Innereien stopft, dass es am Schluss wieder aussieht wie ein richtiges Huhn. Man schneidet es zum Servieren in Scheiben.

Dies war meine neu erworbene Fertigkeit: das Innere eines Huhns nach außen zu stülpen und bis auf Schnabel und Füße alles zu entfernen.

Diese Zubereitungsart war die Erfindung von Joannès Nandron – auch bekannt als Nandron Senior –, und da er nie ein Kochbuch geschrieben hatte, waren die Vorgaben sehr, sehr vage. Hinzu kam, dass sich der alte Nandron zu der Zeit, in der der 14-jährige Boulud dort in der Küche lernte, zur Ruhe setzte (und, wie Boulud berichtet, meist betrunken war). Jedenfalls konnte Boulud sich noch erinnern, dass Nandron für die Füllmasse unter anderem Spargel verwendete und es sich bei der Füllung um eine Mousse gehandelt hatte. Es gibt auch ein Video, den einzigen Fernsehauftritt Nandrons, das die Musées Gadagne für eine Gastronomieausstellung ausgegraben haben. (Man sieht einen dicken, ungeduldigen Mann, dem jegliches Charisma fehlt – rundes Gesicht, kleiner Schnurrbart –, in gelangweilter, herrischer Pose, und vermutlich betrunken, ein Gericht zusammenwürfeln, das er schon tausendmal gemacht hat; er stopft ein schlaffes Huhn mit einer Mousse, einer labberigen Pampe aus ein paar Karotten, einer Handvoll Erbsen und dicken Butterklumpen.) Für die Zubereitung der *volaille à Noelle* war Boulud also ziemlich auf sich allein gestellt. Das Resultat war außen golden knusprig, innen kunstvoll ausgestopft: ein Wunderwerk. Doch leider war das Huhn – ich sage es ungern, allein schon deshalb, weil ich Daniel Boulud mittlerweile als meinen inoffiziellen Mentor betrachte – auch ein wenig enttäuschend: ziemlich trocken und ein erneuter Beweis dafür, dass es für solche Gerichte nicht einfach eines Rezepts bedarf, sondern lebenslanger Praxis. (Ich frage mich auch, ob der betrunkene Nandron sen. nicht durchaus seine Gründe gehabt haben könnte, Hände voll Butter zu verwenden und der Füllung damit die üppige Geschmeidigkeit zu verleihen, die sie vielleicht brauchte.)

Quenelles. Sie standen nicht auf der Speisekarte des La Mère Brazier. *Quenelles* (kloßähnliche, aus Teig hergestellte Speise in runder oder ovaler Form, die meist pochiert als Beilage oder Vorspeise gereicht wird) waren jedoch ein so elementares Lyoneser Gericht, und Braziers Version war so berühmt, dass man sich fragte: Warum hatte Viannay das nicht auf der Speisekarte? Ich bat einen der Küchenchefs, mir zu zeigen, wie *Quenelles* zubereitet werden. Es war einer meiner neuen Freunde,

Alain Vigneron, Küchenchef des Café Comptoir Abel, einem *bouchon*, von unserer Wohnung aus gesehen weiter unten am Quai, es fuhr ein Bus dorthin. Das Café Comptoir Abel ist ein geheimnisvolles, schummeriges, aufwendig abgeschottetes Gebilde, integriert in einen Steinbogen, der zu einem Mönchskloster aus dem 9. Jahrhundert gehört; es erinnert innen an ein altes englisches Pub: niedrige Decken, in jedem Raum steht ein offener Kamin, jeder freie Platz an den Wänden ist mit Geschichte dekoriert, kein Raum gleicht dem anderen. Als Esslokal existiert es mindestens seit 1726, vermutlich schon länger. Dort verbrachte ich manchen Samstag. Das *Quenelles*-Rezept war ein Diebstahl. Es war Mère Braziers Geheimnis. Brazier gewährte dem Gastro-Journalisten Roger Moreau Interviews, der dann im Jahr 1977 ein Buch darüber veröffentlichte: *Les Secrets de la Mère Brazier. (Die Geheimnisse der Mère Brazier.)* Doch das *Quenelles*-Rezept in diesem Buch ist nur ein Platzhalter, reines Blabla, weil Moreau offensichtlich nichts über das wahre Rezept erfuhr, jedenfalls hat es keine Ähnlichkeit mit dem, was Mère Brazier servierte.

Das echte Rezept wurde aus ihrer Küche geschmuggelt, als ihr Sohn, Gaston, die Küche leitete.

»Ganz Lyon weiß, dass Gaston von seiner Mutter misshandelt wurde«, sagte Abels Küchenchef Alain Vigneron, als ich fragte, wie er an das Rezept gelangte. »Ganz Lyon weiß, dass sie ihn zerquetscht hat wie eine Wanze« – er drückte den großen Zeh gegen den Boden und drehte ihn hin und her. (Wie sich seine Tochter Jacotte erinnert, war Gaston ein Mann, der immer nur freundlich sein wollte, seine Mutter damit aber zur Weißglut brachte. Er wurde ihr Souschef, und trotzdem fühlte sie sich weiter von ihm provoziert, von seinem zuvorkommenden Auftreten, seinem Respekt, seiner willigen Unterordnung als Nummer zwei.) Wo auch immer das Rezept herkam (und Viannay bestätigte mir später, dass es tatsächlich das echte Rezept sei): Alain Vigneron, geboren in Lyon, seit vier Jahrzehnten Küchenchef im Café Comptoir Abel, scheint in der Stadt der Einzige zu sein, der *Quenelles* noch so zubereitet wie *la mère* vor 80 Jahren.

GARDEMANGER

Man lernt am Fleischposten zu arbeiten, indem man es tut. Mehr Unterweisung gibt es nicht. »Du musst kochen und dabei gesehen werden«, hatte mir Mathieu Kergourlay zugeflüstert. Kergourlay war Koch Nummer drei in der Küche. Ich stand zwischen ihm und Chern.

»Ich lege also einfach los?«, fragte ich.

»Ja. Leg einfach los. Jetzt.«

Also legte ich los. Zufällig mit Kalbsbries, *ris de veau*, die erste Bestellung.

»Vergiss nicht. Du wirst beobachtet.«

Ich nickte. Viannay und Christophe standen beide in der Nähe.

»Du wirst immer beobachtet. Egal was du tust, nichts bleibt unbemerkt.«

Ich würzte das Kalbsbries, stellte eine Sautierpfanne auf den Induktionsherd und gab Butter hinein.

Sofort rief Viannay quer durch die Küche: *Tu les fais rissoler!* »Weißt du, was *rissoler* bedeutet?«

»Ja.«

»Wirklich?« Er schien daran zu zweifeln. »Die meisten Amerikaner wissen das nicht.«

Ich wusste tatsächlich, was es hieß – *rissoler* hieß, etwas zu sautieren und dabei ständig Fett oder Sauce darüberzugießen. Das hatte ich bei Chef Le Cossec gelernt. (Na ja, ich hatte eher zugeschaut. Viannays Zweifel waren also durchaus berechtigt.)

Die Butter in der Pfanne wurde sofort braun.

»Zu heiß. Zeig es ihm, Mathieu.«

Kergourlay kippte die Butter weg, wischte die Pfanne aus, stellte sie zurück – diesmal ganz an den Rand des Induktionsherds – und gab einen großen Batzen Butter hinein.

Man braucht jede Menge Fett, damit man es später über das Fleisch gießen kann, das bedeutet *rissoler*. Am Ende wird das Fett abgegossen. Man kann Butter oder Öl oder Butter und Öl verwenden, doch hat Butter den Vorteil, dass sie sich braun färbt und man daran merkt, dass die Pfanne zu heiß geworden ist, eine Art Temperaturwarnung. Dann leert man die Butter weg und beginnt von vorn. Die Pfanne darf nicht zu heiß werden; sonst gerät die Methode, das Bratgut gleichzeitig von unten und oben zu garen, aus dem Gleichgewicht. Im Grunde braucht man die gleiche Temperatur wie bei der Zubereitung eines Omelettes. Wie Le Cossec sagte: Man muss die Butter singen hören.

Und die ganze Zeit schöpft man das Fett aus der Pfanne und löffelt es über das Fleisch.

Am besten neigt man die Pfanne ein bisschen zu sich her, damit das Fett am Rand zusammenfließt. Löffeln, löffeln, löffeln oder, in meinem Fall, klecksen, spritzen, tropfen und zwischendurch löffeln, was überraschenderweise fast ebenso effizient zu sein schien wie bei den anderen, nur dass bei mir beträchtliche Fettmengen außerhalb der Pfanne landeten. Wenn ich zugange gewesen war, merkte man das immer daran, dass hinterher der Küchenboden glänzte.

Die Zubereitungsform des *rissoler* markiert einen simplen Unterschied zwischen der französischen und der italienischen Küche; in der italienischen Küche wird Fleisch entweder heiß gebraten oder in einer Flüssigkeit geschmort. *Rissoler* ist irgendetwas dazwischen.

Wenn das Bries golden und locker wirkt, kommt es für fünf Minuten in den Ofen und wird dann in einer neuen Pfanne, wieder mit Butter, fertiggebraten. Chern bereitete die Garnitur zu, ein Haufen Platterbsen und Ackerbohnen. Kergourlay machte die Sauce fertig, Kalbsfond, so stark reduziert, dass er fast würzig schmeckte, eine schwarze, dickflüssige Sauce mit sehr intensivem Aroma. Im Gegensatz dazu war das Kalbsbries luftig.

Ich dachte über den kurzen Wortwechsel mit Viannay nach. Ich hatte gesehen, wie er mich beobachtete. Eigentlich hatte ich mit seinem Protest gerechnet, mit der Frage, ob ich wirklich so arrogant und dreist sei, mich während des Service an den Fleischposten zu stellen. Aber seine Bemerkungen waren ganz sachlich gewesen – die meisten Amerikaner wissen eben nicht, wie man mit einem Löffel sautiert. Er hatte nicht meine persönliche Kompetenz angezweifelt.

Mathieu Kergourlay sagte zu mir, ich müsse vormittags jetzt immer beides machen – den Lunch-Service vorbereiten und *le personnel* kochen.

»Echt jetzt?« Ich konnte mir nicht vorstellen, beides zu schaffen.

»Echt.«

Es kam mir vor, als hätte ich auf einmal zwei Jobs gleichzeitig. Unwillkürlich holte ich tief Luft, wie vor einem sehr tiefen Tauchgang.

Und dann: »Rüben. Kümmere dich drum.«

»Nein, Florian, ich möchte mich nicht um deine Rüben kümmern.«

»Na los.«

Es waren weiße Mairüben, die »tourniert« werden mussten, also der Trick in der französischen Küche, Gemüse in der Hand zu drehen und es gleichzeitig zu schälen und mit winzigen Messerschnitten zu einer bestimmten Form zurechtzuschnitzen. Im Fall der Mairüben, auch Navettes genannt, sollte eine Art Christbaumschmuck entstehen. Die Mairüben waren rund und weiß und hatten oben einen grünen Stiel. Ich wusste, wie man Navettes tourniert, aber für Florian wollte ich das nicht erledigen.

Am nächsten Tag ging es wieder um Spargel.

Florian war in der Hauptküche, an seinem Fischposten, und ich war zufällig gerade hinten im Gardemanger-Bereich und bereitete *le personnel* zu.

»Bill!« Er musste schreien, damit ich ihn hörte – wir waren durch eine Wand getrennt. »Schäl meine Spargel!« Ich hörte ihn. Die ganze Küche hörte ihn, und jeder, der zufällig draußen vorbeiging.

»Geht nicht, ich entsteine Kirschen!« Auch ich musste schreien.

»Und danach?« *Après.*

»Dann schäle ich Kartoffeln. Für *le personnel.*«

»*Et après?*«

»Koche ich die Kartoffeln.«

»*Et après?*«

»Florian, das ist doch albern. Ich koche *le personnel.*« Sylvain stand neben mir. Er hatte seine Tätigkeit unterbrochen und hörte dem Wortwechsel zu. Und ganz sicher hörte auch der Rest der Küche zu.

»*Et après?*«, rief Florian.

»Nachdem ich den Lunch fürs Personal gekocht habe?«

»*Oui.*«

»Na, dann werde ich essen, genau wie du auch.«

»*Et après?*«

»Dann bereite ich den Lunch-Service vor.«

»Gut, dann schäl zuerst meine Spargel.«

»Du willst, dass ich deine Spargel schäle, bevor ich den Lunch-Service vorbereite?«

»Ja. Schäl meine Spargel.«

Ich fragte mich, was Florian hier abzog. Wollte er mich vorführen? Wollte er beweisen, dass ich nach seiner Pfeife tanzte?

Sylvain wandte sich mir zu. »Du musst ihm eine reinhauen.«

»Florian?«

»Ja. Du musst ihm eine reinhauen.«

»Echt jetzt?« Sylvain war eine Autorität in der Küche. Mir hatte also gerade ein Verantwortlicher empfohlen, in den angrenzenden Raum zu gehen, um dort jemandem eine reinzuhauen.

»Ja«, sagte Sylvain. Er klang entschieden. »Jetzt. Geh hin und hau ihm eine rein!« Sylvain war wütend. Er machte eine Faust und knallte sie in seine Handfläche. »So. Brutal. Schlag ihn nieder.«

»Wirklich?«

»Ja.«

Die Situation erschien mir plötzlich sehr komplex.

»Ich meine, ist das erlaubt, dass ich ihn schlage?«

»Ja. Bitte. Hau ihm eine rein. Jetzt.«

Mir schossen in Sekundenschnelle zig Implikationen durch den Kopf.

Zum Beispiel: War Sylvain nicht Florians Pate? Hatte er ihn nicht schon als Baby gekannt?

Und: Sylvains Zorn tat mir gut. Als würde einem ein Freund den Rücken stärken.

Und: War den anderen in der Küche, obwohl sie immer geschwiegen hatten, womöglich auch aufgefallen, dass aus Florian ein echter Psycho und Tyrann geworden war?

Und: Wo genau sollte die Auseinandersetzung stattfinden? Sollte ich einfach zum Fischposten rübergehen und dann – ja was? – losbrüllen?

Ich habe in meinem Leben selten jemanden verprügelt (zweimal vielleicht?), nicht sehr heftig und auch nur, weil es wirklich einen Grund gab und ich ansonsten zur Überzeugung gelangt bin, dass Prügel, selbst wenn der andere sie echt verdient, meist keine angemessene Reaktion darstellen.

»Hau ihm eine rein, bitte.«

Mir kam ein weiterer Gedanke: Mein Buch, dieses Buch. Würde es dem Buch guttun, wenn ich Florian verprügelte, falls ich mich jetzt wirklich dazu entschloss? Ja, absolut. Der Vorfall entsprach genau dem, was wir in der Branche einen »guten Stoff« nennen. O. k., sagte ich. Ich hau ihm eine rein.

Dann tat ich es aber doch nicht.

Ich entschloss mich eigentlich nicht direkt, ihn nicht zu schlagen.

Eher, ihn später zu schlagen. Es gab da nämlich noch ein anderes Problem. Wenn ich mir vorstellte, wie sich das abspielen würde, wenn ich jetzt demonstrativ selbstsicher zum Fischposten marschierte, Florian dort (hoffentlich) überraschte und ihm dann schnell eine verpasste (einen Kopfstoß vielleicht, weil er so groß war?) – konnte es dann nicht passieren, dass jemand (zum Beispiel ich?) verletzt wurde?

Offen gestanden war ich mit meiner Lage nicht besonders glücklich. Ich war nicht glücklich darüber, dass Florian mich in diese Situation gebracht hatte: dass er die Grenze akzeptablen Verhaltens so oft überschritten hatte, bis ich und die anderen keinen anderen Ausweg mehr für mich sahen, als meinerseits die Grenze akzeptablen Verhaltens zu überschreiten und ihn zu schlagen.

Ich wollte ihn nicht schlagen. Mir gefiel es nicht, dass das von mir erwartet wurde.

Was ich nicht erkannt hatte: Florian war mittlerweile völlig durchgeknallt. Er war schon immer labil gewesen – hatte vor sich hin gebrabbelt, hyperventiliert, krampfhaft seinen Brustkorb umschlungen –, aber ohne dass ich es ahnte, war er Tag für Tag labiler geworden. Chern erzählte mir, Florian und er hätten den Nachmittag über zusammengearbeitet, sogar *la pause* übersprungen, um mit der Vorbereitung fertig zu werden (was einen 17-Stunden-Tag ohne Pause bedeutete).

»Anfangs half ich ihm, sein *purée de pommes de terre* fertig zu kriegen, damit wir rauskonnten, um was zu essen, bevor der Service losging. Aber nach einer Weile uferte das aus. Ich half ihm nicht mehr bloß, sein *purée de pommes de terre* fertig zu kriegen, sondern machte es selber.«

Es habe am ständigen Druck gelegen, meinte Chern. »Florian klagte die ganze Zeit ›*le stress, le stress*‹.«

Normalerweise wird man immer schneller, je öfter man eine Tätigkeit ausführt. »Florian wurde immer langsamer«, berichtete Chern.

War es möglich, dass es sich bei Florians Aufforderung an mich, seine Spargel zu schälen, um verkappte Hilferufe handelte?

An dem Tag, an dem Sylvain mich angewiesen hatte, Florian eine rein-zuhauen, musste Sylvain nach dem Lunch-Service einen ganzen Kisten-stapel Artischocken verarbeiten, und alle packten mit an, sogar Christo-phe. Ich hatte gerade einen Artischockenboden fertig tourniert und ließ ihn in eine Schüssel mit angesäuertem Wasser fallen, nachdem ich Christophes O. k. eingeholt hatte, da erschien Florian.

Er schnappte sich eine Artischocke, bearbeitete sie blitzschnell mit dem Messer und warf sie lässig aus einiger Entfernung in die Schüssel, wie einen Basketball in den Korb. Es spritzte. Mir kam es so vor, als sei diese Demonstration für mich gedacht, um mich in die Schranken zu weisen. Jedenfalls verstand ich es so. Ich hatte Christophe meinen fertig tournierten Artischockenboden gezeigt. Florian tat das nicht.

Er schnappte sich die nächste Artischocke.

»*Qu'est-ce que tu fais?*«, fragte Christophe. Was machst du da?

»Ich tourniere eine Artischocke.«

»Zeig mir mal die von grade eben.«

Florian nahm sie aus der Schüssel.

»Das hier«, sagte Christophe und hielt die schlampig und schief tour-nierte Artischocke hoch, »ist inakzeptabel.« Er warf sie in den Müll. »Noch mal.«

Florian ließ die Artischocke fallen, mit der er gerade begonnen hatte, maulte vor sich hin, er habe was Besseres zu tun, und ging. (Dieses Ver-halten war nicht unbedingt inakzeptabel – die gemeinsame Vorbereitung der Artischocken war optional und grenzte an ein gesellschaftliches Er-eignis –, aber der Vorfall führte zu einer unguten Stimmung. Was mich betraf, sang es leise in meinem Kopf: »Ätsch-bätsch.«)

Ein paar Stunden später, kurz vor dem Abendservice, rügte Christo-phe Florian erneut für irgendeine schlampig erledigte Aufgabe.

»Nein«, erwiderte Florian.

»Nein?«

»Nein. Ich mach das nicht noch mal.«

»Doch.«

»Nein, mach ich nicht.«

Florian riss sich die Schürze ab und pfefferte sie auf den Boden. »*Casse-toi!*«, zischte er, was man frei übersetzen könnte mit »Verpiss dich!«. Er ging aus der Küche. Und dann war Florian verschwunden, einfach so.

Er kam noch einmal zurück, um seinen Gehaltsscheck abzuholen (grüßte niemanden, eilte durch die Küche und rannte die Treppe hinauf). Einige Zeit später rief seine Mutter an.

»Florian?«, sagte Christophe demonstrativ verblüfft. »Oh, pardon, Madame. Klar, Florian. Jetzt erinnere ich mich. Nein, der war nicht mehr hier, seit er vor zwei Wochen wegging, kurz vor dem Dinner-Service.«

Für mich war es befreiend, dass dieser 19-Jährige, der mich andauernd verhöhnt hatte, nicht mehr da war. Im Grunde war die ganze Zeit ein Gefühl gewesen, als stecke eine Glasscherbe in meiner Fußsohle. Jetzt war sie raus.

Seltsam, dass man Florian überhaupt toleriert hatte. Aber eigentlich war es gar nicht mal so seltsam. Es war typisch für diese Küche. Seltsam war eher die Küche. Hier zählte nur, dass die Mahlzeiten gut zubereitet waren und rechtzeitig fertig wurden. Alles andere konnten die Köche unter sich ausmachen. Christophe hatte alles mitgekriegt. Aber er hatte nichts dagegen unternommen.

Die Konsequenz für mich war, dass meine Position gefestigt wurde. Ich hatte nicht nur die Schikane überlebt, sondern auch denjenigen, der mich schikaniert hatte.

Am ersten Abend ohne Florian trat Étienne an, der erst seit zwei Tagen im Restaurant angestellt war. Er übernahm Florians Posten und wurde am Ende des Service mit Applaus bedacht.

Am Fleischposten wurde es überraschend friedlich – kein Wunder, jetzt wo Florian nicht mehr in der Küche war –, aber auch die Friedlichkeit verdankte sich in erster Linie dieser typisch französischen Küche.

Es konnte hektisch, rau und grob in ihr zugehen – der Adrenalinschub blieb nie aus –, aber es gab in ihr auch einen übergeordneten Ordnungssinn. Das war weniger physisch als vielmehr eine Kopfsache. Man musste sich konzentrieren.

Das meiste wurde schon vor dem Service gekocht. Hatte der Service erst einmal begonnen, ging es hauptsächlich darum, die bereits gekochten Bestandteile zu kombinieren, und so mussten wir oft alle drei zusammenarbeiten. Ein Entengericht zum Beispiel war wie ein Puzzle: ein wenige Stunden zuvor poschiertes Mangoldblatt mit Stiel, auf dem man die Entenbrust platzierte; oder der Schlegel, dessen Knochen man teilweise vom Fleisch befreit und morgens einige Stunden lang in Fett gegart hatte, sodass er aussah wie ein herzhaftes Eis am Stiel; oder die üppige purpurrote Kirschsauce, die am Tag zuvor vorbereitet wurde; oder Maxim-Kartoffeln, benannt nach dem legendären Pariser Restaurant, zubereitet von meiner Wenigkeit, während ich *le personnel* kochte.

Das Resultat waren kleine kulinarische Kunstwerke.

Aber das Allerwichtigste in der Küche: Vögel. Wir bereiteten Schnecken, Froschschenkel, knusprige Schweineohren, Knochenmark, Schweinefleisch, Kalbsbries und Rind zu. Ich schläferte Hummer ein, indem ich sie am Hinterkopf streichelte (tatsächlich lässt sich ein Hummer in Sekundenschnelle »hypnotisieren«, wenn man ihn am Hinterkopf streichelt). Vier Mal, und die Hummer ließen die Scheren hängen; weitere zwei Mal, und die Erschlaffung nahm zu; und noch zwei Mal, dann konnte man sie bewusstlos in den heißen Ofen schieben. (Man verwendete die Hummer für eine Variante von Surf and Turf, ein Gericht mit Meeresfrüchten und Fleisch.) Aber wir waren in Lyon, und in Lyon ging es um Vögel, besonders um das berühmte Bresse-Huhn.

Wir bereiteten Bresse-Hühner anders zu, als man sie vielleicht zu Hause zubereiten würde. Wir betrachteten sie mit anderen Augen, als man dies zu Hause täte, denn wir kochten niemals nur einen Vogel: Wir kochten immer zwei. In der Küche geht es stets um zwei Teile des Vogels, weißes Fleisch und dunkles Fleisch.

Ein Vogelteil wird rasch gegart (die Brust); der andere braucht lang, bei kleiner Hitze. Der eine schmeckt nach nichts, wenn er zu lange gekocht wird; der andere ist ungenießbar trocken, wenn er zu schnell gegart wird. Am einfachsten geht man so vor: Man entfernt das Brustfleisch, schneidet die Schlegel ab und kocht alles separat. Unter *suprême* versteht man die Hühnerbrust, in Geflügelfond pochiert, in einer Pfanne sautiert und dann mit einer cremigen Beurre blanc serviert, die man durch einen Schuss weißen Portwein (ein Viannay-Geheimnis, bei dem die Beurre blanc transformiert und die ohnehin köstliche Rezeptur in ein himmlisch-luxuriöses Geschmackserlebnis verwandelt wird). Die übrig gebliebenen Schlegel kann man auf vielerlei Arten zubereiten, solange man ihnen zum Garen Zeit lässt; zum Beispiel die Art der Zubereitung, bei der ich damals, an meinem ersten Tag, Sylvain geholfen habe, das »Brownie-Blech« mit Foie gras und einer Glasur aus Sülze.

Auch das »geschmorte« *poulet de Bresse demi-deuil* besteht aus zwei Vögeln. Im Grunde ist es eine optische Täuschung, dass es wie ein Vogel wirkt. Und geschmort wird hier auch nichts.

Das Huhn wird in Geflügelfond pochiert, man schiebt ihm schwarze Trüffelscheiben unter die Haut (was an die trauernde Witwe gemahnen soll – *demi-deuil* heißt »Halbtrauer«), bis die Brust beinahe durchgegart ist. Jetzt gibt man den Vogel in eine Kasserolle, präsentiert ihn dem Gast und flitzt damit wieder in die Küche zurück, um ganz schnell eine kulinarische OP durchzuführen: Zuerst wird die Brust aus der Kasserolle genommen, sautiert, mit Sauce versehen, auf dem Teller angerichtet und wieder in den Speiseraum gebracht. Dann werden die Schlegel (die noch fast roh sind) mit noch etwas zusätzlichem Fett weiter gekocht. Wenn sie dann schließlich zart und saftig sind, werden sie den Gästen als letzter Gang, auf Salatblättern angerichtet, präsentiert.

Offensichtlich ließ Mère Fillioux, die berühmteste der Lyoneser Mütter, Hühnerschlegeln und Hühnerbrüsten keine unterschiedliche Behandlung angedeihen. Genau wie Viannay pochierte sie sie in Geflügelfond – je mehr Vögel sich in ihrem Topf befanden (sie wurden gerade so heiß gehalten, dass von der Oberfläche gespenstische Schwaden aufstiegen), desto reichhaltiger der Fond. Anders als Viannay scheint Mère Fillioux die Vögel aber so lange zusammen im Fond gegart zu haben, bis beide »Fleischsorten«, Brüste und Schlegel, unbeschreiblich zart waren. Von daher also ihre ungewöhnliche Methode, den Vogel mit einem Löffel zu tranchieren. Letztlich löste Mère Fillioux – Gott segne sie – den ewigen Widerspruch des Geflügels dadurch auf, dass sie ihn einfach leugnete; aber bei allem Respekt für die Leistung dieser großen Köchin und so köstlich jene Schlegel auch geschmeckt haben mögen – ich denke doch, dass die Hühnerbrüste ganz bestimmt verdorben waren. Hühnerbrüste mögen es nicht, lange auf kleiner Flamme geschmort zu werden: sie verlieren ihr Aroma. Sie schmecken nach nichts mehr.

LA SAUCE BÉARNAISE

Condrieu, Rhône-Alpes. Diese Viertausend-Einwohner-Stadt, von Vienne und La Pyramide aus auf der anderen Seite der Rhône, ein bisschen weiter flussabwärts, ist berühmt für ihren köstlich blumigen Weißwein und die einheimische Viognier-Traube, aus der er gekeltert wird. Eines Samstagabends – Stephen, der Lieblings-Babysitter unserer Jungs, hatte im letzten Moment zugesagt – kehrten Jessica und ich im Le Beau Rivage ein, einem Hotelrestaurant direkt an den Ufern der Rhône. Wir hatten nichts geplant und nicht reserviert und trafen hier auf die gleiche Situation wie seit unserer Abfahrt aus Lyon schon in allen anderen Restaurants: Es war brechend voll. (Vor dem Zweiten Weltkrieg waren die Franzosen oft der alten *Route Nationale 7* von Paris gefolgt und unterwegs in Hotelrestaurants eingekehrt – wie wir jetzt bemerkten, war diese Tradition immer noch sehr lebendig.) Wir sahen uns gerade im Speiseraum um, wo es nur noch einen freien Tisch zu geben schien, als ein Kellner uns begrüßte und fragte, ob wir Hotelgäste seien; und da wir inzwischen vor Hunger ganz verzweifelt waren, warfen wir alle Skrupel über Bord und sagten ja, natürlich (und nahmen den Tisch, leider, einem Paar weg, das zwanzig Minuten später auftauchte). Wir bestellten eine Flasche des einheimischen Weins (nun ja, eigentlich zwei Flaschen – einen Condrieu, von den Hügeln direkt hinter uns, und einen Côte Rôtie, von den sehr steilen Hügeln drei Kilometer flussaufwärts) und bekamen eine ganz erstaunliche Mahlzeit serviert, deren Höhepunkt ein riesiger Steinbutt war, der platte, muschelfressende Gründler (dessen Augen willkürlich auf einer Seite seines seltsamen, schuppigen Kopfs gelandet sind – eine ganz spezielle Kategorie der Meeresdelikatessen, unglaublich hässlich und unglaublich schmackhaft); er wurde neben unserem Tisch auf einem Servierwagen tranchiert und mit einer luftigen Sauce Béarnaise serviert. Die Sauce war weder auf den Fisch geträufelt noch darübergegossen; sie schien wie ein geheimnisvoll duftender Nebel über dem Fisch zu liegen.

Bis zu diesem Moment hatte ich noch nie über diese Sauce nachgedacht. Man serviert sie eigentlich zu Roastbeef. Ich hatte sie noch nie zu Fisch gegessen. Ich hatte auch noch nie eine so perfekte Version erlebt, abgerundet durch einen Schuss Essig, der mit seiner frischen, lebhaften Säure jedes einzelne runde Fettmolekül der Sauce zu umhüllen schien. Mir gefiel auch, dass sie sich von den meisten anderen französischen Saucen unterschied, die auf Wein basieren und beliebig verändert werden können, um sie dem jeweiligen Gericht anzupassen. Eine Béarnaise muss sich nicht anpassen. Sie ist einfach da. Sie könnte im Grunde für sich allein stehen.

Ich mache mich jetzt regelmäßig lächerlich, weil ich die Béarnaise so offensichtlich liebe. Unvorstellbar, dass irgendwer sie einem je empfehlen würde.

Französische Kochbücher betrachten die Zubereitung einer Sauce Béarnaise als Kinderspiel (zumindest drängt sich einem dieser Eindruck auf), doch seit unserem Essen an den Ufern der Rhône bedeutete für mich fast jede im Restaurant bestellte Béarnaise eine Enttäuschung: verkocht, mit Mehl angedickt, während des hektischen Service lieblos zusammengerührt. Eine Béarnaise ist eine Emulsion, das heißt, man verbindet zwei inkompatible Elemente, Flüssigkeit und Fett (im Grunde scheint dies das Geheimnis, das Flair der französischen Küche auszumachen, dass zwei inkompatible Elemente miteinander vermählt werden).

Christophe betrachtete die Sauce als heikel. Das Thema kam immer wieder zwischen uns auf, nachdem ich bei einem unserer *personnel*-Dialoge (ich kochte ja immer noch das Mittagessen fürs Personal) erklärt hatte, diesmal eine Sauce Béarnaise zubereiten zu wollen, und er rundweg »Nein« gesagt hatte.

»Eine Béarnaise ist schwierig«, meinte er.

Diese Haltung zeugte durchaus von Verantwortung. Schließlich sollten seine Leute ja satt werden.

»Hast du je eine Béarnaise gemacht?«, fragte er.

»Ja.«

»Oft?«

»Nein.«

»Warum willst du dann jetzt eine machen?«

»Weil ich deswegen hier bin.«

Er war verwirrt.

»Um zu lernen. Ich bin hier, um zu lernen.« *Je suis ici pour apprendre.* Eigentlich war das doch klar, aber offenbar doch nicht so ganz.

Christophe sagte ganz leise »Boh!«. Jetzt hatte er's kapiert: Ich betrachtete dies alles nicht als Initiationsritus, um ein französischer Koch zu werden. Ich wollte einfach nur lernen, was ein französischer Koch macht.

In der folgenden Woche stand für *le personnel* Steak auf dem Speise-plan. »Na gut«, meinte Christophe. »Mach deine Sauce.«

»Ah, der Duft der *mignonette*«, sagte er, als er die Küche betrat, nach-dem ich mit »meiner Sauce« begonnen hatte (was ich, zugegeben, er-mutigend fand). *Mignonette* nennt man den Sud, für den die dunkle tropi-sche Würze schwarzen Pfeffers und das Lakritz-Aroma von Estragon in einem erfrischenden Weißweinessig vor sich hin köcheln. Dieser Sud ist eine der drei Komponenten einer Sauce Béarnaise, was auf dem Papier recht simpel wirkt. Die anderen beiden Komponenten sind Eidotter und geklärte Butter.

Ich nahm den Sud vom Herd und ließ ihn abkühlen. Er war ziemlich konzentriert.

Für 25 bis 30 Leute brauchte ich zwei Kilo Butter, die man flüssig werden lässt, woraufhin die uninteressanten festen Bestandteile nach unten sinken. Es geht um die hellgelbe Flüssigkeit: Man gießt sie in ein Gefäß, wobei man sorgfältig darauf achtet, dass die festen Bestandteile zurückbleiben. (Die Küche ist so heiß, dass man die Butter eigentlich nie auf dem Herd schmelzen muss; man braucht sie nur im Regal ste-hen zu lassen.) Ich nahm 18 Eier, trennte die Dotter vom Eiweiß, wäh-rend Christophe mir über die Schulter sah, um sicherzugehen, dass ich sie nicht etwa am Schüsselrand aufschlug, sondern das Ei energisch auf eine flache Oberfläche stieß. Ich persönlich hatte das erst lange üben müssen: Stößt man nämlich zu zaghaft, muss man den Vorgang wieder-holen (und dann macht es Pflatsch!); klopft man jedoch zu energisch – na ja … es macht auf jeden Fall Pflatsch!

Sowohl die Béarnaise als auch die Hollandaise spielen in der französi-schen Küche eine wichtige Rolle. Ob die Hollandaise wirklich aus den Niederlanden stammt, sei dahingestellt (ebenso, ob die Béarnaise aus Béarn stammt – wahrscheinlich eher nicht); jedenfalls ist die Hollandaise eine von Escoffiers fünf »Mutter-Saucen«, den Grundsaucen, die man dann vielfach variiert. Die anderen sind Béchamelsauce, Velouté, Tomatensauce und Sauce Espagnole, die wunderbar aromatische Kombination aus Kalbsfond und Tomate, von der es heißt, sie sei bei der Hochzeit von Ludwig XIII. und Anna von Österreich im Jahr 1615 von einem spanischen Koch ersonnen worden – und falls es stimmt, war dies vielleicht ein Funke innovativer Aktivität während der langen Ära, in der die französische Küche noch ganz in den Kinderschuhen steckte, obwohl niemand daran dachte, dieses Ereignis definitiv festzuhalten. Die Hollandaise und die Béarnaise sind beinahe identisch, bis auf die Säure: Eine Hollandaise wird mit Zitrone verfeinert, die Béarnaise durch die Reduktion des Essigs intensiviert. Manche Köche mischen den Essig auch mit Weißwein. In Lyon wird die Béarnaise nur mit Essig zubereitet, und nur mit seiner aggressivsten Variante, nämlich der Essigessenz, die im Haushalt als Reinigungsmittel verwendet wird. Es ist eine Sauce mit Biss!

Als ich sie das erste Mal am Institut Bocuse zubereitet habe, war ich erstaunt, dass die Sauce beim Quirlen im Topf hochschäumte und scheinbar substanzlos wurde. Der Unterschied zwischen einer Béarnaise und anderen Emulsionen, etwa Mayonnaise, besteht darin: Bei der Béarnaise erhitzt man auch die Eidotter unter ständigem Quirlen und in der Hoffnung, dass man bei jener heiklen Temperatur landet, bei der die cremige Konsistenz exakt zwischen rohem Ei und Rührei liegt. Wie heiß? Laut Harold McGee sollten es 50 Grad sein. Orientiert man sich am Lehrbuch des Institut Bocuse, sind es 60 Grad. Joël Robuchon wiederum empfiehlt 65°. Und all diese Zahlenangaben sind nutzlos, weil man ja, während man wie verrückt quirlt, kein Thermometer in den Topf stecken kann, das höchstwahrscheinlich zerbrechen würde. Ich stecke deshalb schnell den Finger hinein, und wenn ich mich verbrenne, weiß ich: Ich habe ein Problem.

Eine misslungene Béarnaise ist eine unschöne Bescherung. Manche beschreiben das Resultat als Rührei. Stimmt aber nicht. Es sieht aus wie

Kotze. Fürchterlich. Ich weiß das, weil meine Experimente zu Hause manchmal aus unerfindlichen Gründen schiefgingen. Andere wiederum klappten, aber auch da wusste ich nicht warum. Deshalb war ich wild entschlossen: Ich wollte diese Sauce endlich zubereiten können und das Rezept kapieren.

Dieses Mal schien meine Béarnaise zu funktionieren. Nachdem sie eindrucksvoll aufgeschäumt war, ließ ich langsam die goldene geklärte Butter hineinrinnen und schlug die Masse ununterbrochen auf, wodurch die Sauce (wie auch der Saucenkoch!) immer schwereloser wurde und sich aufzublähen schien.

Ich probierte. Ich fügte Salz und Pfeffer hinzu. Ich probierte erneut, fügte Zitrone hinzu. Irgendetwas schien zu fehlen. Jetzt probierte Christophe. »Was muss noch rein?«, fragte er. »Essig«, erwiderte ich.

»Essig?« Er blickte mich verblüfft an. »Essig, wirklich?«

Es war schon jede Menge davon in der Sauce. Das wusste ich. Keine Ahnung, warum ich noch mehr Essig vorschlug. Ich sagte es einfach so dahin. Ich probierte und dachte: noch mehr, bitte.

Ich fügte also Essig hinzu, Christophe wirkte extrem skeptisch.

Wir probierten erneut.

»Du hattest recht«, sagte Christophe.

Ein schöner Moment.

Dem aber gleich ein unschöner Moment folgte. Denn während wir da standen, schlug die Sauce um. Zu Kotze.

»Schau dir das an«, sagte Christophe. »Sie ist umgeschlagen.«

»Warum ist sie gekippt?«

»Keine Ahnung.« Er schien sich köstlich zu amüsieren.

Um die gekippte Sauce zu retten, muss man kaltes Wasser in eine Pfanne geben, nicht viel, nur ein Glas (und für alle Fälle noch ein extra Glas bereitstellen); dann erhitzt man das Wasser und fügt die ruinierte Sauce löffelweise hinzu, quirlt sie hinein, wie man es mit einem Stück Butter täte, dann der nächste Löffel und so weiter. »Der Trick ist das Wasser«, sagte Christophe. »Die Sabayon soll ja gelingen.«

»*Sabayon*.« Natürlich. Im Institut Bocuse hatte jemand das gleiche Wort verwendet: »Du machst eine *Sabayon*.« Ich hatte gedacht, dass man auch sie, wie jede andere Sauce, so stark wie möglich reduziert und konzentriert. Wie ein wunderbarer Kalbsfond: Da werden 20 Liter Flüssigkeit auf 200 Milliliter reduziert. Oder Fruchtsauce: Man nimmt einen Liter Orangensaft und reduziert ihn auf den Inhalt eines Reagenzglases. Und dann montiert man diese konzentrierte Menge wieder auf. Aber vielleicht war die Béarnaise ja gar nicht französisch.

Eine *Sabayon* ist eine Schaumsoße, aber auch eine Emulsion. Harold McGee sagt dazu: Eidotter schäumen schon recht gut von selbst auf, mit Wasser jedoch spektakulär. Meine Sauce war misslungen, weil sie nicht genug Wasser enthielt. Ich hatte sie zu stark reduziert.

In Wörterbüchern kann man nachlesen, dass das französische Wort *sabayon* seit 1803 existiert, obwohl es das Rezept an sich wohl bereits lange vorher gab. Es stammt von der italienischen Zabaglione (Likörwein, meist Marsala, Wasser, plus Eigelb, das im warmen Wasserbad schaumig geschlagen wird). Die *Sabayon* wird zwei Jahrhunderte lang in Kochbüchern erwähnt, beginnend mit Maestro Martino im 15. Jahrhundert. Martino war der talentierte, extravagante Renaissancekoch, der den Vatikan-Bibliothekar Platina begeisterte; Platina sammelte während seines Aufenthalts in der Sommerresidenz eines Kardinals Martinos Rezepte. Dann schrieb er eines der ersten Kochbücher, die das Kochen als Kunst betrachteten. Er kupferte mindestens die Hälfte von Martinos Rezepten ab – deren Niederschrift in der Morgan Library in New York City aufbewahrt wird – und schuf damit eine Art internationalen Bestseller, der in viele Sprachen übersetzt werden sollte, auch ins Französische. (In mancherlei Hinsicht war dies das erste Buch, das die italienische Renaissanceküche in andere europäische Länder exportierte.) Fände sich dort, bei Platina, womöglich der Ursprung der Béarnaise? Es gibt auch ein Rezept aus dem

Jahr 1570, von Bartolomeo Scappi, den viele als den größten italienischen Koch aller Zeiten betrachten. Scappis Rezept für die Sabayon enthält herzhafte Elemente wie etwa Geflügelfond und unterscheidet sich, offen gestanden, nicht sonderlich von einer Béarnaise. Liegen die Ursprünge womöglich dort? Gibt es unanfechtbare Beweise dafür, dass einige der Saucen, die später die Grundsaucen der französischen Küche bildeten, von italienischen Köchen eingeführt wurden? Gibt es Beweise dafür, dass das Loblied auf »die Sauce« an sich – ihre Bedeutung für ein Gericht – seinen Ursprung in Italien hat? Nein, ich habe nichts dazu gefunden ... Noch nicht. Aber ich halte es für sehr wahrscheinlich.

Man verhindert das Umschlagen einer Sauce übrigens nicht nur dadurch, dass man genügend Wasser hinzufügt und sie nicht zu stark reduziert, sondern auch dadurch, dass man sich Zeit für die Zubereitung nimmt. Eine einigermaßen akzeptable Konsistenz erreicht man zwar auch, indem man die Sauce auf mittlerer Flamme erhitzt und quirlt wie ein verrückter Italiener. Das dauert fünf Minuten. Meiner Erfahrung nach haben sich die Zutaten dann noch nicht vollständig vermengt, und die Sauce könnte immer noch misslingen. Mehr Erfolg wird man haben, wenn man wie bei einer Eiercreme vorgeht, langsam die Temperatur erhöht, 10 Minuten, 15 Minuten, so lange wie nötig, und dabei ununterbrochen quirlt, nicht hektisch, sondern stetig und bedächtig, wie ein Franzose.

ÜBERBLEIBSEL

Ah! Wäre ich doch ein Dichter!
Ich würde all diese Herrlichkeiten in Verse kleiden.
Da ich aber nur ein Bauer bin, kleide ich sie in Salat.

Alain Chapel auf dem Markt, zitiert in *Croque-en-Bouche* von Fanny Deschamps, 1976

Dinner-Service, irgendwann, vielleicht an einem Donnerstag. Uns gingen die Teller aus. Ich musste nach hinten und welche aus der Spülmaschine holen. Es war dringend. Die Perspektive? Unerfreulich. Der Weg? Der reinste Hindernisparcours – Christophe, Viannay, Kellner, der Pass, es wurden Bestellungen aufgerufen, Geschrei, Leute sausten zum Gardemanger-Posten und wieder zurück. Ich presste die Ellbogen an den Körper. Ich neigte den Kopf etwas nach vorne. Ich holte tief Luft. Ich tat, als sei ich ein Roboter auf Rollschuhen. Ich flitzte los. Ich war total auf mein Ziel fixiert: keine Kopfbewegung, kein Abschweifen des Blicks, nichts. Ich schnappte mir die Teller. Rannte zurück.

Es war eine parodistische Übertreibung dessen, wie man sich in der Küche bewegt, ich nannte es den »Frankenstein-Sprint«. Eine scherzhafte Parodie. Wirklich?

Aus einer weit entfernten Ecke hörte ich meinen Namen und Bravorufe.

Es war Sylvain. Er sah fröhlich aus, was nicht mehr oft vorkam, seitdem er an den Gardemanger-Posten versetzt worden war. Er rief laut: »Bravo, Bill! Bravo! Endlich hast du's kapiert!« (Ich war verwirrt, und langsam begriff ich: Mein Scherz war also gar kein Scherz gewesen?) »Bill, willkommen in der Küche!« Sylvain war ganz aus dem Häuschen. »Weißt du, wie du am Anfang ausgesehen hast?« – Jetzt führte er *seine* Parodie vor: eine Stoffpuppe mit rotierenden Augen, die hüpfend auf und ab wippt, hierhin und dorthin guckt, überallhin – und er lachte laut. Das konnte er tun, weil er sich ziemlich sicher war, dass ich mitlachen würde.

Und ich tat wirklich so, als fände auch ich das sehr amüsant (hahaha), fragte mich aber: Echt? Habe ich echt so ausgesehen?

Ich wusste, dass ich langsam war. Und Sylvains Beobachtung traf durchaus zu: Ich hatte tatsächlich versucht, mein Denken zu disziplinieren; es nicht zu verändern, aber zu trainieren, wie Muskeln im Fitnessstudio. Ich empfand mein Hirn als schwammig.

Während des Service merkte man es nicht, denn der Service ist schnell und hektisch. Ein Gericht wird bestellt; man bereitet es zu. Ein ganzer Tisch bestellt Gerichte; man bereitet sie zu. Das fühlt sich an, als habe man ein Dutzend Sachen gleichzeitig im Kopf, jede einzelne davon in einem anderen Zubereitungsstadium. Aber so verhält es sich wahrscheinlich nicht. In Wirklichkeit steuern die Bestellungen das Gehirn.

Die Vorbereitung war härter.

Der schlimmste Tag? *La rentrée* im September, der Tag, bevor wir wieder öffneten. Frédéric stupste gegen meinen Bauch, als ich im Umkleideraum erschien, und verkündete laut: »*Qu'est-ce que tu as fait*, Bill? *Tu as mangé tout?*« – Was hast du gemacht, als du weg warst, dir den Bauch vollgeschlagen? Ich sollte *le personnel* um 11:30 Uhr fertig haben, was mich erst mal verwirrte, bis ich schließlich kapierte. Wir hatten ja noch geschlossen. Es gab keinen Lunch-Service. Für die Wiedereröffnung brauchte es das gesamte Personal und 15 Stunden Vorbereitung – alles musste von Grund auf vorbereitet werden –, und ohne die Adrenalinschübe durch den Service zog sich der Tag endlos hin. Ich vermisste das Gefühl, dass alles, was ich tat, wichtig war, und zwar sofort. Und ich vermisste die elementare Freude, Speisen zuzubereiten, die von Menschen verzehrt wurden, und zwar sofort. Deshalb kam ich einfach nicht mit.

Wie schaffte ich es, schneller zu werden? Ich ging ganz bewusst all meine Lektionen durch: Von Sylvain hatte ich gelernt, dass man nicht mit überkreuzten Händen arbeitet; von Cros, wie man das Messer benutzt. Ich beobachtete Étienne, den Neuen, beim Würfeln der Schalotten, sah zu, wie er jede einzelne Schalotte zunächst in vertikaler, dann in horizontaler Richtung schnitt, das Tic-Tac-Toe-Brett, und wie er sie dann so arrangierte, dass er von oben schneiden konnte, ohne das Messer weglegen zu müssen. Ich bewunderte Étiennes Ausdauer. Er arbeitete langsam und doch schnell.

»*Vite! Vite! Vite*, Billou!«, rief Christophe. In der Küche pausiert man keine Sekunde. (Ich hatte jetzt meinen Spitznamen weg, Billou.)

Ich begann damit, dass ich immer wissen wollte, was als Nächstes kam. Ich weiß nicht, warum es so lange dauerte, bis mir diese Idee kam, sie lag eigentlich nahe. Und zu meiner Überraschung führte dies zu leicht verbesserter Konzentration. Und nachdem ich die zweite Aufgabe beendet hatte, stand ich da und fragte mich: Was jetzt?

»*Vite! Vite! Vite*, Billou!« (Musste er dieses »*Vite!*« wirklich so oft wiederholen?)

Dieser Moment, wo ich dastand und mich fragte »was jetzt«, wurde zu meinem Bezugspunkt.

Ich fügte die nächste Aufgabe hinzu. Während ich noch mit Aufgabe eins beschäftigt war, wiederholte ich im Stillen, welche beiden anderen Aufgaben noch bevorstanden. Das Resultat war verblüffend. Zu meiner großen Freude war ich auf einer neuen Stufe der Klarheit angelangt.

Nun versuchte ich, fünf Aufgaben im Kopf zu behalten, und wurde dadurch sogar noch schneller, weil ich der fünften Aufgabe entgegenzurasen schien – einfach nur, um nicht mehr so angestrengt an alle fünf Aufgaben denken zu müssen. Fünf, das war anregend und belebend. Ich musste schnell sein. Ich musste viele – genauer gesagt fünf – Dinge erledigen. Es war wie ein Akt beschleunigter Meditation.

Wenn ich am letzten Punkt meiner To-do-Liste ankam, machte ich eine Pause, atmete aus und entspannte kurz. Dann erstellte ich eine neue Liste.

Ich erzählte Jessica von meinen Erkenntnissen, als seien es echte Erkenntnisse, dass man in der Küche wissen muss, was man als Nächstes tut und was man danach tut, und dass man all dies im Kopf behalten muss, weil man es nicht aufschreiben kann – die Hände sind ja beschäftigt, auf den Arbeitsflächen ist kein Platz.

(Und sie sah mich an, ohne weitere Fragen zu stellen, liebevoll, aber zweifellos mitleidig, im Sinne von: Ach, mein armer Schatz, ist dir das jetzt erst klar geworden?)

Meine legendäre Langsamkeit muss wohl in den kleinen Pausen zum Tragen gekommen sein, in Form von Dingen, die ich vergessen hatte und holen musste, die schlampige Organisation, weil ich nicht wusste, was als Nächstes kam. Ich war schnell mit dem Messer. Ich kannte mein Schneidebrett. Ich verfügte über die technischen Fertigkeiten. Ich musste nur mein zu Abschweifungen neigendes Privat-Hirn im Zaum halten.

Inzwischen glaube ich, dass ich mir von den Gewohnheiten der anderen etwas abschaute, Anhaltspunkte aufschnappte. Ich bin zu dem Schluss gekommen, dass mein Frankenstein-Sprint kein Scherz war: Im Grunde habe ich es damals einfach ausprobiert, um zu sehen, ob es funktioniert. Und es funktionierte tatsächlich. Und das Ergebnis war: Ich lernte das hohe Arbeitstempo lieben.

Was gefiel mir in der Küche am besten? Freitags *le personnel* zu machen, wenn nichts auf dem Speiseplan stand und man total improvisieren konnte, diesen ganz speziellen Aus-dem-Stegreif-irgendwas-erfinden-mit-allem-was-Ende-der-Woche-noch-da-ist-Lunch. Anfangs hatte mich das überfordert; jetzt begeisterte es mich. Und das kam nicht von den Essensresten in der *chambre froide*. Sondern von den Zutaten, die vielleicht nicht bis Montag halten würden. Es gab da einen sehr dehnbaren Ermessensspielraum, ob eine Speise gerade noch verwertbar war, am Montag jedoch entsorgt werden musste.

Gegen neun Uhr tauchten plötzlich geheime Vorräte auf, hastig an mich weitergereicht wie Schmuggelware, von leisen Kommentaren begleitet, irgendeine Delikatesse, die »noch« nicht verdorben war, aber eindeutig »auf der Kippe« stand. Tintenfisch, Hering, Hummerscheren, Täubchen, Foie gras, Langusten, eine einzelne Seespinne. Um zehn Uhr hatte sich die Qualität weiterer Speisen ganz überraschend verschlechtert, sie würden das Wochenende kaum überstehen. Einmal wurde mir ein Behältnis mit Kaviar überreicht (»*Oh là là*, der ist schon an der Grenze«, meinte Frédéric. »Den sollte man heute noch essen.«)

Einmal brachte er mir um 10:30 Uhr vier Hühnerkeulen.

»Was soll ich denn mit denen machen?«, fragte ich. »Und wieso überhaupt Huhn? Du arbeitest doch am Fischposten.«

»Das ist *poulet de Bresse.*« Die Keulen waren neutral in einen Bogen Fleischerpapier gewickelt, den Frédéric, mit dem Rücken zu Christophe, aufschlug, um mir die schönen Keulen zu zeigen, mit ihrer berühmten blassblauen Färbung der Sehnen. »Wenn du die heute nicht kochst, wandern sie in den Müll.« *Poubelle. Tu comprends?*

Ich starrte die Keulen an. »Ich habe aber keine Zeit mehr, Hühnerkeulen zu kochen.«

»Wieso nicht?«

»Warum hast du sie mir nicht vor zwei Stunden gebracht?«

»Vor zwei Stunden waren sie noch ganz okay. Aber jetzt sehen sie aus, als hielten sie nicht mehr bis Montag durch, was meinst du?«

Ich gab sie einfach in eine der Pfannen, meine letzten verrückten 30 Minuten, sechs Sautierpfannen gleichzeitig und drei Sachen im Ofen, einschließlich eines *gratin de pâtes*, das ich nur für alle Fälle zubereitet hatte und das schon bräunte, aber noch keine Kruste hatte.

Mathieu Viannay hatte mir gesagt: »Ich habe dich *le personnel* kochen lassen, weil du immer zu spät dran warst. Ich habe gehofft, dass dich das zur Pünktlichkeit erzieht.« Und so war es.

Ich liebte Tempo.

Freitags hatte ich jetzt das Gefühl, dass alle mich unterstützten, um den Lunch zu einer *fête* zu machen. Sie wussten, dass ich kochen konnte.

Keine Schikanen, kein Gespött mehr.

Johann machte eine Wildheidelbeeren-Tarte. Verschiedene Käsesorten tauchten auf. Mehrere Salate. Übrig gebliebene Desserts. Auch Sylvain kochte Gerichte: in einer Woche eine fantastische spanische Tortilla; ein andermal eine Quiche Lorraine. (Auch dies waren Statements. Er hatte beides nicht angekündigt und kommentierte es auch nicht; er stellte es mir nur mürrisch hin und kehrte an den Gardemanger-Posten zurück. Die Quiche und die Tortilla sollten mir sagen: Die habe ich am Posten einfach so nebenher gemacht. Findest du nicht auch, dass ich am völlig falschen Platz bin?)

Der Freitag lehrte mich die französische Philosophie der Essensreste, die sich bereits (wie ich erst später entdeckte) in meinem Institut-Bocuse-Lehrbuch fand und auch in älteren Büchern, etwa dem 1899 erschienenen Werk *Die Kunst, Reste zu verwerten*. Es gab Regeln: Reste niemals in einer Servierschüssel oder einem Kochgefäß aufbewahren; eine warme Flüssigkeit niemals in einem geschlossenen Behältnis aufbewahren, ohne sie zuerst abzukühlen; niemals ein Gericht wiederverwenden, das mit rohen Eiern zubereitet wurde; niemals irgendetwas länger als drei Tage aufbewahren; und das Wichtigste von allem: niemals, unter gar keinen Umständen, Reste zweimal aufwärmen. Ein Essensrest hat eine einzige Chance: so wiederverwertet zu werden, dass er noch besser schmeckt als das ursprüngliche Gericht.

Ich funktionierte die Mayonnaise vom Vormittag zu Sellerie-Remoulade um. Einen Kalbsbraten verwandelte ich in Kalbsfrikassee.

Einmal, kurz nach zehn Uhr vormittags, ließ Sylvain ohne weitere Erklärung einen rohen Thunfisch auf meinen Arbeitstisch fallen. *Il y a du thon*, sagte er (»Da ist Thunfisch«) und ging.

Ich betrachtete den Fisch: deutlich mehr als ein Kilo, nicht gerade wenig, aber wenn ich Steaks daraus machte und sie sautierte, reichte es trotzdem nicht, um alle satt zu kriegen. Mir kam eine Idee. In der Speisekammer war Sojasauce, und im Kühlraum fand ich Schnittlauch, Schalotten und Zitronen. Ich fragte Johann, ob der Pâtisserie-Posten Brötchen abgeben könnte. Und dann machte ich Thunfisch-Burger à la Michel Richard.

Ich bereitete eine Zitronenmayonnaise zu, indem ich der Mayonnaise am Schluss einen Spritzer Zitronensaft hinzufügte und dann Zesten (dünne Streifen der Zitronenschale) darunter mixte (sechs Minuten).

Ich bereitete eine Marinade zu: Schalotten, Schnittlauch, Soja (sechs Minuten).

Ich schnitt den Fisch von Hand. Christophe – der mich beobachtete, weil er mich immer beobachtete – hätte dies *thon au tartare* genannt, Thunfisch, der wie ein Tatarbeefsteak zubereitet wurde (sechs Minuten).

Ich gab meinen von Hand zerkleinerten Thunfisch in eine Schüssel, fügte Olivenöl hinzu und zerquetschte das Fischfleisch mit der Rückseite eines Plastikspatels, bis das Öl die Fischfette band und mit ihnen emulgierte und eine breiige Masse entstand (drei Minuten). Ich fügte einige Spritzer der Marinade hinzu und formte die emulgierte Masse zu 24 Burgern (sechs Minuten), sautierte sie (schnell – sie sollten blutig bleiben). 45 Sekunden auf einer Seite, 30 Sekunden auf der anderen – nahm sie zum Abkühlen aus der Pfanne, gab sie zwischen die Brötchenhälften, garnierte die Burger mit der Zitronenmayonnaise und servierte sie in einer sauberen Bratpfanne. Sie sahen unglaublich lecker aus. *Franchement,* sie waren sensationell.

Nach dem Lunch hielt Frédéric mich auf. Er saß auf einem Arbeitstisch und aß gerade seinen zweiten Burger. »Köstlich«, sagte er. »Wie hast du die Mayonnaise gemacht?«

»Zitronensaft, plus die Zeste.«

»Aha. Die Zeste.« Er nickte anerkennend.

»Das habe ich bei Michel Richard gelernt.«

»Richard? Hmmm. Nie von ihm gehört.«

Ich kehrte in die Küche zurück.

»Exzellent«, sagte Christophe. »Du kannst übrigens auch Eier verwenden. Um den Thunfisch zu binden. Du fügst einfach Eier hinzu.«

»Ja«, sagte ich, überlegte dann aber: Warum sollte man das tun? Wenn man Eier als Bindemittel nimmt, kann man den Thunfisch nicht nur halb durchbraten. Niemand mag rohe Eier.

Plötzlich verstand ich Richards Rezept. Die französische Methode: mit Ei binden. Aber dann muss man den Thunfisch durchbraten. Mittlerweile hat die Welt andere Thunfischformen entdeckt – getrockneten Thunfisch, halbrohen Thunfisch, Thunfisch für Sushi, und niemand interessiert sich für zerkochten Thunfisch mit Ei.

»Ich habe diese Technik von Michel Richard gelernt«, erklärte ich Christophe.

»Richard?«

Auch bei ihm: Verblüffung.

Die Burger waren das Lieblingsessen der ganzen Belegschaft. Doch die Anerkennung fiel unfairerweise mir zu. Ich wollte sie nicht, denn die Anerkennung gebührte einzig und allein dem erfindungsreichen Michel Richard.

Jessica erwachte in der Nacht mit einem Migräneanfall. Sehr schlimm. Sie war kaum ansprechbar und krümmte sich vor Schmerzen.

Ich rief die Küche an. Keine Antwort. Ich hinterließ eine Nachricht. »Ich komme später.« Es wäre zu riskant, Jessica allein zu lassen. »Ich komme, sobald ich kann.«

Ich traf nach 11 Uhr ein. Obwohl ich nichts vorbereitet hatte, war *le personnel* schon fast fertig. Ich entschuldigte mich bei Christophe.

»Du kommst sehr spät.«

»Ich weiß. Tut mir leid. Jessica hatte eine Migräneattacke. Ich habe eine Nachricht hinterlassen.«

»Ja, hab die Nachricht bekommen.«

Ich kannte den Drill. *La rigueur.* Es gibt so gut wie keinen Grund, nicht in der Küche zu erscheinen.

»Ich fand es zu riskant, sie allein zu lassen.«

Christophe nickte. »Du hast uns gefehlt, Billou.«

»Danke«, erwiderte ich und wiederholte seine Antwort noch einmal in Gedanken. Du hast uns gefehlt. *Tu nous as manqué.*

Ich hatte sechs Monate lang im La Mère Brazier gearbeitet, gerade als das Restaurant ins zweite Jahr ging. Es gab keine offizielle Verabschiedung, denn ich verließ die Küche nur vorübergehend aus geschäftlichen Gründen (ich drehte zwei einstündige Filme für die BBC über meine Zeit in Lyon, mit dem Titel *Fat Man in a White Hat*). Sobald ich damit fertig sein würde, wollte ich wiederkommen. Die Arbeit an den Filmen dauerte jedoch länger als erwartet. Ich schaute gelegentlich mal bei Viannay vorbei, um meine Absicht zu bekräftigen, und einfach, um ihn wiederzusehen. Einmal fand ich hinten in der Küche einen Platz, um ein Gericht auszuprobieren, das ich ihn hatte zubereiten sehen: Foie gras und Artischockenherzen zylindrisch zusammengerollt in einem entbeinten *poulet de Bresse*, das dann, in Scheiben geschnitten, mit jener hoch aromatischen Sauce aus Kalbsfond und Kirschen serviert wurde, die wir am Fleischposten zubereitet hatten. Im Sommer kochte ich dieses Gericht einmal für Freunde, die einen Sohn im Alter von George und Frederick hatten. Die Erwachsenen, besonders aber auch die Jungs, waren ganz verrückt danach. (Das Geheimnis lag, glaube ich, in der Sauce.)

Inzwischen hatte Hortense die Küche verlassen. Sie war wegen eines gebrochenen Fußes krankgeschrieben worden und dann nicht mehr zurückgekehrt. Auch Chern war nicht mehr da. Er hatte den Schein erworben, um seinen Abschluss zu machen. Frédéric hatte in Japan eine Stelle als Küchenchef angenommen. Und Sylvain war gegangen, um in Bocuses Brasserie Le Nord zu arbeiten. (»Monsieur Paul ist dort jeden Donnerstag um 11 Uhr anzutreffen.«) Es war ganz in der Nähe, auf der Presqu'île. Sylvains Stellenbezeichnung lautete *chef de cuisine*. War dies ein beruflicher Rückschritt? Die Brasserie Le Nord hatte keinen Michelin-Stern, da ging es nicht um »grande cuisine«. Sylvain war zwar kein Executive Chef oder Souschef, musste aber wenigstens auch nicht mehr ganz allein am Gardemanger-Posten stehen.

»Viannay wollte mich nicht für den Pâté en Croûte World Cup vorschlagen«, beklagte sich Sylvain. »Ich hätte einen Sponsor gebraucht. Aber er weigerte sich ...«

Sylvain hatte sich auf eine Kochkarriere eingelassen, die auf den traditionellen Voraussetzungen beruhte – harte Arbeit und faire Entlohnung. Das hieß: Wenn man gewissenhaft, diszipliniert, pünktlich und aufmerksam war und das französische Repertoire beherrschte – seinen Escoffier kannte, klassische Gerichte, Pasteten, Saucen zubereiten konnte – und wenn man eine Stelle in einem Luxusrestaurant gefunden hatte, etwa im Drei-Sterne-Lokal von George Blancs, dann konnte man damit rechnen, in der Hierarchie aufzusteigen. Dann wurde man mit immer mehr Verantwortung, wachsendem Prestige und einem angemessenen Gehalt belohnt. Man konnte eine Familie ernähren. Man hatte ausgesorgt.

War Sylvain kompetent? Absolut. Gewissenhaft, diszipliniert, verlässlich? Mehr als jeder andere. Verfügte er über die klassische Ausbildung? Definitiv. Aber es gab ein neues Element, auf das er sich nicht vorbereitet hatte – Kreativität. War er innovativ? Vermutlich nicht. Er hatte nie bedacht, dass das einmal nötig sein würde.

Im La Mère Brazier schien Sylvain seine Zukunft verloren zu haben. Er wirkte wie ein Mann, der sich verraten fühlte, nicht nur vom Restaurant, sondern auch von der Küchenkultur, von Frankreich.

Ich sprach Viannay auf ihn an.

»Sylvain war nicht gut genug«, erwiderte er. Er sah mich scharf an, um sicherzugehen, dass ich ihn verstanden hatte. »Er war nicht die Art von Koch, die Christophe braucht. Sylvain ist ein Bistro-Koch.«

Ich redete mit Christophe. Ich komme wieder, versprach ich.

»Du bist jederzeit willkommen.«

Aber es sollte fast ein Jahr vergehen, bis wir uns wiedersahen.

VI

DINNER

Bei Tisch verbitten sich die Lyoneser Mineralwasser. Sie trinken trockenen Wein. Und falls sie den Wein aus einer Laune heraus doch mal mit Wasser verdünnen, dann nur mit dem guten Wasser der Rhône. Sie wissen, dass dieses Wasser rein und von guter Qualität ist.

Die Lyoneser essen nicht gerne schnell. Damit beweisen sie ihre Leidenschaft fürs Essen, denn die Zügelung ihres Appetits ermöglicht es ihnen, die kulinarische Vielfalt zu würdigen und ihr Essen zu genießen …

Lyoneser geben ihre Rezepte nie preis. Sie hüten sie sorgfältig. Und sie fragen ihrerseits nie jemanden nach einem Kochrezept, weil sie nicht in die Lage kommen wollen, den Gefallen erwidern zu müssen.

Lyoneser hören beim Essen nie Musik, selbst wenn ihnen Musik viel bedeutet. Sie vermengen ihre Freuden nicht gern und möchten durch nichts von einer der wichtigsten Tätigkeiten im Leben abgelenkt werden – ihre Mahlzeit zu verzehren.

Traditionell genießen die Lyoneser ihren Kaffee und Likör am Tisch, um die dort erlebten Gaumenfreuden und die am Tisch verbrachte Zeit noch länger auszukosten …

Was Politik betrifft, wissen die Lyoneser, dass die Menschheit mit gutem Essen regiert wird und dass das beste politische Dokument in einer exzellent geschriebenen Speisekarte besteht.

Aus *La Cuisine Lyonnaise* von Mathieu Varille, 1928

Lyon, Weihnachten. Meine Mutter, 77 Jahre alt und seit Kurzem verwitwet, stieg in Florida ins Flugzeug und musste in Washington, D.C., und dann noch einmal in Frankfurt zwischenlanden. Da ihre Maschine verspätet in Frankfurt eintraf, verpasste sie ihren Anschlussflug und hatte dann auch noch Probleme mit ihrem Handy.

Endlich aber, allen Widerständen zum Trotz, traf sie doch in Lyon ein. Sie wollte in den Weihnachtsferien ihre Enkelkinder besuchen und mal nach deren Eltern schauen, die behauptet hatten, nur sechs Monate in Frankreich bleiben zu wollen, jetzt aber schon wesentlich länger dort waren und immer noch nicht an eine Rückkehr in die USA dachten. Am Heiligen Abend rief ich die Brasserie George an, um sicherzugehen, dass geöffnet war. (Ich wusste es nicht genau, denn an unserem ersten Heiligen Abend in Lyon waren wir ja nirgends hingegangen.) Das Restaurant – 1836 erbaut, hohe Decken, rote Lederbänke, Kellner im Smoking, Gratis-Verköstigung für Kinder unter vier Jahren, jede Viertelstunde ein Geburtstagslied auf der *limonaire* – wimmelt gerade so von Menschen wie der Bahnhof nebenan, kann im Lauf eines Abends zweitausend Gäste verköstigen und servierte damals ein exzeptionelles Steak Tartare, das direkt am Tisch zubereitet wurde. Es ist ein nostalgisches Restaurant – solche Lokale werden in historischen Berichten beschrieben, aber meist überleben sie nicht –, und offensichtlich strömte ganz Lyon am Heiligen Abend dorthin. Ja, man hatte geöffnet, aber die Warteliste war so lang, dass keine Vormerkungen mehr angenommen werden konnten. Bei unseren vielen Besuchen dort hatte man uns noch nie abgewiesen. Wir hätten das nie für möglich gehalten. Ich hatte eigentlich gedacht, dass wir jetzt zu Lyon gehörten, seine Sitten und Gebräuche kannten, aber offenbar waren wir doch noch nicht lang genug da, um die weihnachtlichen Familientraditionen zu kennen, die Essensrituale in dieser von alters her christlich geprägten Stadt.

Also entschieden wir uns für ein beliebtes Bistro, zwar nicht in unserem Viertel, aber auch nicht weit davon entfernt, und gingen zu Fuß über die kopfsteingepflasterten Straßen durch die kühle, stille Nacht, in der viel mehr Leute unterwegs waren, als ich erwartet hatte.

Auf einmal stimmte George ein Lied an, und nach dem Refrain fiel auch Frederick ein:

> *Qui a la barbe blanche*
> *Et un grand manteau?*
> *Qui a la barbe blanche*
> *Et sa hotte sur le dos?*

Ich hatte dieses Lied noch nie gehört. Als der Refrain zum zweiten Mal ertönte, begannen Fremde mitzusingen. Ein Typ, der an der Ecke stand und eine Zigarette rauchte. Mehrere Paare, irgendwohin unterwegs. Lauter Erwachsene, die keine Kinder bei sich hatten. Sie alle blieben stehen und sangen. An meiner Mutter war das irgendwie vorbeigegangen, und so machte ich sie darauf aufmerksam: auf diesen Chor, geleitet von zwei elfenhaften amerikanischen Kindern, in perfektem Französisch, mit zarten Sopranstimmen.

> *Qui descend du ciel*
> *Une fois par an?*
> *Qui descend du ciel*
> *Pour tous les petits enfants?*

> *C'est le Père Noël*
> *Père Noël*
> *C'est le Père Noël*
> *Pour mon joyeux Noël.*

Nach dem Ende des Lieds begannen alle zu klatschen, die Straße hallte wider von Applaus.

Die Jungs hatten mühelos Französisch gelernt, wenn auch nicht so schnell wie erwartet. Doch als sie die Sprache dann beherrschten, beherrschten sie sie perfekt. Jessica und ich erinnern uns genau an den Moment, wo das plötzlich umsprang, ein ganzes Jahr nach unserer Ankunft. Wir warteten abends auf Stephen, ihren temperamentvollen »Babysitter«. Die Jungs machten ihm auf.

»Hello, George and Frederick!«, begrüßte er sie, wie gewohnt auf Englisch.

»Bonjour, Stephen«, erwiderten beide in makellosem Französisch, und Stephen, nach einem kurzen Blickwechsel mit uns, antwortete ihnen auf Französisch, und von diesem scheinbar willkürlich gewählten Moment an sprachen sie nie mehr Englisch mit ihm. Es war, als sei in ihrem Kopf (klick!) ein Schalter umgelegt worden und als dominiere nun das französische Gehirn, während das englische Gehirn nur noch im Hintergrund lief. Jetzt träumten sie nachts in einer anderen Sprache, erwachten aus französischen Träumen.

Als wir am Heiligen Abend nach dem Essen nach Hause gingen, läuteten die Glocken, alle ganz nah, zur mitternächtlichen Christvesper von den Türmen der historischen Kirchen, und ich dachte daran, wie oft sich die Stadt im Belagerungszustand befunden hatte. Mitten in der Französischen Revolution, am 29. Mai 1793, hatte Robespierre, nachdem Lyon seine Unabhängigkeit erklärt hatte, empört verkündet, die Stadt solle vernichtet werden (»*Lyon n'est plus!*«). Er warb ein Heer von insgesamt 60 000 Söldnern an, ließ Lyon umzingeln, aushungern und täglich beschießen, und die Glocken läuteten zum Trotz, bis viele der Kirchen dem Erdboden gleichgemacht wurden und die Stadt zwei Monate später kapitulierte. Auf der Place des Terreaux standen die Guillotinen, und manche der 1648 Leichen (jede mit Namen und Nummer versehen – denn wenn die Revolution eines war, dann pedantisch) wurden in einer improvisierten Leichenhalle in der Kapelle gelagert, die sich in der Nähe von Bobs Bäckerei und unserer Wohnung befand. Die Kirchenglocken in Lyon klingen immer ein bisschen schwermütig, selbst am Abend vor der festtäglichen Feier einer Geburt. Die Glocken scheinen die Lyoneser in ihrer ganz eigenen Wesensart zu bestärken.

Am Weihnachtsmorgen herrschte strahlendes Wetter bei tiefblauem Himmel. Als der kleine Frederick sah, dass Père Noël ihm ein Geschenk dagelassen hatte, rannte er ans Fenster – durch das man weit auf die Saône und auf den Himmel sah, der sich über der Region Beaujolais und den Alpen dehnte – in der Hoffnung, einen Blick auf den Weihnachtsmann zu erhaschen; als sei der bärtige Geselle gerade erst verschwunden. Ich muss immer wieder an jenen Ausdruck höchster Erwartung in seinem Gesicht denken und empfinde ihn als einen Vorwurf an uns, die wir die Unschuld von Kindern manipulieren: Vielleicht war es aber auch nur die Nostalgie jenes Moments, als mit unserem Leben in Frankreich endlich alles gut zu werden schien.

Ich ging zu Bob hinüber, der uns erst am Vortag mitgeteilt hatte, dass er an Weihnachten offen haben würde. Er hatte eine Nachtschicht eingelegt. Die Auswahl an Broten und Kuchen war so groß wie noch nie. Es gab Baguettes in allen erdenklichen Variationen, einschließlich der langen, unhandlichen *flûtes*, der kleinen dünnen *ficelles* und der dicken *bâtards*, und es gab sowohl die »kurzen« 1,20 m langen *jokos courts*, als auch die 1,80 m langen *jokos longs*. Es gab geflochtene Brote, Winzerlaibe, Pasteten und die *pains au chocolat*, ohne die George und Frederick nicht mehr existieren konnten. Noch nie hatte ich bei Bob eine solche Vielfalt gesehen. Sie spiegelte seine Erfahrung und sein Geschichtsbewusstsein wider.

Aber der Laden war nicht voll. Eigentlich gab es sogar nur einen einzigen Kunden: mich.

»Mein Fehler«, sagte Bob. »Ich habe mich erst in letzter Minute entschlossen, an Weihnachten zu öffnen, und niemand hat es rechtzeitig erfahren.«

Ich kaufte so viele Brote ein, dass ich sie kaum noch tragen konnte – eine wirklich absurde Menge –, schleppte sie nach Hause und lud sie auf dem Küchentisch ab. Dann holte ich eine Magnumflasche Wein, die ich für den richtigen Anlass aufbewahrt hatte – ein Rotwein von der Rhône –, eilte erneut die Treppen hinunter und brachte Bob den Wein als Geschenk.

Ich wusste, dass ich wieder bei ihm arbeiten würde und dass ich mein Praktikum in seiner Bäckerei unbedingt vollenden wollte, und sei es nur, um mir all das anzueignen, was ich für die »französischen Essentials« hielt – nicht »haute cuisine«, sondern die rustikalen Grundlagen, die Nahrungsmittel, die hier seit Jahrtausenden hergestellt wurden, aus dem, was das Land bot: Käse, *saucisson* und Brot. Bob war skeptisch. Aus seiner Sicht war ich jetzt mit anderen Dingen beschäftigt. Dennoch hatte sich eine enge Beziehung entwickelt. Unsere Familie war so oft drüben bei ihm, dass uns sein Laden wie ein zweites Wohnzimmer vorkam. Bob war Familie.

Bob hatte eine Agenda und vertraute darauf, dass ich sie verstehen würde. Er war mit der Vorstellung davon aufgewachsen, was ein Bäcker tat. Bob wiederholte immer wieder: Jeder Mensch hat gutes Brot verdient. Aber da gab es noch etwas anderes. Eine Art Berufung, ein soziales Gebot: Auf einen Bäcker können sich die Menschen, die sein Brot essen, stets verlassen. Am Weihnachtstag offen zu haben gehörte also zu seinen Pflichten.

Kürzlich habe ich Steven Kaplan kontaktiert, einen amerikanischen Historiker, der eine Kulturgeschichte des französischen Brotes geschrieben hat. Sein Buch *Good Bread Is Back* half mir zu verstehen, warum Bob einen solchen Zorn gegen Fabrikbrot empfand, das damals übrigens tatsächlich im La Mère Brazier serviert wurde (vorgebacken, dann noch einmal erhitzt, mit allerlei Mischzutaten und Chemikalien versetzt, um die Konsistenz und das Hefearoma eines altmodischen Brotlaibs zu simulieren). Bob war zornig, weil diese Art von Brot einer ganzen Generation von Franzosen die Erfahrung geraubt hatte, den Geschmack echten Brots kennenzulernen.

Ich erzählte Kaplan von Bob, und dass sein Brot als bestes in Lyon galt. »Bob sagt«, schrieb ich ihm, »dass das Aroma vom Mehl kommt. Er hat einen Bauern in der Auvergne, auf dessen Weizen er schwört, und ich weiß nicht, ob dieser Bauer das Mehl mahlt oder jemand anderes, jedenfalls ist das Mehl frisch, vor allem im Sommer, und kommt nicht in großen Gebinden, sondern alle paar Tage in kleineren Mengen, und auf dem Grundstück des Bauern gibt es eine Ziege namens Hector, von der Bob ein Bild im Fenster hängen hat.«

Kaplan schrieb zurück: »Wow! Ihr Bob ist ein sehr ungewöhnlicher Bäcker!« Es gab in Frankreich jetzt viele gute Brotbäcker, aber Kaplan kannte keinen, der sein Mehl direkt von dem Bauern bezog, der den Weizen anbaute.

An einem Laib Brot ist nicht viel dran. Mehl, Wasser und der von gestern übrige Teigrest. Es scheint kaum zu existieren. Man lässt den Teig gehen, wiegt ihn, knetet und formt ihn, lässt ihn erneut gehen, schneidet den Laib mit dem Messer ein, bäckt ihn und reicht ihn dann für 90 Cent über die Theke. Vielleicht liegt das Geheimnis wirklich im Mehl.

ZUBEREITUNG IN EINER SCHWEINSBLASE

Auf dem Markt sagte Fernand Point zu uns: »Ich bin nicht schwierig. Ich bin mit dem Besten zufrieden.«

Aus *Croque-en-Bouche* von Fanny Deschamps, 1976

Vienne, Rhône-Alpes. Ziemlich nah an Fernand Points ursprünglichem, unglaublich verschwenderischem Rezept, bereitet Henriroux sein *poulet en vessie* zu, indem er Vogel und Schweinblase mit kostbaren Zutaten füllt: Trüffel, Foie gras, ein bis zwei Gläschen guten Cognac und ein Glas Condrieu, dessen goldene Trauben man auf der anderen Seite der Rhône wachsen sieht. (Point, der alkoholische Getränke liebte, fügte natürlich auch noch Madeira und Champagner hinzu.) Dieses Rezept ist ein weiteres Beispiel für die Lyoneser Mischung aus gehoben und rustikal: die rustikale Schweinsblase, die opulenten Zutaten.

Dann dressiert man das Huhn, was mir absolut überflüssig erschien.

Zwar erkenne ich durchaus die Vorteile des Dressierens – man bindet die Extremitäten (Flügel und Schenkel) am Körper fest, um zu verhindern, dass sie schneller gar werden als der Rest des Huhns. Auch beim Servieren sieht das schöner aus, ein kompaktes Geflügelpäckchen, ohne dass die Flügel abstehen wie zwei schiefe Bumerangs. Aber die lehrbuchmäßige Methode des Dressierens hatte ich nie so recht verstanden und fühlte mich später beruhigt, als Boulud's Spitzenkoch Jean-François Bruel da auch nicht gut Bescheid wusste, ohne dass es ihn groß störte. Er hatte seine ganz eigene Methode – bis sein Chef ihn einmal beim Dressieren unterbrach.

»*Non!*«, sagte Boulud. »So geht das nicht! Was soll denn das?«

Tatsächlich werden offiziell zwei Methoden des Dressierens gelehrt. Bei der einen dringt die Dressiernadel in das Huhn ein, bei der anderen nicht, aber ich kann die Methoden nicht so recht auseinanderhalten und steche einfach überall hinein, manchmal zwei- oder dreimal, mache Doppelschlingen und Extraknoten.

Aber ein Huhn in einer *vessie*? Brauchte es da überhaupt noch Nadel und Faden? Bleibt das Huhn da nicht sowieso in Form, weil die Extremitäten von der Schweinsblase an den Körper gepresst werden?

Man kauft beim Metzger getrocknete *vessies* – sie sehen aus wie Frisbeescheiben. Wenn man die *vessie* dann rehydriert, sieht sie aus wie eine kleine Gummisocke und wirkt eigentlich zu klein, um Platz für ein ganzes Huhn zu bieten. Außerdem ist die Haut der Schweinsblase stumpf und opak. Man dehnt sie unter laufendem Wasser, indem man erst mal sanft die Faust im Inneren der Blase dreht, vorsichtig, damit die Öffnung nicht einreißt. Dann wird das Huhn durch die Öffnung in die Schweinsblase geschoben. Es hilft, wenn man das Huhn mit geschmolzener Butter einreibt. Man zieht einen Gummihandschuh an, hält das Huhn fest und schiebt es langsam hinein.

Dann bindet man die *vessie* zu. Ein Doppelknoten reicht nicht. Man muss sie zubinden wie einen Luftballon, den man unten so verknotet, dass der wachsende Druck den Knoten immer straffer zieht.

Um das Huhn nun zu garen, bringt man einen Topf Wasser zum Simmern, setzt die mit dem Huhn gefüllte *vessie* hinein und beginnt, mit der Schöpfkelle heißes Wasser darüberzugießen. Dies hat den Effekt, dass die Schweinsblase nicht nur von unten, sondern auch von oben erhitzt wird. Und sie wird feucht gehalten. Trocknet sie aus, explodiert sie nämlich. Manche Köche nehmen statt Wasser Hühnerbrühe, was aber reine Verschwendung ist, weil nichts davon ins Innere der *vessie* dringt. Schweinsblasen sind aus gutem Grunde nicht porös.

Nach einigen Minuten beginnt sich die Blase zu dehnen, erst langsam, dann immer schneller, und in kürzester Zeit wird sie erschreckend groß. Man begießt sie unablässig mit Wasser und macht sich allmählich Sorgen. Nach 20 Minuten ist die *vessie* völlig verwandelt: sie ist jetzt keine undurchsichtige Hülle mehr, sondern ähnelt einem wunderschönen goldenen, fast transparenten Wasserball, den irgendein Wahnsinniger immer weiter mit Luft aufzupumpen scheint. Man sieht jetzt auch das Huhn!

Ein verblüffender Anblick. Ich fand diese riesige Kugel mit dem Huhn innen drin so absurd, dass ich spontan erklärte: »Mann, wenn man sich vorstellt, wie viel Pisse dieses Ding halten muss!«

Fünf Minuten später (schöpfen! schöpfen! schöpfen!) hat die Blase ihre maximale Ausdehnung erreicht. Jetzt erweist sich, ob man bei der Zubereitung richtig vorgegangen ist. Hat man den Fehler begangen, einen Doppelknoten zu machen, beginnt dieser sich jetzt langsam aufzulösen, und die Foie gras und der Cognac ergießen sich unweigerlich als braune Pampe ins Kochwasser. Falls man versäumt hat, den Vogel zu dressieren, wird man – durch die transparente, nun sehr geräumig gewordene goldene Membran – leider mitansehen müssen, wie sich die Extremitäten des Vogels langsam in senkrechter Richtung öffnen. Man kann dies nicht verhindern, ohne die *vessie* zu perforieren. Aber auch dann quellen Cognac und Foie gras als brauner Modder heraus …

Ich jedenfalls bin zum Dressieren übergegangen.

Das Huhn ist, wenn man dann am Tisch die Blase öffnet und die eingeschlossenen Aromen befreit, überwältigend sinnlich – alle Sinne werden angeregt: durch den Dampf, das Fleisch, die köstlichen Aromen des Rhônetals. Das schmückende Beiwerk – Trüffel, Foie gras, Wein – ergibt eine sämige, reichhaltige Sauce. Ich verstehe, warum Henriroux versucht hat, mich davon abzubringen. Es ist nicht leicht. Aber was für ein Fest der Sinne!

Hinterher blieb ich noch ein bisschen da.

Point starb hier im Restaurant La Pyramide im Spätwinter 1955, im Alter von 58 Jahren. Bemerkenswerterweise lief alles unverändert weiter, als sei Point noch am Leben. Dies war seiner Witwe »Mado« zu verdanken, die das Restaurant ganz in Points Sinn am Laufen hielt.

Die Küche sah immer noch so aus wie zu seinen Lebzeiten. Sie ist seitdem renoviert worden, aber ich war schon mal vor der Renovierung da: rissige weiße Wandfliesen, klotzige Holzrahmenfenster von circa 1930, simple vierbeinige Arbeitstische, wie man sie aus dem Haus der Großeltern kennt – altmodische, plumpe Möbel aus der Vorkriegszeit. Auch bei meinem jetzigen Besuch hatte ich eigentlich mit drangvoller Enge gerechnet, mit einer dunklen, vollgestellten Küche, in der kaum zwei Leute aneinander vorbeikamen. Doch durch die Renovierung war sie hell und geräumig geworden, und ich malte mir aus, wie Point sich darin bewegt hätte. Es war eine Profi-Küche, erinnerte aber auch an die großzügigen Küchen privater Landhäuser.

Ich stand einfach still da und versuchte, mir die Speisen vorzustellen, die man damals hier zubereitet hatte, so exzeptionell, dass Lyon zur Welthauptstadt der Gastronomie wurde. Der exzellente Ruf, den die französische Küche damals genoss, führte zu dem Schluss, dass die Lyoneser Küche, wenn sie die beste Küche Frankreichs war, dann auch die beste Küche der Welt sein musste. (So die Prämisse von Curnonskys 1935 erschienenem Werk *Lyon, Capitale Mondiale de la Gastronomie*.) Und vielleicht traf dies tatsächlich zu. Der junge Paul Bocuse kam hierher, nachdem er vier Jahre lang bei Eugène Brazier gearbeitet hatte. Der junge Alain Chapel wurde hier ausgebildet, bevor er das Lokal seines Vaters in den Dombes übernahm. Die Brüder Troisgros wurden hier ausgebildet, bevor sie ihr Familienrestaurant in Roanne übernahmen, 60 Meilen nordwestlich. Diese damals jungen Männer gehörten zur ersten Generation der Nouvelle-Cuisine-Köche. Man sagt, ihre Methodik – man konnte es fast eine »Ideologie« nennen – sei von Point geformt worden. Was hat er sie gelehrt?

Während ich in einer Nische des Restaurants saß, diesem Museum voller Artefakte, voller Erinnerungen an Point, las ich noch einmal sein Buch. Die Rezepte sind unglaublich knapp gehalten. Dies wird meist so gedeutet, dass Point sich mit der Sammlung an Profis wandte, denen er die Zubereitungsschritte nicht erst erklären musste. Zum Beispiel nimmt ein Rezept für *tête de veau à la tortue* – ein Kalbskopf, dem man die Form einer Schildkröte gibt – in dem Buch nur einen kurzen Abschnitt ein. In Wirklichkeit ist die Zubereitung unendlich kompliziert. Was Point im Buch beschrieb – kräftigen Kräutersud verwenden, eine Tasse Madeira in die Sauce geben, das Gericht mit Oliven, Hähnchennieren und Hahnenkämmen garnieren –, waren seine individuellen Ausschmückungen. Ansonsten wurde das Gericht nach der *règle* zubereitet – der Regel. Und dieser Satz – *selon les règles* – lässt vielleicht tief in Points kulinarische Seele blicken.

Eine schlichte Offenbarung. *Selon les règles* – es gibt nur wenige Wendungen, die für die französische Küche typischer wären. Jeder Koch, der für Point arbeitete, kannte die Klassiker, so wie auch ich inzwischen viele dieser Rezepte kenne. Wobei das Wort »Klassiker« nicht zutrifft. Sie kannten das Repertoire. Sie wussten, wie man ein Gericht zubereitet. Darin bestand ihre Ausbildung. Points Rezepte beschreiben nur die Abweichungen: seine raffinierten Varianten bekannter Gerichte. Von daher seine Rolle als Pate der Nouvelle Cuisine: Er übernahm die alten Rezepte nicht einfach nur; er verbesserte sie. Keine großen Veränderungen, und doch entsprach nichts so ganz der Tradition. Michel Richard hatte mir einmal gesagt, Points Geheimnis liege nicht in dem, was er in Worten ausdrückte. Sein Geheimnis lag in der Definition der Nouvelle Cuisine: Man erfand nichts um des Neuen willen, sondern gestaltete das Alte – das klassische französische »Repertoire« – nur ein wenig um. Innerhalb eines orthodoxen Systems sind selbst kleinste Abweichungen Akte der Rebellion.

WIE MAN PASTA ZUBEREITET

Man bekommt von Lyonesern zu hören, sie seien es schon gewohnt, kühl und abweisend auf Fremde, Ausländer, Gäste, ihr jeweiliges Gegenüber zu wirken. Es ist ihnen gleichgültig, ob sie einen kennen oder nicht. Man wird sie sowieso nicht verstehen. Man wird ihre Stadt nicht begreifen, sich von ihrer düsteren Atmosphäre abschrecken lassen, dem Abwassergestank, den Graffiti, den maroden Kopfsteinpflasterstraßen, der über allem schwebenden Wolke der Melancholie. Man wird die Menschen ablehnen, die in dieser Stadt leben. »Zugeknöpft«, »reserviert«. Es stimmt schon, die Stadt vermittelt den Eindruck, als verbringe man hier ganze Nächte in *bouchons* und Restaurants – und tatsächlich trifft man die Lyoneser dort am Wochenende in sehr vergnügter Stimmung an (auch wenn sie nicht mit einem reden), und sie greifen, ganz aufs Essen konzentriert, im Rabelais'schen Sinne herzhaft zu, weil sie es als ein hohes Privileg betrachten, bekocht und bedient zu werden, und sich nichts versagen: Wein, drei Gänge, Dessert, Käse, ein Glas hochprozentigen Chartreuse. Normalerweise essen die Lyoneser aber zu Hause, was man jedoch nicht sieht, weil man nie eingeladen wird. (Henri Béraud schrieb 1944: »In Lyon wird man nie zu festlichen Dinners eingeladen. Aber was sage ich? Man wird überhaupt nicht eingeladen.«) Man sieht die Lyoneser, wie sie vom Markt, der auf dem Quai stattfindet, nach Hause gehen, bepackt mit Gemüse und Hühnchen, man riecht die Küchendüfte, wenn man an ihren Wohnungen vorbeigeht, die Bouillons, die Saucen – und wenn im Sommer die Fenster geöffnet sind, hört man die Lyoneser Familien drinnen beim Essen sitzen. Aber man isst nie mit ihnen gemeinsam.

Und genauso hatte, ohne dass wir uns dessen bewusst gewesen waren, auch unser Lyon ausgesehen.

Der Durchbruch ließ lange auf sich warten. Zudem fand dieser Durchbruch, unsere erste Einladung in Lyon, unter ganz ungewöhnlichen Vorzeichen statt: Unsere Lyoneser Freunde – und, ja, sie sind tatsächlich zu Freunden geworden – haben nicht uns zu sich nach Hause eingeladen; sondern sich zu uns nach Hause.

Wir aßen im Bouchon des Filles zu Abend, es war Donnerstag und ziemlich voll, und auf einmal erklärte Isabelle, eine der beiden Lokalinhaberinnen, sie und Laura, ihre Mitbesitzerin, wollten demnächst zu uns zum Essen kommen. (Ich dachte: Das verstehe ich jetzt nicht, klingt kompliziert.)

»Laura und ich sind der Meinung, dass du Pasta für uns machen sollst«, erklärte sie.

»Ach ja?«

»Ja. Es wird Zeit, dass wir lernen, wie man Pasta macht. Und du bringst es uns bei. Ginge es nächsten Freitag?«

»Äh …« Ich schaute Jessica an.

Sie zuckte die Achseln: Warum nicht?

Später teilte Isabelle uns mit, dass ihre Lebensgefährten mitkommen würden: Gérard (Lauras Partner) und Yves (Isabelles Partner).

Am Montag rief Isabelle an: Die Geschäftsführerin des *bouchon* werde auch mit dabei sein. »Wir können ja nicht einfach ohne sie ein Pasta-Dinner machen.« Klar, sagte ich.

Am Dienstag eröffnete uns Isabelle, dass noch zwei andere Gäste mitkommen wollten. Sonja Ezgulian (Autorin, Gastronomin und Gastronomieberaterin) und ihr Mann Emmanuel. Am Ende versammelten sich zehn Personen um unseren Ikea-Esstisch, einschließlich Stephen, dem es gelang, die Jungs (nach einem Antipasto und einem Teller Pasta) in so tiefen Schlaf zu versetzen, dass sie in dieser lautesten Nacht, die bis dahin in unserer Wohnung stattgefunden hatte, kein einziges Mal aufwachten.

Ich bereitete fünf Gänge zu – getrocknete Pasta, handgemachte Pasta, gefüllte Pasta (zwei verschiedene Ravioli-Sorten) und gebackene Pasta. Jessica stellte den Wein bereit, einschließlich zweier Doppelmagnumflaschen Morellino di Scansano (um alle in die passende italienische Stimmung zu versetzen), ein Sangiovese von der Westküste der Toskana. Jessica hatte pro Person etwa eine Flasche veranschlagt, was, unserer Erfahrung mit den Lyonesern nach, eigentlich schon zu hoch gegriffen schien. (Außer bei *mâchons* trinken die Lyoneser nämlich, was uns lange verblüfft hat, nur sehr mäßig – liegt es daran, dass sie mit so vielen wunderbaren Weinen aufgewachsen sind und ihnen eine Flasche mehr oder weniger nichts bedeutet? Oder haben sie Angst, sich zu betrinken?)

Nach einem Aperol Spritz zum Auftakt, gefolgt von ein paar Flaschen eines leichten Weißweins zum ersten Gang (*linguine alle vongole*), wandten sich unsere Gäste dem Sangiovese zu und leerten, ohne dass wir es richtig mitbekamen, beide Doppelmagnumflaschen gleich nach dem zweiten Gang. Oha!

Wir sorgten für Nachschub, das Essen nahm seinen Gang, und ich erklärte, auftragsgemäß, wie die Gerichte zubereitet wurden – sprach über die »Seele« des italienischen Ragû, der Tortellini –, aber niemand schien sich sonderlich dafür zu interessieren, bis ich eine Platte Entenravioli servierte. Die Füllung bestand aus einem kompakten, fast trockenen Ragû. Ich hatte dafür Entenkeulen langsam in einer konzentrierten Sauce aus Kalbsfond, Entenfond und Kirschen schmoren lassen, eine Variante der Sauce, die ich im La Mère Brazier kennengelernt hatte. Isabelle, die bezweifelte, dass man so ein Gericht wirklich von Hand zubereiten könne, bestand darauf, dass ich sie zum Beweis mit in die Küche nahm (eine angenehme Herausforderung).

Im Esszimmer wurde es immer wärmer, vor allem für den Koch. Ich rannte hin und her, trug auf, brachte die Teller zurück, wusch zwischendurch rasch ab, kam wieder zurück, und das ohnehin schon angeregte Gespräch wurde immer lebhafter und lauter – Geschnatter, Klatsch, Geplapper, es ging um Lebensmittel, Bauernhöfe, Rezepte oder darum, wer das nächste Restaurant eröffnen und wer bald schließen würde. Wir zogen ins Wohnzimmer um. Wir öffneten die Türen auf unseren kleinen Balkon – Vollmond, der still schimmernde Fluss –, und das fröhliche Geplauder setzte sich fort und wäre wohl noch stundenlang weitergegangen, wenn ich nicht zufällig auf die Uhr geschaut hätte. Es war 4 Uhr. Mist! Am Morgen (der natürlich schon da war) wollten wir eigentlich zum Lavis Trafford fahren, jener *chambre d'hôtes* in den Alpen, die auf den Grundmauern eines alten Zollhauses erbaut wurde. Darum tat ich etwas, was ich bis dahin noch nie getan hatte, weil es gegen jeden Gastgeberkodex verstößt: Ich bat unsere Gäste, nach Hause zu gehen, was sie dankenswerterweise dann auch taten.

Was war geschehen?

Offenbar hatten Jessica und ich, beinahe unbeabsichtigt, etwas Bedeutendes vollbracht. Wir hatten Lyoneser Köchinnen und Gastronominnen bei uns zu Gast gehabt und großzügig bewirtet. Sie hatten sich an unserem Tisch zu einem fröhlichen Mahl versammelt, das sich über neun Stunden hinzog. Irgendwie hatten wir auf ganz elementare Weise gezeigt, dass man für Lyoneser Freunde, die man im eigenen Heim bewirtet, absolut keine Mühe scheuen darf. Denn es gibt für alle Beteiligten kaum ein größeres Privileg. Man kann nicht genug tun, nicht verschwenderisch genug sein, kann die Ambitionen gar nicht hoch genug ansetzen, um diesen Anlass zu einem einzigartigen Event zu gestalten. Und wir hatten unseren Gästen – unseren nun offiziell anerkannten Freunden – bewiesen, dass wir ihr Engagement für Kulinarik, Tisch- und Esskultur, das ja fast schon einer Ideologie nahekam, vollkommen teilten.

Es war nicht das anspruchsvollste Menü, das ich jemals gekocht hatte. Schließlich standen Teigwaren auf der Liste der französischen Gerichte, die ich unbedingt hinbekommen wollte, nicht an oberster Stelle. Aber es war das folgenreichste Menü. Es wurde zu einem »Gründungsdinner« – denn ab da fanden rundum bei allen Beteiligten zu Hause immer wieder festliche Essenseinladungen statt; es war so etwas wie ein zwangloser Dining-Club – eine Lyoneser Praxis, die bis aufs 19. Jahrhundert zurückgeht. Unser Dining-Club besteht bis heute. Das Pasta-Essen damals hat unser Verhältnis zu Lyon verändert.

Zu alldem kam noch die überwältigende Realität der *filles* hinzu. Ich möchte sagen, dass wir während unserer Zeit in Lyon miterlebten, wie sich das Geschlechterverhältnis in der Küche neu justierte und die *filles* dabei an vorderster Front mitwirkten. Noch exakter müsste man sagen: Sie bildeten die Speerspitze, die das alte System herausforderte. So rückständig die Küchen in den USA oder Großbritannien einem auch vorkommen mögen – nie waren sie so steinzeitlich wie die französischen Küchen. Selbst die *mère*-Tradition war in Wirklichkeit weniger fortschrittlich, als es den Anschein hatte. Ja, die Küchenchefin war eine Frau, aber eben keine Starköchin. Sie bereitete in der Küche einheimische

Gerichte zu – das, was sie zu Hause gelernt hatte –, während vorn im Restaurantbereich der Mann das Sagen hatte, alles managte und die Finanzen regelte. (Brazier war da in vielerlei Hinsicht eine Ausnahme.)

Isabelle und Laura lernten sich während ihrer Zeit als Kellnerinnen im Café des Fédérations kennen. Das Café gehörte damals Yves, der heute Isabelles Partner ist. Im Grunde war das Café ein originalgetreu eingerichtetes *bouchon*, wie aus alter Zeit, fast ein Museum (überall Requisiten rund ums Schwein, Schwarz-Weiß-Fotografien von essenden, trinkenden, Trauben pflückenden Menschen, und ganz in der Nähe der Küche die Toilette – eine altertümliche Stehtoilette, noch aus der Zeit vor dem Ersten Weltkrieg). Zum Service-Konzept gehörten kecke, schnippische Bedienungen, die freche Antworten gaben und mit den Gästen flirteten, und alles stand immer unmittelbar vor dem Kontrollverlust; es herrschte das ungeschriebene Gesetz, dass dort niemand über Partner oder Partnerinnen, Ehegatten, Ehefrauen oder Kinder sprach, denn die fundamentale Philosophie des Cafés war, dass man hinging, um sich zu amüsieren, sich ein kleines bisschen danebenzubenehmen und für den Moment alles andere hinter sich zu lassen. Eines Tages jedoch dachten die *filles*: »Das können wir besser.« Das *bouchon*, das sie eröffneten, war ein kleiner, aber ganz bewusster Akt der Rebellion. Das Bouchon des Filles ist nicht nur ein *mère*-Restaurant. Es ist ein Restaurant der Töchter, die es besser wissen. Ihr Restaurant – sein Name, seine Gepflogenheiten, seine Philosophie – in dieser kulinarischen Stadt mit ihrer langen Geschichte von Köchinnen war mehr als nur ein witziger Einfall. Er war Programm.

Das Lyoneser Vorbild dafür ist Anne-Sophie Pic. Studentinnen des Institut Bocuse, die einen gewissen Status hatten (kompetent, ehrgeizig, talentiert waren), sehnten sich danach, bei Anne-Sophie Pic zu arbeiten. Sie wollten sein wie sie. Und ihre Geschichte war allgemein bekannt.

Sie beginnt 1889, in einem Dorf in den Cévennen nahe Saint-Péray

(75 Meilen südlich von Lyon, von wo Bobs Lieblingsweißwein stammt); dort hatte Anne-Sophie Pics Urgroßmutter (Sophie) einst ein *mère*-Café und Restaurant eröffnet, l'Auberge du Pin (»Pin« heißt Pinie). Und sie endet über hundert Jahre später, nach dem Beinahe-Bankrott des Restaurants, einem tragischen Todesfall, der Verbannung des Sohnes und dem Triumph der Tochter, die sich heroisch behauptete. Es gibt nur wenige Geschichten, die die schwierige Lage von Küchenchefinnen in Frankreich dramatischer illustrieren.

André Pic, der Sohn jener Urgroßmutter, war ein von Curnonsky besonders enthusiastisch gefeierter Koch (»PIN! PIC! Merken Sie sich diese beiden Silben!«) und errang für das Familienrestaurant im Jahre 1935 drei Michelin-Sterne. André verlagerte das Restaurant dann aus den Bergen in die Stadt Valence, an eine schmale Stelle der *Route Nationale 7*. André war ein Charmeur, finanziell jedoch inkompetent, weshalb er 1946 einen der drei Michelin-Sterne verlor. Es war einer der seltenen Fälle in der Geschichte des *Guide Michelin*, dass ein Drei-Sterne-Restaurant zurückgestuft wurde. Er machte jedoch gerade so weiter, weigerte sich hartnäckig, jemand anderem Platz zu machen, nicht einmal seinem Sohn Jacques, der von zu Hause wegging und seine Koch-Ausbildung anderswo absolvierte. André wurde im Lauf der Zeit so übergewichtig, dass er es nicht einmal mehr in den ersten Stock in sein Schlafzimmer schaffte (es wurde ein Aufzug installiert) und auch nicht mehr am Pass stehen konnte (man baute eine Plattform, damit er die Gerichte probieren konnte). Er verlor einen weiteren Stern, und das Restaurant stand kurz vor dem Bankrott, als 1956 sein Sohn Jacques zurückkehrte, mit allem Respekt nach und nach die Leitung der Küche übernahm und das Familienunternehmen aus den Schulden herausführte. Es sollte 17 Jahre dauern, bis er die drei Sterne zurückeroberte und das Restaurant finanziell saniert hatte.

Anne-Sophie, Jacques' Tochter, der es begreiflicherweise widerstrebte, unter ihrem Vater zu arbeiten – die Küche der Familie Pic war ein

Schauplatz großer Dramen –, ging ins Ausland und studierte Business-management, durchlebte 1992, mit 22 Jahren, jedoch einen Sinnes-wandel und kehrte nach Valence zurück, um sich von ihrem Vater zur Köchin ausbilden zu lassen. Sie liebte ihn abgöttisch. Sie war auch in der Küche, als Jacques drei Monate später, nach einem besonders an-strengenden Tag, das Bersten eines Aneurysmas erlitt und am Herd starb, im Alter von 59 Jahren.

Die *brigade*, lauter Männer mit »französischer Ausbildung«, waren seit mindestens zehn Jahren im Pic angestellt. Sie betrachteten Anne-Sophie als Kind. Man beginnt nicht erst mit 22 Jahren mit der Kochaus-bildung. »Die Köche zogen die Möglichkeit, dass ich in der Küche arbei-ten könnte, gar nicht erst in Betracht«, erinnert sich Anne-Sophie Pic in einem Interview. »Ich hatte nicht den Mut, darum zu kämpfen. Also ging ich an die Rezeption.« Ihr Bruder, Alain, wurde zum Küchenchef ernannt. Zwei Jahre lang erledigte Anne-Sophie die Buchhaltung und sah, wie das Restaurant wieder in die Schuldenfalle geriet. Dann verlor es seinen dritten Stern.

Jetzt kam es zum entscheidenden Machtkampf. Der Großvater wurde als leuchtendes Vorbild zitiert, der Vater inständig beschworen. Alain verlor diesen Kampf und zog nach Grenoble. Er wird seitdem zwar durchaus anerkennend erwähnt, aber eher selten. Aus der Familien-geschichte und von der Website des Restaurants scheint er (zumindest im Moment) getilgt zu sein. (Ein Beitrag behauptet sogar, Jacques Pic hätte nur ein Kind gehabt, die Tochter.) Nun betrat Anne-Sophie Pic, ohne einschlägige Ausbildung, erneut die Küche und stand derselben *brigade* gegenüber. Aber sie war jetzt stärker (*»Je suis plus forte«*). »Ich bin eine Frau, Autodidaktin, die Tochter des *patron*, der nicht mehr hier ist. Ich bin gleichzeitig Besitzerin und Lehrling.«

Anne-Sophie schien anders zu sein als ihre männlichen Kulinarik-Kollegen; so kam es mir zumindest vor, als ich sie in Lyon kennenlernte, zwei Jahre nachdem sie ihren dritten Stern bekommen hatte (denn sie verdiente sich, zehn Jahre nachdem sie die Küche übernommen hatte, den Stern zurück, den ihr Bruder verloren hatte). Sie war spontan, unkompliziert ohne das dominante Gehabe, das die meisten Küchenchefs öffentlich zur Schau tragen. Sie verschränkte nicht die Arme vor der Brust. Sie las Bücher. Sie liebte Worte. Alles, was sie über ihren Vater und über ihre Kindheit mit ihm und ihrer Mutter erzählte, klang wie Poesie. Sie konnte witzig und geistreich sein. Eine kluge, schlagfertige, moderne Frau. Sie war damals 39, klein von Gestalt, mit glattem dunklem Haar, maßgeschneiderter Kochjacke. Sie hatte eine lockere Art, war Mutter eines Sohns, im gleichen Alter wie unsere Jungs. Wir redeten über Kinder und Essen.

Im folgenden Jahr verbrachten Jessica und ich ein Wochenende in ihrem Restaurant, das sich immer noch direkt an der *Route Nationale 7* befindet. Im Speiseraum war Anne-Sophie genauso, wie ich sie schon kannte, eine beeindruckende Frau, die viel erreicht hatte, kultiviert, unprätentiös. Man konnte sich vorstellen, dass sie ebenso gut auch jedes andere Unternehmen hätte leiten können.

Doch in der Küche war sie anders.

Ich wollte sie dort unbedingt einmal erleben, überquerte auf dem Weg zur Küche einen Hof und blieb plötzlich stehen. Von dort, wo ich stand, sah ich durch eine riesige Fensterfront direkt in die Küche, wenn ich auch nicht hörte, was drinnen gesprochen wurde. Pic stand hoch aufgerichtet da, mit hochrotem Gesicht, schrie wütend, gestikulierte empört. Die Mitglieder ihrer *brigade*, die sie unter normalen Umständen von der Körpergröße her überragt hätten, hielten demütig die Köpfe gesenkt und ließen sie während dieser verbalen Prügel immer tiefer hängen. Pic gehört zu den eloquentesten und kultiviertesten Küchenchefs, die ich kenne. Ihr Auftritt in der Küche kam für mich ganz unerwartet. Im Restaurant, eine Stunde später, war sie wieder ganz die leutselig-freundliche Gastgeberin, die ich kannte. Aber ich war froh, das unzensierte Küchen-Ich gesehen zu haben. Es bestätigte mir etwas.

Pic spricht bei ihrer Kochkunst von emotionalen Speisen. Ihr Essen beglückt, weil es makellos ist. (Allerdings auch teuer – damals sogar teurer als in Paul Bocuses Auberge.) Sie kocht sehr exakt. Das Arrangement der Speisen auf den Tellern, ihre Temperatur, Textur, alles sehr verführerisch: Vollendung. Es müssen wohl viele Emotionen darin zum Ausdruck kommen: Sehnsucht, Traurigkeit, Zärtlichkeit, Verlust. Auch Zorn. Ein Aufbegehren gegen die Sterblichkeit. Zorn auf all die Ungerechtigkeit – auf ihren charmanten Großvater, der alles vermasselt hatte, auf den Umstand, dass das Genie ihres Vaters nie richtig gewürdigt wurde, Zorn auf ihren Bruder und seinen Anspruch auf das Restaurant. Zorn auf die in der Küche herrschenden reflexhaften Vorurteile. Ein Zorn, der dazu beigetragen hat, dass sie eine Spitzenköchin wurde.

Als unsere Familie mal im Sommer nach Italien reiste, machten wir unterwegs halt in einem Restaurant von Alain Ducasse in den provenzalischen Alpen, in der Nähe des regionalen Naturparks Verdon. Wir waren hungrig – zu spät zum Lunch – und wurden mit einem Imbiss an einem Tisch im Freien in der Nähe der Küche begrüßt. In der Zwischenzeit traf eine Lieferung ein: Kisten mit Gemüse, sonnenwarme Tomaten, sorgfältig mit der Oberseite nach unten gelegt; sie waren gestreift, unregelmäßig geformt und verströmten den Duft eines südfranzösischen Sommers. Wir waren von Blumen und Bienen umgeben. Jessica und ich tranken ein Glas Weißwein. Es war idyllisch.

Dann plötzlich ein Rumms aus der Küche: »*Putain!*« Wieder ein Rumms. »*Qu'est-ce que vous faites? Eh?*«

Die Jungs unterdrücken ein Lachen. Bis heute haben sie meines Wissens noch nie *putain* gesagt.

Der Lärm in der Küche ging weiter, Wut, Empörung und wieder ein Rumms (»*Mais vous faites chier*« – Ihr geht mir auf die Nerven!), gefolgt von üblen Beschimpfungen: »*Vous êtes des crapauds. Vous comprenez quoi? Des crapauds. Putains!*« (Ihr seid eklige Kröten! Habt ihr verstanden? Eklige

Kröten. *Putains*.) In der männlichen Kultur der Küche gibt es nur weniges, was schlimmer ist, als von einer tollen Küchenchefin als Kröte beschimpft zu werden. Es war zu viel; die Jungs brachen in lautes Gelächter aus. Die Küchenchefin war Julie Chaix.

Die Frauen, die jetzt in Frankreich Küchenchefinnen sind, scheinen tougher zu sein als die Männer. Man weiß, was sie durchgemacht haben, um in diese Position zu gelangen. Wenn du sie hängen lässt, demütigen sie dich. Sie nennen dich Kröte. Aber sie werfen dir nicht Töpfe an den Kopf, nageln dich nicht freischwebend an den Kühlschrank, flüstern dir keine Obszönitäten ins Ohr.

Warum war ich nicht eingeschritten?

Man kann sagen, dass niemand ernstlich verletzt war. Kein Blut, kein Knochenbruch.

Was man aber nicht sagen kann: dass diese Leute nicht vielleicht trotzdem beschädigt wurden, ihre Persönlichkeiten, ihr Selbstgefühl. Der kleine Mathieu. Ich wurde Tag für Tag Zeuge, wie die Zustände in der Küche aus einem hoffnungsvollen Jungen einen fiesen Mobber machten.

Hortense ...

Ich bin von der Ausbildung her Journalist, und Journalisten berichten über Zustände, aber sie ändern sie nicht. Inzwischen schienen meine Referenzen als Journalist jedoch irrelevant. Bei Michel Richard wusste jeder, wer ich war. Im La Mère Brazier wurde ich Mitglied des Küchenteams. Ich war ins andere Lager gewechselt, schien dabei aber mein Gewissen hinter mir gelassen zu haben. Im wirklichen Leben hätte ich interveniert. Zumindest hätte ich gesagt: »Stop! *Arrête!*« Da zielte jemand in der Küche, in der ich arbeitete, mit Töpfen auf den Kopf einer schüchternen, zierlichen Frau, nur wenige Meter von mir entfernt. Und ich schritt nicht ein. Ich sagte nicht: »*Arrête!*« Ich sah mich nur Hilfe suchend nach irgendwelchen Verantwortlichen um, die aber auch nicht reagierten. Warum wurde ich nicht aktiv? Wollte ich lernen, wie es in der Küche zugeht? Den Kodex verstehen? Vielleicht hatte ich auch einfach nur Angst.

KLEINE BRAUNE KÜHE
AUF HOHEN GRÜNEN BERGEN

Bruno hatte keine Lust, über Alltagsprobleme mit mir zu reden. Er sprach nie über seine Schulden, Rechnungen, Steuern oder Kreditraten, sondern erzählte mir lieber von seinen Träumen oder von dem Gefühl der Nähe, das er beim Melken spürte, von den Mysterien des Labs.

»Lab ist ein Teil des Kälbermagens«, erklärte er mir. »Stell dir vor, der Magen, der dem Kalb beim Verdauen der Muttermilch hilft, wird von uns zur Käseherstellung genutzt. Schlau, was? Aber auch schrecklich. Ohne dieses Stück Magen gäbe es keinen Käse.«

»Wer das wohl entdeckt hat?«, sagte ich.

»Der wilde Mann.«

»Der wilde Mann?«

»Für uns ist das ein Urmensch, der in den Wäldern lebt. Mit langen Haaren und Bart, von Kopf bis Fuß mit Blättern bedeckt. Manchmal dreht er eine Runde durch die Dörfer. Die Menschen fürchten ihn, stellen ihm aber trotzdem was zu essen vor die Tür, um sich dafür zu bedanken, dass er ihnen gezeigt hat, wie man das Lab benutzt.«

Paolo Cognetti, *Acht Berge,* **2017**

Pralognan-la-Vanoise, im Département Haute-Savoie. Es ist noch vor der Morgendämmerung. Ich bin Gast in einer Almhütte mehr als

2000 Meter über dem Meeresspiegel, vollkommen abgelegen, keine Bäume. Die Hütte liegt am Rand eines geschützten Nationalparks, durch den man sehr weit wandern müsste, um bis zur nächsten menschlichen Behausung zu gelangen. Man hat mir weiße Stiefel und Regenzeug geliehen, als stünde ein Wolkenbruch bevor. Ich befinde mich in einem makellos sauberen rechteckigen Raum. Er hat weiße Wände, einen roten Boden, und von der Decke hängt an drei schwarzen Ketten ein schwerer Kupferkessel, der 700 Liter warmer Milch enthält. Ich werde jetzt gleich einen der ältesten und wunderbarsten Vorgänge innerhalb des an sich schon sehr alten und wunderbaren molekularen Prozesses der Fermentation miterleben: die ein bis zwei Minuten, die es braucht, um Milch in Käse zu verwandeln.

Bob verwendete immer ein Stückchen Teig von der Nacht zuvor, und dieses kleine Stückchen enthielt so viele Hefekulturen, dass Bob damit eine ganze Schicht lang Baguettes backen konnte. Hier auf der Alm verwenden sie die milchige, fast käsige Mischung der Nacht zuvor (le lait de la veille). »Man nennt es lactosérum«, erklärt mir einer meiner Gastgeber, Claude Glise. Er füllt einen Eimer damit und gießt ihn in den Kessel. Die weiße Flüssigkeit, die weißen Overalls, der Eimer – er könnte ein Malermeister sein. »Was heißt lactosérum übersetzt?«

»Molke.« Das ist so etwas wie »Käsewasser«.

»Die présure«, erklärt er, »befindet sich im lactosérum.« Die présure, das Lab, ist ein Enzym, das von der Drüsenschleimhaut, mit der der Tiermagen ausgekleidet ist, produziert wird. Im Französischen wird unterschieden zwischen dem Enzym und der Drüsenschleimhaut. Im Englischen und im Deutschen steht »Lab« jedoch für beides. Lab ist das, was Wiederkäuer, die gesäugt werden – Kälber, Zicklein, Rehkitze, Antilopen et cetera –, produzieren, damit sie die Muttermilch verdauen können. Menschen haben ähnliche Enzyme, hauptsächlich Laktase; manche Erwachsenen verlieren die Fähigkeit, Laktase zu produzieren, und entwickeln dann eine Laktoseintoleranz.

Glise rührt eine Minute in seinem Kessel, vielleicht auch zwei Minuten. Ich stelle Fragen und merke dabei gar nicht, was passiert ist: die Milch ist eingedickt. Die Veränderung kam unglaublich schnell. Im nächsten Moment ist die Flüssigkeit noch dicker. Es ist nicht Käse, jedenfalls sieht es nicht so aus, aber es ist auch keine Milch mehr. Es ähnelt eher Joghurt. Ich würde gerne mal mit dem Finger durchfahren, was Glise mir offenbar ansieht. Er nimmt eine große Kelle, füllt sie mit der eingedickten Flüssigkeit und lässt sie langsam von der Kelle zurück in den Kessel fließen. Es klingt, als platsche dickflüssiger Sirup in die Flüssigkeit zurück.

»Das ist *fromage blanc*.« Die Milch beginnt zu gerinnen. *Fromage blanc*, nämlich Quark, ist der einfachste Käse, den es gibt: Gibt man Lab in die Milch, wird die Milch als Erstes zu Quark. Ungekocht, nicht gereift, kaum stabilisiert, völlig naturbelassen. In Lyon möchte man ihn nur absolut frisch verzehren – direkt von den Bergen. Im Bouchon wird er am Ende jeder Mahlzeit serviert. Quark war die Lieblingsspeise von Rabelais, der ihn mit Sahne aß. Andere fügen Zucker oder Marmelade hinzu. Unsere Jungs essen in der Schule puren Quark.

Eine Almhütte ist normalerweise nicht groß. Oft besteht sie nur aus einem Raum. Hier gibt es kein WLAN, selten Strom oder Gas, es sei denn, man bringt eine Gasflasche mit. Glise' Berghütte – mit mehreren Zimmern, einer Küche, einem *cave*, um die Käselaibe zu lagern – ist ungewöhnlich groß, und er lebt hier sogar im Sommer mit seiner Frau Caroline und den beiden Kindern. Claude und Caroline produzieren Beaufort, den harten, »gekochten« Bergkäse, ein bisschen wie Gruyère. In der umfangreichen Literatur über Beaufort kann man lesen, dass die bäuerlichen Familien, die ihn herstellen – heute sind es 18 an der Zahl –, den Käse schon seit vielen Jahrhunderten herstellen und das Know-how von Generation zu Generation weitergeben. Die Familie Glise ist da eine Ausnahme. Claude und Caroline waren in der Stadt berufstätig, bevor sie ihre Jobs aufgaben, um in die Berge zu ziehen. Ich bezeichne sie als *nouveaux paysans* – nicht abwertend. Denn es ist sogar ein Glück, dass es in Frankreich jedes Jahr weitere *nouveaux paysans* gibt: Idealisten und kulinarische Helden wie Bob.

Die Glises produzieren auch andere Käsesorten – *reblochon* (roh), *tomme, sérac* (der französische Ricotta, der zweifach erhitzt wird) –, aber der hier am meisten geschätzte Käse ist ein Beaufort namens Chalet d'Alpage. Dies ist die seltenste ihrer Käsesorten (ich habe den Chalet d'Alpage nie außerhalb Frankreichs entdeckt) und die teuerste (aber die Ausgabe lohnt sich allemal) und die mit dem elegantesten und köstlichsten Aroma. Wie andere alpine Sommerkäse wird auch der Chalet d'Alpage aus der Milch von Kühen hergestellt, die sich ausschließlich vom wilden Gras des Hochgebirges ernähren. Ein Chalet d'Alpage stammt nicht nur aus dem Hochgebirge, sondern aus einer der höchsten Gebirgsregionen.

Wie hoch, davon bekam ich einen Eindruck, als nach dem Melken, das lange vor Sonnenaufgang erfolgt, einige von Glise' Tieren verschwanden. Er war nicht im Mindesten besorgt und ich deshalb auch nicht, aber da ich ein neugieriger Mensch bin, begann ich in der Morgendämmerung nach ihnen Ausschau zu halten. Als ich sie schließlich erspähte, waren es winzig kleine braune Flecken auf einem hochgelegenen riesigen grünen Abhang. Das gedämpfte Läuten ihrer Glocken klang wie ein verirrtes Echo zu mir herüber, und später fand ich heraus, dass sie sich in einer Höhe von über 3500 Metern befunden hatten.

In diesen Hochgebirgsregionen müssen die Kühe – das ist eine der Regeln – hundert Tage bleiben, ein biblisch klingender Zeitraum. Es gibt auch noch genügend andere Regeln, und manche wirken, als sei die Herstellung eines Beaufort d'Alpage ein heidnischer Ritus. Zum Beispiel gibt es die Regel, dass der Käse an Ort und Stelle hergestellt werden muss – auf dem Feld, auf der Weide oder dem Berggipfel, wo die Kühe kurz zuvor gemolken wurden – und in größter Eile. Claude lief wie gehetzt von den Kühen zum Kessel (er wuchtete seine Milchbehälter hastig auf die Ladefläche eines Kleinlasters, raste den steilen Hang hinab und rannte in seine Käserei), weil man glaubt, nur wenn die Milch bei der Verarbeitung zu Käse noch die Körpertemperatur der Kuh hat (was eigentlich unmöglich ist, es sei denn, man melkt im Wohnzimmer), riskiere man keine Einbuße der köstlichen Aromen.

Die Kühe selbst sind Kuriositäten: Es kommt nur eine von zwei Rinderrassen infrage, entweder eine Tarenteser Kuh oder eine Abondance. Die Namen sagen einem nichts, bis man mitbekommt, dass sie beide als einzigartig und geradezu anbetungswürdig gelten: klein, mit übergroßen Lungen und muskulösen Beinen und der verblüffenden Fähigkeit, auf beinahe senkrecht abfallenden Hängen zu weiden (ein frappierender Anblick, ein Tier so zu sehen, quasi im rechten Winkel grasend). Sie müssen zweimal täglich gemolken werden, im Dunkeln frühmorgens und am frühen Abend. Ich versuchte es auch mal mit dem Melken, entlockte dem Euter jedoch, zur Verwunderung meiner Gastgeber, keinen einzigen Tropfen. (Ich lernte auch, dass jede Kuh einen Namen hat und auf diesen Namen hört, außer Minette, die es faustdick hinter den Ohren hatte und sich immer noch mal in den Melk-Anhänger mogeln wollte, um eine zweite Runde der Belohnungspellets zu ergattern. Claude bat mich, sie wegzuscheuchen, und ich versuchte es, meinen nutzlosen zweibeinigen Melkschemel immer noch um die Hüfte geschnallt, aber ich versagte auch da, und Claude musste eingreifen und sie mit lautem Händeklatschen selbst vertreiben.)

Er ist extrem, dieser Alpage-Käse, und deshalb bin ich hergekommen. Ich fragte mich: Wie kann man die Franzosen nicht lieben? Wirklich. Ohne Ironie. Wie kann man ein Volk nicht lieben, dessen Menschen sich – isoliert, auf einem Feld, in einem Stall oder Weinberg, weitab vom Rest der Gesellschaft, unbeachtet, sich selbst überlassen – obsessiv mit den landestypischen Speisen oder Getränken beschäftigen, mit nichts anderem, und nach einem Ausdruck von Reinheit streben, der den landwirtschaftlich tätigen Menschen überall sonst auf der Welt nicht nur verblüffend, sondern geradezu unbegreiflich erscheint?

Der Quark indes kann durch einen simplen Prozess in einen Beaufort verwandelt werden: indem man die Temperatur um weitere 20 Grad erhöht, aber nicht etwa mithilfe eines landläufigen Herds. Hier in 2500 Metern Höhe schichten wir Holz für ein Feuer auf.

Ich helfe mit, weil ich mich unbehaglich fühle, wie ein Eindringling, angesichts dieser effizienten Routine, zweimal am Tag, und hole Holzscheite von draußen, um sie unter den Kessel zu stapeln. Sie brennen schnell. Claude rührt und stochert in der sich verdickenden Pampe und versucht dabei, dem Rauch auszuweichen. Am Ende taucht er ein großes quadratisches Mulltuch, passenderweise »Käseleinen« genannt, in den Kessel mit Quark und hebt das Tuch an den vier Ecken heraus; Wasser fließt hindurch, Hunderte von Litern, strömen auf den Boden, spritzen überall hin. Deshalb die Regenkleidung.

Hinterher bietet mir Claude eine Schale mit noch kuhwarmer Milch an.

Ich gehe hinaus und setze mich auf einen flachen Felsblock. Er liegt neben einem Bach am Rand einer langgestreckten grünen Wiese. Leuchtendes Grün. Auch der Himmel ist von besonders tiefem Blau, als schimmere das Weltall hindurch. Liegt es an der dünnen Luft? An den offenen Almwiesen, die sich eintönig in die Ferne erstrecken? Alles um mich herum wirkt wie vergrößert, besonders die Sonne und ihr hier in den Alpen gefährlich scheinendes Licht. Das Geräusch des rasch dahinfließenden Bachs klingt, als rufe das Wasser.

Ich habe noch nie frisch gemolkene Kuhmilch getrunken. Wird sie mich krank machen? Ich starre die Schale an. Wird die Milch nach Gras schmecken?

Glise sagte mir, dass hier oben auf einem einzigen Quadratmeter 60 Arten wilder Gräser wachsen. »Là!«, sagte er und zeigte da, wo wir gerade standen, auf den Boden. »Les herbes sauvages.« Diese Gräser, sagte er, seien der Grund, warum er die Kühe hier heraufbringt.

Zu meinen Füßen sehe ich blühende Blumen, die mir beeindruckenderweise bis zu den Knien gehen: gelbe Blumen dicht neben weißen, rosaroten, roten, dann ein Büschel hoch aufgeschossener pelziger Stängel. Sind das wirklich 60 Arten? Es scheint durchaus möglich, nur dass das Gras eher an Blätter erinnert, nicht an Gras, und die Blätter lauter verschiedene Formen haben. Eines könnte wilder Rucola sein. Welch ein Gedanke: dass der Geschmack eines Beaufort, eine der typischsten französischen Käsesorten, *le prince du fromage,* von dieser speziellen Ernährungsweise der Kühe kommt, die hier einen ganzen Sommer lang italienischen Salat fressen.

Diese Stelle, »là!«, wo alles wild durcheinanderwuchs, kam mir vor wie Botanikunterricht in Hyperwachstum: Man nehme ein Fleckchen Boden, beraube es des Lichts, bedecke es mit Schnee und setze es dann – nämlich jetzt – den extremen Temperaturen eines Hochgebirgssommers aus. Ich habe das schon einmal erlebt. Die Kombination von Hochgebirge und hohen Breiten führt dazu, dass Pflanzen, wenn sich die Erde in Richtung der sengenden Sonne neigt, manchmal in kürzester Zeit keimen, blühen und Frucht tragen. Extreme saisonale Bedingungen wie in den Tropen erzeugen extreme Nahrungsmittel. Aber die Aromen, die man hier in dieser großen Höhe findet – ein Meer von wilden Beeren (Erdbeeren, Brombeeren, Himbeeren, Heidelbeeren, Sumpfbeeren, Preiselbeeren, Bärentraube), Kräutern und Blumen, wie mein Lieblingskraut Beifuß, *génépi* (*genepì* auf Italienisch), einer der Hauptaromastoffe des Chartreuse-Likörs, der nur im August und nur in dreitausend Metern Höhe gesammelt wird und nur eine einzige Woche lang ... –, all diese Aromen haben einen luftig sanften Charakter. Sie haben Eigenschaften, die subtiler sind als das, was unser herkömmliches Vokabular an Begriffen für Aromen bietet. Es ist, als brächten sie »Sonnenschein« und »Dankbarkeit« zum Ausdruck.

Ich stelle meine Schale ab und lasse mich vom Stein heruntergleiten.

Das Ritual, Tiere zu den hoch gelegenen Weiden zu bringen, der Wechsel zwischen Winter- und Sommerweiden, der Almauf- und -abtrieb, wird hier in den französischen Alpen »*transhumance*« genannt, ein Wort lateinischen Ursprung (trans + humus, »Erde«, »Erdboden«), und geht auf eine uralte Praxis zurück. Die Tiere, mit Blumenhalsbändern, zusätzlichen Glocken und bunten Decken geschmückt, werden in einem festlichen Zug mit viel Tamtam und Musik durchs Dorf und dann den Berg hinaufgeführt. Nachdem ich kürzlich einen Ausflug in die kanadischen Rocky Mountains gemacht habe – wo die wilden Wiederkäuer des Waldes, Elche und Dickhornschafe, am Ende des Winters ins Tal herunterkommen, nach der Schneeschmelze jedoch sofort wieder ins Hochgebirge verschwinden –, ist mir der Verdacht gekommen, dass die »*transhumance*«-Praxis älter als die Menschheit ist und in eine Ära zurückreicht, als der Auerochse durch das Gebiet des heutigen Frankreich streifte; vermutlich haben wilde Tiere schon immer gewusst, wie und wo sie etwas zu fressen finden, und die frühen Bauern haben von den Tieren gelernt, statt dass die Tiere, umgekehrt, von den Bauern geführt werden mussten.

Das Reizvolle an jenem Bergmythos – dass das Lab von einem wilden Mann entdeckt wurde, der seine Blößen mit belaubten Zweigen bedeckte – besteht darin, dass er vermutlich der Wahrheit entspricht. Eines der frühesten Hilfsmittel für die Käsezubereitung gab es vermutlich auf Sizilien: der Magen eines Zickleins. In diesem Magen findet nämlich die Milchgerinnung statt. Und davor? Die Käseherstellung wurde von Jägern und Sammlern entdeckt. Es ist das ewige Prinzip des Jagens: alles verzehren. Im Magen der Jungtiere, die sie töteten, fand sich Käse. Die heutige Menschheit hat das Wissen über diesen Prozess von den Jägern und Sammlern, den wilden Männern, gelernt.

Vielleicht liegt es an der Höhe oder an der seltsamen Klarheit des Lichts oder einfach daran, dass ich nicht genug geschlafen habe, aber ich merke, dass ich zur Herstellung von Zusammenhängen neige, die wahrscheinlich nicht ganz logisch oder vernünftig sind, habe aber das Gefühl, als müssten sie das eigentlich sein.

Das gilt auch für die Tatsache, dass es in Frankreich so viele verschiedene Käsesorten gibt, mehr als in irgendeinem anderen Land der Welt; laut Michel Bouvier, dem ehemaligen Kurator der kulinarischen Abteilung des Gallorömischen Museums in der Nähe von Vienne, stammen 1200 der 2200 europäischen Sorten aus Frankreich. Und jetzt, während immer noch der Milchgeruch an meinen Händen haftet, empfinde ich diese Sortenvielfalt als ein Wunder. Das Wunder besteht nicht darin, dass Frankreich über eine vielfältige Landschaft und daraus resultierende vielfältige Methoden der Lebensmittelherstellung verfügt, obwohl dies natürlich auch zutrifft. Das eigentliche Wunder besteht aber darin, dass Käse hier schon seit Urzeiten hergestellt wird, wobei jede dieser Käsesorten den besonderen Bedingungen der jeweiligen Region entspringt, wahrscheinlich schon seit der Zeit vor dem Beginn der Zivilisation, als der Horizont nicht viel mehr war als die Begrenzung der Wegstrecke, die man an einem Tag zu Fuß bewältigte. Jeder Käse ist notwendigerweise anders als jeder andere, und seine Herstellungsmethode könnte gut Tausende von Jahre alt sein und bis auf die Jäger und Sammler zurückgehen, in eine Zeit, wo man noch Auerochsen jagte. Jeder Käse war wichtig für das Überleben, besonders im Winter oder während einer Hungersnot, ein nahrhaftes Stück Protein, von dem sich eine hungrige Familie ernähren konnte, wenn es sonst nichts zu essen gab.

Die Rolle des französischen Käses heute dürfte komplexer sein, denn die meisten Familien haben ja genug zu essen, um durch den Winter zu kommen. Und doch beenden sie, als sei es ein Ritual, jede Mahlzeit mit Käse. Das sind sie von Kindheit an gewohnt. Unsere Jungs tun es in der Schule. Es ist ein kultureller Imperativ. Warum? Liegt es daran, dass man mit dem Verzehr von Käse immer auch einen bestimmten Ort ehrt? Oder bringen die Franzosen damit, dass sie die Herstellung von 1200 einzigartigen und vorwiegend handgemachten Käsesorten bewahren und weiterhin kultivieren, ihren Respekt für

Lebensmittel zum Ausdruck und ihre Beziehung zu der Erde, aus der sie stammen?

Claude erscheint. Ich meine, auch eine gewisse Verbindung zu den extremen Jahreszeiten und der Magie dieser alpinen Sonne zu sehen, und mache einen Versuch, ihn an meinen Betrachtungen teilhaben zu lassen. Er scheint mich zu verstehen und mir möglicherweise sogar zuzustimmen.

Dann tritt er mit dem Fuß gegen ein dichtes, grünblättriges Pflanzenbüschel. Der Erdboden bricht ein wenig auf – es ist eher ein Wurzelgeflecht als Erde –, und er zieht mit der Hand ein paar Pflanzen heraus. Er möchte, dass ich mir die Erde anschaue, das unterirdische Chaos. Das wirkt luftig, kompliziert, die fasrige Struktur der Zersetzung.

»Humus«, sagt er.

»Humus«, wiederhole ich. Es ist im Französischen, Englischen und Deutschen das gleiche Wort.

Humus: Das ist der fruchtbare Bestandteil des Bodens. Es ist das Kapital jedes Volks. Die Erde stirbt und wird neu geboren. Man findet Humus – Albert Howard zufolge, den man heute als Pionier der ökologischen Landwirtschaft betrachtet (er starb 1947) – in der unmanipulierten Natur, im Wald, auf offenen Wiesen, im Hochgebirge auf den Almwiesen und in der Landwirtschaft, wo die Bauern »mit einem Blick auf die Ernte sehen, ob das Erdreich fruchtbar ist oder nicht«, man findet ihn dort, wo die Pflanzenwelt etwas entwickelt, das – wie Howard es schrullig-brillant formuliert – »einer Persönlichkeit nahekommt«. Howard schrieb größtenteils in den 1920er- und 1930er-Jahren, als die Wissenschaft gerade damit begann, die Landwirtschaft effizienter zu gestalten, profitabler, und er erlebte aus erster Hand die Folgen mit, die der Einsatz von Pestiziden und chemischen Düngemitteln und die Missachtung – ja Zerstörung – des Humus mit sich brachten: eine langsame Vergiftung unseres Bodens, »eine der größten Tragödien, die die Landwirtschaft und die Menschheit ereilt haben«.

Humus. Jessica und ich lernten ihn damals kennen, als wir nach unserer *saucisson*-Verkostung, in unserem ersten Frühsommer in Lyon, die Jungs huckepack, durch das wilde Weizenfeld stapften – diese klebrige, schmutzige Erde, in der sich alles Mögliche zersetzte, während uns Insekten in die Knöchel bissen.

Der Humus spielt auch eine Rolle in dem Film *Natural Resistance* von Jonathan Nossiter. Es gibt da eine Szene in Norditalien, wo ein Winzer, Stefano Bellotti, auf einem Wirtschaftsweg steht, der zwei Grundstücke trennt. Eines davon gehört Bellotti.

»Wir stehen auf dem gleichen Hang des gleichen Bergs, und die Erde dieser beiden Böden« – Bellotti weist auf sein Grundstück und auf das des Nachbarn –, »ist identisch.«

Die Weinreben seines Nachbarn sehen so aus, wie man das heutzutage von einem Weinberg erwartet. Die Reihen zwischen den Rebstöcken sind frei von Unkraut. Sehr ordentlich. Die Erde sieht aus wie mit dem Besen gekehrt. Ein schöner Anblick.

In Bellottis Weinberg herrscht hingegen Chaos. Unkraut und Gras wachsen wild durcheinander.

»Nehmen wir doch mal einen Spaten«, sagt Bellotti. *Andiamo a prendere una vangata di terra.*

Er geht zu einer Stelle zwischen den Weinreben, stößt den Spaten in die Erde und wendet ihn um. Die Erde ist locker, sie ist rot, braun und gelb. Man sieht alles Mögliche in dieser Erde: Wurzeln, Strohhalme, vieles davon halb verrottet, Mulchreste, Würmer. »Wir haben hier mehrere Generationen von Gras.« Das Gras vom letzten Sommer und vom Jahr zuvor. »Hier findet offensichtlich eine Art Verdauung statt«, sagt er. Albert Howard verwendet das gleiche Wort: »Verdauung«. »Und jetzt schauen wir mal zu meinem Nachbarn rüber«, sagt Bellotti im Film.

Der Kameramann folgt, bleibt stehen und fragt nervös: »*Vado?*« Ist das erlaubt?

Bellotti zuckt die Achseln.

Er betritt das Grundstück, geht an den Weinreben entlang und versucht, den Spaten in die Erde zu stoßen. Aber der Boden gibt nicht nach. Bellotti tritt auf den Spaten, dreht ihn hin und her, bis endlich die Kruste aufbricht. Nun wendet er den Spaten um. Diese Erde ist in Farbe und Textur vollkommen einheitlich. Sie ist grau. Kompakt. Sie sieht aus wie Zement. Nichts bewegt sich darin.

»Riechen Sie mal daran«, sagt Bellotti zum Kameramann. »Das riecht nach Waschmittel.«

»Wein ist ein Kulturgut«, erklärt Bellotti, »und darum ungewöhnlich teuer.« Bellotti, ein kleiner Produzent, der 50 Morgen Land bearbeitet, hat sein Auskommen. Aber er wird von seinen Nachbarn bedroht, gemobbt und mit Bußgeldern belegt, weil er keine Pestizide benutzt – »dieses Jahr belaufen sich die Bußgelder wohl auf 150 000 Euro« –, dennoch kommt er über die Runden, weil der Wein, den er produziert, einen so hohen Handelswert hat.

»Aber Bauern, die Weizen anbauen, sind viel gefährdeter.«

Mir kommt meine Fahrt durch die französische »Kornkammer« in den Kopf, Kilometer um Kilometer monotone Monokulturen, unfruchtbar, reglos, tot.

Jetzt trinke ich doch noch meine Schale Milch. Die Milch schmeckt nicht nach Gras. Sie ist nicht einmal besonders fett. Aber sie schmeckt gut. Ich nehme noch einen Schluck. Er liegt rund im Mund, der Milchgeschmack bleibt nach dem Hinunterschlucken. Vielleicht etwas fruchtig? Jedenfalls süß. Vor allem deshalb so gut, weil diese Milch das volle Aroma hat.

Ich bin überrascht. Sie wirkt so gesund und lebendig und schmeckt überwältigend nach sich selbst.

Ich hüpfe auf dem Boden auf und ab. Die Erde ist elastisch, wie ein Schwamm. Ich leere den Rest der Schale und spähe nach den Kühen auf dem Berg, sehe sie aber nicht.

PARIS

In einer meiner üblichen Fantasien fliegt Michel Richard nach Lyon. Wir sprechen Französisch. Ich bringe ihn zu La Mère Brazier, setze ihn an die Bar und koche für ihn, vielleicht *caneton* mit sämig darübergeträufelter Kirsch-Kalbsfond-Sauce, oder ich koche *das poulet de Bresse*, mit den unter die Haut des Huhns geschobenen schwarzen Trüffelscheiben. Ich bringe Michel nicht in der Villa Florentine unter, weil ihn das italienische Flair provozieren würde, sondern quartiere ihn im Le Royal ein, an der Place Bellecour, wo das Frühstück jetzt von Studenten des Institut Paul Bocuse zubereitet wird. Morgens besuchen wir Bob – wie Richard in der Bretagne geboren – und sprechen darüber, was sein Brot so einzigartig macht. Zum Lunch gehen wir zu Paul Bocuse. In meiner Fantasie zeige ich Richard, dass ich mich, inspiriert durch ihn, jetzt in Lyons Küchen heimisch fühle.

Als ich im La Mère Brazier anfing, rief ich ihn an. Ich drängte ihn zu kommen.

»Vielleicht.«

Ich rief noch einmal an, um Weihnachten herum.

»Vielleicht im Sommer«, sagte er.

Im August rief er an. »Ich komme«, sagte er, meinte aber nicht Lyon. Sondern Paris. »Mein Hotel ist immer das George V«, sagte er extravagant. »Und dann fahren wir in die Ardennen, wo ich aufgewachsen bin und zum ersten Mal in einer Küche gearbeitet habe.«

Richard landete in Orly, mit einem experimentellen Business Class Service, in dem Richard der Gast-Koch der Saison war und mit einem Flug Erster Klasse belohnt wurde. Ich wartete gegenüber den automatischen Türen bei der Einreise- und Zollabfertigung. Als ich ihn das letzte Mal gesehen hatte, wo er mich zur Union Station gefahren hatte, war Frankreich noch eine abstrakte und beängstigende Idee gewesen.

Richard erschien, in einem weiten roten T-Shirt. Er trug eine Um-
hängetasche, roch vertraut nach Wein und Schweiß und bot einen
erstaunlichen Anblick; er redete schnell, überschäumend vor Begeisterung, in Paris zu sein. Er reiste mit seinem Business Manager Carl,
der mir erzählte, dass Richard die anderen Fluggäste mit Geschichten
von seinem ersten *stage*, bei Monsieur Sauvage, unterhalten hatte. »Michel hat keine Sekunde geschlafen«, sagte Carl, »aber die anderen auch
nicht.«

Wir gingen in ein Bistro, Le Petit Marius, wacklige Holzstühle, kleine
Tische, Speisekarte auf der Tafel, alles laut und heiß und einfach perfekt. Richard, immer noch total aufgekratzt und in absoluter Höchst-
form, baggerte ungeniert sämtliche Frauen an: die Kellnerin (der er ein
Kompliment für ihr Englisch machte), eine Frau am Nebentisch, die auf
ihren Freund wartete (»Wie kann er Sie nur warten lassen? Wissen Sie
nicht, dass jeder Mann hier alles stehen und liegen lassen würde, um mit
Ihnen den Rest seines Lebens zu verbringen?«), eine Frau in einer anderen Nische (»Verzeihung, Mademoiselle, aber Sie sind so schön, dass es
mir schwerfällt, mich auf mein Essen zu konzentrieren.«).

Richards Kontaktfreudigkeit, sein für französische Verhältnisse
atypischer Mangel an Zurückhaltung und sein Akzent verwirrten die
Gäste, alles Pariser und Pariserinnen. »Woher stammen Sie denn?«, erkundigte sich ein Mann. (Richard hatte gerade eine Arie über Schwär-
merei und Schwäche gesungen.)

»Von hier! Wie Sie!«

»Aber Ihr Akzent. Der ist nicht kanadisch, aber auch nicht –«

»Doch! Französisch, wie Ihrer!«

Ich hatte Richards Französisch, als ich in seiner Küche arbeitete, nie
verstanden. Jetzt konnte ich ihm folgen, wodurch er noch mehr Dimensionen gewann, als hätte ich ihn bisher nur zur Hälfte gekannt. Er benutzte die trivialsten Phrasen mit ironischem Elan (dass das Personal
in seinem Hotel *très gentils* sei oder das Restaurant *très joli* und der

Wein »*très, très bon*«). Ich sagte »Loire« und sprach es aus wie »Luah«, ohne das R am Schluss, und Richard wiederholte es laut, brüllte es mir mit einem guttural rollenden R entgegen. »Feuilletée«, korrigierte er mich, als ich ihm erzählte, dass ich jetzt endlich wisse, wie man Blätterteig backt, »nein, nicht ›feu‹ wie Feuer« – und er machte das, was der kleine Frederick auch beherrscht: ein ganz einfach scheinendes Wort so auszusprechen, dass es wie das akustische mehrsilbige Äquivalent einer Raupe klingt.

Doch als unsere *plats principaux* kamen – wir hatten beide Hühnchen bestellt (der beste Test, ob ein Bistro gut ist) – und Richard um »*le plus grand*«, die größte Portion, bat und ich um die beste, »*le meilleur*«, brach Richard in schrilles fröhliches Gelächter aus.

»Morgen«, sagte er, »machen wir eine Reise in die Vergangenheit.«

Wir nahmen einen Regionalzug und fuhren durch die Weinbaugebiete der Champagne – Schieferdächer, nass glänzend vom Morgennebel, die traurigen Schlachtfelder des Ersten Weltkriegs und die berühmten Wälder der Ardennen. Richard war diese Strecke seit 40 Jahren nicht mehr gefahren. »Damals war mein Gesicht schwarz von Ruß, als ich den Kopf aus dem Fenster steckte.« Eine Erinnerung an die Zeiten der Dampflok. Die Linie endete in Charleville-Mézières, wo Richard seinen ersten Fulltime-Job als Pâtissier gehabt hatte. Wir fanden den Laden, und Richard stellte sich überschwänglich dem verblüfften Besitzer vor und probierte seine Pralinen (um sie in einem unbeobachteten Moment wieder auszuspucken). »Die waren ganz hart. Ich hätte ihm gerne gesagt, wie er sie weicher hinkriegt, mit Walnussöl, aber was würde das bringen?« Er blickte in eine Vitrine. Sie wirkte alles andere als appetitlich – unförmige Makronen auf einer mit Glasur verschmierten Platte.

Wir mieteten einen Wagen und fuhren nordwärts, die Meuse zu unserer Rechten, Richtung Belgien. Fumay, 40 Minuten entfernt, ein Dorf auf einer Klippe, war unsere erste Station: Hier hatte seine Familie nach dem Umzug aus der Bretagne gelebt, umgeben von Fabriken, »dreizehn an der Zahl«, alle zu Fuß zu erreichen. Richard deutete auf eine Fensterreihe in einem der oberen Stockwerke. »Dort war unsere Wohnung. Wir waren zu sechst und würden bald zu siebt sein« (weil seine Mutter wieder schwanger war).

»Vater kam nach Hause, ging in die Küche und drosch auf meine schwangere Mutter ein, schlug sie nieder und trat ihr in den Bauch. Ich zerbrach eine Weinflasche, versuchte, ihn zu erstechen. Ich wollte ihn töten.« Er machte eine Pause. »Ich frage mich, ob er damals gerade erfahren hatte, dass meine Mutter schon eine Tochter und einen Sohn hatte, bevor er sie kennenlernte. Ja, vermutlich.«

Ein quadratischer Fertigbau wenige Kilometer weiter, die einstige Diskothek; hier war Richard an einem Freitagabend im Oktober in einem kragenlosen, von Sgt. Pepper inspirierten Nehru-Shirt erschienen und hatte ein Mädchen namens Monique kennengelernt; sie tanzten, und sie küssten sich und »bumsten«, und er blieb über Nacht, und am nächsten Tag »bumsten« sie weiter, und am dritten Tag auch, und dann kehrte er nach Charleville-Mézières zurück, weil er wieder zur Arbeit musste. Das Mädchen suchte nach ihm, spürte ihn auf und eröffnete ihm, dass sie schwanger sei.

In Givet bat Richard mich, bei der Kirche anzuhalten, in der die beiden am französischen Nationalfeiertag 1967 geheiratet hatten. Wir gingen hinein, und er zündete eine Kerze an.

An den Abschnitt seiner Kindheit, der sich in Givet abgespielt hatte, erinnerte sich Richard – er war acht, als er hier ankam –, eine Festungsstadt an der Grenze zu Belgien. Die Fabrik, in der seine Mutter arbeitete, lag am Stadtrand. Das eingeschossige Gebäude erinnerte an ein altes Kloster, das einen Hof umschloss. Eine Straße mit Reihenhäusern. Wir standen an einer niedrigen Mauer, an der Rückseite des Hauses, in dem er als Kind gelebt hatte, und blickten in den Garten, der von Sommergemüsen überquoll – riesige Salatköpfe, Zucchini, Auberginen, grüne und gelbe Paprika. Aus Richards Erzählungen – er hatte von Hühnern, Hasen, Enten berichtet, von Fischen, die man im Fluss auf der anderen Straßenseite angelte – hatte ich mir einen Ort inmitten ländlicher Natur vorgestellt. Die war zwar nicht weit entfernt (»meine Mutter entdeckte Hasenspuren im Schnee und stellte eine Falle auf«), aber hier direkt war es keineswegs ländlich. Man konnte eher sagen, dass seine Mutter ländliche Methoden der Haltbarmachung kannte (und wusste, wie man grüne Bohnen, Erdbeeren, Tomaten, Fleisch einweckte), auf die sie hier in der Stadt zurückgreifen konnte; eine große Familie, die in einem rauen Arbeiterviertel lebte und irgendwie über die Runden zu kommen versuchte.

»Es gab da einen Lehrer, der hielt mich für kreeeeeativ begabt«, sagte Richard und zog das Wort scherzhaft in die Länge. »Der hat hier gewohnt.« Er zeigte auf ein Haus, zwei Türen weiter, und schaute durchs Fenster hinein. Irgendetwas in der ehemaligen Lehrerwohnung zog Richards Aufmerksamkeit auf sich, und er schien einen Moment abgelenkt. Ein Küchentisch. Offenbar stellte Richard sich vor, wie er als Kind daran gesessen hatte.

Wir gingen zum Wagen zurück. Unsere nächste Station war Monsieur Sauvage.

Ich fragte Richard: »Wann hast du eigentlich bemerkt, dass du über ein Talent verfügst, für das die Leute bereit sind, Geld zu zahlen?«

»Ach, ich verdiene gar nicht so viel Geld.«

»Aber du hast diese Fähigkeit, die Menschen zu überraschen, diesen Erfindungsreichtum, eine Kreeeeeativitääääät, die andere nicht haben und für die man dich immer bezahlen wird, und du eröffnest Restaurants, kochst für Zugreisende oder Flugpassagiere. Deine Pâtisserie in Los Angeles, deine vielen Restaurants –«

»Ja, stimmt; zweimal habe ich über eine Million Dollar pro Jahr verdient.« Er dachte nach. »Man verdient nicht viel als Koch. Oder als Küchenchef. Man muss ein *patron* sein.« Er sagte das mit fast übertriebener französischer Betonung. »Als ich nach New York zu Gaston

Lenôtre kam, habe ich siebenhundert Dollar pro Monat verdient. Einen Monat später war ich mit meiner eigenen Pâtisserie in Santa Fé und hab fünftausend Dollar pro Monat verdient.«

Er dachte weiter nach. »Im Grunde war es Gaston Lenôtre. Er hat mir gezeigt, dass etwas in mir steckt.«

Wir fuhren weiter.

Als wir auf Carignan zufuhren, erblickten wir verlassene Fabriken, groß wie Flugzeughangars. Bei unserer Ankunft erklärte Richard: »Wo sind nur all die Leute hin? Samstags war es hier früher so voll, dass man kaum den Platz überqueren konnte. Es gab Volksfeste, Jahrmärkte, Tanzveranstaltungen. Wo sind die alle hin?«

Wir besuchten die frühere Pâtisserie die jetzt einer Kette gehörte und von einem Ehepaar geleitet wurde. »Hier habe ich mein erstes *stage* absolviert!«, erklärte Richard geradezu euphorisch, und sie wichen erschrocken zurück, als könne er jederzeit ein Dokument zücken, das beweisen würde, dass der Laden eigentlich ihm gehörte.

Hinterher saßen wir auf einem Parkplatz, direkt hinter dem Gebäude. Die Familie aß zu Mittag und beäugte uns misstrauisch durchs Fenster.

»Ich kam am 29. August 1962 hier an.« (Richard erinnerte sich außergewöhnlich genau an jedes wichtige Datum in seinem Leben.) »Mein erster Tag war der 1. September – wir fingen um sieben Uhr morgens an und mussten spätestens bis Mitternacht im Bett sein, in einer Kammer im oberen Stockwerk, ein Wasserkrug, eine Waschschüssel, kein Tag frei, nur den halben Sonntag.«

Léon, 18 Jahre alt, war der Küchenchef. »Er schlug mich oft. Ein Fehler, und schon kriegte man eine gescheuert. ›Deine Croissants sind verbrannt.‹ – Klatsch! – ›Du hast deine Ecke nicht sauber gemacht!‹ – Klatsch! – ›Du hast eine Meringue im Kupfertopf zubereitet!‹ – Klatsch! – ›Du hast die Mandeln zu schnell gemahlen und die Walzen verklebt! *Imbécile! Putain de merde!* Man darf keine Fehler machen!‹« Erziehung durch Demütigung.

»Ich stand an meinem Posten, mit dem Rücken zur Küche, und plötzlich flog ein Messer haarscharf an meinem Kopf vorbei und blieb in der Wand stecken. Der Chef fand das lustig.«

Eines Tages schlug ihn dann aber Richard mit einem Nudelholz bewusstlos. Endlich war das Verhältnis ausgeglichen.

»Drei Jahre lang bin ich nie nach Hause gefahren. Ich hab nie einen Film gesehen. Ich habe nur gelernt: *apprendre, apprendre, apprendre.*«

Am 3. September 1965 legte Richard seine Pâtissier-Prüfung ab. Das französische System: Man macht eine Lehre, man legt das Examen ab und ist staatlich anerkannt. Er war jetzt ein ausgebildeter Koch.

»Monsieur Sauvage hat nie gearbeitet, außer an Weihnachten, wenn wir um vier Uhr morgens anfingen und bis zehn Uhr abends schufteten. Aber wenigstens hat Monsieur Sauvage mich sehr gern gehabt. Er hat es nie gesagt. Aber ich hab es gemerkt.« Nachdem Richard weg war, rief er Monsieur Sauvage alljährlich an, kurz vor Neujahr, und dankte ihm dafür, dass er ihn damals als Lehrling angenommen hatte. »Er hat mir etwas mitgegeben. Er hat seinen Wissensfundus an mich weitergereicht.« Auch als Richard in Los Angeles lebte, inzwischen sehr erfolgreich, rief er weiterhin jedes Jahr an – »mit besten Wünschen für das neue Jahr und voller Dankbarkeit, dass Sie mein erster Pâtisserie-Lehrer waren« –, bis man ihm eines Tages sagte, Monsieur Sauvage könne nicht ans Telefon kommen, er sei gestorben.

Der nächste Tag war unser letzter Tag, und wir kehrten nach Paris zurück.

Auf der Fahrt im Zug zurück redete ich wie ein Wasserfall.

Ich quasselte über Säuerungsmittel in der französischen Küche (»In den Vereinigten Staaten gibt es kaum Leute, die Essig verwenden – in Frankreich gibt es kaum Leute, die ihn nicht verwenden«), über meine neu erwachte Liebe zum Senf, über die Vorliebe meiner Kinder für stark gewürzten Senf und ihre Schwäche für Mayonnaise, die ich jetzt auch zu Hause machte, und über Frederick, der in der Schule schon so oft Mayonnaise gegessen hatte, dass er über drei Zimmer hinweg roch, wenn ich in der Küche welche machte.

»Kann man Mayonnaise riechen?«, fragte Richard. (Ich geriet in Panik: Wie? Kann man es etwa nicht?) Und er sagte leise: »Ich gebe am Schluss ein bisschen Crème fraîche dazu« – ein Tipp, zu dem ich, immer noch im Quasselmodus, nur kurz »Oh, interessant« herausbrachte, um gleich weiterzuplappern: darüber, dass die französische Küche darauf basiert, Gegensätze zu verbinden – Buttersaucen (Fett und Flüssigkeit), Schaumcremes wie Sabayon (Fett und Säure) –, und über die Magie des Blätterteigs.

»Ich habe eine Theorie, wann die französische Küche französisch wurde!«, verkündete ich dann.

»Wirklich?«, erwiderte Richard.

»Nostradamus, in den 1550er-Jahren. Sein Traktat über die Marmeladenherstellung.«

»Wirklich?«

»Zucker«, sagte ich.

Ich beschrieb den Geschmack der Kirschen im Rhônetal, ihre süßsäuerliche Intensität, und die Mère-Brazier-Sauce, die man zur Ente reichte, und dass ich damals hinterher aus diesen Kirschen Marmelade gemacht hätte, fasziniert von der molekularen Veränderung, die sich vor meinen Augen vollzog, wenn der Zuckeranteil das Wasser über die Kochtemperatur hinaus erhitzte.

Richard nickte (und ich dachte: Bestimmt denkt er, ich ticke nicht richtig …).

Ich sprach über die Dinge, die mich verunsicherten.

»Die Geschichte der französischen Küche besteht größtenteils aus unüberprüften Anekdoten. Warum steckt man zum Beispiel bei der Zubereitung von Geflügelfond eine Nelke in die Zwiebel?«

»Eine Nelke in die Zwiebel?«

»Ja, das steht in jedem französischen Geflügelfond-Rezept. Man schält eine Zwiebel und steckt eine Nelke hinein. Warum?«

»Oh, ja, stimmt.« Er nickte, fast unmerklich, wie ein Professor, dem in der Sprechstunde ein etwas überdrehter Student gegenübersitzt.

Was hatte ich gerade beweisen wollen? Ich überlegte einen Moment.

»Hast du schon mal bei Alain Chapel gegessen?«, erkundigte sich Richard.

»Ja!«, erwiderte ich.

»Hast du die *Foie blanc* gegessen?«

Hatte ich die *Foie blanc* gegessen? Ich konnte mich nicht mehr erinnern.

»Wirklich? Ein berühmtes Gericht. Und was ist mit Marc Meneau, in Vézelay?«

»Ja! L'Espérance!« Dort hatte Jessica, als sechzehnjährige Schülerin im Auslandsjahr, zum ersten Mal ein Gericht gegessen, das von einem berühmten Küchenchef zubereitet worden war. Wir waren später dann gemeinsam hingegangen, um einen Geburtstag zu feiern.

»Und die *Foie-gras-Bonbons*?«

»Klar!«, sagte ich schnell, wie ein Quizkandidat, der die richtige Antwort weiß.

Ob ich in der Auberge von Paul Bocuse gegessen hatte?

Aber ja!

»Hast du dort den *bar en croûte* probiert?« Wolfsbarsch in Blätterteig mit einer *Sauce Choron*.

»Nein, aber ich hab ihn schon selber gemacht.«

»Wirklich? War der Blätterteig gut durch?«

»Ja!« Der Blätterteig war nicht das Problem gewesen. Das Gericht hatte auf dem Teller nicht gut ausgesehen. Wie eine fette prähistorische Kaulquappe, die ein Dinosaurier plattgetreten hat.

»Was ist mit *filet de sole Fernand Point*?«

»Nein.« Das hatte ich damals noch nicht gegessen. Inzwischen habe ich es nachgeholt. Dieses Gericht ist einfach köstlich: auf den Punkt gekochte Seezunge mit frischen Tagliatelle vermischt, und reichlich Butter dazu. In Italien käme niemand auf die Idee, einem Teller Pasta so etwas anzutun – die bloße Vorstellung wäre für Italiener grauenvoll. Aber ich kann glaubhaft versichern: genial.

»Und hast du schon mal im La Pyramide gegessen?«

»Ja!«

»Aber das ist nicht mehr so, wie es mal war, oder?«, sagte Richard. »Der junge Mann dort – wie hieß er noch gleich?«

»Patrick Henriroux …«

»Ja, Henriroux. Der ist gut. Aber er ist nicht Point. Point war ein *grand chef*.« Er zog das Wort *grand* in die Länge, verlieh ihm sein ganzes kulturelles Gewicht. Dann schwieg Richard einen Moment, als denke er über die ungeheure Leistung nach, die Fernand Point zu seinen Lebzeiten vollbracht hatte.

»Wenn du Blätterteig machst«, fragte Richard, als wäre er neugierig, »verwendest du Wasser?«

»Für den *pâton*?« *Pâton* ist das Stück Teig, in das man die Butter faltet. »Ja.«

»Ich verwende nie Wasser. Das ist eine Regel. Manchmal einen Süßwein wie Sauternes oder Apfelsaft oder Birne. Ich liebe Birnen.«

Ich machte mir eine Notiz in mein Notizbuch: nie Wasser verwenden.

»Machst du ihn mit Butter?«

»Den Blätterteig? Na ja, klar.«

»Manchmal mache ich ihn mit *Foie gras*.« Er hielt kurz inne. »Du musst verstehen lernen, womit ein Rezept seine Wirkung erzielt. Welches Mehl verwendest du?«

»Normales Mehl. T55.« In Frankreich wird Mehl nach seinem Proteingehalt verkauft. Feinmehl (T35) ist das mit dem geringsten, Brotmehl (bis zu T110) das mit dem höchsten Anteil.

»Ich verwende Brotmehl.«

»Brotmehl?«

»Weil sich das Glutennetzwerk im Teig entwickeln soll. Der Blätterteig soll sich ausdehnen, locker werden.« Und dann: »Fischsauce? Gelingt besser, wenn du am Schluss Muschelsaft hinzufügst.«

Dann wollte er wissen, ob ich schon einmal Madeleines gebacken hätte.

»Ja! Die mach ich mit übrig gebliebenem Eiweiß.«

»Oh, ich verwende auch das Eigelb. Mengenverhältnis eins, eins, eins, und noch mal eins: Ein Ei. Eine Tasse Butter. Eine Tasse Mehl. Eine Tasse Zucker. Backpulver?«, fragte er.

»Nein.«

»Gut. Sind sie schön fluffig?«

»Fluffig? Ja, glaub schon. Ziemlich fluffig.«

»Fluffig ist gut.«

»Erreichst du das durchs Schaumigschlagen?«, fragte ich.

»Ich schlage nur die Butter schaumig. Manchmal verwende ich ein bisschen Bicarbonat.«

Ich erwähnte, dass ich für le personnel eine Béarnaise zubereitet hätte.

»Ich mache meine mit Olivenöl und Basilikum.«

»Moment mal. Eine Béarnaise mit Olivenöl?«

Äpfel: Er schälte sie, indem er die ganzen Äpfel in eine Bratpfanne gab, sie dann in Eis tauchte und die Schale mit einem Handtuch abrieb. »So wird es ein perfekter Apfel, keine Messerspuren. Das Gleiche mache ich mit Cherrytomaten.«

Ich hatte ein Buch mitgebracht, aber bisher vergessen, es ihm zu zeigen. Es war Gaston Lenôtres erstes Werk, veröffentlicht 1975.

Richard starrte darauf. »Ich habe an diesem Buch mitgearbeitet.« Er starrte weiter darauf, als habe er Angst, das Buch aufzuschlagen. Tränen standen ihm in den Augen, er wischte sie mit dem Handrücken weg. David Bouley hatte mir schon erzählt, dass Richard heimlich schrieb. »Ich habe sie alle getestet. Und viele davon selber verfasst.« ·

»Weißt du noch, welche?«

Er überlegte. »Nein.«

Er ließ das Buch in seine Tasche gleiten.

Ich war nach Frankreich gekommen, hatte die Sprache erlernt, eine Kochschule besucht, in Restaurantküchen gearbeitet und begriff erst jetzt, was Richard alles geleistet hatte. In Washington war er mir wie ein Magier vorgekommen. Das war er nicht. Aber vielleicht ein Genie.

Ich begleitete Richard ins George V zurück. Am Wochenende stand *la rentrée* an, und die Stadt, bei unserem Aufbruch so schön leer, war jetzt verstopft und laut.

»Wie läuft es mit dem Citronelle?«, fragte ich.

»Oh, hast du das nicht gewusst?« Das Citronelle hatte zugemacht. Das Hotel galt als unsicher – das einsinkende Fundament, die sich neigenden Wände, das undichte Dach. »Wir mussten es räumen.«

Das Citronelle geschlossen? Und ich hatte es nicht gewusst? Richards Gesellschaft hatte mich so sehr in eine andere Zeit versetzt, seine Zeit, dass ich gar nicht mehr an sein Leben in den USA gedacht hatte. »Und David?«

»Er ist jetzt im Central.« Richards franko-amerikanisches Bistro.

»Aber, Michel, dann hast du jetzt gar kein Restaurant mehr?«

»So ist es. Aber ich werde etwas finden. Ich habe ja immer ein Restaurant gehabt.«

VII

ITALIEN
(OFFENSICHTLICH)

WIE MAN TÄUBCHEN UND WACHTELN AUF VERSCHIEDENE WEISE BRÄT UND GARNIERT

Man nimmt die Täubchen, wenn sie Saison haben, also von Juni bis Ende November. Man rupft das tote Tier und kocht es über einem Kohlenfeuer, ohne es auszunehmen, dreht es dann am Spieß über einem kräftig flackernden Feuer, so schnell, dass das Fett nicht herabtropfen kann; ist es fast gar, bestäubt man es mit Mehl, Fenchelpollen, Zucker, Salz und Semmelbröseln. Ist es ganz durchgebraten, sollte man es heiß servieren.

Um die jungen von den alten Tauben zu unterscheiden, muss man wissen, dass die jungen Vögel dunkleres Fleisch und hellere Füße haben, die älteren hingegen helles Fleisch und rote Füße.

Auf die gleiche Art und Weise kann man Wachteln braten, wenn sie fett sind und ihre Zeit gekommen ist, die von Mitte August bis Ende Oktober reicht. Obwohl man sie im Frühling oft in Schwärmen über Rom hinfliegen sieht und noch zahlreicher in der Nähe von Ostia und Porto, sind sie nicht so schmackhaft wie dann, wenn sie Saison haben. Manchmal werden fette Wachteln mit Salz und Fenchelpollen eingepökelt; man lässt sie drei bis vier Tage in einer Holz- oder Tonschüssel liegen, sautiert sie dann mit Schnittlauch in flüssigem

Schmalz und serviert sie heiß mit schwarzem Pfeffer bestreut. Man kann sie auch halbieren und einen Tag lang marinieren, sie sodann mit Mehl bestäuben und in flüssigem Schmalz braten. Heiß servieren, mit Zucker und Pomeranzensaft oder mit der Marinade.

Bartolomeo Scappi, *Opera dell'arte del cucinare*, 1570

Als Jessica und ich in Panzano in der Toskana lebten, erreichte ich morgens die Metzgerei, in der ich damals arbeitete, über eine Straße namens Via Giovanni da Verrazzano. Verrazzano war der italienische Seefahrer, der 1524 als erster Europäer die Bucht von New York entdeckte. Heute ist die Brücke, die Staten Island und Long Island miteinander verbindet, nach ihm benannt und überspannt die Meerenge dort, wo vermutlich sein Schiff vor Anker lag. Verrazzano wurde in einer Burg geboren, zehn Kilometer nördlich des Dorfs Panzano, und ich freute mich über die Beziehung zwischen der amerikanischen Stadt, aus der ich kam, und dem italienischen Dorf, in dem ich jetzt lebte.

Wenn ich in Lyon morgens das Haus verließ, erblickte ich als Erstes, gleich gegenüber, das Fassadenkunstwerk La Fresque des Lyonnais, das die Geschichte der Stadt illustriert. Eines der Gemälde lag auf derselben Höhe wie unsere Wohnung im dritten Stock, und jeden Morgen beim Öffnen der Fensterläden fiel mein Blick darauf. Es zeigte einen bärtigen Mann im Hermelinmantel. In der einen Hand hielt er einen Kompass, in der anderen einen Globus. Wer mochte das sein? Schließlich entdeckte ich, unauffällig unten an der Hauswand angebracht, die Legende zu den Bildern. Der Bärtige war »Jean Verrazane, der berühmte Lyoneser Seefahrer, der die Bucht von New York entdeckte«. Verrazane? War das eine französisierte Form von Verrazzano? Stammte der Held, der New York Harbor entdeckt hatte, aus einer Burg in der Nähe meines Dorfs in Chianti, oder war er ein Franzose aus meinem neuen Wohnort Lyon? Beides.

Fast allen Lebensmittelhistorikern ist der bereits erwähnte Katharina-von-Medici-Mythos vertraut: die florentinische Braut, die auf dem Landweg oder per Schiff nach Frankreich reiste (es gibt verschiedene Versionen) und den schlichten Galliern das Kochen beibrachte. Es gibt den Mann im Mond, es gibt die Zahnfee, und es gibt die italienische Katharina, die Erfinderin der cuisine française. Darüber wird nicht einmal mehr diskutiert. Das Thema ist keine Fußnote mehr wert. Es hat sich erledigt.

Wenn man bedenkt, wie lange sich diese Auffassung gehalten hat – wohl schon seit dem 18. Jahrhundert –, ist es noch gar nicht so lange her, dass sie über Bord geworfen wurde – 1983 durch die amerikanische Bibliothekarin Barbara Ketcham Wheaton. Wheaton ist Kuratorin der kulinarischen Sammlung am Radcliffe Institute for Advanced Studies in Cambridge, Massachusetts. Im Jahr 1983 veröffentlichte sie das Buch *Savoring the Past: The French Kitchen and Table from 1300 to 1789*. Dies war einer der ersten Versuche, Rezepte aus früheren Jahrhunderten als historische Dokumente zu betrachten, und Wheaton räumt darin zwei Seiten lang erfrischend respektlos mit diesem Königin-Katharina-Unsinn auf.

Wie alt war Katharina, als sie nach Frankreich kam?, fragt Wheaton. Vierzehn.

Wer war sie? Das Medici-Äquivalent einer Prinzessin: ein Kind, das im Rahmen einer arrangierten Ehe mit einem Prinzen verheiratet wurde.

Mal im Ernst, was sollte Katharina vom Thema Küche gewusst haben? Und in diesem Alter, aus dieser Familie stammend, auf dem Weg zu einer königlichen Hochzeit soll sie die Alpen überquert haben? Nein, sagt Wheaton. Genug mythologisiert. Ich glaube das nicht. Außerdem ist Katharina per Schiff nach Marseille gereist.

Dies wurde ständig wiederholt, aber doch so überzeugend, dass man es schließlich als historische Wahrheit akzeptierte und jetzt in englischen und französischen Nachschlagewerken zitiert, vor allem in französischen. *Savoring the Past* erschien in Frankreich im Jahr 1994 und wird bis heute in akademischen Kreisen gefeiert, weil es den Mythos endlich platzen ließ. Wheatons Buch beeinflusste auch das Werk *Un Festin en paroles* (Ein Festessen in Worten), eine populäre Literaturgeschichte der Gastronomie, verfasst von dem inzwischen verstorbenen Philosophen und Journalisten Jean-François Revel. Sein Kapitel über die Italiener trägt den Titel »Der Geist der Medici«.

Nachdem ich fünf Jahre in Lyon gelebt habe, sehe ich die Sache anders.

Doch, die Italiener haben den Franzosen tatsächlich das Kochen beigebracht. Aber dies war nicht nur das Verdienst der italienischen Königin, obwohl sie sich nachweislich für Kulinarik interessierte und in den königlichen Küchen von Schloss Blois italienische Köche beschäftigte. Die treibende Kraft war jedoch nicht sie, sondern ihr französischer Schwiegervater, Franz I., der sich so gerne Italien – oder zumindest dessen nördliche Provinzen – einverleiben wollte, dass er dafür drei Kriegszüge unternahm. Aber es ging ihm nicht nur um das Territorium. Es ging ihm um die italienische Renaissance – ihre Kultur, ihre Gebäude (all diese kunstreich gestalteten, im italienischen Stil erbauten Schlösser an der Loire), ihre Musik, ihr Sinn für Feste, ihre Gewürze und Seidenstoffe (Franz I. holte zwei der größten Seidenproduzenten der damaligen Zeit, die Kaufleute Turquet und Naris, aus Piémont nach Lyon und entlohnte sie so reich, dass Turquet sich davon eine Residenz in Vieux Lyon kaufte, am Ende einer Allee, die bis heute Impasse Turquet heißt). Franz I. lud Maler und Dichter, Bildhauer und Architekten ein, beherbergte sie in seinem Schloss und konversierte bei Tisch italienisch mit ihnen. Und natürlich machte er Leonardo – Leonardo da Vinci – zu seinem direkten Nachbarn und Freund.

In Katharina von Medici fand Franz I. die begehrteste italienische Braut für seinen Sohn. Die Heirat war der Höhepunkt der Renaissance in Frankreich: und deren Zukunft.

Lyon beherbergte, mit den Worten eines Lokalhistorikers, über hundert Jahre lang eine Kolonie von Italienern. Im Jahr 1467 gaben sich einige von ihnen, vorwiegend Bewohner von Vieux Lyon, das direkt gegenüber unserer Wohnung auf der anderen Seite der Saône lag, eine Verfassung und erklärten sich zur Nation: *la nation florentine de Lyon*. Erst als ich »Verrazane« entdeckt hatte, wurde mir klar, wie mächtig ihr Einfluss auf die Stadt gewesen sein muss. Zu dem Zeitpunkt, als Katharina von Medici als Königin hier eintraf – einundachtzig Jahre später, 1548, nachdem ihr Ehemann zum König Heinrich II. (Henri II) gekrönt worden war –, war Lyon bereits auf prachtvolle, verschwenderische Weise italienisch. Die Stadt feierte den königlichen Besuch eine Woche lang mit Festivitäten und Trinkgelagen, mit Bootspromenaden auf der Saône (wobei eine Barke als feuerspeiender Drachen dekoriert wurde), mit Dichterlesungen, Feuerwerken, Musikaufführungen und Theatervorstellungen, alles derart extravagant, dass die Kaufleute hinterher bankrott waren. Tatsächlich feierte die Stadt diesen Anlass im Zeitraffer mit einer Art französisierter italienischer Version der Renaissance. (Richard Coopers außergewöhnliches Werk *The Entry of Henri II into Lyon* schildert ein Lyon, das die Italiener in der Extravaganz der Hochrenaissance dermaßen dominierten, wenn nicht gar überrollten, dass man heutigen Historikern, die diesen Einfluss leugnen, keinen Glauben schenken kann.) Oder wie einer der ausländischen Diplomaten in einem seiner Briefe nach Hause sinngemäß formulierte, nachdem er während eines von Katharinas (späteren) Besuchen drei Tage lang nicht zum Schlafen kam: »Diese italienischen Franzosen wissen wirklich, wie man feiert.«

Zu diesen Florentiner Lyonesern gehörten Mitglieder der Familie Medici und der Familie Gadagne, ihre Rivalen. Diese beiden Familien führten das Bankwesen und den Devisenumtausch in einem bis dahin in Frankreich unbekannten Ausmaß ein. Sie erweiterten den Gedanken des Interbankenhandels vorwiegend mittels der *foires*, die sie in großem Stil finanziell unterstützten. Infolge italienischer Investitionen gelangten Hunderte Tonnen von Gewürzen (und Seidenstoffen, Wein und Lebensmitteln) nach Lyon, entweder im Frachtkahn über die Rhône oder mit Lasttieren von Turin aus über einen Alpenpass. Dank der Italiener wirkte Lyon wie ein Miniatur-Florenz, einflussreich wie ein französisches Venedig. Bis heute ist es, wie ein Filmset, ein Labyrinth von Gassen und endlosen unterirdischen Gängen, schiefen Gebäuden und verborgenen Villen mit roten Ziegeldächern, in Privatgärten gelegen, von hohen Steinmauern eingehegt. All dies beschwört eine sonst unerreichbare Ära herauf – und wurde von der UNESCO als weltweit größtes zusammenhängendes Beispiel der Renaissance-Architektur gewürdigt.

Zu den Risikoinvestitionen, einer anderen Spezialität der Medicis und Gadagnes, gehörte auch die Finanzierung von Kriegen. Die Familien finanzierten außerdem (ganz oder teilweise) Entdeckungsfahrten über den Atlantik, in der Hoffnung, eine Passage in den Fernen Osten zu finden oder ein neues Territorium zu entdecken, auf das sie Anspruch erheben konnten. Als Verrazzano (der sich wie viele Italiener eine französische Variante seines Namens zulegte) diese Geldgeber aufsuchte, weil er Mittel brauchte, um in die neue Welt zu segeln, überzeugten die italienischen Bankiers den König, Franz I., ihn zu unterstützen. Und das Essen? Ein Blick auf die Chronologie vor Katharina ist aufschlussreich.

Im Jahr 1494, 25 Jahre vor Katharinas Geburt, wurden die *foires* begründet.

1505, 14 Jahre vor Katharinas Geburt, brachte ein Lyonnaiser Drucker die erste französische Übersetzung des Werks von Bartholomeo Platina heraus – dem Plagiator des hochbegabten Maestro Martino. (Der Buchdruck begann in Lyon im Jahr 1473, und Lyon wurde bis zur Revolution der führende kulturelle Druckort in Frankreich.)

1528, als Katharina neun Jahre alt war, veröffentlichte eine andere Lyonnaiser Druckerei eine verbesserte »Übersetzung« Platinas. (Damals gab es kein Copyright, und der Verleger, der damals quasi als Autor galt, hatte freie Hand.) Während der nächsten 20 Jahre sollten noch viele andere Ausgaben erscheinen. Tomasik, der amerikanische Kulinarhistoriker meines Vertrauens, hat die vierzehn verschiedenen französischen Übersetzungen von Platina analysiert, »jede eine Verbesserung«. Jede nachfolgende Übersetzung sei, so Tomasik, »immer weiter vom Original weggedriftet, immer französischer geworden, bis das Buch schließlich überhaupt nichts Italienisches mehr hatte.« Platinas Werk wurde nach und nach einer der ersten wichtigen Texte der französischen Küche. Was die Frage des italienischen Einflusses betraf, war das Buch Metapher und Beweis zugleich.

Im Jahr 1532, als Katharina 13 war, traf der Arzt, Dichter und Erzähler François Rabelais in der Stadt ein und veröffentlichte sein erstes Buch, *Pantagruel*. Es war eine Hymne auf die kulinarischen Genüsse – man könnte es »Variationen über das Thema des Exzesses« nennen – und dokumentierte den original Lyonnaiser Speisezettel: Schwein, Huhn, *saucisson*, einschließlich der neuen *rosette* (einer Dauerwurst) und Unmengen von Rotwein.

1541, als Katharina von Medici 22 Jahre alt war, jetzt eine französische Prinzessin, wurde ein weiteres Kochbuch aus dem Italienischen übersetzt: *Bastiment de receptes, nouvellement traduict de italien en langue françoyse*. Lyon – wo das Interesse an Essen durchaus Rabelais'sche Dimensionen besaß – war nun die Hauptstadt der Bücher über die Kochkunst.

1547 begab sich Rabelais auf Einladung des französischen Kardinals Jean du Bellay nach Rom, zur Feier der Geburt eines Prinzen, und schilderte dieses Festbankett – mehrere Gänge und verschwenderischer Luxus – als ein Gelage, das alles, was er bis dahin aus Frankreich kannte, noch übertraf.

1548 fand zur Begrüßung der Schweizer Gesandten in Lyon ein Festbankett statt, das derart anspruchsvoll und opulent war (die zahllosen Gänge, die Extravaganz, der Esprit), dass sogar ein Bericht darüber verfasst und veröffentlicht wurde.

Und gleichfalls 1548, am 23. September (nur wenige Monate, nachdem eine weitere »verbesserte« Ausgabe von Platinas Werk erschienen war), kamen Heinrich II. und Katharina von Medici nach Lyon. Ist es möglich, dass sich auf einem der Schiffe, die mit Katharinas Entourage an Bord majestätisch die Saône hinunterglitten, italienische Köche befanden? Steht zu vermuten, dass mehrere Esel hintereinander den Quai

412

entlangtrotteten, bepackt mit Körben voller Gemüse, Käse und Fleischsülze, all jenen Lebensmitteln, die Königin Katharina nach Aussage der
Italiener nach Frankreich gebracht haben soll?

Nein. Denn sie waren schon da.

Blois. Bei einer weiteren Reise an die Loire entdeckte ich einen geheimen
Besitz der Katharina von Medici.

Im Königsschloss in Blois besuchten wir eine Ausstellung zu einem
sehr speziellen Thema, »Les Festins de la Renaissance« (Die Festgelage
der Renaissance), bei dem es ums Essen und Trinken im 16. Jahrhundert
ging, die Periode, in der die Geburt der französischen Küche stattfinden
sollte. Ein *festin* ist ein Bankett oder Galadiner, ein Festmahl. Blois war
königliche Residenz. Hier lebten unter anderem Katharina von Medici
und ihre Söhne. Die Ausstellung fand im Schloss statt und versammelte
Küchenutensilien aus zwei Jahrhunderten, hauptsächlich aus Italien und
Frankreich: Bücher, Küchengeräte, Rezepte, Menüfolgen, Speisepläne.
All dies zeigte anschaulich, wie die Franzosen damals aßen: Sie nahmen
mit einem *tranche*, einem Stück Brot, die Sauce auf, hatten dann ein Messer zum Schneiden (Gäste brachten ihr eigenes Messer mit), und schließlich gab es frühe, reich verzierte Exemplare von Gabeln, die aus Italien
stammten, einschließlich einer Gabel, die man in der Tasche mit sich
führen konnte (wenn man zum Essen eingeladen war). Die Ausstellung
enthielt auch eine lange Schriftrolle, auf der Niccolò Alamanni, Küchenchef von Katharina von Medici, die Menüs für die Familie entwarf. Man
konnte es beinahe als »Corpus Delicti« betrachten – der Küchenchef (ein
Italiener) notierte (auf Italienisch) Anweisungen für die Zubereitung
(italienischer) Gerichte, die den Söhnen einer italienischen Mutter, den
künftigen Königen Frankreichs, serviert wurden. Diese Rolle war ein
ganz wunderbares Exponat: das kostbare Pergament, die auf die Präsentation verwendete Sorgfalt, die extravagante Handschrift, der Akt,
für Frankreich zu kochen.

Wir trafen den Historiker des Schlossmuseums, saßen bei einem historischen Renaissance-Mahl neben ihm (Perlhuhn, im Topf serviert, Karpfen in Sauce, dicke Bohnen in Safran, Marzipan nach einem Rezept von Nostradamus) und erfuhren, dass die Ausstellung nur ein Vorwand war. Das eigentlich Spannende war die Konferenz, die zu diesem Anlass stattfand. Hier würden das erste Mal Historiker zusammentreffen, um zu erörtern, wer die französische Küche erfunden hatte: die Franzosen? Die Italiener? Oder die Franzosen und die Italiener?

»Es wird keine Lösung geben«, stellte uns der Historiker in Aussicht. »Die Franzosen hören nicht auf die Italiener. Die Italiener hören nicht auf die Franzosen.«

Nach dem Lunch fuhr ich mit Jessica und den Kindern flussabwärts nach Amboise, um ihnen den Wohnsitz Leonardo da Vincis zu zeigen, wo die Jungs in den Gärten herumtollten, zwischen den Nachbildungen von da Vincis Erfindungen. Es war unglaublich bewegend, an einem einzigen Tag beides erleben zu dürfen – die Schätze der französischen Küche des 16. Jahrhunderts (größtenteils italienisch) und die Schätze eines Renaissance-Genies (ganz und gar italienisch). Unter anderem sahen wir drei Gemälde, bildliche Darstellungen historischer Szenen – sie zeigten den König, der die Hand des sterbenden Leonardo hält. Leonardo, diese fast unfassbar geniale Verkörperung der italienischen Renaissance, verschied in einem Bett, das er dem französischen König Franz I. verdankte.

Bei der Tagung erfuhr ich unter anderem, dass die Italiener des 15. Jahrhunderts wie besessen von Zitronen waren. Auch erfuhr ich zu meiner Überraschung, dass Katharina von Medici während ihrer Herrschaft eine italienische Rinderrasse nach Frankreich brachte und Neuerungen in der Tierhaltung einführte. Timothy Tomasik hielt einen Vortrag über die vielen französischen Übersetzungen von Platina. Marjorie Meiss-Even, eine Wissenschaftlerin von der Universität Lille, stellte ihre Forschungsergebnisse bezüglich eines Kücheninventars vor, das sie in den Archivalien der mächtigen Adelsfamilie Guise entdeckt hatte; in diesem Inventar tauchten ab circa 1550 italienische Zutaten auf, von denen einige von den Lyoneser *foires* stammten, andere wiederum von reisenden Händlern nach Frankreich gebracht wurden – Spargel, Artischocken, Schalotten, Zitrusfrüchte, ja sogar Parmigiano, der sogenannte *fromage de Milan* –, bis sie schließlich fester Bestandteil der französischen Küche wurden. Es waren verblüffende Forschungsergebnisse, und im Raum herrschte während des gesamten Vortrags ehrfürchtige Stille.

Irgendwann begann ich mich zu fragen, wie viele *preuves incontestables* man eigentlich braucht, bis ein zweifelsfreier Beweis erbracht ist.

Eine Persönlichkeit tauchte während der Tagung immer wieder auf: Scappi. Scappi war der Geist. Er war da und war doch nicht da.

Bartolomeo Scappi verfasste 1570, am Ende seines Arbeitslebens, ein mehrbändiges Werk mit dem schlichten Titel *Opera, die Werke des Privatkochs des Papstes.* Diesem Werk verdankt Scappi seinen Ruf als berühmtester Koch der europäischen Renaissance. Das Werk umfasst neunhundert Seiten und strotzt von sorgfältig geschilderten Details. Es ist das erste bekannte illustrierte Kochbuch der Geschichte und beschreibt eindrucksvoll eine vornehme Küche des 16. Jahrhunderts; es wurde zu einer Referenz dafür, wie das Essen in einer solchen Küche damals zubereitet wurde und welche Gerätschaften man verwendete. Das Werk enthält Menüfolgen für dreitägige oder gar siebentägige Festgelage, man findet darin aufwendige fleischlose Festmähler für Freitage, weil freitags nur Fisch erlaubt war, und die Gerichte für ein mehr als zwei Monate währendes Gelage, das beim Tod von Papst Paul III. am 29. November 1549 begann und am 7. Februar 1550, dem Tag der Wahl des neuen Papstes, endete. Zu Scappis Auswahl an Speisen gehörten unter anderem Kuheuter (in vielerlei Varianten), Hoden (gefüllt und gebraten) sowie Pfauen (entbeint und in der ursprünglichen Form wiederhergestellt, sogar mit neuen »Federn« versehen und in Scheiben serviert, ein Vorläufer des etwas bescheideneren Lyoneser Gerichts *volaille à Noelle*, das Daniel Boulud mir später beibringen sollte). Viele der Saucen, die jetzt zu den Grundlagen der französischen Küche zählen (etwa Béarnaise und Hollandaise) und viele der Zubereitungsmethoden (etwa *pâte feuilletée*) finden sich in gedruckter Form zum ersten Mal in Scappis Werk. Anschaulicher als jeder andere Koch seiner Zeit stellte Scappi die Mahlzeit als Spektakel dar, als Ausdruck der Hochkultur.

Allerdings wurde er nie ins Französische übersetzt. Es gibt keinerlei Beweis dafür, dass das Buch Frankreich jemals erreichte, und für Florent Quellier, den Co-Vorsitzenden der Tagung, ist dieser Mangel an Beweisen aufschlussreich.

Quellier eröffnete die Tagung. Er hielt keine Rede. Er feuerte eine Tirade ab. Als eröffne jemand eine Gebetsversammlung, indem er einen Berg Schießpulver in Brand setzt. Es war brillant. Zu seinen Themen gehörte refrainartig die Frage: Wo ist Scappi? Seine Vermutung: Falls Italien tatsächlich die französische Küche beeinflusst hätte, müsste das berühmteste Buch der italienischen Küche doch erheblichen Einfluss gehabt haben. Dieses Argument legte recht viel Gewicht auf ein Buch, das in der langen Reihe von Texten, die bis dahin in Frankreich in Erscheinung getreten waren, erst sehr spät auftauchte. Aber merkwürdig war es natürlich schon.

Quellier, von der Universität Tours, war ungefähr 50 Jahre alt, sah aus wie 30 und hatte einen Kurzhaarschnitt. Er trug eine schwarze Hornbrille und zu seinem weißen kurzärmligen Baumwollshirt eine schmale, schwarze, straff geknotete Krawatte und wirkte unglaublich zielstrebig. Quellier sprach während der gesamten Dauer der Konferenz mit niemandem. Er machte sich Notizen. (Er macht keinen Smalltalk, sagte mir ein Kollege; er entwirft Leitlinien.) Von seinem Äußeren und seinem Auftreten her hätte er Ingenieur oder Mathematiker sein können. Man hätte bei seinem Anblick nicht unbedingt spontan gedacht: Hey, lass uns doch mal essen gehen und ein paar Flaschen zusammen leeren! Man dachte eher: Wow! Schlecht drauf!

Barbara Ketcham Wheaton hatte sich auf humoristische Weise mit dem Katharina-von-Medici-Mythos befasst. Aber sie verfügte nicht über den Comicstrip aus den 1950er-Jahren, den Quellier in seiner Präsentation verwendete: Dort sah man Donald Duck als dickbäuchigen italienischen Pizzabäcker, dem die Kochmütze vom Kopf rutscht; um ihn herum stehen kerzengerade und aufmerksam goofyähnlich aussehende Hunde, denen er das Kochen beibringt. Die französischen Hunde sind verblüfft, aber dankbar. Das war der Höhepunkt von Quelliers Vortrag. Sehr lustig.

Quellier gehörte zum anti-italienischen Lager. Ich weiß nicht, ob ich jemals wieder jemandem begegnen werde, der so offen aggressiv pro-französisch argumentierte. Seine These ist die, dass die französische Küche bis zum Erscheinen von La Varennes Buch 1651 – *Le Cuisinier François*, der Text, mit dem sich alles änderte – noch dem Mittelalter angehörte. Und, ja, dass sie von den Italienern beeinflusst worden sei – ein bisschen, er kann es nicht leugnen –, aber eben auch von den Spaniern, was die Tischsitten betrifft, und von den Belgiern, ja sogar von den Deutschen. Jedenfalls sehe er – so sein wiederkehrender Refrain – keinerlei *preuves incontestables* dafür, dass der italienische Einfluss größer gewesen sei als Einflüsse anderer Art.

Die vielen aus dem Italienischen übersetzten Kochbücher – offenbar kein Beweis; auch die Tatsache, dass die Renaissance in Italien früher stattfand als in Frankreich – kein Beweis; auch dass die Regeln für die Präsentation einer Mahlzeit – Tischtuch, Gabel – zunächst in Italien existierten und dann erst von Frankreich nachgeahmt wurden oder dass Rabelais jenes römische Festbankett schilderte oder dass Platina in französischer Übersetzung gelesen wurde – kein Beweis; dass sowohl Katharina von Medici als auch Heinrich IV. italienische Köche beschäftigten und die Franzosen auf den Lyoneser *foires* italienische Zutaten kennenlernten – kein Beweis; der italienische Einfluss beim Bau der nahegelegenen Schlösser an der Loire (eben jenem Fluss, an dem wir uns gerade befanden), oder die Tatsache, dass ganz in der Nähe Leonardo da Vinci gelebt hatte und dass an der Tafel Franz' I. italienisch gesprochen wurde – offensichtlich alles kein Beweis dafür, dass die italienische Küche die französische beeinflusst hat. Quellier ließ nur den Beweis für seine Position gelten, der einzig und allein darin bestand, dass Scappis *Opera*, das großartigste Werk der italienischen Küche, nie ins Französische übersetzt wurde.

La Varenne, der Urvater der französischen Küche, sei nicht von Italien beeinflusst gewesen, sagte Quellier. Ob man denn bei La Varenne auch nur eine einzige Textstelle finde, die sich auf Scappi beziehe? Ein Rezept von Scappi vielleicht? Eine Danksagung an den hochverehrten Monsieur Scappi?

Ein belgischer Gelehrter widersprach, was ich mutig und ziemlich gewagt fand. »Aber es gibt doch Lancelot de Casteaus *Ouverture de cuisine*! Darin wimmelt es nur so von Scappi-Rezepten!«

Quellier nahm den Einwand nicht zur Kenntnis.

(Der belgische Gelehrte hatte übrigens recht. Der erwähnte Text, publiziert in Brüssel im Jahr 1604, gehört zu den ersten groß angelegten Versuchen, eine neue französische Küche zu kodifizieren. Hier wird zum ersten Mal in französischer Sprache die *pâte feuilletée* beschrieben. Und tatsächlich enthält er jede Menge Scappi-Rezepte. Man findet sogar frühe Versionen französischer Rezepte mit italienischen Namen: etwa *pâte Poupelin*, nach dem italienischen Konditor Popelini, oder *fèves de Roma*, für die grünen Bohnen, die man jetzt *haricots verts* nennt, oder die *tourte genoise*, die man sonst eine »Spinat-Tarte« nennen könnte.)

Quellier drängte weiter.

»Gibt es eine Übersetzung von Scappi? Hat irgendjemand im 16. oder wenigstens im 17. Jahrhundert dieses Buch besessen? Wo ist dieser Scappi?« *Où est le Scappi?*

Tatsächlich gab es in der Ausstellung – in einem Raum, den Quellier anscheinend noch nicht besichtigt hatte – zu diesem Thema ein Buch, elegant in weißes Leder gebunden, ein einzigartiges, von Hand angefertigtes Geschenkexemplar. Es war Katharina von Medici gewidmet und stammte aus ihrer Privatbibliothek. Der Titel lautete *Il cuoco segreto di Papa Pio V*, und der Autor war Bartolomeo Scappi.

Das verblüffte selbst mich, weil ich zu der (irrigen) Meinung gelangt war, dass Katharina von Medici letztlich eine Metapher der italienischen Renaissance war und dass das Wissen über die italienische Küche auf die gleiche Weise nach Frankreich gelangt war, wie jede kulinarische Bewegung Ländergrenzen überschreitet: nicht durch Buchübersetzungen, sondern durchs Weitersagen – einfach dadurch, dass Köche im Gespräch mit anderen Köchen nach und nach deren Rezepte kennenlernen. Aber diesen Widmungsband mit eigenen Augen zu sehen: Wow! Es kam mir fast wie eine Botschaft vor.

Aus Fairness gegenüber Quellier muss aber zugegeben werden: Es ist natürlich seltsam, dass Scappi nicht ins Französische übersetzt wurde, wo so viele andere, unbedeutendere Texte auf Französisch erschienen. Doch wurde Scappi auch selten in andere Sprachen übertragen. Und aus heutiger Sicht kann man sagen, dass sein berühmtes Buch 1570 zu einer Zeit erschien, wo eine Ära sich ihrem Ende zuneigte: die italienische Renaissance. Historiker machen das Ende der kulinarischen Renaissance Italiens oft hundert Jahre später an der Veröffentlichung des Werks von Antonio Latini fest (dem Autor, der seine Leser davon überzeugte, dass die Tomate nicht giftig sei), aber im 17. Jahrhundert erschienen wenige bemerkenswerte Texte. Als Scappi sein Buch schrieb, schilderte er eine Küche, die gar nicht mehr existierte. Das Buch war ein Rückblick.

Tatsächlich war die Dominanz der italienischen Küche im Niedergang begriffen, als die französische Küche geboren wurde.

VIII

FRANKREICH (ZU GUTER LETZT)

Die jungen Leute heutzutage leiden nicht mehr an Gicht, quälen sich dafür aber mit Diäten ab: Nudeln ohne Butter, Butter ohne Brot, Brot ohne Sauce, Sauce ohne Fleisch, Fleisch ohne Trüffeln, Trüffeln ohne Duft, Duft ohne Bouquet, Bouquet ohne Wein, Wein ohne Trunkenheit, Trunkenheit ohne Fröhlichkeit … Heilige des Paradieses! Lieber hätte ich Gicht, als mich selbst aller Reize des Lebens zu berauben.

Édouard de Pomiane, *Vingt Plats qui donnent la Goutte*, 1938

ch kaufte eine Faksimileausgabe von La Varenne – ein Manuskript vom Anfang des 17. Jahrhunderts, unverständliche Diktion –, und kam nicht über die zweite Seite hinaus. Ich konnte französische Texte lesen – und fand Werke aus dem frühen 19. Jahrhundert (etwa Carême) ebenso verständlich wie ein heute gedrucktes Buch. Aber dieser Text aus dem 17. Jahrhundert war zu unverständlich. Es gab auch viele Wörter, die heute nicht mehr gebräuchlich sind, zum Beispiel die zehn Begriffe für »Ente« – offenbar nicht die gleiche Art von Ente, sondern zehn verschiedene Arten. Eine moderne englische Übersetzung von Terence Scully war zwar ganz nützlich wegen der Forschungsergebnisse und Anmerkungen, kam mir aber seltsam flach vor, als habe der Versuch, das Werk sprachlich zu glätten, dem spröden Original geschadet. (Empfehlenswert – aber das weiß ich erst jetzt – wäre die Übersetzung gewesen, die zwei Jahre nach *Le Cuisinier François* in Frankreich erschien, die das Ringen und den Einfallsreichtum des Originals einfängt.)

Ich fand ein Werk von La Varenne erwähnt, das ich noch nicht kannte, *L'École des ragoûts* (Die Schule der Ragouts), veröffentlicht in Lyon im Jahr 1668. Ich brauchte unbedingt ein Exemplar davon. Schon im Titel schienen die beiden Kulturen, die ich erforschte, Italien und Frankreich, im Wort *ragoûts* ineinanderzugreifen. Im Italienischen wird das Wort *ragù* geschrieben, und es gibt nur wenige Wörter, die *la cucina italiana* volltönender vermitteln. Die Bolognese auf den Spaghetti: ein *ragù*. Jedes Fleisch, das so lange geschmort wird, bis eine Pasta-Sauce entsteht: ein *ragù*. La Varenne, der Gründer der französischen Küche, schrieb eine Schule des *ragù*? Selbst für den Fall, dass der Titel nichts mit dem Text zu tun hatte, war es zumindest ein kulturelles Dokument: Diesen Titel hatte der Buchdrucker damals für verkaufsfördernd gehalten.

Aber das Buch war nirgends aufzutreiben. Selbst bei Gallica, der digitalen Version der Bibliothèque Nationale, fand sich kein Exemplar. (Inzwischen allerdings schon.)

Endlich entdeckte ich es auf eBay.fr, relativ erschwinglich. Ich war sehr aufgeregt, als es kam, ein Wunder in einem ganz normalen Kuvert, mit der Briefpost. Es war kleinformatig, aber sehr dick, 425 Seiten, von Bücherwürmern angefressen, in einem gemusterten, rissigen, an den Rändern ausgefransten Rindsledereinband. Es handelte sich um die 14. Auflage. War das möglich? Oder war diese Angabe auf der Haupttitelseite nur eine Verkaufsmasche?

Auf der Innenklappe hatte einer der früheren Besitzer – in jener makellos flüssigen Tintenschrift, die auch meine Kinder in der Schule gelernt hatten – den Lebensmitteleinkauf eines Tages aufgelistet: 6 Francs und 60 Centimes für Sultaninen, Dorsch, ein Huhn, grüne Bohnen, Wurst, Schmalz und Salat. Der Dorsch hatte 1,20 Franc gekostet, das Huhn 2,78 Francs, das entsprach etwa den Preisen, die man in Paris um 1890 herum bezahlte (was ich wusste, weil ich zehn Jahrgänge der damals alle 14 Tage erscheinenden Zeitschrift *Pot au Feu* besaß, in der die französische Hausfrau saisonale Rezepte und die aktuellen Preise fand, für die die einzelnen Lebensmittel auf dem Markt angeboten wurden).

Das erste Rezept, das ich aufschlug, war drei Seiten lang und kinderleicht zu lesen: eine *pâté* im italienischen Stil, in Blätterteig gehüllt, mit einer Füllung aus Kalbfleisch, drei Rebhühnern und Zutaten aus der italienischen Renaissance (Rosinen, Kastanien, Pinienkernen, Zimt, Zucker und einem Stück getrockneter Zitrone). Ich hielt das Buch in der Hand, dieses frühe Exemplar aus den Anfängen des Buchdrucks, damals ebenso kostbar wie heute, hergestellt über 50 Jahre vor der amerikanischen Unabhängigkeitserklärung, schloss die Augen und stellte mir vor ... – nun ja, alles.

Erst später entdeckte ich, dass es sich um Schwindel handelte. Der Text stammte gar nicht von La Varenne. Niemand kennt den Verfasser des Buchs (jedenfalls konnte er schreiben).

Meine Faszination wuchs immer mehr. Es fühlte sich an wie der Beginn einer Obsession. Wer war La Varenne, und warum wissen wir nicht mehr über ihn? Auf kulinarischem Gebiet war er in Frankreich die Entsprechung zu Shakespeare. Mit ihm hat alles begonnen.

La Varenne stand als Koch in den Diensten eines berühmten Mannes – des hohen Militärbeamten und Marquis Louis Chalon du Blé.

Du Blé war Gouverneur an der Saône und residierte im prachtvollen Schloss Cormatin, das etwa in der Mitte zwischen Lyon und Mâcon liegt. Das Château de Cormatin befand sich im Familienbesitz, seit es von du Blés Großvater erbaut worden war, den (natürlich rein zufällig) Maria von Medici protegierte. Wie schon sein Vater, kam auch du Blé auf Schloss Cormatin zur Welt, und auch sein erster Sohn sollte dort geboren werden; dessen Geburt ist in den dortigen Kirchenbüchern registriert und fand im Winter 1652 statt, im Jahr nach dem Erscheinen von *Le Cuisinier François*. Terence Scully zeigt auf, dass La Varenne sehr wahrscheinlich im Château de Cormatin gekocht hat, obwohl der Gebäudeteil, in dem sich seine Küche befand, leider abbrannte und inzwischen neu errichtet wurde. Château de Cormatin, heute öffentlich zugänglich, liegt weniger als eine Stunde von Lyon entfernt, direkt an dem Fluss, den wir auch von unserer Wohnung aus sahen. Wie passend, dass der Pate der französischen Küche im Grunde Lyoneser war. An einem Samstag im Sommer unternahm ich mit der Familie einen Tagesausflug, um mich dort umzuschauen, in der Hoffnung, irgendetwas zu finden – einen Brief, ein Artefakt, einen unerwarteten verborgenen Schatz.

Außer *Le Cuisinier François* hatte La Varenne noch zwei weitere Bücher geschrieben, *Le Pâtissier Français* und *Le Parfait Confiturier* (über Marmeladenherstellung, wie schon bei Nostradamus), obwohl es, genau wie bei dem Buch *L'École des ragoûts*, möglich wäre, dass der Name La Varenne nur als Markenbezeichnung verwendet wurde. Unser Wissen über La Varenne speist sich größtenteils aus seinem ersten Werk: aus den internen Verweisen (etwa dem Kapitel über die Feldküche, faszinierend in seiner praktischen Anwendbarkeit – man nehme fünf Schafe …) und dem Vorwort, das Anspielungen auf Kochkollegen und Danksagungen an seinen Dienstherrn du Blé enthält.

Das Château gehörte jetzt drei Familien. Dafür, dass sie das historische Gebäude vor dem Ruin bewahrten, wurden sie mit einer Art Luxus-Wohnrecht belohnt. Sie veranstalteten Kostümbälle, Maskeraden und Bankette, parkten dann abends ihre Wagen auf dem Gelände und schlossen die Tore, als seien sie die Schlossbesitzer.

Es gab einen Schlossgraben und einen Irrgarten, in dem unsere Jungs beunruhigend lang hinter mannshohen Büschen verschwanden. Ich stand vor dem Dienstboteneingang der Küche, wo früher Händler ihre Ware anboten (was man aus den von La Varenne verwendeten Zutaten schließen kann): Jäger, Gärtner, Flussfischer, Fallensteller, Wilderer, die Süßwasseraale, Muscheln und Amseln brachten, Waldschnepfen, Schwäne, Wildschweine und die vielen verschiedenen Entenarten, etwa die *allebran*, nicht nur eine Wildente, sondern eine junge Wildente.

Einer der Schlossbewohner hielt sich gerade im Hof auf, um ein großes Stück Leinwand auszubessern. Mir schien es undenkbar, dass von La Varennes Küche gar nichts erhalten geblieben war. Irgendetwas musste doch aus dem Feuer gerettet worden sein – eine Rechnung oder ein Inventarverzeichnis, irgendwelche Briefe, ein Tagebuch. La Varenne war einfach zu wichtig.

Ich stellte mich dem Mann vor und erklärte ihm, warum ich hier war.

»La Varenne«, sagte er. »Ja. Hab von ihm gehört.«

»Er war Koch bei Marquis du Blé«, fuhr ich fort. »Viele betrachten La Varenne als den Begründer der französischen Küche.«

Der Besitzer starrte mich an. Er war Spanier: Monsieur Olvidaros. Vielleicht war die französische Küche nicht seine Stärke.

»Man glaubt, dass er hier gekocht hat, aber seine Küche ist im 18. Jahrhundert abgebrannt.«

»Ja, damals hat ein Feuer den Südflügel zerstört.«

Ich schilderte ihm, was ich zu finden hoffte, irgendeinen Beleg, ein Fragment, irgendwelche Dokumente.

»Wann war das?«

»Von 1630 bis 1650.«

»Nein.«

»Nein?«

»Damals waren die gar nicht hier. Sie waren in Paris.«

»In Paris? 20 Jahre lang?«

»Hier war jedenfalls niemand.«

Es ergab keinen Sinn. »Das kann nicht sein.«

»Das Schloss stand quasi leer.«

»Und was ist mit Nicolas du Blé, seinem Erstgeborenen?«

»Über den weiß ich nichts.«

»Es heißt, er sei hier geboren worden, im Januar 1652. Laut Kirchenbüchern. In Chalon-sur-Saône.«

»Davon wissen wir nichts.« *On ne sait pas.*

»Und sein Vater«, drängte ich weiter, zunehmend ratlos, »er war Soldat, immer im Krieg …«

»Ja.«

»Wie konnte er in Paris eine Armee zusammenstellen?«

»*On ne sait pas.*« Er starrte mich an. »Jedenfalls gibt es da nichts.«

»Nichts?«

»Nichts.«

Ich glaubte ihm nicht, wenn ich auch nicht annahm, dass er mich belog. Er wusste es wohl wirklich nicht. Aber was ich glaubte oder nicht glaubte, spielte sowieso keine Rolle. Die Küche war nicht mehr da, sämtliche Unterlagen waren verschwunden. Selbst das Haus in Paris existierte nicht mehr. Meine Suche nach einem verborgenen Schatz? Vergeblich.

Das dreieinhalbseitige Vorwort zu *Le Cuisinier François* enthält alles, was wir über La Varenne wissen.

Ich würde wiederkommen.

Aber erst einmal wurde ich von der ganzen Sache abgelenkt. Durch den MOF: den anspruchsvollsten kulinarischen Wettbewerb Frankreichs. Nein, ich selber war kein Kandidat. Aber dann irgendwie doch.

ENTENPASTETE

Ich hatte mich nicht für den MOF beworben, weil ich mich nun wirklich nicht für einen der bestausgebildeten und diszipliniertesten Köche Frankreichs hielt und dem Gedanken, (wieder einmal) spektakulär zu scheitern, nichts abgewinnen konnte, nicht einmal mit Humor. Der MOF wird mit jenem schon erwähnten Kragen in den Farben der französischen Flagge ausgezeichnet, der seinen Träger als Alphatier ausweist und von Viannay, Bocuse, Le Cossec, Michel Guérard und allen großen Köchen und Küchenchefs in Frankreich getragen wird. Der MOF wurde 1913 ins Leben gerufen, um die Leistung der vielen unbekannten Handwerker und Arbeiter, *les meilleurs ouvriers de France*, zu würdigen; er wurde alle vier Jahre ausgetragen, wie die Olympischen Spiele, und entwickelte in den Augen der kochenden Zunft im Lauf der Zeit ein unerwartetes Format, das man sich wirklich nur in Frankreich vorstellen kann, weil nur hier dem Essen ein geradezu mystischer Wert beigemessen wird. Wenn man zum MOF ernannt wird, hat man ausgesorgt, und deshalb waren alle – Christophe, der junge Mathieu, Frédéric, Ansel, zwei Köche aus Bouluds New Yorker Küche und sogar Florian – ins sprichwörtliche Rennen gegangen, denn was hatten sie zu verlieren?

Ich aber nicht.

Die Gerichte, die Bestandteil der Prüfung waren, klangen nicht besonders kompliziert. Erst Fisch, dann Ente, beides schien relativ leicht zu bewältigen (wie ich mir selber einredete), vor allem die Ente, die auf zwei Arten zubereitet werden sollte: Die Brust sollte in dünne *aiguillettes* geschnitten und mit einer Sauce auf Cidre-Basis angerichtet, die Keulen in eine Blätterteig-»Pie« verwandelt werden. Tatsächlich wurde es genauso genannt: »Pie«.

Ich dachte: Ich weiß, wie man die Brust zubereitet. Man löst sie heraus, sautiert sie langsam, wendet sie, und das war's. Sie herauszulösen ist ein bisschen knifflig, und das langsame Sautieren muss wirklich sehr langsam vonstattengehen, mit der fetten Seite nach unten, 15–25 Minuten oder länger, bis die Haut knusprig und die cremeweiße Fettschicht darunter ausgeschmolzen ist.

Die Brust: der einfache Teil. Die Herausforderung: die »Pie«.

Aber ich dachte: Ich weiß, wie eine Pie geht. Nicht nur traute ich sie mir zu, ich wollte diese Pie auch in meinem Repertoire haben. (Viannay nannte es nicht Pie, sondern *tourte*, aus derselben italienischen Wurzel, der wir *torta*, *tortelli* und *tortellacci* verdanken. Auf einem Wandteppich aus dem 16. Jahrhundert, der bei der Ausstellung damals in Blois zu sehen war, steht eine *tourte* im Mittelpunkt eines königlichen Mahls; inzwischen sehe ich sie als eine Art Verbindungsstück zwischen Italien und Frankreich.)

Am Samstag nach der Bekanntgabe der Gerichte begegneten Jessica und ich in unserem Bistrot du Potager zufällig Christophe und Viannay und setzten uns an ihren Tisch. Christophe war im Training; Viannay sein Coach. Christophe war vorübergehend von seinen Küchenpflichten entbunden, um Technik, Tempo und die Blätterteig- und Saucenzubereitung zu trainieren. Sein Prüfzentrum befand sich in Marseille. Um zu verhindern, dass Juroren (Küchenchefs aus der Umgebung) und Wettbewerbsteilnehmer sich kannten, wurden die Prüfungen nämlich in großer Entfernung zum Wohnort der Kandidaten abgehalten.

Christophe war mein Freund geworden. *Tu nous manques*, sagte er erneut, leise, aber doch unüberhörbar. Wie ich später erfuhr, kam ein solcher Wandel im Verhältnis zwischen Vorgesetzten und Novizen gar nicht so selten vor, diese unerwartete Empfindung gegenseitigen Respekts, und obwohl ich das französische Ausbildungssystem eigentlich missbillige – die Demütigungen, das unkontrollierte Mobbing –, muss ich zugeben, dass ich noch nie zuvor so viel gelernt hatte. Das hat mich zum Koch gemacht. Und die Lektionen scheinen sich auf diese Weise tiefer und dauerhafter eingeprägt zu haben, als es vielleicht bei einer freundlicheren, menschlicheren Unterweisung der Fall gewesen wäre. (Bis heute höre ich beim Saubermachen Christophes Gebell: *»Pas propre!« »Sale!« »Pas propre!«*)

Das Essen im Potager – Viannay bestellte mir zu Ehren eine Magnumflasche edlen Burgunders – war überraschend inspirierend. Ich las die MOF-Instruktionen durch. Es handelte sich dabei nicht direkt um Rezepte, sondern eher um eine Reihe von Bedingungen: Zutaten, die verwendet werden durften, und solche, die verboten waren; die Größe des Serviertellers und das Gewicht der Ente. Man durfte den Blätterteig für die Pie nicht vorbereiten. Aber man durfte mit einem *pâton* erscheinen, dem Teigling, in den man die Butter einwickelt. Zum Fond: Kalbsfond war verboten, Hühnerbrühe durfte mitgebracht werden. Die Zahl der Pilze war genau festgelegt (im Wesentlichen zwölf Pilze, *champignons de Paris* genannt, aber nur die Köpfe), ebenso die Zahl der Dörrpflaumen (sechs Stück, entsteint, aus Agen), für Rüben hingegen war keine Höchstmenge festgelegt. Und was die Ente selbst betrifft: Die Brust musste ausgelöst, für sich gegart und in dünnen Scheiben serviert werden, angerichtet mit einer Cidre-Sauce; das Fleisch der Keulen kam in die Pie und konnte auf beliebige Art gegart werden (*»cuisson libre«*). Es war eine Prüfung, aber auch ein Geduldspiel.

Ich hatte mich weiter mit der Herstellung von Blätterteig befasst und die Früchte meiner Bemühungen tiefgefroren. Im Eisschrank lagerten auch Unmengen von Geflügelfond. Ich dachte: Das kann ich wirklich schaffen! Ich machte mich auf den Weg, um den vorgeschriebenen Servierteller aufzutreiben, aber vergeblich. Die Wettbewerbsteilnehmer waren vorher da gewesen. (Es hatte auch einen Riesenansturm auf den Fisch gegeben – *carrelet*, Scholle –, der gerade nicht Saison hatte. In der Lokalzeitung kam ein Artikel darüber, wie sich Scholle aufgrund des MOF verteuert hatte: Sie war von 1 bis 5 Euro pro Kilo auf 113 Euro hochgeschnellt – offenbar der Preis dafür, dass man in einer Stadt voll ambitionierter Köche lebte.)

Ich suchte nach Rezepten zunächst bei Escoffier, dann anderswo. Die speziellen MOF-Gerichte gab es überall und nirgends … Ich fand jede Menge Rezepte, bei denen Cidre verwendet wurde. Es gab bestimmt zweihundert Entenrezepte mit Rüben. Ich beschloss, die Keulen für die Pie-Füllung als *ragoût* zu kochen, obwohl ich immer *ragù* im Kopf hatte, die italienische Schreibweise.

Mein erster Versuch war ein Desaster. Ich begann mit dem Entbeinen der Ente. Wie bei einem Huhn entfernt man zuerst die Keulen. Um an die Brust zu gelangen, entfernt man das Gabelbein und die Flügel und schneidet die »Steaks« heraus – jedenfalls sehe ich sie immer als Steaks. Sie werden durch das lange Brustbein getrennt, und von dort beginnt man das Fleisch mit dem Messer auszulösen, indem man unablässig schabt. Die Brusthöhle einer Ente unterscheidet sich von der eines Huhns, flacher, weniger oval, und das Fleisch hat eher die Form eines Filets.

Ich legte die Entenbrust beiseite. Die war für später.

Ich zerhackte das Gerippe, gab es in einen Suppentopf, fügte einen Spritzer reduzierten Cidre hinzu und bedeckte die Knochenstücke mit Geflügelfond. Dies würde mein *jus* sein.

Die Pie-Füllung würde hauptsächlich aus den Keulen und irgendwelchen Resten bestehen, einschließlich der »Austern« (beim Geflügel die kleinen, austernförmigen Fleischstücke in der Höhlung des Beckenknochens; sie werden »Pfaffenschnittchen« genannt, die Franzosen nennen sie *sot-l'y-laisse*: was nur ein Narr übrig lässt).

Nach dem Entbeinen blieb ein enttäuschend kleines Häufchen Fleisch übrig. (Wie sollte ich damit eine Pie füllen?) Ich bräunte die Fleischstückchen und ließ sie dann in einer kleinen Menge Enten-Jus vor sich hin schmoren. Ich wurde daran erinnert, dass Fleisch bis zu einem bestimmten Punkt, selbst wenn es lange Zeit gegart wird, seine Form und Textur bewahrt – und dann, ganz plötzlich, von einem Moment zum anderen, zerfällt. Meines zerfiel. Es war mehr *ragù* als *ragoût* und hätte sich besser auf einem Teller frisch zubereiteter Pappardelle gemacht.

Ich las noch einmal meine Anweisungen durch, einschließlich des Pressetextes, und merkte, dass ich etwas übersehen hatte: Am Tag der Prüfung konnten Journalisten ein *centre d'épreuves* besuchen (ein Prüfungscenter), vorausgesetzt, dass sie erst kamen, wenn die Kandidaten schon zu kochen begonnen hatten und nicht gestört wurden. Ich warf einen Blick auf die Liste der Center. Das nächste lag in Dardilly, ganz nah bei Lyon. Warum nicht?

Das Prüfungscenter befand sich in einem *Lycée,* einem Gymnasium. Teenager mit Büchern lagen auf dem Rasen und wirkten so entspannt, dass mich dieser unerwartete Anblick und ihre jugendliche Muße einerseits verwirrten, andererseits mit nostalgischen Gefühlen erfüllten. Die Testküche war in jeder erdenklichen Hinsicht das Gegenteil. Man ging bis ans Ende eines langen dunklen Korridors, stieg eine noch dunklere Treppe hinauf, öffnete eine Tür und prallte erst mal zurück: Körperdünste, Küchengerüche und das eindeutige Gefühl, dass hier irgendetwas völlig schieflief. Die Aufsicht führte ein Ehepaar, Ende 60 (das prekäre Verhältnis von zwei Menschen, die den größten Teil ihres Lebens nicht sonderlich glücklich zusammengelebt haben). Sie beugten sich gerade über ein Klemmbrett – manche Kandidaten hatten ihre Gerichte unter der falschen Nummer eingereicht, und das Ehepaar konnte die Nummern nicht richtig zuordnen. Die beiden führten schon seit morgens um 5 Uhr Aufsicht und waren erschöpft. Verdutzt starrten sie mich an und fragten, was ich wolle.

Ich hatte ein Akkreditierungsschreiben dabei. »Ich bin Journalist. Ich bin als Beobachter hier.«

Die Frau legte beide Hände auf die Arbeitsfläche, senkte den Kopf und flüsterte: »*Merde!*« Dann sagte sie zu ihrem Mann: »Hol Pierre«, und er ging ihn suchen.

Die Küche befand sich im hinteren Bereich, seitlich davon ein kleiner Nebenraum für die Juroren, dahinter ein »*Pass*«, an dem gerade ein Kandidat mit einem Tablett erschien, auf dem sechs Teller standen, ein Teller für jedes Jurymitglied – dünne Entenscheiben, fächerartig arrangiert, eine helle rotbraune Sauce und eine »Pie«-Scheibe. Es war das erste Mal, dass ich das fertige Gericht zu Gesicht bekam. Es wirkte so lecker, dass ich es gerne im Restaurant serviert bekommen hätte. Nicht, dass es sonderlich ambitioniert oder schwierig aussah – einfach nur lecker. Der Kandidat – seine Schürze hing an ihm herunter wie ein abgestürzter Drachen, und er hatte einen Fleck auf der Kochjacke – war offensichtlich gescheitert. Er hatte zwölf Minuten überzogen. Man erreicht die Endrunde nur mit der vollen oder fast vollen Punktzahl: 19 oder 20 von insgesamt 20 Punkten. Wie elegant er seine Ente auch präsentiert haben mochte, aufgrund der Verspätung hatte man ihn disqualifiziert.

Nun erschien Pierre, ein schmächtiger älterer Mann in einer frisch gestärkten Kochjacke mit dem Kragen in den Farben der Trikolore. Ich kannte ihn! Es war Pierre Orsi! Der reizende Pierre! Jeder kannte Pierre. Ich hatte ihn zuvor schon einige Male gesehen, zusammen mit Boulud und im Restaurant – Jessica und ich hatten dort anlässlich eines Geburtstags gegessen und waren von seiner herzlichen, zuvorkommenden Art schlicht überwältigt gewesen. Als er einen Freund in mir erkannte, führte er mich in den Nebenraum, in dem die Jury saß, als wolle er mir den besten Platz im Lokal anbieten (was ja auch zutraf).

Die Mienen der Sachverständigen sagten: Das dürfte wohl kaum dem Protokoll entsprechen!

Aber Pierre war der zuständige MOF und hatte aus Höflichkeit spontan so entschieden. Drei der sechs Jurymitglieder kannte ich sogar: William Jacquier (einer meiner ersten Lehrer am Institut Bocuse), Christian Têtedoie (ein unglaublich ehrgeiziger Typ, der beeindruckenderweise binnen weniger Monate vier verschiedene Restaurants eröffnet hatte, Schlag auf Schlag – das *bouchon,* das er Boulud weggeschnappt hatte, noch gar nicht mitgerechnet) und kein anderer als Jean-Paul Lacombe, der Besitzer und Küchenchef des Léon de Lyon, dem Restaurant, wo ich einmal fast ein Praktikum begonnen hätte. Michel Richard fiel mir ein, die Erinnerung an unseren letzten gemeinsamen Tag, als er mir prophezeit hatte, ich würde sämtliche Lyoneser Küchenchefs kennenlernen. Damals hatte ich ihm nicht geglaubt, ich konnte ja noch nicht mal Französisch. Aber Michel hatte recht behalten.

Lacombe und ich waren inzwischen Freunde geworden, nach einem zweiten Besuch im Léon de Lyon, bei dem ich ihm erzählte, dass ich Michel Richard kannte. Wie viele andere, die Richard kennengelernt hatten, betrachtete auch Lacombe ihn als absoluten Spitzenkoch, und erneut fiel etwas von seinem Glanz auf mich ab. Lacombe war der einzige Küchenchef ohne MOF-Kragen und wirkte eindeutig underdressed.

Ein weiterer Juror war Roger Jaloux, einer der ältesten Küchenchefs der Stadt. Ich kannte ihn bis dahin nicht persönlich, hatte aber viel von ihm gehört. Er hatte bei Bocuse gearbeitet (vier Jahrzehnte als Executive Chef) und besaß zwei der historischen Bistros in der Stadt. Die Namen der beiden anderen Juroren bekam ich nicht mit, fragte aber nicht noch einmal nach. Ich hielt mein Notizbuch unterm Tisch verborgen. Es brannte mir förmlich in der Hand.

Die Juroren waren mit dem Kandidaten Nummer 14 fast fertig. Sie hatten über seine Sauce gesprochen. Jean-Paul Lacombe, der sich Têtedoie direkt gegenübergesetzt hatte, fand sie gut. Er gab der Sauce fünf Punkte. Jedes präsentierte Gericht wurde nach vier Kriterien bewertet, mit jeweils maximal fünf Punkten.

»Wie kannst du Nummer 14 ernsthaft für ›gut‹ halten?«, fragte Têtedoie. »Die Sauce war fade.«

»Sie war nicht fade.«

»Doch.«

»Nein, war sie nicht. Ich fand sie gut. Sie hat nach Äpfeln geschmeckt.« Offenbar bezog sich »Äpfel« auf eine vorangegangene Diskussion und schien etwas zu sein, das die Juroren von einer mit Cidre zubereiteten Sauce erwarteten. Lacombes Miene wirkte verschmitzt. »Äpfel!«, sagte Têtedoie. »Sie hat nach nichts geschmeckt. Sie war banal.«

Lacombe beharrte, obwohl er wusste, dass er Têtedoie damit provozierte: »Fünf.«

»Nein. Vier.«

»Fünf.«

»Vier.«

Eine lange Pause, dann lenkte Lacombe ein: »Okay«, sagte er, »vier.«

Die Differenz zwischen vier und fünf reichte vermutlich, um einen Kandidaten oder eine Kandidatin am Weiterkommen zu hindern. »Die Pie?«

»Fünf«, sagte Lacombe.

»Auf gar keinen Fall«, widersprach Têtedoie. »Hast du die Pilze probiert?«

»Natürlich habe ich die Pilze probiert.«

»Ich hatte einen, der war hart.« *C'était dur.* »Er war auf einer Seite nicht durchgegart.« Die Pilze wurden in Scheiben geschnitten und sautiert. Irgendjemand – wer auch immer Nummer 14 sein mochte – musste in der Eile übersehen haben, dass einer der Pilze auf einer Seite nicht ganz durchgegart war. »Vier«, sagte Têtedoie.

»Okay, okay. Vier.«

Nummer 14 würde nie erfahren, dass er oder sie es wegen eines einzigen Pilzes nicht in die Endrunde geschafft hatte.

Die Gruppe ging weiter zu Nummer 15. Langsam schob ich mich

Zentimeter um Zentimeter vom Tisch zurück, ganz leise, legte mein aufgeschlagenes Notizbuch aufs Knie und begann mitzuschreiben.

»*Le visual de la pie?*«, fragte Roger Jaloux. Die Präsentation der Pie, wie sieht sie aus?

»*C'est bon. Une belle présentation*«, erwiderte Jacquier. Die Präsentation war gut. Ansprechend. Fünf Punkte. Vier Juroren waren einverstanden. Sie gaben fünf Punkte.

Têtedoie, der als Letzter drankam, war offensichtlich wütend, und seine Rage – er geiferte fast vor Wut – richtete sich gegen Lacombe. »*Non. Non, et non!*« Es spielte keine Rolle, dass alle anderen der Pie einhellig fünf Punkte gegeben hatten.

»Ach, Christian«, seufzte Lacombe, was so viel hieß wie: Schalte mal einen Gang runter, sei so nett.

»Vier!«, beharrte Têtedoie.

»Okay, vier«, lenkte Jaloux ein. »Aber, Christian, reiß dich jetzt mal zusammen, *s'il te plaît*. Wir haben einen Journalisten hier. Er macht sich Notizen.«

Sie debattierten weiter. Bei der Pie ging es entweder um die Füllung (sie brauchte die auf der Zunge zergehende *fondant*-Qualität – sämigen Schmelz, einen gewissen Pfiff –, und bei den meisten Kandidaten fehlte das) oder den Blätterteig, der bei der Bewertung als *le feuilletage* bezeichnet wurde und oft nicht ganz durchgebacken war (»*Pas cuit*«). Wer die Zubereitung von Blätterteig nicht beherrschte, konnte niemals MOF werden.

»*Le feuilletage* von Nummer 21 hatte *un soufflé très beau*«, sagte Lacombe – eine schön luftige Konsistenz –, und er dehnte die Vokale wie in einem Gedicht.

»Nein«, sagte Têtedoie, »das war zu viel.«

»Und die Sauce«, schwärmte Lacombe weiter, um Têtedoie zu provozieren, »war *ravissante*« – atemberaubend.

»*Ravissante?* Im Ernst, Jean-Pierre, diese Sauce hatte doch keinen Charakter!«

(Okay – wie verleiht man seiner Sauce Charakter?)

Je länger sich die Beurteilung hinzog, desto klarer wurde, dass es bei dem Streit zwischen Lacombe und Têtedoie um etwas anderes ging und die Gerichte nur ein Vorwand waren. Störte es Têtedoie, dass Lacombe kein MOF war? Lacombe war weich und rundlich, fast knuffig, nicht gerade elegant. (Vielleicht war er ein bisschen eitel? Sein Haar wirkte blond gefärbt.) Er lümmelte wie ein Sack in seinem Sessel. Hingefläzt.

Têtedoie, zwölf Jahre jünger, war fit, straff, mit kurz geschorenem silbergrauen Haar und feinen Gesichtszügen. Er war das menschliche Äquivalent eines perfekt gebügelten Hemds. Sein Äußeres wirkte nicht militärisch. Es wirkte stählern. Sein Executive Chef hatte gerade die Ehre errungen, Frankreich beim nächsten Bocuse d'Or vertreten zu dürfen, und diese Ehre gebührte ebenso Têtedoie. Offenbar hatte Têtedoie den Anspruch, die Zukunft der Lyoneser Küche zu verkörpern, und diese Zukunft war von Disziplin und *rigueur* geprägt. Hohe Anforderungen. Keiner der Wettbewerbsteilnehmer erhielt die volle Punktzahl, obwohl einige sie erreicht hätten, wenn Têtedoie nicht dabei gewesen wäre, dessen extrem hoher Maßstab seine Kollegen störte. Kein einziger MOF-Kandidat aus dem Prüfungscenter Dardilly schaffte es in die Endrunde. Und wer weiß? Vielleicht war das auch ganz korrekt.

»Nummer 22?«, fragte Jaloux.

»*Absenté.*« *Absenté* hieß keineswegs, dass der Kandidat nicht erschienen war, aber es lief auf dasselbe hinaus: zu spät.

»Nummer 23?«

»*Absenté.*«

»Nummer 24?«

»*Absenté.*«

»Number 25?«

»Eine Katastrophe«, sagte Têtedoie.

Die Sitzung ging allmählich zu Ende. Ich steckte mein Notizbuch ein, dankte den Jurymitgliedern (Jaloux wirkte kleinlaut und verlegen) und begab mich zum Ausgang. Das Aufsicht führende Ehepaar sah, dass ich die ganze Zeit da gewesen war. In all der Hektik hatten sie mich glatt vergessen und bemerkten nun, dass ich direkt aus dem Nebenraum kam. Ich hatte bei der Jury gesessen!

»*Mon Dieu!*«, rief die Frau. »Aber wenigstens haben Sie sich keine Notizen gemacht.« Am nächsten Morgen kontaktierte ich Têtedoie und fragte, ob ich ihn sehen könnte.

Wir trafen uns in der Bar des Restaurants Christian Têtedoie, das auf halber Höhe des steilen Hügels von Fourvière liegt, an einer gewundenen, altertümlichen Straße – Steinmauern, Klöster und Renaissance-Bauten. Das Restaurant war ein modernes Gebäude und bildete einen interessanten Kontrast zur Umgebung, viel Glas und rechte Winkel, ein vier Meter hohes Banner, das Têtedoies Executive Chef feierte, und ein grenzenlos scheinender Panoramablick über die unterhalb liegende Stadt.

Es habe mich fasziniert, erklärte ich, wie der MOF darauf beharrte, dass französische Gerichte perfekt zubereitet werden müssten. »An sich sind die Gerichte ja nicht unbedingt schwierig?«

»Nein, sind sie nicht. Aber es ist sehr schwierig, sie perfekt zuzubereiten.«

»Es sind ja auch ausgesprochen französische Rezepte.«

»Ausgesprochen.«

Ich fragte ihn, warum er während der Jurysitzung darauf bestanden hatte, die von seinen Kollegen vergebene Punktzahl zu reduzieren.

Es schien ihn zu freuen, dass ich das bemerkt hatte. »Meine Kollegen waren zu großzügig.« Ich fragte, was da zwischen ihm und Jean-Paul Lacombe los gewesen sei?

Wieder schien Têtedoie erfreut. »Das war nichts Persönliches. Jean-Paul ist ein sehr guter Bistro-Chef. Aber ein MOF bedeutet Kochen auf allerhöchstem Niveau. Das darf niemals nur ›gut‹ sein.«

Ich berichtete ihm, dass ich die Ente mit Rüben und die Pie geübt hätte. »Könnte ich das mal für Sie kochen? Würden Sie mein Gericht genauso streng beurteilen, wie Sie das bei der Jurysitzung taten?« Und er war einverstanden.

Beschwingt, aber auch voller Angst, ging ich nach Hause. Dieses Gericht war wie eine Art Abschlussprüfung für mich. Dann erfuhr ich, dass alle meine Freunde gescheitert waren: Christophe und Frédéric und die beiden Chefköche aus Bouluds Küche – alle. Kein Einziger hatte es in die Endrunde geschafft.

Für mich bestand die Herausforderung in jener *fondant*-Qualität.

Wieder schaute ich bei Escoffier nach und fand zwei Rezepte, die hilfreich sein konnten. Das eine war *civet de lièvre à la française*. *Lièvre* ist Hase. *Civet* ist eine Zubereitungsart: Man mariniert den Hasen in Wein, schmort das Fleisch in der Marinade und mischt für die Sauce die Marinade mit dem Blut des Tieres. Es ist eine reichhaltige, typisch französische Sauce. Die Zubereitung unterschied sich gar nicht so sehr von dem, was ich schon gemacht hatte (bis auf das Blut): Ich kochte zähes Fleisch in einer wunderbaren Sauce, bis es zart und sehr aromatisch schmeckte: das heißt, als *ragoût* (oder *ragù*).

Das zweite Rezept war Kaninchen (der kleine, magerere Verwandte des Hasen). Es verlangte zusätzlich nach Calvados, dem in der Normandie aus Äpfeln gewonnenen Branntwein (wobei sich das Apfelaroma intensiviert), und wurde wie ein *ragù* behandelt – »*traité en ragoût*« (langsam geschmort, reichhaltige Flüssigkeit, Sauce etc.).

Ich dachte: Genau! *Ragoût*! Oder *ragù*. Es war im Grunde das gleiche Verfahren.

Ich dachte auch: Calvados! Natürlich! In den MOF-Instruktionen war er zwar nicht erwähnt, was mir zu denken gab. Andererseits wurde seine Verwendung auch nicht direkt ausgeschlossen. Aber wenn man schon bereit ist, Calvados hinzuzufügen, warum sollte man es dabei bewenden lassen? Cidre + Calvados + Apfelessig (warum nicht?) + Quitte, die mittelalterliche Frucht, die Äpfeln oder Birnen ähnelt = ein extrem intensiviertes Apfelaroma (und, verdammt noch mal, meine Sauce würde Mega-Charakter haben!).

Ich machte mich an die Arbeit: entbeinte die Keulen, bereitete eine Calvados-Cidre-Apfelessig-Marinade zu, bräunte das Fleisch, fügte meinen *jus* und noch einen Spritzer Calvados hinzu *(pourquoi pas?)* – aber so, dass das Fleisch nicht bedeckt und der *jus* eher eine Pfütze als ein Teich war – und löffelte dann die Flüssigkeit auf das Fleisch, nicht sehr lange, 30 Minuten vielleicht, bis es gar war. Das Resultat?

Viel besser als beim vorangegangenen Versuch. Weniger breiig, diesmal konnte man die Stücke noch als Fleisch identifizieren (und man wäre nie auf die Idee gekommen, sie über einen Teller Spaghetti zu geben). Doch zu meiner Enttäuschung war das Fleisch trocken. Es war sogar sehr trocken. Es erinnerte an Pappe.

Dies war ein Beispiel für ein Phänomen, das ich mittlerweile als Bœuf-Bourguignon-Paradox bezeichne: dass nämlich Fleisch, obwohl man es in Flüssigkeit schmort, trotzdem nicht saftig, sondern im Gegenteil trocken schmeckt. Dies kann zum Beispiel bei *coq au vin* der Fall sein (in einer Flasche Rotwein geschmort). Das Problem ist das Fett (das heißt, das lange Schmoren entzieht dem Fleisch Fett, und dadurch entsteht der Eindruck, das Fleisch sei trocken). Julia Child hat das verstanden: Sie hat bekanntlich empfohlen, *bœuf bourguignon* unter Zugabe von *lardons* zu kochen – kleine Streifen aus der *poitrine*, der französischen Entsprechung von *pancetta*, also Speck.

Doch in Lyon verwendet man nicht *poitrine*, die meist als industrialisiertes, fertig gewürfeltes Produkt in einem steifen Plastikbehälter verkauft wird. Hier verwendet man ein sehr tierisches, schwitziges und etwas miefiges Stück *couenne*. Selbst für *bœuf bourguignon* wird, wie mir unser Metzger sagte, *couenne* verwendet. »Das ist das Beste.« (Derselbe Metzger empfahl mir auch, vom Schwein nicht die üblichen Teile zu verwenden – Schulter, Keule, Hinterschinken –, sondern die Schweinebäckchen, stark durchgearbeitete Muskeln, die einen hohen Anteil an Bindegewebe und Fett aufweisen und teurer sind, dafür aber ein viel intensiveres und länger anhaltendes Aroma haben. Und er hatte recht! Ich verwende jetzt nur noch diesen Teil vom Schwein.)

Couenne (»coo-en« ausgesprochen) ist eine Schicht köstlichen Specks direkt unter der Schwarte eines Schweins. Man säubert sie, indem man sie kurz in kochendes Wasser taucht, sie dann in eine Kasserolle gibt und schmelzen lässt, während man das Fleisch brät. Couenne ersetzt das, was im Wein verkocht. So erhält man glänzendes Fleisch. In den Rezepten meiner 1894 erschienenen Ausgabe von Le Pot au feu wird so oft couenne verlangt, dass sie, wie Salz und Pfeffer, meist gar nicht mehr in der Zutatenliste aufgeführt wird: Es wird einfach vorausgesetzt, dass man sie vorrätig hat. In Lyon bekommt man couenne in jeder Metzgerei, auf dem sonntäglichen Bauernmarkt und bei Monoprix, der Supermarktkette. So gelingen Schmorgerichte. Eine »Kneipe« bei uns in der Nähe, gleich nach der Schule der Jungs ein Stück den Berg hinauf, hieß La Couenne. Beim Anblick des Schilds, mit seinem für Insider gedachten Gourmet-Hinweis, verliebte ich mich aufs Neue in Lyon. (Wo sonst kann man sich vorstellen, dass eine Bar mitten in der Stadt »Speckschwarte« heißt!) Ich versuchte es auch mit anderen Tricks. Angesichts der vielen Flüssigkeit riskierte ich eine Mehlschwitze, um sie einzudicken. (Mehl und Butter zu gleichen Teilen mischen – nur ein bisschen, 25 g von jedem, auf kleiner Flamme heftig rühren, bis die Schwitze hellbraun wird.) Im 19. Jahrhundert verlangen fast alle Rezepte eine Mehlschwitze. Ende des 20. Jahrhunderts ist die Mehlschwitze aus allen Rezepten getilgt. Die Herausgeber des Gault & Millau Nouvelle Cuisine verdammten die Mehlschwitze geradezu: Wieso sollte man eine Sauce mit Mehl eindicken, wenn man sie reduzieren und auf diese Weise ihren Geschmack intensivieren kann? Erwähnt man Mehlschwitze im Gespräch mit heutigen Köchen, dann kann es schon mal vorkommen, dass einer so tut, als kaue er schmatzend auf einem klebrigen, trockenen Teig herum, der am Gaumen klebt. Aber ich machte ja eine Pie-Füllung, keine Sauce, und die viele Flüssigkeit verlangte geradezu nach einer geschmeidigen *fondant*-artigen Eindickung.

Auch die Rüben trugen zu einem luftigen *fondant*-Effekt bei, weil ich sie vor dem Kochen mit Mehl bestäubte und am Schluss eine Kelle von meinem Entenfond-Cidre-*jus* hinzufügte. *Wieder* ein Rezept von Escoffier (wer hätte gedacht, dass der alte Knacker so viele gute Tipps bereithielt?), und als ich direkt aus der Pfanne probierte, überraschte mich der extrem süße Geschmack. Ich hatte im La Mère Brazier frisch geerntete Frühlingsrüben gekocht, aber sie hatten immer genauso geschmeckt wie erwartet – fasrig, wässrig, unaromatisch; eher gesund als lecker. Die Sautierpfanne jedoch hatte die Stärke verwandelt. Und die Rüben waren nicht nur süß: Sie waren das Knollenäquivalent einer Frucht. Selbst heutzutage, wo es so viele konkurrierende exotische Entenrezepte gibt – abgerundet mit den leuchtend roten, herben Griottes-Kirschen, die man nur im August bekommt, oder mit wilden Bergheidelbeeren, mariniert in einem aus *génépi* (Beifuß)-Blüten hergestellten Sirup aus Savoyen –, wird Ente in Frankreich immer noch mit Rüben serviert. Die Kombination, so alt wie die Landwirtschaft selbst, birgt eine gelungene rustikale Harmonie – fett und süß, Vogel und Erde.

An einem Wochenende in Mâcon hatte Jessica mit ihren WSET-Freunden ein Foto geteilt, das meine Wenigkeit nach einem *bouchon*-Mahl zeigt, umgeben von drei Spitzenköchen, alle in Amerika tätig – Daniel Boulud, Thomas Keller und Jérôme Bocuse, der Sohn von Monsieur Paul. Olivier, ein in London lebender Französischschweizer, war verblüfft.

»Unglaublich«, sagte er zu Jessica, »mit wem dein Mann da zu sehen ist! Wann können wir mal zum Essen kommen?« Als dann alle ihr Schlussexamen bestanden und ihr Diplom in der Tasche hatten, stand fest: Ich würde zur Feier des Tages mein MOF-Gericht für sie kochen; ein erster Testlauf.

Und dann war da noch Bob. Enten-Pie klang zwar nicht gerade nach *grande cuisine*, aber wenn die MOF-Organisatoren es als Gericht für die Prüfung auserkoren hatten, war es für Bob bestimmt gehoben genug. Für ihn würde ich es als Nächstes kochen.

Mittlerweile bereitete ich mich mit drei Vorversuchen auf meinen ersten Testlauf vor. Ich kam nicht umhin, mein Werk jedes Mal zu bewundern: eine Pie, knusprig und golden, der nach Butter und geschmorter Ente und herbstlichem Cidre duftete. Es war ein aberwitzig schönes Resultat. Verdammt, das hatte ich gemacht! Der absolute Wahnsinn!

Warum ich immer wieder zu La Varenne zurückkehrte und sein Buch studierte, auf der Suche nach den Gerichten, die die große Wende bedeuteten? Ich wünschte, der Grund dafür wäre gewesen, dass ich unbedingt den Motor, das Herz, den Ursprung der französischen Küche identifizieren wollte, den Moment, der diese mächtige kulinarische Kultur hervorgebracht hat. In Wirklichkeit aber brachten mich die Worte *ragoût* und *ragù* dazu, La Varennes Bücher in die Hand zu nehmen. Mein Verständnis von *ragù* hatte nicht so ganz dem entsprochen, was ein französischer Koch unter *ragoût* versteht. Als ich meine Ente als *ragù* kochte, wurde eine, wenn auch schmackhafte, Pampe daraus. Als ich sie sanft schmorte, meinen Entenfond darüberlöffelte, sie von unten und oben gleichzeitig erhitzte und somit nicht auf eine italienische Sauce (einen *sugo*) abzielte, sondern auf etwas wie in Sauce verwandelte butterweiche Zartheit, war klar, dass hier etwas anderes entstand, von dem ich *glaubte*, es sei ein *ragoût*. Die Unsicherheit kommt daher, dass das Wort »ragoût« besonders schwer zu definieren ist. Heutzutage wird es kaum noch verwendet, aber fast drei Jahrhunderte lang, von 1651 bis in die 1930er-Jahre war es ein so häufig gekochtes Gericht, dass es quasi nie erklärt wurde. Trotz meiner umfassenden Recherche in Kochbüchern und kulinarischen Wörterbüchern, die einen Zeitraum von dreihundert Jahren umfassten, fand ich keinen einzigen Autor oder Koch, der genau definiert hätte, was *»ragoût«* eigentlich bedeutet. Stets wurde vorausgesetzt, dass die Leser es ohnehin wussten. (Irgendwann fand ich dann doch eine zeitgenössische Definition, in meinem Lehrbuch vom L'Institut Bocuse. Es beschreibt tatsächlich, dass das Ragout von oben und unten gleichzeitig gekocht wird, indem man es ständig mit Sauce übergießt. Die Idee dahinter ist, dass die Sauce dem Fleisch und das Fleisch der Sauce Geschmack verleiht, oder, wie es im Lehrbuch heißt: »Das Phänomen der Osmose.«)

Gedruckt steht das Wort, in Bezug auf ein Gericht, höchstwahrscheinlich zum ersten Mal bei La Varenne. Ich musste unbedingt zum Château Cormatin zurück. Ich hatte nach dem falschen Schatz gesucht.

Entscheidend war La Varennes Arbeitgeber du Blé. Ohne ihn hätte es gar kein Kochbuch gegeben. (Schließlich war La Varenne bei ihm angestellt; er konnte ja nicht einfach seinen Pariser Agenten anrufen und ihn bitten, einen Buch-Deal zu arrangieren.)

Irgendwo, in irgendeinem Raum, stand auf dem Kaminsims ein Gemälde von du Blé. In einer Bibliothek? Einem Arbeitszimmer? Ich hatte nicht darauf geachtet. Jedenfalls ein Mann in Rüstung. Mir war jetzt klar, dass ich seiner Spur folgen musste.

Wir kehrten also zum Château Cormatin zurück und wurden in einen Raum geführt, den man heute ein Wohnzimmer nennen würde, ein weitläufiger bühnenhafter Salon, um Gäste zu empfangen. Als ich sah, wie auffällig das Gemälde platziert war, wunderte ich mich, dass ich es nicht schon beim ersten Besuch bemerkt hatte: ein schnörkellos schlichtes Oval, das einen jungen Mann in schwarzer Rüstung zeigte, von der Hüfte aufwärts; quer über der Brust trug er eine rote Schärpe, in der linken Hand hielt er einen Ritterhelm und die mit zinnenartigen Ornamenten versehene Halsbekleidung, die ich mit dem Elisabethanischen England assoziiere. (»Völlig unzeitgemäß«, bemerkte die gebildete

Jessica. »Die Franzosen lagen wirklich weit hinter dem Rest Europas zurück.«)

Ich hatte den Marquis falsch verstanden.

Auf dem Papier und durch die lange Anrede, die La Varenne in seiner Einleitung an ihn richtet (»Der hochmögende Lord, Mylord Louis Chalon du Blé, Geheimer Staatsrat im Kabinett des Königs und dessen Ordensritter«, et cetera), hatte er in meiner Vorstellung vage Gestalt gewonnen, ungefähr so ein Typ, wie Henry Fielding einen Landedelmann geschildert hat: betitelt, selbstgefällig, ein Grande, der, egal wie alt er sein mochte, jedenfalls viel älter wirkte, als er war. Aber du Blé war noch ein ganz junger Mann gewesen, als das Bild entstand. Helle Haut, schulterlanges rotes Haar, rosa Lippen – »schneidig« im klischeehaften Gebrauch des Wortes –, nicht älter als fünfundzwanzig Jahre, eher jünger, vielleicht sogar noch ein Teenager, denn (wie mir schließlich klar wurde) er war *wirklich* sehr jung. Eindeutig jünger als La Varenne.

Du Blé wurde am Weihnachtstag 1619 geboren. Er zog in die Schlacht, kurz nachdem er im Alter von 19 Jahren zum Kommandeur seines ersten Regiments ernannt worden war. Die persönlichen Bezüge im Vorwort lassen vermuten, dass er ungefähr 20 Jahre alt war, als er La Varenne einstellte, und 30, als La Varenne *Le Cuisinier François* beendete. Wie ich entdeckte, verkörperte du Blé, der eine große Nähe zur Macht hatte, die jugendliche Zukunft Frankreichs in einer Zeit, als die Franzosen ständig darüber nachdachten, was es bedeutete, französisch zu sein. Du Blé brachte seinem Koch La Varenne eine Methode bei, die zum Zentrum von La Varennes Kochkunst wurde. Es ist das Erste, was er in der Einleitung erwähnt, nachdem er die routinemäßigen Dankbarkeitsfloskeln »Euer ergebener Diener« und so weiter hinter sich gebracht hatte:

In den zehn Jahren, die ich in Euren Diensten stand, entdeckte ich in Eurem Haus das Geheimnis, wie man Fleisch zart und delikat zubereitet.

J'ay trouué dans vostre Maison par un employ de dix ans entiers le Secret d'apreſter délicatement les Viandes.

Bis dahin, vor La Varenne, wurde Fleisch im Allgemeinen auf zwei Arten gekocht: entweder als Schmorbraten oder durch direkte Hitze (auf dem Rost oder am Spieß), was das Gewebe zusammenzieht und zäh macht. In Italien das Gleiche – *brasato* oder *alla griglia*. Das eine ist geschmort; das andere auf verschiedene Arten überm offenen Feuer gegart.

La Varenne scheint sich auf die Zubereitungsart als *ragoût* zu beziehen. (Das Französisch des 17. Jahrhunderts unterscheidet sich vom modernen Französisch – *Viandes* musste nicht unbedingt »Fleisch« bedeuten, und *délicatement* bedeutete eher »auf feine Art« oder »mit großer Sorgfalt« zubereitet. In *Le Cuisinier François* jedoch wird *Viandes* eindeutig im heutigen Sinn gebraucht, und selbst *délicatement* scheint von der Bedeutung her nah bei unserem »zart und delikat« zu liegen.)

Bei meiner eigenen Ragout-Zubereitung entdeckte ich, dass ein *ragoût* irgendetwas zwischen *brasato* und *alla griglia* ist; das Fleisch wird auf sanfte Art sorgfältig von unten und oben gleichzeitig gegart.

Ragoût ist ein Wort aus dem frühen 17. Jahrhundert. Als es zum ersten Mal gedruckt erscheint, beschreibt es ein mitreißendes Theaterstück, ein fantastisches Gemälde oder einen außergewöhnlichen Text – also Kunstwerke, die irgendetwas an sich haben, das Zuschauer, Kunstkenner oder Leser wachrüttelt. *Ragoût* bedeutet eine Verstärkung von *goût* (die Vorsilbe *ra-* verstärkt etwas), und *goût* ist sowohl in der französischen Sprache als auch in der französischen Küche ein essenzieller Begriff. Er bedeutet »Geschmack«, »Lust, Vergnügen« oder »Aroma«. La Varenne wendet als Erster das Wort *ragoût* aufs Essen an – in gedruckter Form und mit einer bestimmten Bedeutung. Ich habe jedoch den Verdacht, dass La Varenne eben doch nicht der Erste war, der den Begriff verwendete. Warum? Weil er nie erklärt, was er bedeutet.

Ragoûts gibt es in *Le Cuisinier François* in Hülle und Fülle. Ich habe mal nachgezählt und kam auf weit über zweihundert Rezepte. Im Kapitel über die Feldküche (63 *ragoûts*) lernt man die verschiedenen Teilstücke einer Kuh zuzubereiten (vorausgesetzt, es ist einem trotz der Kampfhandlungen gelungen, ein solches Tier zu beschaffen). Etwa die Schulter, die man brät – oder als *ragoût* kocht. Oder die Brust, die man farciert, rollt und schmort; oder zerhackt und als Frikassee zubereitet. Oder als *ragoût*. Die Zunge: wird mariniert. Oder als *ragoût* zubereitet. Der Kopf: *viele* Möglichkeiten. Oder *ragoût*.

Wo mag La Varenne dieses Wort zum ersten Mal gehört haben? Von anderen Köchen, seinen Berufskollegen, genau den Personen, an die er sich auch mit seinem Buch wendet. Und was wir du Blé zu verdanken haben: Es war »*le secret*«, Fleisch so zu kochen, dass es zart blieb. Du Blé hatte mitbekommen, was in der französischen Küche vor sich ging, weil er in der einzigartigen Position war, das Beste dieser Küche serviert zu bekommen. Du Blé, der sich zwischen den Feldzügen in Paris aufhielt, verkehrte in exklusiven Kreisen. In seiner Einleitung erwähnt La Varenne, dass er für Gäste aus diesen Kreisen kocht, und wagt zu sagen (im Mittelfranzösischen »*ofe dire*«), er koche mit so viel Talent, dass er von den um die Tafel seines Dienstherrn versammelten Personen höchste Anerkennung (»*grande approbation*«) ernte: Prinzessinnen, angesehene Marschälle von Frankreich und eine »endlose Zahl von Leuten« aus dem Adelsstand. Es war eine beeindruckende Gesellschaft. Frankreich befand sich in einer langwierigen Phase der Selbstreformierung: Politik, Kriegswesen, Kultur, Sprache, Künste und Küche. Auf ihre Weise ähnelte diese Periode dem Beginn der Renaissancezeit in Norditalien. Und in La Varennes Text haben wir dieses neue glückliche Wort *ragoût*, das vielleicht einen kleinen Blick auf das ermöglicht, was während dieser nicht dokumentierten Periode vorging, bevor die französische Küche ihre Einzigartigkeit entwickelte.

Vermutlich hatte das Wort, wie auch die meisten anderen frühen Begriffe der französischen Kulinarik, seinen Ursprung in Italien.

Italienische Wörterbücher bleiben bezüglich des Ursprungs eher vage, betonen aber die Bedeutung des *ragoût*: Es sei eines der weltweit berühmtesten italienischen Gerichte (*»sicuramente uno dei piatti italiani più famosi sia in Italia che nel mondo«*), und seine Existenz reiche bis ins Altertum zurück, auch wenn es erst Ende des 18. Jahrhunderts in einem gedruckten Werk aufgetaucht sei (*»nascita alla fine del 1700«*). Tatsächlich aber lässt sich der Ursprung des Wortes exakt datieren: 1682, das Jahr, als *Le Cuisinier François* in der italienischen Stadt Bologna unter dem Titel *Il cuoco francese* erschien.

Ragoût kommt nicht von *ragù*. *Ragoût* ist ein Wort, das sich die Italiener von den Franzosen geborgt haben. Es markiert den Wendepunkt.

In der Kultur der Küche bedeutet dieser Moment eine gewaltige Veränderung, als würde plötzlich ein Fluss die Richtung wechseln. Bis dahin wanderten kulinarische Begriffe nämlich stets von Italien nach Frankreich. Gerichte: *zabaglione > sabayon, becamele > béchamel, pasta > pâte*. Zutaten: Artischocken, Schalotten, Melonen, Zitrusfrüchte, grüne Bohnen, Spargel. Zubereitungen: *mortadella > rosette*. Service: *forchetta > fourchette* und die in der Renaissance verwurzelte Bedeutung von *convivium: festa > fête*. Mit La Varenne jedoch – und ganz besonders mit dem Wort *ragoût* – begannen die kulinarischen Entdeckungen von Frankreich auszugehen.

Die Test-Ente für Jessica und ihre Weinkollegen: wieder keine Katastrophe, aber nicht ganz so wie geplant, und sei es nur, *weil* es eben nicht durchgeplant war. Ich war immer noch am Feilen und Verbessern. (Und ich muss zugeben, dass ich schummelte und für das *ragoût* ein paar zusätzliche Keulen verwendete – damit es nicht knausrig wirkte.)

Die Pflaumen rehydrierte ich mit Calvados. Als ich die Pie-Füllung zu süß fand, fügte ich noch salzige Oliven hinzu: Oliven und Ente, fast so alt wie Ente und Rüben – warum auch nicht?

Ich machte mich daran, die Pilze zu kochen, beschloss dann aber, sie statt in Butter in *poitrine*-Fett zu sautieren, weil ich meinem *ragoût* jetzt auch noch *lardons* hinzufügte, zusätzlich zur *couenne* (wegen des Fetts, wegen des Salzes, weil es nötig schien), und dann fühlte ich mich so befreit, dass ich beschloss, das Ganze mit etwas Zimt (wegen des Anklangs an Apfel) und Vanille (dito) zu würzen, und ich fügte noch etwas mehr Apfelessig hinzu, um die süßen Anklänge zu kompensieren.

Ich war spät dran und wollte das Essen endlich auf den Tisch bringen, denn je länger es dauerte, desto mehr tranken alle von dem Wein, den sie mitgebracht hatten, um ihr Diplom zu feiern. Und so kam es, dass ich mich mit der gefüllten Sauciere genau in dem Moment vom Herd umdrehte, wo einer der Gäste (der bereits heftig betrunkene Olivier) in die Küche platzte, um zu fragen, ob er helfen könne, und die liebevoll zubereitete, süß, salzig, umami, vollmundig schmeckende Flüssigkeit aus der Sauciere flog, auf dem Küchenboden landete und unterwegs noch Oliviers Kleidung bespritzte.

Ich starrte fassungslos auf die glänzende Pfütze am Boden.

Olivier wischte sich sauber, nahm mir die Sauciere ab und meinte fröhlich: »Ist ja noch ein bisschen was übrig!« (Tatsächlich war noch etwas da, ein kleiner Rest.)

Wie betrunken waren alle beim Essen? Beim Dinner selbst nicht exzessiv, allerdings hielt es niemand bis zum Dessert am Tisch aus. Alle wankten ins Wohnzimmer, wo die komatösen Gäste dann hingegossen auf dem Sofa, zwei Armsesseln und einer Fußbank lagen, wie massige, schwere Decken.

Ich brauchte noch einen Testlauf – mit Bob –, und dann würde ich für Têtedoie kochen.

Im Sommer hatten wir Bob zum Essen ausgeführt. Wir schuldeten ihm schon so lange eine Einladung. Mir ist inzwischen klar, dass er lieber bei uns zu Hause gegessen hätte, ein Lyoneser Freundschaftsritus, aber er freute sich trotzdem. Er wählte den Tag: einen Dienstag – sodass am nächsten Tag schulfrei war (Bob hatte am Mittwoch geschlossen, wie die Schulen, und konnte so den Tag mit seiner Tochter verbringen; folglich war er am Dienstagabend gebadet und rasiert, ein überwältigender Anblick). Er legte auch die Route fest, die bei seinen Freunden im L'Harmonie des Vins begann, weil er wusste, dass sie soeben *den* neuen Saint-Péray geliefert bekommen hatten, ein von Alain Voge produzierter Weißwein, der nur in kleiner Auflage auf den Markt kam. Bob erklärte uns, in Lyon habe ein Wein manchmal eine Art Premierentermin, wie ein Theaterstück, und es sei wahnsinnig aufregend, bei den Ersten zu sein, die ihn probieren.

Bob redete und redete und redete. Über seinen Vater, der noch lebte, ein Bauernsohn (»mein Großvater, mein Urgroßvater, mein Urururgroßvater, sie alle waren über Generationen hinweg *paysans*«), der ein bekannter Stadtbäcker wurde, ein Patriarch, den seine vielen Kinder vor wichtigen Entscheidungen um Rat fragten und der aus unerfindlichen Gründen nicht mehr mit Bobs Mutter sprach. Er hatte seit fünf Jahren kein Wort mehr mit ihr gewechselt. (»Seltsam. Mit uns anderen spricht er noch.«)

Und Bob erzählte von seiner 85-jährigen Mutter, die so tat, als bereite es ihr keinerlei Kummer, dass ihr Mann, Vater ihrer sieben Kinder, mit dem sie seit 59 Jahren verheiratet war, nicht mehr mit ihr sprach.

Bob erzählte von seiner Frau, Jacqueline. Sie war alleinerziehende Mutter eines Kindes, als er sie in seinem Urlaub auf Kuba kennenlernte, und er verliebte sich in sie und machte ihr schließlich einen Heiratsantrag. Sie akzeptierte, aber nur unter der Bedingung, dass die Verbindung durch ihren Priester gesegnet wurde, einem Anhänger der Santeria, der afroamerikanischen Hauptreligion, entstanden in der Ära des Sklavenhandels.

Um die Ehe segnen zu lassen, seien sie nach Kuba zurückgekehrt und hätten an einer Zeremonie teilgenommen, bei der die Leute tanzten und sangen, sogar in Trance fielen, bis plötzlich der Priester dazwischenfuhr:

»Er nahm mein Gesicht zwischen seine Hände, sah mir in die Augen und erklärte: Deine Familie hat mit unseren Ahnen Menschenhandel getrieben. Du kannst Jacqueline nicht heiraten. Geh mir aus den Augen.«

Er erzählte, dass er todunglücklich nach Frankreich zurückgekehrt sei, bis seine Mutter ihm sagte, dass in der Erklärung des Priesters durchaus Sinn gelegen hätte, so seltsam dies klingen mochte. Denn die Familie hätte sich einst fürchterlich entzweit, weil der eine Zweig Handel mit westafrikanischen Sklaven trieb und der andere Zweig diese Praxis inakzeptabel fand, sodass es einen erbitterten Bruch gab und beide Seiten nie mehr miteinander sprachen.

Bob erzählte von seiner Rückkehr nach Havanna, wo er seine Geschichte dem dortigen Priester vortrug, der die Ehe dann segnete, sodass Bob und Jacqueline (gemeinsam mit dem Kind aus Jacquelines erster Ehe) nach Lyon ziehen konnten.

Bob erzählte uns von seinen sechs Geschwistern – inzwischen waren wir im Les Oliviers angelangt, ein anderes Restaurant, ein anderer Freund –, und Bob redete schneller und schneller und immer dringlicher, weil er so viel loswerden wollte: Marc, der Pariser Anwalt, der Bob eine Stelle in der juristischen Bibliothek verschaffte (einen Job, den Bob liebte); Jacques, der in Genf lebte und alles Mögliche unternahm; ein paar Schwestern, ich kriegte ihre Namen nicht mit, weil Bob so gehetzt sprach; ein Bruder, und *dann* Philippe, an den er am meisten dachte, der geliebte Philippe, der Zweitjüngste in der Familie, ein Jahr älter als Bob, und der Bruder, mit dem er am wenigsten sprach, weil er am meisten über ihn nachdachte. An Weihnachten und Ostern halfen alle Familienmitglieder in der Bäckerei des Vaters mit. Ursprünglich war nur Philippe Bäcker geworden, ein wunderbarer Bäcker, der ein halbes Dutzend Boulangeries eröffnet hatte, im Winter in Ski-Urlaubsorten, im Frühling in der Karibik arbeitete, auf Kreuzfahrtschiffen, wenn die Bezahlung stimmte. Bob sagte: »Philippe ist mein engster Freund. Er ist meine halbe Seele.«

Bob wusste jede Menge über uns. Jetzt wollte er uns etwas über sich erzählen.

Es war schon spät, als wir langsam zum Quai Saint-Vincent zurückfuhren. Ich dachte noch einmal über den Abend nach und fand, am wichtigsten war die Geschichte von Bobs gespaltener Familie gewesen und die Botschaft, die sie enthielt – dass Bob der Meinung war, seinem Zweig der Familie sei das Gebot, auf der Seite des Guten und der Gerechtigkeit zu stehen, sozusagen der moralischen DNA eingeschrieben. Es war sein Ursprungsmythos, so erklärte er sich selbst, das jüngste Mitglied der Familie, das siebte Kind, »das Baby«, mit einer Mission: Es gibt nicht viele Menschen mit einem tieferen selbstlosen Gerechtigkeitssinn. Er buk Brot. Es war einfach nur Brot. Und doch nicht nur Brot.

Bob bat uns, ihn an der Boulangerie aussteigen zu lassen – er müsse dort noch etwas holen –, aber im Rückspiegel sah ich, dass er schnurstracks auf einen Absacker ins Potager lief und – wer weiß? – vielleicht noch einmal zu Abend aß. Es war schmerzlich mitanzusehen, wie Bob keine Minute seines einzigen freien Abends allein verbringen konnte. Er schien einsam zu sein. Zwei Wochen später starb Bobs Vater.

»Es kam nicht unerwartet«, sagte Bob und fuhr zur Beerdigung nach Rennes.

»Er hat damals gesagt, wir sollten die Boulangerie hier in Lyon kaufen«, erzählte Bob, in Erinnerungen schwelgend, bei seiner Rückkehr. Vor langer Zeit war sein Bruder Jacques in Lyon gewesen und ganz unerwartet auf das zum Verkauf angebotene Objekt gestoßen, das direkt vor der Fußgängerbrücke über die Saône lag, im Erdgeschoss eben jenes Gebäudes, auf dessen Fassade die Geschichte der Stadt abgebildet ist, *La Fresque des Lyonnais*. Hier kreuzten sich drei Straßen, der Quai, die Rue de la Martinière und die römische Rheintalstraße. Diese Gegend war jahrtausendelang bewohnt gewesen, zumindest seit den Allobrogen, den heimischen gallischen Stämmen.

Jacques informierte den Vater, Bob (der damals in Paris lebte) und Philippe. Die beiden setzen sich sofort in den Zug.

»Mein Vater betrachtete das Objekt von außen und sagte: Ja, das ist eine gute Boulangerie.« Zwei Stockwerke, alte Steinmauern, eine abgewetzte Steintreppe. Er sagte: »Hier ist schon seit langer Zeit Brot gebacken worden.« Drin stand ein alter Holzofen. Philippe wischte den Ruß weg, und man sah die Jahreszahl: 1805.

Roberto Bonomo, der Chefkoch und Besitzer des italienischen Restaurants in unserem Viertel, beschreibt die Räumlichkeiten als »spirituell«. »Man geht da rein und hat das Gefühl, mit etwas verbunden zu sein, das größer ist als man selbst.«

Die Familie kaufte die Bäckerei für 60 000 Francs, damals 11 000 Dollar.

Philippe sagte: »Bob, hilf mir bei der Eröffnung.« Bob informierte die juristische Bibliothek, und dann richteten die beiden Brüder die Bäckerei her. Vermutlich wurden damals – dieser Gedanke drängte sich mir unwillkürlich auf – zum letzten Mal die Böden geputzt. (Inzwischen weiß ich, dass dies eine diffamierende Vermutung war. Die Böden wurden durchaus gereinigt, einmal jährlich, wenn die Bäckerei geschlossen hatte; allerdings war dies während unserer Zeit in Lyon mindestens drei Jahre lang nie der Fall.)

Bob bestand damals darauf, dass ein Schild installiert wurde: »Philippe Richard, Bäckermeister.« Mir kommt es eher unwahrscheinlich vor, dass Philippe die Absicht hatte, in Lyon zu bleiben. Schließlich warteten in Rennes, acht Stunden entfernt, seine Familie und sein Geschäft. Er hatte Erfahrung mit Start-ups. Aber dieses Mal ging es um etwas anderes. Er bildete seinen kleinen Bruder aus: *»une formation«*. Er half ihm, seine Berufung zu finden.

Philippe blieb. Wie lange? Bob kann sich nicht erinnern – »Sechs Monate? Ein Jahr?« Doch irgendwann kündigte Philippe an, er müsse nach Rennes zurückkehren; seine Frau bestehe darauf. Er werde aber wiederkommen, versprach er.

Das war 15 Jahre her, doch bis jetzt war Philippe nicht wiedergekommen. Auf dem Papier sind die Brüder Partner. In Wirklichkeit gehört die Boulangerie Bob. Das Schild ist geblieben. »Ich werde es nie abmontieren.«

An einem sonnigen Morgen im Frühsommer hatten wir alle Fenster geöffnet – von der Saône her wehte eine Bergbrise, und ich stand auf unserem Balkon und sog den Duft frisch gebackenen Brotes aus der nur 30 Meter entfernten Boulangerie ein. Da wir hier wohnten, hatten wir gar keine Wahl: Bobs Brot eroberte unseren Lebensraum, unsere Lungen und unser Herz. Es gab viele Gründe, warum es uns hier so gut gefiel, aber Bob stand auf dieser Liste ganz oben. Die Boulangerie hatte hier im Viertel die Funktion eines Lagerfeuers. Sie hielt die Restaurants zusammen. Sie führte Köche und Gäste zueinander. Sie machte das *quartier* zu einem gastronomischen Ziel.

Ich überlegte: Ob es wohl eine Chance gibt, dass wir unsere Wohnung kaufen? Und dann starb, ohne Vorwarnung, Bobs geliebter Bruder Philippe.

Ich war der Erste, dem es Bob sagte.

Ich kam am späten Vormittag in die Boulangerie. Bob befand sich hinten in der Backstube. Im Laden war niemand außer mir. Ich wartete einige Minuten, bevor Bob nach vorn kam.

»Ich habe gerade mit meiner Mutter telefoniert. Mein Bruder Philippe hat heute Morgen ein geborstenes Aneurysma erlitten. Er ist tot.« *Il est mort.*

Bob war bleich, sein Blick leer, ohne Emotion. Er konnte den Inhalt des Telefonats wiederholen, aber nur ganz mechanisch, als begreife er gar nicht, was er da sagte.

»Er ist 47 … er *war* 47. Ein Aneurysma. Heute Morgen. Ich hab noch letzte Woche mit ihm gesprochen. Philippe ist tot.«

Bob fuhr zur Beerdigung und kehrte vier Tage später zurück. Verändert. Er wirkte schwerfällig, in seinem Auftreten, seinen Bewegungen, in allem. Eines Morgens erschien er nicht in der Bäckerei. Ein andermal sah ich, wie er am Ende der Rue de la Martinière an einer Ampel stand und ins Nichts starrte. Die Ampel sprang auf Grün. Bob bewegte sich nicht. Die Ampel sprang auf Rot. Wieder auf Grün. Er blieb einfach stehen. Einmal stand ich vor dem Haus und sah ihn direkt auf mich zukommen (er parkte seinen Wagen oft in einer Straße um die Ecke). Ich wartete auf ihn. Er bemerkte mich nicht. »Bob«, sagte ich, doch er ging vorbei. »Bob«, wiederholte ich, und er blieb stehen, wandte sich um und sah mich an, als hätte ich ihn gerade wachgerüttelt.

»*Bonjour*, Bill«, sagte er leise und ging weiter.

Seine Gedanken wälzten sich wie ein schwarzer Strom durch seinen Kopf. Er schien nicht in Trauer versunken, sondern in Depression. Ich hatte Angst um ihn.

»Ohne Philippe«, sagte Bob, »wäre ich nichts.«

Er sprach mit Jessica über seinen Kummer. »Ich arbeite zu viel. Ich muss mein Leben ändern. Ich muss Lucas zu meinem Geschäftspartner machen.« Von den Bäckergesellen, die Bob im Lauf der Jahre eingestellt hatte, war Lucas der Erste, dem er vertraute, der »es draufhatte« und dem eine ähnliche Leichtigkeit zu eigen war wie Bob. »Ich muss die Arbeitslast teilen.«

Bei anderer Gelegenheit: »Ich werde Urlaub machen.«

Er hatte rasch an Gewicht zugelegt. Nicht beunruhigend – er war ja immer stämmig gewesen –, aber doch deutlich. Er konnte nicht mehr schlafen, und da er ohnehin wenig schlief, bedeutete dies, dass er ununterbrochen physisch litt. Die Nächte, sagte Bob, seien am schlimmsten. »Weil ich da an ihn denke. Ich war keinem Menschen je näher als ihm, damals in den Nächten, beim Brotbacken.«

Eines Vormittags sagte Bob zu mir: »Ich rede nachts mit ihm.«

Unser Liverpooler Freund Martin, der auf dem Heimweg einmal spätabends an der Boulangerie vorbeikam, hörte Bob schluchzen.

Eines Samstags, spät in der Nacht, warf ein Jugendlicher mit einem

Stein Bobs Hinterzimmerfenster ein. Samstagabends strömte das ganze Umland nach Lyon – es ist ja die einzige größere Stadt im Rhônetal –, und auf dem Quai gab es immer einen Verkehrsstau, der sich erst in den Morgenstunden auflöste. Viel Lärm, Betrunkene, es passierte allerlei. An diesem speziellen Samstag hielt Bob sich gerade im Hinterzimmer auf und dachte an seinen Bruder. Das zerbrochene Fenster war ein Affront. Bob rannte aus dem Haus und nahm den Quai Saint-Vincent entlang die Verfolgung auf.

Glaubte Bob wirklich, er könnte den Vandalen erwischen? Was um Himmels willen brachte Bob dazu, sich als Sprinter zu sehen?

Dass er dem Typen überhaupt nachrannte, kam mir wie ein Symptom seiner Verzweiflung und Einsamkeit vor. Der Quai ist dort schlecht beleuchtet, am Straßenrand liegen ordnungswidrig lange Bretter aufgestapelt, Überreste irgendeines nie vollendeten Bauprojekts. Bob rannte 30 Meter weit, stolperte, fiel hin und zog sich schwere Beinfrakturen zu, der Knochen war an zwei Stellen komplett gebrochen. Wegen des Verkehrs musste er sich noch von der Straße auf den schmalen Gehweg hieven. Bob, dessen Arbeit bedeutete, unablässig auf den Beinen zu sein, würde unfassbare zehn Wochen lang nicht mehr in der Boulangerie arbeiten können.

Er brauchte liebevolle Zuwendung. Ganz bestimmt würde er sich über eine Portion Enten-Pie freuen.

Roberto stand mit Bob in Verbindung und hielt uns auf dem Laufenden. Er sagte, Bob müsste immer noch viel liegen, obwohl die Brüche endlich zu heilen schienen. Bob hätte versucht, an Krücken zu gehen.

Es war beeindruckend, wie Lucas die Boulangerie weiterführte – sein Brot war makellos –, nur gab es ein ständig wiederkehrendes Problem: Es ging immer wieder das Mehl aus. Lucas wusste nicht, wie oft Bob Nachschub bestellte. In den meisten Bäckereien ist Mehl immer vorrätig. Man kauft es in großen Mengen, bekommt den besten Preis, es ist immer da, man muss nicht mehr daran denken. Bob jedoch bezog sein Mehl von jenem kleinen Bauern, der es ganz frisch lieferte. Bekam Bob zum Beispiel Anfang der Woche eine Lieferung, dann bestellte er am Freitag nach. Oder am Mittwoch. Die Säcke stapelten sich neben der Treppe oder, falls kein Regen drohte, vor dem Hintereingang. Nicht viele. 40 große staubige Säcke, 50 vielleicht. Wenn Lucas zwischendurch plötzlich ohne Mehl dastand, musste er schließen. Mittlerweile hatte Roberto beschlossen, mit seinem Restaurant aus dem *quartier* auf die andere Seite der Rhône zu ziehen. Jetzt würden wir abends dorthin fahren müssen. Wir mussten einen Parkplatz finden und durften nicht zu viel trinken, denn wir mussten ja noch zurückfahren und in der Nähe unserer Wohnung dann noch mal einen Parkplatz suchen. Außerdem war Roberto der Erste, der das Viertel verließ, was philosophisch betrachtet nicht in Ordnung schien. »Ihr kommt doch, oder?«, fragte er. »Das Essen bleibt ja so gut.«

Am Sonntag, wo er normalerweise geschlossen hatte, wollte Roberto eine Abschiedsparty geben – nur seine Stammgäste, sein bestes Essen, der beste Wein. »Bob hat versprochen zu kommen. Er wird noch an Krücken gehen, aber er kommt.«

Es war Zeit, mit den Vorbereitungen für Bobs Enten-Pie zu beginnen.

Ich wollte sie diesmal nicht so zubereiten, als handle es sich um eine MOF-Prüfung, die tickende Uhr, alles auf die Minute fertig. Dies war meine Pie für Bob. Den Wettlauf mit der Zeit, gegen Têtedoies Stoppuhr, hob ich mir für später auf. Ich beschloss, wie jeder Restaurantkoch, so viel wie möglich vorzubereiten, und fing schon mal mit dem Blätterteig an. Ich nahm meinen Entenfond (es war jede Menge davon im Eisfach), mischte ihn mit einem Liter Cidre und reduzierte ihn zu meinem »Allzweck-Jus« (für das *ragoût*, die Sauce und die Rüben). Diesmal bereitete ich auch schon das *ragoût* im Voraus zu und fror es ein. Die anderen Zutaten – die in Calvados getränkten Pflaumen, die Pilze, die Escoffier-Rüben – würde ich ein andermal zubereiten, einzeln, und sie am Ende hinzufügen.

Wir organisierten einen Babysitter, obwohl wir zu Roberto ja nur über die Straße mussten. Auch trugen wir Wintermäntel, obwohl wir nur über die Straße mussten. An jenem Abend fegte der erste Gebirgssturm der Saison von den Alpen her, und es war wunderbar, das warme Restaurant zu betreten. Roberto hatte die Tische entfernt und die Stühle an der Wand aufgereiht, wie an Silvester. Er servierte uns eine Bruschetta mit Tomaten und frischem Knoblauch und ein Glas guten Wein.

»Bob wird *vermutlich* nicht kommen«, sagte er. »Er hat keinen Babysitter gefunden.«

Ich bedauerte, dass wir nichts davon gewusst hatten. Suzanne, die reizende Tochter von Bob und Jacqueline, hätte bei unseren Jungs und deren Babysitter bleiben können.

»Aber ich habe ihn gesehen!«, sagte Roberto. »Gestern, im Potager. Er ist zum ersten Mal ausgegangen. An Krücken, aber mobil. Er wird bald zurück sein.«

Dank Lucas fehlte uns zwar nicht Bobs Brot. Aber uns fehlte Bob. Seine Freude, seine totale Präsenz, seine herzliche Zuneigung. Wir hatten so vieles nicht mitbekommen: die nächtliche Verfolgungsjagd, seine Verletzungen, wussten zu wenig über seinen Bruder, seinen Vater und über die Einzelheiten seines schlimmen Zustands.

Roberto servierte eine Portion nach der anderen – Schweinskopfsülze und Lardo, kleine Teller mit verschiedenen Pastas – *cacio e pepe*, hausgemachte Tagliatelle mit weißen Trüffeln. Er war in bester Gastgeberlaune.

Wo kriegst du die Zutaten her?, brachte ich auf Italienisch heraus. Roberto bestand nämlich darauf, sich mit uns auf Italienisch zu unterhalten. Jessica sprach es immer noch fließend. Meine Italienischkenntnisse waren wie ausradiert. Jessicas Gehirn konnte mehrere Sprachen gleichzeitig speichern. In meinem Gehirn gab es nur einen kleinen Abstellraum für Fremdsprachen, etwa in der Größe einer engen Besenkammer. Da war nicht genug Platz für Italienisch, wenn ich auch noch

Französisch reinquetschen wollte. (Aber es liegt auch daran, dass Jessica wesentlich schlauer ist als ich.)

Ein Teller mit gegrilltem Octopus erschien, ein Teller mit Fleisch, in Rotwein geschmort. In dem Raum, den inzwischen eine fröhliche Menge füllte – alle Stühle waren besetzt, viele Leute mussten stehen –, herrschte überraschenderweise eine typisch Lyoneser Atmosphäre. Auch wenn das Essen eindeutig nicht lyonesisch war, die Gäste waren es auf jeden Fall. Ich schaute mich um – alles Franzosen, die es zu genießen schienen, ihrer eigenen Küche einmal untreu zu werden und Gerichte von der anderen Seite der Alpen serviert zu bekommen. Selbst zubereiteten Speisen, egal welchen Ursprungs, brachte man Respekt entgegen, und die Gäste wussten, dass etwas Wunderbares passiert, wenn Menschen gemeinsam essen, selbst wenn sie sich eigentlich gar nicht kennen. Und tatsächlich kannten sich die meisten Gäste nicht. Erst jetzt wurde uns klar, für wie viele andere Leute das Restaurant ein Geheimtipp gewesen war.

Ich fühlte mich gut unter diesen Fremden, wir teilten eine kulinarische Philosophie, die ich zum allerersten Mal bei den *filles* begriffen hatte, und irgendwie kamen sie mir schon ganz vertraut vor. Als ich dann mit einem Mann neben mir ins Gespräch kam und erwähnte, dass ich Amerikaner sei, rief eine Frau, die unser Gespräch mitbekommen hatte, dies sei doch nicht möglich. »Sie sind Lyoneser! Ihr Gesicht. Ihre Augen. Alles an Ihnen. Sie müssen Lyoneser sein.« Sie wandte sich an den Mann neben ihr. »Schau ihn doch an. Er ist Lyoneser, nicht wahr?« Und der Mann stimmte zu, und die Fremdheit, die ich seit unserer Ankunft in der Stadt empfunden hatte wie einen viel zu schweren Mantel, den ich jeden Morgen anzog, wenn ich das Haus verließ, schien plötzlich von mir abzufallen.

Ich dachte über ihre Beobachtung nach. Es war mein Äußeres. Bei Jessica – helle Haut, rotes Haar, klar definiertes Profil – war das anders. Hier in Lyon blieb niemand stehen, um sie nach dem Weg zu fragen. Wogegen ich regelmäßig angehalten wurde. Autofahrer, die nicht mehr weiterwussten, blieben mitten im Verkehr stehen und riefen mir zu: »*Pardon, monsieur, je cherche ...*«

Einmal studierte ich im Bus die Physiognomien der anderen Fahrgäste. Sämtliche Frauen, egal wie alt, waren sich ihrer Wirkung sehr bewusst. Sie hatten sich um ihr Aussehen gekümmert und entsprachen genau der Klischeevorstellung, die man von der attraktiven Französin hegt. Aber die Männer? Ich muss sehr deutlich werden. Es waren hässliche Kerle. Selbst diejenigen von ihnen, die eine schöne Frau an ihrer Seite hatten: Das Missverhältnis zwischen den Geschlechtern war unübersehbar. Alle Männer waren glatzköpfig oder auf dem Weg dorthin, stämmig (mit breiten Schultern, deutlichem Bauch oder schlicht und ergreifend dick) und *stark* behaart. Und nicht nur stark behaart, sondern kahlköpfig *und* stark behaart, als sei der Körper eine Pflanze, die man oben ein bisschen zu heftig zurückgeschnitten hat und die dies unten mit prächtig sprießendem Wachstum kompensiert.

Der römische Kaiser Augustus hat schon vor zweitausend Jahren beobachtet, dass die Einheimischen, »diese Allobrogen«, gar nicht so viel anders als die Römer aussahen, bis auf eine Ausnahme: Sie waren überreichlich mit lockigem, sehr dunklem Körperhaar bedeckt – Brust, Arme, Rücken, Nacken, Ohren. Wie eine Spezies, die sich noch nicht ganz vom Tier emanzipiert hat – Menschen mit Fell.

Diese Typen im Bus, diese *mecs*, diese Neandertaler-Cousins: Ich sah aus wie sie. Wir verstanden einander. Ich hatte diesen Typus schon am ersten Tag erkannt, als Jessica und ich am Flughafen ankamen. Und wenn ich einem von ihnen zu irgendeinem anderen geschichtlichen Zeitpunkt über den Weg gelaufen wäre – sagen wir vor 50 000 Jahren, als wir am ersten warmen Frühlingsmorgen alle vorsichtig aus unseren Höhlen krochen –, ich bin sicher, dass ich die Affinität schon damals erkannt hätte: Wir hätten unsere Keulen fallen lassen und uns grunzend begrüßt, so ein verhaltenes Genuschel, das solche Männer als Zeichen der Zuneigung und Solidarität betrachten.

Jessica und ich kehrten spätabends nach Hause zurück, glücklich beschwipst von Robertos Rotwein, rundum zufrieden mit uns und der Welt. Diese Woche würde ich die Pie für Bob noch nicht zubereiten. Aber bald; es lag ja schon einiges vorbereitet im Eisschrank. Meine allerersten Erfahrungen mit diesem Gericht schienen schon weit zurückzuliegen – dass ich den Blätterteig falsch zubereitet hatte, dass die Füllung zermatscht war, dass ich lernen musste, wie ich der Sauce Ausdruck verleihen konnte, ja überhaupt die Erkenntnis, dass eine Sauce etwas ausdrücken soll. Das Gericht und meine Beziehung dazu erinnerten mich an Alain Chapel – und daran, dass Kochen viel mehr umfasst als nur Rezepte. Ein Gericht gelingt nicht dadurch, dass man eine Reihe von Instruktionen befolgt, sondern dadurch, dass man alles gründlich erforscht: die einzelnen Zutaten und ihre Beziehung zueinander, die Geschichte des Gerichts und das, was manche Köche für seine Seele halten. (Der schwedische Küchenchef Magnus Nilsson hat einmal – wir unterhielten uns damals über die Küche von Michel Bras – von einer Essenz gesprochen, die, beinahe spirituell, ein Teller mit bestimmten Speisen ausstrahlt.) Meine Enten-Pie gehörte jetzt mir. Têtedoie würde sie vielleicht verwerfen, weil sie zu weit vom vorgegebenen Rezept abschweifte. Aber so wollte ich sie haben. So würde ich sie Bob servieren.

Jessica hatte sich für den nächsten Tag mit unserer französischen Freundin Jenny Gilbert zum Kaffee verabredet. Jenny wollte über ihr neues Projekt sprechen, ein Restaurant, das sie mit ihrer Musikerkollegin Tamiko eröffnen wollte: einen Nudel-Shop, wie man ihn in Lyon noch nicht kannte, von dem die beiden Frauen, die häufig nach Tokio reisten, aber eine genaue Vorstellung hatten. Tamiko hatte ein Objekt an der Place Sathonay gefunden, im Herzen unseres *quartier*.

Am Morgen – es war jetzt windig und extrem kalt – verließ Jessica das Haus. Ich setzte mich an meinen Schreibtisch. 20 Minuten später rief sie an.

»Ich habe schlechte Nachrichten. Jenny hat es mir gerade erzählt. Bitte setz dich.« Sie hielt inne. »Bob ist tot.«

Er starb, während wir auf ihn warteten. Während wir unseren Wein tranken und unsere Bruschette aßen, war Bob in Not. Er hatte zu lange im Bett liegen müssen. In seinem Bein entwickelte sich ein Blutgerinnsel. Und als er dann wieder mobil wurde, löste sich das Gerinnsel und wurde mit dem Blutstrom über eine Arterie in die Lungen transportiert. Bob war klar, was passierte, sagte uns Roberto später. Bob wusste sofort, dass er in tödlicher Gefahr schwebte. Jacqueline rief den Krankenwagen, doch noch bevor der kam, war Bob bewusstlos.

Ich eilte in die Boulangerie. Ich wusste nicht, wohin ich sonst sollte. Ich riss die Tür auf, die Glocke klingelte, und Ailene, eine von Bobs Helferinnen, kam von hinten, weil es nun mal so üblich war, beim Klang der Ladenglocke nach vorne zu kommen. Als sie mich sah, blieb sie stehen, mit zitternder Unterlippe, stumm. Ich blieb auch stehen. Ich dachte: Es wissen nur sehr wenige Leute. Wenn Ailene weitermacht, als sei nichts passiert, wenn Lucas weitermacht, als habe sich nichts verändert, wenn er um 4 Uhr morgens Brot backt, wie heute, und Ailene es verkauft – können wir dann alle noch ein Weilchen so tun, als sei Bob nur zu Hause und erhole sich allmählich? Wieder klingelte die Ladenglocke, und ein Kellner aus dem nahe gelegenen Restaurant Albert erschien. Er war schon immer sehr verschlossen gewesen. Kahlköpfig, still und dünn, gehörte er zu einer Handvoll Leute (einschließlich des Besitzers, des Kochs und des Tellerwäschers), die das Restaurant betrieben; an den purpurrot getünchten Wänden hingen Bilder von Hühnern; das Essen – nichts Ausgefallenes, absolut ehrliche Hausmannskost. Der Kellner hatte einen großen leeren Brotsack dabei, den er füllen lassen wollte. Er gab ihn Ailene und sagte, er werde ihn später wieder abholen.

»Bisous à Bob.«

»Bob ist tot.« Bob est mort.

Der Kellner erstarrte. Er stand reglos da, nahm die schlichte Nachricht in sich auf, die in der stillen Bäckerei nachzuhallen schien, nicht akustisch, sondern als Gedanke. *Bob est mort.* Ich beobachtete den Kellner. Ailene beobachtete ihn auch. Er stand immer noch da und sagte nichts, obwohl man meinte, er würde jeden Moment etwas sagen. Er schwieg so lange, dass es allmählich zu intim und aufdringlich wirkte, wie wir ihn beobachteten, aber hier ging es um den Tod, und da schienen Intimität und Privatsphäre keine Rolle mehr zu spielen. Je länger der Mann schwieg, desto mehr bewunderte ich ihn. Er bat Ailene nicht, ihre Worte zu wiederholen. Er fragte nicht »wie« oder »wann« oder »wo«, und darin, dass er nicht fragte, lag ein überraschender Heroismus. Fragen, egal welche, wären ein Ausweichen gewesen, ein Versuch, diese plötzliche Leere auszufüllen.

Bob est mort.

»Putain de merde«, sagte er schließlich.

Putain de merde. Ein Nonsense-Ausdruck. Zwei vulgäre Wörter kombiniert, als wäre dies das Schlimmste, was man sagen könnte. Oder als wäre es genau das, was man sagt, wenn einem die Worte fehlen.

Putain de merde.

Wer an einem Fluss lebt, denkt ununterbrochen an ihn. Das hatte ich nicht gewusst. Man sieht ihn beim Erwachen, man hört ihn, wenn nachts Lastkähne durch ihn geschleust werden, man spürt ihn in der feuchten Luft. Der Fluss ist ständig in Veränderung, das Wasser steigt, wird reißend, sinkt, fließt bei Nebel langsam und strömt im Sommer träge dahin, und doch ist es immer der gleiche Fluss. Weil diese Metapher so naheliegt, würde ich gern darauf bestehen, dass sie nicht zulässig ist. Es ist ein Fluss. Bob hat immer seine alten, nicht verkauften Baguettes hineingeworfen. Dieser Anblick war keine Metapher. Es war ein ganz schlichter, melancholischer Anblick. Jetzt erst wird mir klar, dass Bob die Brote, die er einzeln gebacken hatte, nicht einfach in einem

Sack entsorgen konnte. Offenbar musste er, der das Brot gemacht hatte, es auch wieder zunichtemachen, indem er die Baguettes, eins nach dem anderen, in den Fluss warf, als gäbe er jedes einzelne Brot der Natur zurück, für die Vögel und Fische. Nie mehr werde ich ihm dabei zusehen können, und diese Aussicht birgt noch mehr Melancholie.

Der Rauch in Lyon, das allmählich grau dem Winter anheimfällt, hat einen etwas süßlich-fauligen Geruch, der von irgendeiner Stelle flussaufwärts kommt und in der Luft hängt. Brennende Blätter, eine weit entfernte Feuerstelle, feuchtes Holz, Kohle, ein beißender, penetranter Geruch. Im Spätherbst riecht die Stadt nach Vergänglichkeit. Der Fluss wird gefährlich, reißend, alpin-kalt. Man birgt Leichen aus ihm – nach Silvester (so gut wie immer), nach dem Wochenende (häufiger, als ich es für möglich gehalten hätte).

Ich stand auf unserem Balkon, in der Kälte.

Ich fragte mich, was man früher hier gehört haben mochte, als sich an dieser Stelle noch eine Kapelle oder eine Mönchszelle oder das Lagerhaus eines Töpfers befand. Nie zuvor hatte ich in so großer Nähe zu so vielen historisch bedeutsamen Ereignissen gelebt. Hätte man den Schuss eines Scharfschützen während der Zeit der Nazibesatzung gehört? An einigen Häusern unseres *quartiers* sind Plaketten zum Gedenken an Résistance-Mitglieder angebracht. Im Jahr 1943 wurden einige Schüler der L'École Robert Doisneau, einschließlich der 13-jährigen Rita Calef und ihres jüngeren Bruders Léon, aus der Schule geholt, weil sie jüdisch waren. Hätte ich das Wehgeschrei der Mutter gehört, als sie sie mittags abholen wollte?

Die Place des Terreaux, an der sich wichtige öffentliche Gebäude befinden, liegt drei Minuten zu Fuß von uns entfernt. Hätte ich die johlenden Massen gehört, die sich im Jahr 1553 hier an warmen Sommerabenden versammelten? Es waren Protestanten nach Lyon gekommen, die missionieren wollten, und man nahm sie gefangen und verbrannte sie auf dem Platz. (Hätte ich das versengte Fleisch gerochen? Vielleicht, je nach Windrichtung.) Als die Protestanten später wiederkehrten, nahmen sie die Stadt ein, plünderten Kirchen und vertrieben die Italiener, die drei Jahrhunderte lang in Lyon gelebt hatten. Die Schreie, der Tumult: Es geschah genau hier.

Lyon hat historische Gründe, Außenseiter mit Argwohn zu behandeln. Im Jahr 177 n. Chr. wurde eine junge Christin namens Blandine von den Römern verhaftet, weil sie ihrem Glauben nicht abschwören wollte. Sie wurde ausgepeitscht und an einen Pfosten im Amphithéâtre des Trois Gaules gefesselt, den Tieren zum Fraß. Aber die Tiere rührten sie nicht an. Man versuchte es auf andere Weise – ein Stuhl mit rotglühenden Kohlen, ein Stier –, aber auch diese Methoden hatten keinen Erfolg, sodass man ihr schließlich die Kehle aufschlitzte. Sie hätte ich nicht gehört, in ihrem stoischen Schweigen, nur das geifernde Geschrei der Menge, das sich am steinernen Gemäuer brach.

Manchmal ist ein Fluss auch nur ein Fluss.

Ich habe mein Gericht nie für Christian Têtedoie gekocht. Ich habe es einfach vergessen.

Quai Saint-Vincent, Lyon. Die Boulangerie wurde von Bobs Frau, Jacqueline, wiedereröffnet, ein tapferer, der Not entsprungener Willensakt. Ihre kleine Tochter Suzanne saß auf einem Hocker in der Ecke, knabberte an einem Croissant und brachte vor Schüchternheit keinen Ton heraus.

Jacqueline sagte, sie werde das stemmen. Sie hatte schon viel Zeit im Laden verbracht, sonntags hinter der Theke gestanden und lange Jahre nach Bobs Rhythmus gelebt, den sich ständig wiederholenden Zyklen der Fermentation. Lucas erklärte sich bereit zu helfen – er arbeitete inzwischen in einer anderen Boulangerie, wäre aber nicht der erste Lyoneser gewesen, der zwei Jobs gleichzeitig hat. Jacquelines erstes Wochenende war ein Erfolg. Es war, als lebte Bobs Vermächtnis weiter. Als lebte Bob weiter. Wir hatten wieder gutes Brot.

An den Werktagen war es schwerer, aufgrund der zusätzlichen Belastung durch Restaurantbestellungen und Auslieferungen, der tagtäglichen Belastung. Eines Freitags machte die Boulangerie nicht auf. Unbegreiflich: Eine Boulangerie macht doch nicht einfach zu! Den ganzen Tag lang kamen Kunden, lasen das Schild an der Tür (»aus Gründen, die außerhalb unserer Macht liegen …«) und schüttelten ratlos den Kopf.

Jacqueline holte sich Hilfe. Einmal hatte sie an einem Wochenende in der Backstube drei Bäcker, die ich alle nicht kannte, ein talentiertes Team. Keine Ahnung, wie sie die gefunden hatte, aber sie verstanden ihr Handwerk.

»Wir packen das!«, versicherte Jacqueline. Im Laden herrschte ebenso viel Betrieb wie früher, und es war ebenso laut, weil Bobs Salsa-Soundtrack lief. Jacqueline war ganz aufgeregt und zuversichtlich – ungewöhnlich zuversichtlich –, und der Laden lief blendend.

Aber sie hatte sich verkalkuliert. Ihre Einnahmen deckten die Ausgaben nicht. Höchstwahrscheinlich hatte Bob nie mit Jacqueline über Cashflows gesprochen und über den vermutlich sehr engen finanziellen Spielraum oder darüber, wie viel Arbeit er investieren musste, um den Preis eines Baguettes unter einem Euro zu halten. Die drei Bäcker bekamen ihr Geld nicht und kehrten nicht zurück.

Bei alldem wurde scharf umrissen sichtbar, wie in einem Schattenbild, was Bob geleistet hatte. Die vielen Arbeitsstunden, sein Durchhaltevermögen, seine Entschlossenheit, alles selber zu schaffen. Wich man aber von diesem Geschäftsmodell ab, Bobs Do-it-yourself-Modell, dann lief der Laden nicht mehr. Eigentlich hatte Bob gar kein Geschäftsmodell gehabt. Die Boulangerie war Bob gewesen.

»Ich hasse Jacqueline«, sagte Roberto. »Sie hat den Laden kaputtgewirtschaftet.« Roberto war unfair. Er vermisste Bob. Wir alle vermissten ihn.

Die Boulangerie schloss erneut. Und dann, am Ende des Monats, öffnete sie wieder, aber nur für ein paar Tage. Vielleicht weil Jacqueline ihre

Rente bekommen hatte. Dann schloss sie erneut – für immer, dachte ich –, bis es plötzlich einen überraschenden Grund zum Feiern gab: Die Stadt hatte beschlossen, die berühmte Hausmauer, *La Fresque des Lyonnais*, um Bob zu ergänzen.

Man hatte ein Gemälde in Auftrag gegeben und würde dafür einen Platz an der Wand finden, zwischen den berühmten Gestalten der Lyoneser Geschichte, zu denen Kaiser Claudius, Paul Bocuse, die Lumière-Brüder, Verrazzano und Antoine de Saint-Exupéry gehörten sowie zwei Heilige und dreiundzwanzig weitere historische Gestalten, die für das Selbstverständnis der Lyoneser eine wesentliche Rolle spielen. Es war eine überwältigende Geste, eine Anerkennung, die Bob absolut verdient hatte, und wieder ein Beweis dafür, dass sein Brot eben mehr als nur Brot gewesen war.

Man hängte ein Plakat auf, das für Donnerstag, 29. März um 19 Uhr »l'inauguration« von »Yves ›Bob‹ Richard sur la Fresque des Lyonnais« ankündigte.

Es kamen mehr als zweihundert Leute an diesem warmen Frühlingsabend. Jacqueline installierte Außenlautsprecher und spielte sehr laute Salsa-Musik – Bobs Musik, ihre Musik und jetzt unsere Musik, zu der wir alle tanzten und aneinanderrempelten.

»Er hört uns«, sagte Jacqueline zu mir. »Er tanzt mit.« Sie reichte den Gästen kleine Pizzen, getoastete Brotscheiben mit Tomatensauce, Bier.

Die Stelle auf dem *fresque* war allerdings klein und befand sich nicht auf der Hauptseite, sondern um die Ecke, ganz unten, fast auf Höhe des Bürgersteigs. Man hätte dagegentreten können. Ein Vorhang (winzig, wie ein Bühnenvorhang für ein Kätzchen) wurde angehoben. Und man sah – ja was? Ich musste mich vorbeugen und den Kopf drehen, um es zu erkennen. Die Stelle, nur etwa 20 x 25 cm groß, zeigte ein Buch auf einem Regal neben anderen Büchern. Bob war auf dem Cover abgebildet. Wieso hatte man ihn zu diesen relativ unbedeutenden Lyoneser Autoren gesellt? Bob hatte zwar gelesen, aber nicht viel – ihm fehlte einfach die Zeit. In erster Linie las er die Lokalzeitung. Er war auf dem Bild ganz gut getroffen, mit Hängebacken, einem schelmischen Funkeln in den Augen und einem verhaltenen Lächeln. Unsere Jungs berührten seine gemalten Wangen. Und wir waren alle glücklich darüber, dass es das Bild überhaupt gab. Und doch war es ein Gefühl, als hätte man uns – und Bob – ein kleines bisschen hereingelegt.

Dies war das letzte Mal, dass ich Jacqueline und Suzanne sehen sollte.

IX

DIE WELTHAUPTSTADT DER GASTRONOMIE

In diesem Zusammenhang waren wir neulich beim Dinner mit Curnonsky, der 80 ist und wie ein dogmatischer Tölpel wirkte, der sich selbst als Gourmet sieht, in Wirklichkeit aber nur ein Windbeutel ist. Es ging um Beurre Blanc – darum, was für ein Mysterium sie ist und dass nur wenige Leute sie zubereiten können und dass sie nur mit weißen Schalotten aus Lothringen und nur über einem *Holzfeuer* zubereitet werden darf. Puh! Aber das ist so verdammt typisch, dass Leute aus ganz einfachen Dingen ein verdammtes Geheimnis machen, einfach nur, um sich aufzuplustern. Ich habe nichts gesagt, da man mir als Fremde sowieso nichts zutraut. Dieser Dogmatismus in Frankreich macht mich wütend (das ist wirklich mein einziger Kritikpunkt, weil ich die Franzosen ansonsten liebe).

Julia Child, *Wie immer, Julia: Der Briefwechsel von Julia Child und Avis Devoto*

Bron, Rhône-Alpes. Daniel Boulud hatte mich frühmorgens angerufen. Er sei in Brüssel mit Jérôme Bocuse, und sie hätten eine Benefizveranstaltung für den Bocuse d'Or besucht, und ein wohlhabender Restaurantbesitzer hatte ihnen seinen Privatjet zur Verfügung gestellt, damit sie nach Lyon fliegen konnten, um ihre Familien zu besuchen. Ob ich sie auf dem kleinen Flugplatz in Bron abholen könne?

Es war eine sonderbare Anfrage, denn dies war der Flugplatz, von dem aus immer Saint-Exupéry gestartet war, und natürlich erklärte ich mich bereit dazu. Einen Sekundenbruchteil lang fragte ich mich, warum er kein Taxi nahm. Aber ich verwarf die Frage sofort – vielleicht hatte er seine Gründe? –, und außerdem fühlte ich mich geschmeichelt.

Ich ließ zuerst Jérôme aussteigen, der im Croix-Rousse bei seiner Mutter wohnte, Raymone Carlut, der Geliebten und Reisegefährtin seines Vaters.

»Pauls Liebesleben ist kompliziert«, sagte Boulud wie zur Erklärung.

Wir fuhren die andere Seite des Hügels hinab, eine gewundene steile Straße, die ich nicht kannte, weshalb Boulud mich dirigierte. Dann, scheinbar ganz spontan, zog er sein Handy aus der Tasche, rief den großen Mann selber an und sagte, er werde in fünf Minuten bei ihm sein.

»Macht es dir etwas aus?«, fragte er mich. »Immer wenn ich in Lyon bin, muss ich als Erstes Paul besuchen.«

Erst jetzt, im Rückblick, erkenne ich, dass Boulud auch hier wieder still eingegriffen hatte, um mein Leben in Lyon schöner zu machen. Er wusste die ganze Zeit, dass er Bocuse sehen würde. Und natürlich brauchte er niemanden, der ihn vom Flughafen abholte.

Vielleicht fuhr ich langsam – oder vielleicht gab es eine Abkürzung, die ich nicht kannte –, denn als wir die Auberge erreichten, war Jérôme bereits da, und trank eine Tasse Kaffee mit seinem Vater. Offensichtlich wollte auch Jérôme »als Erstes Paul besuchen«. Ein Frühstück wurde serviert, größtenteils Kuchen und auch etwas Toast, und man merkte, dass diese drei – Papa, Sohn und Daniel (den man fast als »Ersatzsohn« bezeichnen konnte) – sich häufig trafen, noch häufiger miteinander redeten und sich in der Gesellschaft der anderen sehr wohlzufühlen schienen.

Monsieur Paul legte sich die Hand auf die Brust, hustete leicht, was seine beiden Söhne gleich bemerkten, worauf er sagte, er habe in letzter Zeit öfters Probleme beim Atmen gehabt.

Daniel und Jérôme reagierten sofort ängstlich besorgt. (»Warst du beim Arzt?«, »Hast du es mal mit Inhalieren versucht?«). Paul Bocuse war fragil, und alle gerieten in Panik, wenn er krank wurde. »Aber nein«, sagte er, »ich bin nicht krank.« Und er betonte noch einmal: »Wirklich nicht.«

»Es kommt von der Luftverschmutzung«, warf ich ein, vielleicht ein bisschen zu laut – zum einen, weil ich dasselbe Problem gehabt hatte, zum anderen, weil ich auf diese Weise einen bescheidenen Beitrag zu dem Gespräch leisten konnte, das diese hier am Tisch versammelten Vertreter von drei Generationen berühmter Lyoneser Köche führten.

Bocuse wandte sich mir zu. »Genau.« *C'est ça.* »Sie haben recht. Er hat recht«, sagte er. »Es kommt von der Luftverschmutzung.«

»Ihr beide wohnt nicht in Lyon«, sagte ich. »Ihr könnt das nicht wissen.«

»Genau«, bekräftigte Bocuse erneut, und ich freute mich, dass wir einer Meinung waren, beide auf verschiedene Weise Botschafter dieser Stadt, und dass wir bereit waren, etwas auszusprechen, das sonst niemand aussprach: dass Lyon – dieses einmalig seelenvolle, historisch faszinierende und selten besuchte herrliche Juwel von einer Stadt, diese Sandburg zwischen zwei mächtigen Flüssen, unbeachtet und verteidigungsbedürftig – an Luftverschmutzung leidet. Man kann der Stadt keinen Vorwurf machen, es sei denn, man wollte ihr ihre zufällige geografische Lage vorwerfen. Die Schmutz- und Schadstoffe kommen von den Fabriken im Osten Frankreichs und von den Kraftfahrzeugemissionen durch den Nord-Süd-Verkehr auf der *Autoroute du Soleil*. Die Abgase strömen ins Rhône-Tal und scheinen sich an heißen, windstillen Tagen wie eine braune Pest über der sommerträgen Saône zusammenzuballen und dort zu verharren.

Im weiteren Verlauf des Frühstücks, bei dem niemand aß (außer meiner Wenigkeit, die keine Chance ausließ, bei Bocuse zu essen, ganz egal was), hatte ich den Eindruck, Jérôme und ich wohnten einem Seminar bei, das Monsieur Paul mit Monsieur Daniel veranstaltete. Boulud und ich hatten unser Projekt, zwei Dutzend »ikonenhafte Gerichte« zu kochen, abgeschlossen, und ohne dass ich es wusste, hatte Boulud währenddessen regelmäßig in Kontakt mit Monsieur Paul gestanden, um sicherzugehen, dass er beim Kochen der Gerichte nichts versäumte.

»Das *poulet en vessie*«, fragte Bocuse. »Konntest du die Sache mit den Knoten lösen?«

Boulads Küchenteam hatte das Problem gehabt, dass aus den Schweinsblasen ständig Luft entwich.

Boulud bejahte.

»Das *volaille à Noelle*?«, erkundigte sich Bocuse und spielte damit auf das wunderbare komplett entbeinte Huhn an, das mit verschiedenen pürierten Füllmassen gestopft wird, bis es seine ursprüngliche Form wiedererlangt.

»Sah gut aus«, meinte Boulud. Es war wirklich ein spektakulärer Anblick gewesen.

»Und du hast an den Spargel gedacht?«, fragte Bocuse.

»Ja, danke, Paul.« Eine der Füllmassen wurde mit Spargel zubereitet.

»Weiß oder grün?«

»Grün.«

»Joannès hat weißen verwendet«, sagte Bocuse und meinte damit Nandron Senior.

»Weißen?«, fragte Boulud.

»Immer.«

»Oh«, sagte Daniel. (Wandte sich zu mir her und flüsterte: »*Merde!*«)

»Und den *jambon au foin?*«

»Ja, danke, Paul«, bestätigte Daniel. »Der *jambon au foin* war ein voller Erfolg.«

»Und die Kräuter?« *Les aromatiques?*

»Die Kräuter?«, fragte Daniel.

»Ja, weil Heu nicht stark genug duftet.«

Wieder warf mir Daniel einen panischen Blick zu. Auch dieses Gericht hatten wir gemeinsam gemacht, mit einem Ackerschlepper voll Alfalfa, aber die Stall-Aromen hatten sich während des Kochvorgangs verflüchtigt. Wir hatten es zwar beide bemerkt, aber keine große Sache draus gemacht, weil es eben war, was es war – Heu. Es roch leicht süßlich, wenn man direkt die Nase hineinsteckte, erinnerte aber mehr an ein matschiges Fußballfeld im Winter als an die Poesie frisch gemähten Grases an einem Sommertag und definitiv nicht nach Stall und Futtertrog, was wir eigentlich erwartet hatten.

»Ich füge immer Rosmarin hinzu«, sagte Bocuse.

»Rosmarin?«

»Ja.« *Beaucoup.* »Jede Menge Rosmarin.«

»*Merde, merde, merde*«, flüsterte Boulud.

Daniel und ich gingen zum Wagen zurück. »Wie konnte ich nur vergessen, dass es weißer Spargel sein muss?« Er wirkte bedrückt. »Ich wusste eigentlich, dass es weißer ist. Ich habe es ja gesehen.«

Bocuse kannte Gérard Nandron, Daniels ersten Boss. Er kannte Nandrons Vater, Joannès. Er kannte Jean-Paul Lacombe schon seit dessen Anfängen im Léon de Lyon, denn er kannte auch dessen Vater, Paul Lacombe. Er kannte Anne-Sophie Pic, seit sie in Valence angefangen hatte, denn er kannte sowohl ihren Vater, Jacques, als auch ihren Großvater André. Er kannte nicht nur den großen Alain Chapel, sondern auch dessen Vater Roger. Bocuse war da gewesen. Er war mit der Lyoneser Küche der letzten hundert Jahre – und noch viel länger – bis ins Detail vertraut, weil er vor Jahrzehnten mit all den Menschen bekannt gewesen war, die von den vorangegangenen Generationen das Kochen gelernt hatten. Ich kenne niemanden sonst, der über diese Art von Wissen aus erster Hand verfügt, als Augenzeuge. Bocuse, selbst Sohn und Enkel von Köchen, die genau hier, wo wir uns jetzt befanden, gekocht hatten, war ein Bewahrer der kulinarhistorischen Aufzeichnungen dieser Region.

Sofort verstand ich ein Bocuse-Gericht – nicht die Zubereitung, Huhn in einer Schweinsblase gekocht, aber den Namen, *poulet à la Mère Fillioux*. Bocuse hatte nie bei Mère Fillioux gearbeitet. Sie starb bereits 1925, im Jahr vor seiner Geburt. Er hatte in den Küchen von Eugénie Brazier und Fernand Point gearbeitet. Im La Mère Brazier war er fürs Geflügel zuständig gewesen. Mir gefiel die Verbindung: dass ich in den beiden gleichen Lokalen tätig gewesen war und das Gericht genauso zubereiten gelernt hatte wie damals Bocuse (also Mère Brazier & Fernand Point & Paul Bocuse & ich!!!). Aber ich schweife ab.

In Lyon ist Mère Fillioux bis heute eine kulinarische Ikone, obwohl kein heute noch lebender Mensch jemals ihre Gerichte gegessen hat. Sie erscheint immer noch auf Wandgemälden und auf Fotografien, im immer gleichen übertriebenen Outfit: in ihren prüde-aufgebauschten Röcken, das Haar zum Dutt hochgesteckt, trägt sie ihr wundersam zartes Huhn vor sich her. Und natürlich hat Eugénie Brazier, bevor sie zur *Mère* Brazier wurde, in Fillioux' Küche gearbeitet. Dort hat Brazier jenes Gericht zubereiten gelernt. Und über sie hat Bocuse es gelernt.

Bocuse war der Mann, an den die Mères ihre Tradition weitergaben.

Bocuse ist bekannt als Wegbereiter der Nouvelle Cuisine, als der berühmteste jener innovativen Köche – Erben einer kodifizierten Küche, die sich seit 150 Jahren kaum verändert hatte und die der vehemente Ruf nach Erneuerung vereinigt hatte. Tatsächlich hat sich Bocuse selbst nie einen »Nouvelle-Cuisine-Koch« genannt. Er war nur das berühmteste Mitglied einer Generation von Köchen in einer Zeit, als die französische Küche in vielerlei Formen – nouvelle und weniger nouvelle – nach dem

Krieg eine wahre Blütezeit erlebte, eine Renaissance, die sich über zwei bis drei Generationen hinweg vorbereitet hatte. Bocuse verfügte einfach über das größte Charisma.

In erster Linie war er aber ein Lyoneser Koch. Seine Küche war das, was die Menschen in Lyon schon seit sehr langer Zeit gegessen hatten (manchmal auf neue Art zubereitet, und manchmal einfach nur gut).

Michel Richard war ein Nouvelle-Cuisine-Chef: Er gehörte zwar nicht der ersten Generation an, hatte durch sie aber eine starke Befreiung erlebt. Beeinflusst haben ihn: Fernand Point (durch seine Philosophie), Michel Guérard (durch seinen Erfindungsreichtum) und Gaston Lenôtre (durch sein Credo »Hauptsache, man macht es besser«). Bocuse eröffnete gemeinsam mit Gaston Lenôtre ein Restaurant. Er war mit Michel Guérard befreundet. Er genoss die Gesellschaft dieser Männer, war aber eine andere Art von Koch. Bocuses kulinarische Weltsicht war von seiner Lyoneser Perspektive geprägt. Jeder Bestandteil seiner Speisekarte hat eine lange Geschichte: Mère Fillioux' *poulet en vessie*; Mère Braziers Wolfsbarsch *en croûte*; Fernand Points Seezunge auf frischen, handgemachten Tagliatelle. Dann die einheimischen Gerichte: das Bresse-Huhn, das Huhn *au vinaigre*, die *quenelles* aus einheimischen Süßwasserfischen, die Flussfische, die Flusskrebse.

Vor allem zeichnet sich die Lyoneser Küche dadurch aus – genau wie es mir Bocuse bei unserer ersten persönlichen Begegnung erklärt hatte –, dass man auf heimische Zutaten zurückgreifen kann. Lyon ist durch seine geografische Lage prädestiniert für gute Lebensmittel und gute Küche. Die Dombes, mit ihren Vögeln, Süßwasseraalen, Welsen; der Flusshecht, *brochet*; die Bergseen (Lac du Bourget, Lac d'Annecy) mit ihrer einzigartigen Vielfalt an Fischen, die man nur dort findet und nirgends sonst; die bäuerliche Küche von Vienne und Condrieu und Ampuis, mit ihren Schweinen und Ziegen; die Alpen mit ihrem Käse; und überall, an jedem Ort, heimischer Wein. Alle Orte, an denen es diese Zutaten gibt, sind mit »Vehikeln« jeder Art gut erreichbar; vor der Ära der

Kraftfahrzeuge wurden die Lebensmittel zu Fuß, auf dem Rücken von Tieren oder per Boot transportiert; die Entfernung beträgt zwischen 50 und 75 Kilometern und ließ sich – seit der Erfindung des Rads, der Domestizierung der Nutztiere und der Entdeckung, dass Holz auf dem Wasser schwimmt – gut überwinden, um in die nächste Marktstadt zu gelangen.

Die Lyoneser Küche ist ganz einfach. Der kulinarische Ruf der Region beruht auf dieser Einfachheit. Die Rezepte müssen nicht unbedingt aufwendig sein. Gute Hausmacherkost, serviert mit guten heimischen Weinen, und immer sehr preiswert.

X

DAS GRÖSSTE ABENTEUER IM LEBEN UNSERER FAMILIE

Ihre Gedanken drehten sich größtenteils um Hunger, die Gespräche ums Essen. Das erste Mal habe ich diese kollektive Hysterie – denn auf irgendeine Weise war jeder Gefangene davon betroffen – in dem riesigen Kriegsgefangenenlager auf dem Petrisberg erlebt. Sie bestand darin, dass alle geradezu manisch in Erinnerungen an festliche Mahlzeiten schwelgten. Man versammelte sich in kleinen hektischen Grüppchen, nur um übers Essen zu reden. Da berichtete zum Beispiel ein Bauer von den einzelnen Gängen seines Hochzeitsmenüs und den kulinarischen Erzeugnisse der Gegend, aus der er kam, während die Gourmands detailliert Menüs beschrieben, die ihnen im La Mère Poulard, Le Restaurant Larue oder Le Chapon Fin serviert worden waren. Amateurköche tauschten Rezepte aus und erinnerten sich so exakt an sämtliche Details, dass jemand, der gerade mal ein Cordon bleu hinkriegte, eingeschüchtert danebenstand, während andere sich Notizen machten …

Francis Ambrière, *Les Grandes Vacances*, 1946

Am Fuß des mächtigen Montagne de Virieu, Belley. Sechs Jahre zuvor hatte ich in meinem winzigen Büro beim *New Yorker* Brillat-Savarins berühmtes Buch gelesen und mir geschworen, seine Wanderung ins Hochgebirge, um ein Mönchskloster zu besuchen, eines Tages zu wiederholen. Und jetzt war es so weit: Endlich! Ich war aufgebrochen! Ich war unterwegs! Ich stieg hinauf! Und dann verirrte ich mich.

Nicht so, wie man sich im Wald verirrt und nicht mehr nach Hause findet. Nicht mal in dem Sinn, dass ich die Orientierung verloren hätte. Es gab im Grunde nur eine Richtung – aufwärts. Aber es hatte verschiedene Wege gegeben, und plötzlich brach der Weg, für den ich mich entschieden hatte, einfach ab: Er war völlig zertrampelt, nicht mehr zu erkennen, als hätte hier eine riesige Elefantenherde Mittagsschlaf gehalten.

Außerdem – und das kam mir seltsam vor – begegnete ich unterwegs keiner Menschenseele. Seit ich den Aufstieg begonnen hatte: niemand zu sehen. Mir kam das Ganze, nun ja, irgendwie unheimlich vor. Es war ein wunderbarer Samstagmorgen, der Himmel oktoberblau, das Wetter schön, und es wehte eine sanfte Brise. Wieso war denn hier niemand? War ich wirklich der Einzige, der diese Ruine besuchte? So völlig allein *und* noch dazu vom Weg abgekommen zu sein war nicht besonders angenehm, obwohl ich ungefähr wusste, in welche Richtung ich gehen musste. Ich hörte Gewehrschüsse – Vogeljäger vermutlich, was zwar für die Jahreszeit passte, mich aber noch mehr beunruhigte.

Jessica hatte mir eine topografische Wanderkarte gekauft, in der jedes winzige Wäldchen, jede Wiese, jeder vertrocknete Bach exakt eingetragen waren – die Karte, veröffentlicht vom *Institut Géographique National*, zählte meiner Einschätzung nach in navigationstechnischer Hinsicht zu den tollsten Neuerungen seit der Erfindung der Füße –, und nachdem ich sie konsultiert hatte, sah ich, dass ich das platt getretene Gras mit dem Pfad verwechselt hatte (die mutmaßlichen Täter waren also nicht Elefanten, sondern Kühe). Ich ging meiner Fußspur nach zurück, schwenkte auf die richtige Route und setzte meine Wanderung fort.

Es gab eine geteerte Straße, die D-53, der Brillat-Savarin offensichtlich nicht gefolgt war, weil sie damals noch nicht existierte, also versuchte auch ich, sie zu meiden. Der Weg, den ich wählte, war unter Umständen genau der Pfad, dem damals Brillat-Savarin gefolgt war, und sei es nur, weil es keinen besseren gab. Er begann in Virieu-le-Grand, einem Ort am Fuß des Bergs. Der Beschreibung Brillat-Savarins zufolge führt der Pfad 1500 Meter weit steil nach oben. Ich blickte empor – nichts als flacher weißer Fels (so steil, dass man gern mit dem Skilift hinaufgefahren und mit dem Fallschirm herabgesprungen wäre) – und dachte: *Oh, shit.*

Brillat-Savarin, das sollte ich vielleicht noch erwähnen, hatte die Wanderung nicht allein unternommen. Er gehörte zu einer Gruppe von Musikern in seinem Heimatort Belley, etwa sieben Meilen südlich, und diese Musiker waren vom Abt des Bernhardinerklosters eingeladen worden, mit den Mönchen gemeinsam den Namenstag des Ordensheiligen zu feiern. Wegen der isolierten Lage auf dem Berg, so der Abt, sei dort oben noch nie schöne Musik erklungen, weshalb Musik zur Messe nicht nur die Mönche, sondern auch die Nachbarn (*»nos voisins«*) erfreuen würde.

Mein Bestreben bestand weniger darin, im eigentlichen Sinn in Brillat-Savarins Fußstapfen zu treten – denn was würde ich nach über zwei Jahrhunderten dort oben noch finden? Eher war meine Wanderung eine Art besinnlicher Hommage. Brillat-Savarins Besuch hatte zu einer Zeit stattgefunden, als die klösterlichen Traditionen noch ungebrochen waren: Vor allem wurden in Klöstern über viele Jahrhunderte hinweg gute Lebensmittel und Getränke produziert, und es gab eine gute Küche. Darüber hat Brillat-Savarin mehr als 30 Jahre später geschrieben und auch erklärt warum. In der Zwischenzeit hatte die Französische Revolution stattgefunden, Klöster waren geplündert, die Mönche und Nonnen vertrieben worden. Viele jüngere Zeitgenossen, so Brillat-Savarin, hätten noch nie ein Kloster gesehen, seien noch nie einem Mönch begegnet und könnten deshalb gar nicht ermessen, welchen Beitrag die Klöster für die französische Küche geleistet hätten.

Ursprünglich hatte ich geplant, Aufstieg und Abstieg an einem Tag zu bewältigen, früh aufzubrechen und spät zurückzukehren. Ich hatte mich nicht in Virieu-le-Grand, sondern in einem Hotel im nächsten Talort, Artemare, einquartiert, weil ich gehört hatte, dass die Küche dort sehr gut sein sollte: eine *auberge* in einem ehemaligen Dorfschulhaus, vor dem eine mächtige alte Eiche stand. Drinnen ging es eng und chaotisch zu (am Ende meines Zimmerflurs standen ein Staubsauger und ein alter Beichtstuhl) und ungeniert altmodisch. Am Abend zuvor hatte ich *féra* (Felchen) gegessen, einen der begehrtesten Süßwasserfische mit ungewöhnlich fester, fleischartiger Konsistenz (aus dem Lac Léman – in Lyon bekommt man Felchen nur selten). Er war *à la meunière* zubereitet, mit *épinards au gratin* serviert und mit vier identisch tournierten Gemüsesorten garniert – einer Karotte, einer Kartoffel, einer Zucchini und einer Rübe. Dieses Gericht bestätigte wieder einmal, dass man in einem französischen Dorfhotel vielleicht keine kulinarische Offenbarung erleben wird, aber verlässlich damit rechnen kann, gut zu essen.

Nicht nur das Hotel, sondern auch die Gegend, die als Bugey-Massiv bezeichnet wird, mutete wunderbar anachronistisch an. Brillat-Savarin war jeden Herbst hierhergekommen, zur Vogeljagd, die offensichtlich auch heute noch stattfand. Es gab immer noch dörfliche Wassertränken und in jedem Ort ein gemeinschaftliches Backhaus, in dem die Dorfbewohner Brot backten. Die schwarz verrußten Öfen wurden offenbar intensiv genutzt; nebenan war Holz aufgeschichtet, an der Seite befand sich der Brotschieber (ein flaches Gerät, das man unter den fertig gebackenen Brotlaib schiebt, um ihn aus dem Ofen zu holen). Beim Anblick dieser Öfen musste ich an Bob denken, seine Backstube am Quai

Saint-Vincent und das, was er dort wieder zum Leben erwecken wollte: den vorindustriellen, von der Erde erzeugten Geschmack, mit dem er aufgewachsen war, ich aber nicht. Jacques Pépin hat mir einmal gesagt, er habe nie in seinem Leben etwas Köstlicheres gegessen als das Brot seiner Lyoneser Kindheit, direkt aus dem Ofen, mit Butter bestrichen, und ich bedauerte damals, dass in den Dorfbacköfen kein solches Brot mehr gebacken wurde.

Nach dem Essen wandte ich mich an das Hotelbesitzer-Ehepaar – sie saßen vor den Fernsehnachrichten, hatten auf Schoßtabletts ihr Abendessen vor sich und tranken einen heimischen Bergwein dazu – und fragte, ob ich um ein Sandwich für meine Wanderung bitten dürfte.

»Huhn?«, fragte die Frau, und am nächsten Morgen wurde mir das in Folie gewickelte Sandwich überreicht: fast das ganze Fleisch eines gebratenen *poulet de Bresse,* zwischen zwei derbe Brotscheiben gequetscht. Ich packte es in meinen Rucksack. Es duftete wie ein Sonntagsessen. Ansonsten hatte ich noch eine sehr große Wasserflasche dabei, Sonnencreme und eine Geländekarte, die im 19. Jahrhundert im Rahmen einer archäologischen Ausgrabung angefertigt worden war, sowie zwei Bücher – meinen Brillat-Savarin und eine kleine Sammlung handgeschriebener Rezepte. Die hatte ich auf eBay.fr gekauft. Der Autor, der nicht namentlich in Erscheinung tritt (obwohl es einzelne Hinweise gibt), war als Franzose in einem Kriegsgefangenenlager in Nazideutschland interniert gewesen. Er hatte die Rezepte zu einer Zeit gesammelt, als zu befürchten stand, dass ganz Europa an die Nazis fallen würde. Ähnlich wie Brillat-Savarin schien auch dieser französische Kriegsgefangene seine Rezeptsammlung niedergeschrieben zu haben, um etwas zu bewahren, das in höchster Gefahr schwebte – die französische Küche und alles, wofür sie stand.

Das Kloster, das handgeschriebene Rezeptbuch, ja sogar mein Hühnchensandwich – all dies brachte mich zu der schlichten Erkenntnis, auf die ich ausdrücklich hinweisen möchte: dass wir mit dem Bedürfnis zu essen geboren werden, ohne zu wissen, wie man Essen zubereitet.

Unter den Funktionen, die für unser Überleben unentbehrlich sind (also dass wir trinken, atmen, unseren Darm entleeren, uns fortpflanzen et cetera), nimmt das Essen, zumindest seit der Entdeckung des Feuers, eine Sonderstellung ein. Das Kochen – wie man kocht, was man kocht – wird uns beigebracht: allerlei Fertigkeiten, die von Generation zu Generation weitergereicht werden (die Großmutter gibt es an eine Enkelin weiter, Vater, Mutter, Tante, Onkel geben es an die Kinder weiter, Julien Boulud, der es vor 80 Jahren von seinen Onkeln lernte, hat es an seinen Sohn Daniel weitergegeben). In alter Zeit wurde dieses Wissen täglich vermittelt; so existierte die Gemeinschaft, zu der man gehörte, auf dieser Erde, im Wechsel der Jahreszeiten. *Dies* wird dich im Winter ernähren. *So* machst du Fleisch haltbar, damit du etwas zu essen hast, wenn es sonst nichts gibt. *So* machst du Käse oder Wein oder Brot. *So* schmeckt Essen. Und für die Überlieferung dieses Wissens spielten Klöster, wie die Abtei Saint Sulpice (gegründet 1033), zu der ich nun wanderte, eine bedeutende Rolle. Wird dieses Wissen aus irgendwelchen Gründen nicht mehr weitergereicht – Krieg, Hungersnöte, Revolutionen, industrielle Entwicklung oder ein massiver Vulkanausbruch, der eine Zivilisation in Schutt und Asche legt –, bricht die Kette der Überlieferung ab, und es besteht die Gefahr, dass das Wissen verloren geht.

Dem Kloster Saint Sulpice war erst 1994 ein Schutzstatus als nationales Kulturgut zugesprochen worden. Es galt jetzt offiziell als Monument, in der vollen Bedeutung des Wortes: Es markierte einen Ort, an dem etwas geschehen war, das es jetzt nicht mehr gab.

Während der Wanderung traf ich auf andere Mahnzeichen, Monumente, mit denen ich nicht gerechnet hatte, einschließlich eines gelben Wegweisers zu einer *stèle* – ein Schild hoch oben im Nirgendwo.

Ich folgte dem Wegweiser und traf auf eine französische Flagge, einen hohen weißen Felsen und eine Steininschrift, die besagte, dass hier am 15. Juni 1944 15 Kämpfer der Résistance von deutschen Soldaten aus dem Hinterhalt angegriffen und getötet wurden. Ich blieb stehen und las die Namen. Es waren wohl junge Männer aus der Gegend hier – sehr wahrscheinlich Nachfahren jener vom Abt erwähnten *voisins*, die Hunderte Jahre zuvor rings um das Kloster gelebt hatten –, die die Wälder und alle Einzelheiten hier besser kannten als jeder Fremde.

Ich stieß auf ein weiteres Zeichen, das an den Krieg erinnerte, ein bis zwei Kilometer weiter, ein Schild mit einem schlichten Text: Am 15. Juni 1944 war ein gewisser Émile Clayet gefoltert und dann erschossen worden. Ich dachte darüber nach, was er erlitten haben mochte, und fragte mich, um welche Informationen es den deutschen Soldaten gegangen war. Hoffentlich hatte es nichts mit dem Hinterhalt zu tun.

Ich entdeckte noch andere Dinge, die aber eher mit meiner Situation als Wanderer zu tun hatten: zum Beispiel, dass man nie in Stiefeln wandern sollte, die man vorher nicht eingelaufen hat. Und dass man nie zu viel Wasser dabeihaben kann. Meine Flasche war schon lange leer. Am Beginn der Wanderung war ich noch an Wasserfällen und einem rauschenden Bach vorbeigekommen, der allerdings vom Pfad aus schwierig zu erreichen war, weshalb ich es gar nicht erst versuchte. Gewiss würden sich später weitere Gelegenheiten finden; auf der Karte stand es so verzeichnet. Und ich fand tatsächlich auch später noch Wasser – doch hier, wo sich das Bergmassiv abflachte, gab es Weiden, und das Wasser war kaum noch in Bewegung, und Kühe standen darin, und so durstig war ich dann auch wieder nicht.

Und ich erfuhr auch etwas über das Kloster: nämlich, dass es nicht da war.

Merkwürdig.

Da stand eine Kapelle, deshalb wusste ich, dass ich mich am richtigen Ort befand. (Tatsächlich war dies Jessicas erste Frage, als ich es ihr erzählte: Bist du sicher, dass du dich nicht wieder verlaufen hast?) Vielleicht hat diese Kapelle früher einmal den Eingang zum Klostergelände markiert – sie war dem heiligen Vital gewidmet und vor noch gar nicht langer Zeit (in den 1970er-Jahren) ausgegraben worden (und folglich ein bis zwei Jahrhunderte lang vor Plünderungen bewahrt geblieben). Man sah die Bemühungen, sie zu restaurieren – eine Schubkarre, eine Holzplanke, ein Haufen Steine. Ja, ich schien am richtigen Ort zu sein. Aber wo verbarg sich das Kloster?

Es gab ein Sackgassenschild, der einzige Hinweis auf eine zivile Behörde, das einen Hang hinaufzeigte. Zu meiner Linken: eine entsorgte Keramikbadewanne, eine Spüle, blaue Plastiksäcke. Zu meiner Rechten: ein Elektrozaun. Und da sah ich es, auf der anderen Seite des Gatters, an dem ein Schild hing: Man wurde nicht nur gewarnt, das Gelände zu betreten, sondern erfuhr auch, dass bei Zuwiderhandlung ein Stromschlag drohte.

Wie gesagt, jetzt sah ich es. Glaubte es zumindest zu sehen. *Es* (das heißt: ein seltsamer Erdwall, wie ein länglicher Hügel mit einem Rasendach) war weniger eine Ruine als vielmehr eine vergrabene Ruine. *Es* war ein Gebilde, ganz oben auf dem höchsten Hügel hier, teils zerklüftet und einem Grabhügel nicht unähnlich, ungefähr 60 Meter lang und 15 Meter breit. Historische archäologische Grabungen hatten das Bauwerk bestätigt. Doch was auch immer damals freigelegt wurde, war seitdem wieder unter einer Erdschicht verschwunden.

Der Elektrozaun war beunruhigend. Und beunruhigend waren auch die Bewohner des durch den Zaun abgegrenzten Grundstücks: vier Jungstiere. Sie standen im Schatten ganz oben auf dem Hügel. Sie schienen das Kloster zu bewachen. Mit vier Jungstieren hatte ich nun wirklich nicht gerechnet.

Sie formierten sich in einer Reihe und glotzten mich an. Ich wollte mich weder durch den Zaun noch durch die Tiere von meinem Vorhaben abbringen lassen und weigerte mich, das Hindernis als Problem zu sehen. Es war aber eines.

Ich checkte mein Handy. Voller Akku, aber kein Empfang.

Ich ging weiter die Sackgasse entlang bis zur Außengrenze des Grundstücks, immer am Elektrozaun entlang. Ich suchte nach einer Stelle, wo ich unterm Zaun hindurchschlüpfen konnte.

Die Stiere drehten sich in meine Richtung, immer noch in einer Reihe, und glotzten weiter.

Ich wanderte durch den Wald, weiter am Zaun entlang, wo das Gelände steiler und höckriger wurde, und tatsächlich entdeckte ich so eine Stelle. Bäuchlings robbte ich unterm Zaun durch. Jetzt befand ich mich auf dem Grundstück.

Die Stiere hatten sich mittlerweile um volle 180 Grad gedreht, um mich im Blick zu behalten. Sie waren unglaublich aufmerksam.

Ich stand jetzt in der Sonne, es war heiß. Die vier Stiere standen auf dem höher gelegenen Gelände im Schatten, an der Stelle, wo sich unter der Erde die Ruinen des Klosters befanden. Sie befanden sich genau dort, wo ich hinwollte.

Immer noch bildeten sie eine Linie, drängten sich jetzt aber enger zusammen. Einer der Stiere trat jetzt etwas vor. Er fixierte mich.

Er starrte mich an. Ich starrte zurück.

Das ist doch lächerlich, dachte ich. Ich klatschte laut in die Hände und stieß einen Schrei aus. Der Stier schob sich langsam vorwärts. Sein Starren war unglaublich intensiv.

Er schnaubte. Keine Frage: Es war ein Schnauben gewesen. Jetzt scharrte er mit den Vorderbeinen. Scharrte ein zweites Mal. Ein drittes Mal. Gleich würde er zum Angriff übergehen.

Ich dachte: Das wäre ein gutes Ende für mein Buch.

Ich dachte: Das wäre ein ziemlich böses Ende für mich.

Ich änderte meinen Plan und bewegte mich langsam, mit abgewandtem Blick, die andere Seite des Hügels hinunter in Richtung Kapelle. Ich beschrieb einen sehr großen Kreis und sah mich nicht um. Mein Verstand sagte mir: Diese Stiere – lass ihnen doch ihr Kloster.

Nach einer Weile näherte ich mich wieder von der anderen Seite, die die Stiere nicht im Blick hatten. Inzwischen (ich war wirklich einen *sehr* großen Bogen gelaufen) waren die Tiere den Hügel hinabgewandert und grasten genüsslich, sodass ich dorthin konnte, wo sie zuvor gestanden hatten.

Ich fand die Stelle, an der ich den vergrabenen Kirchenaltar vermutete, setzte mich ins Gras, lehnte mich an einen Baumstamm und atmete tief aus, nachdem ich sehr lange die Luft angehalten hatte. Als Brillat-Savarin hier oben ankam, hatte er außergewöhnlich geläuterte Gedanken – er beschreibt, wie er, zwischen dem zweiten und dritten Festschmaus des Tages, einen Abendspaziergang unternimmt und »die erquickende Luft jener hoch gelegenen Gefilde« einatmet, und befand, sie stärke und belebe »die Seele des Menschen und stimme seine Fantasie auf stille Gedanken und romantische Empfindungen ein«. Er war vermutlich keinem Stier begegnet.

Ich kam zur Ruhe, öffnete meinen Rucksack und gönnte mir meinen überfälligen Lunch. Unter diesen Umständen – und vermutlich dank der »erquickenden Luft der hoch gelegenen Gefilde« – war es das beste Hühnchensandwich, das ich je in meinem Leben gegessen habe.

Ich studierte die Karte, die im Rahmen einer archäologischen Grabung im 19. Jahrhundert angefertigt worden war, und stellte fest, dass ich mich tatsächlich genau über dem Altar befand. Auch lag ganz in der Nähe ein Friedhof, in dem achthundert Jahre lang Mönche beerdigt worden waren. Ich dachte: »ziemlich viele tote Mönche« und schlug meinen Brillat-Savarin auf.

Er hatte sich in manchen Punkten geirrt. Die Höhe betrug nicht 1500 Meter, sondern meiner Wanderkarte nach eher die Hälfte. (Allerdings kann ich nach meinem anstrengenden Aufstieg bestätigen, dass es sich wie 1500 Meter anfühlte.) Ansonsten hat sich die Umgebung seit damals nicht groß verändert. Brillat-Savarin beschreibt Kiefern in westlicher Richtung – eben der Wald, durch den ich gewandert war, um einen Durchschlupf im Zaun zu finden –, und dass das Kloster auf einem Plateau liege, zwischen zwei mächtigen Bergrücken, mit einer Weide dazwischen. Und es war wunderschön hier – an diesem frischen herbstlichen Nachmittag fühlte ich mich hier wie in einem Naturparadies –, das weite offene Tal, das leuchtend grüne Gras, der Wald, die völlig isolierte Lage. Das Kloster hatte mit zwölf Mönchen begonnen. Zur Zeit der Französischen Revolution waren es dann vielleicht zwei Dutzend, drei Dutzend Mönche, die viertausend Hektar Land bewirtschafteten, einschließlich der klostereigenen Weinberge und eines künstlich angelegten Teichs. Alles, was die Mönche aßen und tranken, stellten sie selbst her, beziehungsweise ernteten es frisch von Hand.

Laut Brillat-Savarin war die Bewirtung in ihrer kulinarischen Vielfalt geradezu überwältigend. Er beschreibt seine erste Mahlzeit (»ein wirklich klassisches *déjeuner*«) als Bankett von so grandiosen Ausmaßen, als solle die Klosteranlage selbst dargestellt werden: eine *pâté*, die sich wie eine Kirche in der Mitte des Tisches erhob, flankiert im Norden von Kalb, im Süden von Schwein, im Westen von Artischocken und im Osten von einer monumentalen Butterkugel. (Die Mönche, die ihrem Heiligen zuliebe fasteten, hatten dieses Festmahl, ganz dem hehren Gebot der Gastfreundschaft verpflichtet, vorbereitet, obwohl sie selbst nicht daran teilnehmen konnten.) Die nächste festliche Mahlzeit nach der Messe – die von den Musikern begleitet wurde – war vom Geschmack *(le goût)* des 16. Jahrhunderts geprägt, einschließlich verschiedener Fleischsorten in Form simpler *ragoûts (»une bonne cuisine«)* sowie verschiedener Gemüsesorten, die hier auf den Bergen wuchsen und viel aromatischer waren, als dies die Stadtbewohner kannten, gefolgt von vierzehn Bratenplatten (»Überfluss war hier die Regel«). Um 21 Uhr folgte ein leichtes Abendessen. Die Nachbarn kamen vorbei, man trank, sang und spielte den ganzen Abend lang, bis dann die Zeit für die letzte Mahlzeit des Tages gekommen war, heißes Brot und Butter, begleitet von Obstbrand, Eau de vie, den man anzündete und brennend servierte.

Sieben Jahre später kamen die Nachbarn aus den umliegenden Dörfern wieder. Thézillieu war die nächstgelegene Ortschaft, die ich, immer noch an meinen Baumstamm gelehnt, direkt im Blick hatte. Ich stellte mir vor, wie sie damals heranstürmten, *les foules*, die Massen, an einem warmen Augustabend 1789, wie sie die weite, offene Weide überquerten, mit Fackeln und primitiven Waffen bewehrt. Sie trieben die sandalentragenden Mönche aus der Abtei und jagten sie den Berg hinunter. Dann begannen sie das Gebäude zu zerlegen – die Zerstörung scheint viele Jahre lang gedauert zu haben – und karrten die Steine weg, um daraus Häuser und Scheunen zu bauen. Und sie steckten alles in Brand – Archive, Manuskripte, Bücher, achthundert Jahre Geschichte.

Brillat-Savarin erwähnt jene Nacht mit keinem Wort, um den klaren kalten Glanz der Wanderung zu dem damals noch unbeschädigten, vollkommen intakten Kloster nicht zu trüben. Dennoch wollte Brillat-Savarin wohl nicht auf diesen Besuch hinaus. Vielmehr wollte er sagen, dass es einen solchen Besuch nie mehr geben wird. Dass jene Welt untergegangen ist. Ich hatte mir meinen eigenen Besuch oft in Gedanken ausgemalt, ohne damit zu rechnen, dass überhaupt nichts mehr erhalten war.

Ich legte meinen Band Brillat-Savarin zur Seite und zog mein handgeschriebenes Rezeptbuch hervor. Auf eine Ecke des Covers hatte der Autor *Recettes* geschrieben und unterstrichen. Ich bin nicht sicher, ob das der Titel sein sollte oder einfach nur ein Hinweis auf den Inhalt.

Zu diesem Büchlein führte mich mein neu erwachtes Interesse an alten gebrauchten Kochbüchern, ganz besonders »Mère«-Kochbüchern. Es begann damit, dass Michel Richard mir erzählte, eins dieser Bücher habe ihn im Alter von zehn Jahren zum Kochen inspiriert. Damals las er, während seine Mutter arbeiten war, ihre Ausgabe von *La Vérita-*

ble Cuisine de famille, von einer »Tante Marie« verfasst, und beschloss sogleich, künftig für die Familie zu kochen, die damals aus sechs Personen bestand. (Oder sieben? Oder vielleicht neun? Das war nie ganz klar, hauptsächlich deshalb, weil zwei Personen nur »inoffiziell« existierten.) Ich fand für fünf Euro ein Exemplar, das 1948, in Richards Geburtsjahr, erschienen ist – vermutlich genau die Ausgabe, aus der er damals als Jugendlicher kochte; der Buchrücken war entsprechend abgewetzt, der Hinterdeckel mit einem Streifen spröden gelben Klebebands befestigt. Übersetzt lautet der Titel »Die wahre Familienküche«, und auf seine eigenwillige Art hatte das Buch in Frankreich wohl eine ähnliche Funktion wie später *Joy of Cooking* in den Vereinigten Staaten – als Ratgeber für die Zubereitung von Mahlzeiten und Festessen im familiären Rahmen. Allerdings war »Tante Marie« viel lockerer als ihr amerikanisches Pendant und begegnete der Herausforderung, heimischen Köchinnen und Köchen die französische Küche nahezubringen, eher salopp, mit kurzen prägnanten Abschnitten, drei bis vier Rezepten pro Seite – keine Zutatenlisten, keine exakten Maßangaben: ein Glas hiervon, eine Kaffeetasse davon. Auf jeder Seite wurden die Leserinnen und Leser ermutigt: »Du kannst das!«

Ich kaufte jede Menge Mère-Kochbücher. Besonders nach fleckigen, gebrauchten, schmuddeligen Exemplaren war ich geradezu süchtig und genoss es, in diesen Büchlein zu blättern, die vor langer Zeit, manchmal vor über hundert Jahren, gründlich studiert worden waren. Sie waren damals die im Haushalt meistbenutzten Bücher, und man konnte an ihnen ihre Geschichte ablesen – um Tische versammelte Menschen, Familienfeste, das Aufwachsen der Kinder und die Vertrautheit, die durchs Essen zwischen Menschen entsteht. Die Bücher hatten auch eine Eigenschaft, die ich als »Aura« bezeichnen möchte. Französisch zu kochen muss, wer weiß das besser als ich, erlernt werden, und die Kochkunst vererbt sich nicht einfach so, selbst wenn sie ein wichtiges Element des französischen Kulturerbes darstellt. Diese Bücher erfüllten damals also einen ganz bestimmten Zweck. Die Verfasserinnen wandten sich eindringlich an die Leserinnen und Leser. Am deutlichsten wird dies in den von circa 1890 bis 1920 veröffentlichten Bänden; damals fühlte man sich offenbar nur dann wirklich »französisch«, wenn man typische französische Mahlzeiten zubereiten konnte. Auch Kochzeitschriften, »Gazetten«, Einblattdrucke, öffentliche Vorträge hatten damals Hochkonjunktur. Es war ein historisch einzigartiger Moment, als die Kochkunst, die *französische* Kochkunst, nicht mehr nur Thema unter Berufsköchen war, sondern ganz allgemein zum Thema auch in Familien wurde.

Das erste handgeschriebene Familienkochbuch, das ich entdeckte, entstand während des Ersten Weltkriegs. Ich war verblüfft, dass so etwas existierte und man es sogar kaufen konnte – wieder sehr preiswert; kein Mensch interessierte sich dafür. Das Büchlein – es misst nur 7,5 mal 10 Zentimeter – hatte etwas Geheimnisvolles und Trauriges.

Der geheimnisvolle Aspekt: Da hatte eine Frau (unter damaligen Verhältnissen ja immer eine Frau) versucht, den Haushalt zu bewältigen *und* eine echte Französin zu sein; das Büchlein ist ein Artefakt, das seinerseits voller Artefakte steckt: Hier ein handgeschriebener Zettel mit einem Rezept von Freunden oder eine Postkarte von einem General an der Front, dort ein Einkaufszettel, aus dem hervorgeht, dass es zu wenig Butter, Fleisch, Zucker gab, oder ein Entwurf für ein Weihnachtsmenü. Jessica und ich saßen am Küchentisch, studierten das Büchlein und die Fundstücke, die zwischen seinen Seiten gesteckt hatten, und unternahmen ganz unerwartet eine Zeitreise in eine fremde Küche, in der es noch keinen Kühlschrank gegeben hatte und ein Gasherd die neueste Errungenschaft war.

Und der traurige Aspekt? Einfach die Tatsache, dass ich das Büchlein jetzt in Händen hielt. Es hatte mindestens drei Generationen als Kochbuch gedient, etwa seit 1915, ein 70 Jahre dauerndes Gespräch zwischen Großmutter, Mutter und Tochter, bis es schließlich mit anderen Einrichtungsgegenständen versteigert wurde und auf eBay landete.

Ich hortete diese Rezeptsammlungen – inzwischen besitze ich an die drei Dutzend davon – in der Hoffnung auf irgendeine überraschende Entdeckung, die mir etwas Neues über die französische Küche zeigen, mir eine neue Erkenntnis vermitteln würde. Und vielleicht war dies so bei den handgeschriebenen Rezepten des französischen Kriegsgefangenen, die ich damals auf meiner Wanderung zum Kloster dabeihatte.

Das Büchlein ist eindeutig Handarbeit. Ein dickes Stück Karton wurde in der Mitte geknickt. Sehr dünnes Papier, aus einer anderen Ära, wurde gefaltet und zwischen die Pappdeckel gelegt, 68 Seiten. Jedes Blatt ist beidseitig mit schwachen Bleistiftstrichen sehr ordentlich liniert. Nichts wurde überarbeitet, korrigiert, nur ein paar Wörter wurden durchgestrichen. Fünf insgesamt. Weder Schreibfehler noch ein falscher Akzent. Eine der dicht beschriebenen Seiten hatte drei Fingerabdrücke, direkt auf dem Burgunder Rezept für in Rotwein pochierte Eier (*œufs en meurette*) eins meiner liebsten winterlichen Lunchrezepte. Das Büchlein wurde mit unglaublicher Sorgfalt gestaltet. Eine bunt gestreifte, durch den Buchrücken gezogene Kordel hält es zusammen. Ich nahm es damals auf die Wanderung mit, weil es mit Brillat-Savarins Lebenserinnerungen zu harmonieren schien.

Es gibt frustrierend wenige Hinweise auf den Ursprung des Büchleins. Zum Beispiel die Initialen auf dem Cover, fast ineinander übergehend, als habe der Autor mit einem Logo experimentiert. Man kann die Initialen kaum lesen, sie sind verschmiert, als habe er versucht, sie auszuradieren. Sie könnten »MR« lauten. Einem Vermerk auf der anderen Seite der Pappe ist zu entnehmen, dass sie aus der Kartonverpackung eines Hilfspakets des Roten Kreuzes ausgeschnitten wurde. (»From: American Red Cross – USA. To: International Red Cross Committ« – die letzten Buchstaben waren abgeschnitten.) Es gibt auch eine Adresse: »Stalag IX, Ziegenhain« und die fünf ersten Buchstaben des Adressaten: »M O I S O.«

Könnte dies der Name des Autors sein? Mag sein, oder auch nicht.

Ziegenhain war ein Kriegsgefangenenlager, in dem sich vorwiegend französische Soldaten befanden, gefangen genommen, als Deutschland 1940 in Frankreich einmarschierte. Insassen, die sich bereit erklärten, den Gemüsegarten der Nazis zu pflegen, wurden mit einem Hilfspaket belohnt. Gehörte unser Autor zu den Gärtnern? Oder hatte er den Karton erst später bekommen?

Wir wissen es nicht. Ich wusste es nicht. Ich wusste eigentlich gar nichts, außer dass dieses selbst gemachte Buch, das ich in Händen hielt, zu den ungewöhnlichsten Kochbüchern zählte, die ich je gesehen hatte. Ich verbrachte ganze Nächte damit, es zu untersuchen, daran zu riechen, es zu lesen, über die Seiten zu streichen, um den Eindruck des Bleistifts zu spüren, mit dem die Rezepte geschrieben worden waren, mir die Umstände vorzustellen, die Internierung, den Hunger des Autors, seine Erschöpfung und sein Fantasieleben, das darin bestand, detaillierte Rezepte französischer Gerichte aufzuschreiben.

Mittlerweile habe ich entdeckt, dass es einen Kontext gab. Ich las davon in Erinnerungen eines französischen Offiziers, der nach der deutschen Invasion in Grenznähe gefangen genommen wurde und den Rest des Kriegs in verschiedenen Lagern verbrachte, einschließlich sechs Monate in Ziegenhain, vorwiegend in Einzelhaft. Das Buch *Les grandes vacances* (Die großen Ferien) von Francis Ambrière erschien 1946 in Frankreich, gewann den Prix Goncourt (obwohl es nicht fiktional war und dies auch gar nicht vorgab) und wurde sofort zum Bestseller. Es befriedigte die Neugier einer Nation, die sich danach sehnte, endlich zu erfahren, was mit ihren gefangenen Vätern, Söhnen und Brüdern geschehen war (schätzungsweise ungefähr 1,8 Millionen), und bei der Lektüre des Buchs traurige Gewissheit erlangte.

Ambrière zeigte mir, dass mein anonymer Autor nicht allein war. Im ersten Jahr der Internierung, schreibt Ambrière, seien die hungernden französischen Kriegsgefangenen von den Erinnerungen an die heimatliche Küche wie besessen gewesen. »In den ersten Tagen der Gefangenschaft wurden Hunderte von Kochbüchern verfasst, in der mit Rachegedanken vermischten Hoffnung, bald nach Frankreich zurückkehren zu können.« Ambrière hatte die französische Küche seit Langem geschätzt. Aber in Deutschland, in einem Kriegsgefangenenlager auf dem Petrisberg, entdeckte er ihre Poesie, die in den gequälten Klängen zärtlicher Nostalgie zum Ausdruck kam: »Da ging es nicht nur um Hunger, sondern um etwas Tieferes: um Trotz, gedankliches Aufbegehren, Lebensfreude.«

War also mein von Hand hergestelltes Büchlein eines von Hunderten? Wie viele dieser kleinen Bände mögen überdauert haben? Bisher habe ich noch keinen weiteren gefunden. Und warum gerade dieses eine Exemplar? (Ich habe den Verkäufer kontaktiert. Er konnte mir nicht sagen, woher das Buch stammte. Es befand sich in einer Kiste mit Kriegsmemorabilien.)

Es gibt durchaus Ähnlichkeiten zwischen Brillat-Savarins Erinnerungen und den *Recettes* meines unbekannten Autors: Zumindest könnten beide Bücher als Dokumente der kulinarischen Trauer in einer Zeit schrecklicher Umwälzungen gelten. Und noch wichtiger, offenbar ist es das Anliegen beider Bücher zu schildern, warum es in der französischen Küche um so viel mehr geht als ums Essen: Sie wurde auf vielen Ebenen zu etwas, mit dem sich die Menschen identifizieren.

Die Unterschiede sind wichtig, einschließlich des elementarsten Unterschieds: Brillat-Savarin schrieb mit vollem Magen; der anonyme Koch war am Rande des Verhungerns. Eine Hypothese, die ich mir ausgedacht hatte, dass er vielleicht von deutschen Aufsehern zum Koch gemacht wurde und dieses Bändchen sein Rezeptbuch gewesen sein könnte, zerstob, als ich Näheres darüber erfuhr, wie es im Lager mit dem Essen gehalten wurde (ich verdanke diese Information den dokumentarischen Bemühungen der letzten und robustesten Kriegsgefangenen dieses Lagers, den Amerikanern). Es gab für niemanden gutes Essen, nicht einmal für die Aufseher, obwohl diese natürlich zu essen hatten.

Was von ihren Mahlzeiten übrig blieb, *falls* etwas übrig blieb, wurde einmal täglich zu einer Suppe verarbeitet, die im letzten Kriegsjahr ungefähr 20 000 Lagerinsassen »ernähren« musste. Die meisten Kriegsgefangenen in Ziegenhain starben den Hungertod.

Wer war der anonyme Koch?

Ich las das Büchlein immer wieder, auf der Suche nach weiteren Anhaltspunkten. Die ersten Seiten sind klassischen Gerichten gewidmet – zum Beispiel zwei Varianten, einen Hasen zuzubereiten, einmal als Schmorbraten, mit Maronenpüree serviert, das andere Mal *à la royale* (ein *civet de lièvre*, wobei das Fleisch gewürfelt und langsam im Blut des Tieres geschmort wird). Viele der Rezepte sind recht weitschweifig erklärt. In einer ungewöhnlich langen Schilderung der Herstellung von Blätterteig, bemerkt der Autor am Ende, dass man, wie bei jedem anderen Teig auch, die Arbeitsfläche mit Mehl bestäuben sollte, damit der Teig nicht anklebt. (An dieser Stelle dachte ich: echt jetzt? Fällt einem so etwas ein, während man in einem deutschen Kriegsgefangenenlager verhungert?) Ebenso erinnert uns der Autor daran, dass wir keinesfalls vergessen dürfen, in den Teigdeckel einer *pâté-en-croûte* ein Loch zu schneiden, damit der Dampf entweichen kann.

Ein Berufskoch oder nur ein leidenschaftlicher Hobbykoch?

Wo kommt er her? Es gibt Hühnchenrezepte, aber keine Ente – jedenfalls kam er nicht dazu, darüber zu schreiben. Fischsauce kommt vor – »normannisch«, genau die Sauce, die unsere Jungs in der Schulkantine bekamen, mit Fischfond, Austernsaft und Crème double –, aber kein Fischrezept. (Also hat er vielleicht nicht am Meer gelebt?) Es gibt einen *cassoulet*, einen Bohneneintopf aus dem Südwesten Frankreichs, und ein *cervelas de Strasbourg*, einen Elsässer Wurstsalat, aus dem Nordosten. Dann wieder gibt es so viele Rezepte aus der Bretagne, dass ich denke: Vielleicht von dort?

Die letzten Seiten sind besonders fesselnd, aber man fühlt sich nicht wohl dabei.

Sie sehen anders aus. Die am Anfang noch schön verschnörkelte Schrift (der Autor beginnt jeden Abschnitt mit einer kunstvollen kalligrafischen Verzierung) hat sich verändert. Sie wird nicht nachlässig, aber kleiner, enger. Er möchte so viel schreiben, hat aber nur 68 Seiten dafür, und auf diesen Seiten möchte er die ganze französische Küche unterbringen, als Aufzeichnung, Niederschrift. Denn sie macht seine Identität aus. Seine Identität als Franzose. Aber er beendet sein Vorhaben nicht: drei leere Seiten im Abschnitt »Sauce«, sechs leere Seiten im Abschnitt »Cuisine«, zwölf leere Seiten in »Früchte«, womit er vermutlich eine ganze Lebensmittelgruppe meint, auf die er später zurückkommen wollte. Insgesamt sind 23 Seiten leer.

Hinter den *Recettes* steht ein dringendes Anliegen. Die französische Küche befindet sich kurz vor der Auslöschung. Das darf nicht passieren. Sie ist zu wichtig. Essen – *la cuisine* – ist nicht mehr nur die Obsession eines abgehobenen Aristokraten, sondern betrifft jeden Franzosen, ob Bauer oder Gourmet. Die französische Küche muss ebenso bewahrt werden wie die Zivilisation, wie die Würde, wie der Tisch als Zuflucht, die uns vor den Widrigkeiten direkt vor unserer Haustür beschützt – Rohheit, Grausamkeit, Selbstsucht, die unbegreifliche Ungerechtigkeit. *La cuisine*, das erkennt der Autor der *Recettes*, beschützt uns in unserer Menschlichkeit.

Was war seit La Varenne aus der französischen Küche geworden! Welch strahlende, traurige Schönheit.

L'École de Robert Doisneau. George und Frederick besuchten nun eine Schule, die wir »die Schule für große Jungs« nannten, ein anderes Gebäude, nicht mehr die Vorschule. Der erste Tag war ein Fest, alle erlebten ganz bewusst das Ritual, nun in diese Schule umzuziehen. Die Schüler und Eltern trafen fast alle gleichzeitig ein, in festlicher, ausgelassener Stimmung. Die Kinder hatten neue Schulranzen auf, so riesig, dass ihnen die Unterkante des Ranzens fast bis zu den Kniekehlen reichte.

Sie waren kleine Menschen, die jetzt ein bisschen größer wurden. Jessica wusste, was die »Schule für große Jungs« bedeutete. Mich traf es ganz unvorbereitet, was für ein feierlicher Übergang dies war. Die Jungs waren jetzt keine Kleinkinder mehr. Ein zauberhafter Morgen, umso mehr, weil – nun ja, weil es Frankreich war.

Die Jungs konnten schon lesen und schreiben. Sie konnten Buchstaben zu Wörtern verbinden, jeder Buchstabe gleichmäßig von Hand geschrieben und auf eine exakt mit dem Lineal gezogene Linie gesetzt. Sie bekamen Hausaufgaben. Sie lernten Zahlen, französische Zahlen.

Wir Eltern lebten einfach weiter, nur mit dem Unterschied, dass die Zeit, die wir einst als »Recherche« betrachtet hatten, jetzt unser Leben war: unser Leben in Lyon. Jessica, die ihr WSET-Diplom in der Tasche hatte, strebte den Status eines Master of Wine an, eine jahrelange Ausbildung, die in einer Welt, in der nur die Toughsten weiterkommen, zu den schwierigsten Qualifikationen zählt. Ich absolvierte weiter Praktika in Küchen, lernte Gerichte zubereiten. Ich studierte Archive. Ich schrieb.

Eines Tages standen die Jungs bei laufendem Wasserhahn am Ausguss, vor einem Spiegel, mit Kamm, Bürste und Haargel. George hatte die Regie übernommen und erklärte Frederick, wie er seine Haare befeuchten und glätten und mit dem Kamm riesige Mengen Gel darauf verteilen sollte. Frederick, der sich nichts sagen lassen wollte, griff demonstrativ zur Bürste. Jessica stellte sich neben mich und schaute zu. Ich begann zu filmen.

Die Jungs sprechen französisch miteinander, ganz auf ihr Spiegelbild konzentriert. Jessica stellt ihnen eine Frage, auf Englisch. Die Jungs reagieren, aber ihre spontanen Antworten sind falsch und müssen korrigiert werden. »*La prochaine* …«, sagt George und hält inne. »Next time …« Aber dann vergisst er, was er sagen wollte, oder kann das, was er denkt, nicht übersetzen. Wenn sie englisch sprechen, suchen sie nach Worten.

Die Jungs haben nun länger in Lyon gelebt als in New York. Ich dränge sie dazu, in ihrer wundervollen Handschrift an ihre Großmütter zu schreiben, und sie geben sich Mühe, wissen aber nicht, wie man auf Englisch schreibt. Ich versuche, ihnen ein paar Wörter beizubringen, aber sie finden das zu schwierig.

»Wir müssen in die USA zurück«, sagt Jessica. »Wir wollen nicht, aber wir müssen.«

Ich lasse mir ihre Aussage durch den Kopf gehen.

Ich schlage eine der bilingualen Schulen in Lyon vor.

Die seien nicht wirklich bilingual, meint Jessica. Englischunterricht mit einer französischen Lehrkraft? Außerdem seien es Privatschulen. Und selbst wenn wir sie uns leisten könnten, was nicht der Fall ist, werde es dort keine Muslime, Sinti und Roma, Schwarze, Marokkaner, Algerier, Kroaten geben, all die Rangeleien, durch die die Schule der Jungs zum richtigen Leben wird, einem realen Lyoneser Leben.

Aber sie sind noch zu klein, um ihr Französisch ganz aufzugeben. Sie sind erst sieben. Als magisches Alter gilt neun: Wenn Kinder bis dahin zwei Sprachen gleichzeitig sprechen, werden sie voraussichtlich bis ins Erwachsenenalter zweisprachig bleiben. Ich will nicht, dass sie verlieren, was unser gemeinsames Abenteuer ihnen geschenkt hat.

In Manhattan gibt es ein berühmtes »lycée«. Jessica schickt eine Bewerbung an die Direktorin. Daniel Boulud, dessen Tochter dort zur Schule ging, schreibt einen Empfehlungsbrief. Wir bekommen nie eine Antwort.

Ich erwähne, dass ich einen Antrag auf den Erhalt der französischen Staatsbürgerschaft gestellt habe.

»Ach ja?«

Ohne mein Wissen hat Jessica in den USA bereits eine bilinguale Schule kontaktiert, die während unserer Abwesenheit eröffnet wurde, L'École Internationale de New York (abgekürzt EINY), die erstaunlicherweise nur einen Block von unserer New Yorker Wohnung entfernt liegt. Gleichfalls ohne mein Wissen hat Jessica (nicht direkt »klandestin«, aber auch nicht unbedingt *nicht* klandestin) die Zeugnisse und Schulberichte der Jungs hingeschickt und erfahren, dass sie mit ihrem französischen

Schulhintergrund aufgenommen werden könnten – *wenn* Platz wäre. Sie kommen auf eine Warteliste.

»Sie können in New York keine staatliche Schule besuchen«, sagt Jessica plötzlich. »Sie können ja gar nicht Englisch lesen und schreiben.«

Mitte August, drei Wochen bevor in Lyon die Schule beginnt, bekommt Jessica von der EINY grünes Licht und teilt mir daraufhin (trotzig, entschlossen) mit, dass wir nach Amerika zurückkehren werden. (»Wirklich? Wieso denn?«)

Und so bereiten wir uns vor zurückzukehren. Alles geht so schnell, dass wir gar keine Zeit mehr haben, uns in Lyon von irgendjemandem zu verabschieden. So schnell, dass wir nicht mal mehr Zeit haben, irgendwo unsere Habseligkeiten unterzubringen. So schnell, dass wir am letzten August-Dienstag zum Flughafen fahren, weil zwei Tage später die Schule in New York beginnt (denn die bilinguale Schule folgt absurderweise dem französischen Kalender – *tatsächlich: la rentrée!* – statt dem amerikanischen, wo die Schule erst nach dem Labor Day beginnt).

Um 5 Uhr morgens mache ich ein letztes Bild von den Jungs in unserer Wohnung – unser langer Flur, die glänzend gewachsten Holzböden, die wuchtige Wohnungstür, Fredericks Arm um die Schultern seines Bruders geschlungen, beide in Shorts und Sweatshirts, das Wetter schön, aber frisch. Die Jungs strahlen so erwartungsvoll wie am Heiligen Abend.

Als wir auf dem JFK Airport landen, empfangen uns ein schwül-heißer Augusttag und ein schmutzig-brauner Himmel, was sich absolut o.k. anfühlt. Dass sich unsere Rückkehr so übereilt und leichthin vollzieht, verleiht ihr eine unbekümmerte Belanglosigkeit.

Am ersten Morgen in New York, vor ihrem ersten Tag in der neuen Schule, stehen die Jungs vor unserem Gebäude unter der für Manhattan so typischen Markise, die Haare frisch gewaschen und ordentlich gekämmt, die Krawatten von ihrem Vater mit einem dicken Knoten versehen, der Auftakt eines neuen Morgenrituals, lange graue Hosen, marineblaue Blazer mit einem einzelnen goldenen Knopf und eine neue Generation extrem überdimensionierter Schultaschen. Sie sind kleine Franzosen, mager, schmalhüftig, mit zierlichen Schultern, dünnen Armen, guter Haltung und der Fähigkeit, Erwachsenen, die mit ihnen sprechen, direkt in die Augen zu sehen. Am ersten Tag ihres neuen Lebens in Amerika sind sie weder besorgt noch hoffnungsvoll: Sie sind zuversichtlich. In der École Robert Doisneau waren die Jungs die berühmten *New-Yorkais*. Jetzt sind sie New Yorker in New York.

Ich hole sie ab. Sie sind schweigsam. Zu Hause, als sie ihre Mutter sehen, lassen sie wie auf ein Stichwort hin ihre Schultaschen fallen und sinken – ohne die Krawatten abzulegen, ohne das Hemd aus der Hose zu ziehen – jammernd zusammen, wie ein Häuflein Elend.

Die Schule sollte eigentlich ein sanfter Übergang sein. Es war eine französische Schule mit kleinen Klassen, guten Lehrkräften, ganz in der Nähe unserer Wohnung. Aber jetzt frage ich mich, ob sie vielleicht *zu* große Ähnlichkeit mit ihrer Schule in Frankreich hatte. Auf einer normalen amerikanischen Schule hätten die Jungs es, trotz der radikalen Unterschiede, möglicherweise leichter gehabt, weil sie nicht mit der Erwartung hingegangen wären, irgendetwas Vertrautes wiederzufinden.

Es gab Probleme mit dem Essen. Die »Köche« in der neuen Schule trügen keine Kochmützen, beschwerte sich George beim Mittagessen. Und sie kochten auch gar nicht, fügte er hinzu. »Die machen das Essen in der Mikrowelle warm«, erklärte Frederick. In den Mienen der Jungs spiegelte sich ungläubiges Staunen, dass jemand, der eine Mikrowelle bediente, die Dreistigkeit besaß, sich Koch oder Köchin zu nennen.

Und das Essen – war es französisch? Amerikanisch?

Das wussten sie nicht. Sie wussten nur, dass es nicht mit dem Essen in Lyon vergleichbar war. (Sie wussten auch nicht, dass das, was sie in Lyon bekommen hatten, zu den außergewöhnlichsten kulinarischen Erfahrungen auf dem Planeten zählte.)

In New York entdeckten sie Pizzaschnitten, Shake Shack Cheeseburger und Chocolate-Chip-Cookies, wunderten sich aber über die Essgewohnheiten in Amerika.

An ihrem ersten Freitagabend nach der Rückkehr waren George und Frederick zu einem gleichaltrigen Zwillingspaar ins West Village eingeladen, um gemeinsam Filme anzuschauen, ein Kinoabend mit neuen Freunden. Die Eltern der anderen Zwillinge hatten während unserer Zeit in Frankreich mal Urlaub in der Provence gemacht und uns auf dem Rückweg in Lyon besucht. Als unsere Jungs bei ihren neuen Freunden eintrafen, hatten die anderen Zwillinge, unter Aufsicht einer gleichgültigen Nanny, bereits gegessen. In der Küche lag ein schon etwas durchgefetteter Karton mit der für George und Frederick bestimmten Pizza. Die beiden kraxelten auf die Küchenhocker und aßen für sich allein.

»Das war doch kein Abendessen!«, sagte Frederick zu mir, als ich die beiden abholte.

Perverserweise freute ich mich trotz des betrüblichen Verlaufs des Abends darüber, dass Frederick dies so fein und scharfsichtig erkannt hatte.

Ihre New Yorker Mitschüler waren hauptsächlich Pariser. George und Frederick hatten noch nie Pariser kennengelernt und mochten sie nicht. Ihre Aussprache klang anders, sie benutzten viele Slangausdrücke. »Die sind alle weiß«, sagte George. Sie waren reich, so schien es jedenfalls. Einer wurde per Uber in die Schule gefahren; einer kam aus einer Familie, die Flugzeuge besaß. Lyon – seine kunterbunt durcheinandergewürfelte Bevölkerung, der allgegenwärtige Essensgeruch, weil alle zu Hause kochen, die offenen Fenster, durch die man hört, wie Familien beim Essen sitzen –, all dies schien exotisch und weit entfernt.

Ein älterer Lehrer prüfte, wie gut die Jungs die englische Sprache beherrschten. Ich durfte dabei sein. Beide wurden nacheinander gebeten, eine Seite laut vorzulesen; der Lehrer war zuversichtlich, dass die eloquenten Kinder sprachgewandter und literarisch gebildeter amerikanischer Eltern kein Problem damit haben würden. Aber die Jungs blickten verständnislos auf. Sie begriffen nichts. Ein schmerzlicher Anblick. Mich beschlichen Schuldgefühle: Ich hatte auf einer französischen Erziehung bestanden und wollte, dass sie sich ihr Französisch bis ins Erwachsenenalter bewahrten – hatte ich dadurch ihre Bildungschancen beeinträchtigt?

Sie wurden einem Kurs »Englisch als Zweitsprache« zugeteilt und jeden Tag um 10 Uhr aus dem regulären Unterricht herausgerufen, um den Sprachkurs zu besuchen. George gewöhnte sich schnell ans Englische und konnte nach zehn Wochen wieder in den Regelunterricht zurückkehren. Frederick war tief in der französischen Sprache verwurzelt. An einem Samstag im Spätfrühling, mitten in seinem zweiten Schulhalbjahr, saß ich mit ihm in einem Park und half ihm bei den Hausaufgaben, ein einfaches englischsprachiges Kinderbuch, das er laut vorlesen sollte. Schon nach zwei Abschnitten war er erschöpft und brach in Tränen aus.

Jetzt beschlich mich eine neue Angst: nicht die, dass Frederick sehr lange brauchen würde, um Englisch zu lernen, sondern die, dass er vielleicht überhaupt nie richtig Englisch lernen würde. Er schlug sich das Buch gegen den Kopf.

Neulich, als wir alle beim Essen zusammensaßen, erzählte er uns, dass er, statt des normalen gemeinsamen Unterrichts, so oft seinen Englisch-Sprachkurs gehabt hätte, dass er wichtige Dinge verpasst hatte, die ihm jetzt fehlten, zum Beispiel bestimmte Multiplikationstabellen, ja sogar den Kalender. Er wisse nicht, was nach August komme. (George, der dies bezweifelte, fragte ihn auf Französisch: »*Donc, qu'est-ce que c'est que le mois après août?*«, und Frederick antwortete spontan »Septembre«.)

Einmal saß George allein an einem Tisch, vor sich ein Foto seiner Klasse an der École Robert Doisneau. Er hatte es in seinem Schulranzen aus Frankreich mitgebracht. Er starrte lange darauf und berührte jeden

einzelnen Mitschüler mit dem Finger. Seine Augen füllten sich mit Tränen; ich konnte nicht widerstehen, diese erste Erfahrung von Verlust
und Sehnsucht festzuhalten, und machte heimlich einen Schnapp-
schuss, aus unauffälliger Entfernung, wie ich glaubte.

Aber George bemerkte es. Er war verlegen. Er fragte mich, wie ich
dazu komme, ihn zu fotografieren, während er traurig war. Er wirkte
verärgert, und dies völlig zu Recht. Ich hatte kein Recht gehabt, das Foto
zu machen.

Dennoch legte er das Klassenfoto nicht beiseite und starrte von
Neuem darauf, voll konzentriert, ganz unbefangen und selbstvergessen,
und ich muss zugeben, dass ich noch ein paar Fotos schoss.

Lac du Bourget. Ich kehrte allein für eine Woche nach Frankreich zurück. Mit Fisch hatte ich noch nicht genügend Erfahrungen gesammelt.
Mit dem See auch noch nicht. Ich wollte ein paar Tage am Lac du Bourget verbringen, dem größten See Frankreichs, aus dem die meisten Fische stammen, die man in Lyon verspeist.

Ich hatte einen Kontakt, einen Fischer, und einen Koch, der versprach, mich mit ihm bekannt zu machen. Jessica organisierte eine
Unterkunft für mich – La Source, ein Bauernhaus, das man in eine Pension mit Restaurant umgewandelt hatte. Die Pension wurde von einem
Ehepaar geleitet und lag oberhalb eines bewaldeten Flusstals, der Fluss
mündete in den See. Der Ehemann war Mitglied der »Maîtres Restaurateurs«, ein Verband von Köchen, die sich einem bestimmten Kodex verpflichtet fühlen: wirtschaftlich autark zu sein, sich selbst zu versorgen
und so viel »Hausmacher«-Kost wie möglich anzubieten. Wir hatten es
zufällig bei einer Autofahrt durchs Loiretal entdeckt, als die Jungs nach
dem ausgiebigen Besuch eines Weinbergs hungrig waren. Wir waren
ins erstbeste Restaurant eingekehrt, ein Lokal auf der Île Brochard, wo
es selbst gemachte Butter, selbst gebackenes Brot und jeden Tag frisch
zubereitete Eiscreme gab. Die Maîtres Restaurateurs beherrschen die

Zubereitung jener Lebensmittel, die die meisten Restaurantküchen bereits fertig kaufen. Für uns waren diese Restaurants viel mehr als Restaurants. Sie waren kulinarische Schulen »vom alten Schlag«, und wir suchten ganz gezielt nach ihnen.

Als ich mich im La Source zum Abendessen niederließ, war es draußen schon herbstlich frisch und ich der einzige Restaurantgast. Als ich mich später in mein Zimmer zurückzog, merkte ich, dass ich auch der einzige Pensionsgast war. Ich öffnete die Fenster und sah – nichts. In der kurzen Zeit, seit ich mein Abendessen beendet hatte, war vom See her durchs Tal so dichter Nebel aufgezogen, dass er jetzt die Pension umfing und ich aus meinem Fenster nicht mehr nach unten sah. Diese Abgeschiedenheit – die Pension lag völlig einsam am Ende einer drei Kilometer langen Straße – war beglückend.

Ich stand um 6 Uhr auf. Der Ehemann, Éric Jacquet, war bereits in der Küche und bereitete das Frühstück zu. Vom Typ her war er mir irgendwie vertraut: 50, militärischer Haarschnitt, sorgsam bemüht, ja nicht zu lächeln, misstrauisch. Er wirkte nicht abweisend – immerhin war er meinetwegen schon vor dem Morgengrauen aufgestanden –, war aber auch nicht unbedingt ein Botschafter der offensichtlich überbewerteten französischen Gastfreundschaft.

Er deckte den Tisch, zog sich auf die andere Seite des Raums zurück, lehnte sich gegen den Türrahmen und erklärte mir, was er vorbereitet hatte: Brot (selbst gebacken), Butter (selbst gebuttert), Marmelade (»*groseille et framboise sauvage*« – rote Johannisbeeren und wilde Himbeeren –, »die ich im August eingekocht habe«), Birnensaft (»hab ich heute Morgen frisch entsaftet«) und ein Ei.

Ich konnte mir die Frage einfach nicht verkneifen: »Haben Sie das Ei auch selbst gemacht?«

Er verschränkte die Arme vor der Brust. »Nein«, sagte er.

»Nein. Natürlich nicht.« Ich begann zu essen. Er sah mir zu. (In dem stillen Frühstücksraum, wo sich nur Monsieur Jacquet und ich aufhielten, schienen meine Kaugeräusche laut in meinem Schädel nachzuhallen.)

»Wo kommen Sie her?«, fragte Jacquet.

Ich schluckte. »Vereinigte Staaten.«

»Ja, das weiß ich. Aber Ihr Französisch?«

»Ach so. Lyon. Wir haben die letzten fünf Jahre in Lyon gelebt.«

»Dachte ich mir. Wegen Ihres Akzents.«

»Danke.«

»Ich hasse die Lyoneser.«

Lyon ist der Verwaltungssitz einer Region, an die die Savoyarden Steuern zahlen. Die Savoyarden haben bekanntlich ihren Stolz. »Warum sollte ich Steuern an Lyon bezahlen?«, fragte er. »Was weiß Lyon schon über Savoyen?«

»Absolut Ihrer Meinung«, erwiderte ich. Ich hatte, ehrlich gesagt, noch nie darüber nachgedacht, warum die Savoyarden in Lyon Steuern zahlen sollten.

Savoyen, ein alpines Königreich schon seit dem frühen 11. Jahrhundert, wurde im Jahr 1860 von Frankreich annektiert – was in relativen geschichtlichen Begriffen gerade mal gestern sein könnte –, und deswegen sind die guten Savoyarden immer noch ein bisschen sauer. Man sieht Schilder, die Unabhängigkeit fordern, Bäume und Steine, die mit der savoyardischen Flagge bepinselt sind, ein weißes Kreuz auf rotem Hintergrund. Mir gefiel der Anblick dieser Flaggen, ihre ideologische Kriegslust, und, es stimmte, Savoyen war anders als Frankreich. Auch anders als Italien. Es wirkte auf reizvolle Art vormodern.

»Meine Frau meint, ich sei Savoyarde«, erklärte ich munter.

Jacquet schwieg.

»Und meinem Großvater zufolge beträgt die Chance eins zu fünf Milliarden, dass unsere Familie aus Savoyen stammt.«

Jacquet, der immer noch an der Tür lehnte, die Arme immer noch verschränkt, hatte, wie mir jetzt auffiel, die streitbare Haltung eines Menschen, der eine Mission hat. Genau das wurde mir jetzt klar. Eine absolute Entschlossenheit der kompromisslosen Art.

»Warum sind Sie hier?«, fragte er jetzt.

Ich erklärte ihm, dass mich der See seit Langem faszinierte, vor allem seine Fische, die außerhalb dieser Region Europas ganz unbekannt sind und zu den Grundelementen der Lyoneser Küche gehören.

Er starrte mich an.

»Und«, fuhr ich fort, »ich würde wirklich gern einmal mit einem Fischer hinausfahren. Ich habe einen Namen.«

»Wer?«

Olivier Parpillon, der Freund eines Freundes.

»Ich kenne Olivier. Jeder kennt ihn. Der wird Sie nicht mitnehmen.«

»Oh.«

»Sie vergeuden Ihre Zeit.«

»Keine Chance?«

»Keine Chance«, sagte er.

Ich trank von dem Saft und war überrascht. Er schmeckte hundertprozentig nach Birne. Ich trank das Glas leer.

»Von unseren Bäumen«, erklärte Jacquet.

»Dachte ich mir!«

Ich tauchte die Messerspitze in die Butter und probierte. Sie war fett und schmeckte wunderbar nach Kuh. Beim Brot stutzte ich erst einmal. Es war von einem rechteckigen Laib geschnitten worden und wirkte für mein vorurteilsbehaftetes Auge wie ein im Laden gekauftes Industriebrot. Ich aß einen Bissen. Nein, definitiv nicht im Laden gekauft. Wow, dachte ich. Das ist gutes Brot!

»Amerikaner mögen kein geschnittenes Brot«, sagte Jacquet. Es hatte auf Yelp Beschwerden gegeben. »Die denken, wenn es in Scheiben geschnitten ist, habe ich es nicht selbst gemacht. Die denken, es ist nur frisch, wenn es am selben Tag gebacken wurde. *Manche* Brote sind für denselben Tag gemacht. *Manche* halten sich länger. Dieses Brot hält eine Woche.«

»Amerikaner sind immer so ignorant«, sagte ich, während ich dachte: Was? Ein Brot, das eine Woche alt ist? Ich bin doch nicht den ganzen Weg hierhergekommen, um Brot zu essen, das eine Woche alt ist.

Ich versuchte die Marmelade. Intensiv, fruchtig, nicht zu süß.

»Ich hasse die Lyoneser«, sagte Jacquet erneut.

»Das kann ich verstehen«, erwiderte ich.

»Ich hasse Lyon.«

»Absolut nachvollziehbar«, sagte ich.

Ich aß mein Brot auf. »Ob ich wohl noch eine Scheibe haben könnte?«

Nach dem Frühstück, bevor ich mich auf den Weg machte, um noch mehr Zeit zu vergeuden, rief ich Olivier Parpillon an. Ich hatte ihn schon eine ganze Weile täglich angerufen. Er hatte nicht abgenommen. Ich hatte jedes Mal eine Nachricht hinterlassen. Auch heute nahm er nicht ab, und so hinterließ ich eine weitere Nachricht. Ansonsten zog ich jetzt einfach los, in der Hoffnung, ihn und sein Boot zu finden.

Parpillons Betrieb lag am Ende einer Sackgasse in einer wohlhabenden Gegend auf der Westseite des Sees. Er war nicht da, was ich völlig in Ordnung fand, und so stellte ich mich erst mal seinem Team vor. Es waren Fischer – drei Männer, zwei Frauen – in weißen regendichten Overalls. Die Mitarbeiter unterhielten sich in ihrem Heimatdialekt, weniger Italienisch oder Französisch, eher irgendein savoyardischer Gebirgsdialekt, und zerlegten wie Metzger den Fang des Tages (entschuppen, Flossen entfernen, aufschneiden, ausnehmen). Es handelte sich um *lavaret*, den es nur hier und nirgends sonst gibt: 35 Zentimeter lang, mit zartem weißen Fleisch, in Texten schon seit dem frühen 15. Jahrhundert zitiert und so köstlich, dass es der Lieblingsfisch des unersättlichen Rabelais war.

»Kein *féra*?«, fragte ich. Ich machte Konversation. *Féra* war ein Fisch, den ich hier sehr schätzen gelernt hatte. Auch ihn findet man nirgendwo sonst. Ich hatte diesen Fisch in einem Hotel in Artemare gegessen, anlässlich meiner Brillat-Savarin-Wanderung.

Féra, erklärten sie mir, würde nicht im hiesigen See gefangen. Man finge ihn im Lac Léman (so nennt man den Genfer See in Frankreich), und die Fischer mochten ihn offensichtlich nicht. »Der *féra* frisst andere Fische, wächst schnell und ist größer als der *lavaret*, mit einem anderen Geschmack.« *Goût*. »Kräftiger, eher wie Fleisch.«

»Wir haben hier *lavaret*, der ist mir lieber«, sagte ein Mitglied des Teams. »Die *lavarets* fressen keine anderen Fische. Die leben vom sauberen See. Ihr *goût* ist sehr delikat«

Ich nickte, obwohl ich leider sagen muss, dass diese See-Menschen, mit ihrem Dialekt und ihren lokalpatriotischen Vorurteilen, offensichtlich kulinarische Chauvinisten waren, deren Gaumen durch den exzessiven Verzehr zarten (das heißt weniger aromatischen) Ökofischs verdorben schienen; auch ließ sich, obwohl ich ihre Sympathie gewinnen und sie dazu bringen wollte, mich auf den See mitzunehmen, nicht leugnen, dass ihre Ansichten zum Geschmack des *féra* saudumm und falsch waren; darüber hinaus hat dieser Fisch, obwohl er aus einem See stammt, der oft als Schweizer See gilt (also der Genfer See) und deshalb eigentlich nicht Thema dieses Buchs ist, einen *goût* oder, wie auch immer man es nennen möchte, einen unerreichten Wohlgeschmack, der vermutlich von all den Fischen stammt, die er verschlingt – meiner Erinnerung nach mit keinem anderen Süßwasserfisch vergleichbar. Und wenn Sie *jemals* Gelegenheit haben, ihn zu essen, zögern Sie nicht: *greifen Sie zu!* Aber das war nur meine private Meinung.

Ich beobachtete sie weiter.

Sie brauchten für einen Fisch zehn Sekunden. Sie arbeiteten, ohne nachzudenken. Ohne auf ihre Hände zu schauen. Während ich danebenstand, zerlegten sie fünfhundert *lavarets*. Die Atmosphäre war wie am Meer – ein See groß wie der Ozean, die weiße Schutzkleidung, die schiere Menge der gefangenen Fische –, aber diese Fische waren für den baldigen Gebrauch bestimmt. Man roch förmlich, wie leicht verderblich sie waren. (Meerfisch scheint sich zu halten, Seefisch nicht, weil Meerfisch durch den Salzgehalt konserviert wird; Seefische verzehrt man am besten noch direkt am See.)

Irgendwann erschien Parpillon und stieg misstrauisch aus dem Wagen. Ich fragte mich, warum ich hier mit diesen Leuten fraternisierte?

Ich zog meine Nummer ab – dass der Rest der Welt den hier erhältlichen Fisch niemals auf den Teller bekommt und ich ihn deshalb in meinem Buch beschreiben will und dass dies meine letzte Station sei. In zwei Tagen würde ich nach New York zurückfliegen.

»Was wollen Sie?«, fragte er.

Parpillon war ein stämmiger Mann zwischen 30 und 40 Jahren, mit kurzem dunklem Haar und Kinnbart; er erinnerte ein bisschen an eine Robbe, mehr Schwimmer als Rugby-Spieler, und hatte eine nüchterne Art.

»Ich würde gerne im Boot mit Ihnen rausfahren«, sagte ich.

»Das geht nicht«, erwiderte er sachlich. »Schauen Sie sich doch mal die Größe unseres Fangs an. Ich brauche drei Leute auf dem Boot, die mitarbeiten. Da ist nicht genug Platz. Wir würden kentern.«

Ich folgte seiner Aufforderung und schaute mir den Fang an. »Klar«, sagte ich.

Ich fragte, ob ich weiter zuschauen dürfte, was mir gestattet wurde. Mittags gingen alle nach Hause zu ihren Familien, und ich holte mir im Ort einen Crêpe. Nachmittags kam ich zurück und schaute weiter zu.

Parpillon kam später und wirkte, ich weiß nicht warum, ein bisschen freundlicher.

»Ich habe noch mal über Ihre Idee nachgedacht«, sagte er. »Vielleicht könnten wir einen kleineren Fisch fangen, Barsch zum Beispiel. Wie wäre es morgen Abend? Wir fahren zusammen raus.«

Im La Source wachte ich früh auf und ging nach unten. Éric Jacquet wartete schon auf mich und lehnte mit verschränkten Armen am Türrahmen, nachdem er wieder den Tisch gedeckt hatte. Sonst war niemand im Frühstücksraum, niemand in der Küche, niemand im Haus.

Ich dankte ihm und setzte mich, wieder so platziert, dass ich direkt vor ihm saß.

»Und jetzt?«, fragte Jacquet. »Heute?«

Er nickte wie immer unmerklich (hatte ich das Nicken überhaupt gesehen?).

Ich hätte ihm gerne von meinem Besuch bei den Fischern erzählt, war aber hungrig, und heute wirkte die Auswahl an heimischen Produkten, die unbedingt probiert werden mussten, besonders verlockend, vor allem die Marmelade, heute Quitte, Birne und Apfel, alle Aromen des Obstgartens in einem Gefäß. Ich bestrich eine Scheibe Brot mit Jacquets selbst gemachter Butter und Marmelade, nahm einen Bissen und studierte die Farbe des Brots: hell, aber nicht weiß, aber mehr weiß als braun, und es sah nicht wie Vollkornbrot aus. Und doch war es köstlich, nicht zu üppig im Geschmack und noch dazu fruchtig. Ich aß auch mein Frühstücksei, aber das hätte es gar nicht gebraucht. Das Brot war eine Mahlzeit für sich.

Ich dachte: Wann habe ich Brot zum letzten Mal als Mahlzeit für sich beschrieben? Ich habe dieses Brot schon einmal gegessen.

»Wo kommt denn Ihr Mehl her?«, fragte ich Jacquet, der immer noch mit verschränkten Armen am Türrahmen lehnte. Fast hätte ich erwartet, dass er antworten würde: »Aus der Auvergne.« Ich wünschte mir, dass er das sagen würde, eine wundersame Bestätigung: »Mein Weizen kommt aus der Auvergne, genau wie der Ihres Freundes Bob.«

Aber Jacquet verstand die Frage nicht. Durchaus möglich, dass ich der erste Amerikaner war, der sie ihm stellte. Durchaus möglich, dass ich der erste Mensch war, der sie ihm stellte. Ich wiederholte die Frage.

»Aus der Nähe.«

»Wo genau?«

»Le Bourget-du-Lac.«

Ich kannte den Ort. Er lag auf der anderen Seite des Sees, nicht weit von der Autobahn nach Genf entfernt.

»Wird der Weizen direkt hier vermahlen?«

»Natürlich. Alles auf Ihrem Teller ist von hier.«

Er nannte mir den Namen des Müllers, Philippe Degrange. Ich schrieb ihn auf. Er kam mir komisch vor. »Grange« ist der Ort, wo man das Getreide aufbewahrt, die Scheune. Degrange? Echt?

»Und der Weizen?«, drängte ich. »Was für einer ist es?«

»65 Gramm.«

Er bezog sich auf den Proteingehalt. »Nein, ich meinte das Mehl. Wo kommt der Weizen dafür her? Bevor er vermahlen wird?« *Le blé.*

Er sah mich misstrauisch an. Worauf wollte ich hinaus? »Von hier«, sagte er.

»Wirklich?«

Es hatte nicht skeptisch klingen sollen. Ich versuchte mir nur ins Gedächtnis zu rufen, ob ich hier irgendwo in der Nähe ein Weizenfeld gesehen hatte.

»Der Weizen wächst *hier!« Ici!* »Der Weizen wird hier vermahlen. Das Mehl ist von hier. Es stammt aus der Region. Alles hier stammt aus der Region. Alles ist von hier.« *Ici!* »Es ist aus Savoyen.«

Ich hatte fertig gefrühstückt und stand auf, als mir einfiel, dass ich vor lauter Begeisterung über das Brot ganz vergessen hatte, ihm die Neuigkeiten mitzuteilen.

»Ach, übrigens, Parpillon nimmt mich mit raus.«

»Ich weiß«, erwiderte Jacquet.

»Sie wissen es?« Ich starrte ihn an und war ganz sicher, dass seine Oberlippe ein kleines bisschen zitterte. Fast so, als wolle er ein Lächeln zulassen. »Sie haben ihn angerufen, stimmt's?« Wieder das fast unmerkliche Nicken.

»Danke.«

»Ich hab ihm gesagt, er soll Sie mitnehmen.«

Diese Savoyarden: nicht leicht zu durchschauen.

Ich brauchte etwas aus der Apotheke und erinnerte mich, auf der anderen Seeseite eine gesehen zu haben. Nachdem das erledigt war, fuhr ich bei einem Café auf dem Platz vorbei.

Jacquet hatte gesagt, der Müller wohne hier, in Le Bourget du Lac. Waren moderne Getreidemühlen jetzt so kompakt und computergestützt, dass sie in wohlhabenden Gegenden standen? In Le Bourget du Lac gibt es moderne Häuser, hübsche Plätze, gemähte Rasenflächen und einen Radweg. Viel Grün.

Ich dachte: Degrange? Echt? Das wäre ja, als würde ein Milchmann mit Vornamen *Molke* heißen. Falls Degrange hier wohnte, konnte ich ihn googeln. Und tatsächlich. Da hatte ich ihn, Minoterie Degrange. Was war *minoterie*? Ich schlug es nach. Eine »Mehlmühle«. Eine Mehlmühle ausgerechnet hier in der Straße, wo ich meinen Kaffee trank? Die Mühle schien zu Fuß erreichbar zu sein. Ich machte mich auf den Weg.

Das erst kurz zuvor frisch gemahlene Mehl war einer der Gründe gewesen, warum Bobs Brot so anders schmeckte. Der *paysan* (und Bob dachte fast nur wie ein *paysan*) ist der Meinung, dass man das Mehl erst dann frisch mahlen sollte, wenn es gebraucht wird. Und diese Frische des Mehls schmeckte man.

Nachdem ich eine halbe Stunde lang gelaufen war, kehrten meine Zweifel zurück. Zwar kam ich jetzt nur noch in unregelmäßigen Abständen an Häusern vorbei, aber die Gegend hatte immer noch vorstädtischen Charakter – Blumenbeete, getrimmte Hecken, Garagen fürs Familienauto. Gab es hier wirklich eine Mühle, die nur hiesiges Getreide mahlte? Doch gerade als ich umkehren wollte, *voilà!* Im dunklen Schatten großer Bäume, halb hinter dichtem Laubwerk verborgen, sah ich einen kleinen

Briefkasten, keine Hausnummer, aber ein Name – Minoterie Degrange – und eine GmbH namens Le Moulin du Prieuré. Klostermühle. Ich blieb stehen und ließ das alles auf mich wirken.

Die Bäume und ein hohes, mit Graffiti bedecktes Stahltor verstellten den Blick auf das, was dahinter lag. Neben dem Briefschlitz befand sich die Sprechanlage. Ich drückte einen Knopf.

»*Oui?*«, sagte die Sprechanlage, eine Frauenstimme.

»*Bonjour*«, antwortete ich. »Ich habe ein Brot gegessen, das aus Ihrem Mehl gebacken wurde, und ich würde gern den Besitzer, Monsieur Degrange kennenlernen …« Schweigen.

»Aber es ist Mittag«, sagte die Sprechanlage schließlich.

»Natürlich. Tut mir leid. Ich werde warten.«

Wieder trat eine lange Stille ein. Dann öffnete sich das Tor, und ich sah einen Gewerbehof, der sich von den Nachbargrundstücken komplett unterschied. Hier standen mehrere Diesellaster mit gekippter Kabine, zwei davon mit Containertanks, einer mit einem hohen Anhänger, den man hydraulisch angehoben hatte, um seinen Inhalt auf eine Laderampe zu kippen. Es war, als öffne man seinen Kleiderschrank und stehe plötzlich in einer Autofabrik. Verblüffend! Ich sah alle möglichen Gebäude, einschließlich der Mühle, die, obwohl sie drei bis vier Stockwerke hoch war, wegen der Bäume von der Straße aus nicht zu sehen gewesen war. Eine Tür mit Fliegengitter ging auf, und heraus trat ein Mann – kahlköpfig, rund und robust, mit der direkten Art eines Werkmeisters, und die Autorität, die er ausstrahlte, beinhaltete ein unausgesprochenes »Was wünschen Sie?«. Er wischte sich mit einer Serviette den Mund ab und sah mich scharf an. Der Blick sagte: »Sie stören den Höhepunkt meines Tages.«

»Monsieur Degrange?«, sagte ich. »Bitte entschuldigen Sie. Ich habe eine Scheibe Brot gegessen, die, soweit ich weiß, aus Ihrem Mehl gebacken wurde und mich an das Brot erinnert, das mein Freund Bob gemacht hat.« Er zeigte auf ein Auto.

»Steigen Sie ein.« Ich stieg ein.

»Alles hängt nur vom Mehl ab«, sagte er. »Ich bringe Sie jetzt mal zur Boulangerie Vincent. Sie haben sicher schon von ihr gehört?«

»Nein«, sagte ich.

»Das gibt's doch nicht. Waren Sie schon einmal da?«

»Ja.«

»Und Sie kennen die Boulangerie Vincent nicht? Die Leute kommen aus Paris, um in der Boulangerie Vincent zu essen!«

Es war ein paar Kilometer weiter, auf der Straße, die ich gegangen war, direkt vor der Auffahrt zur Autobahn nach Genf. Die Boulangerie war mehr als eine Boulangerie. Sie war auch eine Bar, ein Pub und ein Restaurant mit Tischdecken auf den Tischen.

Die Tür öffnete sich direkt auf *le four,* den Ofen der Boulangerie, und ein vor einer Wand aufgestelltes Regal zum Abkühlen des Gebäcks. Die beiden oberen Reihen waren für die *boules* bestimmt (die runden Laibe, so, wie man früher Brot gemacht hat), 1,5-Kilo-Laibe, die auf der Seite ruhten, etwa 30 davon. Unten lagen *couronnes,* massive 2,5-Kilo-Laibe, jeweils in Ringform, wie eine Krone. Eine elegant gekleidete Frau, der man anmerkte, dass sie wohlhabend war, verhandelte gerade mit dem Bäcker.

»*Mais, Pierre, s'il vous plaît.* Nur eine *boule,* bitte! Ich habe heute Abend Gäste.«

»Es tut mir sehr leid, Madame, aber jeder Laib trägt ein Namensschild. Das wissen Sie doch. Wenn Sie nicht reserviert haben, kann ich Ihnen keinen geben.«

»Bitte!« Sie sah aus, als würde sie jeden Moment auf die Knie sinken.

Degrange flüsterte mir zu: »Die Leute kommen wegen des Brots hierher.«

Pierre blickte in sein Auftragsbuch. »Jemand hat etwas storniert. Ich habe eine *couronne.*«

»Aber, Pierre, ich kann doch keine *couronne* servieren! Die ist zu groß!« *Trop gros!* Schließlich akzeptierte sie dann doch die *couronne* und verließ den Laden mit einerseits frustrierter, andererseits froher Miene. Pierre kehrte mit seinem Brotschieber zum Ofen zurück, der die rot-schwarze Aschenglut abstrahlte. An einer unverputzten Backsteinwand hing eine Preisliste; alles kostete 3,20 Euro das Kilo. Unten stand der entschuldigende Hinweis, dass der Boulanger nie im Voraus wisse, wie groß oder schwer seine Brote gerieten und dass es deshalb verschiedene Preise gäbe.

»Er lässt den Brotteig zweimal gehen«, sagte Degrange, »und fängt um 7 Uhr abends an. Das Brot braucht zehn Stunden. Oder zwölf. Manch-mal 14.«

Die Café-Bar drinnen ähnelte einem englischen Pub, mit vorwiegend männlichem Publikum – Mechaniker, Elektriker, Kabelverleger, Metall-arbeiter, Maler, *mecs*. Es herrschte eine laute, fröhliche Stimmung. Man spürte auch die unbewusste Arroganz eines Lokals, das immer voll ist, und musste sich einen Weg durch die Menge bahnen, um sich bemerk-bar zu machen – sogar Degrange, den man hier offenbar gut kannte. (Jeder, das merkte ich, war hier Stammkunde, und deshalb war nie-mand etwas Besonderes.) Degrange bestellte uns *diots* und ein Glas Wein, einen Mondeuse aus der Gegend. Eine *diot* ist eine savoyardische Wurst. Durch eine Tür sah ich in einer kleinen Küche Hunderte *diots* an der Luft trocknen, paarweise auf eine Schnur gereiht. Sie bestehen aus Schweinefleisch, Fett und Salz und unterscheiden sich nicht von den Würsten, die ich einst selber in einer Metzgerei in Italien hergestellt habe (bis auf den Knoblauch – weil die Franzosen zwar spätestens seit Shakes-peares Zeiten als »Knoblauchesser« bekannt waren, aber niemand so viel Knoblauch isst wie die Italiener). Die *diots* wurden in einer großen tiefen Sautierpfanne mit Zwiebeln, Rotwein und zwei Lorbeerblättern gegart und in einem Brötchen, aus Degranges Mehl, serviert.

Es war der Geschmack, den ich schon vom Frühstück her kannte. Ich bat um ein weiteres Brötchen, brach die *croûte* auf und steckte die Nase in *la mie*, so wie es Frederick immer tat. Sie roch nach Hefe und ofenkaramellisierten Aromen, und nach etwas anderem, dieser Fruchtigkeit, von der ich immer gedacht hatte, dass nur Bobs Brot sie hätte. Aber hier fand ich sie wieder. Ich hatte sie schon morgens identifiziert, ohne sie benennen zu können. Ich schloss die Augen. Bob.

»Man erkennt es wieder«, sagte Degrange. »Es kommt daher, dass lebendiges Getreide statt Industriestärke verarbeitet wird.«

»Wo bekommen Sie es her?«

»Kleine Bauernhöfe. Nicht größer als 40 Hektar.«

Ich muss das Gesicht verzogen haben. Degrange missdeutete dies als Skepsis.

»Lächerlich, nicht? Es gibt nur noch wenige von uns.« Sein Sohn sei in Israel, sagte er, und hätte gerade angerufen, nachdem er ein Brot gegessen hat, das genauso schmeckte wie das Brot, mit dem er aufgewachsen war. »Ich habe ihm gesagt, er soll rausfinden, woher das Getreide stammt. Aber er hatte schon gefragt. ›Von sehr kleinen Bauernhöfen‹, hat er gesagt.«

40 Hektar. 100 Morgen. Ich erinnerte mich an meine Fahrt durch die Kornkammer Frankreichs, *»Le Panier de France«*, wo die »Bauernhöfe« nach 1000-Hektar-Einheiten gemessen wurden.

»Wo befinden sich diese Bauernhöfe?«

»Hier in Savoyen. Und im Rhônetal. Die bauen dort alten Weizen an, Qualitätsweizen. Und in der Auvergne. Ich liebe den Weizen aus der Auvergne. Jeder liebt ihn. Die Vulkanerde, der fruchtbare, eisenhaltige Dreck. Man schmeckt das im Brot.«

Wir tranken noch ein Glas Mondeuse, dann schlug Degrange vor zurückzufahren. »Ich möchte Ihnen die Mühle zeigen.«

Auf dem Weg hinaus bestellte ich im Laden noch eine *boule* für den nächsten Morgen, wo ich via Genf zurückfliegen wollte. Ich dachte an die Aussicht, in New York anzukommen und meinen Kindern eine *boule* mitzubringen, die hier gebacken wurde, in der Nähe des Lac du Bourget, am selben Tag.

Die Degranges haben hier oder etwas näher am Fluss seit 1704 Mehl gemahlen, in einer Mühle, die früher von Wasser und Wind betrieben wurde. Über drei Jahrhunderte lang war sie tatsächlich die Klostermühle. An einer Wand hing eine körnige Schwarz-Weiß-Fotografie von Degranges Vater und Großvater, die vor einem riesigen Mühlrad sitzen, dreimal so groß wie sie selbst. Heutzutage gibt es keine Mühlräder mehr. Dem Laien bleibt dieser ganze Prozess jetzt verborgen – er läuft über Rohre, Generatoren und Computerbildschirme ab –, man sieht nur noch das Ausgangsmaterial, frisch geerntetes Getreide, das aus einem hydraulisch angehobenen Anhänger gekippt wurde. Ich folgte Degrange über steile leiterartige Treppen ins dritte Stockwerk, wo er einer Rohrleitung, nachdem er die Verschlusskappe entfernt hatte, eine Tasse golden leuchtender Körner entnahm.

»Versuchen Sie mal.«

Es schien sich im Mund aufzulösen, cremig, süß, der Geschmack blieb lange im Mund. »Was ist das?«

»Weizenkeime.«

Ich wollte etwas davon mit nach Hause nehmen. »Die müssen Sie kühlen. Die sind wie Mehl, nur noch konzentrierter. Sie enthalten Fett, das schnell verdirbt.«

Dann fuhr er fort: »In Frankreich bekommt man kaum noch gute Baguettes.« Wir waren jetzt in seinem Büro. Er hatte seine Assistentin gebeten, ein Muster zu bringen. Er wollte mir zeigen, dass man in gutem Brot kleine, gleichmäßige Lufttaschen sieht. »Die besten französischen Baguettes werden heutzutage in Algier oder Marokko gemacht, weil man dort immer noch frisches Mehl aus dem Weizen kleiner Bauernhöfe verwendet, wo er schon seit Jahrtausenden angebaut wurde.«

Was kleine Bauernhöfe von den anderen unterscheide, fragte ich.

Hier, in Frankreich, meinte er, seien es oft die einzigen Bauernhöfe, deren Boden noch nicht verdorben sei.

Er beschrieb die konventionelle Mehlproduktion, die riesigen Farmen in der Kornkammer Frankreichs oder im Mittleren Westen der USA. Manche verwendeten eine Pflanze namens »Zwergweizen«, kurze Wurzeln, unersättlicher Durst, schnell wachsend, angebaut in Böden, die so manipuliert seien, dass sie in einem Chemielabor entstanden sein könnten. »Dieser Weizen wird dann in so riesigen Mengen gemahlen, dass das Getreide – das ja schließlich eine Pflanze ist – zu Stärke wird.« Es werde nicht gekühlt. Das Haltbarkeitsdatum sei völlig irreführend. Es habe keinerlei Nährwert mehr.

»Das Brot, das man daraus herstellt, hat zwar die Textur und den Geruch von Brot. Aber nicht mehr den Geschmack, den *goût*.« Er riss noch ein Stück Baguette ab und betrachtete es wohlgefällig.

»Wir auf dem Land ändern uns nicht so schnell wie die Leute in der Stadt«, sagte Degrange. »Für uns sind Mahlzeiten immer noch sehr wichtig. Hier gibt es keine ›Snacks‹«, er benutzte das englische Wort. »Was ich von meinem Vater und Großvater gelernt habe, haben sie von ihren Vätern und Großvätern gelernt. Das wird von Generation zu Generation weitergereicht.« Er verwendete das Wort *transmettre*. *Le goût et les valeurs sont transmis.* Wert und Geschmack: Das sind die Qualitäten, die von Generation zu Generation weitergegeben werden. Nur in Frankreich haben »Geschmack« und »Wert« dasselbe moralische Gewicht.

Degrange hat meine französische Ausbildung in ganz simpler Hinsicht vervollständigt. Ich war nach Frankreich gekommen, um vieles zu lernen, vieles zu erfahren – über die Kochkunst, die französische Identität, die französische Geschichte, die Rolle der Italiener –, aber ich wusste, dass am Anfang meiner Ausbildung der Geschmack gestanden hatte. Ich war hierhergekommen, um zu entdecken, wonach Essen schmecken soll. Und ich hatte es entdeckt. Allerdings erkannte ich erst jetzt, dass ich es schon ganz früh entdeckt hatte, nämlich in Bobs Brot.

Degrange gab mir einen Zehn-Kilo-Sack von seinem Mehl mit. Als Geschenk. Ich würde ihn ebenso wie mein 1,5-Kilo-*boule* mit nach

Hause nehmen. Aber was sollte ich tun, wenn es aufgebraucht war? Hierherkommen und Nachschub holen? Oder kein Brot mehr essen?

Ich verabschiedete mich mit einer herzlichen Umarmung, empfand eine unerwartete Nähe zu diesem Mann, den ich erst wenige Stunden zuvor kennengelernt hatte, indem ich auf eine Klingel drückte. Er wusste sofort, wovon ich sprach, und wusste, dass sich nur ganz wenige Leute dafür interessierten, und es gelang ihm, etwas zu benennen, das ich seit meiner Ankunft in Frankreich entdeckt hatte: *goût*.

In der Morgendämmerung, auf meinem Weg zum Flughafen, hielt ich bei der Boulangerie Vincent. Drinnen brannte kein Licht, nur der Ofen glühte rot. Ich holte die *boule* ab, die ich reserviert hatte. Sie war noch heiß und duftete unwiderstehlich.

In New York City schnitt ich den Kindern ein paar Scheiben davon ab und stellte Butter dazu.

»Das wird euch schmecken«, sagte ich.

Frederick nahm eine Scheibe, schnupperte daran, schnupperte erneut, presste sein Gesicht hinein und atmete tief ein. »Wie Bobs Brot!«

George aß eine Scheibe, bat um noch eine und bestrich sie mit Butter.

Als der Laib weg war, buk ich noch mehr Brot mit dem Mehl aus dem Zehn-Kilo-Sack. Es schmeckte gut – nicht so gut wie die *boule* aus der Boulangerie Vincent –, aber doch gut. Es hatte Geschmack, ein fruchtiges Aroma und Komplexität, und schenkte einem das Gefühl, etwas Nahrhaftes gegessen zu haben. Einen Monat später war das Mehl verbraucht, und ich hörte auf, Brot zu backen.

Es gibt ein Zitat von Curnonsky: »*La cuisine, c'est quand les choses ont le goût de ce qu'elles sont.*« Kochen bedeutet, dass die Dinge nach dem schmecken, was sie sind. Vielleicht könnte eine moderne Version davon lauten: Kochen bedeutet, dass die Dinge ein Aroma haben, das nur noch wenige von uns kennen?

Zu den vielen Dingen, die wir in Frankreich gelernt haben, zählt etwas ganz Schlichtes, nämlich die Wertschätzung des Geschmacks naturbelassener Lebensmittel, die noch nicht raffiniert und anderweitig verändert wurden: durch industrielle Verfahren, Chemikalien, künstliche Aromen, Pestizide, Zucker ... – das endlose Fließband von manipuliertem Protein, Stärke oder süßem klebrigem Zeug, das gehärtet, geröstet oder überzogen wird und dann verpackt in den Einzelhandel gelangt, das ganze Wirkungsspektrum, das die Massenproduktion von Nahrungsmitteln charakterisiert, nahezu weltweit, aber nirgends so flächendeckend und bedrohlich wie in den Vereinigten Staaten.

In Frankreich haben wir gelernt, wie gute Lebensmittel schmecken, die aus demselben Boden stammen wie schon seit Tausenden von Jahren. Gute Lebensmittel schmecken nach sich selbst.

Ich war nach Frankreich gegangen, um die Grundlagen zu erlernen. Die Grundlagen der französischen Küche. Ich wollte alles über dieses Land wissen und darüber, was hier wächst und was nicht. Ich wollte meinen Quellen möglichst nahe sein, dem Ursprung der Worte nachgehen und herausfinden, wie wir Geschmack erzielen. Ich wollte meine Mutmaßungen über die Küche einer Prüfung unterziehen, wollte meine Ausbildung von Neuem beginnen, um so elementar und ursprünglich wie möglich zu werden. Hitze. Wasser. Arbeit. Die Landschaft. Und ihre Erde, der fruchtbare Dreck.

EPILOG

FAST ALLE
STERBEN

*A*ugusto, mein brasilianischer Freund vom Institut Bocuse (der »Monteur« des Prosciutto-Zuccchini-Appetithäppchens, das keine Gnade vor den Augen der Lehrer fand und von ihnen umgestaltet wurde), besitzt jetzt ein Restaurant, das passenderweise Augusto! heißt. Es liegt im Herzen Lyons, in den Räumlichkeiten eines ehemaligen *mère bouchon* (die Küche wie üblich hinten, in der Nähe der Toilette), wo Augusto italienisches Essen serviert. Sein Lokal war auf dem Cover eines Lyoneser Magazins abgebildet. Alle Tische waren besetzt, draußen warteten Leute auf einen Platz, und da entdeckte ich ihn ganz hinten im Bild, übernächtigt, berstend vor Energie, ein *stagiaire* des Institut Bocuse. »Augusto!«, erklärte ich. »Das war unser Traum! Wie viele Menschen verwirklichen ihre Träume?« (Dann, 2019, verwirklichte er seinen Traum sogar noch einmal und eröffnete ein zweites Restaurant, diesmal mit brasilianischer Küche, Doppio Augusto.)

Mathieu Kergourlay (»Der junge Mathieu«) besitzt jetzt ein weitläufiges Stück vom Paradies, das passenderweise Restaurant et Hôtel Mathieu Kergourlay heißt – ein Château mit Hotelzimmern und einem protzigen Haute-Cuisine-Speisesaal, auf einem 400-Hektar-Grundstück, größtenteils Waldschutzgebiet, in der Nähe der bretonischen Küste. Nachdem er seine Ausbildung in Lyon abgeschlossen hatte, kehrte er an seinen Geburtsort zurück, heiratete, bekam Kinder, verdiente sich einen Michelin-Stern und war jetzt ein angehender *grand chef*, der allgemein bewundert wurde – und es gibt sogar eine Würdigung, die dies beweist, er wurde vom *Gault & Millau* als »Grand de Demain« ausgezeichnet.

Hwei Gan Chern (alias Jackie Chan) zog nach Burgund und eröffnete dort ein Restaurant, das er kurioserweise Le Parapluie (der Regenschirm) nannte. Als er das Wort *parapluie* zum ersten Mal hörte, wusste er nicht, was es bedeutete, mochte aber den Klang (»ich fand es wunderschön«) und schwor sich, sein erstes Restaurant so zu nennen. In Burgund fand

seine Küche Anklang. Es handelt sich um einen umgekehrten ost-west-
lichen Ansatz: Nicht indonesische Gerichte mit französischen Methoden, sondern französische Gerichte mit asiatischen Vorzeichen – weniger Salz, weniger Fett, mehr Gemüse und alles strikt und kompromisslos
saisonabhängig. Le Parapluie ist ebenso originell und auf dezente Weise
anarchisch wie sein Besitzer.

Selbst der nie lächelnde *Christophe Hubert* hat ein erfolgreiches Restaurant – oder hatte es zumindest eine Zeit lang. Er überredete zwei An-
gestellte des La Mère Brazier, ihm zu folgen (den besten Koch des Restaurants und den besten Kellner), und setzte Viannay nicht einmal
davon in Kenntnis (»Noch nie, in all meinen Jahren in der Küche«, sagte
Viannay, »bin ich dermaßen respektlos behandelt worden«). Mit einem
Startkapital von zehntausend Euro eröffnete er ein Restaurant, durch
dessen riesige Fensterfront man einen unverstellten Blick auf ein rie-
siges Betonparkhaus hatte. Dieser Umstand wurde einigermaßen ausgeglichen durch seine stets fröhliche, engagierte Empfangschefin, die
auch Tische anwies, Wein einschenkte und sich omnipräsent um die
Gäste kümmerte (Ewa, die dunkelhaarige lächelnde Frau, die ich einst
in Christophes Gesellschaft vor dem schottischen Pub gesehen hatte –
jetzt seine Ehefrau). Er nannte das Restaurant L'Effervescence, und die
Bedeutung des Namens – quirlig, moussierend – passte perfekt auf alles
und jeden, nur nicht auf den Küchenchef selbst. Das Essen war fantastisch – fraglos auf dem Niveau von La Mère Brazier –, nur blieben leider die Gäste aus, und so stand das Lokal nach einem harten Jahr kurz
vor der Schließung (das Personal erklärte sich einverstanden, auf ein
Monatsgehalt zu verzichten; Christophe bereitete sich auf den Kon-
kurs vor), als der *Gault & Millau* sein Restaurant ganz unerwartet mit
18 von möglichen 20 Punkten auszeichnete, ihm die Auszeichnung
»*Jeune Talent*« (junges Talent) verlieh und ihn im Pantheon der großen
Lyoneser Köche willkommen hieß. Der *Michelin Guide* zog nach und gab

Christophe einen Stern. Ich war stolz und glücklich. »Christophe! Du hast es geschafft, und jetzt hast du sehr, sehr, sehr viel zu tun!«, rief ich, als ich ihn während der Vorbereitung des Abendservice besuchte, und ich fotografierte ihn, drehte ein Video, machte mich über seine ernste Miene lustig und rang ihm beinahe ein Lächeln ab, bis er schließlich rief: »Hör auf, Billou! Ich mag keine Fotos!«

Das Paar hatte ein Kind, eine schöne Krönung ihrer erfolgreichen Verbindung, und Ewa kümmerte sich weiter um die Gäste. Sie bekamen ein zweites Kind, gleichfalls ein freudiges Ereignis, aber noch fordernder, und obwohl Ewa durchzuhalten versuchte, wurde ihr alles zu viel, zwei Kinder gleichzeitig, das Restaurant, und sie ging. In ihrer Abwesenheit …

Ich ging dort einmal abends allein hin. Das Essen war gut wie eh und je. Und die Atmosphäre? Nun, nicht mehr ganz so quirlig und moussierend. Es gab jetzt nur noch männliche Kellner, und die waren mürrische Ebenbilder ihres Chefs, geistesverwandte Missionare feierlichen Ernstes. Ihr Auftreten vermittelte eine Botschaft: »Hier, Ihr Teller, es handelt sich um Kunst!« Es war niemand mehr da, der mich von dem wuchtigen Betonparkhaus abgelenkt hätte. Und auf einmal war es mit dem Restaurant aus und vorbei. Und Christophe?

»Er ist verschwunden«, sagte Viannay, als ich ihn nach seinem ehemaligen Executive Chef fragte, und lächelte.

Und die anderen? Ich konnte nicht mit allen in Kontakt bleiben. *Frédéric* arbeitete einige Zeit in Japan und war jetzt Chef eines Bistros auf der Place Carnot in Lyon.

Ich fragte Chern. War *Florian* noch in einer Küche tätig? Oder *Michael*, der Gardemanger-Koch, dem Viannay nach dem Autounfall mit seiner Freundin gekündigt hatte? Oder *Ansel das Arschloch*?

»Keine Ahnung«, sagte Chern, »aber du hast recht mit Ansel. Er ist ein Arschloch.«

Sylvain Jacquenod, an dem man so faszinierend Fokussierung, Disziplin und Frustration studieren konnte, hatte Glück gehabt. Er war eingeladen worden, Bocuses Brasserie du Nord zu verlassen und Küchenchef des L'Argot zu werden, eine Neueröffnung in Lyon – teils Restaurant, teils Metzgerei. An einem Samstagabend, an dem unglaublich viel los war, aßen wir Steaks, die Sylvain für uns ausgesucht und zubereitet hatte. Jetzt war er doch noch Küchenchef geworden, und jedes Mal, wenn ihn jemand so ansprach (»Chef! Chef!«), konnte man förmlich sehen, wie ihm vor Stolz die Brust schwoll. Sein Bild erschien in *Le Progrès*, und lokale Restaurantführer erwähnten seine Erfolge. Sein gigantisches Lächeln war wieder da, strahlend wie eh und je. (Viannay gab seinen Viannay-typischen Kommentar dazu ab: »Sylvain hat jetzt seinen Rang gefunden. Endlich ist er zufrieden.«)

Hortense? Sie beendete ihre Ausbildung am Institut Bocuse, machte ihren Abschluss und hörte dann auf zu kochen. Sie hat jetzt eine leitende Stellung in der Modebranche, ist verheiratet und lebt in Paris. Hätte sie Köchin werden sollen? War sie, wie Chern, dabei, ihren eigenen Stil zu entwickeln? Sie war intelligent, tapfer, schüchtern und ehrgeizig, aber man hatte ihre Begeisterung fürs Kochen zerstört. Sie war die einzige Frau in einem Restaurant gewesen, das durch eine der größten Köchinnen in der kulinarischen Geschichte Frankreichs zu Ruhm gelangt war. Hortense war dort gerade zu der Zeit tätig gewesen, als sich die französische Küche ganz langsam zu verändern begann.

Auch Lyon veränderte sich.

Unser Bistro im Viertel, das Potager, wurde für eine Million Euro von einem Gastronomenpaar aus Panama gekauft. Die bisherigen Besitzer, *Franck und Mai Delhoum*, eröffneten in der Stadt zwei neue Restaurants. In Lyon wurde ihr Erfolg mit ungehemmter Freude gefeiert.

Unser Freund *Yves Rivoiron* (der Partner von Isabelle vom Bouchon des Filles) verkaufte sein historisches Restaurant, Café des Fédérations.

Er erwarb ein Boot und wurde zuletzt in irgendeinem Mittelmeer-Hafen gesichtet. Sein Sohn, den wir erst kürzlich bei einer unserer jährlichen *fêtes* wiedergesehen haben, ist jetzt der Chef eines beliebten nonkonformistischen Restaurants in der nonkonformistischen Stadt Barcelona.

Jean-Paul Lacombe verkaufte das Léon de Lyon, das schon vor seiner Geburt im Besitz seiner Familie gewesen war, an einen TV-Comedian; die konkrete Summe wurde nicht bekannt, aber wie es heißt, ist sehr viel Geld geflossen. Lacombe und seine Frau scheinen ihre Leidenschaft für Weltreisen entdeckt zu haben.

Eine unserer ersten Lyoneser Freundinnen, die amerikanische Musikerin *Jenny Gilbert*, hat ihr Nudelrestaurant verkauft.

Lyon war immer eine Stadt, wo jeder jederzeit ein Lokal eröffnen konnte. Man brauchte nur die Räumlichkeiten, einen Gasanschluss und (in den meisten Fällen) Strom. Die Miete konnte man unterm Strich fast vergessen, und so gab es immer mehr kleine, originelle, kreative Projekte. Lyon war lange Zeit keine Stadt gewesen, in der aus Spekulations- und Profitgründen Restaurants gekauft und verkauft wurden. Aber es ließ sich nicht leugnen: Die Zeiten hatten sich gewandelt. Lyon hatte sich für uns wie ein Geheimtipp angefühlt – ein historisches gastronomisches Epizentrum, seit dem Zweiten Weltkrieg scheinbar vom kommerziellen Rest der Welt vergessen, aber jetzt änderte sich das allmählich.

In New York City wurde *Michel Richard* unser Nachbar! Nach über 15 Jahren in Washington zog er jetzt plötzlich, mit 65 Jahren, nach Manhattan! Er nahm im Palace Hotel, vielleicht der vornehmsten Adresse New Yorks, einen tollen, hochbezahlten Posten als Küchenchef an, dem Restaurant, Bistro und Patisserie unterstanden.

In Manhattan hatte er 1974 sein Leben in Amerika auch begonnen, als Leiter von Gaston Lenôtres erstem ausländischen Lokal, dem Château France in der 59th Street. Als Lenôtre dieses Lokal ein Jahr später schließen musste, akzeptierte Richard den erstbesten Job, der ihm angeboten wurde (im weit entfernten Santa Fé), und verließ New York mit dem Schwur, eines Tages zurückzukehren. Lange Zeit hatte es nicht so ausgesehen. Aber jetzt: *Voilà!* Er war wieder da. Ein wunderbarer Moment in Richards Karriere.

Es freute mich wahnsinnig, das mitzuerleben. Bei Richard hatte ich angefangen. Und jetzt: hörte ich vielleicht bei ihm auf?

Gleich am ersten Tag traf ich mich mit ihm, seiner Assistentin Mel und seiner Frau Laurence. Laurence war geradezu kindlich begeistert. »Heute«, sagte sie, »gehe ich Downtown shoppen. Mit der U-Bahn!«

Mel wollte PR-Firmen interviewen. »In meiner Suite!«, wie sie sagte.

Die Küchen des Hotels sollten wegen Renovierung schließen – »nach meinen Vorgaben«, sagte Richard; er hielt inne, schien zu überlegen, was diese Renovierungsmaßnahmen alles einschlossen, und lachte. Es war einfach köstlich, seine Emotionen mitzuerleben.

Dann folgte ich Richard ins »labo«, *le laboratoire,* den klimatisierten *pâtisserie-confection*-Raum, wo ich zwei Wochen lang mitverfolgte, wie er seinem neuen amerikanischen Pâtissier die Grundlagen vermittelte – Blätterteig, Éclairs, *pain au chocolat, pâte sable,* Croissants –, alles recht salopp oder ganz improvisiert.

Am ersten Tag trat ich innerlich einen Schritt zurück, genoss die historische Perspektive – dass jedes einzelne dieser Rezepte, die Richard dem Pâtissier beibrachte, mindestens zweihundert Jahre lang unverändert überliefert worden war, bis Richard es jetzt verbesserte – und erklärte: »Michel, das sind ja fantastische Neuerungen!« Mir kam ein Gedanke, der mir jetzt sehr nahezuliegen scheint. »Du kochst kein Rezept, wenn du es nicht verändern kannst, stimmt's?«

»Nein.«

»Also niemals«, fuhr ich fort. »Wenn du ein Rezept nicht verbessern kannst, lässt du die Finger davon. Dann ist es langweilig. Nicht deine Mission …«

»Ich muss das Gefühl haben, dass ich es besser mache.«

»Und das gilt auch für einen einfachen Butterteig. Ein fundamentaler Bestandteil der französischen Küche. Wenn du ihn nicht besser machen kannst …«

»Dann lieber gar nicht.«

Nie zuvor hatte ich ihn so gut verstanden. Dadurch, dass ich nach Lyon gegangen war, meine Ausbildung durchlaufen und gelernt hatte, wie *es* gemacht wurde, was auch immer *es* war, konnte ich nun erkennen: *Es* war Richard nicht wichtig. Wichtig war ihm *seins*.

Wir verließen das ruhige *labo* und wurden im anderen Teil der Küche von einem Lärm empfangen, der nichts Gutes ahnen ließ. Laute Musik, alle möglichen Titel durcheinander, jemand sang dazu, jemand pfiff. Ein Typ schob eilig einen Servierwagen vorbei. Entweder hatte er Richard nicht gesehen, oder er erwartete, dass Richard beiseitesprang, oder es war ihm egal – wieder mal ein neuer Küchenchef (es hatte so viele Küchenchefs vor ihm gegeben) – jedenfalls rammte er ihn und schimpfte noch hinter ihm her.

»Hey, *puto*, aus dem Weg, verdammt noch mal!«

Das Restaurant befand sich in einem Hotel, und die Hotelgewerkschaft hatte alle Angestellten, die je hier gearbeitet hatten, überdauert. Der Küchenchef hatte hier nicht das Sagen. Allen war klar, dass er letztlich nicht mehr Befugnisse haben würde als irgendein Gast. Und ganz entscheidend: Er durfte das Essen nicht berühren.

Chef Alain Ducasse erzählte mir, er habe versucht, Richard davon abzubringen: »»Michel«, hab ich gesagt, ›du kannst diesen Job nicht annehmen! Du wirst keinerlei Einfluss haben. Du wirst das Essen nicht probieren dürfen. Mach bloß kein Restaurant in einem New Yorker Hotel auf! Du wirst es dein Leben lang bereuen.«« Und Richard hatte erwidert: »Geht nicht. Ich brauche das Geld.«

Ich besuchte das Dinner für »Freunde und Familie«, eine Woche vor Eröffnung des Restaurants, sozusagen die Generalprobe, im prunkvollsten Raum Manhattans. Ich kannte die Gerichte. Ich hatte sie selber schon zubereitet – zumindest einige davon, zum Beispiel das Backhuhn. Das hatte ich schon mal zu Hause gemacht. Es gab sechs Gänge. Sie schmeckten gut. Aber – und das muss leider so gesagt werden – sie waren wirklich nur »gut«. Und Michel Richards Gerichte funktionierten nicht, wenn sie nur gut waren. Sie mussten perfekt sein. Sie mussten den Anspruch haben, spektakulär zu sein.

Die *New York Times* bewertet Restaurants mit einem Punktsystem von eins bis vier Sternen. Richard bekam null. Das Essen, schrieb der Kritiker Pete Wells, habe fürchterlich geschmeckt. »Ist Mr. Richard etwa nicht der Koch, für den ich ihn immer gehalten hatte? Basierten die hymnischen Kritiken, die fünf Auszeichnungen durch die James Beard Foundation, die Aufnahme in die Riege der Maîtres Cuisiniers de France, letztlich nur auf einer Massenillusion?« Wells flog nach Washington, um die Gerichte im Central zu testen, Richards französisch-amerikanischem Bistro, das nun David leitete. Dort sei das Essen, so sein Fazit, »fantastisch«. Ob all dies »ein Symptom einer Kultur der Klüngelei« sei, »die das Restaurant-Business heimsucht?«

Vier Monate später machte das Restaurant zu, und Richard kehrte nach Washington zurück.

Er wirkte verändert. Sein Lebensmut schien gebrochen. Es gab gesundheitliche Probleme; er hatte nie auf sich geachtet. Ein Arzt diagnostizierte Diabetes (klar), Fettleibigkeit (dito), Herzprobleme (seine zwei Schlaganfälle) und Demenz, da allerdings gab es Zweifel, denn die Leute, die Richard kannten, glaubten eher, dass hier seine eigenwillige, sprunghafte Art, seine extreme Zerstreutheit mit einer Krankheit verwechselt wurde. Auf Anraten des Arztes brachte Laurence Richard in einer Einrichtung für betreutes Wohnen unter. Dann reichte sie die Scheidung ein. Sie stritten über den Wert des Vermögens, das größtenteils verbraucht war. Sie stritten immer noch, als er drei Jahre später starb, an seinem dritten Schlaganfall. Ein Samstagmorgen im August, Michel Richard war 68 Jahre alt.

Man wird ihn in Erinnerung behalten dafür, dass er Washington zu einer »Hauptstadt des Essens« gemacht hat, dass er den Amerikanern gezeigt hat, wie man mit ihren Lebensmitteln spielen kann, und dass er zu den wenigen großen Köchen gehörte (wie Carême, Point, Lenôtre und Michel Guérard), die durch das hohe technische Können des Pâtissier die gesamte Kochkunst bereichert haben. Was vermissen seine Freunde? Dass Richard so unglaublich erfindungsreich war, dass er so fest (es verblüffte einen immer wieder) an seine Fähigkeit glaubte, jedes Gericht verbessern zu können (was tatsächlich zutraf), dass er durch und durch Franzose war (denn letztlich basierten all seine Gerichte auf dem klassischen französischen Repertoire) und vor allem, dass er so leidenschaftlich gerne kochte. Und seine Gesellschaft bei Tisch: Ich bin in meinem ganzen Leben niemandem begegnet, mit dem mir eine gemeinsame Mahlzeit mehr Spaß gemacht hätte.

Vier Wochen später starb *Dorothy Hamilton*. Die Leiterin des French Culinary Institute (jetzt umbenannt in International Culinary Center), einst meine zurückhaltende Kontrahentin, war zu einer guten, verlässlichen Freundin geworden. Ich war jetzt ein Hamilton-Fan. Sie hatte an George und Frederick, die sie Tante Dorothy nannten, einen Narren gefressen. Sie unterhielt uns mit Geschichten über Julia Child und beschenkte uns mit einem ganz unerwarteten Gefühl lebendiger Verbundenheit, das mich rührte. Hamilton prophezeite mit der Zuversicht einer weisen Frau, dass Jessica großen Einfluss auf eine neue Generation von Weinkennerinnen haben würde. Sie und Jessica hatten sich – für die Woche nach Dorothys Rückkehr aus Novia Scotia – zum Dinner verabredet, um ein Gemeinschaftsprojekt zu planen. Dorothy war in dem Fischerdorf Fourchu aufgewachsen und rührte jetzt die Werbetrommel für ein hochgerühmtes einheimisches Krustentier, den Fourchu-Hummer. Diese Aktion war ganz typisch für Dorothy: Sie bemühte sich, ohne eigene finanzielle Interessen, einer kleinen Gemeinde zu helfen (die Fischer hatten keine Ahnung, über welchen Schatz sie verfügten), ein Unterfangen, bei dem es letztlich um die natürliche Reinheit des Geschmacks eines Nordatlantik-Hummers ging.

Unterwegs zu einem Meeting mit dem Gemeinderat von Fourchu kollidierte ihr Wagen mit einem Kleinlaster. Der Fahrer war auf der kurvenreichen Strecke derart hemmungslos gerast, dass Zeugen später seine Rücksichtslosigkeit bestätigten. Hamilton bog um eine Kurve und wurde frontal erwischt. So etwas passiert, wir sterben, aber die Umstände – die Selbstsucht des Fahrers, die Selbstlosigkeit des Opfers (Dorothy hätte noch so viel Gutes tun können), die Tatsache, dass der Fahrer und sein Kumpel aus dem brennenden Führersitz gezogen wurden und überlebten, während Hamilton in ihrem Wagen starb, all dies hatte in seiner unberechenbaren Beliebigkeit etwas Grausames.

Nach dem Gedenkgottesdienst, der wahnsinnig traurig war, zogen die Leidtragenden zur Leichenmusik einer New-Orleans-Dixieland-Band mit lautem Schlagzeug und dröhnendem Blech durch die kopfsteingepflasterte Crosby Street zum International Culinary Center. Dort, in Hamiltons Schule, wurde ein Festmahl veranstaltet, das sich über alle fünf Stockwerke erstreckte, wobei jedes Stockwerk der Küche einer anderen französischen Region gewidmet war. Die Trauerfeiern für Dorothy und Michel lagen nur eine Woche auseinander.

Im Sommer 2017 flogen wir nach Lyon, die Jungs waren jetzt elf Jahre alt, und es gab zwei Restaurants, die ich ihnen zeigen wollte. Das eine war La Mère Brazier, wo sie das Lunch serviert bekamen, das Viannay mir bei unserer allerersten Begegnung für sie in Aussicht gestellt hatte.

Es gab zu guter Letzt nun doch Viannays *quenelles* (das luftige Seefisch-Soufflé sah aus wie eine exotische French-Toast-Variante mit bräunlich karamellisierter Kruste) und sein *poulet en vessie*, traditionell in seiner rustikalen Hülle gegart, jedoch mit einer *sauce suprême* serviert, die nicht der Tradition entsprach. Farbe und Duft der Sauce waren so lebhaft wie ein Gruß aus einem prächtig blühenden Sommergarten. Dazu gab es leuchtend grüne, perfekt geschälte Erbsen. Die Erbsen schmeckten mir besonders gut. Ich aß sie langsam, eine nach der anderen, und mein Genuss wurde noch dadurch gesteigert, dass ich wusste, irgendjemand in der kleinen Gardemanger-Küche hatte sehr viel Zeit dafür aufgewendet, diese Erbsen einzeln für *mich* aus ihrer zarten Schale zu drücken.

»Sie ist hier, weißt du. Mère Brazier. Wir alle spüren ihre Gegenwart in der Küche, ihren Geist, was auch immer. Sie wird immer da sein. Sie war schon vor mir da. Und sie wird nach mir da sein.«

»Natürlich«, sagte ich.

Ein Kellner brachte uns die Speisekarten. Früher waren sie silbergrau, urban-dezent gewesen (und ziemlich maskulin). Jetzt waren sie knallrot, sprangen ins Auge. Auf der Rückseite fanden sich ein Text über die Geschichte des Restaurants (gleichfalls in Rot – nein, ROT!!!!) sowie ein kurzer Essay der Enkelin Jacotte und eine Fotografie von Viannay, wie er gerade eine beinahe lebensgroße Brazier-Puppe auf die Wange küsst. Abbildungen von Mère Brazier – Fotos, Karikaturen – schienen allgegenwärtig. Das wirkte schrill, fast ein bisschen geschmacklos und hatte parodistische Züge. Es war, als hätte Viannay mit einem Geist Verbindung aufgenommen, den wir, tatsächlich, alle in diesem Haus gespürt hatten, und als hätte das Haus ihn dafür mit überwältigendem Erfolg belohnt.

Und das Essen: Es war nicht mehr seins. Es war seine Version *ihres* Essens.

Viannay war fröhlich, unprätentiös, zuvorkommend, ein angenehmer Gesellschafter. Abends wollte er nach Dubai fliegen, wo er einen Vertrag unterzeichnen und ein Restaurant eröffnen wollte, und er wirkte wie jemand, dem ein Luxusurlaub winkt *und* noch dazu ein Haufen Geld. Selbst dass die Jungs mit den Löffeln auf ihren Limoges-Tellern trommelten, störte ihn nicht, oder genauer, es störte ihn erst *nach einiger Zeit*: Er hörte auf zu reden und sah sie scharf an.

»C'est bien, garçons?«, fragte er. (George erwiderte vorlaut: »Très bien, et vous?«)

»In ein paar Tagen nehme ich sie zum ersten Mal zu Paul Bocuse mit«, sagte ich, und Viannay nickte.

»Ich habe mich immer gefragt«, fuhr ich fort, »wie und wo du ihn eigentlich kennengelernt hast?«

»Hier. Als ich nach Lyon kam, bin ich zur Auberge rausgefahren und hab gefragt, ob Bocuse mich empfangen würde.«

»Damals, als du Sandwiches gemacht hast?«

»Ja, als ich Sandwiches gemacht habe. Ich habe ihm erklärt, dass ich Lyon als meine kulinarische und spirituelle Heimat betrachte.« Viannays Onkel, der Bruder seines Vaters, stammte von hier und besaß ein Haus in den wasserreichen Dombes, und dort hatte Mathieu manchen Sommer mit seinen Cousins verbracht.

Bocuse mochte Viannay. »Sie sind im L'Auberge immer willkommen«, versicherte er ihm. »Sie können mich immer auf meinem Handy erreichen.«

Als Viannay sein erstes Restaurant eröffnete, Les Oliviers, hatte er gleich am ersten Tag einen berühmten Gast – Paul Bocuse. Auch als er M eröffnete, war Bocuse dabei. Kurz bevor Viannay jedoch La Mère Brazier eröffnete, fragte Bocuse, ob er dort als Erster, noch vor der Eröffnung, essen dürfe. Für Bocuse stand La Mère Brazier im Zentrum dessen, was Lyon repräsentierte.

Er aß dort mit Jacotte Brazier, ihrer Enkelin.

»Unten waren noch Handwerker zugange«, sagte Viannay. »Als Bocuse ging, musste er über Holzplanken laufen, aber da hing er schon am Handy. Er rief François Simon an.«

Simon, der damals für *Le Figaro* schrieb, war Frankreichs gefürchtetster und einflussreichster Restaurantkritiker. Simon rief Viannay am nächsten Tag an, dem Tag vor der offiziellen Eröffnung des Restaurants. Er werde um 18 Uhr da sein, sagte er, und müsse um 20 Uhr den Zug nach

Paris erreichen. Die Kritik schrieb er während der Zugfahrt. Es war die Titelschlagzeile der Wochenendausgabe: *La Mère Brazier is back!* (auf Englisch, weil es so griffiger klang). Es war einfach wunderbar. Wie ein Appell, sich zur französischen Küche zu bekennen. *Le Monde* folgte, dann *L'Express, Libération,* die landesweiten Abendnachrichten, die landesweiten Nachmittagsnachrichten und die französischen Nachrichten in englischer Sprache. Das Restaurant La Mère Brazier war nicht nur wieder da. Es legte einen fulminanten Neustart hin.

»Das war alles Paul Bocuse«, sagte ich.

»Das war alles Paul Bocuse.«

Am letzten Tag unseres Lyon-Besuchs reservierten wir für 19 Uhr einen Tisch in der Auberge. Die Jungs waren aufgeregt und total gespannt. Es war, als würden wir zum Nordpol reisen.

Bocuse hatte sich in letzter Zeit zurückgezogen. Im vorangegangenen Winter war er nicht zum Bocuse d'Or erschienen, obwohl die Aussicht bestand, dass ein amerikanisches Team den Pokal erringen könnte, sein Traum. Aber er lag mit einer Lungenentzündung im Krankenhaus. (Die Amerikaner errangen den Pokal tatsächlich, eine unfassbare Leistung, und unsere Lyoneser Freunde grummelten den ganzen Sommer über: »Das war doch manipuliert! Monsieur Paul zuliebe.«)

Nach seiner Entlassung aus der Klinik trat Bocuse zwar wieder öffentlich auf, aber eher selten.

Ich rief Boulud in New York an. »Die Jungs kennen Bocuse noch nicht. Könntest du uns helfen?«

»Ich werde ihn anrufen«, sagte Boulud. Er musste dann aber wohl ziemlich viel herumtelefonieren, bevor er mich zurückrief. »Paul ist müde. Aber er wird versuchen herunterzukommen. Ich habe eure Reservierung auf 18 Uhr verlegt. Kommt lieber etwas früher.«

Ich hatte bisher noch nicht darüber nachgedacht, warum ich Bocuse eigentlich so gerne sehen wollte. Ich war ihm nicht völlig fremd.

Er erkannte mich bei Events und ließ sich dies durch kleine Gesten anmerken. Aber uns verband keinesfalls eine enge Freundschaft. Nicht einmal eine lose Freundschaft. Die Wahrheit lautete, und es war gar nicht so leicht, sich das einzugestehen, dass ich ihn sehen wollte, bevor dies nicht mehr möglich sein würde. Und da war ich nicht der Einzige. Manager und Oberkellner des Restaurants hatten alle Hände voll zu tun mit Leuten, die ihm noch zu Lebzeiten ihre Aufwartung machen wollten, bevor sie ihm irgendwann die letzte Ehre erweisen mussten. Was wollten wir alle von ihm? Die Hand des Meisters berühren? Das Gefühl haben, dass wir zu den Erwählten gehörten, die seine Mission fortsetzen würden?

Als wir eintrafen, wurden wir zu unserem Tisch geführt. Er stand der Ecke gegenüber, aus der Bocuse kommen würde. Wir bestellten. Die Jungs, die sich in Sachen französischer Kulinarik jetzt bestens auskannten, waren entspannt und hungrig. Wieder empfand ich tiefe Bewunderung für das, was das Essen hier so ungewöhnlich machte: seine akribische Zubereitung. Fast jedes Gericht auf Bocuses Speisekarte konnte man auch sonstwo in Lyon bestellen oder in der Nähe, im Rhônetal. Aber niemand kochte mit dieser Präzision. Von all den Qualitäten, die Bocuse zugeschrieben wurden, ist die am seltensten erwähnte die naheliegendste: Er bereitete meisterhaft Lyoneser Speisen zu. Immer wieder sah ich von meinem Teller auf. Er kam nicht. Ich vermutete ihn oben, in seinem Zimmer, schlafend.

Es herrschte diese traurige Stimmung im Herbst, wo Lyon so einsam ist wie keine andere Stadt, eine Atmosphäre von Moder und Zerfall, und immer wieder eisige Böen als Vorboten des Winters. Die Stadt schien den Atem anzuhalten und zu warten, weil ein Vater krank war und mit dem Tod rang, und man wollte nicht, dass er starb, man wollte sich nicht einmal vorstellen, ohne ihn leben zu müssen, aber er würde sterben, und deshalb stellte man es sich eben doch vor, ganz kurz und widerstrebend, und eines Tages war er dann tatsächlich tot. Paul Bocuse starb am 20. Januar 2018.

Man denkt dann nicht an das Ende des Lebens, sondern an das ganze Leben, an den kleinen Jungen auf dem Bild, zu Füßen seines riesigen Vaters, man denkt an den Schnurrbart, den er in seinen 30ern trug, die Michelin-Reifen, die er immer auf seinem Wagen hatte, an seinen Erfolg in Frankreichs wilder »goldener Ära« – die späten 1960er und die 70er (Brigitte Bardot und der Club Med und Serge Gainsbourg und filterlose Gauloises und *la libération*). Auf einem Foto, das ich immer wieder betrachtete, lief der junge Bocuse hinter einer jungen Frau her, offenbar ein heißer Tag, denn sie trug einen kleinen Damensonnenschirm – es war Raymonde, die später seine Frau wurde. Ein anderes Foto zeigt ihn, wie er mit Mère Brazier einen Rundgang durch die Keller der Auberge unternimmt (und ihre sichtlich entsetzte Miene angesichts der völlig verdreckten Räume). Andere Fotografien, ein ganzes Bündel, wurden nie veröffentlicht und erst von Mathieu Viannay entdeckt, in einer Schublade des Hauses, das er sich dank seines neuen Wohlstands in Beaujolais gekauft hatte. Diese Fotos waren anlässlich einer Party aufgenommen worden, die die frühere Hausbesitzerin, eine Winzerin, auf ihrem Landgut für Bocuse veranstaltet hatte – und für Georges Blanc, Michel Guérard, die Troisgros-Brüder und andere Gäste, alle in unterschiedlichen Entkleidungsstadien. Ich ging die Fotos schnell durch. Die Gäste küssten sich, es gab reichlich zu essen und zu trinken, es war vermutlich das, was für Bocuses Leben so zentrale Bedeutung hatte: dass bei Tisch wilde schöne Dinge passieren.

Daniel Boulud gehörte zu den Freunden, die sich am Abend vor der Beerdigung in der Auberge versammelten – keine Ansprachen, nur eine ernste, feierliche Mahlzeit, Bocuse immer noch oben in seinem Schlafzimmer, weiß gekleidet im Sarg. Am nächsten Morgen – ein kalter Winterregen peitschte durch die Straßen – fuhr der Leichenwagen, eskortiert von dreihundert Polizisten, an der jetzt grauen Saône entlang zur Cathédrale Saint-Jean-Baptiste – wo einst Heinrich II. und Katharina von Medici empfangen wurden, wo Heinrich IV. und Marie von Medici getraut wurden, wo der scheinheilige Dreckskerl Charles-Maurice de Talleyrand zum Bischof geweiht und Napoleon und Josephine geehrt wurden, wo der kleine Mozart auftrat und wo Paul Bocuse nun zum letzten Mal in Erscheinung trat; 1500 Menschen füllten die Kirche, und eine kleine Schar harrte draußen unter Regenschirmen aus.

Die Trauerfeier hatte etwas Militärisches, als wäre ein berühmter General gestorben, und sie war streng hierarchisch organisiert: In den mittleren Kirchenbänken die MOFs, mit ihren Kragen in den Farben der französischen Flagge; in den seitlichen Bänken, in Weiß, die nicht-dekorierten Köche; vorn die Familie Bocuse; ganz hinten die Zivilisten, aber davon gab es nicht viele. Die Küche gab ihrem Chef das letzte Geleit. Die beste, am tiefsten empfundene Trauerrede war vielleicht die von Gérard Collomb, dem Bürgermeister der Stadt. Mit der rhetorischen Begabung des rechtschaffenen Politikers ehrte er den Verstorbenen als einen Mann, der diese Stadt verstanden hatte und, ebenso wie die Stadt selbst, durch deren Geschichte, durch all die Generationen vor ihm geprägt worden war und seinerseits all die Menschen geprägt hatte, die nun hierhergekommen waren, um ihm die letzte Ehre zu erweisen. Paul Bocuse war Lyoneser. (Zwei Jahre später, am 18. Januar 2020, entzog der *Guide Michelin* dem Restaurant einen von Bocuses Sternen, sodass die Auberge, seit 1965 zum ersten Mal, nur noch zwei Sterne hatte. Auch wenn es die übliche Praxis des *Guide Michelin* ist, dem Restaurant nach dem Tod des Küchenchefs einen Stern zu entziehen, war es doch ein Schock.)

Passender und mehr dem Geist der Stadt entsprechend waren die Aktivitäten Andreas Petrinis, eines Italieners, der seit Langem in Lyon lebt (wie schon so viele Italiener vor ihm). Er ist jetzt ein lokaler Kulinarik-Unternehmer und der Mad Captain hinter *World's 50 Best (Die fünfzig besten Restaurants der Welt)*. Und er hat zwei Jahre nach Bocuses Tod in Lyon ein kulinarisches Festival organisiert. Es gab Koch-»Performances« in zwölf neuen Restaurants, eine »Night Canteen«, die von 22 Uhr abends bis 4 Uhr morgens stündlich ein neues Gericht vorstellte, eine Ziegen-Fête, Vorführungen von Gastköchen (alles Spitzenköche) und passenderweise eine Hommage an Bocuse, bei der ein Dutzend Meisterköche, unter anderem Têtedoie, Monsieur Pauls »Greatest Hits« neu interpretierten. Das Festival dauerte eine Woche, und fast jedes Restaurant der Stadt machte mit. Es war eine Reaktion auf Bocuses Tod. Nie war die Kulinarik in Lyon lebendiger und intensiver gewesen. Lyon bringt Köche hervor. Und, ja, alles entsteht dort, wo Lyon am authentischsten ist, zwischen Weinbergen und Flüssen und Bergseen, zwischen Vögeln, Schweinen und Fisch, doch am wichtigsten ist der Glaube, den hier jeder teilt, dass all das, was bei Tisch geschieht, von höchster zivilisatorischer Bedeutung ist. Es geht um Nähe, Vertrautheit, *convivium*, Kreativität, Gelüste, Sehnsüchte, Euphorie, Kultur und die Freuden des Lebens. Der Papst von Lyon ist tot. Aber welche Kultur hat er hinterlassen! Und welch ein Privileg, ein Teil davon gewesen zu sein.

DANKSAGUNGEN

Das Zitat am Anfang von »Es gibt keine wichtigere Feinschmecker-Route« stammt aus *Mémoires de chefs* (2012), zusammengestellt und herausgegeben von Nicolas Chatenier. Das Kapitel über die frühe Geschichte des Käses (»Kleine braune Kühe auf hohen grünen Bergen«) stützt sich auf Gespräche mit dem Kulinarhistoriker Michel Bouvier, der sich mit Wein und Lebensmitteln der Antike befasst, und auf sein Buch *Le fromage, c'est toute une histoire* (2008).

Der Text aus La Varennes *Le Cuisinier François* entstammt der Ausgabe von 1651, eingeleitet von Mary und Philip Hyman (2001). Nostradamus' 1555 erschienenes Traktat über die Marmeladenherstellung, *Traité des confitures*, wurde herausgegeben von Jean François Kosta-Théfane (2010). Die Faksimile-Ausgabe von *Ouverture de Cuisine* (1585) von Lancelot de Casteau wurde herausgegeben von Léo Moulin (1983). *Livre fort excellent de Cuysine* (1555), erschienen in Lyon, ist eine zweisprachige Ausgabe, übersetzt und herausgegeben von Timothy J. Tomasik und Ken Albala (2014). Die meisten anderen Primärquellen finden sich online auf Gallica, dem Digitalisierungsprojekt der Französischen Nationalbibliothek.

Unter den Sekundärquellen sind folgende erwähnenswert: Ali-Bab, *Gastronomique pratique* (1928); Dan Barber, *The Third Plate* (2015); Joseph Favre, *Dictionnaire universel de cuisine pratique* (1905); Henry Heller, *Anti-Italianism in Sixteenth-Century France* (2003); R. J. Knecht, *Renaissance Warrior and Patron, The Reign of Francis I* (1994); Giles MacDonogh, *Brillat-Savarin: The Judge and his Stomach* (1993); Marjorie Meiss, »L'Italie à la table des Guise« (1526–81), in *Table de la Renaissance – Le mythe Italien*, herausgegeben von Florent Quellier und Pascal Brioist (2018); Marie-Josèph Moncourgé, *Lyon 1555, capital de la culture gourmande au XVIe siècle* (2008); Prosper Montagné, *Larousse Gastronomique* (1938); William W. Weaver, *Beautiful Swimmers – Watermen, Crabs, and the Chesapeake Bay* (1994); Edward White, »Cooking for the Pope«, in *The Paris Review* (3. März 2017); und Ann Willan, *The Cookbook Library* (2012).

Ich hatte die Ehre, folgende Persönlichkeiten um Rat bitten zu dürfen: Dan Barber, Alain Ducasse, Allen Grieco von der Villa i Tatti in Florenz (The Harvard University Center for Italian Renaissance Studies), Thomas Hauck, Jean-Pierre Jacob (Küchenchef des jetzt geschlossenen Restaurants Le Bateaux Ivre am Lac du Bourget), Steven Laurence Kaplan, Harold McGee, Magnus Nilsson, Alain Vigneron und Jean-Georges Vongerichten. Ganz besonders fühle ich mich durch das Privileg geehrt, dass Michel Richard, Daniel Boulud und Mathieu Viannay meine Lehrer in der Küche waren.

Auf keinen Fall wäre dieses Abenteuer ohne die Hilfe unserer Lyoneser Freunde zu realisieren gewesen, denen ich hier danken möchte: den Nachbarn im Stockwerk unter uns, la famille Azouley; Julien (»Papi«) und Marie (»Mami«) Boulud; Roberto Buonomo; Martine und Marc Broyer vom Lavis Trafford; die Rektorin der École Robert Doisneau (die ich bis heute nur als »Brigitte« kenne) und die Schüler Ambre, Marcel, Ben Omar, Salomé, Tristan und Victor; sowie Isabel Comerro und Yves Rivoiron (Le Bouchon des Filles); Franck und Mai Delhoum (Le Potager); die Schriftstellerin und Köchin Sonia Ezgulian; Georgette Farkas; Jenny Gilbert; Jean-Charles Margotten; l'Institut Paul Bocuse, einschließlich der Absolventen Edouard Bernier, Hwei Gan Chern und Willy Johnson; Jonathan Nossiter; Martin Porter; Christophe und Marie-Laure Reymond; Emmanuelle Sysoyev von Only Lyon; Laura Vidi und Gerald Berthet; und Victor und Sylvie Vitelli.

Zu den ersten Leserinnen des Manuskripts gehörten Leslie Levine und Lexy Bloom vom Verlag Alfred A. Knopf (Lexy Bloom hat jeden einzelnen Entwurf gelesen und ist die inoffizielle und heroische Mitherausgeberin meines Buches); John Bennet, David Remnick und Nick Trautwein vom Magazin *The New Yorker*; mein Literaturagent Andrew Wylie und meine talentierte hausinterne Lektorin Jessica Green. Den Faktencheck übernahmen Gillian Brassil, Clio Doyle und Michael Lo Piano. Cheftexterin war Lydia Buechler.

»Fat Man in a White Hat«, ein zweiteiliger Dokumentarfilm für die BBC, basierend auf meiner Ankunft in Lyon, wurde von Emma Willis in Auftrag gegeben und von Roy Ackerman produziert. Regie führte James Runcie, die Produktionsassistenz hatte Annie Arnold, Tonmann war Christophe Foulon.

Das Buchprojekt kam auf Initiative Sonny Mehtas zustande, der es auch betreute – ein Privileg, einen der besten Verleger der Welt und einen Freund über fast vier Jahrzehnte hinweg als Lektor zu haben. Er stand mir immer zur Verfügung, oft auch ganz ungeplant – für ein spontanes Treffen zum Lunch, ein Telefonat, einen Drink oder einfach ein Gespräch in seinem Büro –, und er lenkte mich auf subtile und profunde Weise. Er hat noch erlebt, dass das Buch fertig wurde, wofür ich dankbar bin, starb jedoch am 30. Dezember 2019, bevor es in Druck ging. Ich gehöre zu den zahllosen Menschen, die um ihn trauern und ihn von Herzen vermissen.